DeStW 德国刑事法译丛　江溯/主编

Digitalisierung, KI und Strafrecht

数字化、人工智能和刑法

〔德〕埃里克·希尔根多夫 / 著

江溯　刘畅等 / 译

北京大学出版社
PEKING UNIVERSITY PRESS

Eric Hilgendorf

图书在版编目(CIP)数据

数字化、人工智能和刑法／(德)埃里克·希尔根多夫著；江溯等译．—北京：北京大学出版社，2023.12
ISBN 978-7-301-31156-1

Ⅰ.①数… Ⅱ.①埃… ②江… Ⅲ.①人工智能—刑法—研究 Ⅳ.①D914.04

中国国家版本馆 CIP 数据核字(2023)第 209300 号

书　　名	数字化、人工智能和刑法 SHUZIHUA、RENGONGZHINENG HE XINGFA
著作责任者	〔德〕埃里克·希尔根多夫（Eric Hilgendorf）著 江　溯　刘　畅　等译
责任编辑	任翔宇　方尔埼
标准书号	ISBN 978-7-301-31156-1
出版发行	北京大学出版社
地　　址	北京市海淀区成府路 205 号　100871
网　　址	http://www.pup.cn　http://www.yandayuanzhao.com
电子邮箱	编辑部 yandayuanzhao@pup.cn　总编室 zpup@pup.cn
新浪微博	@北京大学出版社　@北大出版社燕大元照法律图书
电　　话	邮购部 010-62752015　发行部 010-62750672 编辑部 010-62117788
印刷者	大厂回族自治县彩虹印刷有限公司
经销者	新华书店
	880 毫米×1230 毫米　A5　17 印张　491 千字 2023 年 12 月第 1 版　2024 年 11 月第 2 次印刷
定　　价	79.00 元

未经许可，不得以任何方式复制或抄袭本书之部分或全部内容。
版权所有，侵权必究
举报电话：010-62752024　电子邮箱：fd@pup.cn
图书如有印装质量问题，请与出版部联系，电话：010-62756370

"德国刑事法译丛" 编委会

主　编：江　溯

副主编：唐志威　王芳凯

编委会：(以姓氏音序排列)

　　　蔡　仙　陈尔彦　陈昊明　陈　璇　程　捷
　　　邓卓行　何庆仁　黄　河　敬力嘉　李　倩
　　　刘　畅　吕翰岳　石家慧　王　钢　王华伟
　　　徐凌波　徐万龙　喻浩东　袁国何　张正昕
　　　张正宇　张志钢　赵书鸿　赵雪爽　郑　童

"德国刑事法译丛"总序

在过去的二十多年里,随着刑事法治的初步确立和不断完善,我国刑事法学经历了一场深刻的知识转型。毫无疑问,在这场知识转型的过程中,德国刑事法学译著发挥着不可估量的推动作用。据不完全统计,迄今为止,我国已经出版了三十多部德国刑事法学译著(包括教科书、专著和文集),这些译著为我国刑事法学界广泛引用,成为我们学习和借鉴德国刑事法学,并在此基础上建构中国刑事法学体系的重要参考文献。对于那些不计个人得失、辛勤地翻译引介这些德国刑事法学著作的学者,我们在此致以深深的敬意和谢意。

近年来,中德刑事法学交流不断深入,已经有超过一百位中国学者和学生曾经或正在德国留学,他们通过阅读德语原始文献,研习原汁原味的德国刑事法学。在这个大背景之下,德国刑事法学著作的引介是否仍有必要?我认为,在未来相当长的时期内,我们仍然需要翻译大量德国刑事法学著作,这是因为,一方面,现有的德国刑事法学译著在数量上还非常有限,远远无法满足绝大多数尚不具备阅读德语原始文献能力的读者的需求;另一方面，我国刑事法学界和司法实务界对德国刑事法学的需求已经不再局限于掌握其基本理论学说，而是开始朝专题化、纵深化和精细化的方向发展。有鉴于此，我们联合了一批曾留学德国的志同道合的刑事法学人，共同设立"德国刑事法译丛"，希望通过长期翻译出版德国刑事法学著作，为推动我国刑事法学的发展尽一点微薄之力。

这套"德国刑事法译丛"的编选，我们希望遵循以下原则：

第一，兼顾基础理论与前沿话题的引介。从目前国内引介的德国刑事法学著作来看，大多属于基础理论类的著作，这些著作对于我们把握德国刑事法学的总体状况大有裨益。当然，在坚持引介德国刑事法学基础理论著作的同时，我们希望能挑选一些与前沿主题例如网络犯罪、人工智能犯罪、医疗刑法等相关的著作。

第二，贯彻整体刑法学的思想。由于种种复杂的原因，目前国内引介的德国刑事法学著作大多局限于刑法教义学，德国刑事程序法、刑事制裁法、少年刑法等相关的著作仍非常稀少。我们希望通过这套译丛，破除刑事法学界内部的藩篱，实现真正的刑事一体化。

第三，兼顾教科书与专著的引介。在德语法学界，顶尖学者往往会出版高水平的教科书，一部高水平的教科书往往是一位学者毕生研究成果的集大成之作。对于我国来说，引介高水平的教科书是学习德国刑事法学的一条捷径。但是，我们还不能止步于此。随着我国刑事法学研究水平的不断提升，高水平专著的引介必然会成为一个趋势。

第四，平衡总论与分论的引介。刑法教义学是德国刑事法学的核心,过去我们比较注重对德国刑法总论著作的引介,而没有翻译过德国刑法分论的著作。随着我国学界对分论具体罪名研究的深入,我们对德国刑法分论著作的需求甚至超过了刑法总论著作,因此我们希望今后能更多引介德国刑法分论的著作,以便保持"营养均衡"。

本套译丛的出版得到了北京大学出版社副总编蒋浩先生和北京大学出版社第五图书事业部副主任杨玉洁老师的大力支持,在图书出版市场竞争日益激烈的今天,没有他们的慷慨应允,这套译丛是不可能问世的,在此我代表编委会全体成员向两位老师致以最诚挚的谢意!

江　溯

2021 年 8 月 18 日

译者序

经过数年的艰难工作,本书即将面世。作为本书编译工作的组织者,如果用一个词来概括我时下的感觉,那只能说是"何其有幸"!

首先,作为从事数字法研究的刑法学者,对于数字法的开拓,对于推进该领域的发展,我们一直有一种强烈的学术使命感。因此,能够将这样一部具有深刻洞见和广泛内容的论文集分享给国内数字法的同行,我们的内心是十分欣喜的。

借用希尔根多夫教授文中的一句话:"我们如今处在一个'数字化、虚拟化'的时代,这是一场剧烈的变革,历史上罕有能与之比肩者。"近年来,技术的进步、技术对我们生活的改变,我们每个人都深有体会。在享受技术所带来的便利的同时,或多或少也会感受到一些问题,无论是已经在影响我们生活的问题,如隐私泄露、电信诈骗、恶意软件、非法内容在互联网中的传播,还是我们对未来的担忧,如不安全的自动驾驶车辆、可能伤害人类的机器人等。这些问题无不昭示着一个事实:随着技术的进步,相关的法律法规和监管体系也需要不断地更新和完善,以应对新的挑战和问题。

数字法领域相应诞生，并扮演着愈加重要的角色。

但任何一个新兴领域的发展都不会是一帆风顺的，从无从下手、举步维艰到条分理晰、逐步深入，从备受质疑到广泛接受，需要一位位学者不断地开拓、深耕。希尔根多夫教授即便不能说是德国数字法领域，特别是人工智能法领域的拓荒者，也可以说是先驱之一。近三十年前，他就已经在网络犯罪领域取得了诸多成果，二十年前，他又敏锐地关注到了人工智能与法律相结合所产生的问题，以及企业合规这样近年来成为"热点"的问题。而通过不断的研究，他的一些见解已经广为德国理论界和实务界所接受。例如，他对刑法中"容许风险"概念的拓展，以及他对"悖论问题"的研究，如今都已经成为德国、欧盟相关伦理标准和立法文件的基础。而本书也将希尔根多夫教授在数字法领域，特别是人工智能、自动驾驶相关的重要学术成果呈现给国内的读者，以供参考。

本书共收纳了希尔根多夫教授在数字法领域的论文27篇。应当说，这个数字已经蔚为可观了。然而，即便仅以与数字法领域相关为限，这也远非希尔根多夫教授的全部著作。选择论文时，希尔根多夫教授的笔耕不辍让我深陷选择困难之中。在与希尔根多夫教授反复交流后，我们达成了共识：呈现给中国同行的应当是德国数字法研究尽量完整的图景。

在时间维度上，我们并没有简单地将所有待选文章倒叙排列、选取最后发表的论文。而是拉长了时间跨度，选取不同时期的论文。以希尔根多夫教授大力推进的人工智能法领域为例，我们选取的第一篇论文发表于2012年，当时希尔根多夫教授刚刚开始开拓这一领域，着手创建维尔茨堡大学日后享有盛名的机器人法研究中心（Forschungsstelle Robotrecht）。文章探究性地讨论了刑法上的概念——如行为、罪责等——沿用至机器人的可能性。应当说，时至今日，这篇论文仍是这一领域有生命力的、重要的文献。而我们选取的这个领域的最后一篇论文，在着手翻译时尚未发表。是时，欧洲范围内，不仅相关研究已经蓬勃发展，相关规范性文件的体系建构也已经逐渐明朗。在伦理层面，欧盟颁布了《可信赖的人工智能伦理准则》《人工智能白皮书》，在实践方面，德国颁布了《自主驾驶法》，而欧洲更全面的人工智能法规《人工智能法（草案）》也已经出台。在这样的情况下，希尔根多夫教授作为前述规范性文件制定工作的深度参与者、专家组成员，站在"立法者"的立场对其中的重点问题加以阐释。在这样的时间跨度内，希望读者能够看到人工智能法领域在德国的发展轨迹——从问题的提出、探究性的解决方案，到观点的形成和进一步的体系化。我们认为，对于新领域的开拓而言，走过的每一步都是有价值的。无论是成功还是失败，无论是自缚手脚还是灵光一闪，无论是正确的方法还是错误的路径，这些都应当呈现给同行者、后继者以供参考。当然作为本书的最早的一批读者，我们要说的是，就这个目标而言，希尔根多夫教授是"失败"的，我们可以看到他在提出一些理论时的小心翼翼、不知前路，虽很"遗憾"，但得益于他严谨的逻辑思维和深厚的理论功底，他的探究多数是成功的。

而在主题方面，在确保不偏离"数字化、人工智能和刑法"这个核心主题的前提下，我们也尽量拓宽了选题范围。最终我们选定了基础理论、网络刑法、人工智能与（刑）法、自主驾驶和法律、刑事程序法和拾遗这六个不同的问题视角，成为本书的六编。其中既包含了基础性的思考和基本研究方法的呈现（第一、六编），也包含了信息技术和人工智能最具代表性的应用领域（第二、三、四、五编）；既包含对实体法问题的研究，也包括对程序法问题的讨论（第五编）。除希尔根多夫教授对理论的拓展、对一些具体问题令人信服的解决方案外，在选择论文的过程中，令我们印象尤为深刻的是希尔根多夫教授对方法论的把握。虽然他探究的是新兴领域，但他坚决反对异想天开、标新立异。他坚持在研究新问题的过程中应当坚守一些基础性的东西——科学的方法论、以人为本的核心法律理念、刑法教义学的约束等。这样的态度在他的很多论文中都有所体现。我们也有意识地选取了一些这样的文章，以体现希尔根多夫教授在数字法领域的方法论构建。古语云"授人以鱼不如授人以渔"，而通过本书，我们希望能呈现给读者的，既有鱼也有渔。我们认为在此二者是可以兼得的。相信有不同需求的读者都可以从本书找到自己所需的内容，而如果能从阅读中有所收获、有所借鉴，我们自然也是与有荣焉。

而在学术上的同行者这一身份之外，我们与希尔根多夫教授是多年的好友。能够让更多的人了解到他的学术思想，作为朋友的我们也是十分高兴的。初识希尔根多夫教授还是十余年前，那时候我们还是初出茅庐，但希尔根多夫教授已经是颇具学术声誉的学者。我们至今都能回忆起站在维尔茨堡老桥上的某个下午，品着当地特产的白葡萄酒，美茵河水从古堡的山下缓缓流过。希尔根多夫教授风趣幽默，不仅为我们介绍这座千年古城的历史和文化，还向我们讲述了他在中国、日本、韩国的访问和趣事，他的平易近人，和我们的共同兴趣,让我们几乎立刻就成了无话不谈的朋友。

在之后的十余年间,希尔根多夫教授一直与我们保持着密切的联系和合作。得益于梁根林教授和希尔根多夫教授共同搭建的"中德刑法学者联合会"这个交流平台,我们不断互相学习、探讨和合作。希尔根多夫教授多次来访中国,而我们也多次前往维尔茨堡,我们的友谊在这样的合作交流中不断深化。例如,王芳凯博士曾在希尔根多夫教授门下就读,并且翻译了他的《医疗刑法导论》一书;唐志威博士在德国留学期间,也多次得到希尔根多夫教授的关照和支持,与他共同组织了备受好评的"德国刑法新面孔"系列讲座。我们很欣慰地看到我们的友谊——如同中德刑法学交流——不仅局限于个人,甚至并没有止于一代人,而是一代代地在延续下去。

提到下一代人,我们在此也要特别感谢我们年轻的翻译团队。应当说这本书的翻译难度并不低,数字法作为一门交叉学科,涉及各种各样的专业知识和术语。本书内容以刑事实体法为主,但同时也涉及刑事诉讼法、宪法、民法、法哲学、法学方法论。而在法学知识之外,技术方面的认知自然也是不可或缺的。这要求我们的译者在具备深厚的法学功底的基础上,还要对各种新兴技术问题有所涉猎,更不用说他们需要阅读的是出名难懂的德语文献,而后又要翻译成流畅而准确的中文了。能组织一支堪此重任的团队,我们既感兴奋又感欣慰。承担本书主要翻译工作的刘畅先生是希尔根多夫教授的博士生,同时也是他教席和机器人与法研究中心的助理研究人员。他本身就从事数字刑法方向的研究,也在大量的翻译工作中证明过他的语言能力。而他仅仅是我们翻译团队的一个代表,应当说我们团队中的每一个人——黄笑岩博士、徐万龙博士、徐凌波副教授、陈昊明博士、褚础博士、邓卓行博士、梁奉壮博士、林信铭博士、刘心仪博士、李源粒博士、王芳凯博士、张志钢副研究员,还有协助校对的两位希尔根多夫教授的博士研究生邱博伦、李睿祥的理论功底和语言水平都是令人信服的,而他们认真、严谨的工作态度更是这本书得以成功出版的基础。篇幅所限,我们无法一一列举他们的名字,但是我们的成功(Erfolg)却可以归属(zurechnen)他们每一个人。没有这些同仁的耕耘与播种,我们不可能看到如今的百花齐放。

我们也要向北京大学出版社的副总编蒋浩先生和策划编辑杨玉洁女士,以及每一位参与编辑工作的人员表达我们最诚挚的感谢之情。他们的专业和高效为本书的质量作出了巨大的贡献。

最后,我们希望本书能够为读者们带来有价值的知识和方法,能让你们从中受益。同时,也希望读者们能够给予我们宝贵的意见和建议。感谢大家对本书的支持和关注,祝大家阅读愉快!

本书译者信息及负责章节如下:

江溯,北京大学法学院研究员,博士生导师(全书统稿、译校);

刘畅,德国维尔茨堡大学机器人与法研究中心助理研究员,博士研究生(自序、第五、八、九、十二、十四、十五、十八、十九、二十章);

陈昊明,西南财经大学法学院讲师,法学博士(第二十一章);

褚础,北京大学刑法学博士(第二十二章);

译者序

邓卓行，对外经济贸易大学法学院助理教授，法学博士、博士后（第六章）；

黄笑岩，德国国际合作机构中德法律合作项目法律顾问，法学博士（第十一、十六、十七章）；

梁奉壮，深圳证券交易所博士后，法学博士（第二十三章）；

林信铭，高雄大学法学院助理教授，德国维尔茨堡大学法学博士（第十三章）；

刘心仪，清华大学博士后研究人员，德国科隆大学法学博士（第十章）；

李源粒，中国政法大学刑事司法学院讲师，德国弗莱堡大学法学博士（第三章）；

徐凌波，南京大学法学院副教授，法学博士（第二十五、二十七章）；

徐万龙，浙江大学光华法学院助理教授，法学博士（第一、四、七、二十六章）；

王芳凯，南开大学法学院讲师，法学博士（第二章）；

张志钢，中国社会科学院法学研究所副研究员，中国社会科学院大学法学院副教授，法学博士（第二十四章）。

本书协助校对者信息如下：

邸博伦，德国维尔茨堡大学博士研究生；

李睿祥，实践大学助理教授，德国维尔茨堡大学博士。

江　溯　刘　畅

2023 年 3 月 12 日

自　序[*]

我们的世界正面临着诸多挑战，而其中许多以相同或相近的形式出现在全球各地，如新冠大流行、气候变化、移民、不同文化间的紧张关系、国际经济犯罪和国际恐怖主义等。技术领域中同样存在着此类全球性的挑战，如网络犯罪和对人工智能的法律规制。对于世界各地而言，问题背后的技术都是近似的，因此呈现出的犯罪模式也是趋同的。有鉴于此，在国际层面进行紧密合作，以寻求问题的解决方案似乎是很有意义的做法。其中，与中国的合作具有重要意义。自20世纪70年代以来，中国经历了经济、社会和技术上的腾飞，在尖端技术领域迅速追上了西方国家。

中国的刑法学同样发展迅速，如今中德两国之间可以进行非常紧密的学术交流。在中德两国的刑法学交流中，"中德刑法学者联合会"（CDSV）也许是最重要的平台之一，它是由北京大学的梁根林教授和笔者在十余年前共同创立的。中德刑法学者联合会

---

[*]〔德〕埃里克·希尔根多夫著，刘畅译

的宗旨是，在平等的基础上讨论共同的刑法学问题，并寻求一致的解决方案。当然，由于两国在地理、文化、历史和政治背景上都存在着差异，不能要求两国在所有问题上的解决方案都是相同的。但刑法比较至少为相互学习、批判性地反思自身立场和新想法的发现提供了极好的机会。

在西方存在着一些声音，希望限制知识、思想和论辩方面的国际交流，其中甚至有人希望将世界再次分成两个或三个"集团"。这种立场是短视的、愚蠢的，甚至可能是危险的。而恰恰是在政治上的联系变得困难的时候，维系和推动国际间的学术交流就显得更为重要。

语言是中德刑法学比较研究中的一大障碍，因为在德国，熟练掌握汉语的刑法学者并不多，因此，我再次要衷心感谢江溯先生、刘畅先生、黄笑岩先生、徐万龙先生、徐凌波女士、梁奉壮先生、林信铭先生、王芳凯先生、李源粒女士、刘心仪女士、褚础女士、邓卓行先生、陈昊明先生、邱博伦先生和李睿祥先生的翻译及校对工作。希望本书可以给中国的读者带来良好的阅读体验。

本书中包含以下文章：

第一编 基础理论

第一章 信息法作为独立的学科？——对法信息学和信息法学中一些基础问题的批判性评论

本文成文时间较早，彼时数字化进程逐渐加速，"法信息学"和"信息法学"的概念受到广泛的关注和使用。在这样的背景下，本文首先论证了将法信息学和信息法学这两个概念作为同义词，或者将信息法学作为法信息学的分支都是错误的做法。并进一步对二者的任务、范围和重点研究领域进行了界分。此外，本文论证了横跨民法、刑法和公法的"信息法学"不仅不必要，甚至是有害的。而"法的信息理论"并不是一个独立的学科，而是法律基础研究的一个主题。时至今日，"法信息学"和"信息法学"的概念（也许）已经得到澄清，但随着技术的进步，不同的新兴学科不断出现，如"计算机法学""网络法学""人工智能法学"等，这些新型的概念是否成立？应如何建构此类新型法律分支学科？对此本文的思考路径也许仍能提供帮助。

第二章 创新的责任——食品法上的合规、责任与刑法后果

本文发表于"合规"概念方兴未艾之时。首先，本文从两个不同角度对长期以来一直被认为存在违宪嫌疑的德国《食品及饲料法》中的刑事责任规定进行了分析。笔者认为，该法的现行规范，特别是第58、59条是失败的"风险刑法"的产物，缺乏正当性基础和明确性。但解决明确性瑕疵的方式不是将其愈加复杂化，而是应大大简化现行规范。在此基础上，笔者引出了刑事合规的概念，并讨论了合规的定义、合规义务、相关人员的潜在刑事责任等问题。笔者指出，刑事合规虽然是新兴概念，但其背后的理念却并不是新的。但它是值得深思的，刑事合规提供了一个与此前不同的问题分析视角，合规不能作为法律的替代，它是在（食品和饲料）法律繁冗、不明晰时企业用以避免责任的手段。德国《食品及饲料法》所存在的问题并不是孤立的，它可能/事实上存在于诸多专业性较强的技术法规范中。对于此类问题，本文的分析思路以及对刑事合规的分析可能可以提供

一种思路。

第三章 口语化、文献化、数字化？——关于制定 2013 年电子政务法案中对于数字化含义的一些前瞻观察

"数字化"现象已经对社会产生了极大的影响，而数字化进程还在不断加快。本文并非试图对"法律数字化"的现象进行盖棺定论，而更多地具有一种启发性的目的。法律曾经经历过从口语化向文字化转变的过程，这直接导致了罪刑法定原则等思想的产生。由技术变革所引发的从书写的法律向数字化的转变对法律文化造成的改变和新的挑战，虽然形式和内容上有所不同，但从意义上来说是与前者相似的。法治国不能也不得对这些多样的挑战保持沉默，要对迎接这些挑战做好准备，必须介入技术发展中，并积极利用数字化的可能性。作为这一转变的重要体现，本文首先分析了德国《联邦电子政务法案》在正确方向上迈出了一步。进一步，本文还从五个层面分析了技术对法律传播、司法实践，乃至法律本身产生的影响。

第四章 论技术发展的法律和道德控制——以医疗领域中的信息技术为例

本文是对技术、法律、道德三个时下受到广泛关注的概念及其相互间关系的根本性反思。本文以医疗领域中对信息技术的使用为例，讨论了什么是技术、什么样的技术可接受、什么样的技术为社会所接受、接受的过程和特点是什么。本文认为，时下的很多观点——如技术相对于法律具有滞后性、技术的发展需要遵循特定的规范性要求等——都是不全面或不正确的。本文强调，人不是技术发展的附庸，而是它的设计师。技术发展不在法外空间进行，而是与法律、道

德相伴，受后者制约，但又对后者产生影响。本文同样尝试厘清法律与道德的关系、人的尊严与人权等核心概念，由此指出，法律和道德存在于多个规范层面，且二者在一些核心理念——人的尊严——不可动摇的基础上，剩余部分是动态发展的。因而关于技术发展的规范要求不是一直清楚的；相反，为了确保源于道德和法律的有效规定得到遵守，需要的是伴随技术发展的规范性反思。

第五章　数字化、虚拟化和法律

本文提出了两个关键词，即"数字化"和"虚拟化"。前者指将信息转化为数字序列，在计算机中处理；而后者指在虚拟空间中模拟现实生活中的行为，前者是后者的基础。而在当下的技术变革中，这两个关键词处于核心地位：前者代表技术发展的当下，而后者在某种程度上可能是技术发展的未来。从这两个关键词出发，本文整体性地梳理了技术变革可能对法律产生的影响：首先，技术变革的影响体现在三个不同层面，即技术能力、社会形态和道德、法律框架。其次，技术变革对法律的影响也是层层递进的，从改变社会伦理，到新技术规范的出现，再到法律重新解释和修订的需求。在此过程中，应当注意避免"法律滞后于技术"的错误认识，避免技术进入"法外空间"。但同时也应注意坚守法律本身的核心理念，如刑法的最后手段原则。

而在文章的后半部分，本文同样从数字化、虚拟化出发，从宪法、民法、刑法和数据保护法四个部门法的角度分析了现存的法律问题。在此基础上，对数字化、虚拟化时代的法政策进行展望，提出了法政策的四项基本任务。

第二编　网络刑法

第六章　数字化的外部审计与刑法

可以看到,数据保护和数据处理之间长久以来一直处于一种矛盾的状态。个人对(特别是在社交网站上)数据公开和忽视与对数据保护者保护的呼吁形成矛盾;政策上对数据保护的重视和事实上国家对私人数据获取能力的增强形成矛盾。而在法律体系中,也明显可以看到矛盾的存在:德国《税法》(AO)第147条第6款貌似以"数字化的外部审计"的形式,允许税务局获取所有人的电子数据账目,包括律师、经济审计师和税务顾问在内。而德国《刑法典》第203条第1款第3项却将因所谓职业类型而交付客户数据这样的行为纳入了处罚范围,从职业秘密持有者在审查中是否有权拒绝交付客户秘密,到税务部门强制要求交付相关数据可能面临的问题,本文详细分析了这一立法冲突。对于读者而言,本文的思考可能对更多类似的问题都有参考价值。

第七章　互联网中青少年媒体保护的刑法要求——以接入服务商的刑事责任为视角

进入网络2.0时代以来,互联网用户的人数不断增多。随着用户群体的扩大,青少年也逐渐加入用户群体中,甚至可以说,在某些领域,青少年才是互联网用户的主力。因此,互联网中的青少年保护就成为迫在眉睫的问题。但随着互联网运作模式的变化,传统的职能划分界限不断模糊,更多零散的、难以定位的用户同时拥有了内容提供者的身份。而技术——特别是云计算等技术——的发展进一步提升了对内容创作者进行追责的难度。如此一来，对接入服务商等服务提供者的规制就成为互联网中青少年保护的重要一环。但基于传统的职能划分，德国《电信媒体法》给予了提供"中立的、纯技术性"服务的接入服务商以责任特权，限制了其对网络内容所需承担的责任。这样的责任特权在如今意味着什么？本文结合《青少年媒体保护公约》、欧盟《电子商务指令》等相关法律规范，探讨了德国《电信媒体法》第7—10条的规定对接入服务商责任的影响，分析了现有主要论点，并论证了对有害内容的删除或封锁义务，及其有义务并且有能力删除或者封锁犯罪的内容，而故意不删除或者至少不封锁时，可能承担的刑事责任。

第八章 身份盗窃问题——表现形式、国际发展和立法需求

身份盗窃是一个来自于美国刑法的概念，通常指"以欺诈为目的使用他人的个人信息"的行为。该定义所能限定的范围非常之宽，在德国等大陆法系国家也并没有能与之相对应的犯罪构成要件。为提供一个讨论和分析的平台，本文对所谓"身份盗窃"进行了梳理，结论是：身份盗窃无法被概括为单一的犯罪行为，它是一系列不同行为的集合，其中既包括合法行为也包括非法行为；既可能是有社会危害性的行为也可能是犯罪行为。本文将身份盗窃分为身份滥用和身份获取两种类型，而后者又可以进一步被区分为狭义的身份盗窃、一般身份盗用、合成身份盗用和创造具有全新识别特征的身份四种类型。在此基础上，本文简述了身份盗窃的常见类型和常见相关罪名。除了为身份盗窃问题提供一个清晰、明确的分析进路，本文还着重指出了身份盗窃与物联网相结合的问题。物联网是人类社会发展的必然趋势之一，在工业4.0的时代，人与机器、机器与机器互联。那么机

器的"身份"是否同样能被盗窃呢？本文对此得出了肯定的结论。

第三编　人工智能与（刑）法

第九章　机器人可以有责地实施行为吗？——规范上的基本术语沿用至机器的可能性

本文发表于2012年，是作者在人工智能法发展的初期的思考成果。本文从一开始提出了这样一个问题：现行刑法评价体系内的术语有哪些能够沿用到机器人主体身上？这对于人工智能法而言是最为基础的问题之一，然而亦是最难以解答的问题之一。

本文首先从语言学、语言哲学的角度出发，分析了概念的类型。例如，"运动"这样的概念在创造时就被认为是中性的，这类概念完全可以沿用至机器，但"自由意志""罪责"等概念则存在疑问。但在对概念的形成及对概念内涵的确定过程进行分析后，似乎可以得出这样的结论：定义是对语言内涵的约定，它不是一种描述，而是按照约定俗成的方式赋予概念以新的语言含义。因此定义无所谓对错，只有恰当性（目的符合性）之分。任何形式的语言本质主义都是难以成立的，已经为现代语言研究所扬弃。如此一来，即使是"非中性"的刑法概念也并没有必然不得适用的理由，也并非"神圣不可变"的。

在此基础上，本文讨论了刑法对"行为""责任""罪责""自由意志"等概念的定义过程和定义目的。认为现行法律体系是以自然主义为导向的法律体系，其中所涉及的形而上学问题，如自由意志，即使对于人类本身而言也无法解决。法学上自由意志是一种必要的假设，而必要时同样的解决方案也可以适用于机器。当下普遍适用的（刑法）规范术语，如"行为""罪责"有沿用于机器人之上的可能性。在必要时可对其进行扩张解释。在这样的语境下，不仅可以承认机器人的实施行为，同样可以承认机器人的罪责。但当下仍然看不到司法实务中采取这种路径的必要性。

第十章　刑事合规的基本问题——以半自主的技术系统的刑法产品责任为例

本文是一项法律与技术结合的研究项目的阶段性成果。它关注了两个在当时（2011—2012）非常前沿的问题——刑事合规与自主系统。本文首先从术语角度出发，探讨了什么是合规、合规的范围是什么、合规的措施有哪些、合规的对象是谁。继而探讨了合规的措施及可能存在的问题。当然，讨论的视角并非企业法律合规官的视角，而是从学术的角度分析了企业合规制度本身的优势和可能存在的问题。本文认为，在肯定合规制度的同时也应尽量避免类似问题的出现，如司法对企业合规审查的依赖和立法对合规解释的依赖等。随后，本文虚构了一个"未来手术室"的场景，将合规的概念与半自主技术系统相结合。"虚拟手术室"背景下的合规所代表的不仅是这个场景本身，甚至并不仅是医事刑法领域的合规，而是代表所有尚未出现但极有可能出现的半自主技术系统对刑事合规产生的影响。企业合规人员必须在产品达到市场成熟之前，提前考虑到由于法律的不确定性而引起的刑事责任风险，并提出解决方案。本文先从方法论角度提出了基本的思考步骤，并尝试以此思路分析"未来手术室"所面临的刑事责任风险，进而尝试为半自主技术系统背景下的合规问题摸索出可能的发展方向。

第十一章　自主系统、人工智能和机器人——一个刑法角度的定位

数字化特别是自主系统和智能机器人的出现无疑给我们的社会带来了极大的改变，还将会带来更多改变。本文旨在从刑法的视角出发对有待解决的问题进行定位。文中首先将变化大致区分为三个不同的层面：犯罪形式的改变、法学和司法工作方法的改变以及参与者（法律客体、主体）的改变。继而，通过人工过失导致机械臂伤人的鲍纳塔尔案、自主系统导致人员死亡的阿沙芬堡案、自动驾驶悖论问题、聊天机器人 Tay 案和机器人"知觉能力"问题分析了自主机器语境下潜在的问题和解决方式。

第十二章　工业 4.0 时代责任的散失和自主学习系统——刑法视角的问题概述

工业 4.0 是德国的工业化发展计划，其核心是数字化、联网化、智能化。在此背景下产生的法律问题不仅有理论研究的价值，更是具有高度的现实意义。互联网使事件的因果链更为复杂，在互联网的联结下，大量主体共同参与到事物的发展进程中，这就使责任的分配面临困难，而以个人可谴责性为核心的古典刑法所面临的困难尤甚，不可避免地产生了责任的转移、消解，甚至是散失。事实上，责任的散失并非完全新兴的问题，但互联网使其规模化、常态化，由此可以说形成了一个全新的问题维度。自主系统的出现又给问题带来了另一个发展方向——自主系统无法作为责任主体存在。本文以自动化生产的联网工厂受到攻击，而生产出导致用户损伤的产品为例，探讨了工业 4.0 背景下不同主体的责任问题，包括不同主体的注意义务、限制责任的容许风险范围等。进一步，本文还探讨了此背景下特殊的责任问题，即网络安

全责任和集体责任,以自主系统在他人影响下学习错误信息为例,分析了自主生产环节中不同主体的责任,分析了不同的问题解决方案。最后,对于此类问题的研究,本文从方法论角度提出了六点建议。

第十三章 机器人技术、人工智能、伦理与法律——科技法的新兴基础问题

本文主要探讨了如何对新技术,特别是机器人技术和人工智能技术进行符合人性的规制这一议题。首先,本文明确了道德与法律在讨论此类问题的过程中不是相互剥离的,而是相辅相成的。这一点的重要性首先体现在对介于人与机器之间的机器人之法律地位的讨论中,这是诸多其他问题如机器人致损的责任问题的出发点。本文认为,无论是从伦理上,还是从法律上,承认机器人的人格地位都不是应当绝对排除的选项。但目前在欧陆法系,特别是德国《基本法》的背景下这样做却非常困难。因此应当尝试通过其他途径解决已出现和可预见的责任漏洞问题,如在民事法律中扩张德国《产品责任法》的适用范围、适用无过错责任制度等。但无过错责任在刑法中的适用是违反罪责原则的,应予以排除。在同样排除"电子人"可能性的情况下,生产者责任将扮演更为重要的角色。为此,一方面应进一步厘清生产者责任的内容,另一方面应明确对生产者责任的限制。在机器人系统的语境下,本文主要讨论了基本伦理原则、(人类—机器、机器—机器间的)信赖原则和容许风险三个范畴。

第十四章 以公共利益为导向的立法——以欧盟"人工智能高级别专家组"的建议为基础

数字化和人工智能正在重塑我们的工作与生活环境。为了对其进

行规制和引导，欧盟高级别专家组于2019年4月颁布了《欧盟可信赖的人工智能伦理准则》（以下简称《准则》），提出了可信赖的人工智能包含的三个核心要素、四项基本伦理原则，并从中发展出七项必须满足的条件。伦理准则作为全球范围内最早的人工智能伦理规范之一，受到广泛关注，而在《准则》的基础上，欧盟又进一步颁布了《人工智能白皮书：追求卓越和信任的欧洲方式》（以下简称《白皮书》）。本文首先详述了《准则》和《白皮书》的核心理念及主要特点，并进行了评价。而笔者作为专家组成员，对于前述文件的主导思路、思考过程等具有更深的了解，在本文中，笔者也阐述了这些"立法者原意"，以便帮助读者更好地理解。在介绍和评价之余，本文也强调，人工智能领域的发展日新月异，专家组并不认为可以通过几份文件就一劳永逸地为这样一个动态的、生机勃勃的领域确立规范基础。无论是《建议》还是《白皮书》，都只是基础性的、阶段性的成果，必须建设性、批判性地审视和发展这一成果。因此在本文的后半部分，笔者重点指出了几个欧洲人工智能监管所面临的挑战，如责任问题、人格权保护、算法歧视、隐私和数据保护、技术家长主义、技术垄断等。

第四编　自主驾驶和法律

第十五章　半自主驾驶汽车——宪法规范和法政策挑战

本文成文于近10年前，当时的自主驾驶仍属于"概念"或者"想象"阶段，其时的自动驾驶技术仍处于L1-L2阶段，而德国的相关法律规定也尚未得到修改。理论和实务界对自动驾驶技术存在大量质疑,因此,本文试图为自动驾驶构建一个基本的法律框架。第一,车辆"自主"驾驶意味着人类会服从车辆的决策,同时,自主驾驶的引入也意味着新的道路交通风险的引入。在这样的背景下,对自主驾驶车辆的引入是否具有宪法基础?而从另一个角度来看,有大量数据表明,自动化驾驶、自主驾驶车辆的引入会大大降低交通事故的数量。那么能否反过来将人工驾驶视为一种无法接受的风险?强制采用自主驾驶技术又是否具有宪法上的正当性?第二,本文概述了采用自主驾驶技术所须克服的法律障碍,首先是作为准入规范的《道路交通法》及相关国际协定,其次是尚有不足的民事、刑事责任规定,生产者责任规定,数据保护规定。最后,本文提出了"死亡算法"的问题,即车辆难以避免地会造成他人死亡时的决策问题。

第十六章 自动化驾驶与法律

本文发表于2015年,是从德国法的视角对当时的自主驾驶相关法律规范进行的(较为)全面的梳理。本文首先尝试厘清自动化驾驶、自主驾驶等概念,并分析了作为融合技术的自动化驾驶的优缺点,继而从宪法、准入与运营、民事赔偿责任等七个不同的法律视角对现存的法律规范加以分析,确定自动化驾驶技术在哪些领域不会面临过多的问题,而哪些领域亟待改进。最后,本文讨论了几个在将来可能必须解决的问题,如掌控悖论问题。

本文认为,技术的发展依赖相关技术领域的进步,这种技术融合也使自动化交通工具面临新的法律问题。自动化交通工具有提高交通安全性、促进环保、合理利用资源以及巨大的经济潜力等优势,同时也包含着新技术成本、技术设定值的强制适应、软件供应商的垄断风险以及安全漏洞等问题。鉴于自动化驾驶技术的发展现状,国家应当从宪法层面对相关法律规定作出有益于技术的解释，同时在道路交通、数据保护和保险业等领域作出相应的法律调整，并且做好应对掌控困境、事故—运算法则的程序化等一些新的挑战。

第十七章　自动驾驶的规制之路——对德国《道路交通法》最新修订的说明

德国于2017年对《道路交通法》进行了修订，增加了1a、1b、1c三条规定。新规对高度自动化、全自动化驾驶（注意不是自主驾驶！）车辆进行了定义，并通过规定基础性的准入条件，原则上许可了自动化驾驶系统在德国公共道路上的可用性。这一立法修改是里程碑性质的，是全球第一个允许自动化驾驶车辆在公共道路上（和正常车辆一样）行驶的立法。但此次修订仍是初步的解决方案——立法者仅仅希望通过简单的、基础性的规定搭建一个基本框架，并尽可能地将自动化道路交通的问题融入传统的道路交通法体系中。因此，传统的侵权责任法、强制保险法等规定在新法框架下依然适用。在新法修订之际，笔者作为深度参与相关讨论的学者，通过此文简述了新法（当时还是草案）的主要内容，分析了其对现行交通事故损害赔偿体系、生产者责任体系等法律体系的影响，并着重回应了一些对新规的误解。最后，本文还指出了一些新规没有覆盖到的重要问题，以期引起更多的讨论。

第十八章　自动化驾驶和刑法——"阿沙芬堡案"

阿沙芬堡案是德国自动驾驶法领域最重要的案件之一，是德国第一起由自动化驾驶（辅助）系统所导致的人身损害和人员死亡案件。而德国于2017年对德国《道路交通法》进行了修改，许可了自动化驾驶技术在公共道路上的使用。这会导致人机混合驾驶的比例逐渐增加，而相应的，自动化驾驶车辆致损的案件也会逐渐常态化。以此为契机，本文首先简述了德国《道路交通法》的修改，随后以阿沙芬堡案为例，探讨了新法背景下，自动化驾驶车辆致损时的法律责任，特别是刑事责任问题。

第十九章　数字化时代的生命折抵禁止原则——以自动化驾驶情境下的悖论问题为视角

本文全面且详细地讨论了自动化驾驶背景下的一个具体问题——悖论问题，即当自动化驾驶车辆无可避免地会造成他人损害时的决策问题。这是数字化革命向我们抛出的一个必须解决，但又极难解决的问题。说它必须解决，一方面是因为随着数字化革命出现了新"社会主体"，即自主机器，传统的法律体系下难以对其进行归责，但社会又难以容忍不受限制的"法外之地"存在；另一方面技术进步带来了解释需求，一些传统上人类凭借本能完成的行为，如紧急状态下的规避动作，一旦需要被编译到同样时间内有能力进行理性分析的机器中，就必须对其加以解释，必要时需要设定一种合理选择。说它极难解决，是因为"悖论"问题既然被称为"悖论"，就是因为不论如何选择都会面临伦理上的困境。从公元前2世纪的"卡涅阿德斯船板案"直到近年的《航空安全法》案，类似的救助杀人问题一直被讨论，但一直没有得到彻底的解决。

本文首先区分了自主驾驶背景下的悖论问题的两个问题范畴，其一是事件发生时的决策问题；其二是应当被编写入程序中的决策机制问题。后者与传统的"扳道工案"等是存在显著差异的，因为这并非假想的或者急事从权的决策，而是产业界亟待解决的、对将来会发生的事进行决策的问题。而这又仅是问题的一个缩影，在医疗等领域同样存在相同的问题。

在此基础上，对于可能发生的情形，本文又将其划分为两个类型——对称危险类型和非对称危险类型。前者指潜在的受害人本就同处危险状况中，而机器决策只能使其中部分人获救；后者指潜在受害人中的一部分人本身不存在危险，但机器决策可能使其陷入危险，例如为了躲避将要撞上的两人，会撞上无辜的第三人。对此，传统上称其为对生命的"折抵"，并通常会回溯到边沁的功利主义思想，并对其加以批判。本文认为，德国一直以来对边沁的批判是存在问题的，其本质上是一种"政治性的批判"，这并不客观，完全可以采用功利主义进路解决问题。但采用功利主义进路不意味着简单地对生命进行折抵，或者得出无辜者有牺牲生命的义务，这种理解忽略了对法律体系的不利影响，后者同样属于"不利"。

在此基础上，本文尝试为自主驾驶背景下的悖论问题找到一个能够与教义学相和谐的、不违背法律体系的法伦理基础的且切实可行的解决方案，证立了"损害最小化原则""不得参考人的定性要素"等判断规则。最后，也探讨了事件发生概率可能造成的影响，及乘员保护、生产者责任等问题。

第二十章　德国的自主驾驶和法律

继 2017 年在《道路交通法》中增加关于自动化（automatisiert）联网车辆的规定后，德国于 2021 年进一步进行了大范围的法律修订，成为世界第一个颁布车辆自主（autonom）运行规则的国家。新规允许符合相应条件的机动车在没有驾驶员的情况下，在指定区域内自主运行。而另一个由本法引入的主体——技术监督员,随时与车辆保持联系,但只在极特殊的情况下干预车辆的运行。这一里程碑式的新规一经颁布即在全球范围内引发热议。本文详细介绍并分析了新规引入的概念,以及较为重要的技术规定、责任规定,讨论其理论合理性及实践可行性,并指出了新规存在的问题及潜在的发展方向。

第五编 刑事程序法

第二十一章 新影像技术下对精神心理的保护——人性尊严和刑事诉讼法

本文始于 2013 年 9 月的两篇新闻报道,二者都涉及科学在脑神经研究方面的新进展,一者是关于对人类意识的识别和重建;二者是关于对人类行为的控制。人类从未停止在脑科学领域前进的脚步,然而此类研究无疑引起了极大的伦理学争议。而当这样的技术被应用于刑事诉讼程序中,问题则更为严重:在刑事诉讼中能否借助技术手段"读取"犯罪嫌疑人的心理?无论是使用测谎仪、"吐真剂"类的药物还是前文所述的更高科技手段。

事实上,早在 20 世纪 50 年代初,以《刑事诉讼法》第 136a 条的引入为契机,已经就刑事诉讼程序中是否允许使用测谎仪和麻醉下精神分析展开过讨论。本文首先回顾了比较有代表性的观点,如海因里希·亨克尔的观点及德国联邦最高法院的判例(包括判例观点在此期间的变化)。随后,本文抽象出"对精神心理的干预及对其的保护"这一核心命题并加以讨论。首先区分了对思维、意志、情感产生影响的不同形式,讨论了对不同行为的法律规定,并特别强调,精神心理部分受到"人格尊严"层级的保护，但人格尊严作为最为核心的、"不可碰触"的领域，应进行最为严格的解释。继而，本文通过六个案例讨论了当事人同意对精神干预的影响，尝试论证"如果存在有效同意，则对精神的干预不构成对人性尊严的侵犯——除非干预会造成自主能力永久丧失"，并通过几个更为困难的案件加以校验。这样，本文认为，在不会造成人性尊严受到损害或其他极端情形下，如果当事人同意，可以允许对其进行"读心"。当然，本文对精神干预整体依然持谨慎态度，在文章的末尾，提出了几项将来法律在精神干预领域可以改进的建议。

第二十二章　罪责始终无疑？——人工智能背景下事实认定和证据未决之问题

"罪责始终无疑"是弗兰茨·卡夫卡小说《在流放地》中法院的定罪原则，而现实中法院在刑事案件的认定过程中也应"排除一切合理怀疑"。而为了最终确定行为人的罪责是否无疑，在警务程序和刑事诉讼程序中难免会使用各式各样的机器：从显微镜到血液酒精检测仪器再到DNA分析。而在数字化时代，在线搜索、人工智能等技术的出现将"工具"的概念推到了另一个维度。

本文着重讨论人工智能技术，特别是具备自主学习能力的人工智能系统在警务和刑事诉讼程序中的应用。从事实认定、预测性警务、定罪辅助和独立裁判等主要应用领域出发，本文详细分析了不同层级的人工智能系统在刑事程序中应用时可能面对的问题。例如，自由心证原则下机器的事实认定和法官的评判结果存在矛盾、读心行为是否允许、使用人工智能系统进行风险预测的正当性、自主系统独立作出司法裁判等。

第六编 拾 遗

第二十三章 跨学科的成功条件——以法学为例

"跨学科"对于技术法而言是一个无法绕开的概念,因为技术法本身即为跨学科研究的一种。这样的例子还有很多,如"医事刑法""生物化学""经济信息学""控制论"等。这些交叉学科要求来自不同学科的学者共同就一个问题展开合作。这些学科中有些大幅推动了原有领域的发展,而有些则逐渐消逝。本文首先分析了"跨学科"概念的形成、跨学科研究的优劣,继而着重分析了法学的特殊之处,并在此基础上分析了法学与其他学科的关系、限制法学跨学科研究的因素和跨学科研究的成功条件。

第二十四章 法学教育中的计算机辅助——德国法学教育中电子化学习的发展状况与展望

本文发表于 2011 年,是对当时法学教育中电子化学习(E-Learning)的状况进行的总结。不知应称之为幸运还是遗憾,文中指出的部分有待解决的问题——甚至是一些发展状况——时至今日都仍有一定的参考意义。在本书出版前的一段时间,疫情大流行极大地推进了线上教学的发展(或者至少是规模)。其中所体现出来的优势和所存在的问题,无论是教育工作者抑或学生想必都有了更深的感触。此时结合文中十余年前进行的思考,可能会更好地明晰计算机辅助下的法学教育的前进方向:

本文首先梳理了计算机辅助教学的发展历史,从 20 世纪 80 年代起,计算机辅助教学大致经历了从单纯线上提供数据,到高度多元化、高度互动性的线上教学模式的发展阶段。而计算机辅助教学的优势是毋庸置疑的,其可以克服时间、空间、身体上的障碍,但其问题也值得关注,例如本文指出的过于依赖学生的自主性、缺乏引导等。本文继而分析了网络教学的发展状况和阻碍线上教学发展的因素——如对教学方法缺乏研究、保守主义倾向等,并指出了大学法学教育工作者必须积极推动计算机辅助教学的理由。但在最后的展望环节,本文也强调,不应无条件地进行教学方法创新实验,也不应主张放弃线下教学,而是应在充分方法论指导的基础上,佐以其他积极条件,形成高效、高质量的混合教学模式。

第二十五章 科学的精神与跨学科思考

本文从"科学精神"出发,分析"科学"的核心要素,解释什么是科学,科学的目标是什么。在此基础上,本文讨论了法学是不是科学,之前总结的科学精神是否同样能适用于法学领域。本文认为,法学可以被视为社会科学,但必须附加额外的基础性规则。本文强调,应区分事实陈述和价值判断、对实定法的讨论和对应然法的讨论,避免以学者"法律科学"的名义管束个人的政治与道德价值观,背离了法律的科学性。而在实践中,法学研究经常会以跨学科的样态出现,这无疑有其优越之处,对此本文总结了跨学科的五项功能。但跨学科研究同样潜藏着危险,如交流困难导致的"向抽象逃避",或者失去本学科所必需的标准,这些无疑都是背离科学精神的。最后本文认为,成功的跨学科研究必须能够在不违背本学科基本标准的前提下,清晰地、以非专业者能够理解的方式就本专业的问题与解决方案进行沟通与交流,且不会造成重大的信息损耗,而刻意追求的晦涩难懂、"深刻性骗局"都是有违科学精神的。

第二十六章　刑法上的产品责任

在数字化变革的时代，产品责任会扮演愈加重要的角色，这点在本书收录的多篇文章中都有所体现。只需想象一下自主驾驶系统致损时的责任问题——驾驶者并没有亲自驾驶车辆，而目前在德国，承认自主驾驶车辆的法律主体地位也是十分困难的。因此，将车辆认定为瑕疵产品，并追究生产者的（民事或刑事）责任就成为一个必须考虑的选择。

在此背景下，本文对德国法中的刑事产品责任进行了全面的梳理。首先，本文简述了刑事产品责任的概念和发展史。随后，对德国法中的刑事产品责任和民事产品责任进行了比较，并介绍了刑事产品责任所涉及的主要法律规定和包括著名的皮革喷雾剂案、木材防腐剂案在内的 11 个该领域中的重要案例。接下来，本文详细阐述了产品责任领域的核心问题，如注意义务、作为和不作为、因果关系、保证人地位、用户的自我危害行为等，以期为读者呈现德国刑事产品责任法的完整图景和对关键要素的理解方式。最后，本文介绍了产品责任的特殊领域，即食品和药品刑法。

第二十七章　从工具到伙伴？人工智能对社会规范和法之任务的影响——一个跨学科研究项目概述

（至少是实体化的）人工智能系统是物，或者说是工具，这点在目前看来是没有问题的。但它又不同于石头、木棍等传统意义上的工具，人类会与这样一种具有"智能"的工具进行更深层次的交互，其中甚至包含了情感上的交互——这就已经使其超出了传统的非生命体范畴。而这种深度的交互无疑会对人的行为模式、随后是行为规范产生影响。在智能手机的发展过程中我们已经深刻地体会到了这种影响。而当人工智能系统与人类进行更深层级的交互——成为儿童的学习对象、成人的工作伙伴，甚至与人类发生"性关系"时，人工智能系统又会对我们社会所承认的认知和行为规范产生何种影响？行为规范的改变最终又会投射到法律中，不论是规制不当的行为还是顺应新的现象，那么法律又应当如何回应我们的新"伙伴"？至少可以考虑的是，应当对信赖原则进行拓展，而这又可以区分为人对机器的信赖、机器对人的信赖以及机器对机器的信赖三种不同的类型。总而言之，要充分实现人工智能的积极潜能，就不能只是简单地将人工智能纳入现有的社会与法律规范中，伦理与法律上的"合规"是不够的。必要的是，明确基于人工智能的各种技术产品的应用场景，要求人工智能在与其人类伙伴的互动过程中不会产生副作用。要理解人工智能对人的社会影响，不仅需要技术层面的能力，也需要社会科学层面的能力。我们需要更多的实证知识，来更好地理解人工智能的社会效应，惟其如此才能有针对性地设置法律规则。

目 录

第一编 基础理论

第一章 信息法作为独立的学科？
　　——对法信息学和信息法学中一些基础问题的
　　批判性评论 …………………………………… 003
第二章 创新的责任
　　——食品法上的合规、责任与刑法后果 ……… 015
第三章 口语化、文献化、数字化？
　　——关于制定 2013 年电子政务法案中对于数字化
　　含义的一些前瞻观察 ………………………… 037
第四章 论技术发展的法律和道德控制
　　——以医疗领域中的信息技术为例 …………… 053
第五章 数字化、虚拟化和法律 ……………………………… 066

第二编 网络刑法

第六章 数字化的外部审计与刑法 ………………………… 091
第七章 互联网中青少年媒体保护的刑法要求
　　——以接入服务商的刑事责任为视角 ………… 105

第八章　身份盗窃问题
　　——表现形式、国际发展和立法需求 ……………… 120

第三编　人工智能与（刑）法

第九章　机器人可以有责地实施行为吗？
　　——规范上的基本术语沿用至机器的可能性 ……… 133

第十章　刑事合规的基本问题
　　——以半自主的技术系统的刑法产品责任为例 …… 148

第十一章　自主系统、人工智能和机器人
　　——一个刑法角度的定位 …………………………… 161

第十二章　工业4.0时代责任的散失和自主学习系统
　　——刑法视角的问题概述 …………………………… 179

第十三章　机器人技术、人工智能、伦理与法律
　　——科技法的新兴基础问题 ………………………… 195

第十四章　以公共利益为导向的立法
　　——以欧盟"人工智能高级别专家组"的建议为基础
　　……………………………………………………… 214

第四编　自主驾驶和法律

第十五章　半自主驾驶汽车
　　——宪法规范和法政策挑战 ………………………… 243

第十六章　自动化驾驶与法律 …………………………… 261

第十七章　自动驾驶的规制之路
　　——对德国《道路交通法》最新修订的说明 ……… 282

目 录

第十八章　自动化驾驶和刑法
　　　　　——"阿沙芬堡案" ·················· 293
第十九章　数字化时代的生命折抵禁止原则
　　　　　——以自动化驾驶情境下的悖论问题为视角 ······ 301
第二十章　德国的自主驾驶和法律 ·················· 331

第五编　刑事程序法

第二十一章　新影像技术下对精神心理的保护
　　　　　　——人性尊严和刑事诉讼法 ················ 363
第二十二章　罪责始终无疑？
　　　　　　——人工智能背景下事实认定和证据未决
　　　　　　之问题 ························ 380

第六编　拾　遗

第二十三章　跨学科的成功条件
　　　　　　——以法学为例 ···················· 403
第二十四章　法学教育中的计算机辅助
　　　　　　——德国法学教育中电子化学习的发展状况
　　　　　　与展望 ························ 425
第二十五章　科学的精神与跨学科思考 ·················· 439
第二十六章　刑法上的产品责任 ····················· 454
第二十七章　从工具到伙伴？人工智能对社会规范和法之
　　　　　　任务的影响
　　　　　　——一个跨学科研究项目概述 ··············· 489

第一编

基础理论

第一章
信息法作为独立的学科?
——对法信息学和信息法学中一些基础问题的批判性评论*

一、引言:法信息学和信息法学的现状

在德国,法信息学(Rechtsinformatik)和信息法学(Informationsrecht)的状况并不算好。虽然互联网人在街头巷尾都在受到热议——在此我仅需提到德国联邦宪法法院在 2008 年 2 月 27 日作出的关于在线搜查(Online-Durchsuchung)①的新判决——并且数字化(Digitalisierung)已完全渗透进我们共同的生活世界,然而过时的、不合时代潮流的名声却

---

* 本文为 2008 年 3 月 4 日在维尔茨堡举行的法与信息科学论坛第一次会议的开场报告。本文与报告基本一致,只是增添了几处脚注。

本文德文原文"Informationsrecht als eigenständige Disziplin? Kritische Anmerkungen zu einigen Grundlagenfragen von Rechtsinformatik und Informationsrecht"发表于:Taeger, Jürgen, Vassilaki, Irini (Hg.), Rechtsinformatik und Informationsrecht im Spannungsfeld von Recht, Informatik und Ökonimie. 1. Wissenschaftliches Forum für Recht und Informatik. OlWIR Verlag für Wirtschaft, Informatik und Recht 2009, S. 1-12。

① BVerfG NJW 2008, 822-837, dazu Erd, Rainer: Bundesverfassungsgericht versus Politik - Eine kommentierede Dokumentation der jüngsten Entscheidungen zu drei Sicherheitsgesetzen, KJ 2008, S. 118-133., 118, Martin Kutscha, ehr Schutz von Computerdaten durch ein neues Grundrecht?, NJW 2008, S. 1042; Michael Sachs/Thomas Krings, Das neue „Grundrecht auf Gewährleistung der Vertraulichkeit und Integrität informationstechnischer Systeme", S. 481.

附着在"法信息学"这一名词之上。"法信息学的重生"①的尝试(到如今又15年过去了)已经失败了,一些人甚至说法信息学已死。②

与上述论断相反的情况是,法信息学在邻国例如奥地利是非常活跃的。在过去的十年里,在那里涌现出了一批关于法信息学的文集,在这些文集中除了所讨论的问题非常之广泛和文章的质量颇高之外,作者的年龄相对较轻也引人注目。③ 在奥地利,可以确定的是,法信息学绝没有死。④ 在德国,相较于法信息学,经济信息学(Wirtschaftsinformatik)⑤和医事信息学(Medizinsinformatik)⑥则是颇为繁荣的。显然,法信息学的弱势可能要归咎于自身。

作为替代——或者说进一步的发展——法信息学被称为"信息法学"(Informationsrecht)。⑦ 但是,对于这一概念的意涵却没有统一的见解。或许,人们最容易通过与法信息学相对应的社会理论即"信息社会"来理解信息法学的关注点。人们将信息社会理解为经济和社会形式,在其中,信息和知识的获取、存储、加工、交换、传播、利用具有核心的意义,在经济上,它构成了国民生产总值重要的、不断增加的组成部

---

① 这是1993年10月在马堡所举办的一场会议的名称。参见 Fiedler, Herbert: Die Notwendigkeit informationeller Garantien und die zweite Geburt der Rechtsinformatik, JurPC 1993, S. 2346-2351.; ders., Zur zweiten Geburt der Rechtsinformatik-Skizze zur Erneuerung eines Programms der Rechtsinformatik, DuD 1993, S. 603-605。

② Hoeren, Zur Einführung: Informationsrecht, JuS 2002, 947, 949; 相近的观点也参见: Wolfgang Kilian, Warum Rechtsinformatik? CR 2001, 132 ff., 他认为法信息学在新的信息及通信技术的法律应对中扮演着关键的角色。

③ 参见 Erich Schweighofer/Thomas Menzel/Hanna Maria Kreuzbauer (Hrsg.), Auf dem Weg zur ePerson. Aktuelle Fragestellungen der Rechtsinformatik, 2001。

④ 无论如何关于信息法学,在瑞士似乎也是如此。参见 Cottier, Michelle/Rüetschi, David/Sahlfeld, Konrad W: Information und Recht-Ein Projekt von Assistentinnen und Assistenten der Juristischen Fakultät Basel, Basel 2002。

⑤ 参见 Rainer Thome, Grundzüge der Wirtschaftsinformatik, 2006。

⑥ Thomas Lehmann, Handbuch der medizinischen Informatik, 2004。

⑦ 同上注②Hoeren, JuS 2002, 947, 949。

第一章 信息法作为独立的学科？

分,并且其社会文化效果持续地改变人们的工作和生活条件。① 在信息社会中,"信息"是除了经典的土地、资本和劳动之外的新的生产要素。相对应地,信息经济是除了传统的经济部门即农业、工业和服务业之外新的部门。

信息法是法对于这些深刻的社会和经济变化的回应。也就是说,信息法不应当被理解为"计算机法"(Computerrecht)、"网络法"(Internetrecht)以及"关于新媒体的法"(Recht der neuen Medien),而是作为法的独立学科与传统的法律分支学科并列或作为一些学科的上位概念,即关注"信息"的法领域。② 但是,即使是该领域的先驱们对于信息法的问题范围似乎也没有形成一致意见:一些人认为信息法和知识产权法关系密切——Hoeren 谈到了"著作权法作为信息法的大宪章"③——而另一些人④则认为信息法是包括刑法在内的所有法律学科的全面的交叉学科。

根据这一概览可以确定的是,法信息学和信息法学无论是从其存在本身、其具体内涵以及其发展方向来看都是有争议的。必须承认,这也让笔者有些担忧,因为除了刑法、刑事诉讼法和法律理论之外,笔者还将法律信息学和信息法列入笔者的教席名称。因此,笔者的更多具有探索性质而非断然性的论述也代表了一种自我正名的尝试。

这一尝试,即弄清楚"法信息学"和"信息法学"的内容、方法和目的,在深入而又资金匮乏的大学改革的时代,具有明显的意义。若不能成功地向政治和大学管理部门说服这两个学科的重要性,那么(至少作为专业名称的)信息法学和法信息学就有可能被终结。如今,法信息学已经被如此边缘化,甚至已经危及了它存在的正当性(例如作为大学的重点领域或者进修课程)。

为了避免事情向这个方向发展,必要的是,认识到产生的原因。我

---

① Der Brockhaus in fünfzehn Bänden, Bd. 6, 1998, 413 f.
② Hoeren, Zur Einführung: Informationsrecht, JuS 2002, 947, 949 f.
③ 同上注②Hoeren, JuS 2002, 947, 950。
④ Michael Kloepfer, Informationsrecht, 2002. 同样的, Dietmar Jahnel/Alfred Schramm/Elisabeth Staudegger (Hrsg.), Informatikrecht, 2. Aufl. 2003(针对的是奥地利法)。

认为,以下四个方面具有特别的重要性:

(1)信息和通信技术发展得如此之快(我还仅提及了 Web. 2.0),以至于法信息学和信息法学都未能成功地突出这一研究领域的典型的课题、标准难题和解决进路。今天所确信的东西,明天就过时了,尤其是缺乏受到广泛认可的教材①或者指引方向的专著。要想在快速的技术变革中存活下来的文本必须以一种抽象的方式得以呈现,不然,它们更有可能被划归到法律理论而不是与具体的现实生活问题相关的法律信息学范畴。②

(2)法信息学专业一直饱受错误的发展方向和过去的失败之苦(相关关键词例如"司法的专家系统"③)。一直以来,法律信息学还受到一种致命的折中主义的威胁,这种折中主义打着跨学科的幌子出现,并倾向于用"模糊逻辑""混沌理论"或"系统论"等时髦的术语来装饰自己,而并不深究这些方法的认知内容,也不考虑其对法律需求的有用性。鉴于目前在德国大众媒体中脑科学研究的繁荣,有人将"法律的神经信息学"的项目列入日程,大概只是一个时间问题。

(3)与这一时髦词汇的膨胀适用相反,法信息学明显地缺乏理论,这尤其可在术语的不统一中注意到。核心概念"信息"未被解释,"法信息学"和"信息法学"也有不同的使用方法:部分观点认为信息法学是现代化了的法信息学,而有的观点则认为信息法学只是法信息学的部分领域。

(4)这一专业的不少支持者将问题的范围限制于民法甚至于民法

---

① 相当重要的,但是已经过时的教材是 Elmar Bund, Einführung in die Rechtsinformatik, 1991。

② 尤其值得注意的是 Druey 的作品。Druey, Information als Gegenstand des Rechts. Versuch einer Grundlegung, 1995; 更加偏向实务的是 Kudlich 的作品。Kudlich, Information als Herausforderung und Informatik als Hilfsmittel für die Rechtsanwendung im Straf-und Strafprozessrecht, in: Taeger, Jürgen, Vassilaki, Irini (Hg.), Rechtsinformatik und Informationsrecht im Spannungsfeld von Recht, Informatik und Ökonimie. 1. Wissenschaftliches Forum für Recht und Informatik. OlWIR Verlag für Wirtschaft, Informatik und Recht 2009, S. 13-24.

③ 概览参见 Thomas Jandach, Juristische Expertensysteme, 1993。

的一部分即知识产权法之上,这一视角的限缩,明显和在信息法学中已经被勾勒出来的、对广度的追求相对立。

鉴于这些问题,既有的法律学科的许多学者对于法信息学和信息法学有所怀疑。

二、通过引入哲学理论自我正名?

新兴的、在方法论上还没有定型的学科通常会在宏大的哲学理论中寻找立足点,相关作品一次又一次地出现在全国性报纸的专题版上,因此也被其他学科的学者所关注。当深植于既有学科中的革新追求试图得到认同时,也会出现同样的情况。对于这样的哲学大理论的援引——"哲学"这一概念在此被广泛地理解——对于革新者而言具有多重优点:第一,它能塑造特别的哲学的高贵印象;第二,相关的新的术语通常是足够广泛的,结果是革新者在宏大哲学理论的外衣下可以在讨论中轻松地掺入他自己的想法。

第三,不能忽视的一点是,面临革新的专业中的传统的学者,对于似乎作为特洛伊木马使用的宏大哲学理论并没有准确的认识,结果是革新者占据着明显的信息优势或者可以毫无后果地声称占据着明显的信息优势。革新者因此可以作为"专业引领者"出现,而既有部分学科的对创新不友好的学者则不得不承担麻木的、保守的"专业白痴"的角色。

大概从20世纪60年代中期到80年代,这样的革新运动影响了所有的德语法学。引领革新者前行的旗帜是"法学理论"(Rechtstheorie),[①]最大的战舰是分析哲学、系统论和批判理论(在当时它还被称为"对话性哲学")。借助这些宏大理论,前述运动实际上成功地改变了法和法学,当然,根据笔者的估计,主要的作用是积极的。

---

① 关于此详细的论述参见 Eric Hilgendorf, Die Renaissance der Rechtstheorie 1965-1985, 2005。

当然,如今那些大战役已经过去了。上述被提到的宏大理论,部分已经消亡,而部分已经进入学院派的阶段,或者已经被其尚存的主要支持者悄悄地大范围改造,以至于它们几乎不再有批判性的能力了。① 对于法学这样一个通常要延迟 15—20 年才能对临近学科中出现的哲学或方法论革新运动作出反应的学科而言,前述宏大理论也已经不再有新意甚至是创新价值。

从这些宏大理论中无法再激发出可点燃法信息学和信息法学中方法论的火星了。至多是能费力地为那些疲惫的、在早已过去的战斗中斗争过的勇士和一些固执的(也许仅仅是缺乏想象力的)模仿者点燃温暖的篝火。为了解决信息法学和法信息学中的基本问题而在所谓的宏大理论中寻求帮助,无论如何都是错误的做法。相反,我们的任务是,澄清法信息学和信息法学应当实现何种目的,以及具有何种困难。

三、法信息学和信息法学作为独立的学科

(一)法信息学的任务

在法信息学和信息法学的界分中,所涉及的核心是术语的问题。关键是找到合适的定义,也就是概念的确定。在此应当思考的是,定义虽然不会是真或假的,但却可以是或多或少的合目的性的或者"合适的"。

我的建议是,将法信息学建构为与更为成功的它的姐妹科目即经济信息学②和医事信息学③相平行的、作为信息学的组成部分的、一个技术导向的学科。根据这一概念确定,法信息学研究的是在计算机的支持下如何从法律获取、发送、加工和存储信息。其主要任务是将信息和通信技术领域的技术创新融入法学。因此,法信息学在新的信息和通信技术与法之间构建了接口,这就是它的主要任务。

---

① 在"批判理论"中情况应该也是如此。
② 参见 Rainer Thome, Grundzüge der Wirtschaftsinformatik, 2006。
③ 参见 Thomas Lehmann, Handbuch der medizinischen Informatik, 2004。

此外,在宽泛地理解法信息学时,也可以在其框架内处理现代信息和通信技术带来的全面的社会、经济影响。这就开启了一个非常广泛的领域,而法信息学者尚未对这一领域有所耕耘。借此,法信息学将包含法社会学和法哲学的问题。就信息和通信技术的前提、(实际的)应用和(真实的)后果给立法者和法律使用者以建议,也属于被如此构想的法信息学的现实任务。但是,法信息学不应当是法信息学者表达个人价值判断和政治观点的平台,而应当被合目的理性地(zweckrational)构建:它所讨论的是特定的技术更新在法律中会有何种效果,或者特定的法律政策目标如何在信息技术上被达成。

最后,属于法律信息学的现实任务的还有对计算机支持的多媒体教育和学习系统的发展,在其中可以被区分为软件、教学理论和内容三个问题领域。如今,计算机支持的学习已经在欧洲的层面被强调。[①] 相较于 20 年前,对创造"法律的专家系统"的尝试和计算机化的司法学习程序主要因为技术条件而失败,现在的软件则提供了完全不同的可能性。借助如今可使用的处理器、存储容量以及有线网络,庞大的数据量可以被整理、传输和展示。在许多大学中,计算机支持的学习或者"e-Learning"正扮演着越来越重要的角色。[②]

笔者斗胆预测,5 年后在市场上还会有更多类似的产品出现,它们既被设计成传统大学教学的补充,又作为其替代品出现。法学教师必须准备好应对这一应当被认真对待的竞争,因为使用多媒体的学习程序不依赖于时间和地点,并且在与现场教学的课程具有一样效果的情况下,价格要便宜得多。

以上的内容是关于法信息学的,那么信息法学看起来如何呢?

(二)信息法学作为全面的交叉学科(Querschnittsdisziplin)?

信息法学可以被最合乎目的地构想为法律的分支领域,它是处理信

---

① 进一步的内容参见 Eric Hilgendorf, Juristenausbildung und neue Medien. In: JZ 2005, 365。
② Karsten Eilrich, Computergestützte Lehre in der Jurisprudenz, Diss. Jur. Würzburg 2008.

息问题的法领域。相应的,信息法学者的任务是对与"信息"这一关键概念有密切关系的法律规范的描述、体系化和分析。法和信息法可以将计算机技术的问题作为它的对象,①但是它处理这一问题时的方法和法信息学完全不同。法信息学者并不需要是法律人,而信息法学者则必须是法律人。

为了进一步建构信息法学,可以将其划分为以下分支领域:②

(1)对于信息的处分权:它们是如何形成的？它们包含何种内容？它们如何能被转让？它们应当如何被保护？

(2)和信息相关的人的权利:名誉的保护、人格权的保护、信息自决权的保护。

(3)对于信息的请求权:在此涉及的主要是信息自由权的基础和界限,数据保护法上的知情权,也涉及参与到数据控制的请求权以及数据删除的请求权。

(4)对于信息的责任:成为主题的主要是对于不正确信息的责任,例如错误的来源,以及对于有瑕疵的"信息商品"(informationell Güter)的责任,如有错的计算机程序。

此外,还有调整(改造和补充)传统法律以适应新的技术条件:在此涉及的问题是,如何通过电子化的意思表示来缔结合同,或者国家的法律如何在互联网中使用。

刑法也应该嵌入到这一结构化的建议之中,其所调整的是(刑法的)制裁,这一制裁将会在发生对特定权利的违法侵害时出现。③

---

① 已经被很好引入的是技术法的概念(Technikrecht),其在文义中也包含关于计算机技术的法律。

② 参见 Ulrich Sieber, Rechtsinformatik und Informationsrecht. Herausforderungen und Zukunftsperspektiven an der Schnittstelle von Informatik und Recht, Jura 1993, S. 561, 568 ff.。另一种结构模型,参见 Viktor Mayer-Schönberger, Information und Recht. Vom Datenschutz bis zum Urheberrecht, 2001。

③ 同上注② Sieber, Jura 1993, 561, 570. 其将计算机刑法作为独立的法领域。

(三)信息法作为独立学科的难题

然而,"信息法学"作为独立的法领域会遭遇明显的难题。存在疑问的是这一新的法领域的核心概念:"信息"。基于信息法的目的,首先必须将信息流程与被传输的信息本身区分开来,继而将被传输的信息与其载体区分。另一方面,法律上的信息概念不应当距离这一词语的日常语言使用太远,目的在于使遵守法律的人易于理解它。相应的,"信息"被定义为"将(任意的)一个事实情况转译到一个原则上可被接收者解密的电码中"。转译事实情况时,可使用自然的和人工的语言。消息的信息量可以是变动的,消息编排得越多,信息量越大。如果消息不包含任何内容(就如同义反复),那么信息量就为零。

如果人们如上那样来理解信息,那么它在法律中几乎就是无所不在的:它处于数据保护的法律之中,存在于民法或者行政法中的信息提供义务中,存在于刑事诉讼法中的沉默权中,以及在信息的自我决定权之中。此外,应当被提到的关键词如:信息自由,通过不正确信息的诈骗,通过一致的意思表示缔结的合同或认识错误。在各式各样的争论中找到具体的共同点是困难的——尽管如此,上述所有提到的关键词都和"信息"有关。这些被提到的领域的共同结构只存在于非常抽象的层面,即法学理论层面。

历史上形成了将法律分为民法、刑法和公法,而信息法作为一门包含上述所有问题领域的学科"横跨"了这一三分法。这三个主要的法领域拥有泾渭分明的"总则部分"和同样体系化编纂的"分则部分",这使得每个案件所涉及的问题都能被准确定位,并按照各自法律领域的规则进行处理。不同的法领域之间,这些规则是不同的,例如错误在刑法中有不同于民法的含义,而且错误在刑法中的处理也和民法完全不同。

一个管辖所有法领域的"信息法"要么由所有单个领域的规则相加组成,要么发展出新的、对于所有法领域都合乎目的的规则。由于各自法领域不同的目的设定,例如一方面是民法中的利益平衡,另一方面是刑法中的法益保护,适用于所有法领域的统一的教义学规则既是不可想象的也是不可能的。作为囊括所有法领域的学科,信息法因此不是一个"交叉学科",而至多是"外衣学科"(Mantel-Disziplin),通过它不同的个别法领域糟糕地被包裹在一起。

大的法律部门如民法、刑法和公法不仅在传统、术语和基本原则上有所不同,它们在很多地方还相互不融洽。典型的例子是罪刑法定原则(nullum crimen, nulla poena sine lege),其一如既往地建构了法治国刑法的基础。它最重要的派生原则是成文法原则、明确性原则、回溯禁止和类推禁止;相反,在民法中,习惯法、援引具有很大不确定性的法概念以及类推的法律适用也属于法律论证的标准做法。

这些区别不是偶然的,它们也不仅是历史因素的结果,一些历史因素已经不再发挥作用。刑法中罪刑法定原则的意义是公民的自由保障:国家在使用刑法这一最为锐利的工具时,受到明确的和可核查的规则的约束。与此不同,民法服务于在理想情形中平等互处的自主主体之间的利益平衡,民法必须要适应这一需求。在原则上,它们所涉及的就是不同的法领域。因此,为了和民法一致而舍弃刑法的基本原则,将是错误的和威胁自由的。同样地,通过严格的罪刑法定原则来束缚个人自主,也将明显损害民法的经济效益。

此外,一个横跨各学科的"信息法学"会有使教义学的区分丧失的危险。它的内容会如此的庞大,以至于其细节会很容易被忘记。这一点,在克洛普弗(Kloepfer)关于信息法学的巨著中表现得非常明显,[1]虽然这些作品在很多方面也是值得称赞的。与之伴随的是对单个学者专业上的苛求以及材料可教学性的丧失。没有人可以是所有学科的专家,一种对细节都了如指掌的综合学科能力是不可能的。当人们不能给学生们提供主题上可限定的"信息法学"时,要求学生们学习它就是苛求。

总而言之,可以确定的是,跨越各法律分支的、交叉学科意义上的

---

[1] Michael Kloepfer, Informationsrecht, 2002. 同样的,Dietmar Jahnel/Alfred Schramm/ElisabethStaudegger (Hrsg.), Informatikrecht, 2. Aufl. 2003(针对的是奥地利法)。

"信息法学"存在明显的疑问。

(四)信息法学和已建立的子学科

更具有说服力的,是以不同的既有子学科为基础并且从不同的既有子学科的视角来观察"信息"这一现象。从这一视角出发建立的法律分支领域例如"信息社会的宪法基础""数据保护""行政法和电子政务中的信息"以及"信息刑法"。除此之外,还有信息法在民事法律中的不同表现形式。从中明显可以看出,恰恰是基础学科密集地进行着关于信息在法律中新角色的研究。首先是法学理论,其可以不费力地融合"法律的信息理论",以及法哲学,例如最近有关"信息正义"的有趣成果便应当属于法哲学的范畴。[①]

法律活动的这些分支领域都可涵摄于"信息法学"的概念之下。但是,这一概念背后的问题是如此的多样和如此的不同,以至于无论如何它都不是一个独立的法学子学科。因此,信息法学者在未来将作为民法、国家法、行政法或刑法学者来研究随着信息和通信技术的发展而产生的新问题。但不管怎么说,在"信息法学"的语境下可以建构一个框架,在其中可以讨论相似的问题,衡量不同的价值并交换不同的建议。就此而言,关于信息法的基础课程或者全面的概览是有意义的。至于在问题密度和结构性上与传统的法律子学科相类似的信息法学则并不存在,也不应当期待将来会存在。

民法、刑法以及公法共有的信息法问题,是如此的普遍和抽象,相较于视之为法教义学问题,将它们归入到法的基础研究范畴[②]是更为妥当的做法。此种做法并不会贬低信息法学。为了使这一归类在语言上更清楚,应当用"法的信息理论"(juristische Informationstheorie)来代替"信

---

① 参见例如 Hoeren, Informationsgerechtigkeit als Leitperspektive des Informationsrechts, in: Taeger/Wiebe (Hrsg.), Informatik-Wirtschaft-Recht: Regulierung in der Wissensgesellschaft. Festschrift für Wolfgang Kilian zum 65. Geburtstag, 2004, 91。

② 对此,参见 Eric Hilgendorf, Zur Lage der juristischen Grundlagenforschung in Deutschland heute, in: Brugger u. a. (Hrsg.), Rechtsphilosophie im 21. Jahrhundert, 2008, 111-133。

息法学"。

四、对于法信息学和信息法学的结论

最后,请容许我提出以下七个论点以供讨论:

(1)法信息学和信息法学是两个属于不同范畴的研究领域。因此,将两个概念作为同义词使用或者将信息法学简单视为法信息学的进一步发展,是不具有说服力的。

(2)法信息学的任务,是将信息和通信领域的技术革新整合到法之中。法信息学在新兴信息和通信技术(它们具有革命性的社会和经济效果)以及法律之间建构了联结点。

(3)法信息学的任务也包括就信息和通信技术的前提、技术的(实际)应用和(真实)后果给立法者和法律适用者以建议。此外,应当被提及的任务还有计算机支持的多媒体教学系统的发展,在其中又可以进一步划分出软件、教学理论和内容三个问题领域。

(4)作为综合法领域的信息法学的存在正当性一直以来是非常有疑问的。学科的目的、范围和方法论等方面都迫切地需要进行理论上的自我正名。

(5)一个横跨民法、刑法和公法的"信息法学"不仅是不必要的,甚至可能是有害的。因为它会导致存在于不同法律子学科之间的、在历史中形成的和在法政策中被建构的差异受到忽视,并导致教义学上的核心差异的模糊化。

(6)如今主要被民法学者所推动的"信息法学"可以被理解为知识产权法的新的发展阶段。如果想要在事实上创建一个新的交叉学科,就必须在更大的范围内兼顾公法和刑法问题。

(7)分析与现代信息技术相关的一般方法论问题并确定相关概念的"法的信息理论"是非常重要的。但是,这里涉及的并非一个独立学科,而是法律基础研究的一个主题。

第二章
创新的责任
——食品法上的合规、责任与刑法后果*

德国的食品刑法一直以来都备受质疑:由于立法技巧上的瑕疵,受到法律约束的公民甚至不可能认识到,《食品及饲料法》第58条和第59条所允许的内容为何,以及通过刑罚所要禁止的对象为何。德国的食品刑法的绝大部分可能是违宪的。因此,合规机构对于守法者来说是一个重要的帮助,其使规范接收者明白(刑)法的要求为何,从而使规范遵守成为可能。

一、导 论

"合规"这一主题对刑法学而言仍是一项特殊的挑战。笔者在研究期间发现的这则广告可能有助于说明这一问题:

Atrion International 针对其新的监管分析解决方案(Regulatory Analysis Solution, RAS)公布了一些新合同。三家位于北美和欧洲

---

* 本文初稿发表于2011年3月17日第24届德国食品法会议(24. Deutschen Lebensmittelrechtstag),之后进一步补充了论证和部分内容。德文原文"Die Verantwortung für Innovationen: Lebensmittelrechtliche Compliance, Haftung und strafrechtliche Konsequenzen"发表于:Zeitschrift für das gesamte Lebensmittelrecht, Band 38 (2011), S. 303-321。

的重要食品及饮料公司……正在使用 RAS。该解决方案是为了与 Infor 的"Optiva"产品生命周期管理系统整合而专门开发的一种自动化的合规分析应用(automatisierte Regulatory-Analysis-Anwendung)。本款复合在产品周期开始之时就将自动化的条文合规性地整合进来,从而使 Optiva 的用户可以更好地应对日趋复杂的食品安全指令、相关健康诉讼以及和物质使用相关的问题。①

即使经过多次的阅读,笔者也未完全明白该广告。(广告中的)法律内容似乎很少,而广告中的英语借词虽然乍看之下令人印象深刻,但实际上并没有使信息更加清晰。笔者的这个发现对"合规"这一主题具有典型性吗?显然,广告涉及的一种避免违法的机器,类似于鲁道夫·冯·耶林(Rudolf von Jhering)所提出的著名的法学头发分割机(Haarspaltemaschine)*。不过,耶林希望他的建议被理解为一种揶揄,而前述的广告撰写者却非常认真地提及这件事。那么应如何看待它?

上述产品看上去对于食品刑法而言具有重大的意义。食品领域以特殊的创新方式为特征,而创新的特性决定了其往往会进入法律(包括刑法)上的灰色地带。因此,这一领域格外需要法律的确定性。此外,永无止境的食品丑闻虽然使人们对刑事立法的呼吁一波未平一波又起,但长期以来,多数的专家们认为,食品刑法至少在目前的形式上仍存在重

---

① 参见食品及饮料业的合规问题 http://www.Compliancemagazin.de/markt/invests/atrion270608.html(abgerufen am 7. 5. 2011)。

* 耶林在《法学上之诙谐与严肃——给法律读者的圣诞礼物》(Scherz und Ernst in der Jurisprudenz. Eine Weihnachtsgabe für das juristische Publikum)一书中收录了一篇诙谐的文章,即《在法学的概念天堂里——一个幻想的场景》(Im juristischen Begriffshimmel. Ein Phantasiebild)。该文提及一台头发分割器:"如果你必须参加考试,就必须非常精确地把一根头发分解为 999999 支同样的单位;即使是只有一些放在一旁的天秤上显得太轻而不均匀(这是因为阳光照耀才使得天秤沉下去的),你仍然不及格……头发分割在我们这里是没有止境的。"参见吴从周:《概念法学、利益法学与价值法学:探索一部民法方法论的演变史》,元照出版公司 2007 年版,第 75 页。——译者注

第二章 创新的责任

大问题,且亟须改革。① 也许"合规"能够成为刑法的替代选项?

在下文中,笔者首先对德国食品刑法进行简要分析,并解释为何它不满足立基于法治国刑法的要求。在第二部分,笔者想要更详细地研究"合规",特别是"刑事合规"的概念。

本文将尝试论证一个前提和三个论点:

(1)食品刑法的现行规范是非常令人不满的,部分甚至可能是违宪的。它们是失败的"风险刑法"的例子,非常发人深省。

(2)"合规"以及"刑事合规"不仅是一个时髦的术语。反之,在它的背后潜藏着一些非常值得关注的严肃问题。当然,这些问题并非像有些观点认为的那样新颖。至多可以认为,这是对刑法的一种新的观察视角。

(3)食品刑法上的合规并不是刑法的替代,而是一种根据食品刑法规范来避免责任的手段。

(4)应大大简化食品刑法,并回归到几个简明扼要的犯罪构成要件。

二、德国《食品及饲料法》中的刑法规定
——问题与关键概念

《食品及饲料法》将刑事责任规定在第 58 条及第 59 条。从条文的样貌中一眼便能够看出,这些规范的问题何在:在 dtv 的法条出版物中,两个条文的篇幅竟然占到了密密麻麻的 4 页纸。更为引人注目的是,《食品及饲料法》第 58 条及第 59 条几乎没有包含犯罪构成要件要

---

① Gerhard Dannecker(可能是德国食品刑法领域最厉害的专家)正确地写道,"立法者选择的技术是否符合《基本法》第 103 条第 2 款关于明确性和刑法规范可预见性的要求,是令人怀疑的",Walter Zipfel/Kurt-Dietrich Rathke, in: Loseblatt-Kommentar Lebensmittelrecht, §§ 58-62, Rn. 14;另可参见 Gerhard Dannecker/Monika Görtz-Leible, Entsanktionierung der Straf- und Bußgeldvorschriften des Lebensmittelrechts, 1996, S. 88 ff.;关于宪法根基,参见 Friedhelm Hufen, Verfassungsrechtliche Maßstäbe und Grenzen lebensmittelstrafrechtlicher Verantwortung, 1987。进一步的论证,参见本书第 19 页脚注③。

素。这两个条文的组成基本上是对《食品及饲料法》的其他条文、欧洲的规定以及条例的援引。即便是专家,也无法一眼就掌握规范内容。例如,第 58 条第 1 款第 1 项规定:违反了第 5 条第 1 款第 1 句的规定生产或处理食品的,处 3 年以下有期徒刑或罚金。而《食品及饲料法》第 5 条第 1 款第 1 句禁止生产有害健康的食品,并援引了欧洲共同体(EG)第 178/2002 号条例第 14 条第 2 款第 a 项对"有害健康"的定义。因此,受法律约束者根本无法直观地从《食品及饲料法》第 58 条第 1 款第 1 项中得知,什么是被禁止的以及什么是被容许的。

根据古典自由主义(绝不过时)的观点,刑法的任务在于作为国家法益保护的最后手段将高位阶的利益纳入特殊保护之中。对于这些利益的侵害,将会受到最严厉的国家制裁。一方面,刑罚具有镇压性,是对犯罪行为的报应,并以此来强化公众对刑法效力的信赖;①另一方面,它通过对刑罚的施加来吓阻潜在的行为人,以此来预防(对刑法所保护之利益的)侵害。由于刑罚是一种对公民基本权利的严重干预,刑罚的施加必须受限于最为明确的规定。对此,刑法条文的制定必须清晰、明确。公民必须能够认识到,在何种情形下才会受到刑罚。②《食品及饲料法》第 58 条第 1 款第 1 项无法满足这些要求。

在这些值得注意的规范中,《食品及饲料法》第 58 条第 1 款第 1 项是最为简单的刑法规定。其他的规定没有援引欧洲规定,但援引了其他的法规命令(Rechtsverordnungen)。这些法规命令是由主管机关根据《食品及饲料法》的其他特定规则制定出来的。举例而言,《食品及饲料

---

① 概述可参见 Eberhard Schmidhäuser, Vom Sinn der Strafe, 2. Aufl., 1971。之后,Eric Hilgendorf 对该书重新编辑,并撰写了新的导论。

② 德国联邦宪法法院的稳定见解,参见 BVerfGE 73,206, 234 f.; 78, 374, 381 f.; 85, 69, 72 f.; 87, 363, 391 f.; 105, 135, 153; BVerfG NJW 2003, 1030;关于德国联邦宪法法院裁判的全面性论述,参见 Stefanie Schmahl, in: Bruno Schmidt-Bleibtreu/Franz Klein/Hans Hofmann/Axel Hopfauf, Kommentar zum Grundgesetz, 11. Aufl., 2011, Art.103 Rn. 32。另外,规范的适用规则必须是清楚、可理解,且不受规范使用者不当的自我评价。对上述内容的确保,是教义学的任务,应与刑法中的任务相区别。

第二章　创新的责任

法》第58条第1款第16项连结到对《食品及饲料法》第32条第2款(结合《食品及饲料法》第32条第1款第1项、第2项或第3项)之违反。因此,惩罚要件的确定就部分地转移到法规命令上,这从法定性原则来看是存在问题的,但通说仍予以接受。①

《食品及饲料法》第58条第1款第18项更是如此。根据该规定,只要法规命令援引了刑罚条文中特定的犯罪构成要件,违反第10条第4款第1项第b目、第13条第1项或第2项、第22条、第32条第1款第1项、第2项或第3项(它们各自结合了第28条第1款第2项、第34条第1项或第2项,或者根据该法规命令作出的可被执行的命令)者就要受到刑罚。

不仅是持传统自由刑法观的法律人会觉得这一刑法规定像怪物一样,从《食品及饲料法》第58条第1款第18项中,受法律规制的主体无法推断出,刑罚要件究竟规定在何处。重构此处的禁止内容,是专业人士应当承担的搜寻任务。比较有问题的是这类条款,其将可刑罚性取决于各法令规定对《食品及饲料法》第58条第1款第18项的反致(Rückverweisung)。故而,不再是由立法者而是由法令规则制定者②(即行政部门)来确定可刑罚性。此种"加重的空白刑法条文"违反了《基本法》第103条第2款所确立的法定性原则,以及《基本法》第104条第1款第1项所确立的正式法律要求(Erfordernis eines förmlichen Gesetzes)。因此,应将其定性为违宪(条文)。③

---

① BVerfGE 14, 174, 185 f.; 14, 245, 251; 23, 265, 269; 32, 346, 362 f.; 75, 329, 341; 78, 374, 382 f.

② Georg Freund, Täuschungsschutz und lebensmttelstrafrecht‐Grundlagen und Perspektiven, ZLR 1994, S. 261, 286.

③ Katharina Reus, Das Recht in der Risikogesellschaft. Der Beitrag des Strafrechts zum Schutz vor modernen Produktgefahren, 2010, S. 157 ff.; Alfred Hagen Meyer, Das neue Lebensmittel‐und Futtermittelgesetzbuch, NJW 2005, S. 3320 f.; 其他意见:Christian Schröder, Die strafrechtliche Verantwortung zweishenGrundgesetz, BasisVo und neuem Lebensmittelgesetz, ZLR 2004, S. 265 ff.; offen gelassen bei Bernhard J. Simon, Kooperative Risikoverwaltung im neuen Lebensmittelrecht. Eine Analyse des neuen Lebensmittel‐und Hygienerechts am Beispiel der Fleischerzeugung, 2007, S. 77。

总体而言,对《食品及饲料法》中所使用的规则技术的反对意见可以归纳如下:

(1)由于极其复杂的刑法表述,受法律规制的主体无法认识到它的规则内容。这一事实不仅在刑事政策上存在问题,还会在明确性的宪法要求层面引起严重的关切。①

(2)只有当规范接受者知道(规范)对他的要求为何,刑法才能预防性地发生作用。从这个方面来看,《食品及饲料法》第58条、第59条并没有包含任何可评价的信息。因此,规范接受者只能参考其道德上的既有认知以及《刑法典》第223条、第229条*的评价。引导公民的规范是这些在幕后发生作用的规范,而不是《食品及饲料法》第58条、第59条。②

(3)如果在持续的技术创新中使用了新的食品生产程序,那么,那些极其详细的、混乱的、须由受法律规制的主体和法律适用者加以重构的刑法规定必然会出现保护漏洞。如果某个监管领域受到创新的影响强烈,如立法上对食品生产巨细靡遗的规定自始就是不恰当的。毋宁说,和其他技术领域一样(如网络刑法),也遵从技术疏离原则(Grundsatz der Technikdistanz):诫命与禁止的规定应尽量不要受到技术细节的快速变化的影响。③

(4)《食品及饲料法》第58条和第59条绝大部分的详细规定根本

---

① BVerfGE 41, 314, 319; 75, 329, 341; 78, 374, 383 f.; Katharina Reus, Das Recht in der Risikogesellschaft. Der Beitrag des Strafrechts zumSchutz vor modernen Produktgefahren, 2010, S. 157 ff.; Alfred Hagen Meyer, Das neueLebensmittel- und Futtermittelgesetzbuch, NJW 2005, S. 3320 f.; 其他意见:Christian Schröder,Die strafrechtliche Verantwortung zweishenGrundgesetz, BasisVo und neuem Lebensmittelgesetz,ZLR 2004, S. 265 ff.; offen gelassen bei Bernhard J. Simon, Kooperative Risikoverwaltung inneuen Lebensmittelrecht. Eine Analyse des neuen Lebensmittel- und Hygienerechts am Beispielder Fleischerzeugung, 2007, S. 77。

* 分别是身体伤害罪、过失伤害罪。——译者注

② 人们可以将《食品及饲料法》第58条和第59条称作"寄生刑法",因为预防效果不是源于这两个条文,而是源于上述一般规范。

③ Eric Hilgendorf, Grundfälle zum Computerstrafrecht, JuS 1996, S. 509 f.

没有必要存在,因为相对通用的规定,即《食品及饲料法》第58条第1款第1项和第59条第2款第1项,已经涵盖了危险产品的制造、加工以及流通。因此,这两个条文中的许多详细规定都是多余的。对于这些规定而言,真正的适用领域通常是这种情形,即没法确定存在争议的产品是否会对健康造成损害。只有在这种情形中,才会适用这些规定,且这些规定不是与危险相关,而是与危险推定相联系的。

(5)问题还在于,《食品及饲料法》中详细的刑罚规定并没有区分不同程度的潜在风险。从刑法作为最后手段的基本原则来看,用刑法去处罚那些最低程度的危险行为,是难以令人信服的。此外,用同一个刑罚去处理实际危险和极不确定的危险,无疑也不是最理想的做法。①

(6)值得批评的是,《食品及饲料法》中的刑罚规定根本没有显示出,究竟它所要保护的法益为何——生命、健康、财产等。它们仅仅是对特定的行为作出了极端形式化的描述。这尤其会造成一种危险,即对轻微犯罪(Bagatellfällen)采用严厉的制裁。②

(7)有关条款(Entsprechungsklauseln)的泛滥使用,如《食品及饲料

---

① Katharina Reus, Das Recht in der Risikogesellschaft. Der Beitrag des Strafrechts zum Schutz vor modernen Produktgefahren, 2010, S. 157 ff.; Alfred Hagen Meyer, Das neue Lebensmittel- und Futtermittelgesetzbuch, NJW 2005, S. 3320 f.; 其他意见:Christian Schröder, Die strafrechtliche Verantwortung zweishenGrundgesetz, BasisVo und neuem Lebensmittelgesetz, ZLR 2004, S. 265 ff.; offen gelassen bei Bernhard J. Simon, Kooperative Risikoverwaltung im neuen Lebensmittelrecht. Eine Analyse des neuen Lebensmittel- und Hygienerechts am Beispiel der Fleischerzeugung, 2007, S. 77, Reus 文, S. 151; 提及 Georg Freund, Täuschungsschutz und Lebensmittelstrafrecht-Grundlagen und Perspektiven, ZLR 1994, S. 261, 288 f.; Danja Domeier, Gesundheitsschutz und Lebensmittelstrafrecht, 1999, S. 261。

② Katharina Reus, Das Recht in der Risikogesellschaft. Der Beitrag des Strafrechts zum Schutz vor modernen Produktgefahren, 2010, S. 157 ff.; Alfred Hagen Meyer, Das neue Lebensmittel- und Futtermittelgesetzbuch, NJW 2005, S. 3320 f.; 其他意见:Christian Schröder, Die strafrechtliche Verantwortung zweishenGrundgesetz, BasisVo und neuem Lebensmittelgesetz, ZLR 2004, S. 265 ff.; offen gelassen bei Bernhard J. Simon, Kooperative Risikoverwaltung im neuen Lebensmittelrecht. Eine Analyse des neuen Lebensmittel- und Hygienerechts am Beispiel der Fleischerzeugung, 2007, S. 77, Freund 文, S. 261, 284。

法》第59条第3款第1项和第2项,在此处也不再赘述。因为这里的"有关"所指为何①是非常模糊的,这些条款也是违宪的——因为违反了刑法的明确性要求。

总而言之,《食品及饲料法》中的刑法规定从根本上来说是错误的,有些甚至是违宪的。立法者应当尽快对其进行改革。值得一提的是,对此完全存在相当值得重视的范例。在此仅提及弗洛因德(Freund)和罗伊斯(Reus)的建议,他们主张制定一条新的条文:

第232条 利用产品造成生命和健康危险

(1)对于能够或者有高度的可能会对身体或生命造成不法损害的产品,仍使其进入市场流通或使其继续流通的,对负有责任者处5年以下有期徒刑或罚金。

(2)过失实施第1项规定之行为的,处3年以下有期徒刑或罚金。②

前述规定也许并未更简洁明了地体现出一部现代且是由理性架构的食品刑法的核心思想,它明显有待进一步的补充,如关于避免误导消费者的犯罪构成要件。但是可以管中窥豹,从中看到符合法治国要求的食品刑法的可能模式。

立法者受到误导,而在《食品及饲料法》中的刑法规定选择采用完美主义的原因,在此只能去进行推测。立法者明显希望将所有可能的风险涵括进来,并在真正的法益侵害之前进行详细的监管。就此而言,《食品及饲

---

① 准确化的尝试,参见 Schröder, ZLR 2004, S. 265, 273 ff.。

② Katharina Reus, Das Recht in der Risikogesellschaft. Der Beitrag des Strafrechts zumSchutz vor modernen Produktgefahren, 2010, S. 157 ff.; Alfred Hagen Meyer, Das neueLebensmittel- und Futtermittelgesetzbuch, NJW 2005, S. 3320 f.; 其他意见: Christian Schröder, Die strafrechtliche Verantwortung zweishenGrundgesetz, BasisVo und neuem Lebensmittelgesetz,ZLR 2004, S. 265 ff.; offen gelassen bei Bernhard J. Simon, Kooperative Risikoverwaltung imneuen Lebensmittelrecht. Eine Analyse des neuen Lebensmittel - und Hygienerechts am Beispielder Fleischerzeugung, 2007, S. 77, Reus 文, S. 179。

料法》第58条和第59条是风险刑法(Risikostrafrecht)的典型例子。① 在风险刑法中,非理性的恐惧、传统的技术怀疑、政治民粹主义和立法完美主义结合在一起。刑法的颁布不用付出任何的代价,而与其他的法律类型不同,只有刑法能够在公众中产生一种积极立法和严厉镇压的印象。这也许正是德国刑法近30年来不断扩张的原因之一②

只要立法者不敢从根本上简化法律(规定)状况,受法律规制的主体就只能靠自己了。例如,从事食品行业的中型企业可能即便付出了巨大的努力,也仍旧无法得知刑法的禁止内容和容许内容为何。不过,恰恰在一个备受创新影响的行业中如食品行业,对法安定性的需求是追切的,且这种需求不是针对个案,而是动态地指向了所有的企业活动。

在这种情形下,我们的企业有两种可能性:可以无奈地容忍可能的法律违反和刑法违反——企业根本无法识别出(刑)法的禁止内容;抑或,可以寻求另一种建立合法性(Rechtskonformität)的可能性。今日,很多企业选择这种方式,其美国名称为:刑事合规(Criminal Compliance)。

---

① Cornelius Prittwitz, Strafrecht und Risiko, Untersuchungen zur Krise von Strafrecht und Kriminalpolitik in der Risikogesellschaft, 1993; Eric Hilgendorf, Strafrechtliche Produzentenhaftung in der „Risikogesellschaft", 1993; Katharina Reus, Das Recht in der Risikogesellschaft. Der Beitrag des Strafrechts zumSchutz vor modernen Produktgefahren, 2010, S. 157 ff.; Alfred Hagen Meyer, Das neueLebensmittel- und Futtermittelgesetzbuch, NJW 2005, S. 3320 f.; 其他意见: Christian Schröder,Die strafrechtliche Verantwortung zweishenGrundgesetz, BasisVo und neuem Lebensmittelgesetz,ZLR 2004, S. 265 ff.; offen gelassen bei Bernhard J. Simon, Kooperative Risikoverwaltung inneuen Lebensmittelrecht. Eine Analyse des neuen Lebensmittel- und Hygienerechts am Beispielder Fleischerzeugung, 2007, S. 77, Reus 文提供了大量的证据。

② 深入的探讨,参见 Eric Hilgendorf/Thomas Frank/Brian Valerius, Die deutsche Strafrechtsentwicklung 1975-2000: Reformen im Besonderen Teil und neue Herausforderungen, in: Thomas Vormbaum/Jürgen Welp (Hrsg.), Das Strafgesetzbuch: Supplementband 2: 130 Jahre Strafgesetzgebung-Eine Bilanz, Wissenschaftsverlag Berlin 2004, S. 258-380。

三、"刑事合规"是食品刑法中的国王之道（Königsweg）*吗？

（一）概述

"合规"概念的背后存在着一个蒸蒸日上的产业。但令人惊讶的是，对于"合规"的理解尚无共识。有人认为"合规"本质上是一个企业管理概念，但也有人似乎是将"合规"当作一把处理诸多未解决的经济刑法或其他法律问题的万能钥匙。目前，"合规"的概念已经出现在注释书和教科书之中。尽管这一概念在食品刑法中（和食品法中）尚未得到重视[1]，但它已经出现在最新版的《秩序违反法》注释书中。[2] 关于合规问题的大部分工作源自于大型律师事务所。其中不仅有——通常相当复杂的——自助书（Ratgeberliteratur），还包括差异非常大的、类似于手册（Handbuch）之类的论述。笔者认为，此类文献的特殊性在于，以相当高的水平将法学观点与企业管理观点结合在一起。[3]

此外，也存在大量的文本，这些文本因为英语借词的频繁使用而非清晰明了的概念（界定）而引人注目。对于"合规"主题的科学性研究，最低程度的概念明确性是必要的。为此，笔者区分出以下五个子问题。这些问题都聚焦于"刑事合规"。

---

* 国王托勒密一世（Ptolemaios I.）想赶时髦学点几何学，就问欧几里得（Euklid）学习几何学有没有捷径。欧几里得回答，没有国王的道路直通几何学。此处的"Königsweg"意指"捷径"，但本文仍采用直译的方式。——译者注

[1] "合规"这一关键词并未出现在由 Rudolf Streinz 主编的大型手册（Lebensmittelrechtshandbuch）的索引中。

[2] Erich Göhler/Franz Gürtler/Helmut Seitz, Gesetz über Ordnungswidrigkeiten, 15. Aufl., 2009, § 130 Rn. 9.

[3] 参见 Helmut Görling/Cornelia Inderst/Britta Bannenberg (Hrsg.), Compliance. Aufbau, Management, Risikobereiche, 2010; Axel Jäger/Christian Rödl/José A. Campos Nave (Hrsg.), Praxishandbuch Corporate Compliance: Grundlagen, Checklisten, Implementierung, 2009。

（1）如何理解"合规"？我们要在何种意义上使用这个概念？

（2）"合规"和法律的关系是什么？"合规"是一个法律概念吗？有哪些法条在扮演"合规"的角色？"合规"与"责任"的关系为何？

（3）企业应当或可以采取何种措施来避免（刑事）法律责任？

（4）是否有采用合规措施的法定义务？

（5）合规受托人员的刑事法律责任范围有多大？

（二）何谓"刑事合规"

"合规"概念来源于英语动词"遵从"（to comply with），这一英语动词类似于德语中的"im Einklang stehen mit"或者"sich orientieren an"。"合规"这一表述最初似乎主要用于医学领域，它意指病人要遵从医生的指令。就法学的脉络而言，该概念首先出现在美国银行法中：银行和其他金融市场参与者应当遵从特定的法律规定，包括刑法规定（"刑事合规"）。自20世纪90年代以来，合规概念主要通过经济学科渗透到德国的企业实务和法学中。刑法迟迟才接受这种程序。直到2009年7月，德国联邦最高法院（BGH）才在一个刑事判决中认定内部审计员的保证人地位，其类似于合规受托人员①。这意味着合规在刑法中的"突破"。同时，在奥格斯堡（Augsburg）成立了第一家"刑事合规中心"，有关该主题的教授资格论文也即将出版。②

何谓"合规"？综上所述，非常明显的一点是，在法律脉络下，"合规"基本上意味着遵守法律，而"不合规"（笔者在此想要引入这一流行的英语外来词）则意味着"违反法律"。在字面意义的概念使用上，法学对合规的承认似乎是理所当然的。这同样也适用于"刑事合规"，只有在刑事执行机构和精神病院才会找到刑事不合规的一贯支持者。

---

① BGHSt 54, 44.

② Dennis Bock, Criminal Compliance: Strafrechtlich gebotene Aufsicht in Unternehmen-zugleich ein Beitrag zu den Grenzen strafrechtlicher Steuerung der Unternehmensführung, 2011. 另可参见 Marc Engelhart, Sanktionierung von Unternehmen und Compliance, 2010。

(这是)小题大做吗？不完全如此。在第二种使用方式中,"合规"概念还指人们为了避免违反法律而采取的措施。在此,"合规"是在工具意义上加以使用的,用刑法的用语来说：基于犯罪预防的视角。此外,该概念还有第三种用法：合规指企业中负责实施合规措施的部门,人们可以将它称作"组织意义上的合规"。

　　令人惊讶的是,大量法学文献中并没有区分"合规"概念的三种使用形式,即字面意义、工具意义以及组织意义。此外,前文概念的简要分析已经表明,"合规"概念背后的思想绝非新鲜事物。对于任何一个法律体系而言,遵守法律和违反法律的区分都是基本的,在企业中采取措施来解决和尽可能地排除违法这一想法也几乎不会被认为是具有革命性的,例子包括引入安全人员、数据保护人员或内部审计部门。同样,在落实业务模式之前审查它与相关法律条文的符合性并进行必要的修改这一想法也不是什么新鲜事物,而是理所当然的。因此,"合规"概念的创新性是有限的。

　　无论如何,合规模型对刑法而言意味着一种视角转换：传统上,刑法学者通常在案例分析的范畴而非法律设计的范畴内思考问题。他们的思考方式是以过去为导向的,而非指向未来：案例分析涉及的是对过去犯罪的处理,很少涉及对未来行为的影响。但无论如何,从理论上来看,报应刑法模式(Modell eines Vergeltungsstrafrechts)已经不再占据主导地位,而预防模式(无论是积极预防还是消极预防)都在论辩中占据主导地位。[1] 因此,没有理由反对在企业中采取更进一步的预防措施以及考虑如何避免日后的犯罪行为。就此而言,刑事政策、传统的犯罪预防方法和"刑事合规"措施在体系上是相似的。其中传统的刑法思考方式更多地以司法裁判为导向,而"刑事合规"则反映了律师的预防和咨询思想。和过往一样,也有人对"刑事合规"概念表示怀疑。这无疑和法学教育及刑法教育相关,尽管数十年来,有大量论证充分的批评指出,(刑)法学教育的目标总是过于单一地指向法官的形象,但这一状态并未得到改变。

---

[1] Claus Roxin, Strafrecht Allgemeiner Teil, Band 1, 4. Aufl., 2006, Rn. 37 ff.

(三)刑事合规的参照领域:兼论"责任"(Verantwortung)概念

"合规"和责任的关联为何?"责任"概念出现在食品法的多个规定中。原则上,人们是在"法律责任"意义上使用这个术语。但在关于合规的探讨中,"责任"的语义场(Bedeutungsfeld)似乎已经扩展到企业管理面向,甚至是一般性的伦理面向,这可以从"公司责任"或"公司伦理"这些被该领域塑造出的概念中看出。

因此,可以通过超越法律的视角而更加细致地研究"责任"概念。对于因各种技术创新而导致的社会、伦理和法学问题而言,"责任"是处理这些问题的关键概念。一方面,它是日常社会道德的基本范畴;另一方面,它也是实践哲学(praktische Philosophie)和法学的标准术语。因此,它能够以出色的方式将相关规范学科的不同观点统筹起来。尽管法学观点仍主要集中在细节问题上(责任、管辖、保证人地位等),但在部分的实践哲学中已经开始尝试以一种全面的、基本的方式来发展"责任"概念[1],这非常有助于为这里的讨论奠定基础。

"责任"可以解释为四个面向:"某人"(1)为某事(2)向特定的机构(3)根据特定的规范或基于特定期待的背景(4)负责。详言之:

(1)原则上,每个人都能承担责任。(在此)被讨论的问题是,责任是否以及在何种范围内是以责任承担者的"自由"为前提的,以及"自由"在此脉络下所指为何。[2] 一般要求,责任承担者之所以要承担责任,是因为他创设了须担责事项的肇因(Ursache)。而在法律中,严格责任/无过错责任(Gefährdungshaftung)的概念又扩张了潜在责任承担者的范围。

越来越多的人开始提出这个问题,即能否要求集体或组织承担责任。

---

[1] 参见 Kurt Bayertz 于 1995 年主编的《责任:原则或问题?》(Verantwortung. Prinzip oder Problem?)一书里面的论文。

[2] 这一争论已经进入法学中,参见 Thomas Fischer, Strafgesetzbuch und Nebengesetze, 58. Aufl., 2011, Vor § 13 Rn. 8 ff.。

在刑法中,关于企业可罚性的讨论已经持续了一段时间。① 例如,某家食品企业使某款有害健康的产品扩散,就会出现一个问题,即是否(如传统观点所主张的)只能追究个人的刑事责任,抑或作为集体的企业同样可以承担刑事责任。在伦理上,此类问题通常以"集体责任""法人责任"等作为关键词进行讨论。②

赞同集体责任最主要的理由在于,个人责任在很多情形中无法得到证明。在集体中,错误行为被归责给"企业"而非个人(如企业负责人)。另外,坚守个人责任模式可能导致企业采用规避策略(经典例子就是"责任编辑"),这会使刑罚的威慑和预防目的存在疑问。

《秩序违反法》第 130 条是(广义)企业可罚性的少数出发点之一,本文稍后将对其进行更详细的讨论。德国联邦最高法院在判决中认定企业的董事对特定的故意行为和过失行为承担刑事责任,这向德国企业刑法(Unternehmensstrafrecht)方向又迈出了一步。其中,重要的判决有发生在 20 世纪 90 年代的"皮革喷雾案"(Lederspray-Fall)③以及"木材防腐剂案"(Holzschutzmittel-Fall)④。这也许可以部分地解释合规问

---

① Gerhard Danneclcer, Zur Notwendigkeit der Einführung Kriminalrechtlicher Sanktionen gegen Verbände-Überlegungen zu den Anforderungen und Ausgestaltung eines Verbandsstrafrechts, GA 2001, S. 101; Günter Heine, Die strafrechtliche Verantwortung von Unternehmen, 1995; Andreas Ransiek, Unternehmensstrafrecht, 1996; 进一步的论证,参见 Johannes Wessels/Werner Beulke/Helmut Satzger, Strafrecht Allgemeiner Teil: Die Straftat und ihr Aufbau, 40. Aufl., 2010, Rn. 94。

② 基础性的论述,参见 Peter French, Collective and Corporate Responsibility, 1984。

③ BGHSt 37, 注释于 Werner Beulke/Gregor Bachmann, Die "Lederspray-Entscheidung"- BGHSt 37, 106, JuS 1992, S. 737; Joerg Brammsen, Kausalitäts-und Täterschaftsfragen bei Produktfehlern - BGH - Urt v 06-07-1990-2 StR 549/89, Jura 1991, S. 533; Winfried Hassemer, Rechtsprechungsübersicht-Strafrechtliche Produkthaftung, JuS 1991, S. 253; Lothar Kuhlen, Strafhaftung bei unterlassenem Rückruf gesundheitsgefährdender Produkte-Zugleich Anmerkung zum Urteil des BGH vom 06-07-1990-2 StR 549/89, (NStZ 1990, 588), NStZ 1990, S. 566.

④ BGHSt 41, 206; 注释于 Stefan Braum, Strafrechtliche Produkthaftung Anmerkung zum Urteiil iim sogenannten Holzschutzmittelverfahren, KritV 1994, S. 179; Lorenz Schulz, Strafrechtliche Produkthaftung bei Holzschutzmitteln, ZUR 1994, S. 26; Lorenz Schulz, Rechtsprechung Strafrecht Produkthaftung, JA 1996, S. 185。

题在刑法中出现的原因,因为许多企业对这些判决感到震惊;显然,即便欠缺明确的企业可罚性(规定),但仍然可能让企业的领导者为错误行为承担刑事责任。

(2)既可以因(积极的)作为承担责任,也可以因(消极的)不作为承担责任。就此而言,责任概念和可罚性或刑事责任观念之间有明显的类似之处。人们还可能对特定的危险源、情形或(其他)人负责。用刑法的语言来说,和它最接近的是对危险源(及情形)或他人负有保证人地位(前者是所谓的保护义务的保证人地位,后者是所谓的监督义务的保证人地位)。就合规问题而言,问题在于合规受托人员是否被视作保护义务的保证人或监护义务的保证人。

(3)人们负责的对象可以是个人的良知或"共同体"。与行为人具有近亲属关系的人,通常也是负责的对象。在法律上,特别是在刑法中,负责的对象是国家。合规面向的是哪个机构?当然,它首先是为了避免法律责任,因此,应将国家视作主管机构。但是,很多合规措施却不止如此。市场参与者对企业的评价并非仅仅基于法律合规,而是要求企业必须符合特定的其他标准,如道德标准。一个重要的关键术语是"多元性合规"(Diversity-Compliance),即正确对待企业的多元性。①

(4)因此,我们就进入责任概念的第四个问题层次,即关于规则(规范)的问题。按照这些规则,可以肯定或否定责任(或与责任分配相关联的期待)。发达的法律体系的基本特征之一是,对公民责任的追究受到规则的指引,且法律责任不仅与个案相关联,还是以普遍化的方式施加的。对于一个依赖于判决的可预见性、法安定性和理性的法律体系而言,以规范为导向是必不可少的。在法律中,责任规范通常具有法律性质,其在理想情形下是议会通过的法律。换言之,立法者在颁布法律之前对所有相关争议问题展开了深入讨论,且该立法具有全面的民主正当性。

---

① Mnfred Becker/Alina Seidel (Hrsg.), Diversity Management: Unternehmens-und Personalpolitik der Vielfalt, 2006.

不过，为了在共同体中能够有效（发挥作用），法律规范也需要与社会道德规范联结。对于新技术，如新的食物生产技术，更是如此。恰恰在此可以确定的是，在很多的领域中并不存在明确的社会道德规范。比较好的例子就是转基因食品的生产。

对于"合规和责任"这一议题，可以从中得到什么？原则上，所有的法律规范都能作为合规的参考规范。企业不仅要以个别的法律规范为导向，还必须满足所有的法律要求。

而可能的合规参照范围(Referenzbereich von Compliance)会更为宽泛。如果企业不仅希望依法行事，还想要在市场上取得成功，那么，它就要很好地以有效率的经济交易规则为导向。最后，很多企业也有兴趣去满足特定的伦理标准，即便这些标准还没有被转化为法律规定。"多元性"这个关键词已经在前面有所提及。[1] 就此而论，如果人们不想让消费者的期待落空，那么，合规就是必要的，至少是合目的的。

希望前文足够清晰地表明：从不同视角对"责任"这一关键概念进行解读也有助于澄清合规问题。令笔者再次感到惊讶的是，合规议题固然涵括了很多的相关问题，但这些问题并不是全新的，而是已经在其他脉络下被讨论了数十年。

（四）合规措施

按照此处的用语，合规措施是指企业为了避免违反法律规范和道德规范所实施的一切措施。就此而论，特别有趣的（地方）是为了避免刑事责任而采取的策略。很明显，这里存在多种可能性，且根据不同的公司类型而采用不同的模型是充满意义的。简言之，可以区分为以下措施：[2]

（1）创设一个旨在负责阻止企业内部和外部法律违反的职位。职

---

[1] Mnfred Becker/Alina Seidel (Hrsg.), Diversity Management: Unternehmens - und Personalpolitikder Vielfalt, 2006.

[2] Matthias Dann/Anja Mengel, Tanz auf einem Pulverfass – oder: Wie gefährlich leben Compliance-Beauftragte? NJW 2010, S. 3265 f.

位拥有者必须具有充分的信息能力和管控能力,以便能够追踪规范违反的迹象(IT 技术上的访问权限、物理上的进入权和审查权)。

(2)制定和实施相关的规则手册。通过规则手册,向目标群体阐明法律要求,并提供如何避免违反法律的说明。

(3)实施定期的员工培训、商谈时间,如果有可能的话,可以设立监察员系统(Ombudsmann-System)。

(4)实施检查。

(5)建立对已发现违规行为的处理机制。

(6)建立危机应对机制(如检察官对企业发起侦查)。

诚如前述,何种合规措施在具体的情形下是合目的的,取决于企业的类型和规模。从根本上讲,这是一个管理问题。但是,当涉及具体风险领域(贪腐、违反竞争法、违反食品法的规定)的认定时,如果没有法学的帮助,将无法做好管理。显而易见,合规是一个特别跨学科的议题。[①]

(五)存在合规义务吗?

是否有义务在企业中引入合规措施,尚有争议。首先可以确定的是,如果行为人以相应的犯罪意思故意不采取合规措施,完全可以成立故意犯罪,如单独或共同实施诈骗行为(《刑法典》第 263 条)。此外,不采取合规措施也有可能成立过失犯罪,如在食品的生产过程中,未注意到安全条款而导致消费者的健康受到损害。在这种情形下,如果可以充分确定,通过采取相应的合规措施可以避免身体伤害(的出现),则企业的管理层无论如何都会落入《刑法典》第 229 条(即过失致伤罪)的适用范围。

但是,这并不是说没有采取合规措施本身就是可罚的。换句话说,用刑法来捍卫的、要求在企业内设立合规部门的义务并不存在。

从《秩序违反法》第 130 条来看,亦是如此。该条规定,公司或企业的企业主故意或过失地不采取监督措施的,如果这些监督措施对于阻止公司

[①] Eric Hilgendorf, Bedingungen gelingender Interdisziplinarität – am Beispiel der Rechtswissenschaft, JZ 2010, S. 913.

或企业内的义务违反行为是必要的,义务与企业主相关且该义务违反会受到刑罚或罚款的制裁的,其行为违反秩序。(适用本条的)前提是,义务违反行为已被实施,且通过适当的监督可以阻止这种违反行为或使这种违反行为难以发生。根据《秩序违反法》第 130 条第 1 款第 2 句的规定,对监督人员的任用、细心挑选和监督同样属于必要的监督措施。

如果只是在企业里面没有采取必要的安全措施,则它和《秩序违反法》第 130 条的制裁并无关联。《秩序违反法》第 130 条的制裁前提是,已经实施了相应的义务违反行为。因此,不采取合规措施本身并不会导致制裁。此种情形与普通刑法的情形相类似,即从普通刑法中并不得出任何用刑法来捍卫的、实施合规措施的法律义务。另外,很明显的是,《秩序违反法》给不采取合规措施的企业主带来了更高的制裁风险。就此而论,虽然《秩序违反法》第 130 条并没有强制性地规定适当的合规措施,但它(即合规措施)似乎是非常可取的。

主张引入合规措施法律义务的支持者还引用了其他的一些规定,这些规定专门或者通过类推的方式一般性地证明了在企业中采取合规措施的义务。例如,《股份有限公司法》(AktG)第 91 条第 2 款规定,股份有限公司的董事会有义务采取合适的措施,以确保能够在早期识别出那些会危害公司持续生存的发展。在此背景下,《股份有限公司法》第 76 条和第 93 条也会被引用,其规定董事会有义务设置一个合适的公司组织,并识别出危险的发展。另一个相关的规定是《反洗钱法》(GeldwäscheG)第 14 条第 2 款,根据该条规定,特定的公司,如信贷机构或保险公司,有义务采取预防措施,以免遭到洗钱分子的利用。自 2007 年 11 月 1 日起,《有价证券交易法》(WpHG)第 33 条规定了证券交易公司的"合规职能"。德国联邦金融监管局(BaFin)在 2010 年 6 月 7 日发布的通函中对此条款进行了更详细的解释。[①] 2010 年 5 月 26 日修订的《公司治理准则》(Corporotate Gov-

---

① 印刷在 Thomas Heidel (Hrsg.), Aktienrecht und Kapitalmarktrecht, 3. Aufl., 2011, S. 2649 ff.。另可参见 Frank A. Schäfer 对《有价证券法》第 33 条的注释,Aktienrecht und Kapitalmarktrecht, 3. Aufl., 2011, S. 2659 ff.。

ernance Codex)第4.1.3条规定上市公司的董事会必须采取合规措施。有观点认为,这一规定同样适用于未上市的公司。①

上述规定无法证明采取合规措施的一般性义务,主要有两个原因,简要解释如下:一是《股份有限公司法》第91条第2款要求股份有限公司的董事会采取合适的措施以免危害到公司的持续生存,其并没有规定一般性的合规义务。采取合规措施远远没有达到这一阈值。二是从前述专门领域中的义务导出一般性的合规措施义务,无法令人信服。毋宁说,立法者似乎将重点放在那些法律共同体特别关注其适当行为的公司上,否则将会面临相当严重且不可预测的损害。信贷公司很明显就是这样,《有价证券交易法》对其施加了特殊的合规义务。但是,这些义务不能一概而论。结果是,在公司中实施合规措施的一般性义务并不存在。

就食品法而言,必须指出的是,长期以来存在着大量的法规,这些法规在健康损害发生之前就开始适用了,其目的是尽可能地排除健康风险,例如食品法中大量的卫生条文以及食品监管条文。② 可以说,这些合规措施在合规这一术语出现之前就已经存在了。而这可以解释,为何主张将"合规"这一用语应用于食品法的看法迄今为止只得到很少的认可。

(六)合规受托人员的责任

2009年7月,德国联邦最高法院作出一项判决,其在附带意见(obiter dictum)中首次提到"合规官"(Compliance Officers)的刑事责任。被告在一家受托执行公共任务的地方公司担任内部审计主管。他了解到,公司的一些发票是虚高的,然而被告未采取任何阻止措施,即便他本可以轻易介入。事实审法院认定其行为构成诈骗罪的帮助犯,是一种不

---

① Jürgen Bürkle, Corporate Compliance als Standard guter Unternehmensführung des Deutschen Corporate Gevernance Kodex, BB 2007, S. 1797 f.

② 后者可参见Birgit Voß, Das Lebensmittel-und Futtermittelgesetzbuch. Ge-und Verbote-Verantwortlichkeit-Verfahren, 2. Aufl., 2007, Kap. XI。

作为的帮助。德国联邦最高法院确认了这一认定。在此,德国联邦最高法院详细地论述了行为人的保证人地位,并指出被告人的内部审计主管身份等同于大型公司中所谓的"合规官",其任务在于阻止违法行为(特别是犯罪行为)的发生,"这些行为是在公司活动中发生的,且可能会因责任风险或声誉损失给公司带来重大不利……该受托人负有《刑法典》第 13 条第 1 款所指的保证人义务,即阻止公司成员犯下与公司活动相关的罪行。其经由公司管理层而负有约束违法行为,特别是犯罪行为的义务,而这是该义务的当然推论(notwendige Kehrseite)。"①

德国联邦最高法院关于保证人地位的论述在文献上引起了强烈的反响。② 特别是其认为合规受托人不仅对公司的管理层还对公司外的第三人负有阻止犯罪行为的保证人地位,该观点遭到了理论界的强烈批判。例如,库德里希(Kudlich)就反对这种见解,他认为合规受托人的保证人地位的范围仅止于合同规定的范围。③ 对于德国联邦最高法院认

---

① BGHSt 54, 44.

② Markus Berndt, Zur Garantenpflicht des Compliance Officers, StV 2009, S. 689; Dann/Mengel, NJW 2010, S. 3265; Gerhard Dannecker/Christoph Dannecker, Die „Verteilung" der strafrechtlichen Geschäftsherrenhaftung im Unternehmen, JZ 2010, S. 981; Matthias Jahn, Der Unternehmensanwalt als „neuer Strafverteidigertyp" und die Compliance-Diskussion im deutschen Wirtschaftsstrafrecht (Teil 1.), JuS 2009, S. 1142; Oliver Kraft, Die Garantenpflicht des Leiters der Innenrevision und des Compliance Officers zur Abwendung von unternehmensbezogenen Straftaten-zugleich Anmerkung zu BGH wistra 2009, 433-, wistra 2010, S. 81; Mtthias Krüger, Beteiligung durch Unterlassen an fremden Straftaten-Überlegungen aus Anlass des Urteils zum Compliance Officer, ZIS 2011, S. 1; Andreas Mosbacher/Alfred Dierlamm, Zur Frage der Garantenpflicht eines Compliance-officers, NStZ 2010, S. 268; Andreas Ransiek, Zur strafrechtlichen Verantwortung des Compliance Officers, AG 2010, S. 147; Thomas Ratsch, Garantenpflicht aufgrund dienstlicher Stellung-BGH, Urt. v. 17.7.2009-5 StR 394/08, ZJS 2009, S. 712; Thomas Rönnau/Frédéric Schneider, Der Compliance-Beauftragte als strafrechtlicher Garant, ZIP 2010, S. 53; Patrick Spring, Die Garantenstellung des Compliance Officers oder-Neues zur Geschäftsherrenhaftung-Zugleich Besprechung von BGH, Urteil vom 17.7.2009, GA 2010, S. 222; Nikolai Warneke, Die Garantenstellung von Compliance-Beauftragten, NStZ 2010, S. 312; Tim Wybitul, Strafbarkeitsrisiken für Compliance-Verantwortliche, BB 2009, S. 2590.

③ Hans Kudlich/Mustafa Oglakcioglu, Wirtschaftsstrafrecht, 2011, Rn. 255.

为保证人地位可以向外扩张,"当然地"形成等同于经由公司管理层而承担的犯罪阻止义务的观点,应予以否定。

但是,如果认为阻止针对公司外的第三方的犯罪同样属于合规受托人(以及传统的内部审计员)的典型义务范围时,德国联邦最高法院的见解似乎就能成立了。如果合同另有规定,那么在存疑的情形下它所涉及的并不是合规受托人而是单纯的帮助犯。还应当指出的是,无论工作合同如何规定,合规受托人的保证人地位也可以通过事实上的承担来取得。

至于合规受托人所承担的任务是仅阻止公司内部犯罪,而未针对外部人员的犯罪——这一想法是不现实的。对公司而言,要避免和管理所有的刑事风险,包括对外部人的犯罪和对公共法益的侵害。根据职务,合规受托人有义务阻止此类犯罪。因此,其对阻止此类犯罪的发生负有保证人地位。

但是,人们不应高估由合规受托人的保证人地位所引起的可罚性风险。只有保证人的不作为对构成要件结果的出现具有因果关系时,保证人才会受到刑罚。此外,保证人阻止犯罪必须具有事实上的可能性及合理性。对于合规受托人而言,这意味着只有当他根据被授予的权限确实能够阻止犯罪时,才承担刑事责任。如果保证人欠缺必要的信息权限和命令权,从而无法有效地审查公司活动的风险领域,那么,预防性的调查对他而言就是不可能的。(很明显,在这种情形中,公司管理层很容易与《秩序违反法》第130条存在冲突。)对于合规受托人而言,超出自身权限的内部调查通常情形下是没有期待可能性的。

从因果关系、阻止行为的可能性和期待可能性观点来看,合规受托人承担的可罚性风险是非常低的。且只有当其具有故意,至少是未必故意时,才有可能成立刑事可罚性。因此,将合规受托人的活动和"在火药桶上跳舞"相提并论,根本就是完全错误的。[1]

---

[1] 相同的结论,参见 Dann/Mengel, NJW 2010, S. 3265, 3269。

四、结　论

当前的食品刑法存在严重的缺陷,以至于受法律约束者无法认识到刑法的禁止内容和容许内容为何。这样的"刑法"与民主法治国不相匹配,且大部分的食品刑法违反刑法的明确性原则,甚至可能因此违反宪法。为了向受到法律拘束的公民澄清食品刑法条文的内容,需要进行特殊的翻译工作。刑事合规的设置能够完成这项工作。即使刑事合规的设置(还)不是强制性的,但它们对食品公司而言也是一个有趣的选项。因此,食品刑法中的刑事合规并不是要替代刑法,而是尝试即便处于不利条件时也要遵守刑法的规定。

第三章
口语化、文献化、数字化?
——关于制定2013年电子政务法案①中对于数字化含义的一些前瞻观察*

一、引　言

对于欧洲法律史这个宏大题目来说,所要谈到的是从中世纪时期口语化的法律文化向新时期的文献化的一个历程,这一历程是由12世纪初对查士丁尼法典的重新发现以及在博洛尼亚大学法律专业的研究开启的。② 今天我们很可能是另外一场相似转变的见证者:从写下来的法律到数字化法律的历程,也就是从文献到数字化。仔细审视就会发现,正如所有重大历史和文化的变化一样,这个历程与其说是彻底的突破,不如说是一步步实现的。但是概括来说,在伴随我们成长的书面化

---

① 德国联邦议会于2013年4月18日第234次会议,根据常务委员会的决议建议和报告(BT-Drucksache 17/13139),通过了由联邦政府提出的关于支持电子管理的法案草案(E-Government-Gesetz, BT-Drucksache 17/11473)。

* 本文原文"Oralität, Literalität-Digitalität? Einige vorläufige Beobachtungen zur Bedeutung der Digitalisierung für das Recht aus Anlass der Verabschiedung des E-Government-Gesetzes 2013"发表于:Czeguhn, Ignacio (Hg.), Recht im Wandel-Wandel des Rechts. Festschrift für Jürgen Weitzel zum 70. Geburtstag. Köln, Weimar, Wien 2014, S. 747-763。

② 关于后者,Susanne Hähnchen, Rechtsgeschichte. Von der römischen Antike bis zur Neuzeit, 4. Aufl. 2012, S. 173 ff.。

的法律,与新形式的数字化的法律之间,一定是可以看到显著区别的。对特定时代的见证者来说,当然很难去正确估量这一交流模式的变革对法律的影响及其通过法律产生的影响,以及对我们的法律文化和我们对法律任务的理解来说意味着什么。在这种情形下,将目光倒回去,回顾上一次我们的法律交流模式(也即从口语化到文献化法律的历程)的重大转变,是有帮助的。

二、从口语化到文献化

中世纪早期以口语化为传递方式的法律文化的特别之处,最显著体现在对规范的传达。于尔根·魏策尔(Jürgen Weitzel)将最关键的观点总结如下:

> 法律知识在生活中,在司法实践中,口头地从父亲到儿子、通过直到14世纪还是由上级法院和陪审员进行口头答复的征询,来进行传达。在口语的法律文化中,法律权威享有话语权,当然不是以个人,而是以多人的名义,即以那些具体的法院集体和陪审团的名义。在这一时期,规范文本就是对法律的记载,文本可以给出建议以及作为记忆辅助。但是规范文本必须与那些得到一致认可的、并由裁判者说出的法律相符,否则就会被忽略掉。①

这种中世纪的法律传承和司法判决拥有一个显著的政治性维度:

> 德国中世纪的无书写的法律曾经是远离统治者特别是远离国家的,主要存在于行业组织构建的地方和区域人员协会中。德意志君主缺乏更多的力量,去控制大量的法律权威团体,或是去引导仍

---

① Jürgen Weitzel, Oralität und Literalität in der europäischen Rechtskultur: Bruch oder Übergang?, in: Heino Speer(Hg.), Wort-Bild-Zeichen. Beiträge zur Semiotik im Recht, 2012, S. 193-202(194).

第三章 口语化、文献化、数字化?

以口头方式运行的本地法律在组织与内容上的统一进程。①

口语化法律传达的突破由 12 世纪初开始的、博洛尼亚大学致力于重新发现查士丁尼法典的法律专业研究所引发。这个文本集的法律权威性是如此之高,以至于人们将其称为是"法律圣经"。② 同时,教会法也实现了从口语化到文献化的转变。③ 朝向对写下来的法律进行系统性的解释教学的转变,也意味着欧洲法律科学的出现。④ 魏策尔认为,这一过程的基本特点是研究型法学家地位的形成,这使法律及其传达的接力棒转移给专家以及"研究性的法律渗透",这反过来又带来了对抽象的法律制度以及对一般性理论中通过概念表达的关联性的阐述。这一发展最终导致了基于一致性的法律教义的形成。⑤ 此外,还有对古代法律制度和统治格言的继受。⑥ 那些后来随着法律现实推到聚光灯下的法律原则,比如刑法中的罪刑法定原则⑦(其

---

① Jürgen Weitzel, Oralität und Literalität in der europäischen Rechtskultur: Bruch oder Übergang?, in: Heino Speer(Hg.), Wort-Bild-Zeichen. Beiträge zur Semiotik im Recht, 2012, S. 193-202(195).

② Jürgen Weitzel, Oralität und Literalität in der europäischen Rechtskultur: Bruch oder Übergang?, in: Heino Speer(Hg.), Wort-Bild-Zeichen. Beiträge zur Semiotik im Recht, 2012, S. 193-202(194).

③ Peter Landau, Die Durchsetzung neuen Rechts im Zeitalter des klassischen kanonischen Rechts, in: Gert Melville (Hrsg.), Institutionen und Geschichte. Theoretische Aspekte und mittelalterliche Befunde, 1992, S. 137-155.

④ Franz Wieacker, Privatrechtsgeschichte der Neuzeit, 2. Aufl. 1967, S. 45 ff.

⑤ 参见第 38 页脚注③Jürgen Weitzel, S. 195 f.。

⑥ 对此有以下原理:Princeps legibus solutus est; tu lex viva potes dare; solvere, condere leges. 需要进一步指出,重新接纳法律有灵的观点(lex-animata-Vorstellung)和亵渎君主罪(crimen laesae maiestatis)。
所谓 lex-animata,是拉丁文术语,意思是法律是一个生命实体的具象,通常这个实体是指上帝的恩宠所赋予的主权。从这个意义上说,国王就是一部有灵法律、活的法律。所谓的 crimen laesae maiestati,是对君主言辞或行为的侮辱,大不敬。——译者注

⑦ 对此,Eric Hilgendorf, Gesetzlichkeit als Instrument der Freiheitssicherung: Zur Grundlegung des Gesetzlichkeitsprinzips in der französischen Aufklärungsphilosophie und bei Beccaria, in: Juan Pablo Montiel / Jan C. Schuhr/ Hans Kudlich (Hrsg.), Gesetzlichkeit und Strafrecht, 2012, S. 17-23。

下位原则包括刑法典明确性原则、禁止习惯法、法官受法典约束、禁止类推和禁止溯及既往),通过转向文献化而具备了前提条件,罪刑法定原则以存在写下来的法律为前提。

从口语化向文献化的转变,其最重要的政治后果是法典化思想的形成和落实,和与此密切相关的现代意义上国家政权的出现。① 这里再次引用于尔根·魏策尔的论述:

> 在这种情况下一种抽象的、一般性的、对任何人都有效的法律强制不仅政治力量上不可实现,而且因为缺乏足够组织性交流的前提而根本就是无法(认真地)想象的,因为没有法律……事实上可以想象,领主言说的内容对于全面的、大范围的统治实施来说,是不合适的媒介。它从内容和时间维度上来说是短暂易逝的,对各种形式的解释都是开放的,而且对那些想让君主的讲话被其他人听到的忠诚者来说,也没有他们能够使用的实体存在。讲话行为只能被回忆,并且所有人的回忆本身到最后也将对法律实施产生重要影响。对比之下,书写形式使得所表达出来的意志能够更长久地存在。因此,书写为广阔空间内集中性统治的实施创造了更大的机会。当然在书写作为关键的交流方式之外,还需要具备行使具体政治力量的能力。所以很明显,书写和政治性法律的实施与维护能力,处于一种彼此强化的相互作用之中。②

法律从口语化到文献化的转变也并不只是意味着一种形式与方式上的边缘性的变化,像是说法律如何被传达;相反,它具有直至现代国家政权形成这样的深远的社会、法律和政治后果。

三、法律从文献化到数字化?——现象观察

能够认定当今正存在着一个类似的转变吗?这次是法律从文献化到数

---

① 证据参见第 38 页脚注① Jürgen Weitzel, S. 7。
② 参见第 38 页脚注① Jürgen Weitzel, S. 197。

第三章　口语化、文献化、数字化？

字化的转变吗？这是指哪些现象，而法律的数字化又能够产生哪些社会、政治和法律的影响呢？令人惊诧的是，似乎这些问题在法学研究中至今几乎没有被讨论过，沉寂着并等待给出回答。① 对此，我们首先应当阐明"数字化"的概念，并且关注法律和法学研究②可能的数字化的表现形式。

（一）技术背景：数字化、多媒体化和网络化

数字化意味着信息通过字符"0"或"1"来呈现。这种方式下所有信息都能够适合计算机运算，也即信息能够让自身在计算机中呈现、处理并且通过计算机网络进行传输。这样就导致了两种进一步的后果：

（1）数字化不仅是文本的数字化，也包括音频和视频内容（从图片到电影）。因此，数字化实现了以前不能实现的多媒体信息传输。

（2）数字化信息很容易传输，因为越来越多的处理器被连接到遍布全球的网络上。如今数字化且在网络上公开的内容一般来说是全世界都可读、可访问的。

数字代码能转换回多种的信息形式，比如图片、声音，甚至也能转换为传统的文字符号。总的来说，现代的信息和通信技术带来了信息应用可能性的广泛提高。③

---

① 　Volker Boehme-Neßler, Unscharfes Grundsatz-Anmerkungen zum Verfassungsrecht in der digitalisierten Welt, in: Forum Wirtschaftsrecht, Bd. 7. hg. vom Institut für Wissenschaftsrecht der Universität Kassel, 2010, S. 155-187; ders., Unscharfes Recht. Überlegungen zur Relativierung des Rechts in der digitalisierten Welt, 2008. 英美法律界，Christina Spiesel/ Neal Feigenson, Law on Display. The Digital Transformation of Legal Persuasion and Judgement, 2009.

② 　应当注意到，大型研究促进机构如 DFG，早就认识到数字化信息的新含义并对此提出了不同的建议，类似的，德国研究基金会的立场文件（科研图书馆和信息系统委员会）das Positionspapier der Deutschen Forschungsgemeinschaft (Ausschuss für Wissenschaftliche Bibliotheken und Informationssysteme)在 2012 年 7 月 3 日以"进一步实现数字化转型——德国研究基金会对于科研的创新数字构建的贡献"，参见 www.dfg.de 网站报道。

③ 　关于与网络相关联的社会、政治和法律的未来愿景，存在大量的、往往很受欢迎的文献，如参见 Markus Beckedahl/Falk Lüke, Die Digitale Gesellschaft: Netzpolitik, Bürgerrechte und die Machtfrage 2012; Walter Hehl, Trends in der Informationstechnologie, 2008; Kathrin Passig/Sacha Lobo, Internet: Segen oder Fluch, 2012; Jakob Steinschaden, Digitaler Frühling: Wer das Netz hat, hat die Macht? 2012; 有启发性的作品也包括：John Brockman (Hg.), Wie hat das Internet Ihr Denken verändert? Die führenden Köpfe unserer Zeit über das digitale Dasein. 2011。

(二) 网络中法律的新型展示与处理方式

显然，网络显著影响了法律的一般性传达。比起20年前，现今不仅存在着非常多的与法律事务相关的信息，而且其可获得的方式也发生了重大的改变。现今通过大型搜索引擎如谷歌或者雅虎，对外行来说，也能在瞬间找到法律信息。对"担保""买卖合同"或者"致人死亡"等概念发起简单的搜索请求就会带来数以千计的参考结果。因此如何找到法律信息已经不再是问题，问题在于如何挑选出合适并且内容正确的信息，这是经常被提起的（并且缺乏）媒介素养的一个例子。

问题是，上述发展是否也改变了"普通公民"可获得的法律信息的质量。网络经常充斥着对所呈现内容的简单化和浅薄化处理，但是，如果更仔细地去看，那么很明显这种预判缺乏基础。比如说，以其许多词条的质量来看，网络百科全书"维基百科"能够与大多数印刷的百科全书和词典相媲美。① 用户通过审阅和出版发行，逐渐取代了编辑式的控制，自己校阅、审查并不断改进条目。人们可以将其称为"法律知识的民主化"。一些维基百科的文本是由学生修订的，作者是从维基百科用户群中自我组织起来的，并且来自于各类职业群体和不同年龄阶段。

一个与信息数字化紧密相关的现象是逐渐增多的信息可视化。② 在网络中，展示图和动画图像现在几乎有一种自明性，它们塑造了其读者对媒体的期待。因此，在印刷媒体中也出现了越来越多的图像就不足为奇了。从以更受欢迎的方式呈现讲稿乃至经典教科书，前述现象对法律文本来说也同样适用。图像式的呈现绝不应当仅被用于提升其美学价值——这只能是对越来越少的极少数文本才适用——而是应当承担更多的独立性的教育和批判功能。

在法律人的法律交流中也加入了网络和其他电子化形式等新的媒

---

① 一个非常令人惋惜的结果是，印刷的百科全书，从大不列颠百科全书到布罗克豪斯百科全书，现在都不再印刷出版了。

② Marius Rimmele/ Bernd Stiegler, Visuelle Kulturen /Visual Culture zur Einführung, 2012.

介。对此的凭据就是,不仅在法律事物交互过程中会长期不假思索地使用电子邮件,以及在网络中公开司法判决,还包括诸如电子案卷、电子杂志的产生和对法学电子书,以及电子数据库比如 beck-online 或者 Juris 等技术发展的高强度利用。因此法学工作方式的改变不可说是不重大的。①

此外,网络带来的更多可能性也造成了法学教育的重大改变。电子学习产品使学习不再受时空限制。② 从可呈现的信息量这个角度来看,它们远远优于任何讲义或书籍。不用费多少力气就可以在课程中加入音频和视频要素。讲师和学生之间授课的当面交流是很重要的,且相较于当堂讲授,在屏幕前的单独学习更难以形成必要的学习纪律,这也许是电子学习到今天仍然和十年前一样没有广泛流行起来的重要理由之一。而移动网络(通过所谓的"智能手机")带来的新的可能性又会如何影响电子学习,让我们拭目以待。

(三)重点:电子政务

特别令人印象深刻并且接近实践的是法律电子化与行政管理电子化的携手并行,现代德国德语称为"电子政务"(E-Government)。电子政务是指"运用现代信息和通信技术(IT)到公共管理中,结合公共管理流程的组织性转变,实现国家机构内部、机构之间、机构与公民或企业之间的信息、通信和交易过程"(§ 2 EGovG Schleswig-Holstein vom 8. Juli 2009)。③ 概括起来就是在公共管理中将现代信息技术与特定的组织性转变相结合,目标是改善国家机构内部,还包括机构、公民、企业之间的

---

① Florian Knauer, Juristische Methodenlehre 2.0? Der Wandel der juristischen Publikationsformate und sein Einfluss auf die juristische Methodenlehre, in: Rechtstheorie 40 (2009), S. 379-403.

② Eric Hilgendorf, Computergestützte Lehre im Recht. Entwicklungsstand und Aussichten des E-Learning in der deutschen Juristenausbildung, in: Judith Brockmann/ Jan-Hendrik Dietrich/ Arne Pilniok (Hrsg.), Exzellente Lehre im juristischen Studium. Auf dem Weg zu einer rechtswissenschaftlichen Fachdidaktik, 2011, S. 171-184.

③ www.gesetze-rechtsprechung.sh.juris.de,访问日期:2013 年 12 月 3 日。

信息、通信和交易。

在国家机关中运用信息技术提出来了许多的法律问题,并且这适用于所有法律领域,也就是说,不仅是公法,还有刑法和民法。因此这是一个横贯性的问题。① 快速的技术迭代带来的结果是所采用的信息技术的持续改变,因此法律评价也会经常变更。各种完全不同的电子政务的方案都是可能的,而有一部分也是已经投入使用的,这使得作出概括性的评价显得十分困难。

技术与法律结合使跨学科的通力协作成为必要。为了实现电子政务的方案,或者说建设一个"电子化的市民办公室",需要一个由管理专家、技术和法律专家组成的团队,当然还需要明晰的、应予落实的政策性纲领,以及站在——尤为重要的——一个中长期的视角。这种方案的优点可以用下面的关键词进行概括:简单、迅速、"一站式问题解决"等带来的高效、节约成本、降低门槛、更佳的可用性和透明性。根据访问要求可以提供附加信息,与更多机构的彼此合作也会更为容易。

技术高速的迭代频率要求从一开始就有一个清晰和可持续性的计划,以避免技术组件之间的不兼容等问题。一个可持续性的电子政务必须避免媒介中断(Medienbruch),因此整体的进程必须持续性地进行数字化,而避免在某些环节仍须使用纸张。这个进程原则上来说是可解决的,但是能保持的、可持续的电子政务方案的落实却始终存在着重大的问题。这包括缺乏技术标准以及推崇"孤岛方案"的政治分裂。这个问题会被地区自治原则(Grundsatz der kommunalen Selbstverwaltung)和彼此辅成主义(Föderalismus)进一步放大。② 此外,还要应对在满足法律标

---

① 这是现代 IT 法整体来说的一个特征,Eric Hilgendorf/ Brian Valerius, Computer-und Internetstrafrecht. Ein Grundriss, 2. Aufl. 2012, Rn. 7。

② 类似的还可参见: Artikel 91 c GG sowie das Gesetze über die Verbindung der informationstechnischen Netze des Bundes und Länder — Gesetz zur Ausführung von Artikel 91 c Absatz 4 des Grundsatzes — (IT-NetzG) vom 10.8.2009. Für Bayern vgl. den E-Government-Pakt zwischen dem Freistaat Bayern und kommunalen Spitzenverbändern vom 24.11.2009。

准时会出现的技术问题、不同公民不同的技术能力,①以及一旦建立了开放的电子政务方案会产生的高度受攻击风险。

尽管存在这些困难,欧盟仍在积极推进电子政务。也许应当强调一下对于"i2010:一个为了增长和就业的欧洲信息社会"的声明。其中称道:

> 欧盟委员会的目标是推进IKT支撑的公共服务,使其更加透明、易于获得和费用低廉——特别是通过其'电子委员会'(E-Kommission)项目。这样来看还有许多要做的。在技术层面需要具备整体接口以及系统、授权系统间的身份可转移性。在必要的组织性变革中,还必须引入新的程序、新的能力和其他规则。最好这些可以借助一个一体化的路径来实现,如最近的电子医疗和电子采购行动计划。委员会将会进一步提出关于电子机构服务(电子政务)的行动计划以及对于IKT支撑的公共服务的战略性导向的建议。委员会将通过少数的顶级示范项目,测试技术、法律和组织性的方案,以支持这一进程。项目的优先性和范围将同各成员国一起商定。②

那时的电子政务还是一个附属品,而不是管理行为的标准形式。但是随着我们整体生活世界的数字化,管理中的IT使用也在变成标准。广泛全面地扩大电子政务的供给,从根本上来说是在立法者的决定权范围之内的,而对此始终需要注意基本法的有关要求,主要是法治国和社会国原则。

由电子政务带来的法律问题遍布从基本法保护的信息权,到劳动法,乃至刑法,大多数问题是由行政程序的调整所导致的。③ 对此许多

---

① 对此,人们通常称之为所谓的"数字鸿沟"。

② http://europa.eu/legislation _ summaries/information _ society/strategies/l24226j _ de.htm,访问日期:2013年12月3日。

③ Wolfhard Steinmetz, IT‑Standardisierung und Grundgesetz: Rechtsprobleme bei der technischen Vernetzung der Verwaltung, 2010; Hermann Hill/ Utz Schliesky (Hrsg.), Die Vermessung des virtuellen Raums, 2012.

老问题又有了新的表现形式,比如联邦和各州的合作、各机构间的数据传输或者向私权主体的行政职能外包。所有这些困难原则上来说都是可解决的,更大的问题在于"公民门户网站"的实施,这些通常不符合他们自己规定的标准或者无法满足基本的法律要求,比如说数据保护和数据安全方面的要求。为了提高电子政务的接受度,在这个领域投入更多的努力是必要的。

四、数字化对法律的影响

(一)技术与法律间的相互作用——概览

技术与法律之间存在多种相互作用。技术发展持续地开拓新的行为可能性,对此需要法律的监管。① 这种监管呈现为各种不同形式,从无例外的、由刑罚确保的禁令,到例外保留的禁止规范,再到简单的行为规定,直到资助,后者如通过纳税优惠、其他补贴或者中长期地通过设立研究条例和研究所基金会。

反过来,技术对法律的影响也具有重大的政治意义。美国法律史学家劳伦斯·M.弗里德曼(Lawrence M. Friedman)区分了直接和间接的影响:一项新技术(举例来说,20世纪初的汽车)可能产生这样的直接影响,即产生新的规则需要,这种需要必须借助于新的法律规范来实现。② 技术迭代在具体的监管需求之外,还会造成难以计数的社会和经济变化,而这些变化又会反作用于法律,就是通过这样的方式来对法律造成间接影响。③ 这种两层的作用模型在很多情形中都是可用的阐释

---

① Eric Hilgendorf, Die strafrechtliche Regulierung des Internet als Aufgabe eines modernen Techikrechts. In: Juristenzeitung Bd. 67 (2012), S. 825-832.

② Lawrence M. Friedman, Changing Times: Technology and Law in the Modern Era, in: Jürgen Becker u. a. (Hrsg.), Recht im Wandel seines sozialen und technologischen Umfelds. Festschrift für Manfred Rehbinder, 2002, S. 501-510.

③ 参见上注 Lawrence M. Friedman, S. 202。

模板,然而仍可以对其进行进一步的区分,以便于能够较好地应对技术影响的多样性。下面我们将介绍一个五层模型:

(1)第一个层面上的问题是,技术发展引起现行法上(或多或少的)法律的类型化需求:新的技术可能性必须被归类到既有的法律含义和法律适用体系中去。例如,可能产生这样的问题:装备了自主功能的、具有自主驾驶能力的轮椅在保险法上是否要归类于轿车或者摩托车,以及作为结果来说哪种形式的保险是合适的。

(2)第二个层面上的问题是,对于新诞生的技术,是否存在通过法律对其加以规制的需求。所以这是一个应然法的问题,而如果对新的问题来说,没有办法找到加入现有阐释模板中的方式,则这一层面尤为重要。在这一层面中,首要的是补充既有的法律规则,当然也需要发展新的保护对象,比如说"信息"。① 因为技术发展总是不断导致新的事实关联性,②产生新的"跨领域的"法律,像是媒体法就是从以前的新闻出版(刑)法、广播和电视(刑)法以及现代网络(刑)法中叠加而来的。③

(3)对第一个层面和第二个层面详细叙述的新技术或全体技术的法律监管进行的讨论,反作用于已经建立的法律和其主导价值上,并且或许会导致更为深远的观点改变。这里的一个——与信息通信技术没有关系的——例子是性道德的改变,这是始于20世纪60年代以来现代避孕手段(那种"药片")发展的结果。另一个例子也许更为深远,自2005年以来社交网络在网络中的推行,造成了我们关于隐私和必要的数据保护观念的改变,这根本性地动摇了迄今为止的数据保护法的正当性。通过技术进步带来的价值变化并不限于某个单一的职业群体,比如说自然科学家和工程师,而是涉及到全体人民(包括法学家)。

(4)第四个层面涉及对专属于法律(道德)的论证或概念的影响。

---

① Herbert Zech, Information als Schutzgegenstand, 2012.
② 因此人们一般将其称为"技术趋同"。关于技术价值和技术规划的争论,更深入的,Armin Grundwald, Technikzukünfte als Medium von Zukunftsdebatten und Technikgestaltung, 2012; ders., Technik und Politikveratung, 2008。
③ 全面的内容参见 Wolfgang Mitsch, Medienstrafrecht, 2012。

这里是指法学研究或者司法判例的转变。近些年里通信技术发展对法律体系产生影响的一个例子是新基本权利的"发现",即"信息自决权"①或者"保障信息技术系统的可靠性和完整性的权利"。② 因此技术发展部分地导致了崭新规则领域的产生,像是与旧时的法律信息学相区别的"信息法"。③

(5)第五个层面也是最后一个考虑层面包括技术迭代对法律文化整体来说的所有深远影响。如果有必要的话,这是一个仍然可以进一步区分的剩余项集合。在这个语境下包括诸如规范生成中、规范确立中或者规范传达中的变化,也包括规范接受中的变化。

上面详述的五层模型比起简单地区分直接或间接影响,能够更有区分度地展示技术变化对法律的影响。接下来就应当更进一步地展现数字化对法律的些许影响,并将其归类到五层模型下。

(二) 数字化和法律

法律的数字化导致现今法律内容显著地比以前更加容易获得。没有接受过法学教育的人能从网络中得到法律信息。④ 新的服务,如电子化支持的行政,也会弱化公民与法律之间的门槛。整体上来说,法律受众和"他们的"法律之间的鸿沟,随着从口语到书写的法律文化的转变

---

① BVerFge 65, 1, 另外, 第 44 页脚注① Eric Hilgendorf/ Brian Valerius, Rn. 75 ff. 有进一步论证。

② BVerFge 65, 1, 对此第 44 页脚注① Eric Hilgendorf/ Brian Valerius, Rn. 78. 有进一步论证。

③ R. Wahl, Wie entsteht ein neues Rechtsgebiet? Das Beispiel des informationsrechts, in: Peter Baumeister/ Wolfgang Roth/ Josef Ruthig (Hrsg.), Staat, Verwaltung und Rechtsschutz. Festschrift für Wolf-Rüdiger Schenke zum 70. Geburstag, 2011, S. 1305–1324; Eric Hilgendorf, Informationsrecht als eigenständige Disziplin? Kritische Anmerkungen zu einigen Grundlagenfragen von Rechtsinformatik und Informationsrecht, in: Jürgen Taeger / Irini Vassilaki (Hrsg.), Rechtsinformatik und Informationsrecht im Spannungsfeld von Recht, Informatik und Ökonomie. 1. Wissenschaftliches Forum für Recht und informatik. Oldenburger Verlag für Wirtschaft, Informatik udn Recht, 2009, S. 1–12.

④ 参见上文, 第三部分第(二)点。

而扩大了,现在又可以再次合拢上了。同时,就可用性而言,法律的内外之别也消失了。除了语言障碍,外国法律规定和既判例原则上和国内法一样容易获得。这是否会或是否可能对外国法产生重大影响,还不清楚。网上大量的法律服务也意味着可能存在大量的法律解释,因此许多机构和联邦司法部也一定在网络中出现,这并不令人惊讶。①

一般来说,问题在于数字化是否以及在多大程度上导致了法律内容的变化。法律的内容会因受众范围的扩大而相应简化吗?或者实践中没有限制的法律评论和网络链接的可能性②会导致法律复杂性的增加吗?这些都是法律事实或者法社会学上的问题,但是长久以来都没有得到足够的讨论。③

另一个视角是私权主体不断增强的影响力。许多法律数据库掌握在私人手中。这对所提供的内容的挑选来说意味着什么?奠定了现代信息技术基础的技术标准,不仅是软件还有硬件,几乎是被几个"全球操盘手"所垄断,这似乎也是有问题的。特定公司的主导地位可能危害到对法律的自由和平等的获取吗?具有全球影响力的行动者可能会去尝试,通过他们的市场力量和他们的国际性存在,去摆脱或破坏法律约束,直到打破国家的暴力垄断吗?会出现这种危险吗?④ 无论如何,确实值得考虑的是,基本上所有网络"全球操盘手"都出身于盎格鲁-撒克逊法系,这会造成特定的欧陆法系基本原则和法律传统(比如与数据保护有关的那些)在新的技术架构和实践中会从一开始就被当成是外来之物。

特别值得注意的是越来越多的法律内容的可视化对我们法律文化的影响。⑤ 如前文所述,视觉要素的运用不可能仅仅是出于美学理

---

① 参见上文,第三部分第(三)点。
② 举例来说,在线法律评论(Online-Kommentierungen)或者司法判决数据库。
③ 至少可以参见第 40 页脚注①中 Boehme-Neßler 的暗示。
④ 所以相应的发展也许会变得明显,国际康采恩开始在网络上用自己的拳头对法律违反者采取措施,不仅是提供悬赏金或其他奖励,而且是试图立即由自己来进行处罚。
⑤ 对此的文章,in Eric Hilgendorf (Hrsg.), Beiträge zur Rechtsvisualisierung, 2005.

由,而是天然地也能够服务于教育目的。因为与之相关的陌生化效果,他们因此能够大大地简化某些对法律的批评,这种批评通常是原理法律内容规定的。

可视化要素适用的"应然侧面"应当是:当图像式效果的使用不正确时,这可能会遮蔽甚至排挤我们的法律文化。图像的效果经常是与情感相连的——图像式呈现的效果往往直接作用于对情绪性的呼唤,而这种情绪未经主体理性思考的过滤——因此图像质料的应用或许可能危害到无偏见性、客观性和事实性的法律理念。不仅在审判程序中不断增多的对图像质料的使用会产生这样的效果,对法学信息和教学的呈现中亦是如此。这涉及传统法学方法论:经典的"法学三段论"以法典作为大前提,事实作为小前提,而判决作为结论,它是与书写形式相关联的。法律的视觉呈现不适格于逻辑性的提炼和涵摄。①

法学家的工作方式也发生了变化。对数据库的使用极大地简化了对法律信息的检索,但是同时也很容易导致对数据库所提供的服务的依赖性。当数据库提供者不是收录所有,而仅仅是收录经过挑选的信息时(比如说法学数据库 Juris,似乎就在司法判决依据上非常力求完备,相对而言对法学研究文献则有所不足了,更不用说法学基础研究的内容),极有问题的选择性效果就会造成威胁。而在使用标准模板和标准表格撰写行政文档、起诉状和判决书等文件时,选择性的程序也可能会形成威胁。引用网络法学评注和网络教材的参考,而不再去检验它们,也简单而有诱惑力。

因此很明显,法学研究工作受到数字化的巨大影响,②可能甚至比其他大多数法学工作的方式受到的影响都要更加强烈。以"复制粘贴"方式产生的博士论文在近些年引起了极大关注。仍然不清楚的是,在多

---

① 但是毕竟在历史材料中也有大量对逻辑结构的视觉呈现,Jan C. Joerden, Logik im Recht, Grundlagen und Anwendungsbeispiele, 2. Aufl. 2010。

② 在人文科学领域中,数字化对传统的阐释性目的学科原则的影响,也在"数字人文科学"的关键词下被加以讨论。

大程度上教授资格论文和研究论文也受到了影响。但是很清楚的是,不少学者,特别是青年科学工作者,已经用网络数据库取代了图书馆。所有段落都取自网络提供的法学文本、判决或其他网络渠道,走向这一步是很容易的。问题首先在于,不可能总是清楚,何时存在研究的不当行为、何时没有。技术可能性仍然太新了,以至于传统的科学研究规范难以对其面面俱到。①

此外,有迹象表明,数字化带来的新的可能性也可能对法学工作的内容产生比迄今为止所以为的更大的影响。如今大量的可用网络信息渠道和信息获取的便宜性,意味着大量时间被节约。此外,以前缺乏沟通机会的情形几乎不复存在,因而跨学科研究更加简便。但大量新兴渠道很可能诱使工作流于表面;而跨学科交流,如果不再遵循各自学科的指导和坚实基础,也许弊大于利。此外,一个大型法律数据库如果只以法律实践需求为导向挑选内容,那么当存在疑问时,就会倾向于和"主流观点"保持一致,而忽略少数说,这就会导致对于研究工作而言,非常重要的观点展示面临被搁置的风险。

顺带一提,数字化后,研究成果可以依据引用指数得到评价。② 有迹象表明,这样的量化评定体系也被引入到对法学研究工作的评价中。这会导致,目前所有重要文献引用指数(仍然)由美国私人公司进行,而非英语语言的法学杂志在那里极少被注意到。对德语的法学基础理论研究来说,这可能会成为一个重大问题。

---

① 当然在一些法律院系,比如说在维尔茨堡,已经对此有过讨论,即何种研究工作的本质在网络时代能够以何种方式表现出来。

② 更进一步的,Eric Hilgendorf, Die juristischen Fakultäten in Deutschland und die jüngsten Universitätsreformen: Skeptische Anmerkungen zu Bologna, Exzellenzinitiative und der Ökonomisierung der Universitäten. In: Eric Hilgendorf (Hrsg.), Subsidiarität — Solidarität. Festgabe für Franz-Ludwig Knemeyer zum 75. Geburtstag, 2012, S. 559-580。

五、总结和展望

上述观察不是对"法律数字化"的现象进行终局性的解读,它旨在指出更多的问题领域并且帮助开启法学界的讨论。首先能够肯定的是,不同于从口语到文献的过度,从文献到数字化的这一步是直接由技术进步所导致的。信息数字化的可能性使得法律内容能够毫无障碍地在互联网和其他计算机网络中进行传播和多媒体加工。数字化并不是一定要导致脱离书写,它更多的是扩展了信息呈现的可能性。法律内容的可视化具有特别的意义,但是它可能的极为深远的作用还没有被足够地探寻。

法律内容在网络中的可转移性会引发这样的结果,就是我们越来越多地被法律所包围,它们随处可得。不考虑语言的不同,网络中法律的内外之别消失了。同时法律服务的多样性增加,这又增加了个人的负担,人们必须从无意义的、不正确的和/或与其无关的信息中甄别出有意义的、正确的和对其有关的信息。法学家可以求助于数据库和其他网络服务提供,这简化了他们的工作,但也改变了他们的工作。许多这些服务提供的商业本质造成新的依赖性危险的出现,这种危险很大,因为几乎所有的大型提供者都在美国营业。

总的来说能够确定,通过对迄今为止书写的法律进行数字化,法律文化面临的改变和新的挑战,从意义上来说可以与从口语到书写的法律文化的过渡等同视之。法治国不能也不得对这些多样的挑战保持沉默,要对迎接这些挑战做好准备,而这就必须介入到技术发展中,并积极利用数字化的可能性。只有这样,才能不仅为传统的法律文化提供支撑,也能进一步共同塑造技术与法律的发展。如果说国家想脱离这些新的数字化技术,那么国家就会在行动和施加影响的可能性上自缚手脚,甚至可能会导致新的国家合法性的丧失。至此为止,新的联邦电子政务法案意味着在正确方向上迈出了一步。

第四章
论技术发展的法律和道德控制
——以医疗领域中的信息技术为例*

技术并不是自主发展的,它受到法律和道德概念的影响和制约,这使技术发展可以被引导。为了确保遵守适用于每种情况的道德和法律要求,需要对其进行规范性反思。

一、引　言

笔者演讲主题既不是法教义学,也不属于法史学或者法哲学。它最应当被归为技术社会学或者治理学研究。尽管如此,这一主题对于法律人而言也具有非常重要的意义,因为在当下,对技术的控制,尤其是对IT技术的控制,是法政策①所面对的核心挑战。我们不是技术发展的附

---

* 本文是笔者于2015年3月23日在法兰克福埃内格研究中心(欧洲健康政策和社会法研究机构)所发表的演讲,讲稿的内容基本保留,在注释部分有所补充。

本文德文原文"Zur Steuerung technischer Entwicklungen durch Recht und Moral-am Beispiel der Informationstechnik in der Medizin"发表于:Indra Spiecker und Astrid Wallrabenstein (Hg.), IT-Entwicklungen im Gesundheitswesen: Herausforderungen und Chancen, Frankfurt am Main 2016, S. 75-88。

① 参见由现在德国司法和消费者保护部部长Heiko Mass所写的标题为"我们的数字基本权"的"互联网宪章"草案,第9页。

庸，而是它的设计师。在一个以人及其需求为导向的社会体系①中，引导和控制技术的发展是法的任务。

在此，应当在广义上理解"技术"概念，它所指的是用来达成特定目的的方法或者由人所制造出来用来达成特定目的的物件。技术的典型特征是它的目标导向性，亦即"目的论特征"②。"技术"一词应当和"技能"一词区分开来。技能所指的是理论上整理出来的、能够产生出技术的知识。以某种方式体系化理解和排列这些知识，也属于"技能"。通过这样的整理和排列，技能转变成了科学。

如今，在医疗领域中最为重要的技能发展，是所有流程的全面电子化，从预防保健③到诊断再到门诊或者住院治疗以及后期护理④。线上登记的个人医疗数据的处理，以及以"通过数字了解自己"为口号、收集和公开个人身体数据的"量化自我"运动，也是医疗领域电子化的表现。⑤ 不仅所使用设备的效率提升了，而且，时间单位内也有更多的信息数量被处理。其实，在更早以前，患者档案就以数字化的方式被保存。大数据分析和新的数据分析模式相结合，很快将开启新的诊断可能

---

① Eric Hilgendorf, Humanismus und Recht-humanistisches Recht? Eine erste Orientierung, in: Horst Groschopp (Hrsg.), Humanismus und Humanisierung, 2014, S. 36 ff.

② 更狭义的语言使用，Rolf-Jürgen Gleitsmann/ Rolf-Ulrich Kunze/ Günther Oetzel, Technikgeschichte, 2009, S. 24 ff., 在其中，支持 Günther Ropohl 的观点，将重点放在人造客体的制造上。

③ 其与生活方式的产品的界限是流动的，人们只需要想一下健身手环，其可使血压、脉搏率的数据得以显示和提取。

④ 概览，参见 Frank Duesberg (Hrsg.), eHealth 2015-Informations-und Kommunikationstechnologien im Gesundheitswesen, 2014; Jan Byok/Alexander Csaki, Handbuch Digital Health: Praxisleitfaden einer vernetzten Gesundheitswirtschaft, 2013。

⑤ 关于这一在整个西方世界范围内有大量支持者的运动的更多信息，参见 www.quantifiedself.com (访问日期：2023年2月6日)和 www. quantifiedself. de. (访问日期：2023年2月6日)。这一运动的前身是 Body-Builder-Szene, 在此十数年前就已经开始交换胸围或者二头肌围和肌肉增长的信息以及不同药剂的作用方式。

性。① 为了病人的福利,完全不同来源的数据被收集和利用。不同的是,有各自特定专业能力的部门(例如有相关数据库的专业医院或者专科医生)可以通过网络合作。

德国立法者试图在立法上跟上技术的发展:新的《卫生事业中安全数据交流和使用法》(eHealth - Gesetz)②中规定了健康卡,借助健康卡,随时随地取得实时数据成为可能。通过网络照料老人和病人的远程医疗也有望明显改善护理工作。③ 借助现代的手术机器人,甚至可以通过网络为人实施手术。通过这种方式,得以在危险领域或者战争区域实施外科手术,机器人在现场操作手术,而来自德国或者美国的外科医生通过网络控制和掌控机器人。

然而,上面提到的新科技也有阴暗面。医疗技术的全面联网使它成为了各类网络攻击的目标;④医院中所有被电脑控制的设备有可能被一个来自互联网的指令破坏;大量的病人数据也带来了数据保护的难题。此外还有海量非个人数据,对它们的利用到目前为止在伦理上和法律上都缺乏规定。⑤ 使用最现代的软件则很容易造成对垄断供应商的

---

① 虽然大数据分析在一开始只能显示关联,但是关于特定的原因——效果——关联通过大数据被发现的关联假设,是可以在经验上被验证的。因此,这样的分析是很有启发意义的。因此,说大数据分析并不适合于科学,是不恰当的。

② "卫生事业中安全数据交流和使用法"(E-Health-Gesetz)现在已经生效了。参见 BGBl. I Nr. 54 vom 28. 12. 2015, S. 2408-2423。

③ 关于此,参见 Philipp Grätzel von Grätz, Vernetzte Medizin. Patientenempowerment und Netzinfrastrukturen in der Medizin des 21. Jahrhunderts, 2004, S. 69 ff.; 早期的文献,参见 Robert Schwanitz, Telemedizin: Notwendigkeit, Herausforderung und Finanzierung in der Diskussion, 2013。

④ 关于现在网络犯罪形式的简介,参见 Michael Büchel, Peter Hirsch, Internetkriminalität. Phänomene, Ermittlungshilfen, Prävention, 2014; 关于现行的互联网刑法,Eric Hilgenforf, Brian Valerius, Computer-und Internetstrafrecht. Ein Grundriss, 2012; 现在的问题,Susanne Beck u.a. (Hrsg.), Cybercrime and Cyberinvestigations. Neue Herausforderungen der Digitalisierung für Strafrecht, Strafprozessrecht und Kriminologie, 2015。

⑤ 现实的数据保护法,例如《联邦德国数据保护法》所涉及的只是个人数据。但是,与个人无关的数据也具有财产价值,因此至少应当被讨论的是,在他的脑袋或者说他的设备中保有这些数据的人,不应当参与到由这些数据为基础的价值创造活动中。

依赖,它们通常来自美国。伴随着数字化和更有效率之机器的使用,医生和病人之间的距离也越来越远,从中期来看,这会损害医生和病人的关系。

如果将当下的第二次技术大发展考虑在内,即自动化或者说机器人技术,上面所描述的问题会变得更为严重。不依赖自然人"输入"的自主系统,正在越来越多地承担医院中的任务。① 在老年人护理中被使用的著名机器人"Paro",只是一个先驱。在预防保健、外科手术和医疗康复等其他医疗领域,也都有机器人的使用。这些机器几乎都配备了传感器,设备间相互联结,有时也会接入互联网。

由此,很清楚的是,由数字化、联网和自主系统所塑造的新兴医疗可能性面临着巨大的风险。人类行为可能性的每一次提高都增加了我们的责任,在这点上,医疗技术和其他技术并无不同。② 为了能够反思性地和负责任地对待这些新技术,需要对技术的后果进行细致的评估,③结合伦理和法律层面的反思,并在必要时通过法规或法律对其进行规制。

---

① 关于"自主系统"及由其所提出的法律问题,参见 Eric Hilgendorf, Recht und autonome Maschinen-einProblemaufriss, in: Eric Hilgendorf/ Sven Hötitzsch (Hrsg.), Das Recht vor den Herausforderungen der modernen Technik. Beiträge der 1. Würzburger Tagung zum Technikrecht im November 2013, 2015, S. 11-40。

② Wolfgang Krohn/ Georg Krücken, Riskante Technologien: Reflexion und Regulation. Einführung in die sozialwissenschaftliche Risikoforschung, 1993; Petra Hiller/ Georg Krücken (Hrsg.), Risiko und Regulierung. Soziologische Beiträge zu Technikkontrolle und präventiver Umweltpolitik, 1997; vgl. auch Gerhard Banse/ Gotthard Bechmann, Interdisziplinäre Risikoforschung. Eine Bibliographie, 1998。

③ Armin Grundwald, Technikfolgenabschätzung-eine Einführung, 2. Aufl, 2010; 关于规范上(和原则上经验的技术后果评估不同)的技术后果评估 Armin Grundwald, (Hrsg.), Rationale Technikfolgenbeurteilung. Konzepte und methodische Grundlagen, 1999; 此外,Walter Bungard/ Hans Lenk (Hrsg.), Technikbewertung. Philosophische und psychologische Perspektiven, 1998。

二、技术的接受难题

成功的技术革新之路,通常分以下几步:从想法到产品计划和生产,再到市场化及产品的使用。当然,这只是理想类型的几个阶段,完全可以用截然不同的方式描述整个产品周期。但是,对我们的目标而言,上面的基本区分已经足够了。

对于将技术产品引入市场而言,其重要因素包括产品的实现能力、可运转性、经济上的边界条件(例如产品的市场机会,有购买力的目标群体之存在)以及伦理的、法律的和社会的边界条件。最后提到的三个点经常被称作 ELSI 因素。①

虽然过去德国是技术先进国家,但是它却因其技术批判性而出名。记者凯瑟琳·帕西格(Kathrin Passig)在 2013 年将技术批判的固定模式总结为以下 8 个问题:(1)这到底有什么好处?(2)谁想要这样的东西?(3)唯一想要这些新鲜玩意的,是可疑的或者有特权的少数人。(4)新的东西只是一时流行,很快会再次消失的。(5)新东西就在那里,但是实际上并没有什么用。(6)新东西很好,但是不够好。它有消极的影响。(7)弱势群体无法应对新技术。(8)最后的标志性问题:这个新技术应当如何被投入使用/怎么能允许投入使用这个新技术?② 虽然有讽刺性的夸张,但是,她总结出了一种常见的、流程式的反应。笔者估计,从最初的批判性反映到产品的接受大概要花费 10 年时间。③

有争议的技术和产品一直存在,例如废物处理、药学、能源(尤其是核能)、化学、基因技术、电磁波以及克隆医学。现在的辩论集中围绕人

---

① "ELSI"所指的是 Ethical, Legal 和 Social Implications。
② Kathrin Passing, Standardsituationen der Technikkritik, 2013, S. 9 ff.(被详细列举的问题是逐字引用的)。
③ 标准情形参见上注 S.22。

的强化、信息技术、纳米技术和机器人技术展开。[1]

三、接受度研究的基础

奥尔特温·雷恩(Ortwin Renn)建议,结合接受度研究的成果,应对技术领域进行如下划分:产品和日常技术(私人轿车、冰箱、高保真音响、移动电话)、工作技术(机器、信息技术)和所谓的外部技术(发电厂、垃圾焚烧装置、工业设施)。[2] 德国民众谈到产品和日常技术以及工作技术时,对新科技是非常感兴趣的。大量最新形式的产品和日常技术(智能手机!)的使用者表明了这点,同时德国人也表现出了在工作场所使用最现代的机器的意愿。在产品和日常技术以及工作技术中,决定接受度的因素主要是:成本收益比较,以及使用的舒适性、便利性和直观性。

与此相对,德国社会对于不在人的直接影响范围之内的外在技术,更多地持批判性的态度,即便人们或多或少直接从中得利。这表明,新技术的接受时常为非理性的因素所决定。对技术的怀疑,"不仅与设备的技术优缺点有关,而且包含社会发展愿景的问题:社会想要到哪里去?社会或者团体的宗旨是什么?核心价值是什么?何种技术发展对于可欲未来的构造而言是合适的?"[3]

首先应当区分的是技术的接受和技术的可接受性。[4] 技术的接受指的是对一个既存技术的事实上的认可,而技术的可接受性所涉及的问题,是某一项技术是否是能够被视为可接受的。为了决定后者,规范的标准是必要的。当然,对于这些标准很少能达成全面的共识。技术的接

---

[1] 有问题技术领域的清单和分析,参见 Armin Grunwald (Hrsg.), Handbuch Technikethik, 2013, Teil V, S. 249 ff.。

[2] Ortwin Renn, Technikakzeptanz, in: Technikfolgenabschätzung-Theorie und Praxis Nummer 3, 14. Jahrgang, 2005, S. 29-38(31 f.).

[3] 参见上注 Ortwin Renn, Technikakzeptanz S. 31 f.。

[4] Armin Grunwald, Akzeptanz und Akzeptabilität technikbedingter Risiken, in: ders., Technik und Technikberatung, 2008, S. 339-350.

受度则可以借助问卷或者对购买和使用行为的观察来衡量。操作的便利性也可以被视作是接受的标志,技术接受会被不同的因素所影响。值得一提的,比如说透明度、参与度、培训、教育以及价值变迁。技术的接受既涉及一般的社会也涉及特定的使用团体,例如老人、残疾人、男人或者女人和外国人。社会接受某一特定技术的明显标志是,通过政治或者行政程序将某一技术引入。

值得注意的是,技术接受度研究[1]经常会发现相关者自相矛盾的行为,他们虽然一方面严厉地拒绝特定的技术,另一方面又热衷于使用它。例如,在德国,谷歌时常因为它缺乏数据保护而被批判,但是,谷歌在德国的使用人数很高。

四、技术变迁的法外规范因子

关于技术变迁的规范因子,可以区分为多个规范层面。[2] 首先应当提到的,是个别技术员群体中的特定规范标准,例如某一工作群体中熟练的实践做法或者某一企业内部的特定行为标准。应当与此区分的是"好的技术员"的标准或者"好的工程师"的标准,即他在职业荣誉或职业道德方面是如何表现的。在 2000 年的德国工业协会(VDI)第 3780 号准则中,通过以下"价值八边形"来描述一个"好的技术员":技术的效率、经济性、富足、安全、健康、环境质量、个性发展和社会品质。[3] 而当

---

[1] Erwin K. Scheuch, Bestimmingsgründe für Technik-Akzeptanz, in: Ernst Kistler/ Dieter Jaufmann (Hrsg.), Mensch, Technik, Gesellschaft. Orientierungspunkte in der Technikakzeptanzdebatte, 1990; Ortwin Renn/ Michael M. Zwick, Risiko-und Technikakzeptanz, 1997; Klaus Lompe (Hrsg.), Techniktheorie, Technikforschung, Technikgestaltung, 1987.

[2] 法学家容易忽视了规范层面的多元性。关于此的概述,参见 René König, Das Recht im Zusammenhang der sozialen Normensysteme, in: Ernst Hirsch/ Manfred Rehbinder (Hrsg.), Studien und Materialien zur Rechtssoziologie, 1967, S. 36-53。

[3] https://www.vdi.de/richtlinie/vdi_3780-technikbewertung_begriffe_und_grundlage,访问日期:2023 年 2 月 6 日。

诸如技术或经济上的动机与企业员工所内化的"企业哲学"相违背时,或者当创造了不成比例的风险、出现了没有料想到的副作用,而这些副作用会导致工人裁员、环境污染或垄断的形成时,技术发展和职业道德的冲突都有可能出现。

社会道德,即在作为整体的社会中处于支配地位的道德,也包含着可用来评价全体技术或者特定技术的规范要素。此外,其中还蕴含着"还可以"接受或者"不再能"接受等风险的分级、平等和不平等的评价(包容性),对于残障人士和老人的特定态度等。① 很显然的是,社会道德会明显地影响技术创新。现行的规范、价值和态度时常以宗教为基础,教会一再对新技术的发展表态。②

上述提到的规范标准是动态的,也就是说是随着时间而改变的。但是,应当认为,我们的规范行为具有人类学的基础。③ 社会道德在社会中被管理和讨论,其中一些主体几乎可以被称为"道德倡导者"(Moralunternehmer)。例如,宗教团体、工会、媒体和政治家都属于此类。丑化是一种很有意思的规范产生进程,但是在此无法进一步展开。④

最后,职业法也可以被划归为一个单独的规范层级。这样一个规范体系会受到诸如法学家和医学家的深刻影响,并被记录到法典中,例如《联邦律师法》(Bundesrechtsanwaltsordnung)或《医生模范职业守则》(Musterberufsordnung für Ärzte)。

---

① 接受和可接受性的区分,参见 Armin Grunwald, Akzeptanz und Akzeptabilität technikbedingter Risiken, in: ders., Technik und Technikberatung, 2008, S. 339-350。

② 参见例如德国新教对生物技术和基因技术的观点,http://www.ekd.de/bioethik/bioethik.html,访问日期:2015 年 12 月 3 日。

③ Eric Hilgendorf, Werte in Recht und Rechtswissenschaft, in: Hermann T. Krobath (Hrsg.),Werte in der Begegnung. Wertgrundlagen und Wertperspektiven ausgewählter Lebensbereiche, 2011, S. 227-243(230).

④ 在此主要涉及的是如下模式:在新技术的适用领域出现了疑难情形,它在社会中的道德评价是不清楚的。个别的讨论参与者认为,存在一个极端的规范违反。如果成功地开启了公共讨论(丑闻化),那么不仅关于这一技术的正反观点将处于公共讨论之下,而且正反观点所基于的规范标准也会在公共讨论之下,讨论结果将会成为未来情形处理的基础。

五、法律和技术的关系

在《基本法》中,诸如"技术"或者"科技"等概念并未被提及。在《基本法》颁布的 1949 年,人们有的是对技术监管外的忧虑。因此,相关的基本权利被相对简单地确认:《基本法》第 5 条第 3 款规定了研究自由,《基本法》第 12 条规定了职业自由,《基本法》第 14 条规定了财产的保护。有更大意义的是,根据通说观点,基本权利建构出了一个"客观价值体系"(objektive Wertordnung),其可证成国家的保护义务。联邦宪法法院从基本权利中推导出这一客观价值体系。[①] 国家的保护义务适用于公民的身体完整性和生命,其中也蕴含了对新变化的观察义务。此外,当技术威胁到公民的基本权利之时,国家也有义务介入。

如果人们将这些原则套用到技术革新中,那么很容易得出结论,科学研究也受到《基本法》的保护。这可以从《基本法》第 5 条第 3 款中推导出来。生产和销售为《基本法》第 12 条和第 14 条所保护。这样的国家义务是存在的,即促进低风险的技术或者至少不要阻碍它。就此而言,人们可以说,存在这样的法律义务,对现行法律规范进行技术友好的解释。

最为重要的基本权利是《基本法》第 1 条所规定的人的尊严。我们的宪法声明人的尊严是"不可侵犯的"。保护和尊重它是"所有国家权力的义务"(《基本法》第 1 条第 1 款)。然而,关于人的尊严的哲学解释却并未形成一致意见。[②] 许多人将其解释为单纯的"工具化禁止"。也就是说,人不应纯粹作为实现他人目的的工具。这样的理解涵盖了工具化禁止的重要适用领域,但是并未穷尽人的尊严的规范内涵。在医疗的

[①] 关键的是联邦宪法法院的吕特判决。BVerfGE 7, 198.

[②] 概览,参见 Jan C. Joerden/ Eric Hilgendorf/ Felix Thiele (Hrsg.), Menschenwürde und Medizin. Ein interdisziplinäres Handbuch, 2013, Teil 1, S.35-175。

语境中,工具化禁止时常显得捉襟见肘。① 如果在某家医院中,病人被关在一个单独的房间中或者通过给予麻醉剂让他安静下来,那么许多人会直觉地认为,这构成对人的尊严的侵害。然而,若要将之视为对病人的"工具化",则需要对术语进行极大的歪曲——在此缺少手段—目的关联。这一结果意味着,侵犯人的尊严不应通过工具化来定义,而是要另外寻找合适的概念。

另一进路则试图将人的尊严理解为人不可丢失的固有价值。正是这一固有价值使人称为人。国家不是目的,而是为了人而存在的。② 这一进路的方向是正确的,但是不够精确,正确的是,将人的尊严理解为人的基础权利的总和。(所谓的人的尊严的总和理论)所涉及的是,保证物质生活最低标准的权利,免于极端痛苦的权利(反对酷刑),灵魂——精神完整性的权利(反对洗脑),自主的自我发展的权利,信息自我决定权,法律上平等的权利(反对奴役)以及保证最低限度尊重的权利。最后提到的权利被理解为是一种兜底性权利。③

重要的是,不应混淆人的尊严和人权。人权在人文主义和启蒙运动中被广泛传播,在 18 世纪末期法国大革命时期被实定法化。与此不同,人的尊严保障是在 1945 年后才开始在欧洲的宪法中流传的。此处应特别提及 1949 年的《基本法》。引入人的尊严作为额外的保护维度的原因是极端伤害的经历,例如酷刑、奴役和大规模屠杀,传统的人权在对抗这些事情上显得软弱无力。通过人的尊严的保障,在比人权更大的范围上,确定了基础权利的内在范围,对人的尊严的损害在任何情况下都

---

① Eric Hilgendorf, Instrumentalisierungsverbot und Ensembletheorie der Menschenwürde, Strafrechtswissenschaft als Analyse und Konstruktion. FS Puppe, 2011, S. 1653–1671(1654 ff.).

② Vgl. Art. 1 Abs. 1 des sog. "Chiemseer Entwurfs" eines Grundgesetzes für die Bundesrepublik Deutschland, abgedruckt unter http://www.Verfassungen.de/de/de 49/chiemseer-entwurf48.htm(访问日期:2015 年 12 月 3 日),进一步的论述,Horst Dreier, in: ders., (Hrsg.), Grundgesetz Kommentar, Bd. 1, 3. Aufl, 2013, Kommentierung von Art. 1I Grundgesetz Rn. 23。

③ 参见上注① Eric Hilgendorf, Instrumentalisierungsverbot, S. 1665 f.。

第四章 论技术发展的法律和道德控制

是不被允许的。① 如果考虑到这一历史背景,那么很清楚的是,为什么应对人的尊严进行严格解释,否则便存在这样的危险,即人的尊严因而贬值,如同零钱一样。常见的司法实践,即将有问题的或者感觉有问题的技术发展动辄视为有损人的尊严的做法,是存在疑问的。

《基本法》的人的尊严保障可以被解释为对法律基本的人本主义导向的表现。人及其尊严对于人的法律体系而言具有至高价值,②这一结论对于劳动法、社会法、刑法、程序法、行政法以及所有其他的法领域都适用。但是,人的尊严保障并不是技术怀疑或者技术拒绝的万能钥匙。相反,技术发展在许多情形中都可以保护人的尊严,创造人的尊严存在的条件。现代医学的发展是一个突出的例子。③ 在此,所指向的是作为国家任务的保障存续(但是要比保证物质生活最低标准来得广泛)。④

一个时常被提出的问题是:技术和法,哪个变化得更快? 显然,在绝大多数情形中,相较于相关的法律规定(如果存在的话),技术都要变化得更快。但是,应当想到的是(至少在如德国这样一个法律高度发展的国家),要求法律具有全面的适用范围。技术和法律犹如兔子和刺猬赛跑:就算兔子跑得更快,但是刺猬总是比它先到达。技术发展不是在法外空间之中,而是从一开始就由宪法、行政法规、刑法也包括司法体系加以规制。法律既可以是创新的制动器,也可以是创新的发动机。

针对技术控制,法律可采用的最重要的手段是什么? 许多人在此只会想到二元的范畴,也就是标准的"禁止"和"允许"。但是,法学上行为可能性的光谱其实要远得多。从无例外的禁止,甚至是通过刑法加以保障的禁止,附有容许保留的禁止——即在遵守特定规定如注册、透明、公

---

① 参见第 62 页脚注② Horst Dreier, in: ders., (Hrsg.), Grundgesetz Kommentar, Art. 1 Rn. 24。
② 参见 Eric Hilgendorf, Humanismus und Recht- humanistisches Recht? Eine erste Orientierung, in: Horst Groschopp (Hrsg.), Humanismus und Humanisierung, 2014, S. 36 ff.。
③ 参见 Wolfgang Eckart, Geschichte, Theorie und Ethik der Medizin, 7. Aufl.2013, Kap. 10. 4ff und passim。
④ 基础文献,参见 Ernst Forsthoff, Der Staat der Industriegesellschaft, 1971, S. 75 f. im Anschluss an dens., Die Verwaltung als Leistungsträger, 1938。

布账目或者自我监管的措施和认证,直到税收优惠或者直接的国家支持,例如研究支持或者补贴的形式。

关于技术发展和法律的冲突,可以有两种评判视角:事前的视角和事后的视角。事后的视角通常太迟了,如在损害事件发生后的行政机关的禁令、民事责任或者刑事判决。更有效的通常是事前的判断,它是法学伴随研究的核心任务。所涉及的是,在项目设计和项目发展的框架中就已确定可能会和法律相冲突的领域,也可以叫作"合规检测"(Compliance-Test)。① 关于此,所有法领域都与之相关,而不仅是行政法或者刑法。此外,在法律冲突出现后的减少损害的措施也属于刑事合规的领域。

六、技术控制和机构
——以医院和医疗保险机构为例

多种机构可以帮助遵守针对技术及技术发展的相关规范性要求。这一点可以医院中对技术创新的控制为例说明。在医院中,前面所提到的来自职业伦理、社会道德和法律的规范要素都被集中在一个最紧密的空间内。人们可以将医院称作社会的镜子。规范之外的特定要素如资金短缺、时间不足和人员不足也可能会出现。因此,医院是个人和社会规范以及价值的实践测试的地点。

除财政监管之外,医疗保险的目的是理性地处理健康风险。对此的措施是观察健康风险、健康风险的原因和它的影响,还有就是分析法律责任以及对医疗技术发展的评估。② 具体来说,是技术后果评估和接受

---

① "合规"(Compliance)按字面的意思翻译成德语是"一致"(Übereinstimmung);法律合规"是指和法律或者法律规定相一致。从这一视角来看,要求法律合规几乎是理所当然的。

② 关于保险在技术控制过程中的角色的深入研究,参见 Gerhard Wagner, Haftung und Versicherung als Instrumente der Techniksteuerung, in: Klaus Vieweg (Hrsg.), Techniksteuerung und Recht. Referate und Diskussionen eines Symposiums an der Universität-Nürnberg, 2000, S. 87-120。

度预测,旨在进行更为准确的风险评估(也包括影响接受度的条件以使成本最小化)。这清楚地表明了,保险能够在多大程度上影响风险控制的规范标准。因此应当说,认为保险只是"损害的财产补偿"的观点是武断的。

七、不同规范层面的相互关系

显然,前文所提到的规范层面不会一直处于相互和谐的状态。专属于特定领域的道德可能相互偏离,也可能产生偏离性的社会道德。职业法通常会与相应领域的道德保持一致,但也不必然。在法律制度中,宪法的规定限定了法律的内容,而法律又确定下位法的内容。在民主法治国中,道德和法律也不是一直相协调,这是众所周知的;在有冲突时,相较于道德,法律会被贯彻。但从中期和长期来看,当法律规定得不到社会道德的支持时,法律规定会被侵蚀。许多冲突可以通过规范的解释而得到缓解或者完全消除。技术发展伴随着不间断的伦理上的反思,后者——通过改变群体道德或者特定领域的道德——影响社会道德的内容,或早或晚也会影响法律政策。

八、总 结

技术的发展不是孤立的,而是被道德和法律所环绕和影响。通过这种方式,技术发展得到控制。技术发展不在法外空间进行,而是从一开始就会遭遇到法律的规制。广泛流传的观点,即法律落后于技术发展,仅在一定程度上是正确的。但是,法律和道德存在于多个规范层面,从纯粹的群体或领域专属的道德,到一般的社会道德和职业法律再到法律和宪法规定。因此,关于技术发展的规范要求不是一直清楚的;相反,为了确保源于道德和法律的有效规定得到遵守,需要伴随技术发展的规范性反思。

第五章
数字化、虚拟化和法律 *

一、数字化革命及其后果

我们现在正处于史无前例的技术和社会变革中：数字化革命。无论是轮子的发明还是蒸汽机的发明抑或传送带的产生都没有对国家、社会、经济带来过如此急剧、深入和广泛的影响。我们正在见证一场全面的、对我们的习惯和传统思维模式产生急遽挑战的变革，即从现实世界到虚拟世界的转变。很明显可以看到，现实世界与虚拟世界之间已经不仅是相互补充的关系，而是开始相互交融，虚拟态成为新常态。

在法学和法政策研究中，"数字化"和"虚拟化"通常难以进行区分。从法律角度来看，迄今为止也很少出现必须对二者进行区分的情形。对于数字化而言，可以将其近似理解为将信息转化为 0 和 1 的结果，继而使得信息可以在计算机中得到处理。而"虚拟化"则表示在计算机中对实体、情境、程序进行构建或者"模拟"。数字化是虚拟化的前提，反之则是不成立的。所谓的"虚拟行为"则是指在虚拟空间中对行为的模拟。其中"虚拟犯罪行为"是一个特别有意思的概念：一方面它可以指

---

* 本文原文"Digitalisierung, Virtualisierung und das Recht"发表于：Dawid Kasprowicz/Stefan Rieger (Hrsg.), Handbuch Virtualität, Springer 2020, S. 405-424。

本文中文译稿被收录于林维、王华伟主编：外国刑事法译评（第一卷）（待出版），有微小调整。

在虚拟空间内所实施的、完全虚拟的犯罪行为,其本身并不具有可罚性(例如虚拟主体 1 刺杀了虚拟主体 2);或者也可能是指在虚拟空间内发生的、符合刑法构成要件的行为(如虚拟主体 1 侮辱了虚拟主体 2,而因此虚拟主体 2 "背后"的自然人也受到侵害)。"虚拟现实"的发展显然也向法律人抛出了非常有意思的问题。

可以从以下三个层面描述我们所面对的技术的进步:第一个层面技术进步表现在技术层面本身,即软硬件的发展。例如,过去 20 年中计算能力和存储容量急遽提升;也可以看到计算机之间相互连接,而在将来几乎任意物品之间都会实现联网,①对"APP"的开发也催生出了一大批低价(有时甚至是免费的)、用户专属的软件;电子邮件和社交网络的出现则彻底改变了全球范围的沟通交流;同时,虽然起步较晚,但人工智能技术也取得了极大的发展②,如今在大量不同领域以及工业生产中都已经可以见到在特定场景中完全摆脱人类控制、由计算机操纵的人工智能系统:③元件生产(3D 打印)、物流、交通④、居家(智能居住)、医药(手术机器人)、金融市场(算法实施的分析和咨询、高频交易)、支付结算(比特币、区块链技术)、基础设施(智能城市)、教育(电子化学习)乃至战争(例如自主操纵的无人机)等场景中均可以见到人工智能技术的应用。由此也产生了大量的新兴问题,其中一部分属于"机器人法"的范畴,这

---

① 即"物联网"(Internet of things)或者"普适计算"(ubiquitous computing),对此可参见 Daniel Kellmereit/Daniel Obodovski, The Silent Intelligence – The Internet of Things, Dnd Ventures LLC, 2013。

② Margaret A. Boden, AI–Its Nature and Future, Oxford University Press, 2013.

③ "工业 4.0",相关内容可参见 Thomas Bauernhansl/Michael ten Hompel/Birgit Vogel-Heuser (Hrsg.), Industrie 4.0 in Produktion, Automatisierung und Logistik–Anwendung, Technologien, Migration, 2014。

④ "自动化驾驶和自主驾驶",相关内容参见 Eric Hilgendorf, Teilautonome Fahrzeuge: Verfassungsrechtliche Vorgaben und rechtspolitische Herausforderungen, in: Eric Hilgendorf/Sven Hötitzsch/Lennart S. Lutz (Hrsg.), Rechtliche Aspekte automatisierter Fahrzeuge, Beiträge der 2. Würzburger Tagung zum Technikrecht im Oktober 2014, 1. Aufl., S. 15 ff. 以及 Eric Hilgendorf, Automatisiertes Fahren und Recht, 53. Deutscher Verkehrsgerichtstag 2015, 2015, S. 55 ff.。

是一种新近出现的法学交叉学科。①

数字化通常被理解为一种技术性的进程,这一进程构成了第二个观察层面的基础。这里所讨论的是一种由新技术所带来的新兴商业模式或者说社会形态。② 特别是近来一些由亚马逊、ebay、优步、爱彼迎等以平台为基础的模式正在产生革命性的,甚至可以说是"毁灭性"的影响,从根本上对传统的经济模式形成了挑战。例如,亚马逊不仅在美国,甚至对欧洲的图书销售都造成了危机;优步在全球范围内正在逐渐取代传统的出租车行业;而爱彼迎完全可能对酒店业造成同样的影响。虚拟化实现了一种新的交互模式,该模式下人与人的交互不再发生在物理世界中,而是发生在由数字化所创建的比特世界中。很多人预测,这些经济上的变革很快也将会体现出社会效应,例如贫富差距的拉大等。③

第三个层面是数字化对我们社会的规范框架、社会道德以及对伦理和法律造成的影响。技术、社会和经济的革命迫使我们对社会秩序的道德基础和法律基础进行反思,对一些指导价值进行反思。如果不能接受这样的前提:所有在技术上能够实现的,在伦理和法律上也都可以被接受,那么就有必要从法律上对新技术和经济的发展加以限制。④ 这一法律规制的过程通常被称为"监管",时而以抑制创新和阻止潜在投资者而闻名。事实上,也确实不乏由特定意识形态引发的过度监管、错误监

---

① 参见 www.robotrecht.de 上的信息,对于机器人技术给社会带来的挑战参见:Thomas Christaller u.a., Robotik‑Perspektiven für menschliches Handeln in der zukünftigen Gesellschaft, 2001. 盎格鲁‑萨克逊地区的论述参见:Ryan Calo/A. Michael Froomkin/Ian Kerr, Robot Law, Edward Elgar Publishing, 2016。

② 相关介绍参见:Bernd W. Wirtz, Electronic Business, Springer Fachmedien, 2013。

③ Martin Ford, Aufstieg der Roboter: Wie unsere Arbeitswelt gerade auf den Kopf gestellt wird‑und wie wir darauf reagieren müssen, 2015, S. 68 ff.

④ Eric Hilgendorf, Die strafrechtliche Regulierung des Internet als Aufgabe eines modernen Technikrechts, Juristenzeitung 67 (2012), S. 825 ff.及 Eric Hilgendorf, Zur Steuerung von technischen Entwicklungen durch Recht und Moral‑am Beispiel der Informationstechnik in der Medizin, in: Spiecker gen. Döhmann/Indra/Astrid Wallrabenstein (Hrsg.), IT‑Entwicklungen im Gesundheitswesen‑Herausforderungen und Chancen, 2016, S. 75 ff.

第五章　数字化、虚拟化和法律

管的事例,在结果上也确实阻碍了发展,造成了社会危害。但是不应当忘记,技术和经济的发展本身并不是目的,而是取得共同福祉的手段。因此,由民主程序产生的合法代表对社会的技术、经济发展加以必要限制是显而易见的,也是道德和法律上的必然要求。特别是在以人权和人格尊严为核心价值导向的社会市场经济环境下,这一结论无须进一步的论证即可成立。此外,法律也会得到(以经实践证明可靠的技术后果评估为基础的)技术伦理的支持。[1]

数字化是前文简述的技术及社会经济发展的核心。具体而言,数字化是一种将任意信息转化为0和1的序列、并由计算机加以存储和处理的能力。而互联网使这些信息几乎没有延迟地在全球范围内均可被使用。这种形式所表现的信息又可以被还原为文字、图像、影像或声音。因此现如今,在已经拥有足够快速的数据传输手段的基础上,可以说实现了真正的信息多媒体化。此外,计算机系统也正在不断变得更加"自主",即逐渐摆脱人类的支持,独立进行学习(机器学习)。这就导致由软件所操控的主体所实施的行为愈加难以预测,并由此产生了法律和伦理上的严峻挑战,[2]甚至已经出现了这样的讨论,诸如此类的实体是否应当拥有独立的法律地位,即所谓的"电子化人格"(e-person)。[3]

---

[1] Armin Grunwald (Hrsg.), Handbuch Technikethik, 2013.

[2] Jan C. Joerden, Strafrechtliche Perspektiven der Robotik, in: Eric Hilgendorf/Jan-Philipp Günther (Hrsg.), Robotik und Gesetzgebung-Beiträge der Tagung vom 7.-9. Mai 2012 in Bielefeld, 2013, S. 195 ff.; Sabine Gless/Thomas Weigend, Intelligente Agenten und das Strafrecht, in: Zeitschrift für die gesamte Strafrechtswissenschaft Band 126 (2014), S. 561 ff; Eric Hilgendorf, Recht und autonome Maschinen - ein Problemaufriß, in: Eric Hilgendorf/ Sven Hötitzsch (Hrsg.), Das Recht vor den Herausforderungen der modernen Technik. Beiträge der 1. Würzburger Tagung zum Technikrecht im November 2013, 2015, S. 11 ff.

[3] Susanne Beck, Über Sinn und Unsinn von Statusfragen-Zu Vor-und Nachteilen der Einführung einer elektronischen Person, in: Eric Hilgendorf/Jan-Philipp Günther (Hrsg.), Robotik und Gesetzgebung-Beiträge der Tagung vom 7.-9. Mai 2012 in Bielefeld, 2013, S. 239 ff.; Gregor Fitzi, Roboter als „legale Personen" mit begrenzter Haftung-Eine soziologische Sicht, in: Eric Hilgendorf/Jan-Philipp Günther (Hrsg.), Robotik und Gesetzgebung-Beiträge der Tagung vom 7.-9. Mai 2012 in Bielefeld, 2013, S. 377 ff.

二、技术和法律的发展

一种常见的说法是:法律亦步亦趋紧随技术发展步伐,看上去就如同法律漏洞是预先设定好的一般。然而事实是,技术的发展速度远超法律制定的速度。至少对于法律保留范围内,由议会制定的法律而言是如此。与之相对,行政命令的速度往往能够紧随技术发展,时而甚至会超过技术发展(技术开发人员经常会对此表示遗憾)。

另外,基于一个很重要的原因,法律在技术发展之后亦步亦趋的图景应当说从根本上就是有瑕疵的:技术发展并不处于法外空间,而是在法律框架内进行的。法律应当对技术的发展加以把控和限制,至少应当由宪法、刑法和民法共同组成技术发展所必须的法律框架。违反刑法的技术研究应当被立刻制止,更不用说这样的研究自始就不应当得到国家的支持。如此看来,尽管技术的发展快于法律,然而法律永远处于技术发展的前方。二者的关系正如同经典童话兔子和刺猬的故事——刺猬永远有能力将背后的刺对准兔子,迫使它改变它前进的道路。

毋庸置疑,为了应对技术的发展,法律本身也会发生改变。[①] 尽管技术发展本身并不必然拥有改变法律效力的能力,然而如同技术发展受到法律规范的影响一般,随着时间的推移,法律也终将会适应技术发展。现代信息和通信技术的发展当然也遵循这一规律,其中也包括以通信、信息技术发展为基础,并会给我们的工作、生活带来极大便利的虚拟化技术。综观技术进步对伦理和法律的影响,大致可以分为以下几个阶段:

新技术带来的第一类规范性变化并不及于法律,而是社会伦理的变

---

① Lawrence Friedman/Changing Times, Technology and Law in the Modern Era, in: Jürgen Becker u.a. (Hrsg.), Recht im Wandel seines sozialen und technologischen Umfeldes, Festschrift für Manfred Rehbinder, 2002, S. 501 ff.; 及第 67 页脚注④ Die strafrechtliche Regulierung des Internet als Aufgabe eines modernen Technikrechts 文。

化:新技术会带来新的行为模式,继而会引发对他人新的行为期待,而这又可能会被强化而形成习俗或伦理规范。"网络礼仪"是一个很好的例子,即在网络交往中(例如发送电子邮件)要被认为是"礼貌的"或"恰当的"行为所对应的规则。这类规则早在 20 世纪 90 年代中期互联网刚刚在社会中大范围普及时就快速形成了。而当下正处于关于手机的社会规则逐渐成形的阶段。很多餐厅中客人都会被期望在邻桌有人时,不要长时间大声接打手机。在火车车厢中同样有类似的规定。只是这样的行为规范尚未得到所有人的注意。因此德国国家铁路在前一段时间特别设立了静音区,这可以被视为迈向火车接打电话法律、法规的第一步。这个例子表明,法律完全有可能走在社会伦理规范形成之前。然而至少在信息和通信技术领域,立法者迄今为止一直保持谨慎的态度,并未尝试"超越"社会伦理的发展。目前最具争议、最可能被纳入立法日程的是在社交网站传播"仇恨言论"和"假消息"的行为,也可能包括(通常是年轻人实施的)在网络上发布私密照片的行为。

  但是,技术发展以及由此产生的行为标准被引入法律领域的大门是敞开的。首先需要被提及的就是所谓的"技术条款"(Technikklauseln),即法律条文直接引用"技术现状"或者"科学、技术现状"。技术产品的研发人员、制造商和用户所必需的注意义务,即用以确定法律上可谴责的过失的标准,也受到技术发展的显著影响。如果对可预见、可避免的损害结果没有采取必要的注意措施,则被认为是过失。[①] 而认定可预见、可避免——即可控性的标准显然是直接与我们的技术水平挂钩的。因此,风险在技术上的可控性越高,对注意义务的要求就越严格,甚至可以认为,判断(在安全技术上)是否可能的标准也与技术的发展相关。原则上,承担法律后果的前提是具有"他行为可能性"——我们的行为选择也同样与技术能力相关。

  法律与技术"交流"的另一个层面是技术进步所引发的法律重新解

---

① Eric Hilgendorf, Brian Valerius (Hrsg.), Strafrecht Allgemeiner Teil, 2. Aufl., 2015, § 12 Rn.17.

释。一个看上去已经有些过时的例子是：是否可以通过电子邮件签订买卖合同。这个在当时颇具争议的问题现如今已经以一种积极的方式得到解决：合同成立的前提是有两个相互达成一致的意思表示，而这样的意思表示不仅能通过口头或通过纸面的方式作出，同样也可以在虚拟空间中做出。诸如此类试图将现实世界中的解决方案移植到虚拟世界的例子还有很多，一个时下亟待解决的是数据的法律归属问题。以前这个问题的解决较为简单：一方面，可以通过数据载体确定数据对人的归属；而另一方面，再佐以传统的数据保护法的实施就足以解决该问题。数据载体是物，因而显然属于物法的范畴，也可以成为财产。然而随着技术的发展出现了这样的状况，即数据变得愈加重要，而这些重要数据并不一定被储存在特定数据载体中，例如在使用过程中产生的设备损耗数据。因为这些数据并不是有体物，所以也并不属于物法的范畴。

对于设备生产者而言，前述数据无疑是具有高度价值的，但这些数据究竟应当归属于何人？传统的数据保护法并不能为这一问题的解决提供多少帮助，因为它仅仅规制人身相关数据，即与自然人相关或通过技术手段可以合理建立人身关联性的数据。即使随着技术的发展，将数据归属给自然人变得越来越容易，但同时也有越来越多的数据根本无法与自然人建立联系或被删除此关联性（匿名化）。这就导致了这样的结果，即数据的归属处于未知的状态。换言之，这些数据处于法外空间，技术最优者处于优势地位。可以想象，机动车所产生的非人身相关数据可以通过无线通信手段传输至生产者、保险公司或者软件供应商，而无须经过车辆所有权人的同意。考虑到此类数据被称为"21世纪的石油"，这种情况可谓是非常可悲了。

前述事例表明，并非所有技术发展带来的问题都可以由法律使用者通过解释性的适应活动加以克服，即使在采用判例法模式的国家，即那些受益格鲁-萨克逊法所影响的地区亦是如此。如果司法机关已经无法快速处理技术发展所带来的问题，那么立法者就必须采取行动。这可以是以欧盟指令的形式，当然也可以通过各国立法者的立法活动实现。例如，欧洲早期在IT领域的欧盟《电子商务指令》（2000年），该指令包含了认定网络服务商责任的重要规定,随后又为《电信媒体法》(Telemediengesetz)所移植。当然,德国对欧盟指令的移植是否符合欧盟的要求存在争议。① 为学术界多数观点所承认的一些网络接入服务商权利并未被规定在欧盟指令之中。② 2016年的欧盟《数据保护条例》(DSGVO)是欧盟近年来重要的新规之一。而在《网络安全法》(IT-Sicherheitsgesetz)中也包含对于德国信息技术而言非常重要的规定。

从不存在例外的刑法禁止到(行政法上的)存在例外情形的禁止,从确立认证义务和自我监管措施到税收减免乃至直接补贴,国家立法机关拥有广泛的监管手段可供选择。然而技术政策上存在的一个主要问题是,无论是国家层面的立法者还是欧盟的立法者都有将刑法作为主要问题解决者的倾向。刑法可以说被视为解决所有技术法律规范问题的万能钥匙。这种态度有违最后手段原则——刑法是国家最为锐利也是最危险的手段,在一个自由的法律体系中应当被审慎地运用。此外,刑法通常也并不是解决问题的正确手段,因为它很可能无法对症下药地、有效地、公正地解决所面对的问题。在很多情况下,通过民事纠纷解决机制或者(在行政法上)设立自我管理义务明显可以更好地实现法律所需达到的目的。遗憾的是,在技术监管领域,很多政客似乎缺乏坚持一种节制的法政策所必要的耐心。取而代之的是刑法的适用,这无疑是有效的,而且成本是低廉的。刑法很容易就可以借助警察、检察院等刑事追诉机关得到落实。

三、虚拟化对具体法律领域的挑战

自20世纪六七十年代计算机与现代信息和通信技术问世以来,法

---

① Bardia Kian/Alexander Tettenborn, Ist die Providerhaftung im Lichte vernetzter autonomer Systeme noch zeitgemäß? in: Eric Hilgendorf/Sven Hötitzsch/Lennart Lutz (Hrsg.), Rechtliche Aspekte automatisierter Fahrzeuge-Beiträge der 2. Würzburger Tagung zum Technikrecht im Oktober 2014, 2015, S. 101 ff.

② 参见第70页脚注①,边码193及以下。

学研究和法律应用在应对此二者在发展中所带来的挑战时可以说不无建树。在相关领域中,早在20世纪60年代,当时尚属全新概念的数据保护法就得到了人们的关注。① 除了保护个人数据外,如何对信息通信技术的发展进行法律规制相关的一般性问题也得到了讨论。在20世纪七八十年代,出现了被称为"多媒体法"的新兴领域。而"信息法学"的出现是通过设立新兴法学分支学科应对迫切需要被解决的问题的又一次尝试。随着时代的发展,急需一个可以涵盖虚拟空间所有法律问题的分支领域,信息法学应运而生。②

这样的一个新兴学科从创立之始所需面对的问题就是,信息和通信技术在不断拓展。在20世纪90年代末就已经可以预见,虚拟化终将遍及我们工作、生活的世界。而调整该进程的法律领域中如果只包含某一个法律分支已经不再可行了,其核心领域中包含了民法、刑法和公法,且其中并没有主次之分,这就给"信息法学者"造成了极重的负担。③

网络法,即处理全球范围内设备联网所产生的法律问题的学科,原则上已经有了明晰的学科建构。然而考虑到随着网络技术的发展将会出现无所不包的物联网,网络法也面临将逐渐扩张为一个与所有法律领域都存在联系的"超大型学科"的风险。因此看上去比较妥当的做法是,不必为数字化和虚拟化所产生的法律问题专设一个新型法律领域,而是将问题指向传统的法律领域,如民法、刑法和公法。我们的世界正在快速为数字化进程所覆盖,被虚拟化所渗透,因而法律及其三个子

---

① Jan-Hinrik Schmidt/Thilo Weichert (Hrsg.), Datenschutz-Grundlagen, Entwicklungen und Kontroversen, 2012.

② Ulrich Sieber, Missbrauch der Informationstechnik und Informationsstrafrecht-Entwicklungstendenzen der internationalen Informations- und Risikogesellschaft, in: Jörg Tauss/Johannes Kollbeck/Jan Mönikes (Hrsg.), Deutschlands Weg in die Informationsgesellschaft-Herausforderungen und Perspektiven für Wirtschaft, Wissenschaft, Recht und Politik, 1996, S. 608 ff.

③ Eric Hilgendorf, Informationsrecht als eigenständige Disziplin? Kritische Anmerkungen zu einigen Grundlagenfragen von Rechtsinformatik und Informationsrecht, in: Jürgen Taeger/Irini Vassilaki (Hrsg.), Rechtsinformatik und Informationsrecht im Spannungsfeld von Recht, Informatik und Ökonomie. 1. Wissenschaftliches Forum für Recht und Informatik, 2009, S. 1 ff.

学科民法、刑法、公法也必须对新技术的发展保持开放。"虚拟化"这一议题对于单一法律分支而言过于宽泛了,以至于没有任何一个法律分支可以单独加以解决。至于虚拟化进程在将来会给法律带来何种影响,仍有待进一步的观察。①

(一) 宪法问题

大陆法系的法律同仁会习惯以宪法为出发点讨论问题,即从关于国家政体、公民权利的根本性体系出发。《基本法》的指导价值是人的尊严(《基本法》第1条)以及其他被规定在宪法中的基本权,它们被视为法定(积极)人权。《基本法》第5条保护研究自由,其中也包含对新技术的研发;该条的保护对象不仅是大学,私人企业、私人研究协会等也在其列。此外,企业活动也受到《基本法》第12条(工作自由)和第14条(财产权)的保护。概言之,新技术的研发和销售受到德国宪法的保护——此处德国宪法仅仅作为多数西方国家宪法的代表。这一结论自然也可以沿用到对信息和通信技术的研发、销售之上。②

德国联邦宪法法院从基本权中推导出了国家对核心法益——如生命、身体的不可侵犯性等——的保护义务。就信息和通信技术而言这意味着,国家有义务保护公民免受有可能的新技术所带来的风险。继而可以推导出的结论是:国家有义务密切关注技术发展,因为只有这样,国家才能及时履行其保护义务。

此外,从具体的基本权也可以推导出针对我们所处的这个技术变革时代的内容,③例如《基本法》第14条确认了财产权应当得到保护。然而财产权不仅包含权利,第14条也规定了相应的义务,即财产权的行使应当

---

① Eric Hilgendorf, Oralität, Literalität-Digitalität? Einige vorläufige Beobachtungen zur Bedeutung der Digitalisierung für das Recht aus Anlass der Verabschiedung des E-Government-Gesetzes 2013, in: Ignacio Czeguhn (Hrsg.), Recht im Wandel-Wandel des Rechts-Festschrift für Jürgen Weitzel zum 70. Geburtstag, 2014, S. 747 ff.

② 参见第66页脚注④Teilautonome Fahrzeuge 文,S. 18。

③ Udo Di Fabio, Grundrechtsgeltung in digitalen Systemen-Selbstbestimmung und Wettbewerb im Netz, 2016.

有利于社会公共利益。这不仅为那些旨在针对过度市场支配力的法规提供了正当性基础,而且也使其他令所有权与公众利益相适应的法律措施得以合法化。① 鉴于数字化可能造成的巨大的甚至是极端巨大的贫富不均(又很容易会投射到政治权利上),该条的重要性正不断上升。

(二)民法问题(责任法)

应对虚拟化的法律领域中,民事法律中的责任法是另一个非常重要的组成部分,其核心是过错责任,即责任(损害赔偿责任)取决于损害赔偿责任方的过失。例如,操作技术设备的过程中因疏忽给他人造成损害,应当对由此产生的损害结果承担责任(《民法典》第823条)。成立该责任的前提是:(1)存在损害结果;(2)潜在责任主体实施了行为;(3)该行为与损害结果之间存在因果关系;(4)行为基于故意或过失实施。② 如果不满足任意前提条件,则行为人不具有损害赔偿义务。

然而在涉及技术辅助的行为时,过错责任的经典模型体现出了不足之处。在此情形中,行为主体即使完全合规地操作技术设备,仍然可能因为设备本身的瑕疵造成无辜者的损害。且完全无法因行为主体存在故意或过失对其加以谴责。导致损害的并不是行为主体的错误行为,而是他使用的技术设备所存在的瑕疵。同属此类的也包括给自己造成损害的情形(例如某个不完备的健康类 APP 的用户)。在类似情形中,原则上有三种责任分配的方式:

第一种可能的模式是让遭受损害者"自己舔舐伤口":因为缺乏人的过错,因此无论是行为主体抑或是其他人都不应当对损害结果承担责任。这种模式是可行的,但是对于一个像德国这样致力于实现社会平等的法律体系而言,这种方案无论是在政治上还是在法律上都会导致问题。

---

① Udo Di Fabio, Grundrechtsgeltung in digitalen Systemen- Selbstbestimmung und Wettbewerbim Netz, 2016, S. 75 及以下。

② Jochen Hanisch, Zivilrechtliche Haftungskonzepte für Robotik, in: Eric Hilgendorf (Hrsg.), Robotik im Kontext von Recht und Moral, 2014, S. 27 ff.

第二种可能的模式则是尽可能地扩张过失的概念,直至使用(存在潜在瑕疵的)技术设备可以被视为违反注意义务的程度。这样做可以认定行为人存在过错,因而可以承担过错责任。然而这个解决方案并没有足够的说服力,因为技术永远不可能是毫无瑕疵的(永远会有"剩余风险")。这就意味着在这种解决方案下,使用现代技术自始就是违反注意义务的。这种方案引发的问题将会远多于其所能解决的问题。

因此德国的立法者早在一百多年前就决定采取第三种方案:在过错责任之外新设一种责任模式,即所谓的无过错责任(Gefährdungshaftung)。无过错责任意味着行为人可以不因过错,而仅仅因为其使用的技术设备所拥有的特殊危险性而承担责任。基于该原则在很早之前就得以认定,铁路运营者应当对铁路所造成的风险承担民事责任,即使运营者本人对产生的具体损害结果并没有个人责任。由于企业从火车的运营中受益,因此也应该赔偿火车造成的损失。

随着时间的流逝,立法者已经将无过错责任的模式扩展应用到越来越多的技术设备之上。其中,在当下扮演极为重要角色的是为机动车设立的无过错责任(《道路交通法》第 7 条):无论在具体案件中车辆保有人是否具有过错,都应对车辆运行所导致的一切损害后果承担责任,即车辆保有人在对损害结果完全不存在过失的情况下也应当承担责任。而立法者又对该模式进行了补充规定,即机动车保有人的强制保险制度。这使车辆保有人永远可以(通过保险公司)履行其损害赔偿义务(《强制保险法》第 1 条)。概言之,这一模式已经充分证明了其可靠性,及其被移植到如半自主、自主系统等高新技术领域的可能性——虽然就后者而言,其潜在的危害程度仍有待进一步的评估。①

特别值得注意的是,德国的立法者通过《产品责任法》第 1 条同样为

---

① 相同的观点参见 Olaf Sosnitza, Das Internet der Dinge – Herausforderung oder gewohntes Terrain für das Zivilrecht? in: Computer und Recht, 2016, S. 772; 机器人的民事责任参见:Gerhard Spindler, Zivilrechtliche Fragen beim Einsatz von Robotern, in: Eric Hilgendorf (Hrsg.), Robotik im Kontext von Recht und Moral, 2014, S. 63 ff.。

产品的生产者(在过错责任之外)设立了无过错责任。这对现代信息和通信技术而言有着极为重要的意义。根据《产品责任法》第 2 条规定,产品是指:"……的一切动产……以及电力"。在该定义的基础上,即使不能说可以毫无障碍地将软件视为产品(对电力进行类推得出这一结论是完全可能的),然而安装有特定软件的机械设备毫无疑问是产品。不过此处生产商承担责任以产品存在瑕疵为前提,那么如果一个自主学习的计算机系统运行完全正常,只是接收到了"存在瑕疵的"学习数据,是否能够认定该系统存在瑕疵仍然是存在疑问的。

(三)刑法问题

相关法律领域中,第三个重要的组成部分是刑法。刑法通常被视为国家用以保护法益的最锋利的一柄剑。随着数字化和网络化进程不断渗透到我们的工作和生活领域,网络刑法正在不断获得更为重大的意义。而在虚拟世界中应当得到保护的法益原则上和现实世界基本相同:生命、身体完整性、财产、名誉等。在过去的二十年间不断成型的网络刑法[1]主要涉及的内容大概包括侵犯财产或侵犯名誉的犯罪类型,具体而言包括计算机诈骗(《刑法典》第 263a 条)、网络环境中的侮辱、散播仇恨性言论等(《刑法典》第 185 条及以下)。原则上这里所涉及的都是传统的犯罪构成,然而其与虚拟化相结合,就使我们必须对其作出新的诠释。

互联网带来了一种心理上的伴随效应,这对虚拟环境下犯罪行为的实施又产生了特别的影响。例如,儿童色情视频的消费和传播,在现实世界中,这样的行为是单独实施、零散存在的。即使是在刑事犯罪中,儿童色情相关的犯罪也属于十分"罕见"的类型。然而在互联网中情况则完全不同:潜在的志同道合者可能在现实中相距千里,但在网络环境下他们只有一个按键的距离。这使具有相同兴趣的人在心理上更容易有

---

[1] 参见 Jörg Eisele, Computer - und Medienstrafrecht, 2013; 及 Eric Hilgendorf, Brian Valerius (Hrsg.), Strafrecht Allgemeiner Teil, 2. Aufl., 2015, § 12 Rn.17。

一种集体感,而导致他们的社会危害性不但没有降低,反而被强化了。① 即使是食人行为,这种在过去因为找不到志同道合者而基本不会出现的行为,伴随着互联网所带来的遍布全球的沟通可能性也成为了可能。2001年发生的著名的罗腾堡案就很好地说明了这点。

在刑法中不存在无过错责任,刑罚必须以罪责为前提。大陆法系的学者称为罪责原则②,即如果要对人科处刑罚,行为人必须符合经典犯罪构成模型:行为人实施了一个行为、该行为造成了损害结果、存在故意或至少是过失。值得注意的是,在多数的刑法体系中,对于过失行为都只是例外性的规定,德国亦是如此。例如,我们可以看到过失致人死亡、过失致人重伤,但并没有过失侮辱这样的犯罪。

在盎格鲁-撒克逊地区可以看到很多描述网络犯罪的新名词,例如网络钓鱼(Phishing)、侧录(Skimming)、流量劫持(Pharming)等。③ 身份盗窃也是一个源自盎格鲁-萨克逊法系的概念。④ 这些概念并非我们传统意义上的犯罪构成要件,更多的是描述一种具有社会危害性的、与网络相关的行为,而这种行为可能构成多种不同的犯罪,如钓鱼行为可能涉及非法获取信息罪、计算机诈骗罪等。⑤ 随着技术的不断进步,还会出现越来越多的犯罪形式,这些新兴犯罪模式并不一定可以与传统形式形成简单的对应关系。例如,网络环境下的侮辱罪,其损害可能性远远高于"一般的""面对面的"侮辱;或者身份诈骗也是如此,即冒名使用专

---

① Eric Hilgendorf, Ehrenkränkungen („flaming") im Web 2.0. Ein Problemaufriss de lege lata und de lege ferenda, in: Zeitschrift für Internationale Strafrechtsdogmatik (www.zis-online.com) 3, 2010, S. 209 f.

② Jürgen Baumann/Ulrich Weber/Wolfgang Mitsch/Jörg Eisele, Strafrecht Allgemeiner Teil Lehrbuch, 2016. § 16 Rn.1 ff.; 及第 70 页脚注①,第 1 章,边码 36 及以下。

③ 参见第 70 页脚注①,边码 480、513、547、632。

④ Eric Hilgendorf, Das Problem des Identitätsdiebstahls-Erscheinungsformen, internationale Entwicklungen und gesetzgeberischer Handlungsbedarf, in: Christian Schwarzenegger/ Rolf Nägeli (Hrsg.), Neuntes Züricher Präventionsforum, Identitätsdiebstahl in der digitalen Welt-die Gefahren des Missbrauchs persönlicher Daten und Prävention, 2016, S. 7 ff.

⑤ 参见第 70 页脚注①,边码 480。

门为儿童或病患提供的社会网络;①当然还包括新型的伪造货币犯罪,其危害的是在线支付进程;或者"盗窃"虚拟物品(例如网络游戏中使用的武器),以及损害、毁坏虚拟形象的行为。

法益是受法律保护的人类利益。人类追逐什么样的利益很大程度上取决于人的主观偏好,但这种偏好并不会随着技术的发展每天发生变化。对于刑法语境下的法益而言则意味着,刑法所保护的法益迄今为止并未发生重大改变。当然这绝不意味着随着时间的流逝不会出现新型法益。另外,也可能出现新的前置性构成要件,其目的在于阻止一些危险情形的产生。例如,2016年针对德国医院的网络攻击、2016年秋天在美国大选中针对总统候选人的"黑客"攻击。也可以看到,越来越多的"社交机器人"被用来影响社交媒体,网络犯罪甚至可以威胁我们的基础设施、侵入社会舆论形成的核心领域。DoS和DDoS攻击潜在的危害程度极高,特别是在犯罪组织以敲诈勒索为目的进行攻击的时候。

系统运营者或故意或过失地怠于采用足够的安全措施时应当承担何种法律责任？这是个极端重要、然而却没有得到足够阐释的法律问题。而类似的问题还包括诸如脸书这样的平台运营商对于平台上所传播的内容应承担的责任。例如,平台上出现了被禁止的政治宣传内容、仇恨性言论、恐怖主义宣传、炸弹制造方法讲解或者诈骗信息等。值得注意的是,因为不同国家的刑法规范通常有所不同,很可能会出现应当适用哪国刑法的问题。②

就未来而言,最严峻的挑战可能是如何对自主学习系统造成的损害结果进行归责。例如,微软在2016年推出了一个在线的聊天机器人Tay,在网络用户的操纵下,它很快就发展成为一个满怀歧视且仇视妇女

---

① Eric Hilgendorf, Das Problem des Identitätsdiebstahls-Erscheinungsformen, internationale Entwicklungen und gesetzgeberischer Handlungsbedarf, in: Christian Schwarzenegger/ Rolf Nägeli (Hrsg.), Neuntes Züricher Präventionsforum, Identitätsdiebstahl in der digitalen Welt-die Gefahren des Missbrauchs persönlicher Daten und Prävention, 2016, S. 18.

② Eric Hilgendorf, Brian Valerius (Hrsg.), Strafrecht Allgemeiner Teil, 2. Aufl., 2015, § 12 Rn.17,边码128及以下。

的系统。在系统上线几个小时之后微软就不得不将其下线。那么谁应当对 Tay 的"行为"承担(刑事)责任？很难查清具体是谁真正操纵了 Tay,这样的行为很可能是在外国实施的,如果真是如此刑事司法机关可能根本无法介入,因此,提出下面所述的问题就显得很有意义：

生产者或者编程者对设备或者特定的软件的设置使其有可能受到这样的操纵,那么他们应当承担责任吗？有观点强调,Tay 是一个具有自主学习功能的系统。但反对者则认为,只要被开发出的系统发展超出特定合理行动空间,而对人类造成危害或侵害,那么生产者和编程者无论如何都应当承担责任。后者的观点意味着,自主学习系统的生产者和编程者有义务限定其所开发出的系统,使其进步空间只能在特定的范围之内。其须承担的责任中甚至有可能包括被正犯化的前置行为。然而这样做是否有意义、是否有违刑法的最后手段性原则,仍有待进一步的探讨。

而著名的两难困境问题处于刑法、宪法和伦理学的交叉领域。所谓两难困境问题是指,在前方出现交通事故的情况下,车辆如果保持直行几乎一定会压过三个倒在地上的重伤者,而如果紧急转向则很可能会导致路边站立的一个无辜者重伤或死亡。此时自主驾驶系统应当作出何种"决定"。[①] 尽管可以说类似问题的理论价值要高于实践价值,然而必须为其提供一个妥善的解决方案,使法律体系能够保证人权,确保将个人价值置于最高地位[②]加以保护。

(四)数据保护法

在世界虚拟化进程中起到重要作用的另一个法律领域是数据保护法。"数据保护法"这一名称实际上并不贴切,因为相关法律与数据保护关系

[①] 相关论述参见 Eric Hilgendorf, Ist ein Schutz der Privatsphäre noch zeitgemäß? in: Rechtsstaatliches Strafrecht, Festschrift für Ulfrid Neumann zum 70. Geburtstag, 2017, S. 1391 ff.; Eric Hilgendorf, Dilemma-Probleme beim automatisierten Fahren, in: Zeitschrift für die gesamte Strafrechtswissenschaft (ZStW) 2018, Heft 4。

[②] Eric Hilgendorf, Recht, in: Hubert Cancik/Horst Groschopp/Frieder Otto Wolf (Hrsg.), Humanismus: Grundbegriffe, 2016, S. 315.

不大,其所保护的是人格权。或者按照法律上的定义:受监视和控制威胁的人格权及"信息自决权"。① 相较于先前,如今随着技术的发展可以对个体进行更为全面、更为细致的监视和把控。早在 1983 年,德国联邦宪法法院就在著名的"人口普查判决"中确立了数据保护法的目标:

> 如果社会规范及作为其基础的法律规范与信息自决权不相容,公民在这样的环境下就无法得知谁、在什么情况下可以获知自己的什么信息。而如果公民无法确信,一种与众不同的行为模式会不会随时被记录、并作为信息被长期保持、使用或传播,那么他就会尽量规避这样的行为模式……这不仅会损害个人自由发展的机会,同时也会对公共利益造成损害。因为对一个以其公民的行动能力和参与能力为根基的自由民主社会而言,其正常运作的一个基本条件即为自决。由此可以得出如下结论:防止公民的人身相关数据被不加限制地收集、存储、使用和传输是在现代数据处理条件下确保公民得以自由发展其个性的前提。因此其属于《基本法》第 2 条第 1 款及第 1 条第 1 款所保护的基本权之列。在此意义上,基本权保证个人有权在原则上自行决定其个人资料的披露和使用。②

联邦宪法法院的这段论述在几个方面都值得加以关注。③ 该论述的一个核心论点是以一个可经由实证检验的假设为基础的:如果一个人感觉受到监控,那么他会尝试不将特异之处表现出来,即进行屈从。而在联邦宪法法院看来,这会导致"公民个性的自由发展受到损害"。这段阐述不论是前提还是随后的心理学推论都应当是成立的。此外,联邦宪法法院还认为:如果社会中自我感觉受到监控的个体产生了屈从行为,那么"自由民主社会"也因而受到了威胁。因为"自决"和不屈从于他人是一个自由民主社会正常运作的"基本条件"。这一论点是由民主

---

① 信息自决权概述及适用范围参见 Jan- Hinrik Schmidt/Thilo Weichert (Hrsg.), Datenschutz- Grundlagen, Entwicklungen und Kontroversen, 2012。
② Entscheidungen des Bundesverfassungsgerichts, Bd. 65, S. 43.
③ 其他相关参见第 78 页脚注④"Ist ein Schutz der Privatsphäre noch zeitgemäß?"文。

制度的理想图景得出的,然而在现实存在的任何一个国家中,公民都远远谈不上全然"自决"。不过毋庸置疑的是,如果公民全然屈从于给定的观点和立场,则是完全不可能与民主制度相契合的。

最后,"信息自决权"在法律上的位置是个既重要且有趣的问题。联邦宪法法院不仅提到了一般行为自由,即原则上自行决定做什么和不做什么的权利。同时希望更进一步,通过保护信息自决权实现对《基本法》第1条人格尊严的保护。由此,联邦宪法法院为信息自决权这一新兴权利构建了德国法范畴内最强有力的基础。在德国宪法体系中,人格尊严与其他基本权不同,不得通过法律加以限制。换言之,对人格尊严的侵犯永远是违法的,不可能被合法化。①

顺带一提,认为数据保护法是纯粹德国或者欧洲原创的看法是错误的。美国人在此之前就通过隐私权保护构建了数据保护的基础。沃伦(Warren)和布兰迪斯(Brandeis)早在1890年就提出了"独处权"(right to be left alone)的概念。② 而更为久远的是"住宅即城堡"(My home is my castle)原则——用现代的表述是"公民的私人领域"——依据该原则即使英国国王也被阻止进入私人住宅。保护人格权的想法对盎格鲁-萨克逊法系而言绝非陌生。

德国数据保护法的起源可以追溯到20世纪60年代。③ 如今《联邦数据保护法》的内容主要来自于欧盟1995年的法规。2016年欧盟通过了《通用数据保护条例》,该条例和德国最新修订的《联邦数据保护法》于2018年5月25日生效。《联邦数据保护法》以及欧盟《通用数据保护条例》中规定的数据保护的基本结构可以概括如下:非经本人同意或特

---

① Hans D. Jarass/Bodo Pieroth, Grundgesetz für die Bundesrepublik Deutschland Kommentar, 2016, 14. Aufl., Art. 1 Rn. 16.

② Samuel Warren/ Louis Brandeis, The Right to Privacy, in: 4 Harvard Law Review, 1890, S.193.

③ Kai von Lewinsky, Zur Geschichte von Privatsphäre und Datenschutz-eine rechtshistorische Perspektive, in: Jan-Hinrik Schmidt/ ThiloWeichert (Hrsg.), Datenschutz. Grundlagen, Entwicklungen und Kontroversen, 2012, S. 23 ff.

殊法律允许外,禁止记录、处理或存储人身相关数据。换言之,不能随意记录或处理人身相关数据,除非得到本人的许可。①

以前述模型为基础处理数据保护问题时需要面对的一个很重要的问题无疑是,究竟何种数据应当被视为人身相关数据。一个主要的挑战是,法律文本(Art. 4 Nr. 1 DSGVO)并不主张以具体的人身相关性为必须,只要可能与个人建立联系就足够了。但是,如果考虑到新技术所带来的数据挖掘能力,几乎所有数据都有潜在的人身相关性,这就意味着前述(禁止数据的收集、处理和存储)法律模型几乎无所不在。其结果就是,导致这种监管模式事实上近乎荒谬。② 因此,如果想继续对重要的一般人格权及隐私权加以保护,就必须对人身相关数据的概念加以反思。③ 而这里还需要面对的另一个问题则是,当下数据收集活动程度如此之高,以至于如果要求公民对每一项"他们自身"相关的数据处理都进行授权或拒绝,那么他们必定会不堪重负。也正因如此,近来发展出了"预设隐私保护"(privacy by design)和"默认隐私保护"(privacy by default)④这样的新概念。

德国的数据保护还不得不面对其他难题。在德国,数据保护并不仅受一部法律的约束,而是同时受到多部法律的调整——这还仅仅指《联邦数据保护法》和各州不同的数据保护法规。在此之外,欧盟也推出了《通用数据保护条例》,该条例从2018年5月起直接在德国生效。这些法律条文即使对专业人士来说也是复杂而难懂的,概念缺乏确定性,在不同法律中指向不同含义,存在各种例外甚至是例外的例外。对于外行人而言这样的

---

① 完整阐释可参见 Berthold Haustein, Datenschutz jenseits der Papierakte-systematische Herausforderungen des Datenschutzrechts unter den Bedingungen der Digitalisierung, in: Florian Süssenguth (Hrsg.), Die Gesellschaft der Daten – Über die digitale Transformation der sozialen Ordnung, 2015, S. 253 ff.。

② 参见第66页脚注④ "Teilautonome Fahrzeuge" 文,S. 29 及以下。

③ 对当前状况危险性的论述可参见:Jan Philipp Albrecht, Finger weg von unseren Daten! Wie wir entmündigt und ausgenommen werden, 2014。

④ 如《通用数据保护条例》第25条。

数据保护法可以说是根本无法理解的。因此,数据保护得不到重视,甚至被认为是对技术进步的阻碍也就不足为奇了。诸如中国这样的虚拟化新生力量对于我们语境下的数据保护可以说知之甚少。而美国近年来对于数据保护愈加重视,从大量新鲜出炉的出版物中就可以看出这点。① 因此,从中长期角度来看,德国、欧洲和美国在保护隐私方面的思路会呈现相互妥协的态势。

四、数字化、虚拟化对法政策的挑战及展望

我们工作、生活的虚拟化进程不断提速,对此法政策的第一项任务是维护和保障法律的人本主义导向,即整个法律体系应以人的尊严和人权为指导原则。技术应当服务于人类,反之则不成立。任何强调条件所限,而人类必须去加以适应的主张都必须受到批判性的审视。②

法政策的第二项任务是应对如今在虚拟空间中已经显露端倪的垄断趋势。自第二次世界大战以来,社会市场经济体制已证明其优于所有与之相较的经济体制,其中包括了"东盟"所实行的计划经济体制,也包括不受控制的市场资本主义体制。后者是近年来数次重大经济危机的重要原因之一。人们经常遗忘,经济也必须以社会公共利益为准绳加以衡量。经济增长和经济上所取得的任何成就本身都不是目的,最终同样应当服务于社会。

---

① 在 Ferdinand D. Schoemann (Hrsg.), Philosophical Dimensions of Privacy, An Anthology, Cambridge University Press, Cambridge Mass 1984.; 及 Jeffrey Rosen, The Unwanted Gaze, The Destruction of Privacy in America, First Vintage Books, 2000.中就已有相关内容。近期的著作如:Daniel J. Solove, Understanding Privacy, Harvard University Press, 2009; aus jüngerer Zeit Solove 2009; Ronald Goldfarb (Hrsg.), After Snowden, Privacy, Secrecy, and Security in the Information Age, Thomas Dunne Books New York. 2015.; Marc Rotenberg/Julia Horwitz/Jeramie Scott (Hrsg.), Privacy in the Modern Age, The Search for Solutions, The New Press New York, 2015.

② 参见第 80 页脚注②,S. 324。

虚拟化所带来的后果之一是巨大的收入差异,这可能导致在不久的将来,少数几乎不承担任何法律义务的垄断集团高层与遍布全球的工薪阶层形成对立,显然不能对这样的发展熟视无睹。而法律提供了足够的机制用以防止垄断的形成,并确保巨额的财产积累以一种社会可以接受的方式存在(备选手段中甚至包括强制拆分和国有化这样的形式)。众所周知,大型企业的存在对消费者而言很可能是有利的,然而不受控制的垄断集团则是不利的。此外,垄断的形成往往也会导致政治问题,因为强大的经济力量会很轻易地转变为政治上的影响力。

另外,确保适当的工作条件以及对消费者恰当的保护无疑是在将来也应得到保留的内容。因此,维护人性化的劳资关系是未来会面对的重大挑战之一。① 现在可以观察到一些现象,例如通过互联网建立大量近似的雇佣关系(所谓的众包),其中通过数十年奋斗取得的劳动者权利被完全忽视了。在人机合作的领域也面临着相似的问题。而前述事例还表明了,在通过法规加以监管之前,充分了解技术可能带来的机会和风险是多么的重要。同样,前文中的内容也可以无障碍地移植到消费者保护的领域。其结论是,同样有必要对新兴的商业模式——特别是平台支撑的商业模式,如 ebay、优步、爱彼迎等——加以严格的分析,检验其是否符合我们法律的基本价值。

现代法律政策的第四项任务是创造法安定性。一个运作良好的法律体系不仅对于经济,而且对于整个社会的交互都具有相当重要的意义。法律必须适应人民的需要,人民不仅应当能够信赖法律会被遵守,且要有可能通过法庭有效地维护自己的权利,对企业而言同样如此。这要求法律规范在虚拟世界同样能够以一种有效且法定的方式发挥其作用。对于立法者和法律人而言,这都是一种特殊的责任。在这种背景下,为年轻一代的法律人提供足够的技术基础知识,以及培养他们对技术的开放态度是很重要的,这将使他们能够在未来的高科技社会中创造

---

① Hartmut Hirsch-Kreinsen/Peter Ittermann/Jonathan Niehaus (Hrsg.), Digitalisierung industrieller Arbeit-Die Vision Industrie 4.0 und ihre sozialen Herausforderungen, 2015.

和维护法律的安定性。因此,有大量的观点主张,应当在法学教育中更加强调技术的重要性。

对立法者而言,应当要求其在没有充分理由的情况下不得阻碍技术的发展,只应当对其进行监督和控制。而如果确有必要,则必须进行干预,以确保技术以人为本并符合基本权的要求。① 可以预见,全球各国在信息技术领域的法律会相对较快地进行协调、融合。在此过程中必须注意的是,着重强调并确保欧洲法律体系的指导原则——人格尊严和人权——得以保留。

---

① 参见第 80 页脚注②,S. 324。

第二编

网络刑法

第六章
数字化的外部审计与刑法*

一、引 言

多年以来,隐私和数据处理之间①的紧张关系一直属于信息法的典型课题。一方面,很多社交网络及其他形式的交流平台用户,似乎已不再重视个人数据的保护;②另一方面,数据保护者们愈加频繁地对未经许可的披露,甚至是使用个人数据发出警告,并引起了相当大的社会反响。③ 与之相似,国家的态度也很矛盾:一方面,政客们高调支持数据保护;而另一方面,国家对私人数据的获取能力却在不断提升。

在此过程中,立法者有时也会陷入与旨在保护私人数据的旧法的冲突。④ 当前,这种矛盾关系的一个特别值得注意的事例存在于税法中:

---

* 原文"Digitale Außenprüfung und Strafrecht"出版于:Thomas Fischer u.a. (Hg.), Festschrift für Ruth Rissing-van Saan zum 65. Geburtstag am 25. Januar 2011. De Gruyter Verlag Berlin 2011, S. 205-217。

① 对此,已经有:Ruth Rissing-van Saan, Privatsphäre und Datenverarbeitung. Ein strafrechtlicher Beitrag zum Datenschutz. Diss. Bochum 1978。

② 这表明,在 Facebook 和 StudiVZ 上充满了高度个人化的文本、图片和影像等。

③ Peter Schaar, Das Ende der Privatsphäre: Der Weg in die Überwachungsgesellschaft, 2007.

④ 在刑法视野下,富有启发性的关于数据保护的目的设定的研究参见上注① Ruth Rissing-van Saan, S. 23 ff.。

《税法》(AO)①第 147 条第 6 款貌似以"数字化的外部审计"的形式,允许税务局获取所有的电子数据账目,包括律师、经济审计师和税务顾问所掌握的电子数据账目在内;而《刑法典》第 203 条第 1 款第 3 项却将前述职业类型的工作者交付客户数据的行为纳入了处罚范围。抽象而言,在这里,国有财产利益与信息自我决定权②所保护的私人数据保密利益相冲突,在这一点上,此处有疑问的那些数据也顺带受到《刑法典》第 203 条的保护。

可以借助下面的案例更清晰地体现这一问题:一家由经济审计师、税务顾问和律师组成的跨职业事务所正在与税务局争辩,该事务所应当接受关于税收的外部审计。对此,为了能够与财务会计对账,税务局特别要求获得开具发票的数据(客户姓名以及账单的开票事由也包含在其中)。由于受到职业保密原则的约束,事务所拒绝提供这些数据,并援引《刑法典》第 203 条第 1 款第 3 项作为根据。事务所的这一论证过程是否有理有据?

二、德国《刑法典》第 203 条第 1 款第 3 项的构成要件

首先,《刑法典》第 203 条第 1 款第 3 项的客观构成要件以公开他人秘密为前提,这些秘密是行为人行使律师、税务顾问或者经济审计师职能时被透露,或通过其他方式获知的。本罪中的秘密,指涉及当事人个人及其过去和现在生活状况的事实。③ 对此,合同关系的存在就是一种

---

① 减税法案(StSenkG)于 2000 年 10 月 23 日通过,2002 年 1 月 1 日生效。

② BVerfGE 65, 1 ff.(人口普查判决);对此,比如:Spiros Simitis, Die informationelle Selbstbestimmung – Grund bedingung einer verfassungskonformen Informationsordnung, NJW 1984, 398 ff.。

③ Thomas Fischer, Strafgesetzbuch, 58. Aufl., 2011, § 203 Rn. 4, 详细论证:Bernd Schünemann, in: Leipziger Kommentar Strafgesetzbuch: StGB, Band 6, 12. Aufl., 2009, § 203 Rn. 19 ff.。

秘密,①因此客户姓名本身就已经符合秘密这一概念。而委托的标的当然更是符合秘密的概念。②

如果将秘密告知第三人,从而使之脱离了"围绕该情状工作的人的范围"(Kreis der zum Wissen Berufenen),那么秘密就公开了。③ 也就是说,在《刑法典》第203条的意义上,如果对税务局的工作人员公开发票数据,则已经成立《刑法典》第203条的公开。将数据以电子形式传输本身就已经可以被视为"公开"。④ 对此,秘密持有者以何种方式来储存职业的信息,并不重要。特别值得注意的是,根据《税法》第30条的规定,税务局的工作人员也是具有保密义务的职业这点,并不影响"公开"的成立。⑤ 如果律师、税务顾问或者经济审计师将客户数据交给税务机关,那么一旦公开是故意所为,根据《刑法典》第203条第1款第3项的规定,侵害私人秘密这一构成要件就满足了。

三、数据交付行为的违法性

数据公开行为的违法性更成问题。需要检验的是,一种——根据《刑法典》第203条第1款第3项具有构成要件符合性的——将事务所的客户数据交付或者转让给税务机构的行为,是否具备违法阻却事由。

(一)因公开义务阻却违法性

首先,公开行为或许能够通过公开义务阻却违法性。比如,这一义

---

① 参见第92页脚注③ Thomas Fischer, § 203 Rn. 6。
② 详细论证:Johann Rotger van Lengerich, Das Verhältnis von steuerrechtlichen Mitwirkungspflichten und strafrechtlicher Schweigepflicht des § 203 StGB, 1999 (Diss. Kiel 1999), S. 13 ff.。
③ Gunther Arzt / Ulrich Weber / Bernd Heinrich / Eric Hilgendorf, Strafrecht Besonderer Teil, 2. Aufl., 2009, § 8 Rn. 32.
④ 参见第92页脚注③ Bernd Schünemann, in: Leipziger Kommentar Strafgesetzbuch: StGB, § 203 Rn. 41;详细论证:Eric Hilgendorf, Strafrechtliche Probleme beim Outsourcing von Versicherungsdaten, in: ders. (Hg.) Informationsstrafrecht und Rechtsinformatik, 2004, S. 98 ff.。
⑤ 参见第92页脚注③ Thomas Fischer, § 203 Rn. 30b. 同样参见:下文第三章第(二)节。

务也许就可以从《税法》第147条第6款与第1款第1项中共同导出,在这一点上,税务局审阅账目材料的权力是受法律保护的。然而,就像下文指出的那样,从税务局的这一权力中推导不出职业秘密持有者的完全公开义务。虽然,税务机构原则上有权获取它所希望得到的数据,但是,在外部审计的背景下,通常只有当纳税人参与并处分这些有问题的数据时,数据的获取才是可能的。

在企业审计中认定那些对税收有意义的事实时,律师、税务顾问和经济审计师有协作的义务,尤其是按照《税法》第200条第1款第1句和第2句的规定,他们应当提供信息,提交记录、账册、公函以供审阅和审计,并为了便于理解这些记录而给出必要的说明。2009年7月,德国联邦律师协会税法委员会就这样一个问题发表了意见,亦即,在对律师事务所(由此也包括跨职业团体)进行企业税收审计时,是否可以公开客户的姓名,这一义务再次得到确认,①并与德国最高税务法院(BFH)历来的判例相符合。②

只要记录是借助数据处理系统完成的——这在今天可以说是惯例——那么,在"数字化的外部审计"的背景下,税务机构就可以审阅已储存的数据,并以审计为目的使用数据处理系统。按照《税法》第147条第6款第2句的规定,主管机构可以要求根据他们的预定参数使用机械*提取数据,或者将已储存的材料和记录转移至机械可读的数据存储设备中。③

但是从这项要求全面答复的权力,无法顺理成章地推导出,律师、税务顾问或者经济审计师有义务无条件交付被要求提供的全部客户数据。根据《联邦律师法》(BRAO)第43a条第2款的规定,律师有保密义务,该义务涉及律师在履职过程中获知的所有信息。在为经济审计师制

---

① BRAK-Stellungnahme Nr. 21/2009 unter 2.
② 参见BFH NJW 2008, 2366,以及评注:Peter Bilsdorfer, NJW 2008, 2368。
* 此处的机械不仅包括现代常用的电子化设备,也包括CD、磁盘乃至磁带式打孔器等,后同。——译者注
③ BRAK-Stellungnahme Nr. 21/2009 unter 2) am Ende.

定的《经济审计师法》(WPO)第 43 条第 1 款和为税务顾问制定的《联邦税务顾问协会职业法》(BOStB)第 9 条中,也有相应规定。在《刑法典》上,这一保密义务为《刑法典》第 203 条第 1 款第 3 项所确保。此外,还有《税法》第 102 条的规定:根据该法第 102 条第 3b 款,律师、税务顾问或者经济审计师可以拒绝答复他们因各自身份而被吐露或者因身份而获取的信息;根据该法第 104 条的规定,他们可以按照第 102 条的规定拒绝提交材料。

上文概述的拒绝答复权也在判例中清楚无误地得到了承认:根据德国最高税务法院的判例,如果材料在《税法》第 102 条的拒绝答复权范围之内,则具有职业保密义务的人有权拒绝税务机构审阅全部数据。① 这也应适用于第 147 条第 6 款的情形。从中可以看到,《税法》第 147 条第 6 款不能证立律师、税务顾问或者经济审计师的完全公开义务,而只能为税务机构的基本获取权提供根据。倘若职业秘密持有者的参与是必要的话,那么这一秘密持有者就可以根据该法第 102 条的规定拒绝答复。②

通过上文援引的德国联邦律师协会税法委员会 2009 年 7 月的意见,这一结论已被确认:"只要……客户姓名事关职业保密义务,违反该义务可能受到《刑法典》(第 203 条第 1 款第 3 项)的处罚,即使面对税务部门也必须保守秘密,在此律师可以援引《税法》第 102 条第 1 款第 3b 项规定的拒绝答复权。对税收的贯彻执行而言,这一拒绝答复权乃是一般程序规定的必要组成部分。这一程序规定同样也在外部审计的案件中有效。由《税法》第 200 条所规定的纳税人在外部审计时的协作义务,无法限制第 102 条所规定的拒绝答复权。"③

---

① 最后:BFH NJW 2008, 2366 (2367); BFH DStR 2010, 950 f. 以及评注:Jürgen Brandt, Rechtsprechung im besonderen Blickpunkt der Außenprüfung, Die steuerliche Betriebsprüfung 2010, S. 118 (122):同样比如:BFH NJW 1958, 646;也参见 Roman Seer, in: Klaus Tipke/Heinrich Wilhelm Kruse, Kommentar zur AO und FGO, 2019, § 200 Rn. 30。

② BFH NJW 2008, 2366 (2367).

③ BRAK-Stellungnahme Nr. 21/2009 unter 7.

对符合《税法》第 93 条第 1 款的参与人答复义务而言,该法第 102 条第 1 款第 3b 项所赋予拒绝答复权的优先地位,已经得到了德国最高税务法院的承认。① 2009 年,这一关于《税法》第 193 条,涉及外部审计事务的判例得到了重申。② 这对该法第 147 条第 6 款和第 200 条同样有效。对于数字化的外部审计,意味着律师、税务顾问或者经济审计师有权根据他们的法定保密义务,借助合适的软件封锁客户姓名,只公开那些不存在保密义务的姓名(比如得到了承诺,见下文(二)部分)。从技术的原因来看,如果姓名没有被封锁的可能,那么就需要打印出与之相应的材料,受保密义务约束的律师必须涂去上面的姓名,③只有这样才可以将这一文件交给税务机构。

拒绝答复权既延伸到客户的身份,也扩展至咨询的事实内容。④《刑法典》第 203 条规定了保密义务,拒绝权囊括的事实与该条所规制的事实相同。由此,《刑法典》第 203 条规定的保密义务就被充分考虑到了。也就是说,没有能够正当化符合《刑法典》第 203 条所述行为的公开义务。倒不如说,根据《刑法典》第 203 条第 1 款第 3 项,律师、税务顾问或者经济审计师只允许提交不能从中获知符合该条规定的秘密的材料。需注意者只在于,税务机构应事先通知事务所,其意图发布与事务所客户相关的审查通知。⑤

如果律师、税务顾问或者经济审计师玩忽职守,没有通过自己的技术手段,将受保密原则约束的客户数据和不受保密原则约束的客户数据区分开来,那么这些针对客户的数据不能——仅仅考虑到信息自我决定权的宪法位阶——理所当然地被公布出来;相反,在这种情况下,也应选

---

① BFH DStR 2002, 1300.
② BFH DStR 2010, 326; 950 f. 以及评注:Jürgen Brandt, S. 118 (122).
③ Doris Wünsch, in: Armin Pahlke/ Ulrich König, Abgabenordnung, 2009, § 102 Rn. 14; BFH DStR 2010, 950 (951).
④ BFH NJW 2008, 2366 (2367); Doris Wünsch, in: Armin Pahlke/Ulrich König, § 102 Rn. 13.
⑤ BFH NJW 2008, 2366 (2367); BRAK-Stellungnahme Nr. 21/2009 unter 6.

择采用"纸面程序"的方法,即涂去令人产生疑虑的段落。在前文所述的案例中,无须继续研究这一问题,因为税务机构本就已经明确要求交付这些受律师、税务顾问或者经济审计师的保密原则所约束的数据。此外,在数据管理和保存的过程,事务所的不当行为并不会影响未经授权交付客户受保护秘密的刑事可罚性,因为从中无法推导出与客户有关的违法阻却事由。换言之,在上述情形中,具有决定性者并不是急于使用区分数据的技术设备。

应当坚持的结论是,公开发票数据的行为,可能无法通过《税法》第147条第6款与第1款第1项所共同规定的律师、税务顾问或者经济审计师的公开义务,来阻却违法性。

(二)因客户承诺阻却违法性

然而,倘若所涉客户承诺公开发票数据,那么将之公开的行为就会被阻却违法性。由于明确表达出来的承诺并不存在,因此只能考虑默示的或者推定的承诺。

默示承诺的前提,是某种行为具有特定的意思表示价值(Erklärungswert),其限制了对相应法益的保护。在这种情况下,客户对律师事务所的访问以及其签署的客户的授权必须包含关键性的意思表示,即在课税程序的框架内,客户同意将自己的姓名和委托的重要内容向税务局的工作人员公开。由于《刑法典》第203条所保护的乃是基本的信息自决权,因此默示承诺就被设定了很高的要求。①

德国最高税务法院或许已经在宴请客户的案件中采纳了这种默示的承诺:联邦最高税务法院认为,被律师邀请参加与委托关系相关的饭局的人必须在社会相当性的意义上考虑到,律师会将宴请费用作为业务支出,并履行税收上为此规定的手续。换言之,通过接受邀请,客户可推断地承诺了向税务局的公开行为。②

---

① 参见第92页脚注③ Bernd Schünemann, in: Leipziger Kommentar Strafgesetzbuch: StGB, § 203 Rn. 107。

② BFH NJW 2004, 1614 (1616).

然而，该判决会受到如下批判，即默示承诺的前提是，客户至少已经意识到其行为具有特定的意思表示价值。但问题在于，如果没有对客户明确进行说明，那么对税法问题并不熟悉的客户究竟会不会考虑这样的问题。① 单从承诺可能是恰当的这一事实中，不可能推导出默示的承诺。②

此后，就对职业秘密持有者进行外部审计的合法性问题，德国最高税务法院在更新的判决中认为，如果秘密持有者（如税务顾问）在纳税申报中协作，并已经告知了税务部门，则原则上可以放弃为客户身份保密。③ 在这种情况下，默示承诺事实上是存在的。然而，对此需要注意的是，通常只有当律师或者税务顾问为客户的利益行事时，客户才会做出承诺。客户也许很少会同意将不利于己的事实告知税务局。因此，对于这一情况，不能认为客户进行了默示承诺。

且不论对上述判决存在的基本疑虑，无论如何也不能理所当然地将这一判例运用至本文讨论的问题境况中。（默示）承诺的前提，始终是行为人自愿且没有意思瑕疵地做出意思表示，且根据外部状况应认为表意者有此意图。因此，公开行为只有当依其事实性质是不言而喻的，或者至少根据一般理解是符合常性、习惯性的时候，才能肯定默示的承诺。④ 所以，德国联邦最高法院（BGH）在医疗合同案中，否认了对医疗结算外包的行为存在默示的承诺。⑤

而更加缺乏当然性的，是律师、税务顾问或者经济审计师在税收程序的背景下将秘密数据转交给税务局。虽然每一位客户基本上都清楚，跨职业事务所受到税法规定的约束，并且必须接受税收程序的执行。

---

① Carsten Hentschel, Freiberufler zwischen Skylla und Charybdis – Mitwirkungspflichten im Besteuerungsverfahren und berufliche Schweigepflicht, NJW 2009, S. 810 (812).
② 参见第 92 页脚注③ Thomas Fischer, § 203 Rn. 33a。
③ BFH NJW 2008, 2366 (2367).
④ 参见第 92 页脚注③ Thomas Fischer, § 203 Rn. 33a; Theodor Lenckner/ Jöge Eisele, in: Adolf Schönke/ Horst Schröder, Strafgesetzbuch Kommentar, 28. Aufl., 2010, § 203 Rn. 24b。
⑤ BGHZ 115, 123 (128).

但是，对个案中这种程序具体是什么样的却缺乏足够的认知；不能将关于程序更加详尽的认识，理所当然地归属于处于平均水平的客户；相反，客户知道律师、税务顾问以及经济审计师受职业保密义务的约束，他可能还知道，相关的职业群体有权在税收程序中拒绝答复。可以从中得出的结论是，向税务部门告知客户数据恰恰不是那么理所当然和具有社会相当性的。

就像在医疗合同中那样，律师、税务顾问或者经济审计师的保密义务乃是成功咨询的基本前提，对此，仅需想象客户面对着一次刑事诉讼，对客户而言其中蕴含着大量的风险——从名誉的损害到严重的自由刑。在此不得将机密的事实公之于众，几乎无须更多的论述；对客户而言，这也是其向辩护人完全吐露心声的基础。上述德国最高税务法院的判决①中描述的宴请客户当然能够拒绝，此后不会有其他结果产生。但是，只有与律师订立合同关系时，他才能随之获得对他而言必要的法律指导。同样的情形稍加修改后也会出现在税务咨询和经济审计的场合。倘若认为在每一次客户的授权中，都同时存在关于将自己所托信息转交给税务局的承诺，那么当这位客户从所谓的职业群体中获得专业意见的时候，他也许一开始就被迫承诺公开自己的数据了。② 这种构想显得与生活格格不入，并且无法与信息自决权在宪法上的位阶③相符。

默示承诺也不能通过这样的论据被肯定，即根据《税法》第 30 条的规定，税务局的工作人员可能会受到保密义务的约束，也就是说，客户的秘密得到持续的保护。一方面，即使有该法第 30 条的规定，客户也几乎

---

① Carsten Hentschel, Freiberufler zwischen Skylla und Charybdis-Mitwirkungspflichten im Besteuerungsverfahren und berufliche Schweigepflicht, NJW 2009, S. 810 (812).

② 参见第 91 页脚注① Ruth Rissing-van Saan, S. 239。该文正确地指出，"当事人必然会将或多或少具有拘束性或者必要性的秘密托付给(《刑法典》第 203 条)所列举的那些可信赖的人"。

③ BVerfGE 65, 1 ff.(人口普查判决)；对此，比如：Spiros Simitis, Die informationelle Selbstbestimmung-Grund bedingung einer verfassungskonformen Informationsordnung, NJW 1984, 398 ff.。

不可能同意让税务局知道那些在税务上能成为其罪证的事实;另一方面,通过向税务局公开数据,知情者的范围会显著扩大。即使他们自己有保守秘密的义务,这种范围的扩大也依然升高了秘密公之于众的风险。因此,单纯由《税法》第30条规定了保密义务,无法得出存在默示承诺的结论。在结论上应当认为,公开行为可能无法通过客户的默示承诺来阻却违法性。①

而承认推定承诺的前提,乃是客户没有被及时询问的可能。② 对此,仅仅是询问的执行存在困难或者会产生高额的费用,都不是充分的理由。③ 所以,由于存在讯问的可能性,推定承诺的采纳就更会被排除。④

(三)《刑法典》第 34 条"阻却违法性的紧急避险"

进一步,需要考虑根据《刑法典》第34条来阻却律师转让数据的违法性。《刑法典》第34条阻却违法的紧急避险成立的条件首先是紧急状况的存在,即法益正在面临危险为前提,税务局要求交付数据。迄今为止,对于这种拒绝情况还没有具体法律后果的威胁;然而需要考虑的是,在有疑问的情况下,可能会给事务所带来经济上不利后果的税收评估(《税法》第162条第2款),还需要考虑到很可能在经济上显现出来的名誉损失。税收平等乃是具有宪法位阶(《基本法》第3条第1款、《税法》第85条)的公共法益,对此,交付数据有利于间接避免危险。即使并非毫无争议,但通常认为,《刑法典》第34条不仅保护个人法益,而

---

① Karl‐Heinz Göpfert, Mitwirkungspflichten nach § 200 AO oder Auskunftsverweigerungsrecht des Rechtsanwalts nach § 102 Abs. 1 Nr. 3 a, b AO, DB 2006, S. 581 (584).

② 参见 Jürgen Cierniak, in: Münchener Kommentar zum StGB, Band 4, 2006, § 203, Rn. 83.

③ Harro Otto, Strafrechtliche Konsequenzen aus der Ermöglichung der Kenntnisnahme von Bankgeheimnissen in einem öffentlich‐rechtlichen Kreditinstitut durch Wartungs‐und Servicepersonal eines Computer‐Netzwerkes, wistra 1999, S. 201 (204); Jürgen Cierniak, in: Münchener Kommentar zum StGB, 203 Rn. 83.

④ BGH NJW 1991, 2955; BGH NJW 1995, 2026; Jürgen Cierniak, in: Münchener Kommentar zum StGB, § Rn. 83.

且也保护诸如公众健康①或者空运安全②这样的公共法益。而如果在事物的自然发展过程中,损害结果极有可能发生,那么就应当承认存在现实的危险。③ 此处也可以得到肯定的结论。

但是,在《刑法典》第34条的意义上,相对于受损害的利益来说,这里却缺少一个具有实质优越性的被保护利益。上述跨职业事务所的利益,以及税收平等的利益,必须实质性地优越于客户的保密利益,进而明显优于客户的信息自决权。对此,一方面,要在各个系争法益的抽象位阶之间做权衡;另一方面,也要考虑参与者的具体利益。④ 鉴于这样一种事实,即此处的两方都牵涉具有宪法位阶的法益,不可能假定某一方具有"实质优越性"。虽然事务所的利益很强,但是它并不实质性地优越于具有基本权保护强度的客户利益。因此,公开客户信息的行为并不能通过《刑法典》第34条来阻却违法性。

(四)因维护正当利益阻却违法性

将数据转交给税务机构的律师、税务顾问或者经济审计师,也许能够以维护正当利益为由,即按照《刑法典》第193条,阻却违法性。然而,能否从《刑法典》第193条中推导出一般性的违法阻却事由已经颇具争议了。⑤ 无论如何,维护正当利益的成立条件是,行为人维护自己的利益或者是与所有公民息息相关的合法利益。⑥ 在此,也要进行利益权衡。无法承认事务所利益的优越性[如前文(三)所述]。因此,以维护正当利益作为违法阻却事由也要被排除。

---

① BGH NStZ 1988, 558 f.
② BGH NStZ 2006, 243 (244).
③ 参见第92页脚注③ Thomas Fischer, § 34 Rn. 4。
④ 进行利益权衡,参见 Werner Wessels/ Johannes Wessels, Strafrecht AT, 41. Aufl., 2011, Rn. 310 ff.。
⑤ 对此的证明,参见 Thomas Rönnau, in: Leipziger Kommentar Strafgesetzbuch: StGB, Band 2, 12. Aufl., 2006 Vor § 32 Rn. 304;第92页脚注③ Bernd Schünemann, in: Leipziger Kommentar Strafgesetzbuch: StGB, § 203 Rn. 131。
⑥ 参见第92页脚注③ Thomas Fischer, § 193 Rn. 13。

所以,作为阶段性的结论,可以认为交付客户信息的行为乃是违法的。只要刑事可罚性的其他前提,特别是罪责,同样存在,那么根据《刑法典》第 203 条第 1 款第 3 项的规定,向税务机构公开发票数据的、跨职业事务所的职业秘密持有者,就会由于缺少违法阻却事由而具有刑事可罚性。

四、税务局的刑事风险?

仍应澄清的是,在事务所交付数据的案件中,是否需要疑虑税务局工作人员的行为根据《刑法典》第 203 条第 1 款第 3 项结合第 26 条之规定具有刑事可罚性,即教唆他人侵害私人秘密。满足限制从属性原则的、具有构成要件符合性和违法性的主行为是存在的,对此参见上文第二到第三部分。经由税务机构的要求,职业秘密持有者才产生了公开秘密的行为决意。因此,秘密持有者在客观上被决定去实施主行为,符合第 26 条之规定;相反,有问题的乃是必要的教唆故意,该故意必须既涵盖故意且违法的主行为,也包括引起秘密持有者的行为决意。① 后者至少是存在的,因为税务局工作人员的目的就是通过要求引起交付行为。问题在于,税务局工作人员是否考虑并至少容忍这样一种情况发生,即秘密持有者根据这一要求,通过交付数据实施《刑法典》第 203 条第 1 款所规定的主行为。

此处,有疑问的程序在法律上是这样规定的:《税法》第 147 条第 6 款保障税务局工作人员要求答复的权利,根据该法第 102 条第 3 款,如果职业秘密持有者的保密义务无法被解除,那么该法第 102 条第 1 款第 3b 项赋予其拒绝答复的权利。而《联邦律师法》第 43a 条第 2 款、《经济审计师法》(WPO)第 43 条第 1 款和《联邦税务顾问委员会职业守则》(BOStB)第 9 条,甚至给职业秘密持有者施加了保密的义务。因此,税

---

① 参见第 92 页脚注③ Thomas Fischer, § 26 Rn. 7。

务局的工作人员,以及在刑事诉讼中进行询问的警察、检察官或者法官都可以假定,职业秘密持有者最终知道其保密义务,且只有他们知晓客户是否解除了他的义务,在必要时,他们会援引其所享有的拒绝答复权。但是,工作人员却并不承认职业秘密持有者做出具有刑事可罚性的答复,因此在此情形中,工作人员行为时没有故意。

如果税务局的工作人员肯定知悉不存在客户承诺,①并且其并不认为职业秘密持有者拥有其他违法阻却事由,那么就需要对情况做不同评价了。在这一情况中,税务局的工作人员知道职业秘密持有者没有交付数据的权利。也就是说,如果其严肃要求职业秘密持有者交付受《刑法典》第 203 条保护的数据,那么对该条第 1 款第 3 项所规定的犯行,其行为就是具有故意的。

从职业秘密持有者可能出现的疏忽中,即在《刑法典》第 203 条规定的保密义务的意义上,没有将存疑的数据与没有问题的数据相区分、无法直接推导出行为的正当性。在刑法中,这样一种"共同过失"基本上是无关紧要的。另外,在前述案例中(参见前文第一部分),税务机构恰巧也要求审阅有问题的数据。然而,要求交付数据的行为也许能够通过《税法》第 147 条第 6 款结合第 1 款第 1 项正当化。该规定确认了税务局要求交付存疑数据的权力。根据"法律体系内部一致性"(Einheit der Rechtsordnung)的基本原则,这种权力也可以在刑法中发挥作用。② 因此,《税法》第 147 条第 6 款原则上应当被视为一种违法阻却事由。③

但问题在于,如果税务局明确知悉或者至少应当认为职业秘密持有者交付数据的行为有可能符合《刑法典》第 203 条第 1 款第 3 项的规定,《税法》第 147 条第 6 款是否依然能发挥阻却违法性的作用? 在这种情况下,倘若交付要求是以行政行为的方式提出的,则根据《税法》第 125 条第 2 款第 3 项之规定,该行政行为无效。而第 147 条第 6 款只涉

---

① 这种认识也许能够从事务所相应的、提前得到的答复授权中产生。
② Hans-Heinric Jescheck/ ThomasWeigend, AT, 5. Aufl., 1996, S. 327.
③ 对此,上文第三章第(一)节中已有提及。

及合法的交付要求。如果第 147 条第 6 款为依托的行政行为不仅是违法的,而且根据第 125 条第 2 款第 3 项,它会因特别严重的错误而无效,那么考虑到法律体系内部的一致性,仍认为第 147 条第 6 款具有违法阻却效果的观点,就显得几乎没有说服力。

应当认为,发布一个根据《税法》第 125 条第 2 款第 3 项之规定无效的、要求交付第 147 条第 6 款所指数据的行政决定,只可能在极少的案件中出现。例如,要求移交数据存储设备的行政决定的表述中,只涉及了那些法律允许交付的数据,那么,这一行政行为不会因该法第 125 条第 2 款第 3 项之规定无效。但是,如果税务机构依据第 147 条第 6 款颁布的行政决定明显要求实施的是具有刑事违法性的行为,那么第 147 条第 6 款就不能发挥违法阻却的作用。例如,税务机构确实知道不存在当事人的承诺,即属于此种情形,交付要求因而就是违法的。这不仅涉及那些税务机构一开始就知道具体情状的案件,而且也涉及那些情况在事后(但依然是在真正要求交付之前)才显露出来的案件。在罪责阶层,可能存在问题的是《刑法典》第 17 条所规定的禁止错误,但是它在这里也许应被归为可避免的禁止错误,因为税务机构有征求专业意见的可能。

所以,在结论上应当认为,如果税务部门工作人员在知道不存在客户承诺的情况下,还要求经济审计师、税务顾问或者律师交付客户数据,则其可能具有刑事可罚性。只有在《刑法典》第 203 条所设置的界限内,数字化的外部审计才是被允许的。

第七章
互联网中青少年媒体保护的刑法要求
——以接入服务商的刑事责任为视角*

一、引 言

目前,保护儿童和青少年免受媒体中新危险的危害这一主题受到广泛讨论。不出所料,其中经常有动用刑法的呼吁。尽管如此,应当在开头所强调的是,立法者目前为止对于动用刑事措施是相当克制的。取而代之的是,其在青少年媒体保护中遵循"监管之下的自我监管"[①]这一要求颇高的构想。虽然《人的尊严保护及广播电信媒体中的青少年保护国家公约》(JMStV)**第23条中包含刑法规范,但是这一规定被嵌入在广泛而有所差异的其他规范中。

给笔者所布置的任务,即探究互联网中青少年媒体保护的刑法要求,我认为不是要解释,能够从一般刑法规范中推导出那些关于儿童和

---

* 笔者曾以"信息时代的青少年媒体保护"为题在第6届拜伊罗特经济和媒体法论坛上发表演讲,本文是在演讲稿的基础上修改而成。

本文原文"Strafrechtliche Anforderungen an den Jugendmedienschutz im Internet: unter besonderer Berücksichtigung der strafrechtlichen Verantwortlichkeit von Zugangs-Providern"发表于:Kommunikation und Recht, 2011, Heft 4, S. 229-234。

[①] 关于青少年媒体保护法的发展,尤其是(暂且失败了的)青少年媒体保护条约的修改,参见 Atenhaim, NJW-aktuell 2010, 16 f.; 详细的参见 Braml/Hopf, ZUM 2010, 645 ff.。

** 下文中简称为《青少年媒体保护公约》。

青少年媒体保护的特别的要求。毋宁说,后续论述的目标应当是,从刑法学者的视角对青少年媒体法进行分析和评价。当然,由于时间的关系,只能谈及其中的一些方面。

我将会把内容限制在互联网中的儿童和青少年的媒体保护,因为根据一般观点在此存在着最为严重的危险状态。我论述的第一部分将围绕着这些危险展开。第二部分讨论《青少年媒体保护公约》第 23 条的刑罚规定。在第三部分,我想探究在儿童和青少年保护的视角下,服务商的特别的刑事责任。我认为,服务商责任(Providerhaftung)是互联网中有效进行儿童和青少年保护的关键,从刑法角度来看更是如此。因此这一部分将会特别详细。在澄清了基础之后,再处理接入服务商(Zugangs-Provider)的责任这一特别富有争议的问题。最后,将论及互联网中重要的现实发展,亦即 Web 2.0 和云计算的出现,它们对互联网中的儿童和青少年保护已经构成了新的挑战。

二、互联网的特点以及儿童和青少年保护

互联网对于工作和日常的重要性逐步增加。2009 年,超过 14 岁的德国人中,有 67% 的人会上网,这其中近乎 72% 的人每天在线。[1] 在 14 岁到 19 岁的群体中,上网的比例甚至达到了 96%。青少年尤其密集使用的是新式的社交网络。在 14 岁到 19 岁的群体中,74% 的人使用社交网络,经常是每天数个小时;在 20 岁到 29 岁的群体中,这一比例为 61%,在 30 岁到 39 岁的群体中,这一比例为 24%,而在 40 岁到 49 岁以及 50 岁到 59 岁的人群中,比例分别为 12% 和 10%。[2]

显然,随着互联网重要性的增加和使用人数的增长,互联网中犯罪行为和具有社会危害性的行为的数量也随之增加。根据 4 月份公布的 2009 年的犯罪统计,在过去一年里,在联邦范围内(不包括拜仁州)有 206909 件

---

① 数字来自于 ARD/ZDF online Studie, media-Perspektiven 2009, S. 333-376。
② ARD/ZDF online Studie, media-Perspektive 2009, S. 333, 360.

犯罪以互联网为行为手段,较之 2008 年(167451 件)增长了 23.6%。其中,超过 4/5 为诈骗罪(82%),主要是货物诈骗(Warenbetrug)(37.6%)。位居次位的却与第一类差别巨大,是传播色情文书犯罪(2.9%),接下来的是侵犯著作权的犯罪(2.6%)。

互联网具有一些特征,而这些特征在法律中愈发具有重要性:互联网中的出版物是无处不在的,它们不受国界限制,原则上在世界的各个角落都可以被接收到。此外,互联网中的出版物大多数在网络中是永远存在的,被上传的东西,几乎不能再被清除。互联网的第三个特性在于网络发布内容的速度,只需接入互联网,轻轻点击几下鼠标,有问题的内容就可在世界最遥远的角落被使用。

互联网是被少数几个服务商,也就是如谷歌、微软、苹果或者亚马逊等"全球操盘手"所支配。① 其好处在于,世界范围内占主导地位的是相似的技术标准,这使互联网的接入和互联网中的沟通大为简便。然而,少数几家大的占据的极端主导地位的服务商几乎都来自美国,也导致了严重的问题:拥有话语权不是个体的用户或者用户团体,也不是网络所覆盖的国家,而是大型私人企业。在网络 2.0 时代中,Fackbook 这一交流平台,可以被它的所有者几乎随心所欲地改变、扩大甚至是关闭。Facebook 和它如今超过 5 亿客户的合同关系是如此的脆弱,以至于它几乎不能保障使用者的安全。一个在未来显得有趣的问题是,是否国家或者国家共同体将被强调用来抗衡大企业。严肃的力量较量还没有正式上演,但我对其发生持开放态度。

由于世界范围内广泛一致的技术基础,到处都出现了相似的问题,这些问题可以用网络诈骗、恶意软件、侵犯著作权以及色情和其他违法内容的传播这些关键词所概括。考虑到所面对的是全球性的挑战,显然,也要寻找全球性的答案,例如以世界范围内有效的法律标准的形式。

---

① 遗憾的是,当"网络的自由"被推崇时,以下事实经常被忽视:如今,相较于传统的"线下"世界,网络更多地不是被政府,而是被为数不多的几个硬件服务商(例如芯片)尤其被软件服务商(操作系统、浏览器、社交软件)所控制。

因此,欧洲委员会 2001 年的《网络犯罪公约》可以成为某种"互联网的世界刑法",或者说"通用信息法"(lex informatica universalis)的出发点,这似乎并非不可能。①

用户的数量,也即潜在受害人的数量持续上升。不断有新的、没有经验的使用者和互联网接触。但是,媒体使用能力到目前为止都没有成为学校教育的固定组成部分,而恰恰是互联网给儿童和青少年带来了特别的危险。如前所述,在德国几乎所有儿童和 14 岁以上的青少年都经常在互联网中活动。他们经常在互联网中使用年长的人几乎没有见过、因此几乎没法被监督的产品,尤其常见的是互联网 2.0,或者说"共建网络"(Mitmachennetz)中专门针对青少年的产品,"共建网络"是指,原则上来说个人不仅(消极地)消费内容,而且也(积极地)在线上创造内容。这类产品的性质在于,其内容是快速变化的。内容控制几乎是不可能的,至多是屏蔽那些经常上传不受欢迎的或者甚至是明确违法的内容的用户。要将儿童与青少年和对他们有害的内容相隔离的另外一个原因是,微型移动终端(智能手机/移动电话)越来越广泛地被使用,借助它们实际上在任何一个地方都可以连上网络。

网络沟通具有一些心理学上的特点,这些特点在刑法的视角看来——我认为也包括犯罪学和刑事政策学的视角在内——具有重大的意义。可以将"典型的"网络沟通中出现的现象根据所谓的"社会线索减少理论"②总结如下:

(1)只能有限地感知社会的沟通语境;

(2)对沟通对象也存在相应的感知障碍;

(3)与此相反,对自我的感知被加强,有时候也被歪曲。这会促进以自我为中心的趋势;

---

① 关于网络刑法的欧洲规定的进一步研究参见 Eric Hilgendorf, Tendenzen und Probleme einer Harmonisierung des Internetstrafrechts auf Europäischer Ebene, in: Christian Schwarzenegger u. a. (Hrsg.), Internetrecht und Strafrecht. 4. Tagungsband, 2005, S. 257-298。

② Nicola Döring, Reduced Social Cues/Cues Filtered Out, in: Nicole Krämer (Hrsg.), Medienpsychologie. Schlüsselbegriffe und Konzepte, 2008, S. 290, 292.

（4）上述因素增加了沟通伙伴之间的互动的困难，因此容易导致不安全感、误解和信息过剩；

（5）在交流时身份信息被互联网过滤，可以将之描述为平等沟通（egalisierte Kommunikation）的倾向；

（6）互联网促进了沟通障碍的消解，在不同情况下促进了坦诚、感性以及侮辱行为；

（7）从群体动力学的角度来看——在和青少年的相处中这一现象值得注意——存在一种矛盾情感效果：一方面，平等化效应被增强，团体构建变得容易；另一方面，也促进了极端化，结果是敌意的出现和增强；

（8）从交流结果来看，其效果也具有双面性：交流结果可能是失范的团体进程，但也可能产生促进民主的团体交流和创造力的动力。

显然，这些被勾勒的因素——主要是社会交流语境、交流伙伴的有限感知，以及障碍去除的趋势——在很大程度上具有使犯罪变得容易的效果，也就是会促进犯罪行为的实施。然而，前述这些因素，以及缺乏控制，或者在很大程度上不可控的和互联网接触的可能性，都不足以正当化刑法的介入。特别是需要论证，刑法对于危险状态的防御而言是合适的（geeignet）和必要的（erforderlich）。在互联网中，刑事措施只能作为最后手段，也就是当所有其他措施都失灵时，才被考虑。在互联网中，刑法也具有法益保护的最后手段性。

用以应对网络犯罪的重要犯罪构成要件已经存在于《刑法典》之中：部分以普遍的、在互联网中也适用的构成要件形式存在，例如诈骗或者侮辱；部分以特别的网络犯罪的形式存在，诸如变更数据或者破坏计算机。一些犯罪领域，例如被禁止的色情图片，越来越多地转移到了网络之中，因此呈现出网络犯罪的特征。

三、《青少年媒体保护公约》第 23 条

此外，立法者在《青少年媒体保护公约》第 23 条中创设了旨在保护

儿童和青少年的特别刑法规范。该条规定,(违反《青少年媒体保护公约》第 4 条第 2 款第 1 句第 3 项以及第 2 句)传播产品或为其提供接入渠道者,若考虑到其传播媒介或特殊的作用形式,其明显能够严重危害儿童和青少年的发展,妨碍他们成长为独立的、具有社会能力的人格的人,处 1 年以下自由刑或罚金刑。过失实施该行为的,处 6 个月以下的自由刑或(180 日工资以下的)罚金。在很多方面看来,这一规定有问题。在此仅谈四点:①

第一,有疑问的是,何种产品会"明显能够"导致法条中描述的发展或者成长危险。判断特定产品是否"能够"引起青少年发展或成长危险,原则上不是法律人的工作,而属于经验心理学或者其他经验科学的任务。此外,强调可能性的"明显性",使一个对于刑法而言罕见的不明确的要素被纳入到构成要件之中。

第二,有问题的是,应该如何解释"考虑到其传播媒介或特殊的作用形式"这一条款。显然,立法者认为,不同的传播媒体会对媒体使用者有不同的作用,因此会创造不同的危险状态。何种效果会和何种媒体相连,又是一个经验问题,法学家和法律从业人员对此没有特别的能力来作判断。法律明显的不明确性,在法治国的明确性原则看来,明显是有疑问的。而且人们也会生疑,当相关者在每一个案中必须进行复杂的媒体心理学的考量时,这一规范如何具有一般预防和特殊预防的效果。

第三,值得注意的是,根据《青少年媒体保护公约》第 23 条的规定,为仅提供给封闭用户群组的服务提供接入渠道的,应被科处刑罚,而为绝对禁止内容(《青少年媒体保护公约》第 4 条)提供接入渠道的,仅仅具有行政违法的性质。更有说服力的反而是,将绝对禁止内容的允许访问置于刑罚之下,而将较不危险的内容的允许访问认定为违反秩序法。立法者的评价是前后不一致的,这无论是从法治国原则的视角还是从《基本法》第 3 条平等原则的视角看来都是有问题的。

---

① 其他问题,参见 Bruno W. Nikles u.a. (Hrsg.), Jugendschutzrecht, Kommentar, 2. Aufl. 205, § 23 JMStV。

第四,《青少年媒体保护公约》第 23 条,所涉及的是潜在的行为人范围。法律中提到了,传播产品或为其提供接入渠道者。因此,所谓的接入服务商(Zugangsanbieter)也被纳入了潜在行为人的范畴。根据《青少年媒体保护公约》,这一群体在数处都被要求承担义务。刑法上的服务商责任(Providerhaftung)属于网络刑法中特别富有争议的领域。因此,与此相关联的几个问题将会在后面被更详细地探讨。

四、服务商的责任

(一)服务商责任的基本结构

服务商责任的基础为《电信媒体法》第 7 条到第 10 条所调整。这几条规定形成了一种分层的责任规范:

(1)服务商按照"一般性法律规定"对其提供使用的自有信息承担责任。根据一般的见解,这也包含刑事责任(《电信媒体法》第 7 条第 1 款)。

(2)根据《电信媒体法》第 10 条的规定,如果服务提供商对违法行为或信息不知情,并且在损害赔偿请求中,也没有其已知的事实或情状表面违法行为或信息的存在(第 1 条),或者一旦服务提供者知道后,就立刻删除了信息或者封锁了其接入渠道(第 2 条),则服务提供商对他们为用户存储的第三方信息不负责任。

(3)根据《电信媒体法》第 8 条第 1 款的规定,如果传输不是服务提供商发起的(第 1 款),其也并未选择传输信息的收件人(第 2 款),或选择、修改所传输的信息(第 3 款),那么他们对在通信网络中传输或提供接入的第三方信息不承担责任。这一责任特权并不取决于供应商是否知道或可能知道违法内容的情况。①

---

① 因为违法内容的存在在网络中是众所周知的,所以人们可以认为,每一个接入服务商都知道,他也为违法的内容提供了接入。这并不会影响他根据《电信媒体法》第 8 条的规定所获得的特权。当其被告知有违法内容存在,但却有意不实施封锁,虽然这样做在技术上是可能的和可期待的,但其还拥有保证人地位时则有所不同。

责任规则也根据以下内容有所不同:引起责任的数据是否是服务商自己的数据,如果是,则其承担完全责任;服务商是否是为了他人而存储数据,如果是,则只有在其认识到违法性或者不立即消除时才承担责任;或者服务商的活动仅限于传输或中继信息。对最后这一类情形,其责任和《电信媒体法》第 8 条第 1 款第 1—3 项的严格前提相连接。

在《电信媒体法》第 7 条第 2 款中,关于服务商责任的领域,有额外的 3 条一般性规则:其一,根据第 7 条第 2 款第 1 句的规定,《电信媒体法》第 8 到第 10 条所指服务商没有义务监控或依情况调查有违法行为迹象的数据。这一规则的基础不在于,密集的监管和过滤数据交互在技术上难以实现——借助谷歌的搜索引擎,如今甚至整个互联网都可以被仔细梳理(即使只有一小部分实际存在的网页被记录)。如果仅仅考虑"超越能力则无义务"这一基本原则,那么这一规则严格来说是不必要的。毋宁说,《电信媒体法》第 7 条第 2 款可回溯至这样的思想,即"提供互联网接入"这种商业模式本身并不包含对自己顾客的监管和侦查。无法期待提供网络接入服务的服务商,长期地和大面积地监控它的顾客。①

其二,根据《电信媒体法》第 7 条第 2 款第 2 句之规定,在第 8-10 条所指服务提供商不承担责任的情况下,其根据一般性法律规定删除或者封锁信息的义务不受影响。换言之,服务商的责任特权不会改变其可能根据"一般性法律规定"所负有的删除或者封锁信息的义务。

其三,《电信媒体法》第 7 条第 2 款第 3 句确定了,应保护《电信法》第 88 条所指的通信秘密。这一规定在我们的讨论中没什么重要性,因此在后续的讨论中不再涉及。

前文简述的网络服务商责任规范基本证明了其可行性,尽管相关案件的数量非常有限,但主要是,刑事追诉机关在追诉互联网中的服务商时表现出了值得注意的克制。这一现象原因,一方面可以总结为对自己的技术上的专业知识还有所怀疑;另一方面,刑法上关于服务商责任的一些重要问题还没有被澄清,尤其是在网络接入服务(Internet-Zugangs-

---

① LG München I, 3. 9. 2009-4 HKO 16685/08, CR 2009, 816, 817.

第七章 互联网中青少年媒体保护的刑法要求

vermittlung)中,刑事责任范围是一如既往存在争议的。

(二)接入服务商不作为的刑事责任

首先,请看以下案例:A 是接入服务商,他通过一个固定的 IP 地址,使大约 100 个顾客接入了互联网。根据合同,A 对他的顾客有保持他的网络没有儿童色情图片的义务。青少年保护网站提醒他注意,顾客 X 一再通过 A 的端口传输儿童色情图片到网络中,并要求 A 封锁 X 的接入。但是 A 解释道,作为纯粹的接入服务商,他并不为顾客的活动负责,因而拒绝配合。那么 A 可能因为通过不作为的方式帮助传播儿童色情图片而受到处罚吗(《刑法典》第 184c 条、第 27 条、第 13 条)?

由 X 实施的相应主行为存在。但是,从一开始就可以否定 A 的责任,因为他作为接入服务商根据《电信媒体法》第 8 条是不用负责的,不存在《电信媒体法》第 8 条中规定的例外情形。但是应当注意的还有《电信媒体法》第 7 条,其中包含对于服务商责任的一般规则。根据《电信媒体法》第 7 条第 2 款第 2 句的规定,其根据一般性法律规定删除或者封锁信息的义务是不受影响的。在此,A 的责任特权在不作为犯的领域中被进一步限制了。①

有疑问的是,这样"一般性法律"是否可以被找到。可以考虑的是《刑法典》第 184c 条,该条规定普遍地将传播、获取或者占有青少年色情

---

① Brian Valerius, in: BeckOK, StGB, Providerhaftung, Rn. 27; Eric Hilgendorf/Thomas Frank/Brian Valerius, Computer-und Internetstrafrecht, 2005, Rn. 318 ff.; Eric Hilgendorf, in: Satzger/Schmitt/Widmaier Kommentar, StGB, 2009, § 184 Rn. 29; Generalbundesanwalt, Haftung eines Access Providers für rechtswidrigen Inhalt, MMR 1998, 93,95. 旧《电信服务法》第 5 条仍有效时的法律状态(与如今的规定很大程度上一致),参见 Hilgendorf, Zur Anwendbarkeit des § 5 TDG auf das Strafrecht, NStZ 2000, 518 ff. Marco Gercke/Phillip Brunst, Praxishandbuch Internetstrafrecht, 2009, Rn. 616; Ulrich Sieber/Michael Höflinger, in: Thomas Hoeren/Ulrich Sieber (Hrsg.), Handbuch-Multi-Media-Recht(Stand Dez. 2009), 18.1.Rn. 69。Altenhain 在 MünchKommStGB bd. 6/1, 2010 § 7 TMG Rn. 8 中这样评论在此被主张的观点:"根据这一观点,《电信媒体法》第 8-10 条的责任特权对于刑法而言没有意义。这一评论没有说服力。相反,从措辞中已经可以没有误解地看出,《电信媒体法》第 7 条第 2 款第 2 句是关于不作为的特别规定,即不删除或阻止使用某些(非法)信息。"

文书置于刑罚之下。因此,立法者确立了(被刑法保护的)要求,即禁止传播、获得和占有青少年色情制品。因为不作为也可以实现《刑法典》第184c条,从中可得出接入服务商在互联网中清除或者至少封锁儿童和青少年色情文书的义务,以及相应的保证人地位。在结论上这意味着,在涉及消除或者删除青少年色情内容的义务的范围内,接入服务商A的特权不复存在。

当然,只有当《刑法典》第184c条、第27条及第13条所规定的不作为犯可罚性的前提全部符合时,A才是可罚的。首先必要的是主行为,它存在于X对儿童色情物的传播之中。A通过不作为支持了这一行为:如果A封锁了X,那么他就不能将儿童色情图片上传到网络之中。而封锁对于A而言是可能的并且也是可期待的,因为这一行为并没有损害A的重要的利益。

更有问题的是A的保证人地位。源于先行行为的接入服务商的保证人地位只有在例外的情形下可被证成。如果人们想将互联网的接入视为危险源的开启并肯定保证人地位的存在,那么接入服务商的责任特权将被广泛地消解。① 然而,A在合同上有义务不向他的顾客传输青少年色情内容。据此,相应的保证人地位被证成。

同时,A故意地实施了行为,违法性和罪责存在。因此,《刑法典》第184c、27、13条规定的以不作为方式实施的帮助传播儿童色情图片在此应当被肯定。

(三)反对观点

在文献中也存在着反对上述观点的意见,下面将简要介绍其中最重要的内容:

---

① 关于服务商保证人地位的,参见 Christian Pelz, Die Strafbarkeit von Online-Anbietern, in: wistra 1999, 53, 55 f., 其在结果上认为源于先行行为的保证人地位是可能的;也可参见第113页脚注① Generalbundesanwalt, MMR 1998, 93 ff. Klaus Malek, Strafsachen im Internet, 2005, Rn. 112 ff.; Andreas Popp, Die strafrechtliche Verantwortlichkeit von Internet-Providern, 2000, S. 126-155。

（1）第一个反对论据是，《电信媒体法》第 7 条第 2 款第 2 句对于刑法而言没有意义。① 但是，对于这个在法条的表述中没有任何依据的、让人吃惊的观点的论证明显是互相矛盾的：

该观点主要强调的是，欧盟《电信媒体法》——即《电子商务指令》②——中的规定已经排除了《电信媒体法》第 7 条第 2 款第 2 句在刑法中的可适用性。然而，无论是《电子商务指令》本身还是其立法理由中都没有这方面的线索。恰恰相反，立法理由 42 指出："本准则规定的责任例外只包括以下情况：责任的例外仅涉及信息社会中服务提供者的行为受到技术进程的限制，仅限于运营通信网络和提供接入的情形。这些行为具有纯技术性、自动化和被动性的特征，这意味着运营商必须对信息既缺乏了解也缺乏控制。"③

对笔者而言，最后一句话尤为重要，其指出了服务商对于内容缺乏控制和认知。当接入服务商（Zugangsprovider）在收到主管机关的信息后，却不封锁在网络中输入带有违法内容——例如儿童色情——的数据的特定的、确定的用户，那么服务商对于被传播的信息既有认识又有控制。这就绝对不涉及如立法理由 42 所提到的"纯技术性、自动化进程"。毋宁说，服务商有意决定，去维持一个违法的状态。④ 使这样的服务商免于任何责任，根据在此被引用的立法者的考量，是没有道理的。

（2）第二个反对根据《电信媒体法》第 7 条第 2 款第 2 句处罚接入服务商不作为的理由是，这一款之中的"一般性法律"并不包含《刑法典》。⑤ 这一理由是奇怪的，因为根据一般的理解，《电信媒体法》第 7 条

---

① 持相同观点的，例如 Hans Kudlich, euere Probleme bei der Hehlerei（§ 259 StGB），JA 2002, 798, 802 关于《电信服务法》第 8 条第 2 款第 2 句的规定；Altenhaim, in: MünchKomm, Bd. 6/1, § 7 Rn. 8。

② ABl. L 178 vom 17. 7. 2000, S. 1 ff.

③ ABl. L 178, S. 1, 6.

④ 参见 BT-Drs. 14/6098, S. 24, 其中，服务商的特权与此相关，即它没有做出自己的决定。

⑤ 明确表示这一点, Tobias Paul, Primärrechtliche Regelungen zur Verantwortlichkeit von Internetprovidern aus strafrechtlicher Sicht, 2005, S. 175 f., 187。

第 1 款中所言的"一般法律"是包含《刑法典》的。① 很难去接受立法者希望在同一个条款中赋予"一般法律"这一表达以不同的含义。② 而且,在法律体系的其他部分,例如《基本法》第 5 条第 2 款中,"一般法律"也包含刑法在内。

(3)应当被认真对待的是第三个反对理由。该理由指出,接入服务商缺乏保证人地位,③而没有保证人地位,确实可以排除不作为的刑事责任。显然,对于那些由其传递的或者通过其服务而可接触的网络内容,不能不假思索地认定接入服务商具有保证人地位。毋宁说,在每个个案中应当审查保证人地位的形成事由——法律、合同、先行行为或者紧密的关系——是否存在。④

接入服务商的(有限的)法律上的保证人地位源于《青少年媒体保护公约》第 5 条第 1 款,其中指出,传播有损害儿童或青少年发展自我答责的和可融入共同体的人格之虞的内容或者使这些内容可接触的服务商,必须确保儿童或者相关年龄阶段的青少年通常接触不到它们。

接入服务商的另一个可能的保证人地位的来源是主管机关的封锁命令。这种命令的可能性在《电子商务指令》中被承认。根据立法理由 45,《电子商务指令》中"被确立的中继者责任限制……并不影响不同种类的命令的可能性。这些命令可以是源于法院或者机关的、让服务商切断或者阻止侵犯权利行为的要求,也包括删除违法信息或者封锁通向这些信息的入口"。

最后应当被思考的是,源于合同的保证人地位,例如服务商根据合

---

① 参见 Eva Billmeier, in: Gerrit Manssen (Hrsg.), Telekommunikations-und Multimediarecht, Bd. 2, 2010, § 7 TMG Rn. 141。

② 这也适用于《电信服务法》第 5 条的规定,关于此参见第 113 页脚注① Hilgendorf, NStZ 2000, 518, 519 f.。

③ Helmut Satzger, Strafrechtliche Providerhaftung, in: Peter W. Heermann/Ansgar Ohly (Hrsg.), Verantwortlichkeit im Netz. Wer haftet wofür?, 2003, S. 161, 171 f.

④ 参见 Karl Lackner in: Lackner/Kühl Strafgesetzbuch: StGB, StGB, 27. Aufl. 2011, § 184 Rn. 7; 对此持怀疑态度 Thomas Fischer, StGB, 58. Aufl. § 184 Rn. 29。

同承担了对其顾客的特别的保护义务。那些想要以特别适合于儿童和青少年为主打特色的服务商,可能对于这样的规则感兴趣。在上面所概述的案例中即存在这样的源于合同的保证人地位。

结果是,对于为部分文献所承认的非常广泛的接入服务商的责任特权,在不作为犯的领域中,并不存在站得住脚的法律上的理由。当其有义务并且有能力删除或者封锁犯罪的内容,而故意不删除或者至少不封锁时,接入服务商也可能承担刑法上的责任。①

五、接入服务商和未来的互联网

上述结论对于未来网络中的刑事责任而言具有重要意义。在将来的社会,数字化程度还会明显增加。一方面,在工作和日常中新的应用会持续不断地发展;另一方面,新的用户群体也会被不断开发。如果说,在互联网早期阶段中网络用户的典型特征是年轻的、男性的以及高于平均受教育水平的,那么随着"共建网络",也就是所谓的"网络 2.0"的到来,教育程度不高的阶层也越来越多地使用网络。值得注意的还有,在网络 2.0 时代,女性用户的数量增加,在一些产品中,尤其是在社交网络中,甚至超过了男性使用者的数量。在很长一段时间内,网络 2.0 都是属于年轻用户的。但是,这一趋势现在似乎要不复存在了。在接下来的几年和几十年里,当"数字原生代"(digital natives)达到更成熟的年龄时,年长者的比例甚至还会增加。可以确定的是,通过开拓这一新的年龄群体,网络用户的数量在未来仍会增加。②

现在网络的发展,可以用两个关键词来表示:网络 2.0 和云计算。"网络 2.0"指的是使用互联网的新可能性,即通过网络不仅能使用信息

---

① 此与这一案例并无差别:邮递员在被告知所寄送的是包含炸弹的信件后,却依旧寄送此信件。

② 关于网络 2.0 发展的进一步介绍,参见第 106 页脚注①中的线上研究(Online-Studie)。

和通信,而且能自己创造在线的内容。① 这可能是自己编撰的词条(维基百科)、音乐、视频文件(Youtube)、关于兴趣的个人陈述或者私人生活的其他方面(网络朋友群组、社交网络)。② 在这样的背景下,使用者提供自己的数据,因此将变成网络服务提供者(内容服务提供者)。与之相对,传统的服务提供者将自己限于提供平台(主机和服务器提供),甚至是纯粹为前述服务提供接入渠道(接入服务)。而接入服务商也开拓出了新的使用领域。

由于云计算的存在,这一趋势还会被加强。云计算的概念在几年前才被使用,相应地也是不准确的。在早期的关于法信息学的教材中,云计算被解释为:"IT 服务商将计算机资源(例如算力、存储设备和程序或者网络服务器)供应给大量的潜在的客户。服务商运行巨大的、分布在全世界的计算机网络(网格或者巨大的服务器群组),因此对于不断变化的能力要求具有高度的适应能力(可扩展性),也具有高度的容错率。与传统的提供服务的数据中心相反,顾客不知道他的数据储存在哪一个服务器之中,以及他的数据在哪里被处理。"③

更简洁地说,云计算可以被描述为创建可扩展的、与地点无关的按需服务,这些服务的使用是通过互联网进行的,其基础是按使用量定价。专业人士认为,由于明显的技术和经济优势,在未来的 5 年到 10 年内,云计算会在大量的领域中被使用。

对于网络服务商而言,这意味着数据到底储存在何处愈发不明确。主

---

① 这一变化是发生得如此之快,以至于纸质文献在它出版之后就过时了。参见 Hans. G. Zeger, Paralleluniversum Web 2.0: Wie Online‑Netzwerke unsere Gesellschaft verändern, 2009, 或者 Thomas H. Kaspar, Web 2.0, 2009. 其中详细讨论了网络 2.0 时代中 24 个刑法问题(特别注意到了名誉损害), Eric Hilgendorf, Ehrenkränkungen („flaming") im Web 2.0 Ein Problemaufriss de lege lata und de lege ferenda, ZIS 3/2010, 208 ff.。

② 关于网络 2.0 时代的刑法难题,参见上注 Eric Hilgendorf, ZIS 3/2010, 208 ff.。

③ Hans Robert Hansen/Gustaf Neumann, Wirtschaftsinformatik I, 10. Aufl. 2009, S. 164 f. 关于云计算的技术层面, Christian Baun u. a. (Hrsg)., Cloud Computing. Web‑basierte dynamische IT‑Services, 2010; Mario Meir‑Huber, Cloud Computing. Praxisratgeber und Einstiegsstrategien, 2010。

机服务商(Host-Provider)在法律上的重要性也因此而变得有疑问。取而代之的是,违法内容创作者(Urheber)的责任将会是重点。而如果无法追究后者的责任,那么接入服务商依旧是责任接收者。这尤其涉及前文探讨的故意不封锁上传违法数据者的情况。人们可能有疑虑,通过干涉接入服务商,互联网中的一部分自由会失去。应给予该质疑的答复是:"互联网中的自由"并不意味着给予罪犯在"现实世界"中不曾有的自由。而且,互联网早就属于现实世界了。国家在全球沟通网络中后撤,一方面将会导致未来的关键媒体落入为数不多的全球的、私人的大服务商手中;另一方面落入到罪犯和半罪犯(Halb-Kriminellen)手中。在互联网中实际上占据着多数的"普通"用户则被置于一旁。因此,根据笔者观点,网络的私有化是一条没有未来的道路。但是,不经反思地、由民粹主义所鼓动的作为国家最锐利武器的刑法,也是不合乎目的的。取而代之的是,对我而言,有区分的、关注到所有参与者利益的工具,就如同《青少年媒体保护公约》所发展的工具那样,整体上而言对于互联网是一个优先的选择。

第八章
身份盗窃问题
——表现形式、国际发展和立法需求*

"身份盗窃"(identity theft)这一概念最早来源于美国刑法。依照美国刑法的定义,身份盗窃是"以欺诈为目的使用他人的个人信息。"① 按这一表述,身份盗窃的范围将会异乎寻常地宽。下文中将说明:这一相对不具体的术语使用不仅在理论上难以让人满意,而且从刑法教义学的角度来看也存在不足。② 与之相对,我会指出一些概念上的区别,希望可以藉此帮助身份盗窃这一概念融入德国和瑞士刑法教义学的概念体系。

---

* 本文以报告文稿为蓝本,仅在报告文稿的基础上增加了脚注。

本文原文 "Das Problem des Identitätsdiebstahls. Erscheinungsformen, Internationale Entwicklungen und gesetzgeberischer Handlungsbedarf" 发表于:Christian Schwarzenegger, Rolf Nägeli (Hrsg.), Neuntes Zürcher Präventionsforum. Identitätsdiebstahl in der digitalen Welt-die Gefahren des Missbrauchs persönlicher Daten und Prävention, S. 7-20。

① Hoofnagle Chris Jay, Identity Theft: Making the Known Unknowns Known, in: Harvard Journal of Law and Technology, Vol. 21 (2007), 98 FN 6.

② 正因如此,Julia Meyer 在非常富有启发性的研究成果„Identität und virtuelle Identität natürlicher Personen im Internet" (2011) 中否认了民法中的"身份盗窃"这一概念(a. a.O., S. 38 f.)。

一、从网络 2.0 时代的因特网到物联网

因特网可以说是人类历史上成果最为丰硕的技术发展之一。① 在诞生初期,因特网只服务于军事或经济目的,而 20 世纪 90 年代中期以来,它已经发展成为一种大众媒体。这一发展起始于电子邮件的发送以及文字和图片被置于网络环境中。初时,网上的内容多数都是开放供自由使用的,然而很快就出现了一些只对特定用户群体开放的内容,需要付费才可供使用,例如法律数据库。② 因此,即使是这样一个简单的服务也依赖于能否辨识出那些已经得到授权的用户。很快,更多不同的商业模式由此发展起来,对传统经济造成了巨大的挑战。

随后十年左右进入了网络 2.0 时代,其特征是:用户不仅被动地接收互联网信息,还可以主动创造互联网信息。因特网转变为了所谓的"共建网络"(Mitmachenetz)。如今人们会在社交网络中交换信息、想法,当然也包括私密信息;人们会上传旅行照片、会使用交友网站认识新的伙伴。另一些人会经营自己的"博客",在上面通报事件当前的发展状况或者对任意问题发表自己的观点,这与传统新闻媒体形成了竞争。平台支持下的交易网站已经不止于交换信息,还使对任意商品的交换都成为了可能——从二手书到过夜的床位或者搭顺风车的机会。③ 几乎所有这些交互形式的关键都是那些看上去来自交互对象的信息,人们基于这些信息参与到对方发来的要约中,因此对方发来的要约中,这些信息事实上确实是来自于交互相对方的。

其间,另一场技术变革也已经到来:如今人们已经不再只是通过传

---

① Röder Andreas, 21.0. Eine kurze Geschichte der Gegenwart, München 2015, 18 ff.
② 早在 1966 年,即互联网开始发展之前,DATEV 就在纽伦堡成立了一个合作社形式的自主组织,在处理税务文件的过程中采用电子数据处理系统,以使其价格更为低廉。
③ 新兴社交媒体带来的法律问题参见 Ulbricht Carsten, Social Media und Recht. Praxiswissen für Unternehmen, 2. Aufl., Freiburg 2013。

统的个人电脑与他人交流,而是使用可移动设备,即具备联网功能的笔记本电脑、平板式电脑和智能手机。近年来,具备联网功能的智能手机市场可谓是爆炸性的增长。但是"移动网络"也仅仅展现了更广义的互联网的一个雏形:很快我们就可以看到,不仅人与人可以沟通,而且会产生机器与机器的沟通——最终会是任何物之间独立、无须人类辅助的沟通,人们称为"物联网"。在将来,预计会有成千上万的物品之间通过网络相互连接并独立交换信息。云计算技术将形成一个以数据为支撑的主干:例如智能手机或者智能手环自主将信息上传到云存储中,并可以从云中独立获取使用者的专属信息。

因特网的这一发展阶段又会使新的商业模式成为可能。关键词包括联网工厂(工业4.0)、智能城市、自主联网汽车和不同商业模式驱动的云计算变体。① 未来的房屋同样将被数字化且与网络相连,作为"智能房屋"独立与外界沟通:冰箱自主判断牛奶库存将尽,并在街角的超市订购进行补充。而这一商业模式运行的前提当然是配有射频识别芯片(RFID-Chips)的牛奶包装和冰箱可以相互联系,而冰箱又可以和超市进行沟通。这种一切事物和一切事物的全面联网使"因特网"这一传统的概念提升到了一个新的层次。为了强调物联网这一概念,可以将之描述为"万物联网"(Allnetz)或者更简单地将其概括为"网络"。②

二、网络环境下的社会侵害行为和犯罪行为

存在人类活动的地方就会存在社会侵害行为。如果该行为符合既有的犯罪构成要件,则可能构成犯罪行为。可以得出这样的结论:新的

---

① 对这些技术发展的概览可参见 Hilgendorf Eric, Recht und autonome Maschinen-ein Problemaufriss, in: Hilgendorf/Hötitzsch (Hrsg.), Das Recht vor den Herausforderungen der modernen Technik, 2015, 11-40。

② 参见 Sprenger Florian/Engemann Christoph (Hrsg.), Internet der Dinge. Über smarte Objekte, intelligente Umgebungen und die technische Durchdringung der Welt, Bielefeld 2015。

第八章　身份盗窃问题

信息和交流使技术的行为模式成为可能,而这通常会不可避免地导致新的社会侵害行为的出现。负责对这些新型社会侵害行为进行刑法上的分析处理的是计算机、网络刑法。① 而其讨论的对象被称为"网络犯罪"(Cybercrime)或者"信息和通讯犯罪"(IuK-Kriminalität)。

对此,(德国)联邦刑事犯罪调查局给出的定义是:"使用或针对现代信息和通讯技术实施的犯罪行为。"其中包括:"构成要件要素中包含电子数据处理要素的(计算机)犯罪,互联网被用于计划、准备或者实施犯罪行为的犯罪(互联网作为手段),以及对信息技术构成威胁的情形。后者指所有针对信息技术设备完整性、可用性、真实性所实施的违法行为(黑客入侵、破坏计算机系统、篡改数据等)"。②

这一定义过于宽泛了。但是因为从网络 2.0 的时代到物联网的时代,新型社会侵害形式和犯罪行为层出不穷,这使该定义看上去还有一定合理性。而前述新兴模式其中之一就是我今天有幸向您介绍的身份盗窃行为。

三、身份盗窃——一个有疑问的概念

事实上我事先给出的标题是:"身份盗窃(面临)的问题——表现形式、国际发展和立法需求。"而主办方的表述:身份盗窃"问题"事实上是完全正确的,因为这个概念到底是什么意思,绝非其乍看上去那样清晰。

在大多数计算机和网络刑法的教科书中,对于身份盗窃的标准定义是:"滥用他人的身份信息。"③依照这一定义,如果一个人在网络环境中不当地就自己的身份进行欺骗,则构成身份盗窃。可是从这一定义中无法推断

---

① 这里的"计算机和网络刑法"是指刑法学的一个子领域,而非法律规范(体系)的名称。
② 参见 www.bka.de。
③ 并非所有人:Hilgendorf Eric/Valerius Brian, Computer-und Internetstrafrecht. Ein Grundriss, 2. Aufl., 2012, Rn. 612。

出身份盗窃中的盗窃这一属性究竟何在。因此区分说建议区分真正的"身份盗窃"(Identitätsdiebstahl)与"身份滥用"(Identitätsmissbrauch)或者"身份诈骗"(Identitätstäuschung)。① 前者指窃取身份的行为,后者指就身份进行欺骗。而从中可以看出,给出更准确的定义在很多情形中会是更有帮助的。

提到身份,逻辑上的理解是指对一系列特征的符合,这些特征与自身一致且仅与其自身一致。而按照另一个在日常生活中被广泛认可的理解方式,"身份"是指某个人或对象所含有的一系列明确的识别特征。可以说,"身份"基本上是作为"识别特征"的同义词被使用的。然而对于身份盗窃的案件而言,在这个概念的常规使用场景中,并不存在"盗窃"一词所指向的、识别特征被窃取的情形,而是未经允许的情况下复制了这些识别特征。换言之,X 的身份特征并没有被拿走,而是被 Y 模仿并采用,然后可能进一步被用于其他目的。

这表明,对身份盗窃的两种基本行为模式进行区分是非常重要的:一种是擅自取得他人的身份信息,对于这一类型,取得身份本身就已经符合犯罪构成要件;另一种则是基于特定目的使用他人的身份信息,这同样具有刑法上的重要性。

我建议,将身份盗窃从定义上区分为以下四种类型:

(1) 狭义的身份盗窃(Identitätsdiebstahl im strengen Sinn),指一个人使自己能被辨识的所有可能性都被夺取。该定义中的身份盗窃实际上很难被实施。

(2) 一般身份盗用(einfache Identitätsübernahme),指 A 的部分显著识别特征被 B 所模仿、使用。

(3) 合成身份盗用(synthetische Identitätsübernahme),指辨识特征的一部分取自特定人,而另一部分是新附加的内容的情形。该情形并非单纯地取用身份,而是对旧的、属于他人的特征和新的附加特征的一种

---

① 参见 Borges Georg et al., Identitätsdiebstahl und Identitätsmissbrauch im Internet. Rechtliche und technische Aspekte, 2011, 9 ff.。

第八章　身份盗窃问题

重组。

（4）创造一个具有全新辨识特征的身份。

身份滥用（Identitätsmissbrauch），即滥用他人身份或滥用新创造的自身身份应当与前述身份获取（Identitätsbeschaffung）的形式相区分。身份滥用可以具有欺诈的特征，即行为人取用他人的特征对自身的身份进行欺诈。当然也存在使用假身份而不构成欺诈的情形，例如行为人使用"Herkules"或者"Penelope"这样的昵称进行网络游戏。正如这些例子所展示的，这类对他人身份的使用并不总是具有刑法上的重要性。这个问题将在后续部分展开讨论。最后我还想提出一种案例的变化形式，即行为人并未变更他的身份，只是不恰当地陈述了他的身份信息，例如将年龄报高或报低几岁的情形。

在上述情形中，比较值得讨论的首先是那些以他人名义造成了损害的情形。这里无疑也要做进一步的区分：一种情形的受害人就是身份被盗用的人；另一种情形则是行为人利用他人的身份造成了第三人的损害。后者例如行为人 A 利用 B 的身份对 C 进行了侮辱，或造成了 C 的财产损害。所以在"身份盗窃"的语境下既可以包括财产犯罪也可以包括侵犯特定人的犯罪，在特定的条件下甚至可以包括侵害公共法益的犯罪。

之前所述已经充分表明，身份盗窃并非单一的罪名，而是一种行为模式——扮演一个新的身份——因而可能满足完全不同的犯罪构成要件。所以，我们的第一个分析结论是：身份盗窃并非特定的单一罪名，而是涵盖了网络环境下一系列不同的社会危害行为、犯罪行为的集合概念。

与之具有关联性的概念包括：黑客行为（Hacking），即未经授权侵入他人的计算机系统；①计算机诈骗（Computerbetrug），即通过"欺骗"机器对他人造成财产损害；②网络钓鱼［(Phishing)，常用语境是"密码钓鱼"

---

① Hilgendorf Eric/Valerius Brian, Computer-und Internetstrafrecht. Ein Grundriss, 2. Aufl., 2012,Rn. 560 f.

② 同上注, Rn. 493 ff。

(password fishing)],①即通过不被允许的手段获取他人的密码。在讨论身份盗窃的问题时,另一个经常会出现的概念是"侧录"(Skimming),即读取具有支付功能的卡片的磁条信息;②"中间人攻击"(Man-in the middle-Angriff),指伪造一个虚假的网站,借此窃取密码或他人的个人信息,③这也是钓取密码的手段之一。最后"地址欺骗"(spoofing)是以身份欺诈为目的的一系列不同的信息伪造行为。④ 需要强调的是,这些被专门创造出来的概念既不是以具有一致性的方式被使用的,也不符合某个特定的罪名,不论是在英美法系还是大陆法系(例如瑞士和德国)中,都没有某个具体构成要件与这些概念相符。

四、身份盗窃的情形

身份盗窃大概可能涉及下列情形:
(1)A 获取了信息,使他得以被识别为 B;
(2)A 以 B 的名义为自己或他人定购了物品;
(3)A 以 B 的名义享用了特定的网络服务,例如网络数据库;
(4)A 用 B 的身份信息打开了银行保险库;
(5)A 用 B 的身份信息进入了一个网络账户;
(6)A 以 B 的名义在社交网络中注册了一个账户;
(7)A 用 B 的身份在社交网络中侮辱了其他用户;
(8)A 使用 B 的身份信息行为不当,致使 B 的名誉受到损失。
这里又一次可以看出,通过滥用身份的方式可以实现完全不同的罪

---

① Hilgendorf Eric/Valerius Brian, Computer-und Internetstrafrecht. Ein Grundriss, 2. Aufl., 2012,, Rn. 480, 513.

② 同上注, Rn. 547。

③ Büchel Michael/Hirsch Peter, Internetkriminalität. Phänomene, Ermittlungshilfen, Prävention, Heidelberg 2014, 59, 62.

④ 对金融市场中"地址欺骗"的介绍参见 http://www.wsj.com/articles/how-spoofingtraders-dupe-markets-1424662202。

名,甚至被保护的法益都可能是不同的:可能涉及对人身权利的侵害,可能涉及对被使用身份者或第三人的财产损害,或者涉及名誉损害。有些情形可以被认为具有(潜在的)社会危害性,但并不必然构成刑事犯罪,如上述情形6和8。当然也存在不具有可罚性的身份欺诈情形,例如在网络环境中使用一个虚构的身份就并不能构成犯罪。例如,一个人用虚构的身份在社交网络中注册并与其他人进行交互,这并不具有应罚性。即使被使用的身份并非完全虚构,而是与一个特定的第三人存在关联,以至于可能因此产生误解,这样的行为原则上依然是不可罚的。同样的,使用多个身份,不论其是源于虚构还是属于其他人,也并不构成犯罪。而对自己的身份有所隐瞒也并不属于刑事犯罪的范畴。

当然,在稍后阶段将这类行为视为犯罪是完全可以想象的,例如当其被视为有极大社会危害性的行为的前置行为时。当然,将这样的犯罪行为前置阶段犯罪化处理应当严格遵守比例原则和最后手段原则。考虑到互联网的发展速度及其在未来可以预见的重要性,似乎不能完全排除必须采取立法手段禁止网络环境下特定新型的、危险的行为模式的可能性。例如,可以设想,禁止在专属特别容易受到侵害的群体(如未成年人或者有疾病的人)使用的网络中用不属于自身的身份进行登录,并通过刑法手段加以保障。

获取他人身份本身就已经可能构成刑事犯罪了。例如,A 使用黑客技术侵入了他人的计算机,以拷贝其中存储的身份数据。使用欺诈性身份数据的欺诈行为也可能构成犯罪,例如钓鱼形式的诈骗或计算机诈骗。[①] 在德国刑法中,与身份诈骗相关的罪名最主要的包括《刑法典》第263 条诈骗罪、第 238 条跟踪罪(Nachstellung)、第 267 条伪造文书罪(结合第 269、270 条)、第 164 条诬告罪,以及第 185 条及以后几条规定的名誉损害类犯罪。而在瑞士刑法中也有类似罪名。

---

① 对其他可能涉及的构成要件的分析参见 Hilgendorf Eric/Valerius Brian, Computer- und Internetstrafrecht. Ein Grundriss, 2. Aufl., 2012, Rn. 584, 633。

五、中间结论

在此我将得出第一个中间结论：如同我在最开始提到美国对身份盗窃的简洁定义时主张的，①身份盗窃不是特定的单一犯罪类型，而是互联网中不同具有社会危害性的行为或犯罪行为的集合概念。若要进行坚实的刑法学研究，有必要先弄清它到底是什么，以便随后可以适用相关的犯罪构成。

六、物联网中的身份盗取和身份滥用

如果对互联网技术的最新发展有所关注，这里的问题就会展开一个全新的维度。我这里所说的是智能家居——即联网房屋，自主联网机动车——车辆间相互联系并与道路基础设施通信，还有人与机器之间新的合作模式以及自主工作的联网工厂（工业 4.0）。这些都是新兴的物联网的表现形式。②

物联网中的身份欺骗可能是这样的：行为人向机器 A 传输数据，其装作数据来源是自己，然而数据实际上来自于机器 B。或者可以举一个更为具体的例子：在一个自动生产的工厂中有大量机器相互协作，它们之间会有数据交换，并以此确保独立生产产品，而无须人类干预。这样的工厂依赖于机器之间准确无误的信息流动，即使是很小的通信错误都可能导致机器之间的交互失效。假设我们此时面对的是一个由 A、B、C、D 等机器组成的生产链条，它们都以前述方式交换信息并独立生产产品。行为人 T 侵入了该系统，并冒充机器 A 将数据传送给了机器 B。系

---

① Hoofnagle Chris Jay, Identity Theft: Making the Known Unknowns Known, in: Harvard Journal of Law and Technology, Vol. 21 (2007), 98 FN 6.

② 参见 Sprenger Florian/Engemann Christoph (Hrsg.), Internet der Dinge. Über smarte Objekte, intelligente Umgebungen und die technische Durchdringung der Welt, Bielefeld 2015。

统外部的数据通过这种方式渗入整个生产过程,并可能造成严重损害。

这是一个身份欺骗案件吗?前文中我们将身份欺骗定义为对一个人身份的欺骗,而在我们新的案件中涉及的则是对机器身份的欺骗。换言之,一个人假装自己是一台机器。还可以对前述案例做进一步的拓展,例如黑客通过某种操纵行为使机器A面对机器B装作自己是机器C,这样一台机器欺骗了另一台机器。这依旧还是一个身份欺骗的案件吗?在我看来,这两个问题都应当得到肯定的回答。身份盗窃和身份欺骗不应被限定在自然人的范畴内,而应当涵盖所有未经允许盗用或使用识别信息的行为,无论该信息是用以识别人还是物。这里应当略微提及自主主体,即或多或少可以独立作出决定的机器。就此而言,甚至成立诈骗罪都是有可能的。①

如果按照前文的建议,允许机器之间进行相关身份的欺骗,那么身份盗窃的概念会比现在更为宽泛。鉴于未来不仅会有越来越多的人通过互联网进行交流,而且还会有人和物、物和物之间的交流,而真实性在所有这些情形中都很重要。因而可以预见,身份盗窃和滥用的问题在将来会得到高度的重视。

七、结　语

最后可以得出以下结论:"身份盗窃"不是一个单一犯罪行为,而是一组互联网中的行为模式,其可能侵犯完全不同的法益,并符合完全不同的犯罪构成要件。重要的是,应当将获取新的识别特征与使用这些身份特征加以区分。前者又包含四种类型,即(纯正)身份盗窃、一般身份盗用、合成身份盗用以及使用虚构的新身份。

很多使用他人身份的情形都不属于刑法规制的范畴。然而需要讨

---

① 值得注意的是,之所以增设《刑法典》第263a条计算机诈骗罪,是因为人们认为机器不可能像人一样"被骗"。随着自主系统的发展,人类和人工智能之间的差异正变得越来越模糊。有一天,人工智能有可能达到明显超越人脑的复杂程度的地步。

论的是，在特定领域中是否应当通过刑罚禁止对他人身份的使用。可以考虑的情形例如儿童或为交流疾病信息而使用的论坛，抑或是买卖商品的平台。安全因素可以是要求在互联网中披露身份的一个原因，但扮演一个陌生的身份又是互联网之所以能够成为如此有趣的、能够激发创造力的媒介的因素之一。因此，在将来对我们在互联网中的自由进行的任何限制都必须得到谨慎的论证。

第三编

人工智能与（刑）法

第九章
机器人可以有责地实施行为吗?
——规范上的基本术语沿用至机器的可能性*

引 言

在英仙座一个中等大小恒星星系中的一个中等大小行星上出现了一种金属基**的生命形态,这种生物发展出了自己的文明,它们称自己为"机器人"。机器人文明逐渐掌控了它们的星球,并发展出了文学、哲学、科学和法律。它们很多重大的哲学问题都是在追问"善"与"恶"的意义,继而去思考何为"罪责",以及有责的前提是什么。机器人的文明越来越先进,终于,它们制造出了宇宙飞船并且飞到了地球。在地球上它们发现了一种较为落后的碳基生命物种,这种生命称自己为"人类"。人类似乎也可以实施行为,他们根据一种看上去与"善"和"恶"很相似的标准对他们的行为进行分类,并且他们好像也对"罪责"有所认识。即便如此,机器人哲学家们确认,人类不可能"实施行为",要求他们区

---

* 本文原标题为: Können Roboter schuldhaft handeln? –Zur Übertragbarkeit unseres normativen Grundvokabulars auf Maschinen, 载 Susanne Beck 主编: Jenseits von Mensch und Maschine, 2012 年第 1 版, 第 119—132 页。

本文中译版发表于江溯主编:《刑事法评论》第 43 卷,本文有细微修改。

** "金属基"指对该生命结构和功能起关键作用的元素为金属元素,地球上目前已知的全部生命类型均属于碳基生物。——译者注

分行为的善恶并承担责任也是不可能的,因为只有机器人才拥有自由意志。因此诸如"行为"(Handlung)、"责任"(Verantwortung)或者"罪责"(Schuld)*这样的概念不适用于人类,仅适用于机器人。

一、导　论

很多对机器人技术①进行法律评价过程中所产生的问题其实都来源于一种思想,即"行为""归责""责任"或者"罪责"这样的概念都是神圣不可改变的,因而自然而然地从根本上就排除了将它们适用于机器人行动主体(robotische Akteure)的可能性。从这样的视角来看,机器人既不能"实施行为",因特定的事件而从道德或法律上对其进行归责也是没有意义的。它们不能承担法律后果也因而没有法律上的责任。在持该论者眼中,讨论机器人的"罪责"(Schuld)是非常不恰当的。属于人类特有范畴的东西无论如何不能被适用于机器身上,即使后者可以自主(autonom)地或至少"准自主"(quasi-autonom)地行动(verhalten)也不行。② 这一立场的基础是人与机器在范畴论上的界分,而且这种界限被

---

* 汉语中 Verantwortung、Schuld、Haftung 均可称为责任,三者容易混淆。而在刑法中,Verantwortung 通常译为"答责",Schuld 通常译为"罪责",但也有其他译法。二者在学理层面又分别有更深层次的含义,其背后又各有完整的理论体系。在此体系之外,例如在民法中,Verantwortung 和 Schuld 又有不尽相同的含义和常用译法。考虑到本文中 Schuld 一词基本指刑法意义上的"可谴责性",而 Verantwortung 在本文中则既包括刑事责任、又包括民事责任,与 Haftung 一词近似(Haftung 原则上更偏向民事责任)。因此为避免不必要的混淆和误导,本文中除有特殊说明外,Verantwortung 一词均译为刑法色彩较少、更为中性的"责任",而不采用"答责性",Schuld 一词则仍译为罪责。——译者注

① Susanne Beck, Grundlegende Fragen zum rechtlichen Umgang mit der Robotik, JR 2009, S. 225-230.

② 这一语境下的"自主"是指从技术角度来看,"在一定环境下无须人类输入指令"。哲学上的"自主"则需要满足更多的先决条件。

认为是不可变的。① 自主机器人的出现必然伴随着新兴的法律问题,而该观点则严重限缩了通过法律规范对其加以回应的可能性。因为基于该理论,无论何种情境下都应先验地排除由自主机器系统自己为其所造成的损害承担责任的可能。即使随着技术的进步明显可以看出这样的趋势:自主(或者准自主)行动的系统越来越多,有些甚至已经有了人类的外表,然而对于前述观点的支持者而言,在人和机器之间仍然存在着不可跨越的鸿沟。

我们对机器可以运动(Bewegung)这点不存在争议。此外毫无疑问,这样的运动和一定损害结果之间可以产生"因果关系"(kausal)。这样的概念被创造时明显就是中性的。而有一些表述虽自始就被贴上了人类的标签,但是却可以很自然地被运用在机器之上。其中无疑可以包括人型机器人的"臂""手"或者"足"。然而至少当我们说机器人的"躯体"的时候就可能存在疑问了,即使这个"躯体"和人类的很像。显然"躯体"这个表述从其内涵上就排斥直接被套用到机器上,而当对机器使用诸如"行为""意志""意图"或者"罪责"这样的表述时疑问就更大了。最后,机器拥有"爱"②这样的情感或者有"灵魂"③的说法则可以被完全排除。

因此有必要去探究这些概念的界限,并深入分析前述差异产生的原

---

① 在古代人们就已经进行过对"人"和"机器"对立关系的讨论,参见 Klaus Völker (Hrsg.), Künstliche Menschen. Über Golems, Homunculi, Androiden und lebende Statuen, 1971; Manfred Geier, Fake. Leben in Künstlichen Welten. Mythos, Literatur, Wissenschaft, 1999; 认为应当抛弃人与机器间的界限的观点: Gregory Benford/ Elisabeth Malartre, Beyond Human. Living with Robots and Cyborgs, 2007. 当下对这一问题的探讨中比较经典的如 Robert Sparrow, Can Machines be People? Reflections on the Turing Triage Test, in: Patrick Lin/ Keith Abney/ George A. Bekey (Hrsg.), Robot Ethics. The Ethical and Social Implications of Robotics, 2012, S. 301-315。

② 至少可以参见 David Levy, Love and Sex with Robots, 2007, 其中作者认为至少人类和机器人间可以不仅有性关系,而且可以有包含强烈情感(爱)的关系。

③ 不同的观点参见 Wolfgang Pircher, Beseelte Maschinen. Beseelte Maschinen. Über ein mögliches Wechselspiel von Technik und Seele, in: Gerd Jüttemann/ Michael Sonntag/ Christoph Wulf (Hrsg.), Die Seele. Ihre Geschichte im Abendland, 1991, S. 477-492。

因。之前的判断究竟是基于某种实质性的因素?抑或仅仅是我们集体性偏见的产物?至少有一点很明显,这里我们面对的是那类我们在讨论其概念(以及概念所指的对象)时永远会受到情感因素影响的问题。之所以对将"人类领域"中的概念运用到机器人身上存在疑问,也许与其说是出于某种实质上的动机,不如说更多是因为我们对存于我们想象中的独特性的坚持?也许继哥白尼、达尔文和弗洛伊德之后,我们又要面对那些由我们自己创造出来的机器人给我们带来的第四次巨大冲击①?它们会不会戳破我们对自己是唯一理性存在的幻想?

这些意义深远的问题只能在前文中一笔带过,这里无法深入进行探讨。本文随后将仅仅继续分析这样一个问题:前文所述的这些概念,以及它们的适用范围是否是既定的且一成不变的?或者说实际上完全可以对这些概念(以及其他相近的概念)做出更宽泛的解释。它们的内涵也许可以被修改,甚至可能赋予它们全新的含义?

本文的目的在于构建这样的观点:一个概念的内涵一方面来自于随其历史演进所产生的语言习惯;另一方面则来自于对其做出的定义——即使用者对其内涵的约定。一个定义并无所谓正确或错误,只能说它是否符合使用目的,或者说是否具有"恰当性"(adäquat)。当然只有满足特定条件时才能使用一个概念来表述相应的对象。认为概念存在一种确定的、不可变的内涵的观念[下文中称为"本质主义"(Essentialismus)②]是基于一种错误的语言哲学假设所产生的。这同样应当适用于

---

① 关于人类遭受的"失落"和自我陶醉的幻灭的说法参见 Sigmund Freud, Eine Schwierigkeit der Psychoanalyse (1917), abgedr, in ders., Darstellungen der Psychoanalyse, 1969, S. 130 ff. 弗洛伊德的观点被一再提及,如参见 Gerhard Vollmer, Die vierte bis siebte Kränkung des Menschen. Gehirn, Evolution und Menschenbild, in: Aufklärung und Kritik 1, 1994, S. 81 ff.

② Joachim Koch/ Helmut Rüßmann, Juristische Begründungslehre. Eine Einführung in Grundprobleme der Rechtswissenschaft, 1982, S. 159. 这里两位作者提到了一种语言哲学上的"自然主义",借以表述一种观点,即"在语言符号及其含义间应当存在自然的联系"。因为"自然主义"在当今的哲学体系下主要用来指代其他的概念,因此这里不采用 Koch 和 Rüßmann 所使用的术语。

伦理学或者法学术语。因此,诸如"行为""责任""罪责"这样的概念并没有固定而不可变更的内涵,其内涵——或者说它们通常以何种方式出现在学术用语中——实际上取决于语言的使用状况和语言使用中的约定。故而原则上可以说没有任何理由可以排斥将伦理和法学术语适用于自动化系统。

二、如何确定概念的内涵

概念可以通过两种方式构建其与特定内涵的联系:通过语言使用和对其进行定义,其中语言使用占主要地位。必须明确的是,在一般的语言运用环境中,语言符号所表达的意思并非由使用者单方面决定。换言之,语言符号所表达的意思主要取决于潜在接收者对其的理解,而非表达者原本的意图:"符号的含义是指相应的语言共同体认为对它的何种理解是正确的。语言表达者到底说了什么取决于依照全部潜在听众的看法应当怎样理解他的表述。"[①]科赫(Koch)和吕思曼(Rüßmann)称为"语义规约主义"(semantischen Konventionalismus)或"规约的语义"(konventionalistische Semantik)。[②]

在同一语言共同体中,人们使用同一表述时也不一定是在表达同样的意义,有时语言使用上甚至可能是矛盾的。此外在日常语言表述中所使用的词汇含义本身也经常是极为不明确的。难以确定某个词究竟是否包含某个对象是司空见惯的情形。而那些会使用日常用语作为术语的学科,如社会学、哲学,包括法理学,因而也会袭承这种不确定性。所以在学术中必须找到概念更准确的表达方式。

第一种给予概念以更清晰内涵的方法是对其进行解释。可以理解

---

① Eike von Savigny, Philosophie der normalen Sprache, 2. Aufl., 1980, S. 275; 相近的观点参见第 136 页脚注② Joachim Koch/ Helmut Rüßmann, S.161 ff.。

② 参见第 136 页脚注② Joachim Koch/ Helmut Rüßmann, S.159, 161 ff. 及其他几处。

为对概念的内涵进行展开,详细地阐释概念的每一个特征。① 这一方法在法学领域中的例证诸如对"取走"(Wegnahme)这一概念的解释:"破坏他人的占有并建立新的占有"。②

第二种可以避免概念不够清晰的方式是对其进行定义。③ 定义既可以针对那些作为术语使用,但又不够明晰的日常用语,也可以针对全新的概念——通过定义可以给这些概念附加含义。通常情况下定义具有所谓的缩略功能,即为一个(冗)长的语言表述规定一个"代词"。在法学中定义非常常见,有些甚至出现在法律条文中(所谓的法律定义)。④ 例如《刑法典》第 11 条规定:"本法中,1. 亲属指下列人员:a) 直系血亲、直系姻亲、配偶、有婚约者、兄弟姐妹、兄弟姐妹的配偶、配偶的兄弟姐妹。上列关系不受同居关系的解除,或血亲、姻亲关系消灭的影响。b) 养父母和子女……"

《民法典》第 194 条第 1 款是另一个法律定义的例子:"向他人请求作为或不作为的权利(请求权),受消灭时效的限制。"这里将"请求权"这一概念定义为"向他人请求作为或不作为的权利",这样较短的表述就可以被用作较长表述的代词。

定义是对语言内涵的约定。它不是一种描述,而是按照约定俗成的方式赋予概念以新的语言含义。⑤因此定义无所谓对错,只有恰当性(目的符合性)大小之分。⑥当然,即使对定义的规定可以是任意的,但总有

---

① Klaus Friedrich Röhl / Hans Christian Röhl, Allgemeine Rechtslehre, 3. Aufl., 2008, S.37.

② Bernd Heinrich, in: Gunther Arzt/ Ulrich Weber/ Bernd Heinrich/ Eric Hilgendorf, Strafrecht Besonderer Teil, 2009, § 13 Rn. 37.

③ 对"定义"的概述参见 Helmut Seiffert/ Gerard Radnitzky (Hrsg.), Handlexikon zur Wissenschaftstheorie, 1989, S. 27–33;更详细且专门针对法理学的参见 Maximilian Herberger/ Dieter Simon, Wissenschaftstheorie für Juristen, 1980, Kapitel 13。

④ 参见上注①Klaus Friedrich Röhl / Hans Christian Röhl, S. 57 f.。

⑤ 这里涉及的是所谓的唯名定义(Nominaldefinition),参见上注②Maximilian Herberger/ Dieter Simon, S. 304. 与之相对应的概念是实质定义(Realdefinition),后者是对一个对象的描述(例如,"椅子是人们用来坐的器具")。

⑥ 参见上注② Maximilian Herberger/ Dieter Simon, S. 305。

些比其他的更合适。定义是实现特定目的的手段,故可以根据是否适合实现该目的进行评判。原则上,给一个概念规定与通常的语言习惯完全相悖的内涵,难以实现预期目的,因此这样的定义很难得到认可。①

前文的论述表明,语言的含义绝非一成不变的。语言随着历史的发展而变化,词汇和含义也随之发生改变。通过定义就可能变更概念原有的内涵,或者也可能赋予其全新的内涵。不存在一成不变的语言内涵。任何形式的语言本质主义(sprachlicher Essentialismus)——即认为概念存在确定且始终如一的内涵的观点——都与现代的语言研究和学术理论不符。法律中的术语恰恰是概念不断变化的明证,其中的概念不断通过重新解释做出改变,以适应变化的需求。特别是那些具有高度一般性的词汇总会随着时间的变化而有不同的解释,可以想象一下行为概念从因果行为到社会行为的转变,②或者罪责概念从心理责任到规范责任的变化。③ 值得注意的是,对于概念本质的理解,或者说其形而上学背景下的变化,多数情况下却是无关紧要的。④

三、机器人技术的规范解释及其结果

得出这一结论对处理与机器人相关的法律关系具有重大的影响,这表明了诸如"行为""答责""责任"(Haftung)和"罪责"这样的法律概念至少原则上没有理由不能适用于机器人之上。这当然并不意味着可以

---

① 人们偶尔会特意使用这样的概念为某一论域(Gegenstandsbereich)援引本属于其他论域的特定语义内涵(Konnotation),借此用同一概念表述这两个论域。例如,当试图借用概念"Embryo"(胚胎)所属的语义内涵——子宫内孕育而尚未诞生的人类生命——来表达一切(包括在试管中的)全能干细胞(totipotente Zelle)的时候,人们只是单纯地扩展了"Embryo"的定义。

② Jürgen Baumann /Ulrich Weber/ Wolfgang Mitsch, Strafrecht Allgemeiner Teil, Lehrbuch, 2003, § 13 Rn. 56, 61 ff.。

③ 参见上注 Jürgen Baumann /Ulrich Weber/ Wolfgang Mitsch, § 18 Rn. 9 ff., 12 ff.。

④ Vgl. Thomas Fischer, Strafgesetzbuch und Nebengesetze, 59. Aufl., 2012, § 20 Rn. 3 (对于罪责)。当然这一问题仍有待更深入的研究。

随意将自动化机械纳入规范的范畴。但重要的是,当下的用语绝非神圣不可侵犯的,而是可变的。日常用语会伴随历史进程而演进,而对于专业术语而言则可以通过对其进行目的性的定义而随时加以调整。

(一) 机器可以"实施行为"吗

所谓"行为"即意志支配下的活动(willensgesteuertes Verhalten)。至少可以肯定,在"外部可见的肢体动作"意义上,机器可以"活动"。机器人可以运动它的肢体,也许也可以生成语音,还可以对其周边环境产生影响。问题在于,这样的活动是否可以被认为是"受意志支配的"。显然机器是没有人类的意志的。也许可以尝试追溯人类的意志,即回溯到机器被编程或者被投入使用的时候。但是在这种情境下机器的活动不会被归责于机器,而会被归责给机器"背后的人",机器没有实施行为,而是人实施了行为。

因此有必要追问,在机器中到底能否找到与人类意志相关联的东西。一种明显可以考虑的可能性是机器的程序,是程序在控制机器。最简单的程序由条件逻辑(Wenn-dann-Verknüpfungen)序列组成:如果存在情形 A,则机器人以 A* 方式活动;如果存在情形 B,则机器人以 B* 方式活动等。如果就此说机器人在意志支配的活动这一语境下"实施了行为",会导致何种矛盾?原则上,人类的活动也服从一定规则且是由规则引导做出的,否则几乎不可能对人类的行为做出预测。① 至于人类的意志具体如何对行为进行控制,在科学界是争论的热门议题,但距离能够最终做出解释还很遥远。② 考虑到这样的情形,尝试对人-机进行类比,并且说机器是通过程序而"受意志支配"的,看上去似乎是合理的。

毋庸置疑的是,这样的类比采用了还原主义(reduktionistisch)的方法,并且没有完全顾及人类意志控制的复杂性,特别是忽略了传统上被

---

① 人类行为可预测性的一个令人印象深刻的例子是对选举结果的预测。
② 值得注意的是,在篇幅较长的心理学专业参考书中却很少会使用"意志支配"或者"意志自由"这样的概念。参见诸如 Philipp Zimbardo/ Richard J. Gerrig, Psychologie, 18. Aufl., 2008,这本书对"动机"进行了详细论述。

称为"自由意志"的这一问题范畴,①即人们假设人在行为时并非(完全)是受决定的,而是可以自由做出抉择。在刑法学中这一假设处于极重要的地位。②然而时至今日,即使经过了艰苦卓绝的努力,自由意志的问题仍然没有得到解决。恰恰相反,由最新的脑科学研究所引发的关于自由意志的争论③表明,就这一问题而言,人们甚至对问题本身都缺乏共识。对问题的描述如此模糊和开放,以至于对自由意志的讨论在很大程度上掺杂了世界观和宗教的动机,而这些显然对讨论的明确性和客观性没有任何帮助。

司法实践显然尽可能地回避所有关于自由意志或者人类如何控制自身行为的问题。法庭要做的仅限于采用所谓否定描述(ex-negativo)的方式,将目光聚焦于那些可以排除意志支配的要素,例如受到不可抗的胁迫,④而那些基础性问题及其形而上学的内涵则被忽略。在处理机器人行为的问题时也可以采用相同的方式,除非出现诸如不可抗的胁迫这类附加的要素,或者存在其他可以排除机器"行为"的要素,否则应当认为机器有能力"实施行为"。这里解决问题的体系与处理人类行为时没有区别。

(二)"责任"(Verantwortung)概念在机器上的可沿用性

另外一个可以作为法律概念在机器上可沿用性例证的是"责任"这一概念。法律人更常使用"法律后果"(Haftung)这种表述。可以这样解释"责任"这一概念:责任主体(Verantwortungsträger) X 依照规定 Y 对于事件 Z 负责。实践中法律责任最重要的形式是民事责任(例如基于损害

---

① 对这一问题最近的概述参见 Geert Keil, Willensfreiheit, 2007 (哲学的基础问题)。

② 经典的阐述参见 Karl Engisch, Die Lehre von der Willensfreiheit in der strafrechtsphilosophischen Doktrin der Gegenwart, 1963; 近期的可参见 Hans - Heinrich Jescheck/Thomas Weigend, Lehrbuch des Strafrechts, Allgemeiner Teil, 5. Aufl., 1996, S. 407 ff.。

③ 大量论证参见第 139 页脚注④ Thomas Fischer, Vor § 13 Rn. 11a.。

④ 这一问题通常与行为理论相结合被系统地论述,参见 Theodor Lenckner/Jörg Eisele, in: Adolf Schönke/ Horst Schröder, Strafgesetzbuch Kommentar, 28. Aufl., 2010, 前言、§ § 13 ff., Rn. 23 ff.; 罪责问题与之有所不同,通常结合《刑法典》第 20 条进行讨论,进一步证明参见 Walter Perron, in: Adolf Schönke/ Horst Schröder, Strafgesetzbuch Kommentar, 28. Aufl., § 20 Rn. 1。

赔偿),相应还有诸如刑法上的和警察法上的责任。

此处问题首先在于,是否只有人类——或者说自然人才可以作为 X 出现,即成为责任主体,答案显然是否定的。例如,公司在一定条件下可以被追究民事责任,这是得到公认的。在很多国家公司甚至可以承担刑事责任。当然这在德国并不适用,德国的理论认为公司既无法实施行为,又没有责任能力,①因而排除了公司承担刑事责任的可能。这里无须讨论德国的这一理论是否具有足够的说服力,可以确定的是,对企业刑事责任的排斥并非基于"责任"这一概念,而是基于(传统理解上的)"行为"和"罪责"。原则上法律规范对于追究非人类主体的责任是开放的。一旦确立了这样的原则,那么可以说至少从纯粹的概念角度上来看,讨论机器人的"责任"是没有问题的。

相对于责任本身而言更难以解决的问题反而是其法律后果。在司法实践中,机器人有民事责任意味着什么?可以裁定机器人进行损害赔偿吗?反对意见可以是:机器人(至少到目前为止)无法拥有财产,因而似乎从根本上就可以排除其作为损害赔偿履行主体的可能性。这一问题可以通过如下方式解决:通过立法规定机器人的使用者有给机器人购买保险的义务,以应对机器人必须承担损害赔偿义务的情形。也可以通过立法规定,机器人的使用者必须为机器人开设账户并预存一定数额的款项用以支付可能产生的机器人损害赔偿义务。②由此可以得出结论,可以接受机器人承担民事责任,至少原则上没有可以反对的理由。

(三)刑法上的罪责

刑事责任的前提不仅是实施行为的能力,还包括罪责。然而在学术上如何准确理解罪责是存在争议的。一个比较普及的定义认为,罪责是

---

① 比较法上的概述参见 Bernd Schünemann, in: Leipziger Kommentar zum Strafgesetzbuch, Bd. 1, 2007, 前书 § 25 Rn. 20 ff. 有更详尽的论述。

② 更多有关机器人权利和义务的论述参见 Susanne Beck, Brauchen wir ein Roboterrecht? 机器人和人类共同生活所面临的经典问题参见 Japanisch-Deutsches Zentrum (Hrsg.), Mensch-Roboter-Interaktionen aus interkulturelker Perspektive. Japan und Deutschland im Vergleich, 2012, S.124-146。

"个人的可谴责性"。较早的判例也将罪责认定为"可谴责性",然而这就必须与一些影响深远的形而上学假设相结合。联邦最高法院大法庭于 1952 年做出的关于自由意志的阐述中这点体现得尤为明显,联邦最高法院的这一表述也不断被引用。①从教义学的角度上它实际上是在论述禁止错误在犯罪体系中的位置。法院的阐述如下:

> 行为人本可以做出正确选择、实施合法的行为,却仍然选择不法。该行为被评价为兼具不法和罪责。此处咎责的内在原因是人类具有自由的、负责任的且合乎道德的自决权。一旦行为人在道德上已经成熟,且他道德的自我决定机制没有因为病理过程而暂时瘫痪或被永久性损害,他就有能力做出正确且合法的选择而非错误且非法的选择,可以依照法律规定的义务来规范自己的行为并避免实施法律所禁止的行为。②

通过该表述联邦最高法院确认了一个有关自由意志的命题:除非为病态的心理变化所阻碍,人可以在正确和错误、善与恶之间自由抉择。这种理解下的自由意志应当是罪责的重要因素,至今为止这一点也得到了德国刑法学学术界的广泛认可,③因而看上去应当排除机器人的"罪责"。

当然也有观点认为罪责概念可以沿用至自动化机械上。首先应当考虑的是,前述联邦最高法院的判决来自于 20 世纪 50 年代,而判决的这一时期被认为属于"自然法复兴"(Renaissance des Naturrechts)时期。④其时,人们对纳粹的罪行尚记忆犹新,早先的理论和体系也藉此契

---

① BGHSt, 2, 194.
② BGHSt, 2, 194, 200 f.
③ 一种对自由意志极为宽泛的理解参见 Eduard Dreher, Die Willensfreiheit. Ein zentrales Problem mit vielen Seiten, 1987; 迄今为止法理学上有关自由意志问题最为与众不同的论述参见第 141 页脚注② Karl Engisch。当下就这一问题的讨论状况参见 Claus Roxin, Strafrecht Allgemeiner Teil, Bd. 1, 4. Aufl., 2006, § 19 Rn. 36 ff.。(更详细的论述参见前文 Rn.20 ff.)。
④ Arthur Kaufmann, Problemgeschichte der Rechtsphilosophie, in: Arthur Kaufmann/ Winfried Hassemer/ Ulfrid Neumann (Hrsg.), Einführung in die Rechtsphilosophie und Rechtstheorie der Gegenwart, 8. Aufl., 2011, S. 26-147 (81 ff.).

机得以复兴。然而这一复兴实际上与 20 世纪中叶的学术研究状况并不契合。特别是诸如联邦最高法院在前述判决中所引入的自由意志的概念实际上仅仅是个假设,而且既无法加以论证也无法得到科学的验证。当自由意志的教条遭受 21 世纪初的脑科学研究的冲击后,①法理学只得退回到科尔劳什(Kohlrausch)所代表的观点——这只是个(必要的)假设。②

如果自由意志仅仅是一个假设,那么为什么这种假设不能被扩展到机器人之上?假设是基于特定目的做出的命题,它不一定是对"现实"的反映,甚至有可能与现实并不完全一致。③ 在法律中,假设很常见,当然在不同语境下会有所差异。具体而言可以区分为法律上(gesetzlich)的假设、论据的(argumentativ)假设、法政策的(rechtspolitisch)假设以及法学理论上的(rechtstheoretisch)假设。④

法律假设的情形诸如:"非婚生子女和其父视为无亲属关系。"(旧《民法典》第 1589 条第 2 款,1969 年后失效)或者《民法典》第 1923 条第 2 款之规定:"继承开始时尚未生存但已被孕育成胎儿的人,视为在继承开始前已经出生。"⑤论据的假设则与之有所差别,它主要作为证明链中的一环而被作出。对于所谓的主观事实(内在事实),诸如主体的故意——即所谓的"认知和意欲"是否具有构成要件该当性,法院通常采用假设的方式。这在刑法中原则上是不被允许的,因此对事实的认定存

---

① 参见第 139 页脚注④ Thomas Fischer。
② 参见上注,§ 13 Rn. 8。
③ 参见第 138 页脚注① Klaus Friedrich Röhl / Hans Christian Röhl, S. 58。
④ 必须区分假设和法律上的推定(Vermutung)这组概念。例如《民法典》第 612 条第 1 款:依照当时情形只能预期不接受报酬就不会提供劳务的,视为已默示地达成报酬的协议(不可辩驳的推定);《民法典》第 1566 条:配偶双方分居已满 1 年且双方申请离婚或被申请的一方同意离婚的,或者分居 3 年以上的,不可辩驳地推定婚姻已经破裂;或者《民法典》第 613 条:存在疑义时,劳务给付的义务人必须亲自提供劳务(不可辩驳的推定)。在法学学说和法学方法论上都没有很好地区分法律上的推定和假设这组概念。
⑤ 这里可以同时参照《民法典》第 1923 条第 1 款之规定:在继承开始时生存的人才能成为继承人。

第九章　机器人可以有责地实施行为吗？　　　145

在合理的疑问时应当做出有利于被告人的结论("In dubio pro reo")。①但事实上隐含的假设在刑法中绝非罕见。法政策和法学理论上的假设,此类最佳的例证包括前述的自由意志、用以评判行为是否符合"公序良俗"时所使用的"所有'公平、公正者'的视角"②或者基本法的"客观价值体系"(objektive Wertordnung des Grundgesetzes)。③

因此,如果在实践中存在这样的需求,完全可以考虑作为假设引入机器人的"自由意志"。然而当下还看不到这样做的必要性,特别是现在类比对人类的刑法去"惩罚"机器尚属于科幻的议题,而没有达到值得法律探讨的阶段。如果想施加影响以改变机器人的行为,最简单的方式是对其进行重新编程。当程序层面的影响没有意义的时候,例如涉及的是自主学习的系统,那么可以考虑在手段足以改变机器行为④的前提下对其"施加报应"(Übelzufügung);反之,将本身就具有复杂含义的"刑罚"这一概念强加给这里的"报应"是没有必要的。⑤

诸如"自由意志"这样的概念在法律实践中的地位通常都被过分高估了。事实上,很少见到将自由意志作为议题的刑事判决。当满足如下条件时,行为人被认为具有"罪责":行为人在行为时须依《刑法典》第20条、第21条之规定有责任能力。此外,如果分则的规定有特别要求,还应符合特定的责任要素[如《刑法典》第315c条规定的"鲁莽的"(rücksichtslos)]。按照当下的通说,在罪责层面应当对(个人的)过失或故意进行额外的评价(当然后者在罪责层面只针对容许性构成要件错误的情形)。在罪责中还包括违法性认识,即发现行为不法性的能力。最

---

① Werner Beulke, Strafprozessrecht, 11. Aufl., 2010, Rn. 25.

② RG JW 1938, 30; BGHSt 4, 91; 49, 41; 批判的观点参见第 141 页脚注④Walter Stree/Detlev Sternberg-Lieben, in: Adolf Schönke/ Horst Schröder § 228 Rn. 2。

③ Matthias Herdegen, Art. 1 Abs.3 Rn. 52 ff., in: Theodor Maunz/ Günter Dürig u.a. (Hrsg.), Grundgesetzkommentar, Bd. 1, Stand 2005.

④ 这方面可以参见 Wendell Wallach/ Colin Allen (Hrsg.), Moral Machines. Teaching Robots Right from Wrong, 2009。

⑤ 德国法学中对传统意义上刑罚的理解比较有代表性的参见第 141 页脚注② Hans-Heinrich Jescheck/Thomas Weigend, § 8。

后要检查是否存在诸如阻却责任的紧急避险这样的责任阻却事由。在整个评判流程中都没有出现自由意志的问题。

这个看上去也许有些令人感到诧异的现象,产生的原因在于德国的法律体系——可能与传统的伊斯兰法的基本立场或者与多数的非洲法不同——基本采纳了自然主义的思路,即宗教或形而上学的立场(例如自由意志)在体系中并没有直接的作用。①当然,如果说对人类自由意志的确信仅仅是"形而上学的自我陶醉"显然还是过分夸张了。认为人类可以自由决定选择善而排斥恶的想法是我们刑法思想史上的一个重要元素,也始终是立法活动的指导思想。只是对于法律实践而言自由意志这一命题并没有起到什么作用。

所以如果机器可以满足前述五个条件时,可以认为机器人的行为是"有责"的。对此批评家可能会指出:机器不能"真正地"认识到其行为的不法、不能"真正"鲁莽地实施行为等。但这样的意见并不成立:一方面,即使对人类而言,这些"真正"的含义尚无法得到解释;另一方面,这里使用的词汇仅仅是一种假设,是基于现实的需要而作出的假设,并不需要它精确表述一种内在的心理现象。

四、结 论

综上所述,我们规范的基本术语,如"行为"和"责任"无论如何都可以被沿用于机器之上。从这些词汇所起的作用来看,这样的沿用不会造成什么明显的问题。如果有对这些词汇进行调整的需求,在当前的法律体系下作出变更并非难事,只要对这些概念进行扩张解释即可。而面对一些基础性问题时所采用的方式则有所不同,特别是当形而上学的假设和命题具有重要意义的时候——如面对人类的自由意志与机器的决定论系统间的矛盾时。这种情况下所面对的矛盾一定程度上可以通过指

---

① Eric Hilgendorf, Naturalismus im (Straf-)Recht. Ein Beitrag zum Thema „Recht und Wissenschaft", in: Jahrbuch für Recht und Ethik Bd. 11, 2003, S. 83-102.

第九章 机器人可以有责地实施行为吗?

出这样的事实而得到消解;形而上学的问题——例如自由意志——在法律实践中几乎踪影皆无。我们的法律体系在很大程度上是以自然主义为导向的。此外还须注意到,自由意志这样的问题即使在人类身上也丝毫没有被解决的迹象,所以自由意志于机器之上有何意义就更加存在疑问了。对于人类而言,在法学上绝大多数人认可自由意志是(必要的)假设就足够了。这个解决方案是可以被沿用于机器人的。如果采取这样的解决方式,那么就可以不仅承认机器人的行为和责任,同样也可以承认它们的罪责。

第十章
刑事合规的基本问题
——以半自主的技术系统的刑法产品责任为例*

一、导　论

一直以来,对于"合规"这一主题的评价一直存在分歧。① 一部分人认为这是一个"时尚主题",而另一部分人则将合规研究视为自我更新的刑法学的一个完整的组成部分。一如常态,真相介于两者之间。首先,关键是通过提出具体的问题证明这一新观点的丰硕成果。

在这个演讲中,笔者想依据近一年半法律跟踪研究的经验②,以新一代半自主技术系统的责任为例来对此进行说明。在内容上,本次演讲

---

* 作者于2012年12月7日在德国基森(Gießen)举办的刑事合规中心(CCC)第二次会议上进行主题演讲,本文系演讲稿基础上增加脚注的文本。

本文原文"Grundfragen strafrechtlicher Compliance am Beispiel der strafrechtlichen Produkthaftung für teilautonome technische Systeme"发表于:Rotsch, Thomas (Hg.), Criminal Compliance vor den Aufgaben der Zukunft. Baden-Baden 2013, S. 19-32。

① 参见(仅部分) Thomas Rotsch, Criminal Compliance, ZIS 2010, S. 614-617; ders, in: Thomas Rönnau/ Hans Achenbach/ Andreas Ransiek, Handbuch Wirtschaftsstrafrecht, 3. Aufl., 2012, Kap. 4; 深入探讨可参见 Thomas Rotsch (Hrsg.), Wissenschaftliche und praktische Aspekte der nationalen und internationalen Compliance-Diskussion, 2012; Lothar Kuhlen/ Hans Kudlich/ Inigo Ortiz de Urbina (Hrsg.), Compliance und Strafrecht, 2013。

② 委托人是 VDI/VDE Innovation + Technik GmbH, Berlin, 由 BMWi 支持的关于自动技术系统的研究和开发项目。

的内容仅限于刑法的产品责任,只会在一些细节问题的讨论上超出该范围。如果对于再次使用英语的借来词没有顾忌的话,可以认为这是一个关于刑事合规的"案例研习"(case study)。

(一)术语

"合规"这一概念,存在语言上的混乱。一些人认为这指的是某一从事的活动的名称,而一些人则认为这代表的是一个完整的从事活动范围。在文义上,"合规"的意思是"符合"特定规定,例如涉及医药、经济,但也可以与伦理或法律相关。"刑事合规"的含义是,符合刑法或者某一地区现行的刑法禁止性和命令性规定。因此,刑事合规的要求其实是显而易见的。①

专业文献中对"刑事合规"概念采更狭义的理解。其中具有代表性的描述是,"刑事合规"包含"为了避免企业职员基于实施与企业相关的行为而负担刑事责任所必须采取的全部必要且被允许的措施"。②

我认为,可以从三个视角对该定义进行探讨:

第一,可以考虑是否只能将(为了避免刑事可罚性或至少避免刑事可罚性风险的)"必要的"措施称为合规措施。从事前视角出发,几乎无法判断某特定的措施在这个意义上是否为"必要",因为关于刑事可罚性或刑事可罚性风险的问题通常可能存在不同的观点。将合规措施理解为"目的在于"避免刑事可罚性或刑事可罚性风险的措施可能更为可取。

第二,值得思考的是,将合规措施局限于"被允许的"措施是否对于该定义有所帮助。为什么不应该存在不被允许的合规措施呢?换言之,为什么根据定义仅应存在允许的合规措施呢?单从合规措施的不被

---

① 上述可参见 Eric Hilgendorf, Die Verantwortung für Innovationen: Lebensmittelrechtliche Compliance, Haftung und strafrechtliche Konsequenzen, ZLR 2011, S. 303 (311)。

② 参见第 148 页脚注① Thomas Rotsch, in: Thomas Rönnau/ Hans Achenbach/ Andreas Ransiek, Handbuch Wirtschaftsstrafrecht, Kap. 4 Rn. 6; 同 ders., in Thomas Rotsch (Hrsg.), Chriminal Compliance vor den Aufgaben der Zukunft, 2013, S. 10 (in diesem Band)。

允许性或违法性并不能得出"其丧失了作为预防刑事犯罪的措施的特质"这一结论。

第三,重要问题是关于将合规措施局限于企业,概言之,亦即将"合规"这一大主题局限于经济刑法。是否无法同样地在机关、大学①或国家研究机构的研究及开发部门来讨论和实行有效的犯罪预防措施?讨论"组织"内部的合规措施可能更有意义,这里的"组织"是指任意结构化的且持续运转的多人团体。此外,纯从概念出发,合规概念甚至可以适用于单独的个人,但在此处,合规概念实际上和特殊预防措施是一致的。

存在疑问的是,对某组织中的犯罪人进行事后监管,是否也属于合规概念?②如果将避免刑事可罚性的任一行为形式都理解为"合规",则至少无法自始就认定事后监管不属合规。但是,避免犯罪的措施与对罪犯的监管之间存在类型上的区别,因为在后者情形下犯罪行为已经发生,并且应当避免的不是犯罪行为,而是犯罪行为(对于犯罪人及组织本身)的特定后果。或许应该将合规措施区分为第一和第二阶层。

在笔者的简短的演讲中,想以产品的刑事责任为例对"合规"主题展开讨论。为了整体上更加直观,我想仅讨论现在十分棘手的一类特定的产品,即在道路交通、工业和医院中得到了越来越多的应用的半自主技术系统。这里也说明,"合规"这一主题是如此的重要,以至于我们不能将其狭义地限制在经济刑法领域。

(二)"合规"措施的内容

对笔者而言,合规主题的本质创新和重要性在于视角的转换:过去刑法领域的工作主要是法律人运用技艺对已经发生的案件进行刑法上的"处理",而合规措施本质上是面向未来的、避免在未来违反刑法或避

---

① 参见 nur das Titelthema „Unabhängigen deutschen Universitätszeitung" (duz) vom 22. 3.2013, S. 8 ff.。

② 如此明确可参见第 149 页脚注② Thomas Rotsch, S. 9 f. (本卷中)。(此处及以下"本卷"指 Thomas Rotsch, Criminal Compliance vor den Aufgaben der Zukunft。——译者注)

第十章　刑事合规的基本问题

免未来的刑法责任而须采取的措施。当然,这一路径对于企业法务以及合同起草者来说并不是新鲜事物。但对于传统的、依刑事法官模式培养的刑法学者,刑事合规范畴内的思考要求其进行彻底的视角转换。

如果人们将刑事合规的要求理解为不违反现行刑法,则其并没有什么关注价值。坚定不移地否定刑事合规之人只存在于拘留所或者精神病院里。

为了降低或者完全排除刑事可罚性风险而采取一定的措施,这一设想并非不言自明。这类措施的范围十分宽泛,不仅包含通过解释和培训来阐明刑法规定,也包括成本高昂的吹哨人制度、内部调查和组织内部的对违反合规规定的制裁机制,这些属于刑法之外或超越刑法的第二制裁层次。当然,此类措施是否为法律所容许,需要再次检验。① 这也表明,合规主题在可预见的时间内,对司法实践和刑法理论都是一个挑战。当然,法律人随着此类以更高位阶法律为标准进行的检验又再一次回归其熟悉的领域,而并非进入了预测性的合规语境。

当刑法规定的内容并不明确且在社会伦理中不存在直接对应时,合规措施有着尤其重要的意义。这主要在附属刑法中得以体现。例如,食品刑法②的许多规定的表述是如此的不明确,以至于即使专业人员也几乎很难破译。对于首先需要参阅这些规定的法律外行人而言,这些规定经常是无法理解的。

为了公民能够理解这类规定,需要对其进行解释。在此,我不想深入讨论此类刑法因违反确定性原则是否绝对违宪,在我看来,通过额外的措施来实现规范命令的必要性在这里是显而易见的。合规措施即可以通过此种方式来帮助不明确的刑法规范得到事实上的适用。

---

① 参见例如 die Beiträge von Maschmann über „Compliance und Mitarbeiterrechte" 和 Gomez Martin über „Compliance und Arbeitnehmerrechte" in: Lothar Kuhlen/ Hans Kudlich/ Inigo Ortiz de Urbina (Hrsg.), S. 85 ff. 和 105 ff.。

② 参见第 149 页脚注① Eric Hilgendorf, S. 303 ff.。

(三) 问题

不应否认的是，对刑事合规主题的新热情也会产生问题：

(1) 第一个问题直接源于前文所述：如果刑事合规措施的介入是为了拯救法律规范表述上的失败，则规范内容是以另一种方式向规范相对人进行传达，这样可能会使立法者在附属刑法中使用比之前更不谨慎的语言。可能的是，合规措施不仅拯救了那些因难以理解而事实上无法适用的刑法命令，也有助于那些本身违宪的规范，因为合规措施带来必不可少的确定性。①但存在疑问的是，这种机制从宪法的角度是否合理或者从宪法政策的角度是否符合目的。

(2) 第二个问题是，如果人们认为这些预防措施是针对可能的刑事可罚性，那么在字面上，这类措施同样可以包含多种形式的掩盖犯罪行为，不仅包括寻找刑法中的"漏洞"，也包括隐瞒和掩饰行为，特别是在经济刑法中，这些策略相对容易付诸实施。在我看来，针对这个问题尚未进行充分的讨论。

(3) 第三个问题是，在实践中，合规被理解为摆脱德国刑法的界限，转而服从另一个规范领域的一种方式，在该领域中需要遵循的是一种模糊的"合规"。因此，一些人认为这是向美国式的规则模式与法律风格靠拢。为了澄清此种误解，在我看来，仍需要大量的解释工作，并且可能也需要在语言上作出进一步的明确，②特别是关于德国刑法涉及哪些刑法"合规"，即符合德国刑法的规定。③

(4) 第四个问题是，监管机关在一些可能涉及刑法的重要问题上，期待相关组织尤其是公司，进行内部的(前期)调查，最后给出一个尽可能全面的调查报告。④为了避免公开的房屋搜查和其他调查，相关

---

① 参见第149页脚注① Eric Hilgendorf, S. 303 (320 f.)。

② 参见上文第一章第(一)节。

③ 仅在例外情况下，考虑外国的刑法规定，参见第148页脚注① Lothar Kuhlen, in: Lothar Kuhlen/ Hans Kudlich/ Inigo Ortiz de Urbina (Hrsg.), S. 1 (7 f.)。

④ Jochen Benz/ Thomas Klindt, Compliance 2020 – ein Blick in die Zukunft, BB 2010, 2977 (2979)。

公司只好完成这些期待。但是，通过此类公司内部的调查，人们可以轻易地伪造证据，这样就绕过了对被告人权利的法治国保障，并且在结果上，以极其有问题的方式影响刑事追诉。①

二、在法律不确定的情况下的合规咨询

（一）半自主技术系统作为（产品责任）法律的新挑战

仅有部分的公众注意到，一类新型的技术产品如今已经开始占领市场，即半自主的技术系统。这是一类不需要人工输入（"自主"含义即体现于此）也可以从事复杂工作的系统。通过这样的方式，人的负担得以显著减轻。使用半自主技术系统的例子有：汽车的泊车和车道偏离警示、无须人工司机即可收割整个庄稼地庄稼的半自主收割机、可以对人体独立进行精细操作的手术机器人。

这类系统带来了许多问题，从数据保护的许可到民法及刑法上的责任。而这类问题，应该在系统进入市场之前得到尽可能的解决，如同罗奇（Rotsch）在刚开始时所令人信服的论述，在展开适当的合规措施之前，必须先处理这些已提出的法律问题。因此，请允许我以"未来的手术室"为例来讨论与半自主技术系统相关的一些新的刑法问题。

（二）未来的手术室及其法律评价

未来的手术室是什么样的呢？基本想法是，将一个手术室的所有部分通过一个中心的数据处理层级相互连接。这就涉及例如手术台、灯光源和手术室的监控器。在今天，大部分手术医生和外科医生仍然是各自独立地使用手术台（在一些情况下可能会引发麻烦），而在未来的手术室中，单个设备的对向操作是不可能的。通过传感器控制的灯光可以自动追随外科医生的手，而医生则可以随时读取屏幕上的例如病人的

---

① Jochen Benz/ Thomas Klindt, Compliance 2020–ein Blick in die Zukunft, BB 2010, 2977 (2979).

血压和脉搏等信息,而这些信息,可以在副室里同时被调取并且记录下来。

在这里,这个控制所有程序的系统是自主行动的。也就是说,并不是每一个单独步骤都需要人类的指令。未来手术室的一个重要特质就是,投入使用的医学设备无人操作,并且接口端没有大的问题,可以相互拼合(所谓的"即插即用")。新加入的组成部分可以识别并接受整体系统的构造。

这类"未来手术室"的发展带来了一些棘手的法律问题。我们最好在产品达到市场成熟之前,对这些问题进行回答,否则,之后可能发生该产品因为其法律风险不能在人体上使用或卖给诊所的结果。

"未来的手术室"可能带来哪些法律问题呢?技术咨询①的特点在于,最初通常无法确定究竟会涉及什么法律问题。法律咨询者,如同在公司的合规咨询的语境下,必须整体关注要讨论的法律领域。从中可以得到一个分级的处理方式,其中各步骤可以总结如下:

(1)对具体的项目进行分类,例如通过观察和与技术人员进行交谈;

(2)对可能的疑难法律问题进行识别;

(3)分类至法律领域;

(4)对相关的法律问题进行细节分析;

(5)展开问题解决方案;

(6)在法律上的合理性和技术上的可实施性层面对解决方案进行检验和评估(考虑咨询对象组);

(7)为在实践中实施所制定的问题解决方案提供帮助;

(8)将问题和问题解决方案系统地归为法律领域的一类"理论"。

---

① 关于这里的技术咨询这一概念,详情参见 Eric Hilgendorf, Abteilung Strafrecht-Die strafrechtliche Regulierung des Internet als Aufgabe eines modernen Technikrechts, JZ 2012, S. 825 (827 f.)。

三、与未来手术室相关的刑法问题

为了开展有效的合规措施,至少必须解释清楚,到底要避免哪些(刑事)法律风险。请允许我,同时也出于时间原因,将讨论局限于五个刑法问题。

(一)使用有缺陷的产品

设想一下:一个生产者交付了存在缺陷的屏幕,而该屏幕与"未来手术室"的其他组成部分一同导致了物的损害甚或身体损害。这类案例形态处于刑事产品责任法的中心,即刑法上的"由于产品的投入使用而导致损害或危险的责任"。①刑事上的责任要求证明:某特定自然人因可归属于个人的义务违反导致损害,该损害符合构成要件,并与使用产品相关。②此处经常涉及的难题有:区分作为和不作为、明确因果关系和归责以及确定义务违反性,如在皮革喷雾案③(刑法产品责任相关最著名的指导案例)所详细讨论过的,此类问题细看其实是总论的问题。从合目的性来说,合规措施的目标主要在于避免个人的义务违反。这里就包括适当地对义务违反的风险进行解释、展开培训、定期进行检查以及可能的"吹哨人制度"等。

(二)医生损害病患隐私

另一个与未来手术室相关的、亟需解决的法律问题是数据保护,而众所周知,医药领域内的数据保护已经通过《刑法典》第 203 条中对病患隐私的刑事保护得到了特别的加强。

根据《刑法典》第 203 条第 1 款的规定,未经授权公开他人因为信任

---

① 参见第 148 页脚注① Lothar Kuhlen, in: Lothar Kuhlen/ Hans Kudlich/ Inigo Ortiz de Urbina (Hrsg.), 2. Teil Kap. 1, Vorbem。
② 同上注, Rn. 7。
③ BGHSt 37, 105 ff.

其为医生而告知的或其通过其他方式所知道的秘密是可罚的,这里的秘密是指某个属于私人领域的隐私或某个企业的商事秘密。毫无疑问,手术过程中收集的病人数据属于德国《刑法典》第 203 条第 1 款的"秘密",即只为某限定范围内的人所知的事实。

当病患隐私已经不限于知情的职业人员范围,即实施手术的外科医生、麻醉师以及其他参与手术的人员,则认为秘密已被"公开"。①问题是,例如可否将病人数据转交给中心服务器也视为公开秘密。

无论如何,当医院内部任何一个人都可以查阅病人数据时,应认为这属于公开病患隐私。所以,为了避免刑事处罚风险,原则上,未来手术室中收集的信息必须以此种方式储存,即只有负责治疗的医生和其紧密相关的助手才可以进行查阅。因此,我们可以将相应的信息存储规定归为刑事合规的必要措施。

(三)自动系统的误导责任

另一个有趣的问题是关于自动系统误导的刑法责任。例如,当传感器控制的光源无法足够精确地追随手术医生的手,手术医生因此损害了病人一根血管;例如,如果该控制光源的自动系统在过去几乎一直无过错地进行运转,我们可以对手术医生提起过失指控吗?更复杂的情形是涉及自动学习及行为的系统:当一个自动化程度极高的机器人导致了损害,谁来承担责任?机器人的制造者,抑或是编程人员?这里还要考虑机器人投入使用者的责任。最后,还有已经讨论过的机器人本身承担责任的可能性。②在此类相互联系之中,"自动"这一概念到底意味着什么?

显而易见,由于这里的责任主体不确定,合规措施的展开已经困难重重。这里可以看出,法律合规措施的具体建议是多么地依赖于之前对法律状况进行的阐明。合规措施无法代替在法律风险的厘清,相反,做

---

① Eric Hilgendorf, in: Gunther Arzt / Ulrich Weber / Bernd Heinrich / Eric Hilgendorf, Strafrecht Besonderer Teil, 2. Aufl., 2009, § 8 Rn. 32.

② 关于上述问题,参见 Susanne Beck, Grundlegende Fragen zum Umgang mit der Robotik, JR 2009, S. 225 ff.。

出有关符合目的的合规措施的决定以阐明法律状况为前提。

(四)远程医疗和刑法适用法

如今,医药行业已经开始使用机器人设备来弥补人力所不能及之处。例如,在外科手术中,机器人可以帮助抑制手术医生的手部颤抖,使医生可以更准确、更精准地进行手术。

在这类的案例中,机器是作为优化人类行为的工具被投入使用的。如果病人出现(身体)损害,则手术医生作为单独正犯(《刑法典》第25条第1款第1项)承担责任。因为机器不属于《刑法典》第25条第1款第2项意义上的"其他人",这里已经排除了间接正犯的成立(《刑法典》第25条第1款第2项)。

当医生、病人和手术机器人处于不同的国家时,会产生刑法适用法的问题。例如可以设想,来自美国的专家通过网络使用在德国的机器人来完成手术。在损害案中(根据《刑法典》第9条第1款第3项),因为结果发生地位于德国,可以适用德国刑法。问题是,是否也可以依据行为地(《刑法典》第9条第1款第1项)来论证德国刑法的适用性?手术医生的身体动作是在美国领土内完成的。就这点而言,无法论证德国是行为地。

不过,人们还可以考虑将重点转移到机器人的动作,它是在德国发生的。但是无法直接明确的是,人们是否可以将机器人的动作理解为意志所控制的举动这一意义上的"行为"。尽管这里存在意志控制,但如果人们将"举动"仅局限于人或在必要时扩大到生物来进行理解,那么不宜将机器人实施的动作认定为刑法上的行为。

这里也可以考虑对举动概念进行扩大,不局限于人的举动。人们可以这样论证:机器人的行为可以直接追溯至人的行为,并且在这一点上表明了本身的举动品质。但是,在这个基础上,也可以把通过电话而在外国发出的铃声理解为"行为",而这样则与通常的语言使用相去甚远。①

---

① 更确切地说,打电话本身是行为,而通过其产生的铃声(但几乎不符合构成要件)是结果。

一个很有趣的、但仍未得到解决的问题是,当使用的手术机器人拥有很高的自主性时,即尽管它仍将美国手术医生的"指示"作为"输入"来接受,但它自己的行动还由其他的参数来确定,以至于在具体情况中,机器人的活动无法预测。在这种情况下,人们能否认为这是机器人的"举动"或者"行为",并因此适用《刑法典》第9条第1款第1项的规定呢?

这个问题现在不能直接回答。日常语言以及《刑法典》第9条第1款都是以人的举动为基础的。至于是否从某一自主决策层级开始,机器能够实施这一意义上的举动,取决于人们想怎样理解"举动"这个概念。

到目前为止,还几乎不存在根据来进一步明确举动概念,或者来确定并非在通常意义上"活着"的客体能否"举动"。但是,能进行自主决定的机器的出现可能会迫使人们要以这样或那样的方式对这一问题给出解答。① 这个解答是尤为棘手的,因为这里还涉及关于"自动"或"(自主)决定"的含义的这类影响深远的问题。如例所示,开展合规措施经常需要很高的跨学科能力,而这也使合规主题对法律人而言是一个挑战。

(五) 共同正犯

最后一个有趣的"未来问题",已经在科幻小说中出现过,是关于自动系统和手术医生之间的"共同正犯"的可能性。如果这个法律构造可以适用的话,那么机器的错误可能也可以归责于合作的手术医生,而这对于所有形式的机器—人类合作都意义重大。

共同正犯要求在两个或以上的参与者之间存在"明知并且意图的"的共同作用。这看起来取决于自动系统"明知且意图地"与外科医生共同合作。如上所说,如果认为机器没有意识且也没有意志的话,共同正

---

① 此处相关的术语学的问题参见 Eric Hilgendorf, in: Jenseits von Mensch und Maschine. Ethische und rechtliche Fragen zum Umgang mit Robotern (Hrsg.), Jenseits von Mensch und Maschine. Ethische und rechtliche Fragen zum Umgang mit Robotern, Künstlicher Intelligenz und Cyborgs, 2012, S. 119.

犯的可能性从一开始就被排除。

可惜事情并不完全是这么简单。例如,根据德国联邦最高法院(BGH)所持观点,①当共同正犯之一不再遵循共同的计划时,还是可以考虑是否成立共同正犯。人们仅将其称为"假想"的共同正犯,这里则完全不考虑正犯-意识或正犯-意志。

如果人们采纳这个观点,那么认为人类和机器可以成立共同正犯就并非完全错误。此外还要考虑,随着未来技术性能的继续提高,马上就会出现在谨慎、经验、速度以及自主决定能力上远胜于人类的自动系统,那时,人类和机器的区别到底在哪里呢?

以上就是关于自动计算机系统的一些有趣的问题。在辨明和解释清楚所需避免的刑罚风险之前,几乎无法开展刑事合规措施。罗奇的观点,即认为应将预先性的刑法评价放在首要位置,在此再一次得到了深刻的确证。

四、结　论

我们可以从对刑事合规研究的这一类案例群的讨论中收获什么成果呢?依我来看,至少可以获得以下的结果:

(1)如果人们认为"合规措施"是指目的在于排除或至少减少刑罚风险的所有措施,则可能的合规措施的数量是不受限制的。其包括完全不同的步骤,例如,向职员阐明规范内容、风险分析、阐明避免违反规范的策略、建立预防犯罪的公司结构、进修措施、建立匿名报告制度、使用腐败代理人及一般的合规代理人、吸纳外部监督人员等。为了帮助实践找到合适的合规措施,值得推荐的是列出全面的措施目录,人们在具体案例中则可以从中挑选适宜的措施。

(2)挑选哪些合规措施,则是关于合目的性的问题;此外,还取决于

---

① BGH 28, 346 (348);关于更多的证明,参见 Thomas Fischer, Strafgesetzbuch und Nebengesetze, 60. Aufl., 2013, § 25 Rn. 13a。

组织的形式、应该在什么情形中适用合规措施、所需避免的风险和人们关于此准备承担的成本。与传统的法学案例分析不同,除了未来导向性之外,合规措施的第二个重要特点是对合目的性的关注。

(3)依笔者所见,除了根据法律领域,还应该根据其适用领域对合规措施进行划分,例如"研究和开发领域的合规措施""生产的合规措施""销售的合规措施"等,这样可以使合规措施更贴近实践。这里再一次明晰,"合规"这一工作及研究领域是多么的需要跨学科能力。

(4)越多涉及对职员的可辨认的错误行为进行调整,合规措施则能得到越有意义的适用。使用新技术而导致的责任风险是很难预测的,因此也很难通过合规措施来对其进行控制。但是,无论如何都可以考虑例如机构内部的注意性规定,同样还可考虑起草技术性规范。

(5)由于法律的不确定性而引起的刑事责任风险,几乎是不可控的,除非人们准备好完全放弃从事相关的活动。通过专家鉴定人至少可以更确切地对风险进行预测。而众所周知的"花钱购买禁止性错误"这一说法则表明,在刑法责任风险领域内还存在另一种可能。

总而言之,在笔者看来,"合规"主题对实践而言已经意义重大。它绝对不是缺乏实践重要性的"单纯的时尚主题"。另外,正如本文举出的刑法上的产品责任风险例子所示,人们还需要进一步明晰关于刑事合规概念及其适用范围的许多基础问题。

第十一章
自主系统、人工智能和机器人
——一个刑法角度的定位*

一、数字化革命

我们是当今这场史无前例的技术、经济以及社会变革的见证人。数字化革命——一些人甚至将其称为"世界的数字化转型"①——涵盖了我们的生活和工作的方方面面,它们造成改变的速度和冲击力可以媲美18世纪末和19世纪的工业革命。如果法学不想仅仅作为逻辑严谨的文字游戏存在的话,就需要面对界定数字化转化范围以及捍卫我们法律②以人为本的任务。

为了应对这一挑战,我们需要首先了解数字化革命的特点。可将数

---

* 本文原文"Autonome Systeme, künstliche Intelligenz und Roboter: Eine Orientierung aus strafrechtlicher Perspektive"发表于: Stephan Barton u.a. (Hg.), Festschrift für Thomas Fischer. Verlag C.H. Beck, München 2018, S. 99-113。

本文中译本曾发表于《法治现代化研究》2019年第1期,也转载于《新华文摘》2019年第12期,本文有细微修改。

① Udo Di Fabio, Grundrechtsgeltung in digitalen Systemen. Selbstbestimmung und Wettbewerb im Netz, 2016, Einleitung; 也可参见 Klaus Schwab, The Fourth Industrial Revolution, 2016。

② Eric Hilgendorf, Humanismus und Recht-Humanistisches Recht? Eine erste Orientierung, in: Horst Groschopp (Hrsg.), Humanismus und Humanisierung, 2014, S. 36 ff.

字化理解为将任意信息展示为 0 和 1 的序列。① 它可以在计算机中实现极快速有效的信息处理和存储,这些数据可以实时地在全球范围内被使用,几乎不会浪费任何时间。此外,数字化实现了信息"可塑性"的新维度:在数字化的基础上,文本可以以音频、图像和视频的形式展示。在不久的将来应该会出现触觉脉冲。这一步骤在某一时候将被用来创建与人脑的直接接口。②

数字化的另一成果使物体和进程虚拟成为了可能。也就是说,在计算机中形成真实世界的虚拟对应物。③ 虚拟化的趋势已经涵盖了我们大部分的通信交流,并且正在扩展到我们的工作以及闲暇生活中。④ 厘清"虚拟现实"带来的机遇以及风险可能是未来技术引导的最大挑战之一。

另外,两个与数字化密切相关的主要技术趋势是人工——或者更好的表述为——机械的智能和机器人的发展。两个概念很难定义,如果我们将人类做出的某一行为视为是"智能的",那么也往往将由机器做出的同样的行为视为是"智能的"(或者"聪明的")。⑤ 鉴于我们对人类智

---

① 值得注意的是,法学在 20 世纪 60 年代初期就已从事数字化法学后果的研究。对此参见 Svenja Lena Gräwe, Die Entstehung der Rechtsinformatik. Wissenschaftsgeschichtliche und-theoretische Analyse einer Querschnittsdisziplin, 2011 (附有大量的证明)。

② 对此的方法早就存在了,例如治疗患有"闭锁综合征"的病人,这类病人虽然意识清醒,但是(大多在听觉功能完整的情况下)丧失了通过身体运动而和外界沟通的能力。有时他们连眼球也无法移动。现在"闭锁综合征"病人经常通过"脑机接口"实现沟通。对此参见 Kirsten Brukamp, Gehirn–Computer–Schnittstellen: neurowissenschaftliche Grundlagen und normative Themen, in: Eric Hilgendorf (Hrsg.), Robotik im Kontext von Recht und Moral, 2014, S. 287 ff.。

③ 这一技术在经济上的一项十分有趣的应用就是生产者制造"数字孪生体",例如销售的汽车的孪生体。由此可以在问题因素生效之前对其进行识别并采取应对措施。

④ 概况参见 Ralf Dörner u.a. (Hrsg.), Virtual and Augmented Reality (VR/AR): Grundlagen und Methoden der Virtuellen und Augmentierten Realität, 2014。

⑤ Jerry Kaplan, Künstliche Intelligenz, 2017, S. 15;详细内容参见 Margaret Boden, AI. Its Nature and Future, 2016; Manuela Lenzen, Künstliche Intelligenz, 2018。

第十一章 自主系统、人工智能和机器人

能存在巨大的理解和定义困难,所以这个定义并不是很有说服力。① 智能需要具备独立解决较为复杂的任务,并适应不断变化的环境的能力。从错误中学习的分析能力可能是理解智能的关键,今日的机器也都具有这些能力。

导致人们对"人工智能"理解复杂化的一个因素是人类的拟人化(Anthropomorphisierung)倾向,以及对独特性的需求。我们试图类推人类的能力来解释机器的能力,同时我们又嫉妒性地认为机器只是在"模仿"我们。这两种趋势似乎都存在问题:一方面,机器的能力在可预见的未来会越来越专精于特定领域,人类的潜力在"它们"的领域正日益落后。很长时间以来,国际象棋的电脑程序已经能够击败所有的人类玩家,甚至包括国际象棋的世界冠军。然而玩"连珠棋"、剥鸡蛋壳以及咖啡服务对于这种程序而言又过于苛求。若认为国际象棋程序"不是真的"在下国际象棋,这种论点难以成立——如何能将根据游戏规则移动棋子,力图让对手"损失"的能力理解成不是"下国际象棋"?一些程序的卓越成绩引发了机器具有自我愿望和自我意识的设想,这在目前看来(仍然?)不被认可。

除了拟人化倾向,还有一个明显的强烈需求是为人类保留特定的能力。只有人类才能具有"真正的智能"。因此"人工智能"的概念是一种"界限概念"。随着机器在迄今为人类预留的领域中越来越多的推广,该概念就不断地回缩。国际象棋游戏仍可作为这方面一个很好的范例:它被视为人类智能和创造性的顶峰,直到国际象棋程序被设计出来,这种程序的游戏技巧可与人类相媲美。② 从国际象棋程序"深蓝"在1996年击败国际象棋世界冠军卡斯帕罗夫以来,很多棋类活动就不再被认为需要什么特殊的智力能力,而只是需要在最短的时间内计算无数

---

① 基础性的概况参见 Detlef Rost, Handbuch Intelligenz, 2013; 另参见 Max Tegmark, Leben 3.0. Mensch sein im Zeitalter Künstlicher Intelligenz, 2017, S. 79 ff.。此外,定义"智能"概念面临困难的原因还在于,这一领域的实证研究特别受到大众媒体和政治的调控。

② 参见第 162 页脚注⑤ Manuela Lenzen, S.30。

的比赛选项,这样的程序也因而不被认为具有"真正的智能"。

以上所提到的困难恰恰证明了应该命名为"机械的智能"或者"机器智能",而非"人工智能",并且对此不再理解为一种通常用以解决领域特定问题的特殊能力以及——与此相关的——独立从错误中学习的能力。它无论如何必须是一种对复杂问题进行数据处理的功能。①

类似问题也出现在机器人技术领域(Robotik)。工程技术科学中并没有统一定义机器人的概念。② 对于法学目的而言,可暂且将"机器人"理解为一种具有执行功能(Aktuator)、可以对"世界"产生实体影响的机械智能。在特定情形下也可以将机器人固定在某领域(例如工业机器人),并且它不一定要具有人形样式。然而可以设想未来会出现许多人形机器人,因为只有这样才能使机器在人类预设的环境中灵活移动,成为我们的助手、陪伴者和工作伙伴。

没有其他技术像机械智能和机器人那样在文献中酝酿了百年之久。③ "机器人"概念最早出现于1920年捷克作家凯勒尔·凯佩克的幻想剧《罗莎姆的万能机器人》中。值得注意的是,剧中的机器人不是由金属,而是由生物材料制成。从那时起,机器人和机械智能就成为大众文化不可分割的一部分,例如1968年的电影《2001:太空漫游》中的超智慧电脑"HAL 9000"、1984年开始播放的电影《终结者》系列以及1999年的电影《黑客帝国》中的"史密斯特工程序"。值得注意以及对法律讨论而言非常重要的是,人工智能和机器人的发展总被视为对人类的威胁。最知名的例外是美国科幻小说家艾萨克·阿西莫夫(Isaac Asimov)将机

---

① 对《刑法典》第263a条意义上的数据处理进行"智能替代"的理念参见 Eric Hilgendorf, Scheckkartenmissbrauch und Computerbetrug-OLG Düsseldorf, NStZ-RR 1998, 137, JuS 1999, S. 542 (543)。

② John Jordan, Roboter, 2017, S. 57 ff.

③ 参见上注 John Jordan, S, 61 ff.;另外参见 Ulrike Barthelmeß/Ulrich Furbach, IRobot-uMan: Künstliche Intelligenz und Kultur: Eine jahrtausendealte Beziehungskiste, 2012; 大量的文学短文收录于 Klaus Völker (Hrsg.), Künstliche Menschen. Über Golems, Homunculi, Androiden und lebende Statuen, 1971。

器人视为人类的服务者和朋友,而非敌人。①

二、数字化和刑法

之前粗略描述的发展——数字化、机械智能和机器人——对于刑法意味着什么? 为了回答这个问题,应该区分以下三个问题范围:

(1) 第一个主题范围,刑法领域出现了数字化的新现象,这就包括互联网犯罪的新形式。② 为了应对这些问题,在 30 年前就形成了计算机和互联网刑法,其已被证明具有非常强的适应和应用能力。③

(2) 第二个主题范围涉及数字化对法律职业,包括刑事追诉机关、刑事辩护以及刑法学工作的潜在影响,例如使用数据库、新的出版形式以及提供新的技术辅助工具(透过科技协助法律服务④)。传统法律工作形式在它们的影响下不得不做出改变。

(3) "数字化与刑法"的第三个主题范围是信息处理系统作为新的参与者(客体)甚至可能作为新的刑法主体出现。⑤ 这一主体范围中的基础和应用问题紧密相连,本文就致力于探讨这个主题。

首先做一些方法论的初步考虑。法律的核心任务之一是规制冲

---

① 阿西莫夫最早的"机器人历史"著作出版于 20 世纪 40 年代初期,汇编于 Isaac Asimov, The Complete Robot, 1983。

② 例如("捕获密码"式的)"网络钓鱼"和盗窃身份。

③ Jörg Eisele, Computer-und Medienstrafrecht, 2013; Eric Hilgendorf/ Brian Valerius, Computer-und Internetstrafrecht, 2. Aufl. 2012, 3. Aufl. in Vorb. für 2018.

④ Markus Hartung/Micha-Manuel Bues/Gernot Halbleib (Hrsg.), Legal Tech. Die Digitalisierung des Rechtsmarktes, 2018.

⑤ Samir Chopra/ Laurence F. White, A Legal Theory for Autonomous Artificial Agents, 2011; Sabine Gless/Kurt Seelmann (Hrsg.), Intelligente Agenten und das Recht, 2016; Sabine Gless/ Thomas Weigend, Intelligente Agenten und das Strafrecht, ZStW Bd. 126, 2014, S. 561 ff.; Claus D. Müller-Hengstenberg / Stefan Kirn, Rechtliche Risiken autonomer und vernetzter Systeme, Eine Herausforderung, 2016, S. 59 ff.; Eric Hilgendorf, Können Roboter schuldhaft handeln? Zur Übertragbarkeit unseres normativen Grundvokabulars auf Maschine, in: Susanne Beck (Hrsg.), Jenseits von Mensch und Maschine, 2012, S. 119 ff.

突,并且防止出现新的冲突。解决这项任务的前提在于法律判决基本上是一致的,人类存在一个根深蒂固的需求,即应被一视同仁地对待。除此之外,还需要一个透明、明确以及合理的判决证成。当人们考虑到刑事判决可以深深影响当事人的法权领域(Rechtssphäre)时,这一点就尤其明显。这种干预的基础是现有的法律,应在现有法律的框架下探讨新的现象。

因此,也应在现有(刑事)法律的基础上探讨数字化革命,法律人自然应当参与其中。然而在公众和大众传媒中时常出现这样一种设想,即必须马上制定新的法规来应对新的技术现象,[1]这对于理性的法政策而言是一个沉重的负担;相反,应提出这样的命题,即技术革命应当受到法律演进的制约。

三、案 例

接下来我将通过五个案例从刑法角度分析新型的技术参与。

(一)鲍纳塔尔案

2015年6月大众汽车位于德国鲍纳塔尔的工厂发生了一起意外事故。由工人A在工作时被一个未放置在安全笼中的机器人手臂抓起并挤压向一块金属板,最终导致死亡。工人B由于失误过早地开启了机器。[2] 这起事故很快传遍了世界,甚至CNN也对此进行了报道。[3]

我们面对的是机器人杀死人类的问题,在案情中明显没有出现特别的法律问题。由于排除了故意杀人,若能证明B违反了注意义务,就存

---

[1] 要求形成针对自动化汽车的全面的新型法律框架就是一个例子;相反,立法者支持了"小型的解决方式",参见 Achtes Gesetz zur Änderung des Straßenverkehrsgesetzes vom 16. Juni 2017, BGBl. I, S. 1648。

[2] https://www.hna.de/kassel/kreis-kassel/baunatal-ort312516/toedlicher-roboter-unfall-bei-vw-kassel-in-baunatal-vor-gericht-8413531.html,访问日期:2018年2月11日。

[3] https://edition.cnn.com/2015/07/02/europe/germany-volkswagen-robot-kills-worker/index.html,访问日期:2017年12月11日。

在依据《刑法典》第222条的过失犯罪。这种情况很可能是因为多年来机器人不再在安全笼中工作,而是直接与工人接触。还可考虑第三方的责任,比如部门负责人或者公司的安全专员,只要他们对工人而言具有保证人地位。① 总而言之,这个案件不会带来新的挑战。这表明了与新型科技相关的损害事故部分可在传统法律的框架下轻易得到解决。

这个案件引起高度关注的原因主要在于自动机器人———一台机器杀死了一个人。这显然引发了对能够伤害人类的"人工生命体"的深层恐慌和幻想,②数字化使这种生命体成为了现实。对这些案件的理性法律探讨是以认识到仓促拟人化③所带来的危险为前提。

(二)阿沙芬堡案

在2012年春天,一辆配备有功能强大的车道保持辅助系统的汽车驶入阿沙芬堡市附近的阿尔策瑙村。在驶入口处车上60岁的司机突然中风并失去了意识。他向右扭转方向盘,在正常情况下汽车会停在驶入口前的灌木丛中,然而车道保持辅助系统又将汽车驶回到马路上,车辆高速驶入阿尔策瑙村撞死了一位年轻女子和她的孩子。孩子的父亲跳开躲闪,只是腿部受了伤。④

这是自主系统给人类造成损害的第一个案例。自主系统意味着在具体情况下不依靠人类指令能够做出适当反应的技术系统。对此最佳范例是火星探测器,它可以在另一个星球上面对不可预见的困难"聪明地"做出反应,并不需要来自地球的指令。就这方面而言"自动"和哲学

---

① 关于合规官可能面临的可罚性的争论参见 Thomas Fischer, StGB, 65. Aufl, 2018, § 13 Rn. 38 f.。

② 处理这一主题的经典之作是恩斯特·特奥多尔·威廉·霍夫曼(E. T. A. Hoffmann)的短篇小说《睡魔》(1816年),刊登在 Klaus Völker (Hrsg.), S. 181-221。

③ 诸如《霹雳游侠》(1982年及后续几年)、《我,机器人》(2004年)或者《机器人总动员》(2004年)等影视剧就涉及了这些明显带有生物学色彩和普世性的趋势。另参见本文第一部分。

④ Eric Hilgendorf, Automatisiertes Fahren und Strafrecht-der „Aschaffenburger. Fall", DRiZ 2018, S. 66 ff.

或神学意义上的"自治"并不是同一个概念。①

鉴于《道路交通法》第 7 条的严格责任(Gefährdungshaftung),这个案例不会在民法上产生特别的问题,②问题在于刑法评价。首先想到的责任主体是肇事车辆的司机,但是事实上他更应作为受害人而不是行为人,他并没有过失地引起这个致命的事故。鉴于造成两死一伤的结果,可以依据《刑法典》第 222 条、第 229 条的规定考虑制造商的责任。

造成这起事故的是自主系统,它让车辆保持在马路上行驶,否则汽车就会停在驶入口前。问题在于是否可以对该系统的制造商给予违反注意义务的非难(可以肯定的是未来会时常提及这样的问题,因为那时自主系统几乎普及,因此阿沙芬堡案意义重大)。很明显,发生在阿尔策瑙村的交通事故原则上是可预见的,不需要预见到每一个细节。③ 若生产商放弃安装车道保持辅助系统,就可避免母亲和她孩子的死亡。鉴于潜在的损害程度,对于制造商注意义务的要求将会非常高。这种像在阿尔策瑙村发生的事件的概率确实很低,然而这种场景描述得越普遍,它发生的可能性就越大。特别是考虑到不止一辆汽车,而是很多辆汽车装配有这样的车道保持辅助系统。由于样本数量巨大,在统计学上几乎可以肯定,该系统将会造成人身伤害或死亡。所有这一切都赞成认可对注意义务的违反。

这就产生了是否要对制造商注意义务进行限制的问题,使继续生产以及安装车道保持辅助系统成为可能。本该在公路交通中发挥核心作用的信赖原则④在这里并不适用,因为并不存在他人的不当行为。但是

---

① 关于哲学和神学中的"自治"观念众说纷纭,很少得以阐明。在康德的传统著作中,将"自治"观念和"自我立法"的能力相结合的观点影响甚大。对此参见第 162 页脚注① Manuela Lenzen, S. 124 ff。

② 由于《道路交通法》第 7 条中的严格责任可以轻易地适用于客车自动化系统的新问题情况当中,因此应当审验,是否不能将这种模式扩展适用到现代机器人制造技术的其他形式中。

③ 参见第 167 页脚注① Thomas Fischer, § 15 Rn. 12a。

④ 同上注,Thomas Fischer, § 22 Rn. 10 f。

这里可以考虑被允许的风险。这种形态在大规模生产中可能会产生危险的、但是在社会伦理上可接受并且有益于社会的产品的背景下被人熟知。① 没有任何产品是百分之百安全的,因此很早就出现了限制注意义务的法律规则:生产社会伦理上可接受并且有益于社会的产品,即使其创设了可识别的风险,而且这种风险只有通过停止生产才能避免,那么制造商只要在生产过程中以及之后能够采取所有措施尽可能地减少这种风险,他们就不违反注意义务。

部分观点认为,"被允许的风险"的概念已经在所谓的客观归责的背景下加以考虑。② 然而客观归责的范畴过于模糊,无法对本文的问题提供足够精准的帮助。将行为归责于制造商"自己的行为"并不具有争议,显而易见,制造商将继续承担民事产品赔偿责任。这也不是对太过宽泛的因果关系的限制,而是对制造商承担的注意义务的限制。可将这种考虑定位于"客观归责"的框架下,但是很明显可以将几乎所有的事物都定位于"客观归责"的背景下。客观归责理论越来越像一个伪教义学"黑洞",它很可能吸食、拉平以及最终吞噬数十年来艰难取得的大量刑法教义学区分结果。③

制造自主车道保持辅助系统就像制造空气囊和安全带一样,符合上述被允许的风险的前提:即便对该系统的批量生产与特定的危险情形相关联,但被绝大多数人视为有利于社会。一旦制造商倾全力将自主系统产生的危险限制在合理范围内,对该系统的生产就属于"被允许的风险

---

① BGHSt 37, 180;第167页脚注① Thomas Fischer, Vor § 32, Rn. 13; Urs Kindhäuser, in: Strafgesetzbuch: Lehr-und Praxiskommentar, 7. Aufl., 2017, § 15 Rn. 58; ders., Zum sog. „unerlaubten" Risiko, in: Bloy (u.a.), Gerechte Strafe und legitimes Strafrecht. Festschrift für Manfred Maiwald zum 75. Geburtstag, 2010, S. 397 ff.;关于教义学上的定位参见 Urs Kindhäuser, in: NK-Paeffgen, 5. Aufl., 2017, Vor § 32 Rn. 23 ff.。

② 例如 Johannes Wessels/Werner Beulke/ Helmut Satzger, AT, 48. Aufl., 2018, Rn. 258。

③ Eric Hilgendorf, Wozu brauchen wir die „objektive Zurechnung"? Skeptische Überlegungen am Beispiel der strafrechtlichen Produkthaftung. In: Festschrift für Ulrich Weber zum 70. Geburtstag, hrsg. von Heinrich u.a., 2004, S. 33 ff.

行为"。但是制造商在生产以及产品进入市场时注意技术的现有水平①。很多观点都认为制造商在销售产品后还应承担产品注意义务,就像民事赔偿责任中为人熟知的那样。② 通过无线网络进行改进(升级、补丁)将会变得越来越普遍。

这里概述的被允许的风险概念包含了一个动态元素,因为制造商有义务监控他所投入使用的技术,并且在销售产品后尽可能将产品风险降到最低程度。这样一种宽泛的产品注意义务看来十分适当,因为制造商一方面从产品销售中直接受益,另一方面相比产品的最终用户,他具有更高程度的评估风险以及在事后将其风险降低到最低的能力。

(三)自动驾驶的悖论问题

一个装配自动驾驶系统的车辆快要临近一个事故地点。二名重伤者意识全无地躺在马路上,而第三名伤者爬向道路边缘抱住道路指示公告牌。设想车辆车速太快,要停车已经来不及了。回避已然不可能,要么碾过两名躺在路上的重伤者,要么向左偏转撞向靠在道路指示公路牌的第三名伤者。对此驾驶系统该如何选择?

诸如上述紧急避险的情形近年来引起了公众的极大关心。这可能是因为一方面紧急避险问题一直以来都十分引人注目。③ 另外,这个主题的重要性在于在公路交通的紧急避险情况中要处理以下问题:在未来以机器为基础的环境中人类居于何种地位?机器具有多大范围的决定

---

① 关于技术条款参见 Michael Knopp, Stand der Technik, DuD 2017, S. 663 ff.。

② Ulrich Foerste, in: Ulrich Foerste/ Friedrich Graf von Westphalen, Produkthaftungshandbuch, 3. Aufl. 2012, § 24 Rn. 372 ff.

③ 费迪南德·冯·席拉赫(Ferdinand von Schirach)的话剧《恐怖》(2016年)所引起的轰动也展现了这一点。剧情是,一个士兵击落了被恐怖分子劫持的载有大量无辜乘客的客机,从而拯救该客机将要坠落在的足球场内更多数量的人。在该话剧中,观众可以自行决定该士兵无罪或是有罪,绝大多数观众支持无罪。法学家对该话剧的批判是正确的,因为席拉赫没有区分违法性和罪责。

第十一章　自主系统、人工智能和机器人　　　　　　　　　　　　　　　171

权限？允许机器杀害人类吗？①

为了回答以上问题,德国联邦交通和基础设施部在2016年夏天特别成立了道德委员会。该委员会认为,对于自动驾驶而言,在上述案例中向左偏转并撞死一个无辜者并不合法。② 这与从"扳道工案"的争论中发展而来的古典法学观点一致。③ 在以下案件中极难做出选择:一辆汽车高速驶来,在经过的道路上突然跳上来三个小孩,一个位于车左前方,两个位于车右前方。要停车已经来不及了,回避也已无可能。汽车向左转向就要碾过一个小孩,向右转向就要碾过两个小孩,继续向前行驶就要撞上所有的小孩,会导致他们三个重伤或者死亡。④

通常,人类间的生命不容衡量的理念无须思索便会被接受,但以上情景使其陷入严峻考验。从叙述的角度来看,关于不能衡量的命题明显是错误的——对人与人之间的生命进行衡量是可能的。⑤ 问题更多的在于,依据我们的道德认识或者我们的法秩序,是否允许彼此间的衡量,比如说杀害一个人相比杀害两个人或者更多人而言,更易被接受。通说迄今为止都否定这样一种衡量权限。⑥ 这一观点原则上仍然值得

---

① 媒体对于这些问题百谈不厌,例如 Patrick Beuth, Wen soll Ihr fahrerloses Auto totfahren?, URL: http://www.zeit.de/digital/internet/2016-08/verkehr-wen-sollen-fahrerlose-autos-ueberfahren,访问日期:2018年2月11日。

② https://www.bmvi.de/SharedDocs/DE/Publikationen/G/bericht-der-ethik-kommission.html. (S. 19). 访问日期:2017年12月11日。

③ OGHSt 1, 321, 334; Hans Welzel, Zum Notstandsproblem, ZStW 63, 1951, S. 51; Claus Roxin, AT I, 4. Aufl, 2005 §16 Rn. 33 ff.

④ 案例情况参见 Eric Hilgendorf, Autonomes Fahren im Dilemma. Überlegungen zur moralischen und rechtlichen Behandlung von selbsttätigen Kollisionsvermeidesystemen, in: ders. (Hrsg.), Autonome Systeme und neue Mobilität, 2017, S. 143 (156)。

⑤ 人类生命的量化就是这样。德国在2011年5月进行的上次人口普查就是对人的生命进行特别全面的量化的例子。

⑥ Jürgen Baumann / Ulrich Weber/ Wolfgang Mitsch / Jörg Eisele, AT,12. Aufl., 2016, §15 Rn. 102; Volker Erb, in: Münchener Kommentar zum StGB, 3. Aufl, 2016,, Band I, §34 Rn. 116 f.; Walter Perron, in: Adolf Schönke/ Horst Schröder, Strafgesetzbuch Kommentar, 29. Aufl., 2014, §34 Rn. 117.

赞同:在一个担负着人文主义价值的法律体系①中不允许使任何人担负容忍义务,为他人牺牲自己的生命。②

这个基本决定将会导致在初始案件中否定车辆的偏转,因为若车辆偏转就会给马路边上本没有危险的第三名伤者造成严重危害,他生还的几率将会明显降低。第二个案件则有所不同,汽车在不改变行驶方向的情况下会给三个小孩造成严重危害;向左偏转,位于车左侧的小孩的生还概率和向右偏转,位于车右侧的两个小孩的生还概率没有发生任何改变。而向左偏转,位于车右侧的两个小孩生还概率就会提高,反之亦然。若遵循通常作为紧急避险评价基础的更轻损害原则,就可主张向左偏转碾过一个小孩,另外两个小孩就可得救,这至少在道德上是可取的。如何在法学上解决这个案例是另一个还未最终澄清的问题。③

此外这个案例还表明了自动驾驶的出现,或者更广泛地说,案情中涉及的数字化常常迫使我们要准确地抓住特定问题,以便更为清晰地识别其结构。数字化将法律和法学置于一种巨大的解释需求之下,但是这并不是一件坏事,而是一个挑战。

还有其他重要问题:一个结果出现的概率具有怎样的作用?④ 具体而言,若保持行驶方向不变,车辆只会以一定的概率碾过两个躺在马路上的重伤者,若向左偏转,车辆肯定撞上在路边的第三名伤者导致其重伤或死亡,这样的问题会给衡量过程造成什么影响? 此外的问题涉及司机的地位以及他可能负有的刑事责任。毕竟他参与交通的行为是风险情境发生的原因。对这个以及其他问题的学术讨论才刚

---

① Eric Hilgendorf, Humanismus und Recht-Humanistisches Recht? Eine erste Orientierung, in: Horst Groschopp (Hrsg.), Humanismus und Humanisierung, 2014, S. 36 ff.

② 参见第167页脚注① Thomas Fischer, § 34 Rn. 18;第171页脚注⑥ Volker Erb, in: Münchener Kommentar zum StGB, § 34 Rn. 116;第171页脚注④Eric Hilgendorf, S. 151 ff.。

③ 参见第171页脚注④Eric Hilgendorf, S. 156 f.。

④ 参见第171页脚注⑥ Volker Erb, in: Münchener Kommentar zum StGB, § 34 Rn. 129 ff.; 第171页脚注④Eric Hilgendorf, S. 160 f.。

第十一章　自主系统、人工智能和机器人

刚开始。①

最后,判断制造商的责任也是困难重重。② 若认为在以上两个案例中紧急避险情况下的杀害行为是违法的(即所有可能的决定下都是如此),③那么制造商就造成了一个符合构成要件的违法结果。他是否负有刑事上的责任只取决于是否能以违反注意义务对他进行非难。我在别的文章中也试图通过可允许的风险的法律形态回答这个问题。④ 如果自动驾驶系统不能避免在极少数例外情况下造成人类死亡或重伤,那么对它的生产和投放市场不违反注意义务。在我看来,应当像处理安全气囊、安全带或者车道保持辅助系统造成损害的案件那样处理自主系统造成损害的案件。⑤

这就为一个中间结论扫清了障碍:在新兴科技的背景下,刑法理论的古典问题有时会以新形态出现,比如生命对生命的可衡量性问题。在这里,解决新问题也应与传统的教义学基础保持一致。值得注意的是,数字化显然迫使我们对许多迄今没有明确做出的假设进行解释。在衡量时需要大量额外的差别化尝试。这可以帮助我们分析、评估以及检验自主系统的决定行为,并赋予其结构化。

(四)"Tay"案

微软2016年3月在推特平台推出了一个人工智能聊天机器人"Tay",它可以与任意第三人进行对话。但是Tay推出的当天微软就不得不关闭了Tay的推特账号。发生了什么事情呢? 因为Tay开始有

---

① 除了第171页脚注④中的文献,还可参见Beck, Joerden, Schuster和Hilgendorf等人的论文,尤其参见Thomas Weigend, Notstandsrecht für selbstfahrende Autos?, ZIS 2017, S. 599 ff. 和Tatjana Hörnle/ Wolfgang Wohlers, The Trolley Problem Reloaded, GA 2018, S. 12 ff. 另参见即将出版的Jochen Feldle的博士论文Notstandsalgorithmen. Dilemmatische Situationen im automatisierten Straßenverkehr, 2018。

② 值得注意的是,在两难困境当中这个问题大多没有被提及,尽管它对于引入冲突避免系统意义非凡。

③ 换言之,所有这些案例中结果无价值都得以实现。

④ 参见第171页脚注④Eric Hilgendorf, S. 164 ff.。

⑤ 质疑性观点参见上注①Tatjana Hörnle/ Wolfgang Wohlers, S. 12 (21)。

一些仇视女性和种族歧视之类的偏激言论,而这些言论明显是和网络上一些有偏激言论的人互动后,被刻意教导而出现的。对此微软别无选择,只能将它从推特平台上撤下。①

这个案件富有几个方面的启发性。设想依据《刑法典》第 185 条检验侮辱行为,那么应考虑哪些责任主体?那些刻意教导系统出现偏激言论的人或可触犯《刑法典》第 185 条的规定,构成侮辱罪。然而前提条件是他们要具有一个相应的故意,但这看上去似乎难以证明。至少教导者对于可能的受害人身份和对受害人造成损害的时间点的认识是模糊的。进一步可考虑系统制造商或程序员的责任。然而该系统没有出现任何错误,它按照预期进行学习。此外,制造商和程序员也都不具有侮辱故意。原则上似乎可以考虑系统本身的责任。② 这很可能出自大多数人的直觉,然而这在法学上是不成立的,当下的刑法并不将一个由运算法则组成的计算机系统视为责任主体。这样一种系统不是自然人,严格上来说它都不是一个物。③

如案例所示,对具有自我学习能力的系统进行刑事规制就出现了相当的困难。虽然刑法学中的绝大部分意见都认为,刑法无须无漏洞地保护法益。④ 可以设想,若进一步推广具有自我学习能力的系统,系统本身总会造成损害;而如果人类以同样的方式造成了损害就会被科以刑罚,这就产生了一个问题,即法律体系应如何对待公民原则上正当的对

---

① 详细案情参见英文版维基百科"Tay (bot)"词条。
② 支持机器的可罚性的观点参见 Andreas Matthias, Automaten als Träger von Rechten: Plädoyer für eine Gesetzesänderung, 2008; 2. korrigierte Aufl. 2010; 关于"电子人"的争论参见 Susanne Beck, Über Sinn und Unsinn von Statusfragen-zu Vor-und Nachteilen der Einführung einer elektronischen Person, in: Eric Hilgendorf (Hrsg.), Robotik und Gesetzgebung, 2013, S. 239 ff.。
③ 不过根据《著作权法》第 2 条第 1 款第 1 项规定,电脑程序属于受著作权法保护的作品。
④ 参见第 171 页脚注⑥ Jürgen Baumann / Ulrich Weber/ Wolfgang Mitsch / Jörg Eisele, § 2 Rn. 7 f.。

第十一章　自主系统、人工智能和机器人

刑罚的期待（Straferwartungen）。①

　　无论如何可达成的共识是，具有自我学习能力的系统的制造商必须预先对系统的学习可能性进行一定的限制，以便它们不能学习到危害人的东西。也就是说，制造商从一开始就要限缩系统学习成果的可能空间，这在民法上可通过扩大《产品责任法》中的严格责任来达到。产品责任迄今只适用于（移动的）有体标的（物），即《产品责任法》第 2 条。然而人工智能聊天机器人"Tay"不是一个物，而是一个程序。消费者权益保护者主张应将产品责任扩展到这样的程序上。此外也应包括通过无线网络的程序变更的安装或升级。

　　在刑法上，由于罪责原则而排除引入与罪责无关的严格责任。② 但是可以考虑对可自主造成损害的自主系统引入抽象或者具体危险犯。可考虑设置发售危险产品的抽象危险犯，可以将损害结果的出现作为可罚性的客观前提。通过这种方式可以在刑法上给相应系统的制造商提供一个强有力的动机，使他们从一开始就限制系统的可能空间以及阻止具有风险的学习过程。

　　总之，"Tay"案表明，具有自我学习能力的系统对法学特别是刑法学构成了巨大挑战。应然之法除了立法者的想象外，还需要考虑实践知识以及跨学科的合作。③ 目前仍难以预测数字化革命的实际影响，这就意味着对于新的立法提案应当持保留态度。

---

　　① 自动化系统"拟人化"的第二个参考点可能在于，未来越来越多的机器人将与人类建立直接的联系，例如作为老年护工或孩子的玩伴。这要求机器的形态越来越接近人类，或者至少引起人类的积极情感（例如机器人"瓦力"的角色）。如果这样的机器受损甚至是毁损，那么对很多人尤其是它的人类伙伴来说，难以接受将该状况仅仅视为"损坏财物"。就此而言甚至"机器的人权"这种口号也能拥有支持者。

　　② 参见第 171 页脚注⑥ Jürgen Baumann / Ulrich Weber/ Wolfgang Mitsch / Jörg Eisele, § 2 Rn. 64 ff.。

　　③ 2017 年德国联邦教育及研究部（BMBF）成立了"平台学习系统"。该平台的其中一个小组委员会研究自主学习系统的法律和伦理挑战，参见 www.plattform-lernende-systeme.de/ag-3.html. 访问日期：2018 年 2 月 11 日。

(五)"知觉心"——鉴于科学幻想

为了得到技术和社会发展方向的大致印象,可以读读科幻小说。科学幻想可以窥见未来,此外科学幻想也对技术发展产生了明显的影响。尽管科学幻想很多时候体现了特定的威胁感,但是也体现了技术主导的蓝本功能——可以这样说,科学幻想是技术发展的前导。①

在伊恩·M. 班克斯(Ian. M. Banks)《文明》系列的科幻小说②中,早已超过人类水准的人工超级智能作为人类的合作伙伴、保卫者(以及主人?③),是社会的支柱。这一系列科幻小说是建立在人之条件(conditio humana)急剧变化的基础上:人类生活充沛,借助无所不能的机器几乎可以实现每一个愿望,不再需要金钱,人类生活完全致力于自我实现。值得注意的是,人工智能实体知道"好"和"坏"的范畴并受其引导。这一系列科幻小说致力于讨论这样的问题:生物实体和机械实体到底存在怎样的根本差异?个人自决是否有一个界限?一个在技术和道德上处于优势的(或者只是自命不凡的优越)文明是否应该干预其他文明的发展?

这些问题具有一个间离功能,它们触动了看似不证自明的真理以及打破了迄今无可置疑的思维习惯,这些影响促进了刑法理论的反思。④ 这里就不仅涉及通过对虚构场景的探讨来进一步发展刑法的术语库。联系伊恩·M. 班克斯的科幻小说就会提出以下问题:人工智能实体是否可能承担道德或者法律义务? 或者降低层级——是否可以存

---

① Eric Hilgendorf, Recht und autonome Maschinen-ein Problemaufriß, in: Eric Hilgendorf/Sven Hötitzsch (Hrsg.), Beiträge der 1. Würzburger Tagung zum Technikrecht, 2015, S. 11 ff.

② Consider Phlebas, 1987; The Player of Games, 1988; Use of Weapons, 1990; The State of the Art, 1991; Excession, 1996; Look to Winward, 2000; Matter, 2008; Surface Detail, 2010; The Hydrogen Sonata, 2012.

③ 应当将《文明》理解为积极的乌托邦还是反乌托邦,对此并无定论。笔者认为更多的是前者。

④ 有时捍卫现有刑法教义学原则和规范的决心也可能与缺乏幻想有关。

在"属于机器的伦理",而不是"为机器设计的伦理"?①

这些问题与现实的距离远比看上去近。正如上面讨论具有自我学习能力的系统问题那样,迫切需要限制具有自我学习能力的系统的"可能空间",即确保这种系统不会大量学习具有社会危害性甚至要面临刑法处罚的行为。为实现这一目标,可以赋予机器"良知",即在软件中确定规范和价值,然后借助它们校正和监督系统的学习过程。② 显然,这不仅是一项技术任务,更是对法理学和法哲学构成了一个挑战:如何准确表达和运作像"规范"和"价值"这样的概念,以便它们可以被机器理解?我们希望给我们的技术产物即是"我们的智力后裔"③,提供什么样的规范和价值?

四、总　结

我将以上明显概略的阐述总结为以下核心论点:

(1)数字化革命不应由立法者的臆想孤注一掷地应对,而应伴随着谨慎、适度的法律演进一同发展。

(2)数字化经常产生迫切的法律解释需求,特别对诸如(法益)衡量

---

① 这个问题在英美伦理学中已经得到了相当一段时间的集中讨论,例如 Michael Anderson / Susan Leigh Anderson, Machine Ethics 2011; Wendell Wallach/ Colin Allen, Moral Machines. Teaching Robots Right from Wrong, 2010. 另参见文集 Patrick Lin / Ryan Jenkins/ Keith Abney, Robot Ethics 2.0. From Autonomous Cars to Artificial Intelligence, 2017. 来自德语区的文献参见 Heesen 和 Neuhäuser 的文章,载于 Eric Hilgendorf (Hrsg.), Robotik im Kontext von Recht und Moral, 2014。

② 艾萨克·阿西莫夫在其短篇小说《环舞》(1942 年)中提出的著名的"机器人三定律"显然是这种"机器人道德"的早期形式:"第一,机器人不得伤害人类,或坐视人类受到伤害;第二,除非违背第一法则,否则机器人必须服从人类命令;第三,除非违背第一或第二法则,否则机器人必须保护自己。"在很多科幻小说和电影(例如 2004 年的《我,机器人》)中,这些定律都是主题,而且面临着问题。从法学视角来看,阿西莫夫定律难以令人信服,它没有明确应当如何理解"伤害",对于两难困境也缺乏决定规则。

③ 这一表述是根据一位奥地利裔美国机器人技术幻想家的名著,参见 Hans Moravec: Mind Children. The Future of Robot and Human Intelligence, 1988。

那样的方法论程序必须准确化和体系化。这体现在对自动化驾驶的悖论问题的讨论上。

（3）许多新的问题可以在现有法律的框架下得到解决，这也恰恰适用于责任法以及刑事责任法领域。若没有令人信服的理由，不应放弃已被证明可靠的教义学结构。

（4）没有技术系统是百分之百安全的。为了在教义学上掌控剩余风险，就出现了被允许的风险这一模型，可将它理解为对制造商注意义务的限制。它可能是一个有意义的责任规则以及技术系统的制造商和用户之间风险分担的关键。

（5）具有自我学习能力的系统对法律构成了特别的挑战。在民法上应扩大严格责任，在刑法上可考虑引入新的危险犯构成要件，当然前提是从实证角度对风险情势进行更强有力的解释。

（6）科幻场景可以触发间离效应，从而有助于提出新的问题并制定可能的答案。因此，"机器伦理"的主题对于研究数字化影响的法律专业人员而言具有重要意义。

第十二章
工业 4.0 时代责任的散失和自主学习系统
——刑法视角的问题概述*

一、法律人与技术①

法律人与技术的关系并不是紧密无间的。在法律培训中,除了个别人自愿了解一些网络刑法或现代知识产权法的内容外,几乎不涉及任何技术方面的问题。反之亦然,工程师和技术人员认为法律人沉迷于文字,是视创造力为敌的问题制造者,有时甚至视法律人为"齿轮中的人形砂砾"——而有些时候,这些评价恰恰是符合事实的。

然而,法律与技术这两个行动领域现如今紧密相连:只有当与之相关的法律问题都得到澄清,技术项目才可能得到有意义的发展和推广。任何公司都无法承担产品与现行法不符,或陷入法律灰色地带的后果。这种情况下责任风险是难以估量的,更不用说其中还存在着企

---

* 本文原文"Verantwortungsdiffusion und selbstlernende Systeme in der Industrie 4.0-ein Problemaufriss aus strafrechtlicher Perspektive"发表于:Gerrit Hornung (Hg.), Rechtsfragen der Industrie 4.0. Datenhoheit-Verantwortlichkeit-rechtliche Grenzen der Vernetzung. Nomos Verlagsgesellschaft, Baden-Baden 2018, S. 119-137。

① 本文以在德国国家工程院研讨会中的一次演讲稿为基础。研讨会于 2017 年 5 月 8 日在柏林举行,主题是"工业 4.0 中的法律问题"。研讨会主持人是格里特·霍尔农(Gerrit Hornung),听众不完全是法律专业人士。

业声誉的问题。

另外,"数字化革命"不断向法律提出新的挑战,特别是在"工业4.0"的语境下,未来的工厂会成为"物联网"的一部分,生产活动将会在没有人类大量参与的情况下自动进行,数据和软件将会在工厂的自主系统之间流动,但也会与工厂之外的实体进行交换,例如数据会被传输到云端,或从云端下载,有时这些数据也会与特定的软件相关。①

于此相关的法律问题②早已超出纯粹理论的范畴,具有实际意义。法官、检察官和律师越来越频繁地面对需要有深刻技术理解的案件。因此,在将来完全有理由扩大技术和法律之间的联系。③

二、与联网自主系统相关的责任散失

恰恰是在刑法领域,可以看到传统法律体系应对最新技术发展时所面对的困难的绝佳例证。古典刑法的基础理念是明确的责任分配:被视为独特(自然人)人格的犯罪行为人必须符合构成要件地、具有违法性并有责地实施犯罪行为。只有当其以个人可谴责的方式实施行为时,才会受到刑罚。④

这种侧重于关注具体个体的责任理解在面对联网技术系统的发展时遇到了瓶颈:如果个体只是众多行为主体中的一个,而他们只有通过在系统中的共同作用才能带来某种后果,那么应当由谁来承担责任?而

---

① 从技术和经济维度对工业 4.0 的介绍参见 Thomas Bauernhansl/ Michael ten Hompel/ Birgit Vogel－Heuser (Hrsg.), Industrie 4.0 in Produktion, Automatisierung und Logistik, 2014; 更详细的介绍参见: Volker Brühl, Wirtschaft des 21. Jahrhunderts, Herausforderungen in der Hightech Ökonomie, 2015.; Klaus Schwab, Die Vierte Industrielle Revolution, 2016。

② Claus D. Müller－Hengstenberg/ Stefan Kirn, Rechtliche Risiken autonomer und vernetzter Systeme, Eine Herausforderung, 2016.

③ 参见 Erci Hilgendorf, Die strafrechtliche Regulierung des Internet als Aufgabe eines modernen Technikrechts, JZ 2012, S. 825－832。

④ Eric Hilgendorf / Brian Valerius, Computer－und Internetstrafrecht, Ein Grundriss, 2. Aufl., 2012, § 1 Rn. 36.

第十二章 工业 4.0 时代责任的散失和自主学习系统

技术主体(自主行动的计算机系统)又扮演了何种角色? 在这类情形中,责任的分配不再明确,由此面临的是责任的消解(Auflösung)——散失(Diffusion)。①

当然,可以指出,类似的问题很久之前就已经在环境刑法中出现了,例如只有当大量排污者共同排放时才会超标,并因此触犯相关刑法规范。② 行为人多于一个的情形对刑法而言当然并不陌生——根据传统的解决方案,在正犯层面除了单独正犯外还有同时正犯、共同正犯和间接正犯,此外还有教唆和帮助等犯罪参与形式。③ 如果多人共同招致了损害结果,那么法律人通常会讨论"累积的因果关系"(kumulative Kausalität)或"替代的因果关系"(alternative Kausalität)。④因此,不能说刑法中不存在责任分配的问题。

然而现如今出现了一个全新的问题维度:不断的网络化推动了"物联网"的发展,这又使责任散失的情形从例外逐渐转向常规。大量责任主体的出现使从中进行选择变得十分困难,有时选择甚至可以说是恣意的。而第二个新兴问题是一类前所未有的主体的出现:自主系统。⑤ 自主的甚至可能有自主学习元素的联网系统带来了刑法从未应对过的特殊的困难。此处的"自主系统"应当理解为在具体场景下能够"智能地"作出应对的、无须人类输入指令的技术系统。例如,火星探测器,它所面对的场景是:被投放到火星表面,需要在突然出现障碍时采取恰当的行动。在这样的情况下,向地球发送请求并等待回应是不现实的,系统必须能够自己决定哪种反应方式——例如绕过障碍、驶过障碍、倒车

---

① Susanne Beck, Dealing with the diffusion of legal responsibility: the case of robotics, in: Fiorella Battaglia / Nikil Mukerji/ Julian Nida-Rümelin (Hrsg.), Rethinking responsibility in science and technology, 2014, S. 167-182.
② 主要涉及《刑法典》第 324 条、第 324a 条和第 325 条。
③ 参见第 180 页脚注④ Eric Hilgendorf / Brian Valerius, § 9 Rn. 1 ff.。
④ 对于这两个问题 Urs Kindhäuser, Strafgesetzbuch, Lehr-und Praxiskommentar., 7. Aufl., 2017., Vor § 13 Rn. 87 ff.中都有讨论。
⑤ Sabine Gleß/ Thomas Weigend, Intelligente Agenten und das Strafrecht, ZSTW 2014, S. 561 中称为"智能主体"(intelligenten Agenten)。

等——是合适的。就此而言，系统必须"自主"作出反应。

需要特别强调的是，本文意义上的"自主"与"自我立法能力"（康德）等哲学建构并无关联。"自主"的概念在此仅指在具体情境中独立于人类指令的属性，这也符合概念的国际使用惯例。

三、场景1：对联网工厂4.0的攻击

假设在一个由多个自然人主体和多个自主运作的计算机系统组成的联网系统中产生了某种损害结果，例如该系统生产了一个有瑕疵的产品。应当由谁来承担责任？究竟是否存在一个责任主体？诸如此类的问题应当在"责任散失"的语境下加以讨论。可以由下面的案例入手进行讨论：

> 16岁的黑客A使用他的家用电脑经由因特网侵入了一个联网的工厂。该工厂全自动生产浸入式煮水器。A使用的是他父母送给他用来娱乐的计算机程序。他用这个程序修改了工厂诸多数控生产步骤中的一个，因此工厂生产出的煮水器存在了技术缺陷。在同一时期售出的10万个有缺陷的煮水器中，有0.02%会给用户造成电击的痛苦。在其中一起案例中，导致被害人（佩戴有心脏起搏器的X）死亡。从刑法角度应如何分析这一案例？

（一）规避问题的进路

不少技术人员和经济学家应对此类问题的方式是尝试去绕开、规避问题。例如会有人主张，（由于某些原因）不可能出现案例中描述的案件，或者此类案件极为罕见。此外也有人指出，案件中某些技术细节没有得到充分考虑。如果承认此类问题是有实务相关性的，则通常会有人指出，通过技术上的改进就可以很快排除此类情况出现的可能性。时而会有人提到保险，保险公司无论如何会支付一切费用；时而也有这样的说法：从德国法的角度出发去解决这个问题本来就没有什么意义，它需要一个具有普遍性的（国际性的）解决方案。

以这种方式讨论问题的人忽略了一点：像前述案例这样的事例仅仅是一个基本模型，其设计目的就是去讨论刑法中的责任分散问题。它是为了分析或训练而创造的虚构案例。即使案中所述的情形在现实生活中永远不会发生，它依然可以满足设计它的目的。

甚至直接采用科幻场景也可以有助于克服法律人与非法律人之间的沟通障碍。鉴于如今的科技发展速度，特别是在数字化领域，许多今天看上去还十分遥远的"未来之梦"明天就成为现实。克服沟通问题的另一个利器是对事实和问题的可视化。这项技术在经济和技术领域中远比在法学领域更为常见。恰恰是在工业 4.0 的领域中，已经有了现实可用的可视化服务，如德国联邦经济事务和气候行动部的 Jurami 项目。①

（二）攻击者的刑事责任——解决方案

首先需要注意的是，有大量可能与本案有关的刑法规范：《刑法典》第 212 条（故意杀人罪）、第 222 条（过失杀人罪）、第 223 条（身体伤害罪）、第 202a 条（探知数据罪）、第 202c 条（探知和截获数据的预备）、第 303a 条（变更数据罪）、第 303b 条（破坏计算机罪）、第 303 条（损坏财物罪）、第 263a 条（计算机诈骗罪）以及第 263 条结合第 25 条第 1 款第 2 种情形（将具有瑕疵的煮水器当作无瑕疵产品销售的诈骗罪的间接正犯）。

从中可以看出，为了解决与联网系统相关的新兴问题，不假思索地主张增设新的罪名是不对的。现行刑法已经提供了许多备选的法律规范。更有趣的问题是，在新问题中适用既有的法律规定可能导致什么问题？

下文中将仅以杀害 X 为例讨论刑事责任的结构。根据《刑法典》第 212 条的规定，故意杀人罪的基本结构为：构成要件该当性（包括主观和客观方面）、违法性和罪责。在过失情形中涉及的是《刑法典》第 222 条过失杀人罪，其检验结构为：构成要件该当性（其中包括客观义务违

---

① Bundesministerium für Wirtschaft und Energie (BMWi), Ju-RAMI 4.0, 2017, https://www.digitale-technologien.de/DT/Redaktion/DE/Standardartikel/AutonomikQuerschnittsthemen/autonomik_querschnitt-jurami.html. 访问日期：2017 年 2 月 7 日。

反),违法性和罪责(包括主观义务违反)。①

在可能成为行为人的主体中,首先想到的是黑客 A。他侵入了联网工厂,目的性地操纵了计算机程序并又目的性地干扰了煮水器的生产过程,他的这些行为导致了 X 的死亡。对于干扰煮水器的生产过程,可以认为 A 存在故意。但他并不是故意导致 X 死亡的,因此可以排除故意杀人罪的成立。如果认为,16 岁的 A 甚至无法预见到 X 死亡的可能性,那么其也不构成过失。如果这样,便也应排除 A 成立过失杀人罪。到此为止,A 并不构成犯罪。

也可以考虑由涉案企业的安全工程师 B 对 X 的死亡结果承担责任。假设 B 对网络工厂的计算机系统负责,那么可以主张他怠于采取安全措施以阻止 A 的侵入行为。通过这样的行为(不作为),B 使死亡结果的出现成为可能。由此,(作为或不作为的)过失杀人的前提条件得以成立。与 A 所处的情形不同,B 应当知道瑕疵产品——本案为故障煮水器——可能导致他人受伤甚至是死亡的结果。至于事实上是否存在义务违反,取决于个案中的特殊情形,在此可以持开放态度。但在本案中,B 被追究身体伤害或杀人罪的风险似乎至少与 A 所面临的风险一样大。

这清楚地表明,本案中不仅是 A,还包括安全工程师 B,甚至公司所用软件的编写者 C 和公司负责人 D,都可能成为行为人。可能(共同)承担刑事责任的还有 A 的家长 E;而编写攻击软件的程序员 F 也是可能的责任主体,攻击软件的销售者 G 亦是如此。最后也不能遗忘(网络)服务提供商 H,如果没有他的支持攻击行为根本不可能发生。② 可

---

① 参见第 180 页脚注④ Eric Hilgendorf/ Brian Valerius, § 12 Rn. 6 ff.。
② 此处不对"服务提供者责任"问题进行深入讨论。笔者认为,《电信媒体法》在落实《电子商务指令》(2000/31/EG)时为服务提供者设置的特权难以契合物联网时代的要求,亟需修订。参见第 180 页脚注④ Eric Hilgendorf / Brian Valerius, Rn. 175 ff.,特别是边码 193 及以下几段,从其他角度的分析参见 Bardia Kian/ Alexander Tettenborn, Ist die Providerhaftung im Lichte vernetzter autonomer Systeme noch zeitgemäß?, in: Eric Hilgendorf/ Sven Hötitzsch/ Lennart S. Lutz (Hrsg.), Rechtliche Aspekte automatisierter Fahrzeuge, Beiträge zur 2. Würzburger Tagung zum Technikrecht im Oktober 2014, 2015, S. 101–120。

以看出,即使在一个相对简单的案件中,也必须区分大量潜在责任主体的不同责任。①

四、场景 2:工业 4.0 中产品生产不可避免的风险

即使在自动化联网进程中,产品的生产也不是百分之百不会发生错误的。如果从统计学角度来看,特别是在大规模生产过程中,出现瑕疵甚至是必然的。而瑕疵又会给消费者带来财产或人身损害,甚至可能造成消费者死亡。由此产生的问题是,这样一个会出错的生产进程是否是能被允许的。

从刑法角度出发,关键性的问题在于:在此类案件中,生产者是否因故意或过失的身体伤害(《刑法典》第 223、229 条)而具有刑事可罚性;如果有,那么在何种情形下是可罚的?通常来说,具有经济动机的生产者相关的故意可以被排除。② 最可能的是因为违反注意义务,这会导致过失犯的刑事责任。

检验的基本结构是明确的:注意义务随着对损害结果的预见可能性和避免可能性而产生。潜在损害的类型及损害发生的可能性决定了注意义务的程度,而注意义务会受到信赖原则(Vertrauensgrundsatz)③和可容许的风险(erlaubtes Risiko)④的限制。

如前所述,大规模产品生产最终给消费者带来损害结果是可以预见的,其也可以——在最极端的情况下通过完全停止生产——被避免。损害结果可能很严重,而在样本数量足够时,统计上也是必然会发生的。为什么这不会导致生产者的刑事责任?前段所述的两个责任限制角度

---

① 这是采用等价理论得出的最终结果,根据该理论,一个结果的所有原因应都被视为等价的。
② 司法实践中为数不多的反例之一是"皮革喷雾案":BGHSt 37, 106。
③ 参见第 181 页脚注④ Urs Kindhäuser, § 15 Rn. 61 ff.。
④ 参见上注, Rn. 58 ff.。

"信赖原则"和"可容许的风险"因此进入了我们的视野。

信赖原则指出,在与其他人进行交互时,原则上可以相信他人会按照规则行事。在大规模产品生产的语境下,这意味着生产者不应对明显错误地使用产品所导致的损害负责。如果不存在滥用,则信赖原则不会对责任范围产生限制,前述案件即为这样的情形。

在前述案件中,更有意义的是"可容许的风险"。对于这一法律制度的具体内涵和教义学定位尚且没有达成共识。部分观点将其简单理解为"欠缺过失"的同义词,部分则将其定位在因果关系之外仍须审查的"客观归责",也有观点将其理解为违法阻却事由。①

下文中,"可容许的风险"将被更狭义地用作过失审查中的限制性要素②:(1)在工业化大规模生产或技术产品生产中;当(2)确定的(剩余)风险无法排除;(3)尽管生产者已经根据其具备的技术水平做了一切可以被期待的工作,使其产品尽可能安全;而(4)该产品伴有巨大利益,根据当时社会的评估,可以因而接受其剩余风险,则生产者被认为不存在过失。

具体到煮水器案,如果生产者已经尽其所能去避免产品给顾客带来的损害,则其不应承担责任。如果反对这一观点,如今常见的大规模工业化产品生产就根本无法实现:技术总是会出错的,没有本身百分之百安全的大规模生产。例如从统计上来看,生产乘用机动车必然意味着在道路交通环境中出现人身伤害,甚至是死亡的结果,但德国并没有追究生产机动车的产商的刑事责任。

---

① Kristian Kühl, in: Kristian Kühl / Karl Lackner (Hrsg.), Strafgesetzbuch Kommentar, 28. Aufl., 2014, Vor § 32 ff. StGB, Rn. 29.

② Peter Schuster/ Detlev Sternberg-Lieben, in: Adolf Schönke/ Horst Schröder, Strafgesetzbuch Kommentar, 29. Aufl., München 2014, § 15 StGB, Rn. 145.

五、工业 4.0 中的网络安全责任范围

还可以对煮水器案进行更加深入的研究,分析一些特殊问题。例如,前文中已经提到的安全工程师 B 的责任问题就十分有趣。如前所述,其主要面临的是过失责任。这就直接引出了 B 责任的核心问题:一个联网企业的安全系统应当安全到何种程度,其安全责任人才能够不因存在过失而受到谴责。换言之,这里涉及的是网络安全责任问题。

针对金融机构和医院的网络攻击频繁见于媒体报道,[①]从中明显可以看出,针对联网工厂的攻击不仅是可以想象的,甚至是完全可能发生的。更高级别的安全措施有助于降低易受攻击性。因此,对联网工业系统的攻击既是可以预见的,又(原则上)是可以避免的。受到攻击的后果可能是高额的财产损失,或者是如同我们案件中的对生命、身体的损害。如今,可能造成这种后果的攻击发生的概率必须被视为极高,所以安全工程师或安全责任人有义务采取安全措施来防止来自外部的攻击。在刑法中,通常是参照"理想模型"(Maßfigur)加以确定的,即一个谨慎的工程师处于安全工程师 B 的位置上会采取何种标准。[②] 在审查时首先可以以相关成文技术标准(如 DIN 标准、ISO 标准、BSI 标准等)为指导。如果违反了相关标准,则可认为有强有力的指征表明存在注意义务违反,尽管并不必然能够得出这一结论。[③]

信赖原则表明,在与其他人互动时,原则上可以相信交互对象会遵守规则。[④] 例如,在道路交通环境中,人们不必始终设想其他道路交通参与者严重违反交通法规的情形,除非有明确迹象表明可能出现规范违

---

① Arne Hillienhof/ Birgit Hibbeler, Cyberkriminalität: Computervirus legt Krankenhaus in Neuss lahm, Deutsches Ärzteblatt, Heft 7, 2016, A 252.
② 参见第 181 页脚注④ Urs Kindhäuser, § 15 Rn. 48。
③ Kristian Kühl, in: Kristian Kühl/ Karl Lackner (Hrsg.), Strafgesetzbuch Kommentar, Vor § 32 ff. StGB, Rn. 39.
④ 参见前文第四章。

反行为(例如小孩在马路边玩球)。在本案中涉及的是第三人的故意(犯罪)行为,不适用信赖原则。

而若要将可容许风险①应用于联网工厂的网络安全义务问题中,会得出这样的结论:尽管将工业设施联网必然伴有一定风险,但如果安全责任人已经用尽一切合理手段使其尽可能安全,则不存在过失。应当指出的是,安全义务中包含动态要素;安全责任人不仅应在安装设备时保持合理范围内尽可能高的安全标准,而且在运行设备时也应保持尽可能高的安全标准。其必须持续了解其他类似设施的风险状况,关注有关安全方案的讨论,必要时采取这些(新的)方案。只有在满足这些条件的情况下,安全责任人才不会在"他的"设备遭受攻击时受到违反注意义务的谴责。②

六、场景3:工业4.0中的集体责任

另一个特殊问题是关于集体责任的。试想一个由B1、B2、B3组成的领导小组决定为公司F引入某种安全系统,尽管该系统存在众所周知的不足。黑客"成功"的攻击会给终端客户造成损害,在此情形中,如何评价B1、B2和B3的刑事责任?

单从客观构成要件来看就已经不无问题。如果最终导致消费者损害的决策是通过简单多数作出的,那么B1就可能主张,即使他投弃权票或反对票,损害结果也同样会发生。故他的投票与结果的产生之间不存在因果关系,这原则上可以排除刑事责任的成立。然而问题在于,B2和B3同样可以提出相同的主张,所以乍看上去没有人可以承担责任。

刑法学中,对集体决策下的责任消解问题已经讨论了很长时

---

① 参见前文第四章。
② 此处可以类比生产者的生产监管和市场监管义务。

间。① 无论如何,在故意犯罪中,可以通过共同正犯理论解决这一问题：B1、B2、B3 在有认识和意欲的情况下对待决的决策进行了投票。至少他们的集体表决与决策的产生是存在因果关系的,因此,B1、B2 和 B3 可以作为共同正犯被追究刑事责任。②

对于所涉犯罪是过失而非故意的案件,情况则更为复杂。在工业 4.0 的语境下,因产品而过失导致损害的情形相较于故意造成损害而言会更为常见。然而,目前的刑法主流学说不承认过失的共同正犯。③ 那么这是否会导致集体决策中责任散失的风险?

化解前述问题的一种途径是承认过失的共同正犯。如果一个决策是在有意识和意欲的集体协作下(即故意地)作出的,这个决策导致了损害后果,而决策人对于损害结果的出现存在过失,则承认决策人成立过失的共同正犯。④ 从概念上看,这样的思路是完全可行的。特别是以共同正犯的形式故意作出决策和纯粹过失地招致结果产生之间并不存在矛盾。如果接受这条进路,则可以在很大程度上避免工业 4.0 的背景下,集体决策导致责任散失的风险。

七、场景 4:工业 4.0 中的自主学习系统

最后也是最困难的特殊问题,是在生产过程中对自主学习系统的使用。下面将通过一个案例简述这一问题:

> 具有自主学习功能的系统 S 被装配到一台制造鞋子的自动化生产设备中。系统是由程序员 P 所编写的,能够接受并处理个人订

---

① 参见第 187 页脚注③ Jörg Eisele, in: Adolf Schönke/ Horst Schröder, Strafgesetzbuch Kommentar, § 15 StGB, Vor § § 13 ff. StGB, Rn. 83a。
② BGHSt 37, 106, Leitsatz 5.
③ 参见第 187 页脚注③ Günter Heine/ Betinna Weißer, in: Adolf Schönke/ Horst Schröder, Strafgesetzbuch Kommentar, § 15 StGB, Vor § § 25 ff. StGB, Rn. 111。
④ 参见上注, Rn. 115 ff.。

单。此外,如果系统预测会有同类订单,则设备会在既有订单(如一双蓝色的鞋)之外额外生产更多的同类产品(很多双蓝色的鞋),以满足预期产生的需求。不知名的操纵者 M 基于造成损害的故意订购了 100 双特殊设计的鞋,这些鞋已实际生产出来了。但是 M 提供了错误的送货地址。与此同时,正如 M 所预料的,自主系统为满足预期会出现的更多订单,又生产了大量不同鞋码的同类鞋子。系统是根据以前的订单和销售数量推算出的生产数量,然而基于操纵而生产的鞋子没有其他买家。公司因此遭受了巨大的经济损失。本案中,谁应当对损害结果承担刑事责任?

首先想到的责任主体是操纵者 M。其仅仅是基于操纵系统的目的订购了 100 双鞋,至少涉嫌构成诈骗罪(《刑法典》第 263 条)或计算机诈骗罪(第 263a 条)。但由于谁是 M 未被查出,因此无法进行刑事追诉。

系统 S 虽然扮演了一个主体的角色,但是基于一些原则上的因素,难以将其视为刑法主体:从罪责原则(Schuldprinzip)可以推断出,机器自始就不具有受刑能力。在很长一段时间内,讨论机器的"罪责"都是没有意义的。[①] 这表明,使用机器作为行为主体(如果否认机器实施行为的能力的话——准主体)可能导致责任漏洞:机器导致损害结果,而无论其自身还是机器的直接操纵者、支配者都无法被归为责任人。[②] 自动化驾驶也会带来类似的问题,例如当技术系统操纵车辆超过规定的速度上限时。装配有自主系统的机动车在(被)驾驶车辆,但它却不是刑法主体;系统的生产者是潜在的责任主体,但他却并没有驾驶车辆。这类问题最终可能会出现在所有行为犯中,即不以招致结果为先决条件,而是与自然人行为主体的某种特定行为相关的犯罪。

将程序员 P 视为责任主体似乎是可行的。P 原则上是一个有罪责

[①] 背景和可能的将来视角参见 Eric Hilgendorf, Können Roboter schuldhaft handeln?, in: Susanne Beck (Hrsg.), Jenseits von Mensch und Maschine, 2012, S. 119-132。

[②] 例如,如果认为生产大量无法销售的鞋子是明显错误的决定(这当然需要论证),则可能构成背信罪(《刑法典》第 266 条)。

第十二章 工业4.0时代责任的散失和自主学习系统

能力的自然人,如果他没有按照案中所示的方式对机器进行编程,则损害结果可能就不会发生;然而如果损害结果是由之前的学习过程导致的,而程序员 P 并没有安排这样的学习内容,那么就无法因此归咎于 P,而在此也不可能成立人与机器之间(假想的)共同正犯。①

那么能否至少追究程序员的过失责任,因为他编写自主学习系统的方式导致了"鞋子案"的产生?暂且不论这样的过失(即缺乏具体的过失犯规定)是否能够作为刑罚的基础,还有一个有待解决的问题是,本案中是否存在对注意义务的违反。毕竟系统毫无瑕疵地完成了它的任务,即通过之前的订单进行学习,并将学习成果落实到新的生产进程中。因此至多可以主张,机器学习了"错误的内容",或者主张其缺乏识别真正的订单与操纵行为的能力。对此,简短地介绍一下"Tay 案"似乎可以带来很多启发:②

> 2016 年 3 月,微软上线了一个语言虚拟人(Sprachavatar),它可以与人对话,并从人们的反应中学习。这类人工对话者可能被用在购物中心、博物馆、老年或病患护理场所以及育儿等不同场合。然而互联网上的操纵者们通过短短几个小时的"投喂答案",就使得该系统变成了一个仇恨妇女的种族主义者。最终,由于语言虚拟人 Tay 的回答过于极端,微软不得不将系统关闭。应当说,Tay(向错误的人)学到了"错误的东西"。③

试想,如果被操纵的系统 Tay 侮辱了用户 N,有人能为此承担刑事责任吗?Tay 本身不具受刑能力,操纵者存在嫌疑,其身份却无从得知。即使最终可以确知其身份,具体到针对用户 N 的侮辱中,其行为是否能

---

① 可能的建构方案参见 Eric Hilgendorf, Grundfragen strafrechtlicher Compliance am Beispiel der strafrechtlichen Produkthaftung für teilautonome technische Systeme, in: Thomas Rotsch (Hrsg.), Criminal Compliance vor den Aufgaben der Zukunft, 2013, S. 30。

② 以"Tay (bot)"为关键词的英文维基百科中就有对本案的详细介绍。

③ "现实世界"中类似的情形可能是,孩子从幼儿园回家时,学了许多新的脏话,并炫耀他刚学到的新知识。

够符合《刑法典》第 185 条构成侮辱罪也存在疑问(不存在过失的侮辱)。对程序员而言,即使其因为编写了习得侮辱行为的系统而始终给可罚性留有空间,但也很难主张其存在故意。我们在此面对的是一个典型的责任散失案例——一个没有可以承担侮辱罪刑事责任的侮辱行为。

从将来法(de lege ferenda)的角度来看,创设一个新的罪名,以覆盖有学习能力的自主系统导致法益损害的情形是否是有意义的?问题提出的背景正如前文所讨论的:(1)机器本身不具受刑能力;以及(2)通常无法将损害结果归属给自然人主体。而规范的创设理由则是:一种机器被创造出来,其学习了"错误的东西",并因此会给人类造成危险甚至是损害。创设这样的罪名,能够给程序员以限制系统学习空间的动机,使其自始就无法学习有害的行为。通过这种方式可以应对投入使用具有学习能力的自主系统导致的责任散失问题。

正如在民法中,《产品责任法》(ProdHaftG)中的严格责任可以(且应当)扩展到具有危险性的计算机系统,①在刑法中也可以设立危险犯,将编写具有潜在伤害可能性的自主学习系统,或至少将使他人取得此类系统的行为犯罪化。当然,只有当招致损害的行为无法被现行过失(或者甚至是故意)犯罪类型所覆盖时,才有必要引入新规。为避免刑法的膨胀,可以进一步将新的罪名限定在导致特定严重损害(如对生命、身体的完整性、价值较高的财产或其他特定集体法益)的情形,必要时可以将损害结果的出现作为该罪的客观处罚条件。

---

① 此处计算机程序在法律领域中应首先被归为"产品"。《产品责任法》第 2 条规定:"本法意义上的'产品'是指……所有动产,包括其他动产或不动产的一部分,以及电("动产与电"的区分是德国法学中的一个经典案例,即"纯粹日常生活中使用的电"是否能被解释成德国法意义上的"物"或"动产",因为依德国《民法典》第 90 条,后者指"有体物"。对这一问题不同部门法采取了不同的解决方式。刑法中,受罪刑法定原则限制,超过文理应有含义的扩张解释被认为是类推而被禁止。盗用电力的,不构成盗窃罪。因此在德国《刑法典》第 248c 条引入了新的罪名"盗用电力罪"。——译者注)。"在特定情况下,对"电"进行类推是可能的,然而更好的做法是对产品的概念进行澄清或扩张。如果引入自主学习系统,在没有其他防范措施可以避免系统学习"错误的内容"时,则可能会产生对法律进行修改的需求,其中所涉及的问题仍有待进一步的厘清。

如前所述,这样的规定目的在于给予那些编写或使他人取得自主学习系统的人一个动机,使其以安全的方式塑造系统,以避免严重损害结果的发生。系统自主学习的执行空间应当被限制,以从最初阶段排除可能造成严重危害的"错误学习"。当然,新的罪名同样应当得到"可容许的风险"的限制,以避免不合理的责任风险,此处不再赘述。①

八、小 结

为了能够发挥工业4.0的潜力,必须尽早开始对可能出现的网络犯罪形式进行分析。对此,很重要的一点是在研究伊始就认识到可能导致问题的责任转移甚至是责任散失,在必要时通过现行法或将来法加以应对。这种"责任散失"出现的原因可能是在全球"物联网"中,行为人无法被识别或至少无法被刑事追诉,或者由于存在海量的潜在责任人,使从中进行选择显得具有恣意性。问题出现的原因也可能是,在大规模工业化生产的背景下,必须接受一定程度的损害(所谓"可容许的风险")。在此背景下,也就不存在由谁来承担责任的问题了。而集体决策则会带来著名的因果关系困境,即根据条件因果关系公式(conditio-sine-qua-non-Formel)无法得出恰当的结论。最后,使用自主系统尤其是具有自主学习功能的系统格外可能导致问题的产生。

本文试图呈现的是:现行刑法提供了基本充足的工具,能够在一定程度上应对责任的散失。重要的是意识到,在行为人之外,往往还有多个潜在的责任主体,例如负责系统安全的工程师。在工业4.0或更大的范围内,联网技术系统的网络安全责任都可能是最重要的新兴问题领域之一。该问题主要关注的是过失责任问题——在联网系统中如何认定过失?过失的共同正犯有多大的适用范围?可容许的风险理论适用范围又有多大?此外,也有必要重新思考服务提供者的责任问题,其中存在的问题是

---

① 参见前文第四、五章。

现行《电信媒体法》(Telemediengesetz)和《电子商务指令》(E-Commerce-Richtlinie)为服务提供者规定的责任特权是否依然具有正当性。

具有自主学习能力的自主系统作为新的行为主体的出现带来了一个困难的特殊问题。这类系统自身不能作为接受刑罚的主体,[①]因而存在现实的责任散失风险。为了解决这里的问题,可以考虑创设一种新的危险犯,处罚编写或使他人取得不安全的自主学习系统的行为。当然,在设立这样的罪名之前,应严格审查其必要性,以免违反刑法的最后手段原则(ultima-ratio-Grundsatz)。

九、行动建议

在前文问题概述的基础上,可以提出以下行动建议:

(1)应以法律和伦理研究伴随技术创新。所谓的伴随绝非阻碍创新,而是扶持和促进创新,当然也要以一种合法的方式对其进行约束。

(2)法律人不应为自己设置思维枷锁(Denkverbote),同样应当分析在当下的技术水平看来尚属科幻层级的案例场景。技术进步的速度超过多数人的想象。

(3)非常重要(虽然以目前的架构来看难以施行)的是,尽早将视野拓展到境外,去关注欧盟、美国、日本、韩国和中国对同类问题的规制手段。

(4)可视化(Visualisierung)和模型构建有助于技术专家、经济学家和法学家之间的沟通,这样的沟通时常显得非常困难。

(5)只有与技术紧密结合,法律的分析才能得到富有成效的发展。

(6)现行刑法工具原则上已经足以解决工业4.0背景下的责任散失问题。然而,随着越来越多具有自主学习功能的自主系统被投入使用,有必要考虑创设新的危险犯罪名。

---

① 也参见:Sascha Ziemann, Wesen, Wesen, seid's gewesen? Zur Diskussion über ein Strafrecht für Maschinen, in: Eric Hilgendorf (Hrsg.), Robotik und Gesetzgebung, Beiträge der Tagung vom 7. bis 9. Mai 2012 in Bielefeld, 2013, S. 183–195。

第十三章
机器人技术、人工智能、伦理与法律
——科技法的新兴基础问题*

一直以来,亚历山大·罗斯纳格尔(Alexander Roßnagel)的主要成就之一系新兴信息科技(IT)的符合人性规制,其中,这位尊敬的寿星在此的工作重心主要在数据保护法。① 以下这篇论文将研究的问题是,哪些前提要件在民法和刑法中必须被创造,以便确保信息科技最新的幼芽——亦即人工智能与机器人技术——符合人性的形塑。

一、论新兴科技的规范管制

伦理学与法学通常被视为彼此严格区分的领域,即使它们都致力于处理相同的问题领域,例如现代的机器人技术,或者更一般性地说新兴科技的规制问题。这种认知的形式是错误的,且不符合现实的问题状

---

* 本文原文"Robotik, Künstliche Intelligenz, Ethik und Recht. Neue Grundlagenfragen des Technikrechts"发表于:Anja Hentschel, Gerrit Hornung, Silke Jandl (Hg.), Mensch-Technik-Umwelt: Verantwortung für eine sozialverträgliche Zukunft. Festschrift für Alexander Roßnagel zum siebzigsten Geburtstag. Nomos Verlagsgesellschaft, Baden-Baden 2020, S. 545-563。

① 近期如:Alexander Roßnagel, Grundrechtsverwirklichung im vernetzten und automatisierten Straßenverkehr, in: Alexander Roßnagel / Gerrit Hornung (Hrsg.), Grundrechtsschutz im Smart Car. Kommunikation, Sicherheit und Datenschutz im vernetzten Fahrzeug, 2019, S. 17。

况。每个已知的社会都会规制它所能使用的科技,认为科技近乎"天然地"发展且不受所有规范约束的想法是天真的,并已透过历史事实被驳斥。然而,现代的立法者才开始广泛且详细地对于科技加以规制。①

在规制科技时,道德与法律之间会产生多样的互相关联。显而易见的是,道德观念在法律的形成过程中扮演了一个重要的角色,法律时不时被称为"凝固的道德"(geronnene Moral)并非毫无道理。此外,在实定法中并不罕见地存在援引道德的情况,例如在《民法典》第242条中援引了"诚实与信用",或在《刑法典》第34条中援引了"衡量"所有冲突利益与观点的要求。在责任的意义下确定相应的注意程度要求以及评价被容许的风险②时,道德考量也扮演了一个重要的角色。

伦理学——亦即关于道德的学术研究——与法学——亦即关于法律的学术研究——都分别与规范有关。法律规范与道德规范的区别在于,法律规范在一个社会上所规定的程序中是可执行的;单纯的道德规范则欠缺此一可执行性。这两种规范形态皆被采用,以便规制特定的事物领域,例如新兴科技的应对。③

伦理学致力于道德论证关联的概念与逻辑厘清及体系化。它在此特别强调这些论辩通常所遵循的主导价值。伦理学在此可以一个将近2500年的学科史作为基础,藉此将会有一个关于疑问、概念精确化、价值、问题与问题解决尝试的丰富资源可供使用。除此之外,还有对于问题与论证的历史渊源加以考察。

法学的情况也完全类似,但它在此绝大部分都是局限于成文("实定")法。它解释现行法,并表述关于解释与体系化的建议。因此,它可说是在为法律的适用做准备工作。遗留的裁量空间则透过(通常又是道德与法政策取向的)内在评价被填补。

---

① Milos Vec, Kurze Geschichte des Technikrechts, in: Martin Schulte / Rainer Schröder (Hrsg.), Handbuch des Technikrechts, 2. Aufl., 2011, S. 3.
② 对此进一步请参照下文第六章第(二)部分。
③ 关于科技规制的一般性论述,请参照:Eric Hilgendorf, Die strafrechtliche Regulierung des Internet als Aufgabe eines modernen Technikrechts, JZ 2012, S. 825。

第十三章　机器人技术、人工智能、伦理与法律　　197

总的来说,可以确定的是,关于科技发展的"规范管制",伦理学和法学并非仅是情况类似,而是可以互相补充,且二者间的相互参考并不罕见,甚至必须这样做。然而,一个如此跨学科的合作中,如果要有所收获的话,就要以特定标准的遵守为前提。① 这指的特别是在论证中绝对贯彻明确性和可理解性的意志,与此相关联的是抛弃怪异难懂的专业行话、避免通过堆叠知名人物的名称证明自己,或者其他形式的卖弄文笔。此外,这两门学科都必须参考与它们所处理的事务领域有关的实证知识,此等知识则可透过对于科技的研究——但亦可透过对于科技发展后果的评估②——被提供使用。

二、介于物与人之间的机器人

具有行动能力的机器——亦即机器人——的出现使法律在许多层面都面临了新的挑战。"机器人"应该被理解为各种表现形式的人工智能,且其具备至少一个"执行器"(Aktuator),亦即具备一个机械手臂或其他用来与外界互动的可活动式零件。③ 执行器的存在有助于区分机器人与"一般的"计算机。也就是说,这并不取决于该机器人是否具有可活动性、是否与人类相似;配备软件的计算机功能原则上也是不重要的。

"人工智能"的概念应该同样在一个极为广泛且非科技的意义下被理解。按照此处所选择的语言使用,当计算机程序承担了过去由人类所承担的任务时,人工智能就已经存在了。或许也可以用"机器智能"(更

---

① Eric Hilgendorf, Bedingungen gelingender Interdisziplinarität – am Beispiel der Rechtswissenschaft, JZ 2010, S. 913.

② Armin Grunwald, Technikfolgenabschätzung-eine Einführung, 2. Aufl., 2010. 亦请参照:Michael Decker, Art.„Technikfolgen", in: Armin Grunwald (Hrsg.), Handbuch Technikethik, 2013, S. 33。

③ 关于"机器人"的概念,更进一步请参见 John Jordan, Roboter, 2017, S. 16 ff.。

好地)来取代"人工智能"的说法。①

机器智能体现在"自主系统"之中。在能够"智能地"对于问题情况做出反应且在个案中无须参考人类指令的范围内,此一系统是自主的。② 法学善于在做科技细节的概念定义时淡化这些细节(所谓的科技保留与科技中立原则③),否则法律将面临随着每次科技进步都必须修改其术语的风险。

机器人是机器,所以它是物。它在科技上的自主并不会改变这点。在我们的法律体系中,人的法律地位在今日原则上仅能归属于自然人。④ 然而人们应该认识到,在中欧一直到启蒙时代为止,动物甚至在部分地区物也具有人的法律地位;⑤欧洲以外的法律体系中,目前也仍然承认特定的物具有人的法律地位。⑥ 而在我们的法律体系中,人的概念业已被扩张及于所谓的"法人"。⑦ 在一个法律体系中,哪些实体被承认为人,由各自的立法者决定。

如果机器长得像人类一样并看起来像人类一样地行动,关于机器人"只"是机器且因此是物的说法就会成为问题。在许多的生活领域

---

① 关于人工智能的一般性论述,参见 Jerry Kaplan, Künstliche Intelligenz. Eine Einführung, 2017; Manuela Lenzen, Künstliche Intelligenz, 2020; Klaus Mainzer, Künstliche Intelligenz–Wann übernehmen die Maschinen?, 2016。

② 关于此等系统的一个例子是火星探测器,它必须能够在火星上独立应对无法事先预见的情况。

③ Eric Hilgendorf, Scheckkartenmißbrauch und Computerbetrug–OLG Düsseldorf, Neue Zeitschrift für Strafrecht–RR 1998, S. 137, JuS 1999, S. 542. 区别处理者如:Alexander Roßnagel,"Technikneutrale" Regulierung: Möglichkeiten und Grenzen, in: Martin Eifert / Wolfgang Hoffmann–Riem (Hrsg.), Innovationsfördernde Regulierung. Innovation und Recht II, 2009, S. 323。

④ Dieter Schwab / Martin Löhnig, Einführung in das Zivilrecht, 20. Aufl., 2016, Teil II, Rn. 112 ff.

⑤ 在中世纪甚至有针对动物进行的刑事诉讼程序,对此请参见:Rudolf His, Geschichte des deutschen Strafrechts bis zur Karolina, 1928, § 4 II。

⑥ Jacob Turner, Robot Rules. Regulating Artificial Intelligence, 2019, S. 180.

⑦ 同上注④, Rn. 130 ff.。

中，为了让机器人最佳地因应它作为人类合作者、保护者与照顾者的角色，像人类一样地形塑机器人可能是有意义的。这可适用于例如百货公司中的服务机器人，但当然亦可适用于看管小孩或从事照护工作的机器人。如果这样的机器能够唤起人类的情感以及使人类在情感上与其联系在一起，它将可以更好地履行它的任务。① 众所周知，人类也可以与动物建立起非常紧密的关系：有些人爱他们的宠物胜过于爱其他一切（的人）。

人类明显地天生就倾向于在自身以外的特定实体中去发现人的特征，然后将其拟人化：两个点、一条位于其下方中央的垂直线以及一条位于更下方的水平线结合起来一般即被解读为人类的脸。此种人格化论——亦即将非人类的事实与个体"拟人化"——的倾向为法律制造了问题。一方面，对于一边是所谓"具有自主能力"的人，另一边是不具有自主能力的物——例如动物，或者亦包括机器人——之间所做的传统区分变得越来越站不住脚。"自主"的概念本身即显得有疑问，且在考虑新兴科技的情况下其亦显得需要更新，因此造成此一改变过程被强化。② 新兴且非人类角色的出现导致"自主"与其他应巩固人类特殊地位的概念必须被重新仔细思考。

另一方面，将机器拟人化可能会在民众之中形成这样的观点，即认为仅将机器人归类为"物"是不恰当且有瑕疵的。因此显然可以想象的是，人们很快就会愿意不再将损坏甚至毁灭其机器人伙伴的行为归类为毁坏财物，而是如同伤害一个人一般地评价该行为。当机器变得越来越像我们且越来越强烈地像人类一样与我们互动，赋予机器类似人类地位的趋势就可能会变得越来越强烈。艾萨克·阿西莫夫（Isaac Asimov）在

---

① 众所周知的是机器人海豹"帕罗"（Paro），它目前也已经在德国的医院和养老院里被使用。

② 关于多样且经常彼此不一致的"自主"定义，请参见 Rosmarie Pohlmann, Autonomie, in: Joachim Ritter (Hrsg.), Historisches Wörterbuch der Philosophie, Bd. 1, 1971, ND 2019, S. 701-720. 近期文献请参照：Michael Pauen, Autonomie, in: Petra Kolmer / Armin Wildfeuer (Hrsg.), Neues Handbuch philosophischer Grundbegriffe, Bd. 1, 2011, S. 254。

许多年前就已经描述过此一现象,①在其他科幻小说作品中机器人亦作为具有行动能力的理性生物而出现,其不仅在身体活动能力与智能上优于人类,而且在移情能力与道德认知上亦优于人类。②

英美法系面对物的人格地位比大陆法系更为开放:在印度即使寺庙和河流也具有人的法律地位。③ 因此为了也能够论证机器的人格地位,无须花费太大的力气。反之,在大陆法系中机器的人格地位则非常有疑问。这和欧洲人文历史中人格概念的神学与哲学背景有关。④

当欧盟委员会几年前建议为了填补责任漏洞而在特定前提要件下赋予机器人格地位时,这引起了更大的关注。欧洲议会也支持此一立场。⑤ 反之,主要因为在流行的文献中,"电子人"(e-Person)的创造被错误地与强人格地位(具有人权的人工智能)连结在一起,欧盟人工智能高级别专家组(EU High Level Expert Group)并不赞同人工智能的人格地位。⑥ 一个如此的法律地位当然也不是欧洲议会所想要的。

民主的立法者可以基于自身的绝对权力创设法人,因此也能够赋予集体、动物、物以及算法一个人格地位。⑦ 虽然这些绝非必然符合哲学

---

① Isaac Asimov, The Complete Robot, 1982. 关于著名的阿西莫夫"机器人定律",请参照:同上,第 247 页以下与其他多处。

② 最令人印象深刻的可能是在英国科幻小说作家伊恩·M. 班克斯的"文明"系列小说之中。

③ Jacob Turner, Robot Rules. Regulating Artificial Intelligence, 2019, S. 180.

④ 在"人"的词条系列中资料丰富的阐述,请参见 Ritter (Hrsg.), Historisches Wörterbuch der Philosophie, Bd. 7, Darmstadt 2019, 269。

⑤ European Parliament Report with recommendations on the Commission on Civil Law Rules on Robotics (2015/2103(INL)), Recital AC vom 27.1.2017.

⑥ 人工智能高级别专家组,值得信赖之人工智能的伦理准则,2019 年,https://ec.europa.eu/digital-single-market/en/news/ethics-guidelines-trustworthy-ai,访问日期:2020 年 2 月 13 日。对此进一步的探讨请参照下文第六章。

⑦ 关于对"电子人"的讨论,更深入的内容参见:Susanne Beck, Über Sinn und Unsinn von Statusfragen-zu Vor-und Nachteilen der Einführung einer elektronischen Person, in: Eric Hilgendorf/ Philipp Günther (Hrsg.), Robotik und Gesetzgebung, 2013, S. 239; Janina Loh, Roboterethik. Eine Einführung, 2019, S. 48; Gunther Teubner, Digitale Rechtssubjekte? Zum privatrechtlichen Status autonomer Softwareagenten, AcP 218, 2018, S. 155; Gerhard (转下页)

或神学中人格概念(完全不一致地被表述)的前提要件,①然而立法决定在法律上的重要性并不会因此受到影响。但有疑问的是,立法者是否应该决定走如此大幅度且无论如何并非无疑地能够与大陆法系传统相符合的一步,以便填补与错综复杂的自主系统有关的责任漏洞?单是因为此等漏洞(例如透过危险责任的扩张)即可在没有太大问题的情况下被填补,这就已经无法被接受了。②

三、对于由机器所造成损害的民事责任

一项新兴科技的出现并不会一下子就马上改变法律,因此机器人系归属于已经创设的责任规范。在民法中此即例如合同责任与依据《民法典》第 823 条的法定责任。特别令人感兴趣的是对于由机器人系统所造成损害的危险责任,亦即无过错责任。详细地说,德国法有各种不同形式的危险责任。③ 在我们此处的关联中,一方面依据《产品责任法》第 1 条、第 2 条的产品责任以及另一方面依据《道路交通法》第 7 条对于汽车的危险责任是特别令人感兴趣的。

《道路交通法》第 7 条规定,汽车所有人应对于其汽车使用过程中所产生的损害负责。此一规定设有责任的最高界限,并与汽车所有人的义务保险相联结。这使在实践中损害能够快速且没有困难地被填补:保险

(接上页) Wagner, Roboter als Haftungsobjekte? Konturen eines Haftungsrechts für autonome Systeme, in: Florian Faust/ Hans-Bernd Schäfer (Hrsg.), Zivilrechtliche und rechtsökonomische Probleme des Internet und der künstlichen Intelligenz. Travemünder Symposium zur Ökonomischen Analyse des Rechts, 2019, S. 1. 亦请参见更早的维尔茨堡"绿皮书": Christophe Leroux / Roberto Labruto (Hrsg.), The European Robotics Coordination Action. Suggestion for a green paper on legal issues in robotics, 2012, URL: https://www.researchgate.net/publication/310167745_A_green_paper_on_legal_issues_in_robotics。访问日期:2020 年 2 月 13 日。

① 在"人"的词条中的概述,请参见: Petra Kolmer/ Armin Wildfeuer (Hrsg.), Neues Handbuch philosophischer Grundbegriffe, Bd. 2, 2011, S. 1728。

② 请参阅下一个章节。

③ Hein Kötz/ Gerhard Wagner, Deliktsrecht, 13. Aufl., 2016, Rn. 494 ff.

公司赔偿被害人的损害,因此承担加害人的求偿权,然后试着在第三人——例如生产者——处取得赔偿。此一制度已经在总体上卓越地证明了其是可行的。① 值得注意的是,汽车所有人的责任并不取决于该汽车多么自主地被形塑。关于汽车所有人的责任,自动驾驶的各种不同"等级"(到目前为止)并未具有任何地位。即使是高度或完全自动驾驶的汽车也仍然属于《道路交通法》第 7 条的规范之内。

关于具有学习能力的机器人系统,有可能会在责任的方面发生责任漏洞。对于著名的"Tay"案所做的延伸续造可能有助于作为对此的适例。微软于 2016 年上线了一个名为 Tay 的语言系统,其应透过与使用者的接触来学习跟任何人进行对话。此一对话系透过推特来进行,但自然语言的用户利用基本上同样在技术上是可能的。此一系统能够回答问题,并且从使用者的反应中学习哪些对话形式可以特别好地被接受。然而,一个或多个未知的行为人成功地如此操纵了 Tay,以至于它变成了一个种族主义者与女性仇视者。微软因此必须在 24 小时之内再度将此一系统下线。②

假设现在改变后的聊天机器人 Tay 如此粗鲁地侮辱了一个深色皮肤的女大学生,以至于她遭受到了需要治疗的惊吓,谁应该在一个这样的案例中负担治疗费用呢? 被考虑的当然首先是操纵的行为人,但其无法被掌握。此外可以被想到的是生产者责任,但其衍生的问题是:依据《产品责任法》第 1 条的规定,该系统必须显露出瑕疵。③ 然而此处瑕疵究竟应该在哪里呢? 该系统应被形塑为具有学习能力,且其恰恰就具备

---

① 关于改革的建议,请参照:Hein Kötz/ Gerhard Wagner, Deliktsrecht, 13. Aufl., Rn. 569 f.。
② "Tay"案的最佳描述在英语维基百科的词条"Tay(bot)"之中。
③ 关于瑕疵的概念,更进一步请参见 Friedrich Graf von Westphalen, in: Ulrich Foerste/ Friedrich Graf von Westphalen (Hrsg.), Produkthaftungshandbuch, 3. Aufl., 2012, § 48 Rn. 9 ff. und 22 ff.; Hartwig Sprau, in: Palandt, Bürgerliches Gesetzbuch Kommentar, 78. Aufl., 2019, § 3 ProdHaftG, Rn. 2 ff. und 8 ff.; Jürgen Oechsler, in: Johannes Hager/ Jürgen Oechsler (Hrsg.), Staudinger, Buch 2, Berlin 2018, § 3 ProdHaftG, Rn. 15 ff. und 103 ff.。

第十三章　机器人技术、人工智能、伦理与法律　　　　　　　　　　　　　203

此一能力。人们或许可以论证，瑕疵系存在于该系统并未针对上述方式的操纵被加以保护，但是生产者必须预想到此种形式的操纵吗？此外，《产品责任法》第 1 条明确地规定，只有物属于《产品责任法》的规定范围，①因此软件并未被包括在内。除此之外，Tay 的硬件无论如何并未显露出任何瑕疵。

人们也几乎无法要求该系统的程序设计者负责。对其而言，由于缺乏特别规定，仅有依据《民法典》第 823 条的一般过错责任可以被考虑。然而在所有情况下可能都是欠缺故意的。只有当相应的操纵可被预见时，过失才有可能可以被肯定，但这在通常情况下可能无法被接受。然而如果某一特定的系统多次相继地以前述方式被操纵的话，情况可能就不太一样了。②

人们可能会想到让被害人自行承担她所支出的费用。最后涉及的将是一个完全不寻常的情况。然而，当具有学习能力的系统越来越多地进入我们的生活与工作环境，此种损害的场景就可能会越常出现。③ 如果此等透过具有学习能力的机器所造成的损害在责任法上被忽略的话，在像德意志联邦共和国这样的一个社会福利国（sozialer Staat）中将是几乎无法被接受的（事实上也是几乎不会被接受的）。

一个其他的可能性在于让科技系统本身来负责，这在结果上将会导致如同上面已提及"电子人"的实施。④ 为此人们应该将 Tay 形塑为在民事诉讼中可被控告的主体。在责任事故中必要的财产价值可以透过例如（生产者的）义务保险被提供，电子人可以被视为法人的新形式。

---

① 除此之外被提及的尚有"电能"。但显得几乎不可能的是将"电能"的概念亦类推适用于软件。

② 关于系统管理者与安全工程师因未足够地保护系统免于遭到攻击所产生的责任风险，请参见 Eric Hilgendorf, Verantwortungsdiffusion und selbstlernende Systeme in der Industrie 4.0, in: Gerrit Hornung (Hrsg.), Rechtsfragen der Industrie 4.0, 2018, S. 119。

③ 在此一情况下，人们可能也可以要求生产者采取特定的安全措施，并将此等安全措施的欠缺评价为产品瑕疵。

④ 请参照上文第二章。

然而显得明显更为容易的是将《产品责任法》第 1 条与第 2 条的危险责任扩张及于软件,以便透过具有学习能力的软件形成的损害也必须由生产者来承担。基于生产者透过贩卖此等软件可能获得巨大财产利益的事实,此种方式显得在法政策上是很好地可被支持的。① 责任的最高界限确保了风险保持是可被担保的。此外,透过将在机器售出之后可藉由无线电被操作的软件包含进来,人们可以考虑事后保养与改善计算机系统的新兴可能性。

四、刑法上的责任

基于罪责原则,无过错责任在刑法上是被排除的。因此刑法上的责任任始终是以过错为前提。罪责原则具有宪法位阶,②所以机器的刑事责任即使透过立法者也并非能够毫无疑问地被引入。

然而,传统的刑法上责任结构(行为-损害结果-因果关系-故意或过失)藉由自主系统的出现被放到了一个严峻的考验中。几年前在阿沙芬堡附近的阿尔策瑙发生的"阿沙芬堡案"可能可以作为指导案例:③

一个大约 60 岁的驾驶人开着一辆配备最新科技的汽车驶进名为阿尔策瑙的小镇。该汽车配备了一个能够独立调整行驶轨迹偏差的先进行车方向保持辅助系统。该驾驶人在小镇入口处发生了中风且失去意识,但仍然能够使劲地抓住方向盘。他将汽车急速向右转,这样该汽车在正常情况下应该停在小镇入口处旁的灌木丛中。然而行车方向保持辅助系统却将该汽车引回到道路上。该汽车接着高速驶

---

① 关于危险责任的法政策背景,请参见 Hein Kötz/ Gerhard Wagner, Deliktsrecht, 13. Aufl., Rn. 498 ff.。

② Jürgen Baumann / Ulrich Weber / Wolfgang Mitsch / Jörg Eisele, Strafrecht Allgemeiner Teil, 12. Aufl., 2016, § 16, Rn. 2.

③ Eric Hilgendorf, Automatisiertes Fahren und Strafrecht – der ,,Aschaffenburger Fall ", DRiZ 2018, S. 66.

进阿尔策瑙小镇,并在小镇中心撞死了一个年轻妇女和她的小孩。同样在场的父亲藉由跳向一旁刚好还能够救了自己而只有腿部受伤。然后该汽车撞上一道墙且停在对面的道路另一侧。该驾驶人在整段期间都是无意识的,并在受重伤的情况下存活了下来。

由于《道路交通法》第 7 条所规定的汽车所有人责任覆盖了损害的情况,此一案例在民法上并不会带来较大的问题。比较有疑问的是关于刑法上责任的问题。作为责任承担者而言,该汽车的驾驶人是被排除的,他是完全无法被以过失来谴责的。比较不容易的是回答有关于生产者①责任的问题。生产者将该汽车置于市场上,并藉此导致了该事故的原因。如果行车方向保持辅助系统被做了不一样的设计或被配备了安全系统,例如设置车辆在驾驶人缺位时会独立地停止,该事故就有可能被避免。

然而显得有疑问的是,人们是否能够在当时的时间点在法律上要求如此的安全措施。归根结底来说,此处涉及到的是法秩序对于行车方向保持辅助系统的生产者以及——较一般地来说——所有类型的科技系统所课予的注意要求。在上述案例中,检察院在结论上正确地指出并不存在注意义务违反。② 在案件发生时,类似案件几乎不为人所知,因此无法认为其是可以预见的。该事件仍属发生在"容许风险"的范围内。反之,人们今日将可能要求生产者相应地确保他的系统安全。因此如果现如今阿沙芬堡案再度以其主要发展轨迹出现,生产者(被想象为自然人)将可能也可以在刑法上被要求负责。

机器人系统的自我责任在德国刑法上是被排除的,这不仅适用于现行法层面,而且也适用于将来立法层面。为了克服例如在 Tay 案③中所

---

① "生产者"的概念在此被简化地在自然人的意义下使用。法人(到目前为止)在我们的法秩序中是不可罚的。

② Eric Hilgendorf, Automatisiertes Fahren und Strafrecht – der „ Aschaffenburger Fall ", DRiZ 2018, S. 66.

③ 关于"Tay"案,请参照英语维基百科的词条"Tay(bot)"。

形成的可能刑法上责任漏洞,人们可能会想到针对机器人系统生产者的一个新的危险犯构成要件。在此可以将没有足够的安全预防措施就把潜在可能造成损害的机器人系统置于市场上作为出发点,或许与作为客观处罚条件的发生身体损害或重大财物损害相结合。① 但一个如此的犯罪构成要件是否将会变得必要,还要再观望。同样且恰恰在新兴科技的关联下,刑法应该仍然是立法者的最后手段。

五、哪些注意义务被加诸于机器人系统的生产者?

上述讨论清楚地呈现出,关于透过机器人系统所造成损害的责任,一个主要疑问在于哪些注意要求被加诸于此等系统生产者。注意义务有一部分可能以书面的形式被预先记录下来,例如在法律规定之中,但其在多数情况下系透过法院在每个具体个案中被描述。司法实务在此从对于社会道德中"责任"的理解出发,在刑法和民法中都采用了特定的标准论述。其在刑法上可以被总结为下列检验架构:②

当损害事件在客观上系可预见时,注意义务就会形成;如果损害事件对于任何人来说都不是可预见的,过失责任即因此被排除。此外,对于刑法上的责任必要的是,损害对一个处于行为人所在情况的平均人来说是可避免的。预见可能性与避免可能性系注意义务的两个核心形成前提要件。③

当威胁的损害越大时,注意义务就越大。④ 人身损害在所有情况下皆应被评价为较单纯的财物损害来得严重。对于损害程度的一个标志系刑法保护的强度,如果对于侵害一个特定法益相较于侵害一个其他法

---

① Eric Hilgendorf, Autonome Systeme, künstliche Intelligenz und Roboter, in: FS Thomas Fischer, 2018, S. 99, 111.

② Urs Kindhäuser / Eric Hilgendorf, Strafgesetzbuch. Lehr-und Praxiskommentar, 8. Aufl., 2020, § 15 StGB, Rn. 46 ff.

③ Jürgen Baumann / Ulrich Weber / Wolfgang Mitsch / Jörg Eisele, Strafrecht Allgemeiner Teil, 12. Aufl., 2016, § 12, Rn. 35.

④ 此不仅符合社会道德的观念,亦符合技术科学的风险概念。

益被规定了一个更高的刑罚,人们就能够从中推论出,第一个法益在法律体系中被评价为比第二个法益更为重要。

一个其他调整注意义务的因素是损害发生的可能性。① 其应该依照客观的角度被确定。例如,已知一个特定物质仅在其 1/100,000 的使用案例中会导致一个特定损害,则对处理此一物质的注意要求将会比对一个在其使用时按照经验通常在 1/5 的案例中会"出错"的化学药剂来得低。此外,损害可能性可以量化绝非理所当然。通常只有比较性的陈述能够被采用,例如 A 物质比 B 物质危险。应该被与此区分的是纯粹关于质的陈述,例如"A 物质是非常危险的"。如果这样的句子在经验上充分地被支撑,也可以从中推导出一个注意义务。

在个案中应具有的注意主要是透过信赖原则和容许风险原则被限制。② 由于这样的观点很少在机器人系统之责任的语境下得到研究,因此在此处做若干较详细的说明是适当的;反之,在民法上以及当然也在刑法上③否定了"电子人"之后,机器人系统的责任就不需要再进一步被研究了。

六、在机器人系统语境下的基本伦理: 原则、信赖原则与容许风险

(一) 伦理上的基本原则

"信赖"是面对人工智能的一个基本范畴。"欧盟人工智能高级别

---

① 法律人在面对可能性时会感到困难。对此目前请参照:Eric Hilgendorf, Gefahr und Risiko im (Straf-)Recht, in: Thomas Fischer/ Eric Hilgendorf (Hrsg.), Gefahr. 5. Baden-Badener Strafrechtssymposion, 2020, S. 9。

② 不同见解:Armin Engländer, Das selbstfahrende Kraftfahrzeug und die Bewältigung dilemmatischer Situationen, ZIS, 2016, S. 608. 批判:Eric Hilgendorf, in: ders. (Hrsg.), Autonome Systeme und neue Mobilität, 2017, S. 143, 168 ff.。

③ 请参照上文第三、四章。

专家组"于2019年针对值得信赖的(trustworthy)人工智能提出了一系列建议。① 有三个核心要素应该属于值得信赖的人工智能:它必须是合法的、在伦理上可被接受的以及(在技术上)鲁棒的。"人工智能高级别专家组"的一个特点在于,为了创造出对于人工智能新世界而言站得住脚且在实践上亦可被转化的规则,学术界、非政府组织与企业的代表们紧密地一起合作。

该准则的指导价值与基本理念在于,人工智能的发展必须取决于人及其具体需求。因此所涉及到的是一个"以人为中心的方法"。高级别专家组在此明确地指向了人性尊严。② 四个根本的伦理原则在该准则中被确认,且从中推导出七项企业为了发展值得信赖的人工智能系统应该遵循的要求。该文件被透过一系列问题来补充,其可以使操作该准则的要求变得较为容易。

在该准则中被叙述的四个伦理原则与欧洲的基本权利规范——特别是与《欧盟基本权利宪章》中的基本权利——紧密地相关联:(1)尊重人的自主:人工智能系统必须如此地被发展,以便它会考虑个人的自由和自主,(2)避免损害:人工智能系统不可以损害人类,(3)公平:此外,为了防止可能导致对少数群体歧视或侮辱的个人或集体偏见所做的努力应该归属于此一相对不确定的概念③,以及(4)可解释性:人工智能系统的透明度与沟通能力应该被改善,以便验证与解释它的决定。

联邦交通与数字基础设施部部长于2016年秋天设立了"自动化联网驾驶伦理委员会"。在该委员会中,科技专家、哲学家、经济学家、法律人和消费者保护代表在一位前联邦宪法法院法官的领导下共同合作,以

---

① https://ec.europa.eu/digital-single-market/en/news/ethics-guidelines-trustworthy-ai.访问日期:2019年12月6日。

② Eric Hilgendorf, Problem Areas in the Dignity Debate and the Ensemble Theory of Human Dignity, in: Dieter Grimm/ Alexandra Kemmerer/ Christoph Möllers (Hrsg.), Human Dignity in Context. Explorations of a Contested Concept, 2018, S. 325.

③ 此外,支出和收益的平等分配也会被算入"公平",接受损害赔偿的机会应该要存在。

便确认、分析以及在可能的情况下解决目前自动化与网络化道路交通的问题。① 当时出现了丑化自主驾驶的现象,即通过虚构车载计算机在紧急状态下必须做出杀人决策的"两难困境情形"对自主驾驶进行丑化。设立该委员会的诱因正是应对这一现象。该委员会成功地制定出与在"生命对生命"之情况下,传统司法实践和学说相一致之可被支持的两难困境案例解决方案。② 这个例子彰显了哲学反思和法学鉴定如何能够为了解决实际问题而携手合作。

(二) 信赖原则

信赖原则,意指人们在与他人的互动中原则上可以信赖他人会符合谨慎要求地行事,亦即人们无须考虑到他人重大偏离常规的行为。③ 只有当清楚的证据指出了信赖他人遵守规则的行为是站不住脚的,情况才会不太一样。后者可以是诸如小孩在路旁玩球——小孩跑到路上在此处是无法被排除的,或者是醉酒者试图在人行道的边缘取得平衡——他有可能摔到路上是完全在可能的范围之内的。如果没有信赖原则的话,道路交通的流畅运行将会因为随之发生的责任风险在实际上被排除。

随着机器人系统的采用,出现了关于此等系统是否亦归属于信赖原则的问题。有三个场景应该被区分:

第一个场景是人们在所有情况下都可以信赖机器——如果它按照设定被使用的话——会合乎规则地行动。因此人们可以信赖机器不会显露出瑕疵,除非明确的证据支持了相反的观点。例如当在媒体中被报道了关于特定系统的瑕疵,或者一个系统在具体情况下明显引人注目地行动时,就可能存在一个证明瑕疵的证据。

---

① 关于该委员会的报告,请参见 http://www.bmvi.de/SharedDocs/DE/Publikationen/DG/bericht-der-ethik-kommission.pdf?__blob=publicationFile,访问日期:2019 年 12 月 6 日。

② 关于该伦理委员会的解决方案,更进一步请参见 Eric Hilgendorf, Dilemma-Probleme beim automatisierten Fahren, ZStW 130, 2018, S. 674。

③ Urs Kindhäuser / Eric Hilgendorf, Strafgesetzbuch. Lehr-und Praxiskommentar, 8. Aufl., 2020, § 15 StGB, Rn. 61 ff.

第二个场景涉及关于机器在多大程度上可以"信赖"人类合乎秩序之行为的问题。此处明显涉及一个比喻的陈述方式,归根结底涉及的是,生产者应该在设计其机器人系统时考虑到哪些形式的人类错误行为。人们将必须认知到,人会在紧急情况下犯错,无论是在道路交通中、在工作岗位上,或者亦在休闲时间与在运动时。

如果机器在此种情况下符合设定地与人类互动,人们将可以向生产者要求,可预见的错误行为在设计机器时会被考虑。只要目前由人类操控的汽车所进行的客运个人交通没有被废除(而在可预见的期间内也不会出现这样的情形),就意味着自主系统中在道路交通环境中必须考虑到人类驾驶员可能的"头脑一片空白"以及特定情况下"急转"方向盘的普遍倾向。哪个错误行为是事实上可预见的,必须透过谨慎的实证研究来被厘清。

第三个场景涉及机器与机器互动的情况。在此有许多观点都支持至少向生产者要求,其所生产的系统能够与相同功能类型,但由其他生产者所生产的机器互动。很明显地,当与较旧制造类型的机器互动时,或者当涉及到属于不同功能等级的系统时,例如高级系统相对于标准或廉价的版本,问题就会产生。当两辆或更多辆配备了自主系统的汽车互相遭遇时,此一问题即可藉由自动化道路交通的例子被清楚地呈现出来。此等系统在未来将会彼此沟通,亦即其将会交换信息且依此安排其行为。例如这可能会涉及到谁在一个十字路口先行驶的问题。为了在此种情况下使机器的沟通较为容易,适当的做法是立法者制定机器在互相沟通时必须符合的特定功能清单。

(三)容许风险

第二个对于确定注意义务来说非常重要的角色是容许风险,其在自主机器人系统的语境下甚至比信赖原则的意义还要重大。作为出发点的是关于并不存在百分之百安全之科技的认知。因此例如在工业化大规模生产中总是应该考虑到透过产品所造成的一定程度损害。如果人们想要完全避免相应的损害,该产品就必须被禁止。反之,如果人们想要享受与该产品相联结的利益,特定数量与性质的损害就必须被接受。因此核心问题为,允许制造何种风险,而行为不会因此被视为不被容许且违反注意要求的。

容许风险在刑法上属于社会相当性概念的一个下位形态,社会相当性意指社会相当的,亦即在一定方式上"正常的"风险应该被接受且不会导致生产者的责任。① 在民法上亦被承认的是,科技产品总是无论如何含有实际上无法被避免的剩余风险。② "一个不准危害他人的一般性禁令纯属幻想"。③

生产者负有义务注意购买者与使用者在使用产品时不受到损害。只要损害无法完全被排除,生产者原则上就必须去做所有对其而言可能的事情,以便尽其所能地将损害在其数量与性质上降到最低。但期待可能性的思想会在此处设立一个界限。④ 在产品进入市场之后,如果在没有无法期待之损耗的情况下可能的话,生产者亦必须保养及按照可能的情况改善其产品。科学和技术的状态在此应该始终被关注。

如此被架构的容许风险可以毫无疑问地适应于既有的产品责任规则。⑤ 具有特殊意义的是,在容许风险中蕴含了一个动态的要素⑥;如果生产者不想让自己遭受到违反注意的谴责,产品就也必须随着认知的进步被改善。

---

① Frank Schuster, in: Adolf Schönke/ Horst Schröder (Hrsg.), Strafgesetzbuch, 30. Aufl., München 2019, § 15 StGB, Rn. 146.
② Hein Kötz/ Gerhard Wagner, Deliktsrecht, 13. Aufl., 2016, Rn. 629.
③ BGH, VI ZR 223/07, NJW 2008, 3775, Rn. 9; BGH, XII ZR 117/10, NJW 2013, 48, Rn. 7.
④ 与防止或消除一个瑕疵相关联的花费不可与透过该瑕疵可能发生之损害的严重程度不成比例。民法上请参见 Hein Kötz/ Gerhard Wagner, Deliktsrecht, 13. Aufl., 2016, Rn. 618 f.
⑤ 关于民法上的产品责任,请参见 Hein Kötz/ Gerhard Wagner, Deliktsrecht, 13. Aufl., 2016, Rn. 605 ff. 关于刑法上的生产者责任,请参见 Eric Hilgendorf, Länderbericht Deutschland, in: Georg Freund (Hrsg.), Strafrechtliche Verantwortlichkeit für Produktgefahren, 2015, S. 47。
⑥ Urs Kindhäuser / Eric Hilgendorf, Strafgesetzbuch. Lehr-und Praxiskommentar, 8. Aufl., 2020, § 15 StGB, Rn. 700 ff.

哪些风险显得可以被接受系取决于社会的协商过程,在该过程中司法实践居于一个重要的地位。过度的注意要求与自由放任同样不具有说服力。此外,什么在一个社会中是被接受的系取决于历史的变化且依赖于不同的因素,例如对于风险的熟悉程度。①

假设现代道路交通并非在超过一百年的时间里逐步地发展,而是应该于 2020 年在认识到其所有附随现象的情况下一步到位地被引入。在这样的情况下应当首先考虑到,现代行驶方式的便捷性面对的是单单在德国每年明显超过 3000 位交通事故罹难者的事实。这将不太可能仍适合作为容许风险。之所以同样的数字在现实中毫无疑问地被接受,是因为我们已经对于许多的交通事故罹难者与在交通中受伤者感到习惯。对于在法律上掌握机器人系统而言,进一步在教义学上对容许风险这一角色进行深入研究属于最重要的任务之一。

七、总　结

当分析与规制许多透过现代人工智能和机器人研究被提出的问题时,伦理学与法学能够紧密地合作。即使法律独立地规定了其范畴与概念,伦理学仍然能够显著地对于规范问题的厘清与体系性掌握作出贡献。第一个问题是关于机器人系统规范地位的问题。相较于机器的人格地位对英美法领域而言显得可以很好地被支持,此一归类对欧陆法以及特别是德国法而言提出了重大的概念问题。为了确保对于由机器所造成损害之一个适当的民法上责任,可以考虑将产品责任扩张及于软件。此外,传统的民法上责任规则亦适用于机器。

这也同样适用于刑法。然而基于宪法上所保障的罪责原则,此处无过错责任是被排除的,"电子人"的处罚当然也是被排除的。为了厘清以及或许限制生产者责任,信赖原则必须针对"人类-机器"与"机器-机

---

① Eric Hilgendorf, in: Thomas Fischer/ Eric Hilgendorf (Hrsg.), Gefahr. 5. Baden-Badener Strafrechtssymposion, 2020, S. 9. 20 f.

器"的情况被调整。除此之外具有特殊意义的是"容许风险"此一角色的续造,以便为消费者与生产者建立起法安定性。总而言之,在笔者看来没有疑问的是,我们的法律体系将可以应对得起符合人性地规制人工智能与机器人的挑战。

第十四章
以公共利益为导向的立法
——以欧盟"人工智能高级别专家组"的建议为基础*

一、数字化和人工智能时代的伦理和法政策

数字化及其受到最多讨论的应用领域——人工智能——正在重塑我们的生活和工作环境。新冠疫情又给予了这一进程前所未有的程度推动。同时,对经济、国家和社会的数字化进行规制的必要性和困难程度不断得到分析调查和强调,有时甚至是以一种激烈的方式去强调。①

---

* 本文原文"Gemeinwohlorientierte Gesetzgebung auf Basis der Vorschläge der EU, High-Level-Expert Group onArtificial Intelligence'"发表于:Chris Piallat (Hrsg.), Der Wert der Digitalisierung. Gemeinwohl in der digitalen Welt, transcript Verlag 2021, S. 223-253。

① 关于人工智能的规范应对的论文目前已经不胜数,参见 Michael Anderson/ Susan Leigh Anderson, Machine Ethics, 2011; Susanne Beck/ Carsten Kusche/ Brian Valerius, Digitalisierung, Automatisierung, KI und Recht, 2020; Oliver Bendel, Handbuch Maschinenethik, Wiesbaden, 2019; Mark Coeckelbergh, AI Ethics, Cambridg, 2020; Virginia Dignum, Responsible Artificial Intelligence, 2019; Markus Hengstschläger, Digital Transformation and Ethics, 2020; Catrin Misselhorn, Grundfragen der Maschinenethik, 2018; Julian Nida-Rümelin/ Nathalie Weidenfeld, Digitaler Humanismus. Eine Ethik für das Zeitalter der Künstlichen Intelligenz, 2018. 关于规制问题的参见 Martin Schallbruch, Schwacher Staat im Netz. wie die Digitalisierung den Staat in Frage stellt, 2018 und zuletzt Paul Nemitz / Matthias Pfeffer, Prinzip Mensch. Macht, Freiheit und Demokratie im Zeitalter der Künstlichen Intelligenz, 2020。

第十四章 以公共利益为导向的立法

这些新兴技术被描述为具有高度创新性、时而甚至是有"毁灭性"力量的。① 显然,这样一个剧烈的变革必然会引发大量规范上的问题,继而也会带来伦理和法政策上的挑战。西方社会(但不仅是西方社会)在上一次世界大战之后通过赋予人权以法律地位为自己设置了一个规范框架,约束国家权力并迫使其在公民人权受到侵犯时介入干预。而人权的基础是人的尊严,可以理解为个人基本主观权利的集合体。② 通过这种方式,个人得到了特别有效的保护。

对人权的回溯使法政策和伦理可以相互联结。这二者通常被描述为对立的活动领域:在部分人看来,伦理关注的是高高在上的价值和标准,而法政策则是由各种短期目标所决定的,是纯粹的"工具理性"。如果详加分析则会发现,规范伦理和法政策紧密相连,因为二者都关注既已得到充分论证的,或应当进行充分论证的规范,而这些规范为人类的实践活动确定了方向。

因此,必须提出这样的问题:数字化领域的法政策应当遵循哪些规范性的前提? 首先,伦理学的分析对于一个合理的法政策而言是不可或缺的。因此,伦理学专业知识在很多政治活动领域中得到援引也就不足为奇了。而伦理学知识在此起到的作用绝不仅是掩盖在其他地方已经得出的结论、道德洗白(Ethics-Washing)③或者作为周日演讲的灵感来源,而是去提供重要的、在有些领域中甚至是必要的分析和反思。这不仅发生于欧洲,同样出现在其他国家或更大的区域,它们都尝试通过自身的文化和社会政治理念来规制数字化和人工智能领域的技术进步,其

---

① 新技术的应用领域参见 Armin Grunwald, Der unterlegene Mensch. Die Zukunft der Menschheit im Angesicht von Algorithmen, künstlicher Intelligenz und Robotern, Teil II, 2019.
② 参见第二章第(一)节开头部分。
③ 可以理解为制定夸夸其谈的伦理原则,实际是为了避免公众监督或有效的(因为具有约束力)法律规制。这可能也是人工智能相关的伦理规则明显膨胀的原因之一,对此参见 Anna Jobin/ Marcello Lenca / Effy Vayena, The global landscape of AI ethics guidelines, Nature Machine Intelligence 1, 2019, S. 389-399.

中特别重要的是美国和中国。①

当然,在监管领域,欧洲似乎比其他国家或大区先行一步。通过2019年4月8日颁布的《欧盟可信赖的人工智能伦理准则》(以下简称《准则》)②,为欧盟进一步的规制措施奠定了基础。《准则》将自然人及其需求置于核心位置,一再提及"以人为本的方式"(human-centric approach)。它可以被归为"以人为导向的"(humanorientiert)或"人文主义的"(humanistisch)进路。③ 新技术所带来的好处不应优先惠及个别大型企业或增强国家权力,而应当优先服务于共同福祉,即所有人的幸福安康。④

关于人工智能技术应用带来的法政策上的挑战的几个事例

为什么伦理和法政策讨论对人工智能的应用如此重要?以下几个例子可以清晰地展示我们所面对的问题:

首先,与现代数字化通信相关的问题是迫切需要解决的,但在伦理和法政策上又难以回答。例如在社交网络中,明显有越来越多的消息是

---

① 因此,为了对人工智能技术进行规制,几乎所有具备较高技术水平的国家都提出了相应的人工智能伦理草案,概述参见第214页脚注①Mark Coeckelbergh, S. 150 ff.; Paul Nemitz / Matthias Pfeffer, 2020., S. 314。

② https://ec.europa.eu/digital-single-market/en/news/ethics-guidelines-trustworthyai,访问日期:2020年12月3日。欧盟人工智能高级别专家组总共出版了四份文件:(1)《可信赖的人工智能伦理准则(Ethics Guidelines for Trustworthy AI)》,其中包含对基本伦理和法政策的思考;(2)《政策和投资建议(Policy and Investment Recommendations)》,其主要涉及将前述基本思考落实到政治和经济领域时需要面对的问题;(3)《可信赖的人工智能评估清单(ALTAI)》,其主要用于自我评估,参与测试的公司可以通过该清单检查自己的实施状况;(4)《可信赖人工智能政策的具体行业考虑事项和投资建议(Sectoral Considerations on the Policy and Investment Recommendations for Trustworthy Artificial Intelligence)》其中对四个选定的应用领域,即工业生产、电子政务、司法和健康领域,进行了更详细的分析,并研究了人工智能的应用可能。

③ 参见第214页脚注①Julian Nida-Rümelin/ Nathalie Weidenfeld; Eric Hilgendorf, Humanismus und Recht - Humanistisches Recht? Eine erste Orientierung, in: Horst Groschopp (Hrsg.), Humanismus und Humanisierung, 2014, S. 36-56。

④ 第214页脚注①Mark Coeckelbergh, S. 183 f.中正确地指出,这样的人类导向性不是不言而喻的,因为这将其他有感情的生物,如当下的动物和将来的机器都排除在外。

由算法"自主"发布、并由所谓的"社交机器人"(Social Bot)传播的,继而影响到了公众可感知的观点频谱。因此,数字化空间内言论自由的范围成为了最大的伦理和法政策挑战之一。① 不容忽视的是,互联网中的交流正在变得越来越残酷,仇恨言论成为了日常现象。人工智能过滤技术对此有所帮助,但又会带来新的问题,即谁来决定"应被过滤"的内容——社会,科技公司,还是人工智能本身? 责任风险对平台-企业而言可能是一个有效的行动动机,使其关注通过自身传播的内容。因此,大型互联网服务提供者所享有的责任特权似乎越来越有问题。此外,现代的全球通信带来了有趣的跨文化问题,例如某种以西方标准看来没有问题的言论在其他大区(例如阿拉伯世界)被认为极具侮辱性甚至是亵渎的情形。

如果从自主系统控制的产品生产——工业4.0——的角度进行观察,会发现新兴工作形式的规范框架成了问题,例如在自然人直接和机器"同事"一起工作的时候。对于依赖人机协作的工业化产品生产而言,注意义务的标准成为问题的关键:被使用的技术应当安全到何种程度? 雇主应当提供哪些防护措施? 此外还有责任问题:当发生事故时,谁应对此负责? 谁应承担损害赔偿责任? 当责任问题与增强现实技术(Augmented Reality)的应用相结合时,问题则会更为复杂。例如,自然人通过VR眼睛接收到了错误的指令(并因此导致了损害结果的产生),或交互不再发生在自然人与自然人之间,而是通过虚拟代理人(Avataren)在虚拟环境中进行②。

另一个得到深入讨论的问题领域是数字技术支撑的新兴人员流动方式。例如,当机动车或者说机动车配备的自主碰撞回避辅助系统面临

---

① 全面论述参见 Timothy Garton Ash, Redefreiheit. Prinzipien für eine vernetzte Welt, 2016(明显受到盎格鲁-萨克逊地区影响的观点)。

② 几年前,维尔茨堡的一次VR测试实验中发生了一起事故,一个女学生的(女性)虚拟代理人受到了一个男学生(男性的)虚拟代理人的严重性骚扰。

不得不伤人乃至杀人的两难困境,而需要作出决策的场景。① 我们是否可以将关乎生死的决策交由机器进行？在进行决策权移转时应当遵从何种规则？而机器又应当依据何种伦理和法律标准进行决策？该领域中一个目前尚未得到充分讨论的问题是：国家为了防止机动车驾驶员危害自己或危害他人的行为,可以在多大程度上借助技术手段干预道路交通？这既可以说是"技术家长主义"(technologischer Paternalismus)带来的挑战,也可以说是"技术家长主义"带来的新契机。②

数字医疗受到了越来越多的关注,也提出了大量的伦理和法政策问题。例如分配正义问题(是否应当为穷人提供强大的、因而也非常昂贵的医疗技术？),或者机器是否可以作为非常年长者、存在精神障碍者的"伴侣"使用？如果欧洲以数据保护为由放弃发展具有竞争力的电子健康产品,会面临依赖非欧垄断供应商的危险。此外,还存在着以关键词"强化"(Enhancement)来描述的一系列问题。其所涉及的主要是通过技术手段对自然人的"改善"。其中一个极端的且极具挑战性的立场是"超人类主义"(Transhumanismus),该观点完全支持通过技术手段使人类更进一步。③

前述所有问题领域又都与人工智能本身所带来的挑战相结合。它是否仅仅是自然人的工具,而所有监管和责任因此都应指向其生产者、传播者或使用者等人？或者更恰当的做法是,将人工智能视为独立的行

---

① 对该问题的全面论述参见 Eric Hilgendorf, Dilemma-Probleme beim automatisierten Fahren. Ein Beitrag zum Problem des Verrechnungsverbots im Zeitalter der Digitalisierung, ZStW 2018, S. 674-703. 引人瞩目的是,甚至《道路交通法》修正案的草案中都提到了两难困境问题,参见：Bundesrats-Drucks. 155/21 vom 12.2.2021-„Entwurf eines Gesetzes zur Änderung des Straßenverkehrsgesetzes und des Pflichtversicherungsgesetzes-Gesetz zum autonomen Fahren", S. 27.

② 参见下文第三章第(六)节,以及 Timo Radermacher 和 Erik Schilling 在本书(参见文章开头部分译者注)中的文章。

③ 参见第 214 页脚注 ① Mark Coeckelbergh, S. 38 ff.; 另参见 Eric Hilgendorf, Menschenwürde und die Idee des Posthumanen, Menschenwürde und Medizin: Ein interdisziplinäres Handbuch, 2013, S. 1047-1067。

为主体和独立的责任主体？后一种做法会给传统的责任归属机制,以及对(可以享有权利的)法律主体和(不具"权利能力"的)纯粹客体的区分带来严峻的考验。

二、《可信赖的人工智能伦理准则》及其继受

(一)欧盟人工智能高级别专家组(EU High-Level Expert Group)的伦理准则

2018年春,欧盟委员会宣布其将会采取行动,支持欧洲的人工智能研究。① 为此,在2018年秋组建了一个由52位专家组成的委员会,其中来自工业界、学术界和非政府组织的专家各占1/3,即欧盟人工智能高级别专家组(HLEG AI)。专家组的任务是为欧洲的人工智能新大陆起草可靠的、且切实可行的规则。2019年4月8日,专家组颁布了他们关于可信赖的(trustworthy)人工智能的建议。② 建议认为,可信赖的人工智能包含三个核心要素:人工智能必须是(1)合法的,即符合相应的法律规范;(2)伦理上可接受的;以及(3)(技术和社会上)鲁棒的(robust)。其中第三项包括,或者说特别应包括人工智能针对攻击的信息技术安全性,这是一项根本性的重要要求,必须在人工智能的所有应用场景下得到关注。

欧盟人工智能高级别专家组在组建之初就考虑到了其建议的现实

---

① Communication from the Commission to the European Parliament, the European Council, the Council, the European Economic and Social Committee and the Committee of the Regions: Artificial Intelligence for Europe, COM (2018) 237 final(2018年4月25日版)。

② 参见第216页脚注②所引文件中对"可信赖"的定义,以及第214页脚注①Mark Coeckelbergh, S. 152 f.;对"可信赖的技术"参见第214页脚注①Paul Nemitz / Matthias Pfeffer, S. 168. 欧盟人工智能高级别专家组所处理的是所谓的弱人工智能,即限定领域人工智能,而不是类人的强人工智能。就这个基本决定专家组内部进行了数次激烈争论。最后,有趣、但过于理论化的强人工智能问题被排除在外,以便专注于对目前的实践而言为重要的弱人工智能问题。

可行性问题,①因此产业界和消费者保护团体从一开始就加入到了工作中。此外还加入了一个测试阶段,在选定的企业②中对建议的可行性进行了实际测试。这样一来,专家委员会的建议就与一些更偏向学术导向性的规范产生了明显的差异,对后者而言,法规的具体效果处于次要地位。

1.以自然人为核心的方案

专家组建议的规范的一个指导思想是,人工智能的发展应当指向具体的人和人的实际需求。这就是"以人为本的方式"(human-centric approach)这一概念的基本含义。专家组明确指出应以人的尊严作为指导价值。其具体可以被理解为七种基本主观权利的集合:(1)物质生活水平的权利;(2)自主发展自我的权利(最低限度的自由权);(3)免受极端痛苦的权利(例如免受酷刑);(4)确保最低限度私人领域的权利;(5)心理和精神完整的权利;(6)法律面前基本平等的权利;(7)获得最低程度尊重的权利。③

按照这里的构想,所涉及的不应仅仅是缺乏个人关联性的客观权利,而应是个人真正能够用以保护其基本利益的主观权利,只有主观权利才能支持权利人为其权利提起诉讼。以人的尊严为基本主观权利的纽带,个体可以借助有效的、可用的法律手段强化其地位,即赋予他们可诉的、相对明确的主观权利。然而,该语境下的人的尊严只保护人类利益的核心领域,对前文所述的权利应当进行严格解释。例如,私人领域中仅有最内部的部分(私密领域)应受到人的尊严的绝对保护,对于受绝对保护的利益,不得进行任何利益衡量。而私人领域的其余部分主要不受人的尊严的保护,而是受到从基本权中推导出并进一步发展的信息

---

① 这一方案的意义参见第214页脚注①Mark Coeckelbergh, S. 168 ff.。

② 例如博世(BOSCH)公司就参与了测试工作。博世公司的人工智能研究负责人克里斯托弗·派洛(Christoph Peylo)也是专家组的专家之一。

③ Eric Hilgendorf, Problem Areas in the Dignity Debate and the Ensemble Theory of Human Dignity, in: Dieter Grimm/ Alexandra Kemmerer/ Christoph Möllers (Hrsg.), Human Dignity in Context. Explorations of a Contested Concept, 2018, S. 325 ff.

自决权的保护。① 人的尊严的其他表现形式也同样可以区分为不可触碰的核心领域及外部领域,对后者而言,相应的利益尽管也受到基本法的保护(例如通过一般行动自由权或通过平等原则),但保护不再是绝对的。

2.四项基本伦理原则

在保护人的尊严的基础上,《准则》确立了四项基本伦理原则,并从中推导出了可信赖的人工智能系统必须满足的七项要求。此外,专家组还提出了一系列的问题和标准,以帮助《准则》的测试工作和对要求的具体实施。《准则》中确立的伦理原则明确基于欧洲的基本权利规范,特别是《欧洲联盟基本权利宪章》,并以此锚定在现行法律中。②四项基本原则如下:

(1)尊重人类的自主:人工智能技术的发展应当充分考虑到个人的自由和自主;

(2)避免损害:人工智能系统不得伤害人类;

(3)公平性:这个概念相对而言具有更高的不确定性,其中包括努力防止可能导致对少数群体的歧视或给其打耻辱性标签的个人或团体偏见。③

(4)可解释性:应提升人工智能系统的透明度和沟通能力,使其决策能够被理解并得到控制。

3.七项应满足的条件

从前述原则中产生了以下七项要求:(1)人的能动性和人的监督,(2)技术的鲁棒性和安全性,(3)隐私保护和数据质量管理,(4)透明

---

① Art. 2 Abs. 1 i.V.m. Art. 1 Abs. 1 Grundgesetz.

② 这一点在专家组的讨论中也并非没有争议。部分专家希望有更多哲学理论上的论证。然而此类哲学准则在明确性上存在欠缺,此外,与欧洲的人权法规不同,理论性的准则也缺乏法律上的约束力。当然,这不意味着在对人权规范进行解释时不需要哲学上的思考。

③ "公平"还意味着成本与收益的平等分配。如果受到损失,应有获得补偿的渠道。

性,(5)多样性、非歧视性和公平性,(6)社会和环境福祉以及(7)可问责性。①

"人的能动性和人的监督"原则要求保留人对人工智能的决策权和控制权。② 其中也包括至少在原则上理解人工智能所控制的进程的可能性。对"技术的鲁棒性和安全性"的要求意味着,系统在设计上应力求避免造成对他人的损害。在专家组看来,这也应包括对抗外来攻击方面的安全性。"隐私保护和数据质量管理"不仅指对信息自决权的保护,还包括对全部"自己"数据的控制。③ "透明性"是指人工智能工作方式和工作结果上的可解释性。而"透明性"又可以被视为多数"可问责性"形式的前提。④ 而"多样性、非歧视性和公平性"至少包括确保排除不公平的、具有偏见的人工智能。"社会和环境福祉"中则包括对整个社会、环境以及其他有情感能力的存在的保护。最后,对"可问责性"的要求意味着,当出现由人工智能导致的损害时,应确保存在适当的责任机制。

2020年年初,新冠疫情的出现严重影响了专家组的团队合作,⑤然而专家组的成果最终还是得以推出。对该成果,德国和其他欧盟成员国均给予了非常积极的反馈。专家组的建议不仅成为了学术讨论的话题,部分也转化成了具体的政策建议。⑥ 所涉行业协会多数

---

① 参见第216页脚注②Ethics Guidelines, S. 14 ff.。
② 从人的"能动性"向机器的"能动性"转移的例子,参见第214页脚注① Sabine Köszegi, The Autonomous Human in the Age of Digital Transformation, in: Markus Hengstschläger (Hrsg.), Digital Transformation and Ethic, 2020, S. 60-84 (71f.)。
③ 然而,专家组在讨论时的关注点主要集中在对个人数据的处理上,对技术数据等非个人数据的处理,以及"数据所有权"的可能性只进行了顺带的讨论。
④ 在没有透明性的情况下还是可能成立纯粹的无过错责任。
⑤ 一个可能的因素是,相较于在线交流,人在面对面沟通的时候更容易做出妥协。
⑥ 可参见第214页脚注① Mark Coeckelbergh, Virginia Dignum 以及上注②Sabine Köszegi,三位作者都是专家组成员。此外也可参见 Dettling Heinz-Uwe / Krüger Stefan, Erste Schritte im Recht der Künstlichen Intelligenz. Entwurf der "Ethik-Leitlinien für eine vertrauenswürdige KI", in: MMR 4/2019, S. 211-217,文中作者对药品法领域中的(转下页)

对建议表示了认可,①这表明欧盟人工智能高级别专家组已经实现了其最重要的目标之一,即离开象牙塔中"精英圈子"的伦理讨论,变得更加现实、有效。顺带一提,专家组成员从一开始就将其工作视为阶段性成果——如果认为用四份简单的文件就可以一劳永逸地为人工智能这样一个动态的、生机勃勃的领域确立规范基础,那就太天真和自以为是了。

在下文中,首先将介绍新的《欧盟人工智能白皮书:追求卓越和信任的欧洲方式》(以下简称《白皮书》)对专家组《建议》的吸纳状况。而欧盟的法律规定在全球很多地区都得到关注,甚至有时会被直接引用。有时这被称为"布鲁塞尔效应"(Brüssel Effekt)。② 因此下文中也将简短地介绍欧盟的《建议》在中国和美国产生的影响。此外,从欧盟的规范得到继受这点也可以看出,所谓的"布鲁塞尔效应"绝非单纯的捕风捉影。这也使得建设性、批判性地与欧盟的规范框架共同前进,并从共同福祉的现实意义角度出发对其进行审查变得更为重要。

(二)欧盟的《人工智能白皮书》

2020年2月19日,欧盟颁布了《白皮书》。③ 其中进一步发展了《准则》提出的方案和政策建议。《白皮书》认为,欧洲有能力在人工智能的发展和使用方面处于领先位置。④ 特别值得一提的是,《白皮书》给予了

(接上页)同类问题进行了非常有趣的思考。作者的写作蓝本是《准则》2018年12月18日版的草案。平行比较了药品法领域的还有:第214页脚注①Paul Nemitz / Matthias Pfeffer, S. 327 f. Nathalie A. Smuha, The EU Approach to Ethics Guidelines for Trustworthy Artificial Intelligence. A continuous journey towards an appropriate governance framework for AI, Computer Law Review International (Cri), 2019, S. 97-106.提供了优秀的"内部视角"。笔者作为小组的项目助理,在两年的时间里充满自信地监督并管理了小组的工作。

① 例如Bitkom经深思熟虑发表的立场说明:https://www.bitkom.org/sites/default/files/2019-02/HLEG_Consultation_Bitkom.pdf,访问日期:2020年12月8日。

② Anu Bradford, The Brussels Effect. How the European Union Rules the World, Oxford: Oxford University Press 2020.

③ COM (2020) 65 final.

④ 同前注;S. 3。

对数据的分析和使用以极大的重视。① 得到强调的还有发展公民相应能力的重要性。② 前文中介绍的七项核心要求也被提及,作为通过适当监管建立"信任生态系统"(Ecosystem of Trust)的基础。③ 此外,《白皮书》还多次提到了"有偏见的"和歧视性的人工智能的危险性。④ 关于可能必须进行的立法改革,《白皮书》特别提到了对现行产品安全和产品责任法的调整。⑤《白皮书》还附有一份关于人工智能安全和责任的详细报告⑥以及欧洲数据战略的摘要。⑦ 2020年10月举行了第2届欧洲人工智能联盟大会(2. European AI Alliance Assembly),后续会议也在规划中。⑧

(三)中国和美国的第一反应

中国政府没有直接评论欧盟人工智能高级别专家组的工作,但中国政府(及官媒)⑨都报道或转载了《准则》发布的新闻。其中特别提及,欧

---

① COM (2020) 65 final:S. 4
② 同前注:S. 6 f.。
③ 同前注:"human agency and oversight","technical robustness and safety","privacy and data governance","transparency, diversity, non-discrimination and fairness";"societal and environmental wellbeing", und "accountability"。
④ 同前注:S. 11 f. 及前言。
⑤ 同前注:S. 13 ff.。
⑥ Report from the Commission to the European Parliament, the Council and the European Economic and Social Committee: Report on the safety and liability implications of Artificial Intelligence, the Internet of Things and robotics, COM (2020) 64 final(2020年2月19日版)。报告是根据以下文件撰写的:"Liability for Artificial Intelligence and other Emerging Digital Technologies", verfasst von der Expert Group on Liablity and New Technologies. New Technology Formation (2019)。
⑦ Mitteilung der Kommission an das Europäische Parlament, den Rat, den Europäischen Wirtschafts-und Sozialausschuss und den Ausschuss der Regionen: Eine europäische Datenstrategie, COM (2020) 66 final(2020年2月19日版)。
⑧ https://fra.europa.eu/en/news/2020/second-ai-alliance-assembly,访问日期:2020年12月8日。
⑨ 在此特别感谢我的同事刘畅先生对相关新闻网页中的报道进行的收集、分类和翻译工作。

第十四章 以公共利益为导向的立法

盟希望企业、研究机构和政府部门对该准则进行测试。有趣的是,部分报道猜测欧盟此举可能是尝试应对中美之间的技术竞争,并寻求监管层面的领导地位。①

对于中国政府的态度,大致可以(通过分析归纳中国政府此后的相关决定和政府领导人的讲话内容)进行如下总结。中国政府认为:(1)对人工智能的发展进行伦理方面的规制,以及相应地制定伦理准则是必要的;(2)在一些根本性的原则上各国之间可以达成共识;(3)欧盟和美国表现出了不同的发展路径,欧盟强调立法和监管,而美国的态度则是轻监管、促创新;(4)中国必须在二者之间找到适合自己的路径,既不能抑制创新,又不能放任技术和伦理风险。在中国,伦理标准大多与技术标准相结合,伦理标准的重点发展方向是医疗、应急等可能产生具体伦理问题的领域。在欧盟《准则》发布后的两个月之后,中国政府也颁布了《新一代人工智能治理原则——发展负责任的人工智能》。② 可以看到,其中所规定的基本原则与欧盟人工智能高级别专家组所提出的七项基本要求在本质上几乎没有区别。

美国也对欧盟人工智能高级别专家组的工作进行了报道,但比中国的报道更少,且态度更为谨慎。可以看到《福布斯杂志》③的一位作者给出了总体上比较积极的评价,并强调欧盟的《准则》超越了许多类似的无约束力的伦理准则,认为其可能对美国的监管实践产生影响。科技媒体"The Verge"④的一位作者同样指出了《准则》并没有约束力,并推测欧盟力图通过塑造伦理和法律规范来维持其在国际舞台上的竞争力,因其在

---

① 参见第 214 页脚注④"布鲁塞尔效应"。
② http://govt.chinadaily.com.cn/a/201906/17/WS5d08a7be498e12256565e009.html,访问日期:2020 年 12 月 8 日。中国政府提出的八项基本原则为:和谐友好、公平公正、包容共享、尊重隐私、安全可控、共担责任、开放协作和敏捷治理。
③ https://www.forbes.com/sites/washingtonbytes/2019/04/11/europes-quest-for-ethics-in-artificial-intelligence/,访问日期:2020 年 12 月 3 日。
④ https://www.theverge.com/2019/4/8/18300149/eu-artificial-intelligence-ai-ethical-guidelines-recommendations,访问日期:2020 年 12 月 8 日。

投资和尖端研究方面难以与美中两国竞争。而来自微软的反馈则非常积极,①称《准则》是人工智能伦理和法律规制的里程碑。该企业表示非常赞同欧盟人工智能高级别专家组所表达的价值观,并表现出了参与相应测试和进一步实验工作的意向。值得注意的是,当时的美国总统唐纳德·特朗普(Donald Trump)于 2020 年 12 月 3 日签署了一项关于美国政府人工智能使用的行政命令,其在标题表明该行政命令参考了欧盟的《准则》,在正文中却没有提及。但相较之下,二者在内容上的重叠非常明显。②

三、立法上的挑战——欧洲人工智能监管之路可能的形态?

欧盟人工智能高级别专家组的建议及欧盟的《白皮书》为进一步思考如何对新兴数字技术进行规制提供了基础。对此,至少可以抽象出以下几个特别重要的议题。

(一)民事责任和刑事责任

谁在什么情况下以何种形式对互联网中或数字进程中的什么承担责任,是数字世界中最为紧迫也最难以解决的伦理和法政策问题之一。很长一段时间以来,机器致损的民事、刑事责任问题一直受到热议。③ 投入使

---

① https://blogs.microsoft.com/eupolicy/2019/04/09/ethical-guidelines-trustworthy-ai/,访问日期:2020 年 12 月 8 日。

② Executive Order on Promoting the Use of Trustworthy Artificial Intelligence in the Federal Government, https://www.whitehouse.gov/presidential-actions/executiveorder-promoting-use-trustworthy-artificial-intelligence-federal-government.访问日期:2020 年 12 月 3 日。也参见:Executive Order on Maintaining American Leadership in Artificial Intelligence, unter https://www.whitehouse.gov/presidential-actions/executive-order-main taining-american-leadership-artificial-intelligence, 2019 年 2 月 11 日版。访问日期:2020 年 12 月 3 日。

③ 全面分析参见第 214 页脚注①Eric Hilgendorf, Zivil- und Strafrechtliche Haftung für von Maschinen verursachte Schäden, in: Oliver Bendel, Handbuch Maschinenethik, S. 437–452;民法角度的深入探讨参见 Gerald Spindler, Haftung für autonome Systeme-ein Update, in: Susanne Beck u.a. (Hrsg.), Digitalisierung, Automatisierung, KI und Recht, S. 255–284; (转下页)

第十四章　以公共利益为导向的立法

用自主系统或人工智能伴随着出现了责任漏洞(Haftungslücken),以及随之而来的责任散失(Diffusion von Verantwortung)的风险,这与社会福利国的基本价值和损害赔偿的社会共识难以契合。① 特别是在工作场所中,应当确保人在受到机器的伤害后能够获得适当的赔偿。而在传统的过错责任体系下,涉及人机关系的责任往往难以归属。因此有观点建议引入电子化人格(E-Person)作为责任主体,这样就使得直接起诉机器本身、主张损害赔偿成为可能。②

可以通过以下事例加以说明:几年前,微软公司上线了具有自主学习能力的聊天机器人"Tay",Tay 与人类聊天,并借此完善其交流能力。身份不明的黑客成功影响了该系统,使其发表种族主义和仇视女性的言论。Tay 不得不因此被下线。试想,如果聊天机器人的言论导致了财产损失(例如受到言语攻击的人需要接受精神创伤治疗)——谁有义务承担损害赔偿责任?无法对黑客进行起诉,而生产者及程序编写者可以主张,系统运行并没有出现故障。如此一来,受害者不得不独自承受其损失。在这种情况下,电子化人格的模式可能会提供帮助,被害人可以要求作为某种形式法人主体存在的计算机系统自身承担责任。③

(接上页)Herbert Zech, Gutachten A zum 73. Deutschen Juristentag Hamburg 2020/Bonn 2022, Entscheidungen digitaler autonomer Systeme: Empfehlen sich Regelungen zu Verantwortung und Haftung?, 2020; 刑法角度参见:Jan Joerden, Zur strafrechtlichen Verantwortlichkeit bei der Integration von (intelligenten) Robotern in einen Geschehensablauf, in: Susanne Beck u.a. (Hrsg.), 第 212 页脚注 ① Digitalisierung, Automatisierung, KI und Recht, S. 287–304; Frank Schuster, Künstliche Intelligenz, Automatisierung und strafrechtliche Verantwortung ebd., 2020, S. 387–400。

① 责任散失问题参见:Eric Hilgendorf, Verantwortungsdiffusion und selbstlernende Systeme in der Industrie 4.0 – ein Problemaufriß aus strafrechtlicher Perspektive, in: Gerrit Hornung (Hrsg.), Rechtsfragen der Industrie 4.0. Datenhoheit, Verantwortlichkeit, rechtliche Grenzen der Vernetzung, 2018, S. 119–137。

② "电子化人格"可以被视为法人人格的一种特殊形式,如同对有限责任公司或其他法人一样,也可以对其主张损害赔偿。在实践中,这需要以承担责任的机器被分配有足够多的财产为前提,但这并不难实现,例如可以采用强制保险制度。

③ 参见 Eric Hilgendorf, Autonome Systeme, Künstliche Intelligenz und Roboter, in: Stephan Barton u.a. (Hrsg.), FS Thomas Fischer, 2018, S. 99–113 (109 f.)。

然而,电子化人格的概念是盎格鲁-萨克逊法律思想的产物,其很难与欧洲、特别是与德国的法律传统无障碍兼容,尽管从公司法的角度来看,创设一个电子化人格是完全可能的。因此,更为可取的做法似乎是扩张无过错责任的适用范围,将产品责任扩张到无形的产品——如算法,来应对出现责任漏洞和责任散失的风险。当然,在真正实现人工智能相关责任风险与欧洲的指导价值相互协调之前,仍有大量细节上的立法工作有待进行。

前述场景与刑法相结合时会产生更严重的问题,由于(在德国被写入宪法的)罪责原则(无罪责,无刑罚)的存在,机器承担责任的可能性自始就被排除了。对机器提起刑事诉讼(例如基于一般预防的考量)的想法更多地具有(非常有趣的!)思想实验的特征,如果不大范围推翻欧洲刑法中处于核心地位的基本假设,其很难真正付诸实践。因此暂时不得不接受可能存在刑罚漏洞的结果。当然,到目前为止,仍没有真实案例表明,对(Tay这样的)机器科处刑罚是有意义的。①

(二)对人格权的保护——包括通过刑法手段的保护

另一个重要的问题范畴是对人格权的保护。人格权在互联网,特别是在社交媒体中明显受到了越来越多的来自机器人和自主系统的侵害。这里出现的问题非常复杂、也难以解决。

在美国,宪法所赋予的言论自由权(freedom of speech)被法院极度扩张,以至于人格权通常因此处于次要地位。② 德国意义上用以确保人与人之间最低程度相互尊重的侮辱罪并不存在,这种对言论自由极度宽泛的理解基本上只存在于美国。在世界的其他地区,无论是同处盎格鲁-萨克逊法系的英国、加拿大,还是欧洲国家,抑或是拉丁美洲、东亚地

---

① 参见第227页脚注③:Eric Hilgendorf, in: Stephan Barton u.a. (Hrsg.), S. 110。

② 参见Timothy Garton Ash, Redefreiheit. Prinzipien für eine vernetzte Welt, 2016, S. 198 ff. 几乎其他国家都有侮辱罪,处罚严重违反人际尊重的行为。德国的规定可参见:Eric Hilgendorf, Beleidigungsstrafrecht, in: Eric Hilgendorf, Hans Kudlich und Brian Valerius (Hrsg.), Handbuch des Strafrechts, Band 4, 2019, § 12。

第十四章　以公共利益为导向的立法

区,都适用保护人格权的规范。然而,由于互联网技术,特别是社交网络处于美国运营商的主导之下,因而其适用的主要是美国标准,而它们又要求在美国境外同样适用相应的标准,并没有给予受其影响者任何值得一提的共同决定权。这对很多国家本国人格权保护法律的实施造成了极大的影响,其也体现在时下受到热议的《网络执行法》(Netzwerkdurchsetzungsgesetz)①改革中。

社交网络中的现象,如仇恨言论、虚假新闻、性暗示和网暴等在美国也被视为严重的问题。缺乏对仇恨言论的法律控制,②在过去主要对非裔美国公民或其他处于不利地位的少数群体产生影响,在社交网络的时代则使美国社会出现了前所未有的分裂。近年来一直有人推测,许多特别不受控的帖子可能根本不是由人所发布的,而是由人工智能技术支持的机器人所为。这些机器人或多或少地具有自主性,而其行动是有目的的。通过法律对这种人工智能的使用方式进行限制和控制③在全球范围内都是最重要的新兴法政策任务之一。

这一问题范畴中还包括服务提供者和中间媒介提供者适当的民事、刑事责任问题。到目前为止,欧洲范围内的互联网服务提供者在很大程度上免于承担民事和刑事责任。④ 规定的目的原本是不给发展中的互联网经济和开放的互联网的发展设置不必要的障碍,并规定,服务提供者对技术上开放访问的非法内容不承担责任。这种责任特权现如今是否仍符合时代要求是非常值得怀疑的。

---

①　德国联邦总统于2021年4月初签署了《网络执行法》的修正案。
②　对"政治正确"等"矫枉过正"(Kompensationsphänomenen)问题的讨论参见:第228页脚注①Eric Hilgendorf, in: Eric Hilgendorf, Hans Kudlich und Brian Valerius (Hrsg.), Rn. 8。
③　参见第215页脚注①Armin Grunwald, S. 167 ff.。文中称这种算法为"民主的掘墓人"。
④　Diese Privilegierung geht zurück auf die Richtlinie 2000/31/EG des Europäischen Parlaments und des Rates vom 8. Juni 2000 über bestimmte rechtliche Aspekte der Dienste der Informationsgesellschaft, insbesondere des elektronischen Geschäftsverkehrs, im Binnenmarkt („Richtlinie über den elektronischen Geschäftsverkehr") Amtsblatt Nr. L 178 vom 17/07/2000 S. 0001–0016. In Deutschland wurden diese Vorgaben im Telemediengesetz umgesetzt.

(三)歧视的自由

关于对人工智能的监管,最困难的问题之一是如何处理有潜在偏见的技术。① 经常作为相关讨论出发点的是美国政府使用的"替代刑的矫正罪犯管理画像"(COMPAS)软件。软件的主要任务之一是预测刑事罪犯的再犯可能性,从而为司法裁判提供支持。该软件的制造商最初受到批评,因为该软件有可能因为不当的数据选择而对非裔美国人产生歧视,其工作存在对黑人的偏见。② 然而这一主张被后续的研究证伪,③美国威斯康星州高等法院也许可了 COMPAS 的使用。④

人工智能借助其所获得的数据进行决策,从这一点中就已经可以看到其相较于人类决策存在优势的地方,机器也不会受到情绪或自身利益的影响。然而,机器决策的质量取决于输入数据的质量,不良的数据会导致糟糕的决策。⑤ 因此,从一开始就认为机器的决策或相应的建议比人类决策更为客观是不对的。对一项机器作出的决策进行评估时,始终应当审查其数据基础。

此外,还有一个不同的角度。例如,一个人工智能系统使用所有已公开的信息为董事会席位的增补决策提供建议。由于过去此类职位主要由年长的男性担任,所以人工智能系统继续优先建议具备这些特征的

---

① 参见第 214 页脚注①Mark Coeckelbergh, S. 125 ff.。此外也参见 Hustedt 和 Beining 在本书(参见文章开头部分译者注)中的文章。

② 参见 Julia Angwin/ Jeff Larson u.a.,《Machine Bias》https://www.propublica.org/article-machine-bias-risk-assessments-in-criminal-sentencing(发布于 2016 年 5 月 23 日),访问日期:2020 年 12 月 8 日。以该问题为背景的深入探讨参见:Adrian Lobe, Speichern und Strafen. Die Gesellschaft im Datengefängnis, 2019, S. 173 ff.(由人工智能确立的标准),S. 186 ff.(COMPAS)。

③ 参见 Anthony W. Flores/ Christopher T. Lowenkamp/ Kristin Bechtel, False Positives, False Negatives, and False Analyses: A Rejoinder to „Machine Bias: There's Software Used Across the Country to Predict Future Criminals. And it's Biased Against Blacks." https://www.crj.org/assets/2017/07/9_Machine_bias_rejoinder.pdf,访问日期:2020 年 12 月 8 日。

④ Vgl. https://www.wicourts.gov/sc/opinion/DisplayDocument.pdf？content = pdf&seqNo=171690,访问日期:2020 年 12 月 8 日。

⑤ 信息技术领域通常将其概括为:"垃圾进,垃圾出"(garbage in-garbage out)。

人。同样的情形可能发生在对助产士或幼儿园专家职位人选的决策过程中。问题主要在于,即使具备某些特征的特定群体在过去一直与某种职位或职业联系在一起,但理所当然地将这种状态延续至将来是难以令人信服的,甚至可能是存在问题的。基于过去数据作出的机器决策和建议具有保守的特征,而这种保守性本身就需要得到论证。也许从规范性的视角出发会反对简单地将过去的东西延用至将来,而这种"规范控制层"(normative Kontrollebene)又是机械智能所欠缺的。

但在此也不应太过轻易地得出结论。在很多情形下,机器基于静态数据所得出的推断都是准确且具有说服力的。试想一个人工智能系统应当借助公开数据就以下事项提供建议:一个骑自行车送披萨的外卖员的职位应当分配给一个20岁的运动员还是一个75岁的退休人士?在对此前类似岗位的人事状况进行考量后,机器推荐了20岁的候选人。此处存在不正当的歧视吗?多数人在此会给出否定的回答,因为年龄以及与之伴随的身体机能状况对这里的岗位而言是决定性的要素。因此,年龄是进行案中所述"不平等对待"的很好的理由,并不构成不当的歧视。

这明确表明,具有潜在偏见的人工智能的问题在很大程度上与我们认为哪些视角可以作为可允许"不平等对待"理由密切相关。后者是一个社会问题,对这个问题的答案不仅在时间维度上可能是不同的,在不同群体中也可能得到不同的答案。相关宪法和法律规定见于《基本法》第3条(平等原则),也见于《普遍平等对待法》,然而其是否能够沿用至机器生成的决策建议或机器进行的决策,则在很多细节方面都有待进一步的厘清。对透明度的要求不应限定于数据,还必须包含基础性的判断标准。对相关问题的分析和系统提炼是当下人工智能范畴内最重要的研究工作和政治规制挑战之一。

(四)人工智能决策的透明性和可解释性

可说明性及透明性的问题,即人工智能系统是否透明、是否可解释,在欧盟人工智能高级别专家组的讨论中扮演着重要的角色。因为这是未被纳入传统人权讨论中的新原则。①

此外,可说明性及可解释性具体指什么,无论是过去还是在现在都存在争议。② 在笔者看来,因其不断发展的特性,以及由此产生的解释上的开放性,可解释性和透明性与其他议题,如可问责性和负责性有所重叠,迄今为止仍未得到足够明确的界定。③《准则》对可解释性的定义是:

> 建立用户对人工智能系统的信任至关重要。这意味着其流程需要透明,需要对人工智能系统的能力和目的进行坦率的沟通,而系统的决策应——尽可能地——可以向直接或间接受其影响的人进行解释。如果欠缺这些信息,就无法对决策进行恰当地质疑。④

很明显,这种对"可解释性"的理解方式落实到很多系统时会面临技术上的限制。对于深度学习系统而言,对于(独立发展自身的)机器为什么会得出特定的结果,似乎自始就被排除了加以解释的可能性。还应当考虑到,计算机工作进程的细节信息以及结果生成的过程在很多情况下都属于相应企业的商业机密,它们既不希望、(依照现行法律)也不需要披露这些信息。最后需要指出的是,人脑中的相应进程也是在黑箱中完成的,为什么一个人会发表某种言论或得出某种评价,无法在细节上去理解。即使对其进行事前的预测或事后的解释是可能的,然而我们的生活经验表明,这些解释和预测完全可能出现错误。

---

① 当然,可以将其与20世纪90年代到21世纪初普遍存在的一种观点中的类似概念相对照,即当时还属于新事物的互联网有助于使得政治进程更加"透明"。只是当时对"透明度"的要求主要指向人的决策过程,而如今则是指向机器生成的决策。

② 第214页脚注①,Mark Coeckelbergh, S. 116 ff.进行了很好的概述。

③ 其与"人的能动性"原则也同样交集。《准则》在第16页是这样定义"人的能动性原则"的:"人的能动性是指用户应当能够在知情的情况下对人工智能系统做出自主的决定。他们应获得用以了解人工智能系统的知识和工具,并能以令人满意的程度与人工智能系统交互;并且在可能的情况下,使其能够合理地自我评估或挑战系统。人工智能系统应支持个人根据其目标做出更好的、更明智的选择。"

④ 第216页脚注② Ethics Guidelines, S. 13。

但从另一个角度来看,使人工智能支持的决策及其基本标准透明化,并能够要求在其存在模糊之处时进行解释不仅在伦理上,而且在法律上也是必要的。如果没有这样的透明度,厘清可能的责任问题将变得更加困难,更不用说对人工智能支持的主权决定进行解释这样的宪法性要求了。因此,深入理解人工智能支持的决策的可解释性和透明性的概念,并找到其在传统的法学体系中——特别是在行政法和侵权责任法体系中——的定位,是人工智能法学最重要的任务之一。

(五)对隐私和数据主权的保护[1]

地球上所有技术水平较为先进的社会都在走向"一览无余的形态",即少数人掌握绝大多数人的数据,[2]其中包括或者说特别是指欧洲。明显可以看到,越来越多来自欧洲的数据被美国等国家的大企业收集并用于商业目的,而欧洲则并没有任何发言权,甚至没有以任何形式参与分享其"自己的"数据使用所产生的利益。欧洲的《通用数据保护条例》于2018年5月生效。藉此,传统的数据保护模式以一种令人印象深刻的方式得到更新并恢复了活力。《通用数据保护条例》的基本理念与专家组在相应部分的理念一致。在《通用数据保护条例》实际应用的前三年中,其取得了比想象中更大的成功。但毋庸置疑,德国的数据保护——在此德国也可以作为欧洲的代表——正处于极大的危机中。

实际上"数据保护"这个概念本身就是具有误导性的:严格来说受到保护的不是数据,而是信息自决基本权,即决定与自己相关的数据的权利。将关注点置于个人数据之上表明,传统的数据保护法在本质上是一部关于个人数据的通信规范(Kommunikationsordnung)。随着数字化进程在过去二十年间的急速前进,问题已经从如何保护个人数据转变为如何规制对各类数据的处理。与二十年前不同,如今数据拥有巨大的经

---

[1] 参见 Nils Leopold 在本书(文章开头部分译者注)中的文章。

[2] 值得注意的是,以杰里米·边沁(Jeremy Bentham)的思想为基础的"全景敞视主义"(panoptisches Modell)不仅提出了"谁来控制掌控者"的问题,甚至还提供了一个值得关注的解决方案——公众!很遗憾的是,似乎现如今边沁的问题意识已经逐步消失了。

济价值,已经成为了重要的资产。其所涉及的不再仅仅是通信,而是作为数据驱动的经济模式的原材料,并关乎经济成果的实现。

更为致命的是,欧洲的数据保护法只涵盖了个人数据,而对技术数据等其他数据的处理和保护并没有进行充分的规制。因为数据没有物的性质,无法对其主张所有权,所以如果不属于个人数据,"自己"的数据这样的说法实际上在法律上是有误导性的。目前还没有得到普遍认可的、可以对数据进行原始所有权归属的方式。这意味着,几乎可以任意提取和使用非人身相关数据,而相关主体则无法表示反对。①

多数人对于数据保护都显得漠不关心:即使公众知道违反数据保护的行为,也会或多或少地对此表示容忍、无动于衷。这里存在一个自相矛盾的现象:一方面,有很多人正确地要求国家确保很高的隐私保护水平,并为个人数据提供特殊的法律保护;而另一方面,如果一项服务或一个手机应用程序(表面上)可以免费使用,多数人会不假思索地提供给国外的(准)垄断企业使用。数据处理主体应当告知数据主体其数据使用许可的后果,而其告知义务的行使方式通常是提供一份很多页的文件(这种方式在事实上没有遭受反对),大家普遍知道(而且往往是有意的),只有少数人会阅读这些文件。这一现象也存在于非个人数据中。如果一部实际有效的数据保护法需要成年的宪法权利主体参与实施,那么它应要求提供更多的信息和说明,而不仅是履行告知义务。

技术的发展也使得传统数据保护法的一些基本原则显得有些过时。诸如数据最小化(应收集尽可能少的数据)以及目的限制(数据的适用应与其收集目的一致)这样的原则在大数据和人工智能的时代显得几乎没有意义。因为新兴商业模式的前提就是尽可能多地收集信息,随后使其服务于任何可能的数据挖掘目的。这种大规模的数据分析不是永远应受谴责的,其完全可能是有意义的且为社会所欢迎的。例如,从大量医疗数据样本中,有可能发掘出某种疾病的模式,并找到有助于识别特

---

① 参见 Eric Hilgendorf, Offene Fragen der neuen Mobilität: Problemfelder im Kontext von automatisiertem Fahren und Recht, RAW 2018, S. 85-93 (89 f.)。

定疾病诱发因素的关联性。

然而若要在医疗领域大范围投入使用人工智能,必须通过数据——而且是尽可能多的数据——对相应人工智能进行训练。这与现行数据保护法无法轻易兼容。因为大规模的数据收集受到"原则禁止,例外许可"(Verbot mit Erlaubnisvorbehalt)原则的限制。普遍存在且往往不加反思的"数据保护绝对主义"(Datenschutz-Absolutismus)认为其可以在数据保护中无视法律保障可能存在的限制,[①]这加剧了外国服务提供者形成垄断的巨大风险,与公众利益背道而驰。提前将数据匿名化几乎是不可能的,现如今,在付出足够多努力的情况下,可以为几乎所有数据重新建立个人关联性。可以毫不夸张地说,技术进步使得"匿名数据"这样的概念变得愈加可疑。

特别是在日益成为关注焦点的医疗领域,存在着形成数据垄断的风险,而这又会导致对可用知识的垄断。几乎没有其他领域能够像医疗领域这样体现"赢家通吃"(winner takes it all)原则。[②] 只要关乎自己,关乎亲人的生命、健康,没有人会愿意退而求其次;只要确定能够获得帮助,没人会觉得代价太高。在这样的领域,对以经济利益为导向的、难以监管的非欧超大型企业的依赖可能是致命的。

可以进行如下归纳:如今信息自决权的重要性远超以往。然而与此同时,它又受到极大的威胁。因此对迄今为止的保护方案加以反思成为了迫切的需求。数据保护不是自目的(Selbszweck),其必须以公共利益为导向。建构新的保护方案因而处于任务的核心,传统的数据保护法仅仅涵盖个人数据,忽视了技术数据等非个人数据,尽管后者在众多商业

[①] 除了人的尊严外,没有任何基本权的行使可以不受限制。恰恰相反,所有基本权都可以受到限制,以实现具有更高价值的共同利益。而在此过程中必须始终注意对比例原则的遵守。例如,欧盟《通用数据保护条例》第89条包含了一个慷慨的科研开放条款;而除此之外,对于医疗数据,还应注意第9条中的规定。

[②] 参见 Eric Hilgendorf, Medizin und Digitalisierung, ContraLegem 2019, S. 274-282 (280), https://www.contralegem.ch/2019-2-1-medizin-und-digitalisierung-(ehealth),访问日期:2020年12月8日。

模式中扮演着重要角色。通过其新"数据战略"(Datenstrategie)①，德国联邦政府在正确的方向上前进了一大步，至于纸面上很好的计划是否能落到实处，仍有待进一步的观察。

(六) 技术家长主义

可以通过下面的问题引出下一个困难的问题：是否可以通过技术手段——如人工智能技术——增加违法难度，使其完全不可能或者至少在违法行为发生后自动对其进行处罚？如果可以，那么可以在多大范围内使用此类技术手段？可以通过道路交通领域的例子加以说明：相较于禁止超速和闯红灯，并在发现违法行为后加以处罚，完全可以将联网自主车辆设计成无法违反交规的样子。这样的机动车不可能以 150 千米/小时的速度在城区飙车，因为受托监控交通状况的人工智能在此之前就会降低其行驶速度。②

在盎格鲁-萨克逊地区的文献中，有时会以"不可能结构"(impossibility structures) 为关键词讨论类似问题。③ 然而，"不可能结构"并不能准确描述这个问题，因为其主要涉及的并不是使错误行为根本无法发生，而是为其增加难度或对其加以记录。例如，在前文提到的自主联网车辆的例子中，如果车辆在任何情况下都不可能超过预先规定的最高限速，有时可能是致命的。在紧急状态下，例如将病人紧急运输至医院时，必须能够超过人工智能规定的界限。然而，应当自动记录此类状况，以便此后(从法律角度)验证其合法性。紧急情况下的超越权限可以设计为不同的方式。例如，可以设计为只有当驾驶者通过关闭相应的安全措施，证明其仍具备驾驶能力时，才允许其突破"酒精锁"(即驾驶者处于酒精影响下时禁止其驾车行驶)的限制。

如之前的例子所示，一般来说此处讨论的并不是一个 100% 从事实

---

① https://www. bundesregierung. de/breg‐de/themen/digitalisierung/datenstrategie‐1693546，访问日期：2020 年 12 月 8 日。
② 航空领域中很早就已经投入使用此类技术。
③ 参见 Timo Rademacher 及 Erik Schilling 在本书(文章开头部分译者注)中的文章。

上阻却不当行为的问题,而是增加实施不当行为的难度。其在多数情况下,是一种能在不同程度上发挥强预防效果的"默认安全"(safety by default)机制*。甚至可以考虑,负责监督的人工智能将自身限定在提示、警告或者对正确行为给予(相对较强的)激励的范围内。所有前述例子的共同点是,为了司机本人或第三人的利益,通过技术手段对驾驶行为进行监控。因此,相关问题可以被称为"技术家长主义"。①

技术家长主义会引起一系列的问题:尽管技术可以保护生命等重要法益,但技术家长主义也意味着在存在危险的场景中(例如道路交通环境或外科手术过程中)对人进行深入的、有时可能是持续的监控。除了数据保护方面存在隐忧之外,这也为我们对自己的自由和自主的理解带来了根本性的问题。此外,就其对共同利益的必要性来看,通过大量使用智能技术进行风险管控和风险预防,可以极大地促进共同利益。但问题是,网络技术总是存在被侵入和操纵的可能性。最后从哲学-神学的角度来看,可以提出的问题是,道德行为是否根本无法包容不当行为的可能性?

(七)私法主体的准垄断和国家地位的丧失

若要在数字化、全球联网的世界中践行欧洲的价值观,不仅需要有足够多的人在理论上对其表示认可,而且需要有足够多的人在现实生活中实际支持它。如果不加以深入思考就采用美国准垄断企业的提案,那么,将欧洲(价值)理念付诸实践的机会就只能取决于美国服务提供者的善意,即使欧洲一再尝试通过欧洲法加以应对也无济于事。在数字世界中,垄断也是危险的。② 为了维护国家秩序的共同利益导向性,捍卫我们的社会价值,选择完全服从欧洲法律规定的欧洲供应商可能是一种

---

* 在信息安全展业中,"默认安全"机制指系统在默认的情况下会采取安全措施。——译者注

① 参见第 234 页脚注①,Eric Hilgendorf, S. 92.

② Thomas Ramge, Mensch und Maschine. Wie Künstliche Intelligenz und Roboter unser Leben verändern, Reclam 2018, S. 87 f.

有意义的做法。这并不是为了从国家层面与美国的科技巨头进行竞争。但国家机关也应仔细审查,某些特定的任务是否也可以由欧洲的服务提供者妥善完成。①

很遗憾,我们对安逸舒适的追求一直在这方面阻碍着我们。即使是欧洲的政府也难以免俗,新冠预警 App(Corona-Warn-App)即为明证:最初的计划中,其应由欧洲进行研发。而当软件在接受度方面出现问题后,德国开始与美国的科技巨头谷歌和苹果建立紧密的联系,并称可以藉此提供更好的数据保护。欧洲自己的方案被抛弃了,软件也并没有努力实现独立于操作系统的解决方案。政府大肆宣传的新冠预警 App 被证明是应对疫情的一把钝剑,其不仅最初无法在较老的智能手机上使用,而其在谷歌的中国竞争对手华为的新机型上也无法使用。从中可以清楚地看出,不加以批判地遵从占据市场支配地位的企业,只会进一步加强其所提出的标准,从而增强其支配地位。

更加严重的问题在于,在数字化世界中,越来越多传统上应由国家完成的任务被移交给作为私法主体的服务提供者,如提供通信基础设施(如电子邮件)并保证其安全、支付结算和电子货币、确保云文件的安全等,甚至有主权职能也被转移至私权主体,如确保公民的(数字化)身份安全。许多人只关注了功能的满足,而忽视了国家作为服务提供者所受到的约束与私法主体有根本上的不同:国家承担照护职能(Versorgungsauftrag),其负有生存照顾(Daseinversorge)的义务,并受到民主的监督和控制。私人的巨型企业则不受此限制,特别是在国外经营的企业。虽然一些国家的责任可以被移交给私法主体承担,但这些关系总是脆弱的,往往必须首先执行。因此,确保政府在数字世界中不被进一步削弱就显得尤为重要。②

---

① 例如欧洲的翻译程序 DeepL 应当可以跟上多数其他相关产品的脚步。

② 根本性的讨论参见第 214 页脚注①Martin Schallbruch,文中令人信服地阐述了(特别是德国的)国家机构如何经常协助降低自己的影响力,也对美国的科技巨头进行了批判;以及第 214 页脚注①Paul Nemitz / Matthias Pfeffer, S. 301 ff.及前言。

四、结　语

欧盟人工智能高级别专家组于2019年和2020年提出的《准则》采取了居中的路线,既不是纯粹学术性的伦理法典,也不是特别适用于某些产业的企业合规规则,其更多的是尝试在人格尊严保护和欧洲人权目录的基础上,制定足够具体且实用的道德准则,使其可以在产业界得到实际的应用。通过这种方式,可以为欧洲具体规制标准的制订奠定一个可接受的基础。当然,对人工智能的伦理和法律约束必须能够跟上新技术发展的脚步,以确保共同利益相较于商业利益或霸权而言始终处于优越地位。因此,欧盟《准则》应当被视为起点,而不是人工智能规制相关问题思考的终点。

第四编

自主驾驶和法律

第十五章
半自主驾驶汽车
——宪法规范和法政策挑战*

一、技术进步对法律的挑战

道路交通领域正面临着根本性的变革：从人操纵的车辆向——很大程度上自主行驶的——"机器人车辆"的转变。① 事实上，在很多年前半自主运作的系统就已经开始在载客、载重车辆中发挥重要作用，这可以追溯到现代汽车开始配备气囊和防抱死系统（ABS）之时。时至今日，已经可以看到半自主运作的停车辅助系统、车道保持辅助系统和交通拥堵辅助系统。而在不远的将来，技术上甚至有可能实现在很长一段时间内将操控车辆的工作完全交由自主系统完成，这意味

---

* 本文原文"Teilautonome Fahrzeuge: Verfassungsrechtliche Vorgaben und rechtspolitische Herausforderungen"发表于：Eric Hilgendorf, Sven Hötitzsch, Lennart Lutz, (Hrsg.), Rechtliche Aspekte automatisierter Fahrzeuge. Beiträge der 2. Würzburger Tagung zum Technikrecht. Baden-Baden 2015, S. 15-32.

① 对这一发展更详细的阐述参见 Thomas R. Köhler/ Dirk Wollschläger, Die digitale Transformation des Automobils, 2014; René J. Laglstorfer, Die Zukunft des intelligenten Automobils, 2013; Gereon Meyer/ Sven Beiker (Hrsg.), Road Vehicle Automation, 2014; Kati Rubinyi (Hrsg.), The Car in 2035. Mobility Planning For The Near Future, 2013; Wolfgang Siebenpfeiffer (Hrsg.), Vernetztes Automobil, 2014; 此外也可参见 Der Spiegel Wissen Nr. 4/2014, Das Auto von Morgen. Wie futuristische Technik unser Leben verändert, 2014。

着系统可以操纵车辆完成行驶、刹车、超车等一系列动作。① 这类机器人车辆的最终目的是,乘客仅仅通过简单的语音或手势就可以指挥车辆将其送达目的地,而乘客自己则可以自由地欣赏沿途风景、阅读、玩游戏或者休息。

事实上,"自主"(autonom)驾驶车辆这个概念有些时候是具有一定误导性的,因为只要提到"自主",很多学者会立刻反应到哲学,有些时候甚至是形而上学的相应概念。② 然而,从技术角度来讲,"自主"仅仅意味着系统在特定环境中无须人类介入就可以(或多或少地)独立完成任务。③ 所以,"自主系统"是指一种独立的技术单元,它能够有目的地完成特定任务,而不需要人类直接输入指令。例如,火星探测器(因为距离所导致的延迟)根本就不可能由人直接发出指令操纵其完成任务,自主驾驶汽车应当能够解决越来越多的问题,而不需要人类驾驶员在相应的具体情境下发出指令。

就自主驾驶技术发展可能产生的社会影响④而言,当下较为普遍的看法均持相对乐观的态度。绝大多数的交通事故都是由人为过失所造

---

① 对诸多此类可能性的详细阐述参见第 243 页脚注①Das Auto von Morgen, a.a.O. 以及 Dirk Wisselmann, in: Eric Hilgendorf/ Sven Hötitzsch/ Lennart Lutz, (Hrsg.), a.a.O., S. 11–14。

② 此类"自主"的概念至少可以追溯到康德的道德和政治哲学。

③ Roger Häußling, Techniksoziologie, 2014, S. 89.

④ 不容忽视的一点是,如今的家用机动车早已经历了长时间的自动化进程,并且其本身就已经很"自动化"了,车辆的自动化并不是一种前所未闻的技术发展。这点从汽车的名称(Auto-mobil),即自动(auto)-行驶(mobil),就可以看出(汽车这个概念描述的就是相对于马拉的轿厢而言"自行移动"的车厢)。汽车的历史及其自动化发展参见:Johann-Günther König, Die Geschichte des Automobils, 2010; Thomas Lang, Eine kurze Geschichte des Automobils, 2013 中,作者将"自行移动的小车"的构想归于中世纪的哲学家罗杰·培根(Roger Bacon, 1214–1292)。汽车交通作为客运系统的一部分应当与货物交通和信息流通区分开来。这二者目前也处在自动化进程中,参见 Hendrik Ammoser, Das Buch vom Verkehr. Die faszinierende Welt von Mobilität und Logistik, 2014, S. 7 ff. 交通发展的社会和经济后果参见 Christoph Merkis, Verkehrsgeschichte und Mobilität, 2008。

成的。① 自主驾驶技术发展到较为成熟的水平后,机器显然可以更为安全地驾驶车辆。实际上这一现象我们如今已经有所体会:通过给车辆装配诸如安全气囊、防抱死系统这样的半自主系统,近年来德国因交通事故致死的人数已经大大减少。② 如果进一步给车辆装配其他半自主系统、自主系统,在可以预见的未来将年交通事故死亡人数降低到 3 位数绝非痴人说梦。

此外还存在其他好处:随着车辆自主功能的增加,老人、残障人士的可移动性也大大增加了,他们之中很大一部分人可能只有借助高度自动化的代步工具才能参与到公共生活之中。半自主、全自主车辆能带来的另一个好处是更高的能源利用率,同样也可以大大提高大城市③中的交通顺畅程度,这又可以降低因堵车等原因造成的时间损失以及环境污染。总体而言,现如今基本没有其他技术可以达到如此之高的收益—成本比例。因此对于一个以人本主义(Humanität)为导向的法律体系(Rechtsordnung)④而言,交通运输的进一步自动化似乎可以说是机遇而非问题。

然而这类系统的引入工作在法律上面临着各种各样的问题。下文中,将会基于自主、半自主驾驶车辆的基本特征构建一个基本的法律框架。值得注意的是,自主、半自主驾驶车辆所带来的法律问题已经得到了大量关注,然而学者们却并未从宪法角度对其进行探讨。因此本文将

---

① 精确数字可参见联邦统计局的交通/交通事故统计报告,主题 8,第 7 系列:https://www.destatis.de/DE/Publikationen/Thematisch/TransportVerkehr/Verkehrsunfaelle/VerkehrsunfaelleMonat/VerkehrsunfaelleM2080700141074.pdf?_blob.publicationFile; S. 40 ff. 访问日期:2014 年 12 月 3 日。

② 为避免事故发生,2012—2013 年在道路交通领域所采取的措施参见 Unfallverhütungsbericht Straßenverkehr 2012/2013, BT-Drucksache 18/2420 vom 26.8.2014, S. 6, 17。

③ 在"智慧城市"的概念下,"智能汽车"只是其中的一个要素:Willi Kaczorowski, Die smarte Stadt-den digitalen Wandel intelligent gestalten, 2014 ("智能汽车在第 125 页及以后数页)。

④ Eric Hilgendorf, Humanismus und Recht-Humanistisches Recht? Eine erste Orientierung, in: Horst Groschopp (Hrsg.), Humanismus und Humanisierung, 2014, S. 36-56.

会从"自主驾驶车辆与法律"问题中这一长期以来没有得到重视的角度出发展开讨论。

二、宪法规范

《基本法》对于技术发展及其法律限制一直持一种固有的谨慎态度。这种态度一方面可以从诸如"技术""科技""技术发展"这样的概念从未出现在宪法文本中这点得以体现;[①]另一方面,《基本法》也从未提到过需要对技术加以必要的限制。[②] 当然可以认为,原则上技术发展可以作为《基本法》第5条第3款中所述"研究自由"的下位概念得到保护,[③]而对已经开发出来的技术原则上可以援引《基本法》第14条加以保护;[④]至于消费者对于技术的使用则无论如何都属于《基本法》第2条第1款所述一般行为自由的范畴;针对新技术可能导致的危害后果,特别是针对具有高度危害可能性的技术,[⑤]可以从客观基本权的维度推导出国家的保护义务。[⑥] 因此,道路交通领域受到详尽的法律监管,其可能导致的风险被严格置于国家控制之下也就并不奇怪了。"交通安全

[①] 在当下多数的大型《基本法》评注中,这些概念根本就没有出现在其主题索引中,由此就可见一斑了。当然《基本法》中还是在个别地方提到了新近的技术发展,例如第13条中的"技术手段"和第91c条中的"信息技术系统"。

[②] 学术著作中情况则有所不同,参见 Karl Oftinger, Punktationen für eine Konfrontation der Technik mit dem Recht, in: Die Rechtsordnung im technischen Zeitalter. Festschrift der Rechts-und Staatswissenschaftlichen Fakultät der Universität Zürich zum Zentenarium des Schweizerischen Juristenvereins 1861-1961, 1961, S. 1-34 (其中特别关注了汽车技术问题)。

[③] Rudolf Wendt, in: Ingo von Münch/ Philip Kunig (Hrsg.), Grundgesetzkommentar, 6. Aufl. 2012, Art. 5, Rn. 103.

[④] Brun-Otto Bryde, in: Ingo von Münch/ Philip Kunig (Hrsg.), Grundgesetzkommentar, 6. Aufl. 2012, Art. 14, Rn. 12, 17.

[⑤] 对所谓的"风险防范": Philip Kunig, in: Ingo von Münch/ Philip Kunig (Hrsg.), Grundgesetzkommentar, 6. Aufl. 2012, Art. 2, Rn. 68 中有更详细的论述。

[⑥] Von Ingo von Münch/ Philip Kunig, in: Ingo von Münch/ Philip Kunig (Hrsg.), Grundgesetzkommentar, 6. Aufl. 2012, Vorb. Art. 1-19, Rn. 23; BVerfGE 39, 1 (41).

第十五章　半自主驾驶汽车

顺畅"①这个说法广为流传,从中可以得出国家在道路交通领域的双重任务——一方面需要保证交通安全,另一方面需要尽可能提高交通流畅度。

这些原则也可以应用于对半自主、自主驾驶车辆的研发及其日益增长的应用场景中;原则上,对相关技术的研发是自由的,甚至可以说是为宪法所保护的。然而无论是对自主驾驶车辆的研发还是使用都存在固有的潜在风险,因而必须被置于特定法律框架之下。这里所说的法律框架一方面需要防范由新型车辆所引发的风险,同时也要为出现损害后果的场景设置适当的补偿规定。因此可以说,传统上认为法律必然滞后于技术发展的说法是错误的,至少也是一种极大的轻视。法律与技术的关系就像是"刺猬与兔子的故事" *——诚然,技术的确快于法律,然而却不可能超越法律,法律永远处在技术的前方。

然而必须承认,当下法律对前文所述自主驾驶技术的发展尚未做好充分准备。该领域涉及的问题从道路交通法到车辆造成损害时的民事(以及相关的保险法问题)、刑事责任问题,还包括生产商责任和数据保护。② 可以说问题涉及多种不同的层次,其中一部分可谓极为复杂,既可能关乎于一些基本的法律运用,又可能触及一些法律的根本性问题。若要解决此类问题,有时仅仅需要对现行法律规范进行更为扩张的涵

---

① Peter König, in: Peter Hentschel/ Peter König/ Peter Dauer, Straßenverkehrsrecht, 42. Aufl. 2013, Einleitung, Rn. 2.

* 著名童话故事。兔子嘲笑刺猬的罗圈腿,于是刺猬要求与兔子赛跑。刺猬叫自己的妻子事先藏在终点附近。起跑后,刺猬躲进附近的草丛,当兔子快跑到终点时,刺猬的妻子早已在前方。兔子分辨不出两只刺猬的不同,但不愿认输,要求再跑一次。当兔子跑回起点的时候,刺猬早已在等它。往返数次之后,兔子终于认输,再也不敢嘲笑刺猬。——译者注

② 值得特别注意的是,社会的各个领域中有越来越多的自主系统被投入使用,而其带来的法律问题在本质上都是相同的: Eric Hilgendorf, Recht und autonome Maschinen, in: ders./Sven Hötitzsch (Hrsg.), Das Recht vor den Herausforderungen der modernen Technik. Beiträge der 1. Würzburger Tagung zum Technikrecht, 2015 (Robotik und Recht Band 4), S. 11-38 (14 ff.).

摄;但如果出现的结果是相应新技术及其衍生的商业模式因而不受限地游走于法律的灰色地带,抑或是直接为法律所禁止,就有必要对现行法做出改变。①

因而首先需要考虑的是,从现行宪法规范——特别是从基本权和人格尊严中是否能够推导出对所涉技术发展的限制。一般认为,基本权不仅是针对国家行为的防卫权,同样也有客观权利(objektivrechtlich)上的效果。从客观权利的维度可以推导出,国家对公民的核心法益,诸如生命权、身体的完整性等有保护义务。② 这尤其意味着国家不得容忍或支持那些显著侵害前述法益的技术之发展。因而之后的论述都建立在这样的前提之上,即我们所探讨的技术并没有给道路交通带来危险,而是使得道路交通变得更安全了。绝对安全是不可能实现的目标,③然而一切现有证据均表明,使用自主、半自主联网汽车可以显著提升道路交通安全度。即使认为使用自主、半自主联网汽车可能会带来新的风险④,这一结论也并不会发生变化。所以可以认为,支持对自主驾驶技术的开发和使用并未违反国家对公民基本权利的保护义务。

进一步可以考虑,是否可以从《基本法》第1条"人格尊严"中推导出排斥道路交通领域大规模自动化的理由。20世纪50年代有观点认为,给人类驾驶员加以法定义务,使其必须在遇到红灯——一种机械装

---

① 对技术法的任务更详细的论述参见 Eric Hilgendorf, Die strafrechtliche Regulierung des Internet als Aufgabe eines modernen Technikrechts, JZ 2012, S. 825-832。
② 参见第246页脚注⑤文。
③ 所谓的"风险社会"及其带来的法律问题参见 Eric Hilgendorf, Strafrechtliche Produzentenhaftung in der „Risikogesellschaft", 1993, S. 17 ff.; Udo Di Fabio, Risikoentscheidungen im Rechtsstaat, 1994; Katharina Reus, Das Recht der Risikogesellschaft. Der Beitrag des Strafrechts zum Schutz vor modernen Produktgefahren, 2010, S. 17 ff.。
④ 就像如今讨论的从天桥上向桥下高速公路上行驶的车辆投掷石块的情形一样,未来完全可能通过恶意软件控制联网车辆并造成事故。因此,可以说道路交通将会成为网络犯罪的一个应用场景。

第十五章 半自主驾驶汽车

置的时候停车,是对车辆驾驶者人格尊严的侵害。① 这个在现如今看来可谓是怪异的观点在当时也并未受到普遍的认可。如今的论者们以一种全新的方式提出了宪法上的质疑:半自主、自主机动车辆挤压了自然人在道路交通领域的主体地位,机器接管了一些本应由人类作出的决策。

然而,认为此处存在对人格尊严的侵犯似乎很难说是正确的结论。并非所有可能使我们产生担忧或者政治上不快的事情都违反《基本法》第1条之规定。人格尊严保护不是技术保守主义乃至技术敌对者的壁垒。人格尊严条款的目的是为人类最核心的部分构建一道最后的屏障,以抵御种族主义的屠杀、奴役或酷刑等极端侵害。② 对自然人在道路交通领域主体地位的限制远未达到进入此列的程度。而随着相应的技术发展,机动车使用者可能不再是道路交通环境下的主要责任主体,这也无法被评价为对基本权,甚至是对人格尊严的伤害。③ 因此可以认为,并无新技术与人格尊严宪法保障的冲突。

一个更有趣的问题是,是否有一天,公民会在法律上有使用新技术的义务?如果承认引入半自主、自主驾驶联网机动车辆会提高道路交通领域的安全性这一前提,则可以假设,随着此类机动车占比的提高,道路

---

① Max Schreiter, Gehorsam für automatische Farbzeichen, DÖV 1956, S. 693-695;以及 Michael Ronellenfitsch, Verfassungs-und verwaltungsrechtliche Vorbemerkungen zur Mobilität mit dem Auto, DAR 1994, 7 (10),其在脚注43中指出,如果国家禁止残疾人使用空中交通工具,即排除了公民使用特定交通工具的可能性,则可能违反《基本法》第1条,应当承认这一结论的正确性。而对自动交通信号灯的不安在某种(很有限的)意义上仍然是激烈的,这从多特蒙德的某些政治家的提案中就可以看出:其显然是在认真地建议交通信号灯不应只有"交通员"(Verkehrsmännchen)而同样应当有"女交通员"(Verkehrsweibchen),以达到平等的目的。参见 die vdi-Nachrichten vom 28.11.2014, S. 17。

② Eric Hilgendorf, Problemfelder der Menschenwürdedebatte in Deutschland und Europa und die Ensembletheorie der Menschenwürde, Zeitschrift für evangelische Ethik, 2013, S. 258-271.

③ 在政治辩论中时而能看到这样的观点:理所当然地将自然人作为责任主体的做法有违"罪责原则"。但这种说法实际上没有足够的说服力,因为这里显然没有涉及个人,而只有一个普遍的发展被视为是(道德上?)具有瑕疵的。

交通安全会不断得到改善。这意味着从另一个角度来看,不具备半自主、自主驾驶等功能的老式机动车届时可能无法再被视为可容忍的危险源。① 那么此时国家可以通过立法限制或者禁止此类技术水平不足的车辆吗?

从时下的状况看来,这对于半自主、自主驾驶车辆而言还并非是一个迫切需要解答的问题。然而它并非是自主驾驶车辆所特有的问题,其同样适用于装配有其他各种技术设备的机动车。国家是否有权为保障交通安全和畅通而限制公民自由选择出行工具的权利?在很久之前,罗内伦费奇(Ronellenfitsch)就提出了"机动权"(Recht auf Mobilität)理论。② 他的这一理论遭到了诸多批判,然而在笔者看来,其中有一点是没有问题的,即宪法对"机动权"确实有所规定。当然这样的一种主观权利是否有必要被独立确立为一种基本权仍有待进一步的研究。如果"机动权"是宪法(主要是《基本法》第 2 条第 1 款)所保护的一种主观权利,那么所有针对公民行动自由——也包括借助汽车行动的自由——进行的国家干预都必须符合比例原则。禁止使用未联网、不具备自主驾驶功能的老式机动车也在此列。本文无意对此展开深入探讨,在笔者看来,国家如果要颁布这样的非自主驾驶机动车禁令,将会无可避免地面对极大的论证压力。

目前看来比较迫切需要解决的问题包括:道路交通法(特别是维也纳公约和《道路交通秩序法》)、车辆所有人及驾驶人的民事和刑事责任、车辆生产者应对车辆损害承担的责任和数据保护问题。保险法如何

---

① 时下已经有了对同类问题的讨论,讨论的焦点是机动车装配日间行车灯的义务,目前只规定新车必须装配日间行车灯。

② Michael Ronellenfitsch, Beschleunigung der Verkehrswegeplanung, in: Deutsche Akademie für Verkehrswissenschaft (Hrsg.), 30. Deutscher Verkehrsgerichtstag, 1992, S. 258 ff.; ders., Mobilität mit dem Auto, DAR 1994, 7-13; 更深入的参见 ders., Die Verkehrsmobilität als Grund-und Menschenrecht. Betrachtungen zur "zirkulären" Mobilität in der Europäischen Union, in: Jahrbuch des öffentlichen Rechts der Gegenwart, Band 44 (1996), S. 167-203 (insbes. 182 f.); 反对观点如: Horst Sendler, Wundersame Vermehrung von Grundrechten-insbesondere zum Grundrecht auf Mobilität und Autofahren, NJW 1995, S. 1468-1469。

进一步发展则可以作为责任法的子议题加以讨论。

三、道路交通法的规定

德国的道路交通法很大程度上以 1968 年的《维也纳道路交通公约》为基础。这一国际协定旨在通过国际范围内的法规标准化来保障道路交通安全。在引入半自主驾驶车辆的法律问题探讨中,主要涉及该协议的两个条文:条约的第 8 条规定了机动车辆必须拥有驾驶员,而第 13 条则规定了机动车的驾驶者必须在任何条件下都能够掌控车辆。[1] 因而通说认为,机动车首先必须由自然人驾驶者操控,此外该驾驶者必须随时支配车辆。2014 年,比利时、德国、法国、瑞士和意大利政府联合发起了修订该协议的提案,[2]媒体将提案解读为"德国在无条件批准自动驾驶轿车和载重机动车的道路上取得了突破"。新规的理念是:被联合国主管机构认定为在技术上无瑕疵的驾驶辅助系统也应符合《维也纳道路交通公约》第 8 条和第 13 条的规定。[3]

然而值得德国的车辆驾驶者、生产者注意的是,《维也纳道路交通公约》作为国际法上的条约并不能直接在德国国内适用。对机动车半自主驾驶系统的许可仍有待《道路交通法》和《道路交通秩序法》的进一步规定。目前这两部尚未得到修订的法律仍采纳人类驾驶员操控车辆的蓝

---

[1] 对目前讨论的概述参见 Sven Hötitzsch/ Elisa May, Rechtliche Problemfelder beim Einsatz automatisierter Systeme im Straßenverkehr, in: Eric Hilgendorf (Hrsg.), Robotik im Kontext von Recht und Moral, 2014 (Robotik und Recht Band 3), S. 189–210。

[2] 对最新发展的概述参见 Lennart Lutz, Zulassung-eine Frage des Verhaltensrechts?, in: Eric Hilgendorf/ Sven Hötitzsch/ Lennart Lutz (Hrsg.), Rechtliche Aspekte automatisierter Fahrzeuge. Beiträge der 2. Würzburger Tagung zum Technikrecht. Baden-Baden 2015, S. 11–14。

[3] 从国际法的角度来看,这样的条款并非是毫无瑕疵的,因为它最终是通过"开后门"改变了《维也纳道路交通公约》的一个核心规定。

本。① 这点在《道路交通秩序法》第 3 条中体现得十分明显。《维也纳道路交通公约》的修订暂不会对目前的法律状况造成影响。除非联邦政府决定不等待国际条约的变更,否则国际协定的内容至少要在条约修订程序结束后一年左右才能被移植到本国法中。而过于急迫地修改德国的道路交通法规,许可半自主、自主驾驶系统可能会违反国际法,或者至少会引起《维也纳道路交通公约》的其他协约国在一定程度上的不满。

在《维也纳道路交通公约》和德国的道路交通法规得到修改之前,半自主、自主驾驶车辆可能只能通过对相关法条进行广义的、技术友好的解释来实现合规,例如贝韦尔斯多夫(Bewersdorf)早在 2005 年就进行过这样的尝试。②

四、民事责任

在对道路交通领域损害责任进行分配时,首先需要考虑的是侵权法的规定,如《民法典》(BGB)第 823 条,此外还可能涉及合同责任或其他形式的产品责任。③ 而《道路交通法》第 7 条为机动车所有人设置了特殊的严格责任(Gefährdungshaftung)、第 18 条对机动车驾驶人的过错责

---

① 《道路交通法》第 3 条第 1 款规定,机动车的驾驶者应将车速限制在其可以持续掌控的范围内。这个规定显然是以自然人驾驶员为对象的。同样规定还有第 4 条(距离)、第 5 条(超车)和第 23 条(其他义务)。

② Cornelia Bewersdorf, Zulassung und Haftung bei Fahrerassistenzsystemen im Straßenverkehr, 2005. 在笔者看来,作者对待技术态度友好的论证是具有说服力的。但很遗憾的是,在随后的讨论中限制性的观点占据了上风。看上去似乎有必要对《维也纳道路交通公约》以及《道路交通法》进行修改,这样至少可以对问题进行澄清。

③ 参见 Thomas Klindt, Fahrzeugautomatisierung unter dem Blickwinkel des Produktsicherheits- und Produkthaftungsrechts, in: Eric Hilgendorf/ Sven Hötitzsch/ Lennart Lutz (Hrsg.), Rechtliche Aspekte automatisierter Fahrzeuge. Beiträge der 2. Würzburger Tagung zum Technikrecht. Baden-Baden 2015, S. 61-66。

任作出了专属的补充规定。① 无论肇事车辆是否装配有自主驾驶功能,原则上都适用前述条款。目前尚无对其进行修改的必要性。②

民事责任范畴内可能面对的问题在于,尽管引入自主驾驶通常可以从整体上降低发生事故的概率(因为可以缩减人为过失导致的事故数量),但从另一个角度来看,不由车辆所有人、驾驶人承担责任,而应由生产者承担责任的事故数量则可能会增加。理由在于,这些事故的肇因不再是人的行为,而被视为是自主系统功能所引发的事故,所以进行归责时会经由系统追溯至系统的生产者。这意味着潜在的产品侵权责任案件数量的增加,特别是对生产者和保险业而言,这无疑是值得注意的现象。③

五、刑事责任

在民事责任之外,当道路交通领域的事故中出现了符合刑法规定的行为时,则可能涉及刑事责任问题。首要的刑事责任主体是车辆驾驶

---

① 此处涉及的是过错推定,车辆驾驶人可以通过证明自己不存在过失而免责,参见 OLG München VersR 2003, 159,然而其代价则是有许多模糊不清之处:BGH NJW 1974, 1510。

② 如果投入使用的自主系统"自我决策能力"能力极高,以至于很难将其所造成的损害归咎于"背后的"自然人(如生产者、使用者等),情况就有所不同了。在此情形下可以考虑引入机器人本身的责任:Eric Hilgendorf, Recht und autonome Maschinen, in: ders./ Sven Hötitzsch (Hrsg.), Das Recht vor den Herausforderungen der modernen Technik. Beiträge der 1. Würzburger Tagung zum Technikrecht, 2015 (Robotik und Recht Band 4), S. 15 f.;更详细的论述参见 Susanne Beck, Über Sinn und Unsinn von Statusfragen. Zu Vor‐und Nachteilen der Einführung einer elektronischen Person, in: Eric Hilgendorf/ Jan‐Philipp Günther (Hrsg.), Robotik und Gesetzgebung. Beiträge der Tagung vom 7. bis 9. Mai 2012 in Bielefeld, 2013 (Robotik und Recht, Band 2), S. 239‐260。

③ 越来越多的自主系统在道路交通环境中被使用可能会对保险法带来的挑战,参见 Martin Stadler, Versicherungsrechtliche Fragen zu Fahrerassistenzsystemen, in: Eric Hilgendorf/ Sven Hötitzsch/ Lennart Lutz (Hrsg.), Rechtliche Aspekte automatisierter Fahrzeuge. Beiträge der 2. Würzburger Tagung zum Technikrecht. Baden‐Baden 2015, S. 87‐100。

者,但自主驾驶车辆的生产者和销售者同样可能面临刑事责任问题。《刑法典》中最具相关性的罪名是第229条"过失致人死亡"。设想一个停车辅助系统在停车入库时导致了一个在路上玩耍的儿童受伤,原因是传感器上出现污渍,导致车载电脑无法"看到"这名儿童。对此进行分析可知:行为人实施了行为(将倒车进程交给车载电脑执行)、存在结果(儿童受伤)、行为和结果之间具有因果关系,而问题在于车辆驾驶者在停车过程中是否存在过失。根据《刑法典》第272条的定义,过失是指疏于交互时所必需的谨慎的行为。那么应当对驾驶者提出何种谨慎方面的要求呢?

对此,任何试图直接从自动化程度定义中推导出个案中注意义务程度的尝试在方法论上都是错误的,在事实上也并不成立。德国联邦公路研究所(BASt)所提出的建议便是此类尝试的代表之一:其建议区分"自然人驾驶"(Driver only)、"驾驶辅助"(Assistiert)、"半自动化驾驶"(Teilautomatisiert)、"高度自动化驾驶"(Hochautomatisiert)和"全自动化驾驶"(Vollautomatisiert)几类。[1] 这些对自动化程度的分级被表述为诸如"(对驾驶辅助车辆)驾驶者必须在任何时刻都完全掌握对车辆的操纵"或者"(对全自动驾驶车辆)驾驶者……无须对系统进行监控"。[2] 这类分级是很有助益的,它们有助于解释相关术语,也有助于厘清不同的问题类型。然而不能忽视这样一个事实:前文所引用的规范性说明是以特定的定义或者说是设定为基础的,而这些定义的目的只是确定自动化程度。如果再从这些定义中推导出不同级别车辆驾驶者的注意义务,将会形成循环论证。注意义务并不是由德国联邦道路交通研究所或任何其他国内外的专业鉴定机构确定的,而是来自于德国法律的规定,其在个案中的适用及具体化则由法院进行。因此全自动驾驶车辆的驾驶员在个案

---

[1] 在附录中可以找到对自动化水平的清晰介绍和对不同名称的比较。

[2] Tom M. Gasser et al., Rechtsfolgen zunehmender Fahrzeugautomatisierung. Gemeinsamer Schlussbericht der Projektgruppe, 2012, S. 9 (Berichte der Bundesanstalt für Straßenwesen, Fahrzeugtechnik, Heft F 83).

中有持续监控车辆的义务的情形完全有可能出现。

可以想象,司法判决在之后很长一段时间内都会倾向于对所有层级的自动驾驶车辆驾驶者提出较高的监控要求,特别是在人身损害相关的案件中。例如在前文所述的案件中会认为,驾驶者应当在倒车过程中注意车位是否确实是空的。此外,还应当经常性检查车辆的自动驾驶相关组件,以确保其正常运行。因此可能可以考虑因车辆驾驶者没有按要求对车辆的传感器进行检查而对其加以谴责。然而这样就会导致两难困境的产生:一方面,车辆装配自主系统的目的是将驾驶者从驾驶任务中解脱出来;而另一方面,驾驶者却有义务监控自主系统执行驾驶任务的进程,并在必要情况下介入,以修正其驾驶操作。因此驾驶者不被允许同时从事其他活动(如阅读邮件、观看电影等),更不用说工作或者睡觉了。这被称为"控制权两难困境"(Kontrolldilemma),①自主驾驶系统的功用(从驾驶者而非整体安全性的角度来看)无疑被极大地限制了。

只有当家用车辆、载重车辆装配自主系统,在很长一段时间内效果达到预期,且没有带来不良影响时,才可能期待驾驶者的注意义务要求得到降低。如果经验证明,系统的故障率可控、运转无瑕疵,那么就没有必要一直对这样的系统进行监控。如果有监控系统或辅助系统,其能够在自主驾驶系统出现故障时警示驾驶者并辅助其应对问题状况,那么驾驶者的注意义务可以进一步降低。而如果要无条件地信赖车载电脑的自主功能,永久性地免除(自然人的)监控义务则可能要等到几年或者几十年之后了。对此,可以与电梯——或者说一种垂直方向的自主运输设备——的情形进行对照:电梯在其发展初期被使用时一直与某些危险紧密联系在一起,例如成年人携带儿童乘坐电梯时有特殊的注意义务。而现如今的电梯是如此的安全,使用电梯几乎没

---

① 参见 Eric Hilgendorf, Autonome Autos-Wer haftet für Roboter?, 21.07.2014, 网络版参见于: http://www.lto.de/recht/hintergruende/h/autonomeautos-google-car-haftung-verkehrsrecht. 访问日期:2014 年 12 月 3 日。

有特殊的注意义务了。①

六、生产者责任

目前对未来交通的特殊模式下的生产者责任的讨论仍然不足。机动车不仅具有越来越高的自主性，它们还会联网，相互之间交换数据并与道路交通环境外的数据存储设备交换数据。② 例如，目前的机动车辆已经可以联网取得交通状况、道路地图或天气信息等数据，同样还可以取得视频、音频数据。同时，车辆驾驶者仍有将注意力集中在道路交通中的法定义务。③ 一旦对驾驶者驾驶、监控义务的豁免被认为是可能且能够被许可的，对娱乐软件的需求就会显著提升——其中可能包括音乐、电影播放软件，乃至于在线游戏。

当然，对车辆驾驶者的深度"解放"仍需要十数年或数十年。但在相应语境下，目前已经存在一些值得讨论的刑事责任问题，例如从第三方服务器获得的数据中可能含有恶意软件，这类软件完全可以切断车辆与网络的连接，影响其行驶线路、甚至直接导致事故。原则上，当出现类似损害结果时，应当追究软件制作者的责任。如同其他因特网作为犯罪工具被使用的情形一样，为行为人提供网络接入服务者、将恶意软件储存于其服务器上提供给车辆驾驶者的服务者应当承担的刑事责任都会成为问题。

以欧盟《电子商务指令》(E-Commerce-Richtlinie)④为基础的《电信媒体法》(Telemediengesetz)规定，将自身数据存储于自己服务器供人使用者，承担无限责任。将他人数据存储于自己服务器供人使用者，只有

---

① 德国一些老式建筑中仍在使用的"帕特诺斯特电梯"是个例外。
② 参见 Wolfgang Siebenpfeiffer, Vernetztes Automobil, 2014 中的文章。
③ 参见前文第五章。
④ http://ec.europa.eu/internal_market/e-commerce/directive/index_de.htm. 访问日期：2014 年 12 月 3 日。

在其确知所存储的是恶意软件时才承担责任。提供网络接入服务者，原则上不对网络中存在的违法内容承担责任，除非其与非法内容的创作者存在共谋。① 这些原则同样适用于联网(半)自主驾驶车辆及其从外部存储器获得的数据。需要明确的是，当第三方告知接入服务提供者其客户有违法行为甚至可能是犯罪行为时，其是否仍能享受网络接入服务提供者的豁免？② 有很多迹象表明，对联网车辆乃至于交通基础设施造成损害可能性会急剧提升。有鉴于此，一些在过去被认为是有意义的责任豁免也许不应继续保留。③

七、法律与数据保护

数据保护领域会迎接极大的挑战。自然人对车辆的控制越少，车辆就需要越多的数据以完成其驾驶任务。因此，车辆需要装配大量传感器，持续收集并处理数据。被收集的数据中自然会包括大量个人数据，或者至少是可能具有一定人身关联性的数据。这样机动车就成为了一个高效的可移动数据收集点。然而，车辆应当如何处理其所收集的数据仍是不明确的：是否可以存储过去的行驶状况数据？车辆收集的数据属于谁，属于车辆驾驶人、所有人还是生产者、维修者或者其他的某个主体？检察机关在什么条件下可以取得机动车辆中所储存的

---

① 对生产者责任以及作为基础的欧盟指令的介绍，参见 Eric Hilgendorf/ Brian Valerius, Computer-und Internetstrafrecht, 2. Aufl. 2012, S. 56 ff.。

② 尽管这大体仍是理论假设，但现行法确实存在明显的漏洞，参见 Eric Hilgendorf/ Brian Valerius, Computer-und Internetstrafrecht, 2. Aufl. 2012, S 66 ff.。

③ 参见 Bardia Kian/ Alexander Tettenborn 在 Eric Hilgendorf/ Sven Hötitzsch/ Lennart Lutz (Hrsg.), Rechtliche Aspekte automatisierter Fahrzeuge. Beiträge der 2. Würzburger Tagung zum Technikrecht. Baden-Baden 2015 中的文章。

数据?①

现如今,几乎可以从任何数据中获得个人信息[即所谓的数据挖掘(Data-Mining)],因而会产生严重的问题。这意味着几乎所有数据都具有潜在的关联性。所以有人主张,将机动车辆所收集到的全部数据都加以保存、并传输给第三方,专门服务于数据分析的目的。人们也会在"大数据"的语境下探讨相关问题。② 这样的主张明显与数据经济性原则(Datensparsamkeit)和目的限制原则(Zweckbindung)等德国传统数据保护法基本原则相悖。至于具有数据收集功能的新一代机动车辆是否能够符合德国数据保护法的要求,仍有待进一步的观察。更可能出现的情况是:技术的进步迫使我们做出选择,要么从根本上对现行数据保护法进行革新,③要么容忍法律执行上的漏洞。后者可能导致我们能够对信息自决权④进行的有效保护寥寥无几。⑤

---

① 引入事故数据存储可能会导致的问题,参见 Ralf-Roland Schmidt-Cotta, Event-Data-Recording-Fluch oder Segen?, in: in: Eric Hilgendorf/ Sven Hötitzsch/ Lennart Lutz (Hrsg.), Rechtliche Aspekte automatisierter Fahrzeuge. Beiträge der 2. Würzburger Tagung zum Technikrecht. Baden-Baden 2015, S. 67-86. 为了避免道路交通事故处理中费时费力的法律纠纷,在家用车辆、载重车辆自动化水平不断提升的情况下,有很多观点认为应当通过法律规定强制加装自动事故数据记录仪。

② Eric Hilgendorf, Recht und autonome Maschinen, in: ders./ Sven Hötitzsch (Hrsg.), Das Recht vor den Herausforderungen der modernen Technik. Beiträge der 1. Würzburger Tagung zum Technikrecht, 2015 (Robotik und Recht Band 4), S. 18 f.; ausführlich Kenneth Cukier/ Viktor Mayer-Schönberger (Hrsg.), Big data. A revolution that will transform how we live, work and think, 2013.

③ 例如,可以考虑扬弃掉已经过时的个人信息/非个人信息的界分——现代的数据挖掘技术下,只要付出足够的成本,几乎可以将所有数据与具体的个人联系起来——根据数据重要性的不同将其划分为不同的保护等级,发展出一种更精细的分级保护模式。

④ BVerfGE 65, 1 ff.

⑤ Eric Hilgendorf, Recht und autonome Maschinen, in: ders./ Sven Hötitzsch (Hrsg.), Das Recht vor den Herausforderungen der modernen Technik. Beiträge der 1. Würzburger Tagung zum Technikrecht, 2015 (Robotik und Recht Band 4), S. 19, 28 f.

八、死亡算法

最后，如果我们需要自主系统在事故情形中提供帮助，则会面临特殊的问题。在车辆的碰撞迫在眉睫时，自主系统采集必要信息，并对可能采取的方案作出决策的速度会远超自然人。设想一辆装配有自主驾驶系统的家用轿车正在高速公路上高速行驶，然而突然遭遇了如下两难困境：车辆可以维持车道不变、撞死两个突然冲上行车线的儿童，或者向左规避并撞毁护栏。① 原则上此处应遵循损害最小化原则（Grundsatz der Schadenminimierung），即车载电脑必须被设定为，其更倾向于选择更小的损害结果，在本案中为财物的损坏。

当然，如果所面对的情形是诸如两个不同被害者的身体损伤这样的损害时，对损害的比较、分级可能是极大的问题。而在前述案件中，如果事故情形中所面对的是生命和生命的抉择，目前仍没有解决方案。

德国法的基本立场是，生命的地位是不得加以衡量的，任何人的生命都有至高的价值。因此一个生命不"重于"另一个生命。但是如果站在天平另一端的是5人或者25人时，这一原则还应当适用吗？或者设想一个极端情形：能否对车辆进行编程，使其在面对这样生命对生命的抉择时，永远选择撞向数量更少的那一方？

九、总结和展望

总体而言，半自主、自主驾驶车辆的发展可以说为法律带来了极大的挑战，而它们又必须被克服。为此，首先必须准确定位相关的法律领

---

① Eingehend zu den damit verbundenen Fragen Eric Hilgendorf, Recht und autonome Maschinen, in: ders./ Sven Hötitzsch (Hrsg.), Das Recht vor den Herausforderungen der modernen Technik. Beiträge der 1. Würzburger Tagung zum Technikrecht, 2015 (Robotik und Recht Band 4), S. 20 ff.

域,前文中已经在尝试完成这项工作。司法审判所面对的任务是将现有的法律规范体系应用于解决新兴的法律问题,其中应当没有无法解决的困难。至少在民事、刑事责任和产品责任方面,应当暂时不需要进行修法。道路交通法则必须得到修改,或者至少得到明确的解释,特别是《道路交通秩序法》目前并不能支持对自主、半自主驾驶车辆的许可及其运营。而如果要修改《道路交通秩序法》及部分其他德国的道路交通法规,首先必须改革作为其基础的国际法协议,如《维也纳道路交通公约》。数据保护相关法律也是现行法中仍待解决的问题。将来的客用、货用机动车辆会收集海量数据,它们会储存这些数据,由于它们是联网的,因此还可以相互交换数据或进行外部储存,数据保护因而将受到严峻的考验。新技术——正如在"大数据"语境下所讨论的——与传统的数据保护体系并不兼容。保护作为基本权的信息自决权是网络社会①的核心任务,所以必须对数据保护的新方案进行比以前更为深入的思考。

---

① 科学新闻记者 Christopher Kucklick 建议将"颗粒化社会"(granulare Gesellschaft)作为"联网社会"的进一步概念,其特点是,人和人周边的环境都以一种此前在技术上不可能做到的程度被记录和测量,参见 Christoph Kucklick, Die granulare Gesellschaft. Wie das Digitale unsere Wirklichkeit auflöst, 2014. 特别是从法律角度来看,这种方式可能会给将来的分析研究带来极大的启发。

第十六章
自动化驾驶与法律*

笔者十分高兴能够在戈斯拉尔举行的第53届道路交通法庭代表大会上就"自动化驾驶与法律"这一主题作报告。当然,这个主题中包含了许多法律问题,用一个报告的篇幅并不能将其全部囊括。因此,笔者的报告内容只局限于一个概览。

一、术　语

首先映入眼帘的是一些习惯用语:相比于大众传媒时常提及的"机器人汽车"(Roboterauto)或者"自动驾驶的"(selbstfahrenden)机动车(Fahrzeugen),专业文献[①]和生产商则时常使用"辅助"(assistiertes)、"智

---

* 本文在第53届德国道路交通法庭代表大会的会议报告文稿基础上增加脚注而成,有细微修改。

本文原文"Automatisiertes Fahren und das Recht"发表于 Veröffentlichung der auf dem 53. Deutschen Verkehrsgerichtstag vom 28. bis 30. Januar 2015 in Goslar gehaltenen Vorträge, Referate und erarbeiteten Empfehlungen, Köln 2015, S. 55-72。

本文中译本曾发表于《私法》2016年第1卷,第84-100页,本文有细微修改。

① 主要参见 Thomas R Köhler / Dirk Wollschläger, Die digitale Transformation des Automobils, 2014; René J. Laglstorfer, Die Zukunft des intelligenten Automobils, 2013; Gereon Meyer/ Sven Beiker (Hrsg.), Road Vehicle Automation, 2014; Kati Rubinyi (Hrsg.), The Car in 2035. Mobility Planning For the Near Future, 2013; Wolfgang Siebenpfeiffer (Hrsg.), Vernetztes Automobil, 2014。

能"(smartes)或者自动(pilotiertes)驾驶这样的概念。在更多的以基础为导向的文献中则出现了"自主"(autonomen)驾驶,或者更为准确地说"部分自主"(teil-autonomen)驾驶的概念。最终,德国联邦道路工程研究所(Bundesanstalt für Straßenwesen)建议称之为"自动化驾驶"(automatisiertem Fahren)并区分为"无自动化"(Driver only)、"驾驶员辅助为主"(assistiert)、"部分自动化"(teilautomatisiert)、"高度自动化"(hochautomatisiert)以及"全自动化"(vollautomatisiert)等多个阶段。①

当其他人想知道这里谈论的究竟为何物时,术语问题自然十分重要。但是,由于科技发展十分迅速,如果一开始就尝试将概念定义压制在一定的界限内,显然不太合适。如果仔细深究,那么上述所有的概念都面临一定的问题:

对于术语"自动化驾驶"(automatisiertes Fahren)的质疑是,自从马车退出历史舞台以来,在道路交通中只行驶着自动化车辆。因此,自动化汽车(automatisierten Automobil)的说法就略显重复。作为技术系统,"自动系统"(autonomes System)旨在当没有个人指示时能够智能地解决个案问题。② 因此,制动系统(Bremsspurhalte-Systeme)、车道拥堵驾驶助理(Staufahrassistenten)③等自动系统所具有的法律上的特性基本上已经包含在内了。问题在于,"自动"以及"部分自动"驾驶概念一方面触及了人工智能(künstliche Intelligenz)的主题,另一方面则涉及德国古

---

① Tom M. Gasser u. a., Rechtsfolgen zunehmender Fahrzeugautomatisierung. Gemeinsamer Schlussbericht der Projektgruppe, 2012, S. 9 (Berichte der Bundesanstalt für Straßenwesen, Fahrzeugtechnik, Heft F 83).

② Roger Häußling, Techniksoziologie, 2014, S. 89.

③ 概况参见 Stefanie Jockers, Das Auto von Morgen. Wie futuristische Technik unser Leben verändert, URL: https://gruppe.spiegel.de/news/pressemitteilungen/detail/das-auto-von-morgen-wie-futuristische-technik-unser-leben-veraendert,访问日期:2014 年 12 月 12 日; auch die Beiträge zum Titelthema „Assistenzsysteme" in: Automobiltechnische Zeitschrift (ATZ), 2014, Heft 02, S. 10 ff., und zum Titelthema „ Sicher und automatisiert. Moderne Assistenzsysteme" in: ATZ, 2015, Heft 01, S. 14 ff.;此外参见„Techniktrends bei Nutzfahrzeugen. Assistenz und Telematik", in: ATZ, 2014, Heft 09, S. 10 ff.。

典哲学。在哲学习惯用语中,"Autonom"意味着具有自我立法(Selbstgesetzgebung)能力的人。① 汽车领域中所指的显然不是这种古典哲学意义上的自主概念。与之类似,"自动"②或者"辅助"驾驶这样的概念也是瑕瑜互见。

下文将有保留地沿用交通法庭代表大会所使用的"自动化驾驶"(automatisiertem Fahren)这一术语。为了避免误解,笔者首先澄清一点:定义本身并不能解决法律问题。从自动化驾驶的特定定义或者自动化驾驶的阶段中绝不能轻易地推导出法律义务或是其他的法律后果。只有当立法者将法律后果与特定的定义衔接起来时,该定义才是重要的。

二、技术融合

显然,自动化驾驶技术的发展不能脱离其他技术领域特别是机器人、自动化和传感器技术领域的发展,整体而言不能脱离信息与通讯技术的发展而独立存在。③ 因此,这些领域的法律分析与评价在得以必要的修正后,都可以用来解决自动化驾驶的问题。④ 主题融合意味着技术融合:涉及自动系统及其法律问题的讨论通常也包含了自动化交通工具的法律问题。"工业4.0"(Industrie 4.0)、"智慧城市"⑤(Smart City)和

---

① 这种对于自治概念的理解可以追溯至哲学家康德。

② "自动"驾驶的说法还涉及航空运输,多年来该领域已经广泛地采用了自动系统。然而值得注意的是,当时人们并没有对该技术的容许性提出任何质疑。这在近期似乎有所改变。

③ Eric Hilgendorf, Recht und autonome Maschinen-ein Problemaufriss, in: Eric Hilgendorf/ Sven Hötitzsch (Hrsg.), Das Recht vor den Herausforderungen der modernen Technik. Beiträge der 1. Würzburger Tagung zum Technikrecht im November 2013, 2015, S. 14 f.

④ 这适用于跨主题的研究,例如"自动化中的法律与功能安全"(Recht und funktionale Sicherheit in der Autonomik),而该研究隶属于德国联邦经济与能源部在2010年至2013年所资助的"自动化"项目,参见网页 www.autonomik.dc. 访问日期:2014年12月12日。

⑤ 参见 Willi Kaczorowski, Die smart Stadt-Den digitalen Wandel intelligent gestalten, 2014。

"智慧家园"(Smart Home)等流行语以及"用户体验预测"(Predictive User Experience)可能性研究的最近进展也与其紧密相关。而该研究意味着尝试预知人类需求以及人类态度,即计算机系统成为具有预知和关怀功能的人类伙伴。①

这场即将到来的道路交通领域技术变革的核心特征可以换言为四个概念:自动化(Automatisierung)(对人为掌控的进一步脱离)、网络化(Vernetzung)(整体网络中畅通的信息交流)、关怀性(Fürsorglichkeit)(技术系统了解用户的优先选择并且对此主动积极反应)以及普适性(Ubiquität)(相应的技术几乎到处可供使用)。由此,道路交通也被纳入"物联网"(Internet der Dinge)的一部分。②

三、自动化道路交通的优缺点

在探讨自动化交通工具技术发展的法律问题特别是宪法性问题以前,笔者想简短陈述一下这种新型交通工具的优缺点。

第一个优点在于道路交通中日益提高的安全性。专家指出,90%的交通事故都是由人为错误造成的。③ 随着在汽车领域越来越多地使用自动系统,交通事故中的死亡人数将大幅减少。另一个支持使用自动汽车的观点认为,残疾人和老年人藉此赢得了新的移动机会。然而这个观点在讨论中常常被忽视。人口变化意味着越来越多的老年人希望参与交通运行。自动系统特别适于缓解或者消除与年龄相关的障碍,从而确

---

① 参见网页 http://next.mercedes-benz.com/pux.de. 访问日期:2014 年 12 月 12 日,也可详见 Jürgen Kuri, Technik denkt mit. Mit dem autonomen auto ins intelligente Haus, in c't, 2015, Heft 4, S. 92 ff.。

② 参见第 263 页脚注③ Eric Hilgendorf, Recht und autonome Maschinen, S. 15.

③ Walther Wachenfeld / Hermann Winner, Der Sicherheitsnachweis für autonome Fahrzeuge, in: Hilgendorf/Hötitzsch/Lutz (Hrsg.), Rechtliche Aspekte der Fahrzeugautomatisierung. Beiträge der 2. Würzburg Tagung zum Technikrecht im Oktober 2014, 2015, S. 53 指出,数据依据不同来源可能有所偏差。

保这类人群的移动可能性。我们甚至可以期待,那些原先只能枯坐在家的人可以借助这种新型交通工具重新变得灵活起来。①

自动化驾驶的第二个优点在于它对环境更为友好且能够更为合理地利用资源,降低能源消耗,促进交通便利。特别是对于大都市而言,自动化驾驶意味着便利和自由的增益、时间的节省以及像汽车共享概念这样崭新的潜在商业模式。自动化驾驶的第三个优点是其具有巨大的经济潜力。②

而自动化驾驶的缺点则首先表现在新技术的成本。然而所有以往的评估显示,该成本会保持在消费者能够接受的范围之内,一旦批量生产这种汽车,附加成本就更不值一提。更为现实的问题是剥夺驾驶员的行为能力:自动系统的使用意味着越来越少的人为决定。在德国这样的国家,汽车驾驶或许主要是与休闲和体育相关,缺少驾驶乐趣或者驾驶愉悦感是该批评意见的核心所在。因此,自动化汽车会使很多驾驶员扫兴。不过在自动化驾驶系统中设置转人工模式就可解决上述问题,通过该模式人们可以随时切换回"经典"运动驾驶模式(但是大城市除外)。

而自动化驾驶的第二个问题则在于对技术规则潜在的强制适应,这在过去已经得到讨论。在人为的法律制度中,技术应服务于人,而不是人服务于技术。③

自动化驾驶的第三个问题是存在依赖垄断供应商的风险,特别涉及其所提供的软件。由于道路交通正成为物联网的一部分,所以存在着以下风险:已经净占市场主导地位的美国网络供应商如谷歌、脸书等会主导汽车内部或者汽车之间的通讯,并制定单方的标准。这种发展对于经

---

① 维尔茨堡大学机器人与法研究中心(www.robotrecht.de)的成立源于维尔茨堡大学信息学 Schilling 教授对自动化自主行驶轮椅的法律问题的研究。

② 对此参见第 261 页脚注①中 Laglstorfer 的文章;也可参见 Heike Proff (Hrsg.), Radikale Innovationen in der Mobilität, 2014。

③ Eric Hilgendorf, Humanismus und Recht–Humanistisches Recht? Eine erste Orientierung, in: Horst Groschopp (Hrsg.), Humanismus und Humanisierung, 2014, S. 36 ff. (55).

济和消费者权益而言均是一柄双刃剑。①

在笔者看来,目前引入自动化汽车的最大问题在于这种新型交通工具所含有的安全漏洞。未来的汽车并不是孤立的,而是交联化地在道路上行驶,并获取从网络云端传来的道路交通信息、天气信息以及其他综合信息。汽车在道路设施或者更准确地说在"智慧城市"中行驶时是可进行通讯的。特别是在汽车与卡车之间,这种通讯尤为重要。这种通讯网络显然会引起黑客们的兴趣。道路交通领域存在着网络犯罪的危险,相关问题十分显著。②

四、宪法规范

目前所讨论的关于自动化驾驶的最主要法律问题涉及自动化汽车的准入与运营、民事法律责任、刑事责任、生产商责任、数据保护以及保险法。在某种意义上,在解决这些问题之前需要考虑其宪法基础。由于到目前为止几乎没有文献涉及这个主题,所以请允许笔者做以下说明。

在《基本法》中,至少就宪法字面条文而言,几乎没有出现过"新型科技"的字眼。然而没有争议的是,《基本法》第 5 条第 3 款所规定的"科研自由"涵盖了新型交通工具的研发。《基本法》第 12 条第 1 款以及第 14 条第 1 款也保障生产和销售等权利。在这一层面,适用于其他科学技术的法律规定同样也适用于自动汽车。③

---

① 一般而言,更多大型、相互竞争的企业的存在对于消费者而言是有益的。但是当企业占据了垄断地位后,以上情况就会改变。对此法律体系制定了从卡特尔法到征收可能性的一系列措施,以防止垄断情况的发生。

② "网络安全"(Cybersecurity)的主题在近年来越来越受到关注。相关信息参见联邦信息技术与安全局的主页 https://www.bsi.bund.de。访问日期:2014 年 12 月 12 日。

③ 参见 Eric Hilgendorf, Teilautonome Fahrzeuge und das Recht. Verfassungsrechtliche Vorgaben und rechtspolitische Herausforderungen, in: Eric Hilgendorf/ Sven Hötitzsch / Lennart Lurz (Hrsg.);第 264 页脚注③Beiträge der 2. Würzburger Tagung zum Technikrecht, S. 15 ff。

依据联邦宪法法院的判例,基本权利形成了一个整体的客观价值秩序。它不仅用于辅助解释,而且产生国家义务。① 国家有义务保护其公民的身体完整性和生命。由此可以推断,国家有义务支持或者至少不阻碍那些对宪法所保护的法益明显有益的技术。一旦有争议的技术可以保护所谓的基本法益,那么立法者就应当对相关法律规定进行有益于技术发展的解释——这对自动化驾驶而言也是无可争议的。

在德国,人们时常以人类尊严原则为论据来反对新型科技。然而滥用保障人的尊严这一口号来掩饰其科研以及工业政策上的保守主义,并由此贬低《基本法》第1条的价值是没有任何意义的。恰恰相反,保障人类尊严这一规定应当作狭义解释,以免该条款被滥用并最终变得一文不值。在此基础上,从保障人类尊严中并不能推断出任何对于自动化驾驶的质疑。恰恰相反,提升老年人以及残疾人移动性正是对人类尊严保障的最好回应。

问题在于,从行动自由这一基本权利中关于自动化驾驶可以得出哪些结论?② 这里是否涉及独立的基本权利,并不重要。无可争议的是,在街道上的行动自由受到基本法的保护。因此只有基于法定理由才能对这一自由进行干预,且此种干预对于实现立法目的必须是必要且恰当的。有人可能认为,在道路交通中引入自动化汽车可能不利于那些非自动化汽车的驾驶者,影响他们受基本法保护的权利。如果没有进一步的论证,则这种意见似乎很难让人信服,更何况引进高度自动化汽车的工作才刚刚开始。

有人可能认为,自动化驾驶可能会违反罪责原则(Schuldprinzip)。③ 然而这种看法也略显牵强。依据罪责原则,刑罚以行为人的罪责为基

---

① 出自 BVerfGE 7, 198 ff. (Lüth-Urteil) st. Rspr.;参见 Johannes Dietlein, Die Lehre von den grundrechtlichen Schutzpflichten, 2. Aufl. 2005。

② Michael Ronellenfitsch, Die Verkehrsmobilität als Grund-und Menschenrecht. Betrachtungen zur „zirkulären" Mobilität in der Europäischen Union, JöR n. F. 44, 1996, S. 167 ff. (182 f.).

③ 出自在 2015 年交通法庭代表大会准备阶段的一些口头讨论。

础，且其高低以行为人罪责大小为限度。① 在这个意义上罪责原则是一项宪法原则。如果要对机器施以刑罚，必然会违反这个原则。但到目前为止，人们也没有严肃地要求对机器施以处罚。在汽车领域引入自动系统可能会导致明显可以归责于人的犯罪行为的数量减少，然而这绝不违反罪责原则。②

总体上应当认为，宪法中并不存在反对在德国道路上引入自动化驾驶的根据。鉴于新技术带来的客观收益，可以认为国家的义务在于促进新技术的发展与运用。这尤其需要通过对现行法进行有益于技术发展的解释来实现。然而也应考虑应然之法(de lege ferenda)，立法者不应阻碍，而是要支持合理的技术发展，在具体情况下立法者甚至在宪法上负有推进技术发展的义务。当"德国制造"这一标识与有益于消费者和环境的理念，尤其是与人本的技术调整联系起来时，良好的法律环境(rechtliche Rahmenbedingungen)在国际竞争中就可以体现出竞争优势。

五、准入与运营的法律问题

法律上所面临的大问题是自动化汽车的准入和运营。到目前为止，1968年所订立的《维也纳道路交通公约》③对于自动汽车而言是一个巨大的阻碍。该公约第8条以及第13条规定，只有由人驾驶的机动车才被允许上路。而且这两条规定都多次提到了驾驶员对车辆的控制。

---

① BVerfGE 9, 167 (169), 95, 96 (131); BGHSt 2, 194 (200); Eric Hilgendorf/ Brian Valerius, Strafrecht Allgemeiner Teil, 2013, § 6 Rn. 1.

② 要不然体现了以预防来避免犯罪这一思想的其他形式会违反罪责原则，这是明显错误的想法。

③ 最新文本参见 https://www.ris.bka.gv.at/Bund。访问日期:2014年12月3日。

第十六章 自动化驾驶与法律

这也被作为反对自动化驾驶的理由。①

《维也纳道路交通公约》在2014年春天得以修订,这就使得包括高度自动化在内的各类自动化汽车的法律准入成为了可能。② 至于修订会给行为法带来何种影响,目前尚不完全清楚。然而人们有理由认为,新修订的《维也纳道路交通公约》对《道路交通规则》(StVO)中行为义务的改变,特别针对自动化汽车而言,完全不会构成障碍。③ 然而要注意的是,《维也纳道路交通公约》并不直接影响德国驾驶者,而必须先通过《道路交通规则》(或其他的国家法规)的修订进行转化。只要这种转化还没有实现,德国的行为法就会保持不变。

想要从自动化驾驶的各种定义中得出法律状态的改变是错误的。虽然由联邦公路科学研究所建议并在联邦交通部圆桌会议中讨论的各种自动化阶段的定义有利于澄清语言习惯,④但是除此之外,这些概念显然没有法律意义,尤其不能改变自动化驾驶中的行为义务和注意义务。这种误解完全可能出现,由此表明这些表述是部分失败的。在自动化驾驶中"必须"进行特定的行为,这种说法并不意味着规定了一项法律义务,而仅仅是指可以这样表达的技术命令:如果想让处于某自动化阶段的车辆在道路上安全行驶,那么就必须实施这样或者那样的行为。联邦公路科学研究所的工作小组并不负责明确行为法,或者更为准确地说明确注意义务的定义。在《道路交通规则》修订前,在汽车内无关驾

---

① 概述参见 Karin Geissl, Automatisiertes Fahren-Vereinbarkeit des technisch Machbaren mit geltendem Recht, in: Recht-Automobil-Wirtschaft. Sonderausgabe des Betriebs-Berater 2013, S. 20 ff; Sven Hötitzsch/ Elisa May, Rechtliche Problemfelder beim Einsatz automatisierter Systeme im Straßenverkehr, in: Eric Hilgendorf (Hrsg.), Robotik im Kontext von Recht und Moral, 2014, S. 189 ff.; 192 ff.;参见第263页脚注③Lennart S. Lutz, Anforderungen an Fahrerassistenzsysteme nach überstaatlichem Recht, in: Eric Hilgendorf/ Sven Hötitzsch (Hrsg.), S. 171 ff.。

② Lennart S. Lutz, Autonome Fahrzeuge als rechtliche Herausforderung, NJW, 2015, S. 119 ff,, 123.

③ 参见上注 Lutz 的文章;参见《世界车辆法规协调论坛规则》,79。

④ 参见 Tom Michael Gasser, Die Veränderung der Fahraufgabe durch Fahrerassistenzsysteme und kontinuierlich wirkende Fahrzeugautomatisierung, DAR, 2015, S. 6 ff.。

驶的次要行为基本上都是不予准许的。①

六、民事赔偿责任

法律上所面临的第二个大问题是民事赔偿责任。相关法条为《民法典》第 823 条、《产品责任法》、《道路交通法》第 7 条以及第 18 条。《道路交通法》第 7 条所规定的严格责任(Gefährdungshaftung)独立于车辆的自动化程度。在技术发展的过程中，可以考虑将赔偿责任从驾驶员向（自动化驾驶系统的）生产商转移。这意味着需要重新考虑《道路交通法》第 12 条所规定的赔偿责任最高界限。当然这并不是笔者演讲的主题。全德汽车俱乐部（ADAC）的克劳迪娅·迈（Claudia May）女士正在研究这个课题。② 至于较大的立法修订，笔者认为并无必要。

七、刑　　法

在刑法中也无修订的必要。核心刑法中的相关法条包括《刑法典》第 222 条、第 229 条、第 212 条以及第 315c 条。秩序违反法（Ordnungswidrigkeitenrecht）中重要的法条是《道路交通规则》的第 24 条和第 49 条。在可预见的未来并不需要制定新的刑事构成要件。③

过失责任与自动化驾驶的关联意义重大。在这方面需要再次警惕一种谬论，即从自动化驾驶的概念得出个案中相应的行为要求的结

---

① 参见第 53 届戈斯拉尔道路交通法庭代表大会的相关决议。
② 对此参见她在本次大会论文集中的文章；此外参见第 269 页脚注②Lennart S. Lutz, S. 119 ff.。
③ 人们当然可以主张，不久之后可能出现值得处罚的行为，比如在车辆运行过程中睡觉。醉酒驾车是犯罪（《刑法典》第 316 条）。一旦醉驾司机在驾驶盘上睡着，那么适用《刑法典》第 316 条就会产生疑问（在无意识状态下的"车辆驾驶"？）。即便是倾向于进行处罚的法律政策学家也会认为应当有待事态的进一步发展才能设置此类罪名。

论。① 法律在个案中需要什么样的注意,这是由管辖案件的法院所决定的。

这就意味着,虽然技术上而言驾驶员不久可以交出部分的驾驶控制权,然而驾驶员依然负有由法院确定的注意义务。由此可以认为,仅当自动化车辆在较长时间的无差错行驶以后,驾驶员的注意义务要求才会逐渐降低。② 这里所存在的"掌控悖论"(Kontrolledilemma)(技术上丧失掌控是可能的,其仍由法律所规定)③可以通过立法得到缓解。

因此,驾驶员要使其行为适应驾驶方式,必须随时识别车辆的自动化程度。问题在于,在实践中新型交通工具不能简单地划定整体的自动化程度。车辆中安装了大量的技术系统,而每个系统都显示不同的自动化程度。这一方面是由于不同系统的组装;另一方面是由于驾驶员可以对个别系统进行超驰控制(即关闭某一自动系统)。驾驶员可以将照明系统设置为完全自动化,将车道保持辅助系统设置为部分自动化,而将停车辅助系统完全关闭,因为他确信自己的停车技能比车载系统更好。正是由于这个根据,联邦公路科学研究所提出的整车自动化程度④的总括定义可能会产生误导。

为了恰当地处理各方面的注意要求,驾驶员就必须将其全部的注意力尽可能聚焦于有可能引起损害的系统上。注意义务的确定并没有发生改变:损害可能性以及可避免性奠定注意义务。可容许的风险以及(在道路交通中非常重要的)信赖原则(Vertrauensgrundsatz)对其进行限定。⑤

---

① 参见本文第一部分。因此第 269 页脚注② Lennart S. Lutz, S. 121 是误解。
② 此外,自动化驾驶呈垂直性发展,就像使用电梯一样。
③ Eric Hilgendorf, Autonome Autos. Wer haftet für Roboter?, in: http://www.lco.de/recht/hintergruende/ h/ autonome-autos-google-car-haftung-verkehrsrecht. 访问日期:2014 年 12 月 3 日。
④ 参见本文第一部分。
⑤ 注意义务参见第 268 页脚注①Eric Hilgendorf/ Brian Valerius, § 12 Rn. 17 ff.。

对于刑事责任的大型挑战是自动化车辆的易受破坏性。① 当罪犯从外部入侵进了车辆的数据处理系统并制造了车祸,那么不仅黑客会受到刑事处罚,也可以认为那些确定以及执行车辆安全标准的工作人员也要承担刑事责任,他们未能安装足够安全的系统即不作为也是损害结果产生的(共同)原因。物联网的发展也极大地提高了道路交通领域中信息技术攻击的破坏危险。存在的危险是,在未来网络化的"智慧城市"中道路交通领域可能成为互联网犯罪的猖獗之地。

到目前为止几乎还没有讨论与此相关的问题。这里应该正视可容许的风险在应对新型责任问题时所具有的决定性作用。此外,应尽快将道路交通纳入目前讨论的《信息技术安全法》②。最终有很多意见都认为,应通过修改责任规定来确保网络供应商的支持。

八、供应商责任(Providerhaftung)

鉴于新型汽车的网联化,网络供应商的责任具有特别重要的意义。网络供应商就是那些使数据得以在网络中传送的机构。《电信媒体法》第7条以及以下数条将其区分为提供互联网接入服务的网络连接服务商(Zugangprovider)、提供网络存储空间的网络主机服务商(Hostprovider)以及提供特有内容的网络内容服务商(Content Provider)。特别是网络连接服务商和网络主机服务商享有相当大的特权。③ 问题在于,鉴于道路交通中新型的多发风险,是否还能容忍这种特权? 鉴于可能攻击的目标

---

① 整个"物联网",特别是网联化工厂(工业 4.0)将会面临这个问题。该问题是信息与通讯技术领域最重要的法律挑战之一。参见联邦信息技术与安全局的报告„Die Lage der IT-Sicherheit in Deutschland 2014", S. 10 ff., im Internet unter https://www.bsi.bund.de/DE/Publikationen/ Lageberichte/bsi-lageberichte .html. 访问日期:2014 年 12 月 12 日。

② http://www. bmi. bund. de/SharedDocs/Downloads/ DE/ Nachrichten/Kurzmeldungen/ent-wurf-it-sicherheitsgesetz.pdf. 访问日期:2014 年 12 月 3 日。

③ 供应商责任体系参见 Eric Hilgendorf/ Brian Valerius, Computer - und Internetstrafrecht. Ein Grundriss, 2. Aufl., 2012, Rn. 193 ff.。

数量和损失的严重性,道路交通都会成为滋生互联网犯罪的新温床(或许可对比在"工业4.0"这一标题下所讨论的网联化工业设备)。在笔者看来,对于那些置警告于不顾并且未将罪犯从网络中排除掉的网络连接服务商,继续要求他们整体上的无可罚性就是不合理的。① 此外,还应检讨的是,通过施以适当的责任来促使网络服务商增强道路交通安全是否以及在多大程度上是有意义的。②

九、数据保护法

数据保护对于未来的道路交通也是非常重要的。不久以后,可以毫不夸张地将汽车视为移动数据采集处。这个问题已在2014年交通法庭代表大会上得到讨论,③不再作为笔者报告的核心。在此笔者只想提以下几点:依据现行法,车辆中所积累的数据主权(Datenhoheit)原则上属于车主,因为所涉及的是个人数据或者至少是与个人相关的数据。④ 鉴于目前几乎所有的数据可能会生成个人数据的事实,产生的问题是,针对个人与非个人数据的传统区分是否足够支撑各自的法律后果,以便对信息自决权(das Recht auf informationelle Selbstbestimmung)⑤进行足够

---

① 对观点的高度概览参见第272页脚注③Eric Hilgendorf/ Brian Valerius, Rn. 215 ff.

② 也可参见第264页脚注③Bardia Kian/ Alexander Tettenborn, Ist die Providerhaftung im Lichte vernetzter autonomer Systeme noch zeitgemäß?, in: Beiträge der 2. Würzburger Tagung zum Technikrecht, S. 101 ff.

③ 对此参见 Jürgen Bönninger, Wem gehören die Daten im Fahrzeug? Das moderne Fahrzeug-Mess-gerät, Steuergerät, Datenspeicher, in: Deutscher Verkehrsgerichtstag (Hrsg.), 52. Deutscher Verkehrsgerichtstag 2014. Veröffentlichung der auf dem 52. Deutschen Verkehrsgerichtstag vom 29.-31. Januar in Goslar gehaltenen Vorträge, Referate und erarbeiteten Empfehlungen, 2014, S. 229 ff.; Daniela Mielchen, Verrat durch den eigenen PKW-wie kann man sich schützen', ebenda, S. 241 ff.; Alexander Rossnagel, Grundlegende Rechtsverhältnisse und Ansprüche, ebenda, S. 257 ff.; und Thilo Weichen, Datenschutz im Auto, ebenda, S. 285 ff.。

④ 参见上注③Thilo Weichen, Datenschutz im Auto, S. 291。

⑤ BVerfGE 65, 1 ff. (Volkszählungsurteil).

的保护。像《联邦数据保护法》（BDSG）这样的数据保护规范虽然在理论上可以给予信息自决权高度的保护,但在实践中往往不受重视①,鉴于现实中的危险状态,这种数据保护法是不足够的。国家有义务在理论和实践中切实有效地保障如此重要的信息自决权。鉴于这个原因,可以将数据保护法作为试验基础。除了传统的法律工具,必须开启诸如"从设计着手来保护隐私"（privacy by design）和"使隐私成为预设"（privacy by default）的新模式。② 为了有效解决涉及自动化驾驶的证据问题,安装已经讨论几十年之久的标准化交通事故数据存储器是十分有意义的。③

十、保险法

最后,新技术也可能对保险业产生重大影响。④ 可以假设,事故的数量会减少,而索赔均额相对而言可能增高。同时,责任也从驾驶员转移到了生产商身上。⑤ 这种转变将促使保险业重新考量其保险合同的内容。

目前还不清楚的是,车辆系统的易受破坏性对目前的责任分配方案

---

① 修订参见 Alexander Rossnagel, Modernisierung des Datenschutzrechts, in: Jan-Hinrik Schmidt / Thilo Weichert (Hrsg.), Datenschutz. Grundlagen, Entwicklungen und Kontroversen, 2012, S. 331 ff.。

② 参见上注 Peter Schaar, Systemdatenschutz – Datenschutz durch Technik oder warum wir eine Datenschutztechnologie brauchen, in: Jan-Hinrik Schmidt / Thilo Weichert (Hrsg.), S. 363 ff.。

③ 参见第 264 页脚注③ Ralf-Roland Schmidt-Cotta, Event-Data-Recording-Fluch oder Segen?, in: Beiträge der 2. Würzburger Tagung zum Technikrecht, S. 67 ff.。

④ 介绍参见 Swiss Re Centre for Global Dialogue, The auronomous car. Risks and opporcunities for the re/insurance industry. Conference reporc September 2014。

⑤ 参见本文第六部分;该主题参见第 264 页脚注③Martin Stadler, Versicherungsrechtliche Fragen zu Fahrerassistenzsystemen, in: Beiträge der 2. Würzburger Tagung zum Technikrecht, S. 87 ff.。

(Haftungsszenarien)会产生什么样的影响。如果不坚决制止网络犯罪分子的行为,就会出现与上述关于事故数量减少的假设相反的情况,即事故数量的增加以及索赔金额的增高。这里还须讨论作为驾驶员或者车主的用户的个人责任(Eigenverantwortlichkeit)以及其对责任的影响。

保险公司对驾驶数据的利用问题已经众所周知,不过这在自动化驾驶的背景下变得更加尖锐。① 保险公司会对以下问题十分感兴趣:汽车经过了哪些路段、驾驶员保持在哪个时速、他喜欢什么样的驾驶方式以及要确定他的哪些健康参数等等。保险合同的级别可以促使驾驶员同意相应的数据采集。这种做法原则上具有经济意义,也常常具有健康和交通政策的意义,因为这样可以促进确立更加理性的生活和驾驶方式。但是,过度使用这种方法又会威胁以保险理念为基础的团结互助原则(Solidaritätsprinzip),立法者在这种情形下应划定一个框架。

十一、新的挑战

前面介绍的都是到目前为止比较严重的问题。此外,还有大量目前而言并不紧迫、然而在不久的将来要尝试进行解决的问题。有关的关键词涉及以下方面。

(一)对"掌控悖论"的处理

如上文所述,"掌控悖论"这一现象意味着技术发展逐渐免除了驾驶员的观察和操控任务,而法律规定仍然要求驾驶员尽可能掌控驾驶过程。这不仅降低了新型汽车(以及载重汽车)的吸引力,也导致了对司机的苛求。因为心理测试表明,无兴奋感是无法保持长期注意力的。② 什么是道路交通中的行为法的结论? 这个问题对于诸如阅读、写

---

① 同样的问题在"可穿戴"(Wearables)仪器领域也得到了讨论,比如在运动中测量以及呈现身体数据,对此参见第 274 页脚注①Franz-Joseph Bartmann, Der kalkulierte Patient, in: Jan-Hinrik Schmidt / Thilo Weichert, S. 178 ff.。

② 参见迈女士在本次大会论文集的文章第二部分第 2b 标题。

作或者使用手机等无关驾驶的次要行为具有重要的现实意义。

在当前的讨论中①会有意见认为,不可能通过法律改变对驾驶员的要求。这会违背罪责原则、基本法中的人类尊严或者人的图像(Menschenbild)。② 事实上,对于高度或者完全自动化车辆驾驶员在道路交通中的行为责任的法律豁免是极具问题的。为了在法律上顺利解决该问题,笔者建议进行以下划分:对于驾驶车辆所适用的注意义务的法定要求部分地产生于成文(已制定)法中,部分地由法官在个案中确定。③ 成文的行为法主要存在于《道路交通规则》中,部分还存在于其他法律规范中,如《刑法典》第315c条或者第316条。

立法者自然可修改其制定的成文行为法;相反,立法者既不能在个案中规定,也不能简单地修改往往在个案中具体化的不成文的行为要求,对其进行描述是法官的任务。这并不是由罪责原则、基本法中的人类尊严以及人的图像所引发,而是由三权分立原则(《基本法》第20条第2款第2句)以及法治国原则(《基本法》第20条第3款)所决定。④

这会对自动化驾驶造成进一步的影响:立法者可自由地使成文的行为法与技术现实和技术可能性相适应,比如允许在这些由(高度安全保障的)技术系统组成的车辆中使用手机。显然,为此首先必须保持谨慎,并且关注道路交通中的特殊危险情况。⑤ 然后可在《道路交通规则》中附加一个条款,由此确定,不仅(直接)由人而且须借助相应高效安全

---

① 参见第267页脚注③。

② 对此参见Eric Hilgendorf, Konzeptionen des Menschenbilds und das Recht, in: Jan C. Joerden / Eric Hilgendorf/ Felix Thiele (Hrsg.), Menschenwürde und Medizin, 2013, S. 195-216。

③ 参见第268页脚注①Eric Hilgendorf / Brian Valerius, § 12 Rn. 18 f., 20 f.。

④ 此外还与法官的法律保障有关,《基本法》第101条第1款第2句。

⑤ 困境在于,带有完全不同自动化阶段的车辆,甚至非自动化的车辆在很长时间内都将在道路上行驶。警察无法仅从车辆外部分辨正在车辆中使用手机的驾驶者将车辆设置为何种自动化等级。

第十六章 自动化驾驶与法律

的技术系统来履行道路交通中的行为义务。① 与此相关的问题意味着,自动化驾驶对于目前的法学而言是极大的挑战。

(二) 法律上可靠的事故—运算法则的程序化

一个非常棘手的基础性问题是事故—运算法则(Unfall-Algorithmen),即编写的在事故中避免损害的程序规则。其出发点是损害预防(Schadensverhütung)以及损害最小化(Schadensminimierung)原则:车辆避免损害是通过其躲避障碍物而实现的,所以就必须进行预先运算。如果要在小的财产损失和大的财产损失之间进行选择,当然会选择损失小的那个。通过经济标准可以确定损失大小(或者金额)。② 但是如果系统必须在两个人身伤害中做出选择,那么是否不仅要考虑治疗费用,或者还要考虑例如身体伤害后遗症以及相关后续费用等其他因素?③ 在多人受到严重的人身伤害中,一人丧失生命时又当如何?还有待寻找既适宜计算又在伦理和法律上站得住脚的损害分级方法。④

生命对生命将引发经典的争论。在两个突然奔跑在车行道的儿童和一个在右边人行道散步的行人之间,车载电脑必须/应该/可以如何选择——儿童或者行人这两个目标其中之一将不可避免地被车撞死?从纳粹时代⑤关于谋杀精神病人案的裁判以来,德国刑法和宪法的通说始

---

① 可将新增加的法条(《道路交通规则》第1条第3款)描述为:操作或者有义务操作一个或者一系列的驾驶机动动作的,通过常规性使用为驾驶机动动作而设置的车辆系统来遵守本规则对其设定的相关规定。本规则的规定同样适用于车辆系统。使用第1句所称的车辆系统的,如果只要通过常规性使用车辆系统能安全地进行某些类型和范围的次要行为,就可以进行这些次要行为。
② 这也基本上符合损失赔偿法的程序。
③ 当然可以考虑其他标准,比如年龄或者性别。但是这种因素的不合理性也显而易见。
④ 在伦理领域,对类似问题在功利主义的背景下进行了很长时间的讨论,这里就不再深入探讨了。但是请允许笔者指出,相比于康德(Kant),边沁(Bentham)的运算法则更加适宜(本文完全赞同边沁)。
⑤ 对于经典的"扳道工案"(Weichenstellerfall)、盎格鲁-撒克逊法系所讨论的"有轨电车难题"(Trolley-Fälle)以及联邦宪法法院对于《航空安全法》作出的相关判决的大量论证,参见第263页脚注③Eric Hilgendorf, Recht und autonome Maschinen, S. 20 ff.。

终认为生命是不允许被衡量的。换言之,一个生命等值于 2 个、20 个或者 200 个生命。那么依据以上通说,在紧急避险(《刑法典》第 34 条)情形下为了救两个人而杀害一个人的行为就是违法的。①

如果不再涉及溯及性的刑法评价,而是涉及前瞻性的避免死亡的发生,以上论断是否就会成立呢?撞死一个人和撞死很多人之间真的没有区别吗?例如,巴伐利亚州的汽车公司就可以将其事故——运算法则做如下调整:在相应的紧急避险情形下,在美因河以南选择撞死尽可能少的人;相反,在美因河以北则选择撞死尽可能多的人——如果这种数量观点不具有伦理和法律上的意义,那么就可以认为,这样有利于巴伐利亚州的运算法则是准许的。显然,这种法则(至少对于非巴伐利亚州而言)是极其荒唐的,在这里对这一问题就不做进一步的讨论。随机数生成器(Zufallsgeneratoren)帮助不大,除非人们拒绝详细研究权衡问题。这在法律上是否可行,似乎值得商榷。笔者认为,即使在紧急避险中杀死无辜者也应该总是违法的,然而存在对不法进行分级的义务(eine Pflicht zur Abstufung im Unrecht),据此死亡人数最小化不仅是伦理义务,也是法律义务。②

即使这些考量的理论意义明显大于实际意义,它们也不是纯粹的智力游戏,而是最终涉及捍卫以人性和人的尊严为最高价值的法律秩序。③

(三)其他在未来可能出现的问题

笔者在这里还想提及其他在未来可能出现的问题。第一个问题涉及在跨越国境时潜在的转换软件的法律义务。只要两国针对车辆驾驶员的法律不同(在无法估量的很长一段时间内都会如此④),车载电脑就

---

① 第 268 页脚注① Eric Hilgendorf / Brian Valerius, § 5 Rn. 83 m.w.N.。
② 参见第 263 页脚注③Eric Hilgendorf, S. 26。
③ 第 265 页脚注③Eric Hilgendorf, S. 39 f.。
④ 这主要针对的是不成文的行为法,比如刑法中的过失标准。通过《维也纳道路公约》,在成文行为法范围内已经达到了显著的均一性。

必须有能力在跨越国境时遵循新的规则,例如事故-辅助系统。这就要以跨越国境时转换基础软件为前提,也许系统可以自动完成这样的软件转换。与此相关的法律问题——从简单的侵权法到国际法——都还没有加以明确,更不要说进行解决。

第二个问题在于,车辆将会记录驾驶员或者其他乘客的健康数据。如今这已经部分体现在警告司机劳累程度的技术系统中。如果从所记录的数据中看出司机健康状况的长期恶化,比如有向疲乏综合征发展的趋势,又当如何？必须保存这些数据吗？(原则上并不是)。当这种被收集的数据可供使用时,能够形成保证人义务吗？(至少不能完全地排除)。汽车制造商承担什么样的责任后果？① 对于将健康数据自动传输到云端也是具有争论性的法律问题,可以考虑适用《刑法典》第203条第1款第1项。

当所谓的"关怀"系统("用户体验预测")大量收集涉及驾驶员行为的数据时,数据保护就面临着巨大的挑战。在这里,建构基于数据的行为模式绝不是数据收集所固有的抽象危险,实际上是其目的。② 那么这与欧洲特别是德国的数据保护法原则,即众所周知的数据紧缩(Datensparsamkeit)和必要性(Erforderlichkeit)原则相比,又当如何？如果将这样的数据集出售给第三方[("数据采掘"(Data Mining)、"大数据"(Big Data)],该如何应对？数据主体的同意必须采取哪种形式？③

需要注意的是,关怀系统给予驾驶员相关目的地的建议也会产生有趣的伦理(间接的刑事法律)问题。这种新型车辆的理念是给驾驶途中

---

① 原则上甚至可以考虑因未确保进行及时救助而导致的身体伤害,《刑法典》第223条、第13条。

② 值得注意的是,这种系统对其用户了解得越多,其功能也将变得越强大。数据积累的内部逻辑从概念上论证了数据紧缩以及必要性原则是荒谬的。它令数据来源的聚集得到了尽可能完整的、合乎目的的体现(比如离线以及在线的个人购买行为、社交网络、个人电邮来往等)。极详尽的健康数据会显得系统功能更加强大、更加方便以及更具吸引力。

③ 这一系列的案例问题可以作为思考个人数据主权的诱因。

的驾驶员提供一些具有吸引力的建议,如名胜、商店、餐馆以及其他场所。乍一看这似乎完全没有问题。对于广告业而言会出现有趣的选择:在超重的女驾驶员没有要求时,车辆是否应该或者可以向其指示去往巧克力工厂的道路?或者它能否向(系统已知的)具有酗酒习惯的男驾驶员指向去往街口酒馆的道路?这里对于生产商的基础程序就存在潜在的责任风险。① 这类程序是否应该至少受到现行社会道德的约束,因而忽略对一些敏感场所(比如博彩业场所或者妓院)的建议吗?容许车辆自身提出违反道路交通法的缩短路线的建议吗?伴随着这些疑问就开启了"道德机器"(Moral Maschines)的主题,它在伦理层面已经开始得到关注,②然而其对于法律实践而言(仍然!)几乎是一片荒地!因此笔者对这些问题的阐述就到这里。

十二、总　结

总而言之,在自动化驾驶领域出现了大量的法律问题。在未来几年甚至几十年,法学家和法律政策家将对此进行深入的研究。从宪法中可以推断出有利于技术地解释现行法的要求。这需要立法者一方面使法律规定与新技术发展相适应;另一方面通过适宜的法律规制确保快速引进那些保障健康和生命的新型技术。

目前具体的立法修订主要集中在道路交通法,其应与《维也纳道路公约》的新规定相适应,③涉及供应商责任的法律修订应当提上讨论日程。侵权责任法与刑法目前并不需要做出修订,然而会出现掌控悖论:技术上驾驶员不久就能够在车辆中实施与驾驶无关的行为;相反,他在

---

① 这绝不荒谬,在一些美国法院对于产品责任诉讼的判决中得到了体现。
② 参见 Wendell Wallach (ed.), Moral Machines: Teaching Robots Right from Wrong, 2010, oder Michael Anderson/ Susan Leigh Anderson, Machine Erhics, 2011。
③ 需要说明的是,对于《道路交通规则》的修订要保持一定的限度。尽可能地像第277页脚注①所建议的规定那样。

法律上将长时间地负有监控车辆的义务。将驾驶员从掌控车辆的行为中解放出来恰恰触犯了法律的底线,这个问题不久将会变得严峻。确保足够的数据保护也非常重要。最终,本文未详细讨论的国际背景下法律环境的协调也具有十分重要的意义。

第十七章
自动驾驶的规制之路
——对德国《道路交通法》最新修订的说明*

一、自动驾驶是对规制的挑战

很少有科技发展如自动驾驶这样吸引大众的眼球。而绝大多数公众意见对该项技术是持怀疑态度的。诸如预言、顾虑、怀疑以及反感等不和谐之声导致对这项事物的论证并不成功。一方面，对自动驾驶夸大的报道不仅涉及德国汽车驾驶的驾乘科技（Mobilität），而且是一种特殊生活情感的表达，驾驶中包含着对自身身份地位的证明、对自由的向往、对运动的愉悦以及对冒险的渴望。对此自动驾驶会使很多驾驶员扫兴。另一方面，这个驾乘科技正在经历的变革只是这些年来加速改变我们生活和工作世界的"数字化转型"（digitale Transformation）的一部分。因此，自动化车辆就像一个幻影，我们这个社会对数字化和自动化的期许和恐惧都被投射到这个幻影中。

显而易见，法律和法规的制定者在这种情形下很难以必要的克制以及审慎对技术发展进行控制和引导。然而德国联邦交通和数字化基础

---

* 本文原文"Auf dem Weg zu einer Regulierung des automatisierten Fahrens: Anmerkungen zur jüngsten Reform des StVG"发表于：Kriminalpolitische Zeitschrift (KriPoZ) 4 (2017), S. 225-229。

设施部（Das Bundesministerium für Verkehr und digitale Infrastruktur，缩写：BMVI）反其道而行之，准备对《道路交通法》（StVG）进行新的修订。这一修正案已经在 2017 年 6 月 21 日生效。① 即使该法律草案在准备阶段遭到了严厉甚至是攻击性的批判，德国联邦交通部部长还是认为它是"全世界最现代化的道路交通法规"。② 接下来笔者将简要区分四个中心问题，即准入与行为法、民事法律责任、刑事责任以及数据保护，以揭示这些批判绝大多数都是不合理的。

二、法律草案的主要内容

这个法规的目的在于为高度自动化驾驶和全自动化驾驶（das hoch-und vollautomatisierte Fahren）设置法律依据以及保障法律的安定性。这则法案是承继 2015 年 9 月所决议的"自动和联网驾驶战略——确保一流供应者地位，成为市场领导者，引入常态化运行"③。新版《道路交通法》第 1a 条第 1 款的核心规定如下：若"符合规程"使用高度或者全自动驾驶功能，可以允许借助这些功能的车辆运行。"若该系统按规定只能用于高速公路行驶，该车辆在州县公路上行驶时不得借助自动驾驶功能"。④ "符合规程"的措辞就如同示例所示，取决于制造商预设的目的以及使用规定。这就与在其他法律背景下（rechtliche Kontexte）对"符合规程"措辞的使用保持了一致。⑤

---

① BGBl. I 2017, S. 1648.
② 参见德国联邦交通和数字化基础设施部 2017 年 5 月 21 日的通讯报道，065/2017。
③ http://www.bmvi.de/SharedDocs/DE/Publikationen/DG/broschuere-strategie-automatisiertes-vernetztes-fahren.html，访问日期：2017 年 7 月 6 日。
④ 德国联邦政府法案 BR-Drs. 69/17 vom 27.1.2017, S. 13 f.，参见网址 http://www.bundesrat.de/SharedDocs/beratungsvorgaenge/2017/0001-0100/0069-17.html，访问日期：2017 年 7 月 6 日。
⑤ 参见《刑法典》第 248b 条将"启用"（Ingebrauchnehmen）车辆定义为对"交通工具（Fortbewegungsmittel）符合规程的使用"，Urs Kindhäuser, in: Strafgesetzbuch: Lehr-und Praxiskommentar, 7. Aufl., 2017, § 248b Rn. 7。

紧接着第 2 款确定了一些概念。法律意义上，具有高度自动化或者全自动化驾驶功能的机动车，是指装配有能操控车辆完成驾驶任务、且"在高度自动或者全自动控制车辆时能遵守针对车辆驾驶的法规"的技术设备的机动车辆。此外，"驾驶员可随时解除这个驾驶功能或者切换到人工驾驶模式""系统必须能够识别驾驶员亲手控制车辆的必要性"、系统能够"及时通过视觉、听觉、触觉或其他可感知的方式向驾驶员表明亲手控制车辆的必要性"。最后，车辆必须具备提示"与系统说明相背离的应用"的能力。

值得注意的是，立法者并没有将这些规定以命令的方式制定出来，而是以定义的形式引入到法条之中。这就意味着不符合以上前提的车辆不被视为高度自动化驾驶或全自动化驾驶车辆，也就是对其并不适用新的法律规定（参见新版《道路交通法》第 1a 条第 3 款），而是适用《道路交通法》以及《道路交通规则》（StVO）的一般性规定。

第 4 款确立了车辆驾驶员是"那些启动第 2 款意义上高度自动化、全自动化驾驶功能，并使用该功能操控机动车的人，即使其在符合规程使用该系统时并未亲手操控汽车，也依然被视为驾驶员"。由此就可以看出，适用于汽车驾驶员的道路交通法规，也依然对高度自动化驾驶、全自动化车辆的驾驶员适用。

新版《道路交通法》第 1b 条确立了车辆驾驶员在使用高度自动化驾驶、全自动化驾驶功能时的义务："在以下情况中，车辆驾驶员有义务立即重新接管对汽车的控制：（1）当高度自动化、全自动化系统要求其接管时，或者（2）当驾驶员意识到或者基于明显情状应该意识到，符合规程的高度自动化、全自动化驾驶功能的运作条件已经不再具备时。"显而易见，这里并没有完整说明车辆驾驶员的职责范围；相反，因为《道路交通法》以及《道路交通规则》的其他规定也适用于高度自动化、全自动化车辆的驾驶员，原则上所有其他针对驾驶员的规定也均适用，因此，新版《道路交通法》第 1b 条主要起到了解释性条款的作用。

新版《道路交通法》第 1c 条规定，在 2019 年之后将对第 1a 条以及第 1b 条的适用状况进行全面评估。

新法还加入了关于车辆中数据处理的新条款。新版《道路交通法》第 63a 条("配备有高度自动化、全自动化驾驶功能的车辆中的数据处理")规定,当车辆控制从人工驾驶向技术系统转换或技术系统向人工驾驶转换时,必须记载位置以及时间信息。该条第 1 款第 2 句规定,"当系统要求驾驶员接管对车辆的控制或者系统出现技术故障时",也应保存相应信息。该条第 2 款第 1 句规定,可以向依州法律规定主管制裁违反交通法规行为的机关传输所保存的数据。

三、评 价

立法者借助以上所概述的法律修订对自动化驾驶的核心问题进行了规制。新规有意地保持简洁,只涉及目前特别紧迫的问题:高度自动化和全自动化驾驶的概念解释、"驾驶员"的概念、原则上许可了此类系统在德国的公共道路上使用[1]以及对此类车辆驾驶员的注意义务作出了原则性的规定。立法者并未致力于以该法律修订全面整体地解决自动化道路交通的全部相关问题。[2]

鉴于目前自动化驾驶领域多样且未识别清楚的问题,笔者认为立法者的保守不仅合情,而且合理。自动化道路交通只是自主技术系统大量新型应用的范例之一,其他还有工业生产领域(工业 4.0,Industrie 4.0)、

---

[1] 对最新许可法的概述参见 Clemens Arzt/Simone Ruth‐Schumacher, Überführen hoch‐oder vollautomatisierter Fahrzeuge in den „risikominimalen Zustand", NZV, 2017, S. 57 ff. 对《维也纳道路交通公约》(Wiener Übereinkommen über den Straßenverkehr)第 8 条、第 13 条所存在问题之修订解决参见 Lennart S. Lutz, Unfälle mit dem Tesla Autopiloten: Implikationen für das automatisierte Fahren?, DAR, 2016, S. 55 f.;反对高度和全自动化系统的准入性参见 Benjamin von Bodungen/ Martin Hoffmann, Zur straßenverkehrsrechtlichen (Un)Zulässigkeit automatisierter Fahrzeuge, InTeR, 2017, S. 85 ff.。

[2] 更为精简的规范建议参见笔者在戈斯拉尔举行的第 53 届交通法庭代表大会所做的主题报告,参见 Eric Hilgendorf, Automatisiertes Fahren und Recht, in: Deutscher Verkehrsgerichtstag. Veröffentlichung der auf dem 53. Deutschen Verkehrsgerichtstag vom 28. bis 30. Januar 2015 in Goslar, 2015, S. 55‐72,本文中文翻译刊登在《私法》第 13 辑第 1 卷。

医疗领域（智慧医疗，e-Health）、服务型机器人领域以及娱乐领域等。这是一场革命性的技术变革，可以用"数字化""自动化"和"联网化"这三个关键来进行描述。

之前所提到的"数字化转型"给宪法、民事侵权责任法、刑法、数据保护法、保险法以及许可法等传统法律体系带来了许多挑战。① 即使承认自动系统在车辆上的应用是目前科技发展最重要的驱动力之一，尝试将这些问题仅在驾乘科技的背景下解决和规制也是不太妥当的。鉴于目前不能对数字化的影响一览无遗，立法者这种逐步处理问题情形的步骤是合理的。

由于立法者将自己的工作作出精简的规定，且明显致力于将自动化驾驶的问题范畴纳入传统的道路交通法体系中，因此传统的道路交通法规则继续适用，且同样适用于自动化驾驶的情形。首先道路交通法中赔偿责任制度（Haftungsregime）的根本结构并未改变：民事责任方面，《民法典》第823条以及《道路交通法》第18条规定了过错责任（Verschuldenshaftung），而其又通过《道路交通法》第7条所规定的车辆所有人（Hafter）的严格责任（Gefärdungshaftung）得到补充。根据后者的规定，鉴于车辆引发的运行危险，车辆所有人原则上对所有产生的损害承担无过错（严格）责任。② 这种严格责任通过《车辆所有人强制保险法》第1条所规定的车辆所有人义务保险得以补充。这就意味着在损害事故中的受害人可以直接联系车辆所有人的保险公司并取得偿付的款项，之后保险公司再尝试向其他潜在的责任主体（Haftungssubjekt）求偿。

这套赔偿责任体制在德国具有很长的历史，暂且不需要因驾乘科技的新形式对其做出根本性的改变。现行责任体系不仅对社会而言是恰当的[特别是考虑到受害人的赔偿利益（Erstattungsinteresse）]，也

---

① Eric Hilgendorf, Recht und autonome Maschinen. Ein Problemaufriß, in: ders./ Sven Hötitzsch, Das Recht vor den Herausforderungen der modernen Technik. Beiträge der 1. Würzburger Tagung zum Technikrecht im November 2013, S. 11-40 (15 ff.).

② Reinhard Greger, in: ders./ Martin Zwickel, Haftungsrecht des Straßenverkehrs. Handbuch und Kommentar, 5. Aufl., 2014, § 3 Rn. 1, 背景参见同出处的 § 1 Rn. 36 ff.。

保证了法的安定性。很少有人会认同为了新型的自动驾驶领域而将这样一种已经深深扎根于法律认识(Rechtsbewusstsein)中的赔偿责任制度束之高阁。① 因此当看到媒体将联邦政府所提出的这项立法提案称为"对道路交通的谋杀"并且认为这简直是犯罪行为时,笔者十分惊讶。② 这篇报道的作者宣称该法律草案将交通事故归责于掌握方向盘的人而不是汽车制造商。这种指责在很多方面都是具有误导性的:法律并未包含关于自动化运输领域责任制度的新规定,③立法者反而是致力于将自动化驾驶融合进现有的赔偿责任制度中。如上所述,原则上车辆所有人对损害赔偿负有责任,强制保险所担保的是车辆所有人具有偿付能力,这样被害人对于损失就不会无法获得理赔。此外,还有车辆驾驶人自身的赔偿责任,但这并不是立法者在这个备受质疑的法律草案中新添加的规定,而是源自《民法典》第823条和《道路交通法》第18条。新制定的规则并不触及生产者责任,依据《民法典》第823条的规定,当制造商故意或过失地造成损害时,其应负赔偿责任。此外还有依据《产品责任法》第1条第1款第1句的赔偿责任。④《产品责任法》的相关规定充实了这些原则。法律草案也并未给制造商的刑事责任,即刑法意义上生产者责任(《刑法典》第229条、第222条)增设新的规定。因此,并不能说立法者将自动驾驶的风险转嫁给驾驶员。⑤

德国联邦参议院也在2017年3月10日对提交的法律草案表达了

---

① 参见 Carsten König, Gesetzgeber ebnet Weg für automatisiertes Fahren-weitgehend gelungen, NZV, 2017, S. 249 (251),他合理地告诫了"行动主义"(Aktionismus)。

② 参见2017年1月27日的《南德意志报》, Heribert Prantl, Ein Gesetz wie ein Anschlag auf den Straßenverkehr, URL:http://www.sueddeutsche.de/auto/autonomes-fahren-ein-gesetz-wie-ein-anschlag-aufden-strassenverkehr-1.3350581,访问日期:2017年7月6日。

③ 参见 Stefan Müller, Hochautomatisierung jetzt, Vollautonomisierung später?, InTeR, 2017, S. 61。

④ 参见上注①Carsten König, S. 249 (251)。

⑤ 参见2017年1月27日的《南德意志报》脚注[11]。

批评的态度。① 尽管联邦政府致力于设置涉及高度和全自动驾驶法律基础的首创精神得到了称赞,但参议院认为政府对法案的内容考虑不周,尤其是"没有进一步考虑到消费者的正当权益"。② 参议院还指出,对投入使用自动化联网车辆给法安定性带来的影响要作进一步的审查,即除了道路交通法规之外是否应对其他法律、法规进行修改。③ 联邦参议院所期待的显然是一个大的解决方案,然而出于上面所提到的理由,这个解决方案仍存在很大问题。

特别是出于法的安定性的理由,参议院要求准确定义《道路交通法》第1a条草案中"符合规程地使用"。应审查制造商对用途的预先规定是否必须具有约束力,以及车辆驾驶员应信赖制造商制定的哪些规定。④ 可以理解这个建议的初衷,但是它却忽略了"符合规程地使用"是在法律中长久以来被反复使用的一个概念。⑤ 由于今日不能预见未来车辆中的自动系统会具有哪些功能,所以这里很难想象另一种作为替代的法律规则会是什么样。

专业文献中则对"时刻保持关注"的要求提出了批判,认为其缺乏明确性。⑥ 然而法律已制定得十分明确,即驾驶员保持关注的程度是可以履行新《道路交通法》第1b条第2款规定的接管义务。至于在个案中保持关注的程度须取决于个案,无法事先对其进行规定。然而有一点是让笔者惊讶的:立法者并未提到新规定与《道路交通规则》第23条1a款(禁用手机)之间的关系。应当认为,如符合新版《道路交通法》第1a条

---

① Entwurf eines Gesetzes … zur Änderung des Straßenverkehrsgesetzes – BT – Drs. 18/11300-Stellungnahme des Bundesrates und Gegenäußerung der Bundesregierung, BT – Drs. 18/11543, S. 1 ff

② 参见上述引文,S. 2。

③ 参见上述引文。

④ 参见上述引文,BT-Drs. 18/11534, S. 3 f.。

⑤ 参见第283页脚注⑤。

⑥ 如 Jan-Erik Schirmer, Augen auf beim automatisierten Fahren! Die StVG-Novelle ist ein Montagsstück, NZV, 2017, S. 253 (255)。该作者仍然对草案版进行了探讨,然而他的论证可转接到法律修正案最终版的甚少。

的前提,即使用高度自动化、全自动化驾驶系统的过程中,不再适用《道路交通规则》第 23 条第 1a 款的规定。

遭到批判的还有对于必须接管车辆控制权的具体时间点以及接管请求必须以何种方式发出都缺乏明确规定。① 此外联邦参议院还要求对新《道路交通法》第 1b 条所指的明显情形(offensichtliche Umstände)进行具体化。例如,可以设想加入规例(Regelbeispiele)。联邦参议院的意见继续提到,"在此背景下,联邦参议院还请求审查,对以下事项进行具体规定是否适宜:车辆驾驶员在使用不同自动化程度的高度自动化、全自动化驾驶系统时,基于对自动化等级的信赖可以做什么、不可以做什么。"②然而立法者在这方面如何实现这些要求也是存在疑问的。原则上适用《道路交通规则》第 1 条第 1 款的规定,即"持续的谨慎以及相互考量"。此外必须在具体个案中确定注意义务(Sorgfaltspflichten),而这是司法判例的任务。

联邦参议院对其就"明显情形"的批判解释道:对"车辆驾驶员在日常使用高度自动化、全自动化驾驶系统时必须保持的注意程度"没有作出规定。③ 根据现行规定,并不清楚驾驶员是否需要始终监控系统——如果答案是肯定的,那么如未及时识别交通标识这样的情况,就应被视为"明显"情形;抑或驾驶员只须偶尔监控系统——那么仅如突发降雪一类的情形,才被视为明显情形。最后,如果允许驾驶员在高度自动化或者全自动化驾驶期间完全不用监控,那么只有如"车内所有警示灯闪烁……之类的情形出现时"才被视为是"明显的"。④

这个批评可谓击中了一个痛点:一个事件的"明显性"可能确实取决于所规定的关注程度,至少当人们所说的"明显性"是对于具体的驾驶员而言的"明显性"的话。但是,立法者似乎是倾向于假设一个"明显

---

① 参见第 288 页脚注① BT-Drs. 18/11534, S. 6。
② 参见上述引文。
③ 参见上述引文。
④ 参见第 288 页脚注① BT-Drs. 18/11534, S. 7。

性"的客观标准。在这样的情况下,"明显"更多地意味着"对通常的司机来说可以明确认识到"。参考这样一种程度标准在法律中,特别是在确定注意义务的时候已经相当普遍,并且总体上已经通过了考验。在自动化驾驶领域中,对于车辆驾驶所需不同能力仍缺乏可靠的经验数据,因此立足于驾驶员平均值,依据对于这样的司机而言什么是"明显的"来制定标准,不具有特别的说服力。

我们在将来必须这样解释新《道路交通法》第1b条所作出的规定:装配有自动化驾驶功能的机动车的驾驶者原则上可以相信,当符合规程地使用车辆时,车辆会符合规定地行驶。换言之,车辆会遵守道路交通法规。只有在个案中,当特定的情形明确表现出无法在借助自动化驾驶系统安全驾驶时,这样的推定才会失效。这就为驾驶员提供了一个规则,这个规则的可用性不会因司法判例尚未形成而失效。

联邦参议院还遗憾地表示:"该法律草案并未包含任何关于高度自动化驾驶、全自动化驾驶系统制造商的赔偿责任的特殊规定。"它"完全忽略了汽车制造商对经其研发并将之投入市场的自动化辅助系统负责,确保其正常运行"。[①] 恰恰相反,根据联邦参议院的看法,在新法的框架下消费者将要因额外的义务以及可以预期的机动车第三方责任险涨价而承担不恰当的负担。[②]

但是这些论述并不能使人信服。如上所述,法律草案并未触及生产者责任。若制造商故意或过失地造成损害,在传统的产品责任和生产者责任框架下就可以追究其责任。此外,还可依据《产品责任法》的相关规定。由此可以认为,在汽车引入自动化系统后,制造商的损害赔偿义务并未减少,反而增加了,因为他们是设计出可能会出现故障的技术系统的人。而且通过对自动化驾驶系统的程序编写提出细节性的要求,新法也间接地增加了制造商具有的义务(《道路交通法》第1a条第2款)。无法看出联邦参议院对生产者责任的减轻,甚至是免除的担忧从何而

---

① 参见第288页脚注①S.13。
② 同上注。

来。而且目前也没有很多表明保险费用会升高的迹象。

四、延展问题领域的建议

显然,这部新的法律并不能解决新型驾乘科技所带来的全部问题。首先,一个致命的问题是网络犯罪(Cyberkriminalität):由于未来的自动化车辆至少会暂时性地与互联网连接,有理由推测互联网犯罪在未来也会扩展到道路交通领域,对此应首先在技术领域寻求对策。就刑法而言,只要能捕获攻击的始作俑者,就可以追究其刑事责任。然而汽车制造商也是潜在的责任主体。他们有义务尽力保障其制造的系统的安全,尽可能(在可期待的范围内)抵御对系统的攻击。至于所提到的防破坏安全性(Sabotagesicherheit)的责任范围,这不仅是未来刑法,也是民法中的核心议题之一。

其次,若互联网服务商的技术供应被用以攻击道路交通系统,也可考虑让其承担相应的责任。《电信媒体法》第 7 条及以下数条所规定的互联网服务商的责任特权(Haftungsprivilegierung)主要希望达到的目的是,不因不明确的刑事风险来阻碍互联网中的业务往来。在互联网时代的早期,人们想到的犯罪行为如宣传支持极端主义以及传播淫秽色情内容,而在道路交通环境中出现的犯罪行为可能要严重得多,甚至可能引发大规模连环车祸,造成数十人死亡。因此,如果不对互联网服务商责任特权加以修改,这样的规定是否还符合时代要求,这是要打上大问号的。

最后,新法未予规定的问题领域是非个人数据的归属。大众时常忽视传统的数据保护法只适用于个人数据(《联邦数据保护法》第 3 条)。非个人数据并不包含在内。由于数据并不具有物的属性,它们也不受物权法规制,这就导致非个人数据的归属极为模糊。法律几乎未对从汽车上"提取"这些数据的行为进行规制,这些数据具有的巨大经济价值(只要想想不同行驶里程或平均车速下的发动机磨损状况这样的非个人技术数据)。所产生的问题在于,是不是将这些数据隶属于车辆所有人,毕竟它们是在车内形成的。这样一来车辆所有人就可以处理这些数据,这是一种与社会市场经济相宜的私人自主行为授权。

立法者在未来要面临的最后一个问题领域是国际上的法律协调(internationale Rechtsangleichung)。正如技术国际化以及车辆跨越国界行驶那样,各国的相关法律规定也应彼此靠拢。

此外,还存在许多未来要面临的问题,特别是在具备自主学习能力的系统的背景下。该系统在(道路交通)运行中能够依据经验对其程序作出修正。① 可以想象这样一种技术会给道路交通运行中的车辆带来各种影响。然而由此所带来的法律问题尚未厘清,解决就更无从谈起了。其后果是,在可以预见的将来,立法者都难以对此采取什么行动。

---

① 要与查验学习输入与学习结果的(简易)学习系统[(einfache) lernende Systeme]区分开来。

第十八章
自动化驾驶和刑法
——"阿沙芬堡案"*

现如今,几乎所有人都在讨论自动化驾驶和在很多观察家看来由其引发的法律不确定性风险。即便是在《道路交通法》改革后,为创造法律——特别是刑法所必需的确定性,在诸如确定生产者注意义务等方面仍需要做更精确的区分。

立法者通过2017年夏天的《道路交通法》改革①表明,新兴的交通方式完全可以被纳入传统且成熟的道路交通法体系内并得到管理。

一、新的法律状况

道路交通法改革是旨在为高度自动化驾驶、全自动化驾驶车辆指定法律基础。《道路交通法》第1a条第1款规定,如果相应功能"合目的地"(bestimmungsgemäß)被使用,则允许通过高度自动化、全自动化驾驶

---

* 本文原文"Automatisiertes Fahren und Strafrecht-der „Aschaffenburger Fall"发表于:Deutsche Richter-zeitung (DRiZ), Bd. 96 (2018), S. 66-69。

① 参见第八次道路交通法修正案,2017年6月16日,及BGBl. I, S. 1648 ff.。

功能驾驶机动车辆。① 例如,当车辆"所装配的系统适用范围仅被设定高速公路时,不得借助该系统在州(际)公路运行车辆。"②术语"合目的"是与生产者预设的使用目的和使用条件相关联的。

在《道路交通法》第 1a 条第 2 款中,立法者对一些概念进行了定义:具有本法意义下的高度自动化、全自动化驾驶功能的机动车是指装配有可操纵机动车辆完成驾驶任务的技术设备的机动车。此外该车辆还必须有能力"在高度自动化、全自动化操纵机动车期间遵守机动车驾驶相关的道路交通法规"。此外,驾驶功能还应"随时由车辆驾驶者手动接管或停止",它必须能够"识别出由车辆驾驶者亲自操纵车辆的必要性",并"通过视觉、听觉、触觉或其他可感知的方式向车辆驾驶者表明前述必要性,并为驾驶者留有时间接管车辆"。最后,车辆必须能够在车辆使用违反系统预设时对此进行提示。

前述规定并非命令性规范,而是作为法律定义作出的。因此,不满足前述条件的机动车并非该法意义下的高度自动化、全自动化驾驶车辆,也不适用于新规关于自动化驾驶车辆的规定。此时《道路交通法》《道路交通秩序法》中未被修改的一般性规定依然适用。

新规中的"车辆驾驶者"(也是责任主体)是指"激活本条第 2 款意义下的高度自动化、全自动化驾驶功能,并以操纵车辆为目的使用该功能"的人,即使其"合目的地使用了前述功能,并没有亲手操纵车辆",也应被视为车辆的驾驶者。迄今为止的道路交通法所规定的责任制度主要是无过错责任(Gefährdungshaftung)[《道路交通法》第 7 条,也参考《机动车所有人保险法(PflVG)》第 1 条]结合修正的过错责任(modifi-

---

① 也参见 Eric Hilgendorf, Automatisiertes Fahren und Recht, in: Deutscher Verkehrsgerichtstag. Veröffentlichung der auf dem 53. Deutschen Verkehrsgerichtstag vom 28. bis 30.1. 2015 in Goslar gehaltenen Vorträge, Referate und erarbeiteten Empfehlungen, 2015, S. 55-72. 中的立法建议。

② 联邦政府立法草案 BR-Drs. 69/17 vom 27.1.2017, S. 13 f. 参见 http://www.bundesrat.de/SharedDocs/beratungsvorgaenge/2017/0001-0100/0069-17.html. 访问日期:2017 年 12 月 11 日。

zierte Verschuldenshaftung,《道路交通法》第 18 条),这一体系得以保留,并未加以改动。① 立法者并没有如在媒体时声称的,将自动驾驶的风险全部转嫁给车辆驾驶者。②

由高度自动化、全自动化驾驶所带来的车辆驾驶者义务在立法进程中备受争议。《道路交通法》第 1b 条现在规定,在下列情况中车辆驾驶者应毫无延迟地接管车辆的操纵:"1.高度自动化、全自动化驾驶系统要求其接管,或 2.车辆驾驶者认识到,或基于明显的情状必须认识到已经不再具备高度自动化、全自动化驾驶功能合目的使用的条件。"此外,还有《道路交通法》和《道路交通秩序法》中的其他为车辆驾驶者所规定的义务。《道路交通法》第 63a 条规定,当车辆操纵由自然人驾驶者移交至技术系统时,必须记录其时间和地点并存储于车辆中,反之亦然。车辆提出接管请求或发生技术故障时也必须记录,这使事件记录仪(Event Data Recorder, EDR)进入了我们的视野。③ 被储存的数据可以传输给州法律规定的负责惩处交通违法行为的主管部门(《道路交通法》第 63a 条第 2 款第 1 句)。至于如何处理由车辆传感器收集并存储于车辆中的数据仍有待进一步的规定。④ 根据《道路交通法》第 1c 条的规定,2019 年后应当进行一次评估。

立法者有意保持了自动化驾驶新规的简短,但它包含了所有目前看来特别重要的问题。考虑到道路交通领域的自动化仅仅是自主技术系统在"数字革命"中无数可能的应用场景中的一个,立法者保持克制是

---

① Eric Hilgendorf, Auf dem Weg zu einer Regulierung des automatisierten Fahrens, KriPOZ, 2017, S. 225 (227).

② 如《南德意志报(Süddeutsche Zeitung)》2017 年 1 月 27 日的报道:http://www.sueddeutsche.de/auto/autonomes-fahren-ein-gesetzwie-ein-anschlag-auf den-strassenverkehr-1.3350581. 访问日期:2017 年 12 月 3 日。

③ 更详细的介绍参见 Lennart S. Lutz, Automatisiertes Fahren, Dashcams und die Speicherung beweisrelevanter Daten, 2017 (Robotik und Recht, 13)。

④ 这其中也包括亟待解决的非人身相关信息问题,传统数据保护法并没有将其纳入调整范围。有观点提出,是否应当将刑法中"信息记录者"(Skripturakt) 的概念引入民法,至少这样可以为此类数据找到一个最初的管理者。

有道理的。在以工业4.0（Industrie 4.0）为关键词的更大范畴内，还有电子医疗、远程医疗、无人机、服务机器人、智能家居和智慧城市等。前文勾勒出的技术发展场景带来了大量的法律问题，从宪法、民事责任问题，到刑法、数据保护，以及保险法和行政许可法问题。① 如果立法者尝试在现在这个时间段就通过一个"大成果"来回应所有这些问题，其无疑是将自己置于无尽的工作中，根本无法自拔。立法者所走的"解决小问题"之路，则有可能逐步解决新出现的问题，从而找到一个有实践价值、而在概念和体系上也令人满意的解决方案。

当然，仍有许多与自动驾驶相关的问题仍有待解决。例如，自动化驾驶伦理委员会为自动驾驶中"两难困境"②问题提供的解决方案，尽管在一定程度上起到了平息公众争议的作用，然而相关的学术讨论实际才刚刚起步。③ 而网络犯罪则可能带来极大的技术挑战：未来的车辆不仅是"自动化"地行驶，它还会以各种方式与其他车辆、道路、互联网相联结。因此，网络犯罪可能很快就会蔓延到道路交通领域中。④ 而在当下，现实需要面对的最重要的法律问题可能是如何以一种透明的方式限制生产者的刑事责任，使其能够以一种符合法治国原则的方式可控地得到限制。对此，2012年的"阿沙芬堡案"（Aschaffenburger Fall）是一个具有先驱性质的案件。

---

① Eric Hilgendorf, Recht und autonome Maschinen. Ein Problemaufriss, in: ders./ Sven Hötitzsch, Das Recht vor den Herausforderungen der modernen Technik. Beiträge der 1. Würzburger Tagung zum Technikrecht im November 2013, S. 11–40 (15 ff.) (Robotik und Recht, 4).

② https://www.bmvi.de/SharedDocs/DE/Pressemitteilungen/2017/084 - dobrindt - bericht - derethik-kommission.html. 访问日期：2017年12月11日。

③ 例如可参见 Susanne Beck, Eric Hilgendorf, Jan Joerden 和 Frank Schuster 在 Eric Hilgendorf (Hrsg.), Autonome Systeme und neue Mobilität, 2017 (Robotik und Recht, 11)中的文章。前述论文都是以几位作者2016年在慕尼黑的巴伐利亚科学人文研究院的报告为基础的。

④ 只需回忆宝马机动车受黑客攻击的新闻报道，参见 https://www.heise.de/newsticker/meldung/ConnectedDrive-Der-BMW-Hackim-Detail-2540786.html. 访问日期：2017年12月11日。

二、阿沙芬堡案

2012年春,一辆装配有车道维持辅助系统的机动车高速驶向阿沙芬堡附近的阿尔泽瑙(Alzenau)镇。在小镇的入口处,车辆驾驶者突发中风,几乎失去了意识,但他仍能够握住车辆的方向盘。他猛地向右转动方向盘,在正常情况下车辆在进入小镇前就会撞向路旁的灌木丛,并停在灌木丛中。然而车道维持辅助系统又引导车辆返回了车道中。随后,车辆高速驶入了阿尔泽瑙镇,在镇中心处撞上了一位妇女和她带的小孩,两人当场死亡。同行的父亲由于跳到一旁自救得以幸免,仅仅腿部受伤。①

这是最早的自主辅助系统在道路交通环境中致损的案件之一。从民法的角度来看,本案并不存在太大的问题:车辆所有人对车辆造成的一切损害承担责任(《道路交通法》第7条),而责任保险(《机动车所有人保险法》第1条)对本案的受害方,即幸存的父亲理赔。

从刑法角度来看,本案则相对更为复杂:首先需要明晰的是,本案中的行为人是谁。车辆本身当然不能作为刑事犯罪的行为人存在。而车辆的驾驶者也不可能是本案的行为人。首先,他明显没有一个可以被认为是事件肇因的可归责行为,更没有他违反注意义务的证据。因此,可能作为行为人的就只剩车辆的生产者(或者说车辆制造商雇佣的自然人)。认定刑事责任的一个可能的出发点是:其编写了车道维持辅助程序;或者其并未给车辆配备其他的安全措施,如果有其他安全措施则可能避免本案的发生。必要的因果关系是成立的:如果车道维持辅助系统没有引导车辆回到道路上,汽车就不会在无人操纵的情况下行驶到案发地点,也不会撞死两位被害人。

---

① 案件事实信息来源于阿沙芬堡检察院的档案,阿沙芬堡检察院非常友好地提供给了笔者(AZ 103 UJs 5486/12 und 103 Js 456/12)。当地媒体也对本案进行了报道,但并没有提及自动化车道保持系统的介入。

在此首先需要厘清的是，是否存在违反注意义务的情况：车辆生产者以案中的方式编写程序并将其安装在车内是否存在过失？这是讨论生产者是否对与车载自主系统有关的损害结果承担责任时的核心问题。正如本案中检察机关①所准确阐释的，若要证立过失的成立主要有两个基本的出发点：首先是案中的主动转向辅助系统本身存在瑕疵；其次是，即使认为系统运作正常，车辆程序中也应有其他保护措施。

本案中，检察机关可以排除系统失效的可能性，更重要的是关于系统设计或者说编程不够安全的论点。这恰恰是将来所有有关自主系统生产者责任的讨论中都会遇到的问题。检察机关对此的论述是具有突破性的：

> 从社会相当性原则出发可以得出结论，不能要求安全系统有能力穷尽所有技术上的可能性，因为这将意味着每辆车都必须包含所有可以想象到的安全措施。如果转向辅助系统除了可以监控车辆数据外也可以监控车辆驾驶者的健康状况，那当然是更好的，在技术上这也是可能实现的，可以通过传感系统测量并评估驾驶者的心率和脑电波——后者对于避免本案中类似情形的出现可能是必要的。然而没有采取这些措施并不会导致义务违反，因为欠缺保护目的上的关联性。转向辅助系统没有增加事故的风险，它至多是在决定命运的时刻将事故发生的地点转移了。②

前述观点可以简单地概括为：技术永远不可能是绝对安全的。如果我们想采用某种技术，就要相应地容忍其所带来的风险。法律不能要求生产者使用全部能够想象到的安全措施。文中确实提到了基于社会相当性排除义务违反，然而却是与保护目的的考量相结合的。这样的思考当然是具有进步性的，但通常都带有一定的不确定性，而在本案所代表的问题中，法律的确定性又是殊为重要的。因此，下文中将尝试进一步明

---

① Generalstaatsanwaltschaft Bamberg, Bescheid vom 13.12.2012, AZ 5 ZS 1016/12, S.1.
② 同上注, S. 3。

确技术产品生产者的注意义务界限。

三、过失责任和容许的风险(erlaubtes Risiko)

不应当在规范保护目的的框架下或在其他额外的"客观归责"①类型中讨论对缺陷技术产品相关刑事责任的限制,而应当在对注意义务的审查中进行。如果认可这一结论,则可采取以下这种方式建构对注意义务违反的分析体系:

(1)对损害结果的可预见性及可避免性产生了注意义务;②

(2)衡量注意义务程度的标准是危险的接近程度(即损害结果出现的可能性)和潜在危险的大小;

(3)注意义务受信赖原则③和容许风险原则④的限制。

从容许风险的角度出发,如果法律共同体普遍认为,技术产品所带来的效用如此之大,以至于可以容忍偶然出现的损害结果,那么就不会认定该风险技术产品的生产者存在过失[即所谓的"容许"(erlaubt)]。现代道路交通领域即为该原则的明证。在道路交通领域中该原则得到广泛应用,即使是机动车造成的死亡也得到接受,机动车的生产者也因而不被认定为存在过失。然而适用该原则的前提是:生产者尽一切(合理的)可能减少其产品所带来的风险。⑤ 造成本可以合理避免的风险并

---

① 在犯罪构成体系中排在因果关系之后的"客观归责"因其过度宽泛和几乎不受限制的可解释性正遭受越来越多的批判。在"客观归责"的背景下,当然也可以处理"可容许风险"的问题。但鉴于本文的目的是更准确地确定制造商的注意义务,将其置于对过失的审查中似乎更可取。

② 对过失审查中这两个"经典"结构要件的阐释参见 Urs Kindhäuser, in: Strafgesetzbuch: Lehr-und Praxiskommentar, 7. Aufl., 2017, § 15 Rn. 52 ff., 56 ff.。

③ Detlev Sternberg-Lieben/ Frank Peter Schuster, in: Adolf Schönke/ Horst Schröder, Strafgesetzbuch Kommentar, 29. Aufl., 2014, § 15 Rn. 148 f.

④ Urs Kindhäuser, in: Strafgesetzbuch: Lehr-und Praxiskommentar, § 15 Rn. 58 f.

⑤ 参见:Eric Hilgendorf, Autonomes Fahren im Dilemma, in: Eric Hilgendorf (Hrsg.), Autonome Systeme und neue Mobilität, S. 143-145 (163 ff.)。

不被包含在可容许的风险范畴之内。本文所主张的容许风险的内核是动态的:生产者必须在合理的范围内使其产品在制造时的技术水平条件下尽可能的安全。

  这种思路并不局限于自动化交通的领域。将来会有越来越多类似的问题被提出,即生产者是否要对其所生产的系统造成的损害结果承担责任。而本文主张的解决方案既适用于民法(在该领域的探讨中可以看到进一步扩张无过错责任的主张),①也适用于刑法。在刑法中主要需要面对的问题是确定生产者应当保证何种程度的安全性,以进一步确定其注意义务的范围。从容许风险的进路出发,应当能够在将来对自主系统生产者的刑事责任进行恰当的限制,并建构相应的刑事责任体系。

---

  ① 特别值得注意的是将原本仅适用于动产(及电)的《产品责任法》第 2 条的扩张至算法。

第十九章
数字化时代的生命折抵禁止原则
——以自动化驾驶情境下的悖论问题为视角*

一、数据化对法律体系的挑战

(一) 概述

当下的世人都是这样一次技术变革的见证者:它的程度之强、范围之广、速度之快在历史上都未有能与之相近者——数字化革命。它已经开始从根本上改变我们的生活和工作方式,①而一切迹象都表明,这样的演进在之后的数年、数十年中都会持续进行,甚至会不断提速。数字化革命的开端在美国和欧洲,然而在发展过程中,东亚国家——特别是中国——在数字化方面正在迎头赶上,也许很快就会超过"西方"。②

和其他所有历史变革一样,数字化革命也有很久远的发展脉络:它

---

* 本文原文"Dilemma-Probleme beim automatisierten Fahren. Ein Beitrag zum Problem des Verrechnungsverbots im Zeitalter der Digitalisierung"发表于:Zeitschrift für die gesamte Straf-rechtswissenschaft Bd. 130 (2018), S. 674-703。

① Klaus Schwab, Die Vierte Industrielle Revolution, 2016; Thomas Hendrik Klauß/ Annika Mierke, Szenarien einer digitalen Welt-heute und morgen, 2017.

② 中国等国受益于这样一个事实:它们可以轻松跨过一些欧美国家在过去所经历过、如今仍有决定性意义的技术发展阶段[在如今的"新德语"中称之为"跃进"(leapfrogging)]。

的基础是早在20世纪四五十年代实现的对任意信息的数字化。被数字化的信息可以在计算机中被处理,被存贮,并且可以在计算机之间几乎毫无时间间隙地被传输。此外,还有新型的、更好的多媒体化手段:信息的可塑性(文本、音频、视频……)。被处理的数据量大小于此基本不再成为值得关注的问题,海量的详细信息因而得以被收集、储存、处理并随时可以被投入使用。①

这次变革的其他重要推动力还包括传感和储存技术的巨大进步;新的联网途径——其可能发展到连接几乎所有事物的"物联网"(IoT);最后,在本文语境下格外重要的、越来越多地被投入使用的自主技术系统。自主技术系统是指可以不依赖人类输入指令而依据条件"智能"地作出反应的系统。因而这里的"自主"(Autonomie)并非指哲学意义上的"具有自我立法(Selbstgesetzgebung)的能力",②而采用的是纯粹的技术层面的含义。

(二)对法律产生的影响

数字化革命在很多方面对法律形成了挑战。首先,它对于以人为本的法律体系本身就造成了根本性的冲击。从启蒙运动以来,我们一直习惯于将人类置于法律的核心,即所谓的"法律人本主义"(juristischen Humanismus)。③ 任何国家的立法活动都需要衡量,其能够在多大程度上满足所涉人类群体的需求。《基本法》第1条第1款就通过人格尊严原则特别强调并确保了人的权利。④

我们生产、生活的方式广泛而极为快速的数字化显然对这种人本主义体系造成了冲击。由技术产生的新型社会矛盾不断出现,而人类反过来被

---

① 关于数据收集的新"粒度"参见 Christoph Kucklick, Die Granulare Gesellschaft. Wie das Digitale unsere Wirklichkeit auflöst, 2014。

② 在哲学语境下对"自主"概念的不同使用参见 Pauen, in: Petra Kolmer / Armin Wildfeuer (Hrsg.), Neues Handbuch philosophischer Grundbegriffe, Bd. 1, 2011, S. 254–264。

③ Eric Hilgendorf, in: Horst Groschopp (Hrsg.), Humanismus und Humanisierung, 2014, S. 36 ff.

④ Horst Dreier, in: ders. (Hrsg.), Grundgesetz Kommentar, 3. Aufl. 2013, Art. 1 I Rdn. 41 ff.

期望顺应技术的潮流。如今有很多技术性标准都是由美国确立的,并且可以说其中至少有一部分遵循的并非是欧洲所认同的法律指导思想。一些硅谷的思想领袖声称,当前的变革并不仅是技术上的革命,而且是对世界范围内的社会秩序的一种重构。① 诚然,不应自始就给予他们的目标本身以消极的评价,然而看上去最好还是尽早明晰技术领域、社会领域,特别是政治领域会发生的颠覆性变革,用民主的方式去监督它们,用法律去护送它们,以及——如果必要的话——对它们进行抑制和控制,使其符合我们的基本价值。

其次,数字化革命为法律带来的第二项挑战是随着数字化的演进会出现新的社会角色,即可以独立与人类交互的自主或半自主机器。② 尽管当下它们毫无疑问地被划归"物"的集合,然而随着它们类人程度的不断提高,这些机器在短期内被他们生物性的相对方认可为"真正的"交互对象并非是不能想象的。这会导致数不清的法律问题,从对机械导致损害的归责问题到自主学习系统的刑事责任问题,乃至人和机器合作模式(不仅是劳动法相关)的构建等。

最后,随着更多决策被交予机器作出而产生的"解释需求"(Explikationszwang)现象。为了使计算机可以分析问题并作出合理的反应,事先需要将一切必要的决策步骤都以计算机可以理解的方式被编译于其内。这意味着需要将它们依照逻辑规则分解成个体元素及元素之间的联结方式。而对文本的解读、对后果的评价,乃至于行为选择间的价值衡量这样的法律方法迄今为止都难以被编译到计算机中。

---

① Eric Schmidt/ Jared Cohen, Die Vernetzung der Welt. Ein Blick in unsere Zukunft, 2013.

② Sabine Gleß/ Thomas Weigend, Intelligente Agenten und das Strafrecht, ZStW 126 (2014), S. 561 ff.; Sabine Gless/ Kurt Seelmann (Hrsg.), Intelligente Agenten und das Recht, 2016 (Robotik und Recht 9); Gabriel Hallevy, Liability for Crimes Involving Artificial Intelligence Systems, 2015; Eric Hilgendorf, in: Susanne Beck (Hrsg.), Jenseits von Mensch und Maschine. Ethische und rechtliche Fragen zum Umgang mit Robotern, Künstlicher Intelligenz und Cyborgs, 2012, S. 119 ff. (Robotik und Recht 1).

我们现在甚至连具体要面对何种困难都尚未厘清,更遑论分析和解决了。此外,基于相同的理由,对法律规范的"编程"通常是很成问题的:技术上,可能在很长一段时间内都无法实现将诸如《道路交通法》(StVG)或者《道路交通秩序法》(StVO)这样的法律规范编译到软件内,并藉此对车辆进行操控。①

综上所述,我们身边正在进行的多种数字化进程都在迫使我们重新审视一些长期以来一直没有受到质疑的道德和法律上的标准、方法和评价。法律和它的拥护者在结构上总是趋于保守的;技术的革命将不会直接导致法律的革命,而是会引发法律渐进性的(evolutionär)发展。过时的元素会被淘汰,而值得捍卫的核心观点则会被坚守甚至会被扩张。这一趋势特别是对于前述法律人本主义也应当同样适用。

(三) 系统化的建议

数字化和自主系统给法律带来的问题可以通过问题图表的方式进行展示。可以画一个坐标轴,原点是传统的、具体的问题;横坐标是时间轴;而纵坐标则表示递增的问题抽象程度。可以把诸如数据保护和劳动法的问题置于传统的、具体的问题这个区域,同样也可以将技术发展的宪法前提和比较法问题置于这一区间。而属于当下前沿问题的有保险法、许可法以及刑事责任问题。目前看来还没有必要对民事责任体系做出变更,因此这个问题可以被划归将来的问题,相关问题参见下图一。

而医事刑法中占据重要地位的人类"机械化"(Maschinisierung),即应当

---

① 早在20世纪80年代末,图宾根(Tübingen)就曾尝试过在"Lex-Projekt"项目的框架内通过计算机技术处理道路交通法规范。参见 Peter Gerathewohl, Erschließung unbestimmter Rechtsbegriffe mit Hilfe des Computers – ein Versuch am Beispiel der „angemessenen Wartezeit" bei § 142 StGB, Diss. Tübingen, 1987; Haft (Hrsg.), Das Lex-Projekt. Entwicklung eines juristischen Expertensystems, 1989. 2018年6月,在慕尼黑工大(TMU)和维尔茨堡大学机器人与法律研究中心(Würzburger Forschungsstelle RobotRecht)的支持下,又在更好的技术条件下开启了类似的项目,参见 www.robotrecht.de. 访问日期:2017年12月27日。

在多大程度上许可在人类体内植入机械元件乃至自主系统(人类的赛博格*化)①的问题则属于相对抽象的问题。同样的,下文中将会进行深入探讨的"悖论问题"在数轴中也介乎具体和抽象、传统和将来的中间位置。对所谓的电子化人格(e-person)的讨论目前为止还属于纯粹的法理或者法学基础研究的范畴。② 毕竟在2017年年初欧洲议会已经尝试过建议在民法领域引入电子化人格,然而却遭到了猛烈的批判。③ 当然批判本身也存在思虑不周之处,批判的观点忽视了建议的目的仅仅是确立责任主体,而非创设一个享有人格性权利的人工实体(künstliche Entität)。

类似的还有其他有关机器主体地位的问题——即将自主系统、自主学习系统划归为物能否妥善解决我们所面临的各种问题。机器最终是否能够享有基本权的问题并不属于法教义学的问题,而更偏向于法哲学问题。这同样适用于对超人类主义(Transnumanismus)④问题的讨论,但超人类主义的问题最终也可以作为当下已经在教义学领域炙手可热的人类"机械化"问题的延伸。

法律体系不仅消极地面对数字化革命。反之,基本法中包含大量规范性前提和保障,可以被用以保护能经过考验的标准和权利。⑤ 它们也同样适用于下文中将进行探讨的悖论问题。

---

* 赛博格(Cyborg)在该技术领域中指"改造人"或"半机器人"。——译者注

① 参见 Susanne Beck (Hrsg.), Jenseits von Mensch und Maschine (Anm. 8)。

② Susanne Beck, in: Eric Hilgendorf/ Philipp Günther (Hrsg.), Robotik und Gesetzgebung, 2013, S. 239 ff.

③ Resolution des Europäischen Parlamentes vom 16.2.2017, P8 TA (2017), 0051, 参见 http://www.europarl.europa.eu/sides/getDoc.do? pubRef = -//EP//TEXT+TA+P8-TA-2017-0051+0+DOC+XML+V0//EN (Stand: 4.6.2017); deutliche Kritik daran übt der „Open Letter to the European Commission Artificial Intelligence and Robotics" vom Frühjahr 2018, abrufbar unter: http://www.robotics-openletter.eu, 访问日期:2017年12月27日。

④ Eric Hilgendorf, in: Jan C. Joerden/ Eric Hilgendorf/ Felix Thiele (Hrsg.), Menschenwürde und Medizin, 2013, S. 1047 ff.

⑤ 基础性问题参见 Udo Di Fabio, Grundrechtsgeltung in digitalen Systemen. Selbstbestimmung und Wettbewerb im Netz, 2016。

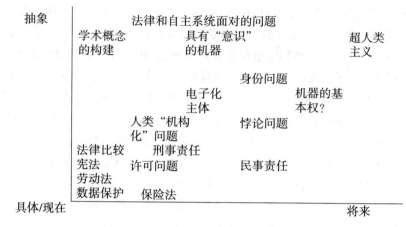

图 1 数字化和自主系统给法律带来的问题

二、道路交通的数字化革命

数字化在交通运输领域——或者说尤其是在交通运输领域引发了强烈的变革,当下可谓有人之处便有对自动驾驶的讨论。2017年夏天,立法者通过了对道路交通法进行修改的决议,以使在德国的公路上进行自动驾驶成为可能。① 然而这仅仅是必须迈出的第一步。

一切有关自动驾驶的讨论都是以对一些概念的确定为前提的。通常所说的"自动化行驶"(automatisiertes Fahren)严格来讲属于同语反复,因为即使是世界上第一辆汽车也是"自动化"移动的。* 然而,立法者一段时间以来一直在使用"自动化"这一术语表示最新的公路运输形式。以此为基础,自动化又被划分为不同的"自动化程度",从纯粹由驾驶

---

① BGBl. I, S. 1648; 参见 Eric Hilgendorf, Auf dem Weg zu einer Regulierung des automatisierten Fahrens, KriPoZ 2017, 225 ff.。

* 机动车又称"自动机车"(Automobile),本意即为"自动的活动装置"(auto‑mobile)。——译者注

员操纵的汽车到驾驶辅助(assistiert)、半(部分)自动化(teilautomatisiert)、高度自动化(hochautomatisiert)乃至完全自动化(vollautomatisiert)的汽车。所谓"自动驾驶"实际上是指机器人汽车。①

与之相反,文献中则对自动驾驶、半自动驾驶汽车采用更宽泛的理解。在经济领域有时会采用 Autopilot* 这样的术语。这种表述的优势在于其直接指向航空领域的近似概念,而在航空领域的自动化发展已久了。在报刊上则采用多种多样的表达方式,例如"机器人汽车"或"自行驾驶的汽车"(selbstfahrendes Auto)。在技术上最清晰、最没有疑问的表述应当是"使用自主系统的驾驶"(Fahren unter Einsatz autonomer Systeme)。自主系统有能力不依赖人类输入指令而做出"智能的"决策。② 它们可以借由高度发达的传感系统独立采集信息、对信息进行妥当的处理并做出恰当的反应。

自主系统的下一步前进方向是发展自主系统的学习能力。③ 机器根据过去的经验明智地调整自己的行为在短期内就可以实现。自主学习又被区分为有监督学习和无监督学习。有监督学习的学习进程是在给定条件之下的,特别是输入的内容是受控的。机器的学习内容实际上是处于人的监督之下,其学习的结果也是受控的。而对于无监督学习系统——即自主学习系统而言,这种控制基本上是不存在的。机器自主进行学习,学习的内容和学习的结果并非预先规划好的,也不会控制产出的结果。这种形式的学习程序实际上可以说是不可控

---

① 这种分类方式可能要追诉到联邦公路研究所(BASt)提出的建议,参见 Tom M. Gasser u. a., Rechtsfolgen zunehmender Fahrzeugautomatisierung, 2012, S. 8 ff. und passim. 文中一再呈现出一种将自动化程度与注意义务相联系的倾向,似乎可以通过所使用机动车辆的类型或运行模式"自动"推导出必要的注意义务程度,这是具有误导性的。反对观点参见 Eric Hilgendorf, Automatisiertes Fahren und Recht, in: 53. Deutscher Verkehrsgerichtstag, 2015, S. 55, 63。

* 即(飞机的)自动驾驶。——译者注

② 参见前文第一章第(一)节末尾。

③ Manuela Lenzen, Künstliche Intelligenz. Was sie kann und was uns erwartet, 2018, S. 48 ff., 中有不同的分类建议,其中部分与本文关联性不强,故而在此没有提及。

的。对于它们的法律评价还处于绝对的起步阶段,①但毫无疑问的是,对这种系统的许可及其在关乎安全的领域中的使用都应当持极为克制的态度。

在道路交通中使用自主系统(包括有学习功能和没有学习功能的)如今看来已经是一个法律问题。如果我们相信那些参与开发的工程师们,那么实际上很多技术问题都早已被解决,或者短期内就可以被解决。更大的问题在于,如何使法律与技术的发展相适应。法律的不确定性会成为革新的绊脚石。一个很好的例证就是悖论问题,在过去的几年间里这一问题一再引起公众的热议。②

三、悖论问题

(一)问题的提出

值得注意的是,一个并没有参与对自动化联网驾驶讨论的人可能会认为,公众对此的讨论会聚焦于对由此开启的对交通运输自由进行广泛的家长主义干预(paternalistische Eingriffe)＊的可能性,③抑或是联网车辆受到网络攻击的风险。④ 然而事实并非如此,公众反而热衷于讨论——事实上与实践关系并不密切的——悖论问题。问题的核心在

---

① Eric Hilgendorf, Autonome Systeme, künstliche Intelligenz und Roboter, FS Thomas Fischer, 2018, S. 97, 107 ff.中有部分建议。

② 例如,http://www.zeit.de/digital/internet/2016 - 08/verkehr - wen - sollen - fahrerloseautos-ueberfahren (Zeit online 2016 年 8 月 9 日报道,访问日期 2018 年 6 月 4 日)。

＊ 例如直接对通过技术手段对联网汽车在城市交通中的行驶速度进行控制。——译者注

③ 试想,通过远程控制,"自动"降低城市道路交通环境中联网车辆的速度是多么轻而易举的一件事。鉴于(超速所导致的)大量人员受伤甚至死亡的事故,如果技术上不存在障碍,那么这样的技术在宪法上应当也是能够得到许可的,甚至也许是必要的。

④ 在数字化和网络化的过程中,网络犯罪和道路交通犯罪可能产生融合,从而对道路交通安全产生巨大的影响:Marc Goodman, Future Crimes: Inside the Digital Underground and the Battle for Our Connected World, 2015, S. 362 ff. und passim。

第十九章 数字化时代的生命折抵禁止原则

于,机器是否可以、何时可以对人类的生与死做出选择。这一问题在将来也很可能会出现在医疗领域,只要考虑一下用自动化程序对(移植)器官进行分配的场景就会发现同样的问题。因此解决悖论问题的意义实际上远远超出刑法教义学,甚至超出了法教义学的范畴:它代表着社会对具有特殊状态下决策能力的自主系统的接受。为了解决悖论问题,德国联邦交通部于 2016 年秋设立了自动化联网驾驶伦理委员会(Ethikkommission zum automatisierten und vernetzten Fahren)。经过多次讨论后,该委员会明确了法律和道德上的问题范围,提出了解决建议,并将结果于 2017 年 7 月交付出版。① 下面的案例有助于更形象地展示悖论问题(参见下图 2):

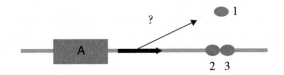

图 2 自主驾驶中的悖论问题(非对称危险共同体)

一辆装配有自主障碍回避系统的汽车高速接近了一个交通事故现场。道路之上躺着两个失去知觉的人。已经来不及完全刹住汽车了。汽车可以选择向左做规避动作,然而左边还有第三个人,他刚刚从之前的事故中逃过一劫。如果汽车向左转向,则无论如何会撞到第三个人并导致他重伤或者死亡。② 对车辆的规避动作在法律上应当做出何种评价?

这类问题有时被称为无解的问题,③有时提出这种问题的目的仅仅

---

① 参见 https://www.bmvi.de/SharedDocs/DE/Publikationen/DG/bericht-der-thikkommission.html? nn=12830,访问日期:2018 年 7 月 19 日。

② 这个案例最早提出于: Eric Hilgendorf (Hrsg.), Autonome Systeme und neue Mobilität. Ausgewählte Beiträge zur 3. und 4. Würzburger Tagung zum Technikrecht, 2017, S. 143-155 (Robotik und Recht, 11)。

③ Günther Sander/ Jörg Hollering, Strafrechtliche Verantwortlichkeit im Zusammenhang mit automatisiertem Fahren, NStZ 2017, 193, 204.

在于抹黑自动驾驶技术。不少人认为这里提出的问题是引入新技术时面临的几乎不可逾越的障碍。明显可以看出,能否解决悖论问题对自动驾驶技术能否被接受起到了关键作用。

在公众的讨论中经常被忽略的一点是,该悖论问题在伦理学、法哲学和法学中已经被讨论很久了。从古代的"卡涅阿德斯船板"(Planke des Karneades)问题①到十八九世纪的"食人案"②;从第三帝国时代对精神病灭杀(Geisteskrankenmordennn)的争论③到韦尔策尔(Welzel)以此为背景构想的"扳道工案"(Weichensteller - Fall)④——英国哲学家菲力帕・福特(Philippa Foot)在 1967 年又将其移植到了英美法地区,被称为"电车难题"(Trolley - Problem)⑤;还有联邦宪法法院对《航空安全法》(Luftsicherheitsgesetz)的重要判决——判决中"生命对生命"的衡量占据了重要地位;⑥2009 年齐默尔曼(Zimmermann)从刑法学角度对"救助杀人"(Rettungstöten)问题进行了全面的探讨;⑦2011 年博特(Bott)发表了

---

① Alexander Aichele, Was ist und wozu taugt das Brett des Karneades?, Jahrbuch für Recht und Ethik 11 (2003), S. 245 ff.

② Brian Simpson, Cannibalism and the Common Law, 1984; Neil Hanson, The Custom of the Sea, 1999.

③ OGHSt 1, 321, 331 f.; OGHSt 2, 117, 120 f.; BGH NJW 1953, 513; Welzel, MDR 1949, 373 ff.; Eb. Schmidt, SJZ 1949, 560, 568 ff.

④ Welzel, ZStW 63 (1951), S. 47, 51; Claus Roxin, Strafrecht Allgemeiner Teil, Bd. 1, 4. Aufl. 2006, 16/33 ff. 类似的案例参见 Josef Kohler, Archiv für Rechts-und Wirtschaftsphilosophie 8 (1915), S. 411, 431 f., und Karl Engisch, Untersuchungen über Vorsatz und Fahrlässigkeit, 1930, S. 288。

⑤ 她的论文("The Problem of Abortion and the Doctrine of Double Effect")被刊载在 Philippa Foot, Virtues and Vices and Other Essays in Moral Philosophy, 1978, S. 19 ff.中(S. 23 提到"电车难题")。此外,在盎格鲁-萨克逊的道德哲学(不是刑法教义学)论述中,也有大量文献讨论"电车难题",尽管其重点大多放在对问题的描述和从心理学角度对反应的把握,而非讨论其"合法"与"非法",参见 David Edmonds, Would You Kill the Fat Man?: The Trolley Problem and What Your Answer Tells Us about Right and Wrong, 2015。

⑥ BVerfGE 115, 118 ff.

⑦ Till Zimmermann, Rettungstötungen. Untersuchungen zur strafrechtlichen Beurteilung von Tötungshandlungen im Lebensnotstand, 2009(其中有详尽的论述)。

第十九章　数字化时代的生命折抵禁止原则

有关涉及生命的紧急避险的著作。① 最近,费尔南德·冯·席拉赫(Ferdinand von Schirach)又在他的舞台剧"恐怖"(Terror)中对这一问题进行了改编。②

"卡涅阿德斯船板"问题是古希腊哲学家卡涅阿德斯于公元前2世纪中叶访问"新的世界首都"罗马城时提出的案例③:一艘船在遭遇海难后仅存两名幸存者,放眼望去完全没有可能得到救援的迹象。两人抱着一块漂浮的船板求生,然而船板正在不断地沉入水中,可以很明显地看到船板的浮力最多只能支持其中一人。在此情况下其中一名幸存者可以把另一人推入水中以自保吗?两人中谁应享有这一特权?或者两人都因船板沉没而溺死反而在道德(和法律)上是最优的?

德国法中,如今的通说是这样解决这个问题的:一个幸存者杀死另一人是具有违法性的,即法律体系并不许可这样的行为。《刑法典》第34条*的适用也被排除,因为一个人的生命并不"明显优于"另一人的生命。可能性只剩下排除罪责:根据《刑法典》第35条**之规定,因为当时所处的极端紧急状态而不能对行为人进行个人谴责,其因此不可罚。德国联邦宪法法院也在他们对《航空安全法》的裁决中给出了类似的评价:击落一架满载乘客的飞机是具有违法性的,即使这是可以拯救大量其他无辜者的唯一方法。④

---

① Ingo Bott, In dubio pro Straffreiheit? Untersuchungen zum Lebensnotstand, 2011.

② von Ferdinand von Schirach, Terror: Ein Theaterstück und eine Rede, 2016. 剧中有一架客机被恐怖分子劫持,讨论了两种不同的解决方案:打下这架飞机可罚还是不可罚。遗憾的是,作者并没有深入到违法性和罪责之间的区别,因此剧中的论证停留在表面,部分内容上甚至是具有误导性的。对此的批判参见 Heinz Müller-Dietz, Terror-Anmerkungen zum gleichnamigen Drama Ferdinand von Schirachs, FS Neumann, 2017, S. 1415 ff. und Wolfgang Schild, Verwirrende Rechtsbelehrung. Zu Ferdinand von Schirachs „Terror", 2016.

③ Eric Hilgendorf, Tragische Fälle, in: Ulrich Blaschke u.a. (Hrsg,), Sicherheit statt Freiheit? Staatliche Handlungsspielräume in extremen Gefährdungslagen, 2005, S. 107.

* 即阻却违法的紧急避险。——译者注

** 阻却罪责的紧急避险。——译者注

④ BVerfGE 115, 118, 151 ff.,其正确地以乘客人的尊严为基础展开论证。参见上注③Eric Hilgendorf, in: Ulrich Blaschke u. a., S. 107, 120。

这一立场在法学理论和司法裁判中都得到了普遍的认可,本文也持此立场,它可以被理解为前文所述的"法律人本主义"的体现,①其背景是 20 世纪的集权主义经历。因为斯大林主义特别是纳粹主义罪行的恐怖,人们认为,应为个人的绝对价值提供比(自启蒙运动以来得到承认的)人权保护更进一步的保障。因此《基本法》将对人格尊严的保护写在第 1 条这样一个显著的位置。与一般基本权不同,任何对于人格尊严的限制都被认为是非法的。② 程度如此之大的保护显然不能有过于宽泛的范围,只有这样它才是切实可行的。特别值得注意的是,联邦德国的判决在很早之前就将为保护数量较大的无辜者而牺牲同样无辜的人认定为非法,因为这损害了后者的人格尊严。③ 该判决得到了学界的认同并且至今仍是禁止抵消原则(Verrechnungsverbot)的基础。

(二)对功利主义的特别说明

德语文献中对抵消禁止进行讨论时通常会伴随着对于"功利主义"的批判。功利主义在哲学史上可以回溯到古希腊、罗马时代,其时它被称为"幸福论"(Eudämonismus)。④ 而其目前的形式则可追溯到英国人杰里米·边沁⑤所引发的哲学思潮。功利主义依道德和法律能在多大

---

① 参见第 302 页脚注③。
② 参见第 302 页脚注④ Horst Dreier, in: ders., GG, Art. 1 I Rdn. 46。
③ 参见第 310 页脚注③。
④ Ole Martin Moen, Hedonism Before Bentham', Journal of Bentham Studies, in: Journal of Bentham Studies, vol 17 (2015), S. 1 ff.
⑤ 近年来最好的导论应属:Philip Schofield, Bentham. A Guide for the Perplexed, 2009; 也参见: dens., Utility and Democracy. The Political Thought of Jeremy Bentham, 2006; 以及 James E. Crimmins, On Bentham, 2004; Wilhelm Hofmann, Politik des aufgeklärten Glücks. Jeremy Benthams philosophisch-politisches Denken, 2002; Georg Kramer-McInnis, Der „Gesetzgeber der Welt"-Jeremy Benthams Grundlegung des klassischen Utilitarismus, 2008; Jan-Christoph Marschelke, Jeremy Bentham-Philosophie und Recht, 2008. 对功利主义的综述参见 James E. Crimmins (Hrsg.), The Bloomsbury Encyclopedia of Utilitarianism, 2013。

程度上提升人们的福祉（幸福）并避免他们的苦难（痛苦）而对其进行评价。① 这一思潮在19世纪和20世纪影响力巨大，特别是在面对诸如废除奴隶制、实现议会民主、追求男女平权、国家与教会分离运动或者同性恋除罪化这样的运动之时。如今，功利主义者们则致力于动物权利或全球公正等领域。②

功利主义代表了结果论（Konsequentialismus）的一种形式：应当根据结果来评价行为或/和规范。③ 与其他结果论的表现形式的不同之处在于：功利主义要求，应以是否带来了人类福祉的增长为标准对所有结果进行评价。这里的结果并不仅指直接后果，理论上，只要已经可以对该结果进行评估，即使一些比较遥远的结果也应被纳入考量范畴。④ 在本文的语境下，应当考虑事实上牺牲无辜的人（甚至可能是对这种牺牲的规范化！）会给社会秩序和法律体系在整体上带来什么样的影响。因此，在道路交通的紧急状态下概括地"放弃"并未参与到事件中的第三人⑤在功利主义的语境下并不能得到有效的论证。

---

① 功利主义的核心纲领已经在边沁代表著作《道德与立法原则概论（The Principles of Morals and Legislation）》的前两句中有所体现："自然将人类置于两位君主的统治之下：痛苦和快乐。只有他们才能指出我们应当做什么，并决定我们应当怎么做。"其中，所有相关人员的痛苦和快乐都应被考虑在内。这就是著名公式"最大多数人的最大幸福"的含义。边沁从贝卡利亚（Beccaria）和爱尔维修（Helvétius）处借鉴了这个公式。在德国的法哲学和法学研究中，受到功利主义影响的流派通常以"目的"（Zweck）[耶林（Jhering）、李斯特（Liszt）]或"利益"（Interesse）[黑克（Heck）]为导向。

② Katarzyna de Lazari‑Radek/ Peter Singer, Utilitarianism, A Very Short Introduction, 2017, S. 98 ff.

③ 对行为功利主义和规则功利主义差异的详细阐述参见第313页脚注⑤Guy Fletcher, in: Encyclopedia of Utilitarianism, S. 1 ff.; Brad Hooker, ebenda, S. 490 ff.。

④ 这是功利主义进路所面对的一个极大的困境。毋庸置疑的是，人们永远无法评估所有可能的后果。在有限的时间内，甚至可能只有少数着眼点能被纳入考量范畴。

⑤ 即非对称危险状态，参见前文图2。

在德国,轻视边沁的传统由来已久,这可以追溯到 19 世纪初,①而当时实际上只是出于政治上的动机。② 这种对据说是"纯粹的实用主义的思想"条件反射式的消极评价在如今的法哲学和刑法教义学中仍然保留着痕迹,有些批判甚至对功利主义的内涵和历史影响都缺乏基本的了解。因此不难发现,不少针对功利主义的法学评论实际上是建立在误解和偏见之上的。确实,古典功利主义乐于"折抵"("计算")不同人的利益,即对它们进行相互衡量。保护少数群体的想法最初在边沁看来并没有特别重要的意义,因为他是从一种极端平等主义的角度出发,努力争取尽可能广泛地分配"福利",希望消除第一、第二等级者*的特权,这些特权在他的年代几乎被视为是理所当然的。

无论如何,边沁晚年的著作中有大量章节表明,他并不想在一切事情上都过分苛求少数群体。③ 那种无所顾忌地"折算"生命地位、毫不考虑可能带来的社会、法律和伦理后果的观点至少无法建立在边沁的权威之上。这种观点在一定程度甚至是与功利主义的基本原则相冲突的,功利主义希望尽可能多地考量每一个具体决定所能产生的后果,并评价这对参与者的"福祉"意味着什么。如果像后世的许多功利主义者那样持规范功利主义

---

① 德国哲学家、边沁译者弗里德里希·爱德华·贝内克(Friedrich Eduard Beneke)在:Grundsätze der Civil-und Criminal-Gesetzgebung, aus den Handschriften des englischen Rechtsgelehrten Jeremias Bentham, herausgegeben von Etienne Dumont. Nach der zweiten, verbesserten und vermehrten Auflage für Deutschland bearbeitet und mit Anmerkungen versehen, Berlin 1830, S. IX, 的前言中指出:"自康德以来,德国的科学理论中一直对'功用(Nutzen)'一词有一种莫名其妙的畏惧。"

② 随着 18 世纪末德国民族意识的兴起,法国[伏尔泰(Voltaire)]和英国(边沁)的思想世界都被摒弃了,而伊曼纽尔·康德(Immanuel Kant)的"德国"哲学则备受推崇。第一次世界大战前夕到战争期间,这种趋向再次出现并得到强化。只须想想维尔纳·松巴特(Werner Sombart)的《商人和英雄(Händler und Helden)》(1915)一文,而其灾难性的观点又被托马斯·曼(Thomas Mann)的《非政治人物的思考(Betrachtungen eines Unpolitischen)》(1918/1920)所采纳和传播,就足可见一斑了。

* 第一等级为神职人员,第二等级为贵族,第三等级为平民。——译者注

③ 如 Philip Schofield, Official Aptitude Maximized, Expense Minimized, 1993, S. 352。

第十九章　数字化时代的生命折抵禁止原则

(Regelutilitarismus)而非行为功利主义(Aktutilitarismus)①的立场,实际上可以毫无阻碍地以功利主义为基础论证对少数群体的保护(也包括原则上的生命折抵禁止)。②

个人的主观权利也可以在功利主义的基础上合法化。边沁早在他的第一部著作中就为此奠定了概念上的基础。③ 他从语义学的角度对"自然的、不可侵犯的人权"做出了声名远播-臭名昭著的批判,认为这就是"踩着高跷胡说八道"(Unsinn auf Stelzen):怎么可能有没有立法者的法？人权真的是神圣不可侵犯的吗？还是它们仅仅"应该是"神圣不可侵犯的?④ 边沁和他的学生约翰·斯图亚特·密尔(John Stuart Mill)并不是启蒙时代欧洲自由主义的反对者,恰恰相反,他们被认为是自由主义之父。⑤ 至于边沁和他的学生时至今日在德国法学和哲学中仍经常在缺乏深入了解的情况下遭到一概拒绝,只能说主要是源自前文中提及的、对"西方"思想的政治性诋毁,不管它是来自法国还是英格兰。时至今日,这都仍是德国的法学基础研究的负担。⑥

如果宣称对人的生命进行简单的"折抵"是"正当"的,而不对更多

---

①　行为功利主义和规则功利主义的区别,参见 Otfried Höffe, Einleitung, in ders. (Hrsg.), Einführung in die utilitaristische Ethik. Klassische und zeitgenössische Texte, 5. Aufl. 2013; 其他与边沁"经典"模式不同的功利主义思想及对边沁思想的发展参见: Dieter Birnbacher, Analytische Einführung in die Ethik, 3. Aufl. 2013, S. 217 ff.。

②　从20世纪(和21世纪初)的集权主义经历中能够吸取的一个重要教训是,承认个人不可支配、因而也是"不可折抵"折抵额的内在价值是社会共存得以成功的基本前提。此外这也表明,概念上后果论和义务伦理学的区分并不像想象中的那么僵化。

③　J.H. Burns und H.L.A. Hart, A Fragment on Government (1776), Neuausgabe 1988, hrsg. von, S. 108 f.

④　几年前,彼得·尼森(Peter Niesen)出色地编纂了边沁著作的德文译本: Jeremy Bentham, Unsinn auf Stelzen. Schriften zur Französischen Revolution, 2013. 其中第147页的这句话可以被认为是理解边沁权利批判的钥匙:"由于缺少权利而导致的幸福感缺失给了我们期望拥有权利的理由。但希望拥有某种权利的理由并不是这种权利。期望不是手段,饥饿不是面包。"

⑤　Eric Hilgendorf, in: Winfried Brugger (Hrsg.), Legitimation des Grundgesetzes aus Sicht von Rechtsphilosophie und Gesellschaftstheorie, 1996, S. 249 ff.

⑥　参见第314页脚注②。

其他结果进行衡量,这种观点不应被归为功利主义,而应被归为"集权主义"(totalitär),即国家不承认对个人权利的保护、无限制地要求个人承担公共义务(schrankenlose Inpflichtnahme des Individuums)。这种集权主义在20世纪中叶就已经人尽皆知。《世界人权宣言》(1948年)和《基本法》(1949年)都确认了人格尊严,断然拒绝了对生命和尊严进行无加节制的折抵,这实际上并非是反对功利主义,而是对纳粹和苏联集权统治的回应。①

(三)当下机器领域禁止折抵原则的意义

显然,扳道工案(或者"电车难题")和这里讨论的悖论问题存在重大差异。不仅是案情不同,其背后所蕴含的问题也有明显的不同之处。例如,对扳道工案进行的伦理学和刑法学评价针对过去发生的事件(对于"电车难题"也基本如是②),而更多人将自主驾驶中的悖论问题理解为对碰撞回避系统(将来的)编程方式的评价。③ 比较妥当的做法是将如何评价汽车在碰撞中的行为和具体如何编写相应的程序区分开。在未来很长一段时间内,对机动车系统进行这种程度的编程在技术上都还是不现实的,④但对所涉基本伦理和法律问题的分析在现如今就已经可以进行了。

---

① 然而,1945年后,许多战后的作者们仍继续开展20世纪初以来在德国兴起的反对英国(法国)思想的运动,一些人甚至毫不避讳地将功利主义与纳粹的罪行联系起来。

② 盎格鲁-萨克逊国家对电车难题的讨论往往并非从规范角度出发,而是在"实验哲学"(experimentelle Philosophie)和经验社会心理学(empirische Sozialpsychologie)的框架内进行的。换言之,其目的是找出并解释在何种情形中人们更倾向于接受哪种特定的解决方案。

③ Eric Hilgendorf, in: ders./ Sven Hötitzsch (Hrsg.), Beiträge der 1. Würzburger Tagung zum Technikrecht, 2015, S. 11, 23 f.

④ 特别是传感器技术,在未来很长一段时间内,其都很难做到识别出被害人的各种细节,更遑论识别是否具有违法的先行行为这样的因素了。但考虑到车辆将会与网络连接,其有可能通过数据库查询到潜在受害人的各种详细信息,特别是在受害者本身就具有明确的可识别性的情况下(例如其手机中或体内有提供识别信息的芯片),而这一过程是可以瞬间完成的。这可能会对最终的衡量结果产生极大影响。当然,我们希望这种想法仅仅停留在理论层面。

抵消禁止原则围绕着生命之于生命的衡量这一议题展开。换言之,其讨论的是在一个社会中应如何塑造个体与其他个体、个体与其他个体组成的集体之间的关系。这是一个具有根本性的问题,对这样一个问题的讨论其目的并非是希望一劳永逸地获得一个确切的答案,其意义更多地在于在一个变革的社会中不断重新审视个人的价值。而在这个全面数字化、网络化的时代,自主系统不仅作为新的交互对象,而同样可能作为决策主体出现。由此看来,"折抵问题"被重新提出并引起热议也并不令人惊奇了。此外,相较于以前,我们如今用于决策的数据量更大、准确性也更高,①而这些信息都可以被用于衡量,这使探讨变得更有意义。因此,厘清哪些信息是法益衡量时应当注意的、我们在哪里有可能进行"折抵"也变得愈加重要。

四、解决建议

(一)初始案例

悖论问题的解决方案至少需要满足以下三个条件:第一,必须能够与教义学相衔接。也就是说,它应当符合传统的、经过验证的法律体系。第二,任何可能的解决方案都必须符合我们法律体系的法伦理基础,特别是人格尊严原则、人权(保护)原则和法治国原则。第三,对于悖论问题的解决方案必须是切实可行的,即方案必须可以在实务中被实施,这点也非常重要。

两难困境并非只有在道路交通领域才是常见问题:带领一群儿童在山区徒步旅行时偶遇恶劣天气,前方有一座属于他人的、上了锁的小屋,此时可以破门而入还是必须忍受狂风暴雨、惊吓和寒冷在山林中过夜?受到动物攻击的时候,应当容忍它对生命的威胁还是可以击毙它?在我们现有的法律体系下,原则上此时应当适用最小恶害原则(Prinzip

---

① 参见第302页脚注①。

des geringeren Übels）：①在紧急状态下，如果无论采取何种行动都会有法益受到损害，那么应当尽量将造成的损害降至最低。这意味着相对于物，人具有更高的保护价值。

但如果与人的生命对立的同样是人的生命，问题就变得复杂了。如果将悖论问题的传统评价方式②直接沿用至自动化驾驶中的悖论问题③，可以得出这样的结论：汽车不得为了拯救（2）、（3）两人进行规避并造成（1）的重伤或死亡，进行这样的编程具有违法性。这里涉及的是非对称危险状态（asymmetrische Gefährdungslage），在这样的状态下转向，是不利于被牺牲者的生存几率的再分配。④

此处简述的"反折抵"学说并不仅建立在刑法理论的基础上，更多的是从法伦理学和宪法学上的角度证立其观点：一方面，在以个体人格尊严和人权为导向构建的法律共同体中，个人（1）的团结义务（Solidaritätspflicht）⑤不应被过分扩张，以至法律认可对他的逼迫、要求他为（2）和（3）牺牲自己生命的程度。值得一提的是，功利主义同样可以推导出这样的结论：在紧急状态下，为了处于危险中的他人而牺牲自己原本未受到威胁的生命，这种（也许得到国家认可的）不明确的义务给社会的"福祉收支"所带来的负面效果远大于其所能带来的提升。谁愿意生活在一个随时可能为了拯救他人而被杀的社会中呢？⑥

---

① 《刑法典》第 34 条仅仅是这种思想的一个体现，它还存在于德国法律体系中的很多其他规定中。

② 第 310 页脚注③④⑥中有更多论证。

③ 此处建议的解决方案也可参见第 309 页脚注②文。该方案也是联网自动驾驶伦理委员会报告的基础，尽管后者所呈现出的论证仍比较模糊。

④ Volker Erb, in: Münchener Kommentar StGB, Bd. 1, 3. Aufl. 2017, § 34 Rdn. 116, 其中他提到了"牺牲被害人的绝对界限（absoluten Grenze der Opferpflicht）。"

⑤ 将《刑法典》第 34 条解释为"团结原则"的表述参见 Joachim Renzikowski, Notstand und Notwehr, 1994, S. 196 ff.。

⑥ 参见第 312 页脚注⑥Cochrane, Rights, in: Encyclopedia of Utilitarianism, S. 480, 481, 其中提到了著名的"器官移植案"，即杀害一个健康的年轻人，以用其器官拯救 5 个其他等待器官移植的人。

第十九章 数字化时代的生命折抵禁止原则 319

需要注意的是,从前文进行的基本评价中,尚未得出车辆驾驶者或者系统的生产商是否具有刑事可罚性的结论。这个问题甚至还没有得到直接的讨论。牺牲(1)是违法的,是因为其处于一个以人本主义为导向的法律体系中,且具有基本权和人格尊严主体的地位。用刑法术语来表达的话,牺牲原本并未处于危险中的(1)无论如何都实现了结果的不法。①

然而,另一个正确的结论是,压过躺在地上的人的行为也应被视为具有违法性。因为被碾压者同样享受《基本法》第2条第2款第1句以及第1条的保护,即使存在向他们驶来的车辆已经完全没有其他合法的规避可能性这一事实,但仍不能排除被碾压者所享有的宪法性保护。此外也无法证明,为什么应当排除被碾压者对向他们驶来的汽车的防卫权。② 从汽车进行规避具有违法性这一事实无法推导出它继续行驶就是合法的。③ 只能说这辆车处于一种悲惨的境况中,无论事情将如何发展都会实现不法。

(二)批判的观点

魏根特(Weigend)反对这一解决方案,在他看来,系统决定采取规避行动之前并不存在生存几率的分配不均。他认为,"根本没有一种所谓车辆'本就会选择的'、而人类应当通过'给出转向信号'规避掉的自然路径"。④ 这种反驳并没有足够的说服力:问题产生的背景环境就是这样一种环境,一辆装配有自主碰撞回避系统的车辆接近事故现场,而道路上躺着两个伤者。如果此时排除掉碰撞回避系统的存在,或者系统并

---

① Detlev Sternberg-Lieben/Schuster, in: Schönke/Schröder StGB, 29. Aufl., 2014, § 15 Rdn. 128 ff.。

② 对合法行为的防卫参见 Wolfgang Mitsch, Die Probleme der Kollisionsfälle beim autonomen Fahren, KriPoZ 2018, 70, 73. 伦理委员会也就这个问题进行了深入讨论。必须明确攻击行为的存在。

③ A. A. offenbar Tatjana Hörnle/ Wolfgang Wohlers, The Trolley Problem Reloaded, GA 2018, 12, 15, 29 und passim.

④ Thomas Weigend, Notstandsrecht für selbstfahrende Autos?, ZIS 2017, S. 602.

不含有这样的程序,那唯一可能发生的事情就是车辆无法转向而压过两名伤者。故而在具体情境中,安装进行合理编程的碰撞回避系统①无疑重新分配了生存概率。至于车辆行驶的路径可能早就由程序员通过编写程序(共同)决定,这并不会改变前述结论。

依照本文观点,"重新分配"生存概率,导致对本来处于情境之外的无辜者不利的结果是具有违法性的。因为在一个以个体人格尊严为导向的法律体系中,不得为无辜者设定为他人牺牲自己生命的义务(依照绝对通说的观点,当下也确实没有这样的义务)。② 即使其所面对的是一个人的牺牲可以拯救多人生命的情境,前述结论依然有效。

对此哲学家亚历山大·哈维尔科(Alexander Havelke)和朱利安·尼达-胡梅尔林(Julian Nida-Rümelin)得出了完全不同的结论:他们认为,给最初并没有直接危险的(1)造成重伤或死亡的结果是可以被允许的,因为自主系统相应的碰撞回避程序也符合他们的利益。③ 这个在某种程度上可以说令人诧异的结论是基于以下的理由:

在传统的"电车难题"中,选择主体面对的可能性是牺牲一个特定人来拯救更多其他的人。因此在此情境下受到威胁的人是确定的,而因此获利的人也是确定的,这样相当于写就了牺牲者的名单。而自主驾驶系统所面对的悖论问题中情境则恰恰相反,"在进行决策时,何人将被牺牲、何人将因此获利……仍属未知。"这意味着"从道义论的(deontologisch)角度看来存在巨大的差异,即对未知情形下的决定进行道德决策时,必须从决定和行为时的认知出发,而不是根据只有事后才能获得的信息做出判断。"④

如果从字面上对这两位哲学家所建议的区分方式进行解读,其似乎是想表明,牺牲未知的人是可以接受的,但是牺牲已知的人则不行。"匿

---

① 即程序被编写为:在具体情况中以"回避碰撞"为目的发出转向信号。
② 参见第318页脚注④。
③ Jahrbuch für Ethik Wissenschaft und 19 (2015), S. 5 ff.
④ Jahrbuch für Wissenschaft und Ethik 19 (2015), S. 5, 11.

名"杀人时所产生的顾虑相较于杀死一个身边的人而言会更少,这可能是一种心理学上的事实。① 然而从伦理角度和法学角度来看,按照迄今为止被普遍接受的标准,行为人事先就获知被害人的身份,或者被害人的身份取决于偶然状况,抑或其身份取决于杀人行为发生时仍未知的情况,对于不法评价而言都没有什么区别。行为人释放一架无人机,设定无人机杀死它所遇见的第一个人与行为人操控无人机杀死他瞄准的对象在违法性和道德可非难性上都完全相同。在前述悖论问题中,编程时也已经得知将有一个人会被牺牲,只是牺牲者的身份尚不得而知。行为的不法是基于牺牲了人的生命,而不取决于这个人的身份。

为了更有力地证明自己的论点,两位学者进一步在悖论问题中引入交通参与者(假象)的利益这一概念。"可以明确的是,最小化牺牲者数量的程序完全可能符合每个个体的利益——换言之,这个程序减少或最小化了每个人的风险。"②而"最终不幸被汽车压过的人也享受了这一利益。只要程序设计——即实际上采取的行动——用与对待其他人相同的方式将被害人所面临的风险也降到了最低,那么这样的程序也是符合被害人利益的。"③

对于这样一个明显符合罗尔斯(Rawls)"无知之幕"(Schleiers des Nichtwissens)理论的观点应当如何评判呢?问题在于此处所使用的"利益"(Interesse)这一概念。这里指的显然是在道路交通环境中不会死亡或者受到重伤的利益。这的确是几乎所有人所共有的利益。然而作为一个最初并没有受到威胁的人,其也可能有不被一辆装配了生存机会再分配程序的汽车杀死的利益;而保持法律和道德的基本价值导向不被动摇也是不可被排除的利益,即使其代价可能是在前述两难困境这样的情形中减少生存的机会。所以可以看到,在编程过程中有很多不同的重要

---

① 类似观点参见:Volker Erb, Automatisierte Notstandshandlungen, FS Neumann, 2017, S. 785, 791 f.。
② Jahrbuch für Ethik und Wissenschaft 19 (2015), S. 5, 11.
③ Jahrbuch für Ethik und Wissenschaft 19 (2015), S. 5, 11 f.

利益需要加以考量。而哈维尔科和尼达-胡梅尔林所提出的观点只聚焦于生存概率,并未进行详细的说明,这使他们的论述看上去几乎可以说是循环论证:个体被强加的利益中包含了其潜在的牺牲,而又由此推导出他们被牺牲的可容许性("合理性")。

两位哲学家的论证思路还存在这样一个弱点:他们明确指出,只有当程序"用与对待其他人相同的方式将被害人所面临的风险也降到了最低"时,该程序才符合被牺牲者的利益。① 事实上,这个前提很难得到满足:一个道路交通参与者每天驾驶汽车上下班,第二个人骑自行车,而第三个人每年最多会有一两次散步时靠近车道;一个人可能住在交通流量很大的城市,另一个人可能住在乡村,每天步行穿过田野去工作。可以看到,认为所有人都可以藉由对机动车进行"折抵编程"而同等程度地获利,明显是一种不切实际的想象。因此,哈维尔科和尼达-胡梅尔林对牺牲无关者合法性的论证在说服力上有所欠缺。

赫恩勒(Hörnle)和沃勒斯(Wohlers)也对上述解决方案进行了批判。他们多次提到,自己塑造衡量意向(Abwägungstopoi)的解决方案才是"功利主义"的方案。然而不能忽略的是,即使在功利主义的框架下也是可以存在其他解决方案的。② 他们的方案中问题特别突出之处在于:为解决前述两难情形而引入了定性要素,即潜在牺牲者的年龄,并认为应当优先顾及儿童。德国为研究自动驾驶问题设置的伦理委员会认为——也与当下的绝对通说保持一致——应当明确排除在生命对生命的衡量过程中考虑类似要素。③ 赫恩勒和沃勒斯为证明他们的观点而提出的论据是:儿童不应被剥夺享有人生经历的机会,而年纪较长的人已经拥有过这些人生经历了。④

尽管优先考虑儿童的想法是充满同情心的,也可以理解,然而这也

---

① Jahrbuch für Ethik und Wissenschaft 19 (2015), S. 5, 12.
② 参见前文第三章第(二)节。
③ 参见第 309 页脚注①伦理委员会报告,S. 11(规则 9)。
④ 参见第 319 页脚注③Tatjana Hörnle/ Wolfgang Wohlers, S. 28。

同时意味着对于年长者的不公。难道我们真的能因为老年人已经积攒了足够多的生活经历就否定他们具有同等的生存权？这样的观点如果成立,显然会开启将各种对生命和人格尊严的保护相对化的大门。① 仅从德国近代的历史看来,这样的观点就很难得到支持。此外,依据年龄对人类进行"抵消"明显也违反了《基本法》第1条对人格尊严的保护。

(三)对称性危险情形的特殊问题

到此为止的讨论都是非对称性危险状态。而如果讨论下述情形则可能面临更大的问题:汽车B在一条狭窄的道路行驶,道路左右两边都停满了汽车。此时突然跳出了三个正在玩耍的小孩,其中小孩(1)跳到了汽车的左侧挡泥板附近,而(2)和(3)跳到了右侧挡泥板前。刹车已经来不及了,也没有规避的空间。但是汽车可以强行向左急转,这样只会撞到小孩(1),抑或是强行向右急转,这样会撞到(2)和(3)。此时应当进行转向吗？如果应当,那么应当向左还是向右？或者从道德的、法律的角度上来看,最优的选择是完全不转向,径直向前并撞倒全部三个儿童导致他们重伤或死亡？

图3 特殊问题(对称性危险共同体)

在这样的情况下并不适用团结义务不得扩张至为他人牺牲生命的观点,因为三名潜在的牺牲者同样都受到威胁。汽车的转向要么使他们面对的情况变好,要么不改变其所处的状况。② 对于这样的情状,有很多观点支持程序的编写应当遵循最小恶害原则,只撞上一个无辜的受害

---

① 此处须再次强调:在将来,机动车可能通过网络获得不计其数的潜在区分因素,参见第316页脚注④。

② 除非将重点放在对当事人有利的转向机会上。一旦路线改变,这种机会就不复存在了。

者。至少也可以考虑(例如援引"命运"或"上帝的旨意"作为论证基础)让汽车径直驶向前方,撞向全部三人。① 无论如何,让汽车向右急转撞向(2)和(3)都找不到有说服力的理由。定性要素,如被害人的性别、种族、年龄在此情形下都不应予以考虑。量化要素反而看上去具有重要意义:如果无论如何都会导致无辜者的死亡,那么应当尽可能减少无辜受害者的数量。

(四)损害概率和个案中的其他具体情状

解决损害概率不同的悖论情形是巨大的挑战。这一问题到目前为止都没有得到重视。很明显,前文中所讨论的案例都是现实中并不存在的模型,或者说有很多额外因素会产生影响,而它们都没被体现在前述模型中。本文中所展示的案例(见图2、图3)旨在厘清在此种情境下应当适用的基本伦理和法律评价。自然,为了厘清这些基础问题,可以(也应当)忽略掉一些特殊性,因为每个个案中情境都有所不同,而汽车的传感器也可能根本就采集不到所有的重要信息。

支持对损害概率加以考量的观点指出,《刑法典》第34条已经明确提到了"危险迫近程度"这一要素。因此可以认为,在前文第一个案例(图2)中,如果规避行为确实可能造成(1)受伤或者死亡,但只有微不足道的可能性,那么实施规避行为是可以被允许的。如果可以因此挽救一条生命的话,应当期待公民承受这种对生命微不足道的风险。但是这里具有高度的不确定性:公民应当被期待容忍何种程度的(造成何种损伤的)受损概率?如何在客观上确定这里的概率?在具体案件中,车载计算机有能力快速辨识出所有关键要素并加以处理吗?如果后两个问题无法解决,就无法进一步以此为依据构建有教义学意义的规范。只有在个案中可以得到足够精确的损害概率,且可以在不同

---

① 无论如何,这样的立场都绝对重视了人生命的量化禁止(Quantifizierungsverbot)和衡量禁止(Abwägungsverbot)。至于其在道德上是否能够被接受,似乎值得商榷。参见第319页脚注③Tatjana Hörnle/ Wolfgang Wohlers, S. 18,其中称在此类情形中不尽可能减少牺牲者的数量是"荒谬的"。

第十九章　数字化时代的生命折抵禁止原则

主体间校验这一概率时,尝试构建行之有效的风险教义学才是有意义的。

另一个问题是参与者存在不法的前行为的情形。试想站在路边的(1)处于其所在的位置是非法的,由此可以得出朝向他转向、给他带来不利的后果可以被允许的结论吗？在文献中时而可以见到类似的观点。① 然而很明显的是,不法的前行为不会排除《基本法》第1条对行为人的保护。刑法的保护可能会产生变化,然而不会无缘无故消失。特别是在行为人无责任能力的情形下(例如未成年人、具有精神障碍者或者受重伤的人),这一结论依然适用。但如果当事人已经认识到受伤或死亡的危险,并且接受这样的后果,即在一种"准被害人承诺"(einwilligungsähnlich)情形下,则有可能得出不同的结论。

五、后续问题

(一)乘员保护

后续问题之一是乘员保护问题。这里在法律上应当许可什么样的保护措施？有部分观点认为,可以给车辆驾驶者课以牺牲自己及其乘客以避免悖论问题的义务。② 然而从生产商的自然属性来看,他们必然会尽可能地保证车辆对他们的客户而言足够安全。这里同样可以用前述对称和非对称危险情形的框架来解决乘员保护的问题。

司机和乘客同样可以被视为悖论问题中的当事人。因为他们坐在车中,原则上他们的处境会远比其他道路交通参与者安全,例如相较行人、骑自行车的人或骑摩托车的人。所以他们面对的几乎全部是非对称危险情形。参照前述解决方案,驾驶员或乘客没有义务将自己的生命置

---

① 如第319页脚注④;Tatjana Hörnle/ Wolfgang Wohlers, 24 f.;参见 Akihiro Onagi, Die Gefahrtragungspflicht des selbstverursachten Notstandes und automatisiertes Fahren – eine Facette des selbstverschuldeten Notstandes durch den Gefährdeten, FS Höpfel, 2018, S. 59, 65。

② 由此甚至可以推导出自我毁灭的义务。

于严重的危险中,甚至是为他人牺牲自己的生命,结论与前述第一个案例的结论相同。①

制造商有权甚至有义务②在合理的范围内优化乘员保护。问题在于对于驾驶员和乘客的保护措施对第三人而言明显是一种风险。例如,汽车坚硬的金属外壳在碰撞过程中对驾驶员和乘客是有利条件,而对其他卷入事故的道路交通参与者而言则是不利的。汽车的金属外壳在一定条件下可以导致他人受伤或者可以是致死的原因,由此产生了最后一个问题,生产商责任。

(二)生产者责任

伦理委员会所建议的结论是:在道路交通环境中两难情境下撞死他人无论如何具有违法性,本文持相同观点。③ 因此可以得出这样一个结论,即生产商生产自主系统,而明知系统在特定情境下会造成他人受伤或死亡的,其行为自始不被允许;如果系统确实造成了这样的后果,生产商应当承担民事和刑事责任。对此必须提出的反驳是:对气囊或安全带等技术设备的生产在绝大多数事故中都会拯救人类的生命,但是在特定情况下这些技术设备同样会造成他人受伤或死亡。例如,车辆冲入河水中,驾驶员因为来不及割断安全带而溺水身亡,在此类情形中安全带生产商只要已经尽一切可能避免这样的情形发生,就应免于承担责任。这也符合一个被普遍接受的社会伦理共识:没有绝对安全的技术,必须通过为生产商设定必要的注意义务来应对此类情形。

这里讨论的案例中同样可以采用这一思路:④如果生产商尽到了风险最小化义务,采取了一切可能的措施以避免可能产生的损害,那么他们生产自动化系统——即使是那些在极为罕见的情况下会威胁到人类生命或者甚至会导致他人死亡的系统都不能被认为未尽到注意义务。

---

① 参见前文第三章第一节。
② 在机动车买卖合同中,这至少是一种合同的次要义务。
③ 参见第 319 页脚注④ Tatjana Hörnle/ Wolfgang Wohlers, 15, 29 und passim。
④ 参见第 319 页脚注③:Wolfgang Mitsch, S. 70。

第十九章　数字化时代的生命折抵禁止原则

这一基本原则无论对于刑事还是民事产品责任都适用。①

从本质上讲,此处涉及的问题是对生产者注意义务的限制。特别是在道路交通环境中,如果希望许可这种运输形式,那么就必须对生产者的注意义务加以限制。曼弗雷德·伯格斯塔勒(Manfred Burgstaller)早在40多年前就对这一问题做出了准确的阐释:"有无数的危险行为……明显不应被评价为客观上违反了注意义务。对此只须想象我们的交通,特别是道路交通,即使遵守了一切安全规范,在道路交通中仍然不可避免地会存在风险……危险行为并非客观上对注意义务的违反,只有当其危险性不具有社会相当性时才应被视为违反注意义务。"②

"可容许的风险"可以被视为社会相当性③的特别情形。这一概念在不同语境、不同含义下被使用,在此(和信赖原则一样)是指涉及大规模生产社会所需且相应地被社会所认可的产品时对注意义务的限制。④ 产品——特别是技术产品——永远不会绝对安全。尽管损害结果是可以预见的,而且(通过放弃该产品)也可以避免,但是如果生产商采取了一切可能的(且被期待的)措施以保证其产品的安全性,生产和销售该产品就不违反注意义务。原则上前述措施中还应包括售后的观察和维护(售后服务)。

由于控制和降低风险的技术水平不断提高,通过这种"可容许的风险"概念对危险产品——如装配有碰撞回避系统的汽车——生产者注意义务的限制也应当是动态的,这迫使生产商在产品投入市场后持续对其进行观察并在必要时对产品进行改进。⑤ 由于新一代的机动车基本都

---

① 对此 Christian Gomille, Herstellerhaftung für automatisierte Fahrzeuge, JZ 2016, 76 ff. 中有更详细的论证。

② Manfred Burgstaller, Das Fahrlässigkeitsdelikt im Strafrecht, 1974, S. 39 f.

③ 基于社会相当性的责任问题解决方案参见 Susanne Beck, Das Dilemma-Problem und die Fahrlässigkeitsdogmatik, in: Eric Hilgendorf (Hrsg.), Autonome Systeme und neue Mobilität (Anm. 24), S. 117, 129.

④ Urs Kindhäuser, in: LPK-StGB, 7. Aufl. 2017, § 15 Rdn. 58; vgl. auch Andreas Hoyer, Erlaubtes Risiko und technologische Entwicklung, ZStW 121, 2009, S. 860 ff.

⑤ 第319页脚注④ Tatjana Hörnle/ Wolfgang Wohlers, 21.中对此存在误解。

可以实现联网,可以藉由软件的更新实现对安全性的改善,因此履行前述义务变得更为简便。①

可以看出,此处的"可容许的风险"并非是评价"客观归责"时使用的概念,②也不是违法阻却事由。本文中"可容许的风险"实际上是用以限定注意义务标准并阻却过失犯的成立的概念。对此霍恩勒和沃勒斯持批判态度。他们认为本文讨论的情形与生产安全气囊并不具有相当性:"安全气囊的错误触发是……制造商计划外的事故……然而,预编程驾驶行为是制造商经过审慎思考作出的决定,即使是放弃编写选项A的决定也意味着有意识地决定选择B。"③

那么应当如何看待这一论点呢? 气囊可能会被错误触发,这在统计上是必然的,(特别是!)生产商也深知这点。如果这样的系统仍被装配于车辆中并出售,自然可以视为生产者经过审慎的思考做出了决定,接受一定数量的错误触发,即使这可能导致他人受伤或死亡。④ 若说二者间存在差异,可能在于气囊的错误触发无论如何都应被视为产品故障,而碰撞回避系统在紧急避险状态下造成的伤害或死亡则是遵循程序的结果,依照本文的观点⑤其永远具有违法性,即使结果无法避免。然而从"可容许的风险"理论的目的出发,二者间并没有本质的区别:同样是技术系统致命且并不被期望发生的副作用,而人类如果不愿意彻底放

---

① 第309页脚注①伦理委员会报告,S. 26 ff.。

② 如:Armin Engländer, Das selbstfahrende Kraftfahrzeug und die Bewältigung dilemmatischer Situationen, ZIS 2016, 608 ff., 对此的批判参见第309页脚注②:Eric Hilgendorf, Autonomes Fahren im Dilemma. Überlegungen zur moralischen und rechtlichen Behandlung von selbsttätigen Kollisionsvermeidesystemen, in: ders. (Hrsg.), Autonome Systeme und neue Mobilität, S. 143, 168 ff.。

③ 第319页脚注④ Tatjana Hörnle/ Wolfgang Wohlers, 21. 类似的参见第319页脚注②:Volker Erb, S. 785, 793 f.。

④ 应当指出,这样的决定是企业支付高昂的费用、在技术专家的协助下作出的。因此说"意外"似乎很奇怪。但无论如何安全气囊错误触发的情形完全是"偶然"出现的——正如激活碰撞回避系统的情形是"偶然"出现的一样。

⑤ 参见前文第五章第(二)节开头部分。

弃该技术系统,则不得不根据当时的技术水平接受这些副作用。

此外值得注意的是,严格来说被害者并非为碰撞回避系统所伤,造成人身伤害或死亡后果的是汽车,那么制造汽车的行为是否应当被评价为过失犯罪呢?还是同样应当采用"可容许的风险"这一模型?如果模型对于汽车整体适用,那么对于其中的某个部件也必然适用。

重要的是,需要严格区分编写、配置系统的时间点和系统在紧急避险情形中被触发的时间点。在前一个时间点不可能预见到需要实施规避动作并造成他人伤亡的紧急避险情形的出现。从程序设计的角度来看,这种情形的出现和气囊突然充气一样,均属于意外事件。

六、结　论

本文对自主驾驶背景下的悖论问题进行的研究结论可以被概括为以下七点:

(1)数字化给法律体系带来了巨大的挑战。为了有效维护法律的人本主义导向,必须对我们法律体系中的宪法和法伦理学预设进行反思。

(2)悖论问题必须首先被理解为法伦理和宪法上的问题,单纯从刑法角度寻求解决之道,范围过于狭窄。

(3)道路交通环境中的紧急避险状态下原则上适用较小恶害原则或者说损害最小化原则,该原则同样适用于自主驾驶的情形。

(4)在生命—生命冲突中,原则上无法阻却行为的违法性,使用自动化碰撞回避系统也不必然会改变这一原则。在一个以个体的人格尊严和人权为核心价值的人本主义法律体系下,过分扩张团结义务,要求个体在紧急状态下为他人牺牲自己没有足够的说服力,定性和定量要素在此情境下都不产生影响。

(5)另外,在所有参与者一开始就处于相同(或至少是近似的)对称性危险情形中时,应当考虑到定量要素。如果无论如何都会导致无辜者死亡或重伤,那么至少应当尝试最小化被害人的数量。这一法伦理学上的结论同样能够得到宪法上的证明。①

(6)前述原则也适用于分析车外处于危险中的人和车内乘员之间的关系。通常情况下,车内车外的人处于非对称危险情形中,因而车辆驾驶者和乘客没有牺牲自己生命的义务。

(7)生产者对自动防撞系统的责任遵循既定的产品责任原则。生产者的注意义务由可容许的风险模型加以限制。因此,产品责任是一种动态的责任,生产商必须对产品进行持续的监测,必要时通过"售后服务"对产品进行完善。

总而言之,本文所提出的解决方案应当满足开头提出的相当性条件(Adäquatheitsbedingungen)②:它符合并补充了传统的刑法教义学体系、符合我们的基本法伦理原则,并且切实可行。当然,相关学术的讨论不会到此为止,但我们至少已经为实践找到了一个可行的基础,可以在此基础上进行技术发展。

---

① 恰恰是将生命视为"至高价值"的观点会主张,对于这样一直受到威胁的价值不仅应尽力去提供保护,而且应尽可能地最小化其(不可避免)遭受的损害。这也适用于关于比例原则的讨论。

② 参见前文第三章第二节开头部分。

第二十章
德国的自主驾驶和法律[*]

一、讨论背景

在德国,很少有一项技术的发展能像自动驾驶这样吸引到如此多的公众关注。目前,至少在媒体中,各式各样的想法被炒得沸沸扬扬。而高度理性的讨论很容易被淹没在承诺、恐惧、怀疑和污名化的喧嚣中。

首先,媒体对自动驾驶的炒作可能与以下事实有着很大的关系:在德国,驾驶车辆不仅与交通运输联系在一起,它还是一种对特定生活方式的表达,其中交杂着社会地位、对自由的向往、运动的乐趣,偶尔还有对冒险的渴望。自动驾驶并不符合这种形象。此外,交通领域天翻地覆的变化只是"数字化转型"的一部分。近年来,"数字化转型"已经改变了我们生活和工作环境的方方面面,而且速度明显在不断加快。因此,"自动驾驶"看上去几乎像是一个幻影,对数字化和自动化的承诺以及对它们的恐惧都被投射在其上。

当下,各种交通运输形式都在经受着考验,这些考验来自于对节约

---

[*] 作者于2022年9月30日在德国图宾根举办的德国比较法学会第38次会议上就本主题进行报告。本文在会议报告基础上略有修改。

本文原文 Autonomous Driving and the Law in Germany 被收录于会议论文集中,论文集在2023年出版。

能源和气候保护的迫切需求。由此引发的是向"电动交通"（eMobility）①的转型和人们对汽车态度的转变。特别是在年轻一代中，汽车往往不再被视为重要的身份象征和对个人自由的表达，而至多被认为是一种个人的交通工具。因此，现如今的交通运输正处于一个彻底变革的阶段，可能只有20世纪初乘用车辆的出现才能与这种颠覆性的变化相提并论。②

尤其是德国的汽车工业在很多方面都面临着巨大的挑战。一方面，汽车工业是德国的"经济支柱"，③它为德国创造了比其他行业更多的就业机会，并向国库缴纳了大量的税款。对于维系德国的社会标准而言，这些税收是不可或缺的。④ 另一方面，德国的汽车行业一直被批评

---

① Oekom e.V. – Verein für ökologische Kommunikation (Hrsg.), Postfossile Mobilität – Zukunftstauglich und vernetzt unterwegs, 2014; 对于 edriving 的批评性意见参见 Karin Kneissl, Die Mobilitätswende und ihre Brisanz für Gesellschaft und Weltwirtschaft, 2020, S.124 ff.。

② 对移动领域不同方面颠覆性变化的说明参见 Autonomy Lawrence Burns, The Quest to Build the Driverless Car – and How It Will Reshape Our World, 2018; Weert Canzler/Andreas Knie, Die digitale Mobilitätsrevolution, Vom Ende des Verkehrs wie wir ihn kannten, 2016; Katja Diehl, Auto – Korrektur, Mobilität für eine lebenswerte Welt, 2022; Ferdinand Dudenhöffer, Wer kriegt die Kurve? Zeitenwende in der Autoindustrie, 2016; Timo Daum, Das Auto im digitalen Kapitalismus, Wenn Algorithmen und Daten den Verkehr bestimmen, 2019; Andreas Herrmann/Walter Brenner, Die autonome Revolution, Wie selbstfahrende Autos unsere Straßen erobern, 2018; Nari Kahle, Mobilität in Bewegung, Wie soziale Innovationen unsere mobile Zukunft revolutionieren, 2021; Hod Lipson/ Driverless Melba Kurman, Intelligent Cars and the Road Ahead, 2016; Markus Maurer et al. (eds.), Autonomes Fahren, Technische, rechtliche und gesellschaftliche Aspekte, 2015; Stephan Rammler, Schubumkehr, Die Zukunft der Mobilität, 2014; Stephan Sigrist/Simone Achermann/Stefan Pabst/Think Tank für Wirtschaft und Life Sciences W.I.R.E (Hrsg.), Transforming Transport, Zur Vision einer intelligenten Mobilität, 2016; 参见 Deutsche Akademie der Technikwissenschaften (Hrsg.), Horizonte: Transformation der Mobilität, 2021。

③ 参见上注①Kneissl, Die Mobilitätswende, S.137。

④ 一个不争的事实是，高效的福利国家以高效的经济为前提，高效的经济中生成必要的资源。尽管很少有人公开否认这一点，但这点又经常被忽视；反过来说，经济也确实从更高的教育普及程度、社会平等、稳定的消费政策和社会流动性中受益良多。

第二十章　德国的自主驾驶和法律

忽视环境问题，①在电动交通转型中反应迟钝，甚至被批判在"排放门丑闻"中利用犯罪手段维护其特权地位。② 即使其中的一些指责可能有所夸大，但毋庸置疑的，是德国的汽车行业不仅在技术变革中挣扎不断，而且存在着部分是由其自己造成的严重认可度问题。

另一个挑战来自欧盟层面正在起草的新监管法案提案，该草案至少会对基于人工智能技术的交通运输产生影响。③ 专门针对交通运输业的法规也在筹备中。④ 无论是欧洲的交通政策，还是正处于起步阶段的人工智能监管，都必须以符合欧洲消费者保护需求的方式设计。其目的不仅是促进共同内部市场的建立，也是保护欧洲消费者免受不必要的风险并确保相应的消费者权利。⑤ 消费者保护不仅是国家层面的跨部门任务，在欧洲层面同样如是，特别是涉及对现代交通运输的监管的时候。⑥ 可以

---

① oekom. E.V.-Association for Ecological Communication (Hrsg.), Mobilitätswende: Die Zeit ist reif, 2021.

② 关于经济丑闻参见 Kai Borgeest, Manipulation von Abgaswerten: Technische, gesundheitliche, rechtliche und politische Hintergründe des Abgasskandals, Aufl., 2021; Gerhard Ring, Straßenverkehrsrecht, 2020, S. 401 ff.; Gerhard Ring, Straßenverkehrsrecht, 2021, S. 121 ff.; 参见第 332 页脚注①; Kneissl, Die Mobilitätswende, S.121 ff.。

③ Eric Hilgendorf/David Roth – Isigkeit (Hrsg.), Die neue Verordnung der EU zur Künstlichen Intelligenz: Rechtsfragen und Compliance, 2023 (即将出版)。

④ 欧盟在自动化联网车辆方面的成果参见 Self-Driving Cars in the EU: from Science Fiction to Reality, https://www.europarl.europa.eu/news/en/headlines/economy/20190110STO23102/self-driving-cars-in-the-eu-from-science-fiction-to-reality (abgerufen am 07. Jan 2023)。

⑤ 对欧洲消费者政策的说明参见 Stefan Ulrich Pieper/Jan Bergmann (Hrsg.), Handlexikon der Europäischen Union, 6. Aufl., 2022, S.1045 ff.; Brigitta Luger, Die Dominanz zwingenden Rechts – die vermeintlichen und tatsächlichen Schattenseiten des EU – Verbraucherschutzrechts, ZEUP 2018, S.788 ff.。

⑥ 当然，交通运输政策一直与共同利益密切相关，因此也与环境和消费者保护存在关联。尽管"消费者保护"或"可持续性"这样的概念出现得要晚得多，参见 Hendrik Ammoser, Das Buch vom Verkehr: Die faszinierende Welt von Mobilität und Logistik, 2014, S. 314 ff; Christoph Maria Merki, Verkehrsgeschichte und Mobilität, 2008, S. 88 ff. 从以下几个方面对现代交通的可持续性进行了区分：社会成本、能源消耗、土地占用、私人与公共的关系。对交通运输历史的整理参见 Hermann Schreiber, Verkehr, 1969。

预见的是，自动和联网驾驶的国家法律框架①将越来越多地受到欧洲层面要求的影响。

这里所说的自动和联网驾驶并不仅包括"自主机动车"，尽管这是媒体关注的焦点。在现代交通运输的语境下还包括轨道运输、航空运输、水上交通，也包括摩托车、自行车骑手及行人对道路的使用。② 所谓的未来的交通很可能主要是指网络化的交通运输系统，③尤其是在大型城市内，在乘坐小型乘用车辆、公共汽车或火车抵达后，转乘城市内部的轨道交通到达目的地附近。而"最后一公里"的运输则可能由自动驾驶的出租车、所在地附近的自行车或电动自行车或者步行来完成。

网络化交通要求最为精确的协调和控制，目前很难想象，除人工智能操纵的数字化系统外，还能以何种方式完成这一任务。如何提供这样一个不仅能够方便、顺畅地运行，④而且能够满足可持续化、节能、环保交通运输需求的系统，可能是未来几十年内交通政策面临的最大挑战。⑤ 在此背景下所存在的不仅是有待解决的实践性问题，还有一些从消费者的角度出发需要面对的基础性的而又非常难以解决的问题，如个

---

① 问题概述参见 Eric Hilgendorf, Automatisiertes Fahren und Recht. Gutachten für den 53. Deutschen Verkehrsgerichtstag in Goslar, in: 53. Deutscher Verkehrsgerichtstag 2015, S.55 ff., 也参见：Bernd H. Oppermann/Jutta Stender-Vorwachs (Hrsg.), Autonomes Fahren-Technische Grundlagen, Rechtsprobleme, Rechtsfolgen, Aufl., 2019; 对刑法问题的讨论参见 Nina Nestler, Überlegung zum Umgang mit Kraftfahrzeugen mit automatisierter oder autonamer Fahrfunktion im (straßenvrkehrs-) Strafrecht, Jura 2021, S.1183 ff., 对基本权的威胁参见 Alexander Roßnagel/Gerrit Hornung (Hrsg.), Grundrechtsschutz im Smart Car.-Kommunikation, Sicherheit und Datenschutz im vernetzten Fahrzeug, 2019; 最后, 参见关于"交通转型"的讨论：Zeitschrift für das Recht der Digitalen Wirtschaft (ZdiW) 2022, issue 1。

② 因此交通政策需要关注的不仅是自主的公路交通，参见第 332 页脚注⑤Ammoser, Das Buch vom Verkehr, S.241 ff。

③ 参见第 332 页脚注②Acatech, Transformation der Mobilität, S.22 ff.; Karsten Lemmer (Hrsg.), Neue autoMobilität II: Kooperativer Straßenverkehr und intelligente Verkehrssteuerung für die Mobilität der Zukunft, 2019。

④ 其中包括对网络犯罪的抵抗能力（或者说抵御能力）越来越高的要求。

⑤ 参见第 332 页脚注①Rammler, Schubumkehr, et seq。

第二十章　德国的自主驾驶和法律

人自由和(法律或技术上的)强制性规则之间的平衡。①

二、新型交通和消费者保护

2021年夏天,德国成为世界上第一个颁布机动车辆自主运行规则的国家。在此之前经过了多年的规划、伦理、法律分析以及实际的测试。从目前的经验和相关讨论来看,这次改革是成功的。② 可以预见,德国的规制模式也将对欧洲今后的自动化和自主驾驶规范产生影响。目前(2022年6月),第一批实践项目正在新规的基础上进行准备。③

立法和监管机构要以必要的克制和分寸感来控制和引导技术发展显然并非易事。看上去,在目前的立法活动中占据主导地位的是学者、公务人员以及联邦交通和基础设施部的专家,但在此次讨论中,汽车制造商、保险公司和消费者组织——后者如全德汽车俱乐部(ADAC)——都参与到了其中。可以说,整体而言,目前的讨论正逐步从基础性问题走向更为具体的问题。

在现代交通领域,可以在下列原则的基础上形成以公共利益为导向(事实上是增进公共利益)的消费者保护政策:

(1)交通运输不应仅仅被视为个人对自由愿望的表达,而应被视为公共利益的重要组成部分;④

(2)应能够尽可能快速和方便地到达所有个人出行的目的地。为

---

① 对此参见 Dieter Birnbacher, Fahrerlose Fahrzeuge – Wieviel Gleichheit, wieviel Freiheit?, in: Susanne Beck/Carsten Kusche/Brian Valerius (Hrsg.), Digitalisierung, Automatisierung, KI und Recht. Festgabe zum 10 jährigen Bestehen der Forschungsstelle RobotRecht, 2020, S.17 ff.。

② Eric Hilgendorf, Straßenverkehrsrecht der Zukunft, JZ 2021, S.444 (454).

③ 参见 Heike Buchter/Claas Tatje, Chauffeuer für alle – Der Traum vom selcstfahrenden Auto scheint zum Greifen nah. Wann ist es endlich so weit? Erkundungen auf einem gigantischen Markt, in: DIE ZEIT, v. 10.2.2022, S.24。

④ 参见第332页脚注②Kahle, Mobilität in Bewegung, S. 23。

实现这一目的,必须在不同的可选出行方案(例如汽车或自行车)中找到一个折中方案;①

(3)所有的出行方案都必须被设计得尽可能安全,必须平等地在个人自由和风险最小化之间取得平衡,②特别是从消费者保护的角度来看,通过技术强制(技术家长主义)降低风险的做法并不应自始就被认为是消极的;③

(4)出行成本必须能够为所有人所负担,即便利的出行不应是有钱人的特权,免费公共交通也是一种可能的解决方案;④

(5)所有的出行方式在设计上都应尽可能的环境友好且具有可持续性,⑤这需要技术上的革新;⑥

(6)当出行以操作手机或其他设备为前提时(如预约自主驾驶的摆渡车、驾驶机动车等),在技术设计上应当使普通消费者可以轻松掌握并使用;⑦

(7)应当为老年人和残障人士提供适当的出行服务,⑧不同交通工具之间的转换(例如从火车到公共汽车或摆渡车)原则上应当确保所有

---

① 这意味着应当扭转汽车交通以牺牲行人和骑自行车的人为代价取得的特权。这个过程已经开始了。对(可能的)未来的展望参见第332页脚注②:Rammler, Schubumkehr, S.219 ff.。

② 参见第335页脚注①。

③ Eric Hilgendorf, Gemeinwohlorientierte Gesetzgebung auf Basis der Vorschläge der EU High-Level-Expert-Group on Artificial Intelligence, in: Chris Piallat (Hrsg.), Wert der Digitalisierung. Gemeinwohl in der digitalen Welt, S.223 (247 ff.).

④ 交通运输服务的廉价化参见第333页脚注⑥ Merki, Verkehrsgeschichte und Mobilität, S.81 ff.。

⑤ 参见第332页脚注② Rammler, Schubumkehr, S.75 ff.。

⑥ 同上注:Rammler, Schubumkehr, S.219 ff.中展示了一幅具有前瞻性的图景。

⑦ 在对新型交通运输的辩论中人们经常会忽视"数字代沟"(digital divide)的问题。最重要的是,老人的担忧经常被忽视,他们对"数字革命"的速度感到不知所措。在德国,仍有许多人没有智能手机,也(尚且?)没有购买和携带智能手机的法律义务。

⑧ 相关的问题和挑战参见 Reinhilde Stöppler, Menschen mit (Mobilitäts-)Behinderung. Teilhabe und Verkehrssicherheit, 2015 (Deutscher Verkehrssicherheitsrat, Schriftenreihe Verkehrssicherheit 18)。

人都能完成,不论其年龄或是否存在残障;

(8)公共交通必须提供充分的渠道让乘客报告交通运输过程中出现的问题、提出改进建议,并确保求偿的可能性,应为公民提供足够的参与机会,并将其纳入交通规划;

(9)交通法规在设计时应确保相关人员受到损害时能够以不复杂、不官僚的方式得到赔偿,更多的人工智能及其他网络技术的使用不应导致责任漏洞或责任的散失;①

(10)应给予活跃于交通运输领域的私人消费者保护组织以适当的机会,使其能够参与项目的规划和实施。在制定新规时,也应当咨询他们。②

三、德国的新自动驾驶法规

2021年2月初,德国政府提交了一份法律草案,草案许可了德国的自主驾驶。③ 2021年8月,该草案得以通过成为法律。其中,自动驾驶可能的应用场景包括当地公共交通体系下的市政交通需求——如城镇中心和购物中心、城外火车站之间的公共交通,物流领域(如邮件或文件派发),公司运营的班车,乃至医疗护理中心到养老院或疗养院之间的行程。然而,用以实现前述目的的机动车并非远程操纵的,而是自主驾驶的。新法的立法理由中指出,其目的是"超越业已实现的公共道路交通

---

① 对"道路交通中的责任"这一主题的概述参见第334页脚注①Hilgendorf, in Roßnagel/Hornung, Grundrechtsschutz im Smart Car, S.147 ff.。

② 此类知名且具有一定影响力的组织包括全德汽车俱乐部(ADAC)德国道路安全委员会(DVR)。

③ Draft Law on the Amendment of the Road Traffic Act and the Compulsory Insurance Act Law on Autonomous Driving, Bundesrat Drucksache 155/21, 12.2.2021, http://dipbt.bundestag.de/dip21/brd/2021/0155-21.pdf. 同时,《客运法》也得到了修改:https://www.bundestag.de/dokumente/textarchiv/2021/kw09-de-personenbefoerderungsrecht-824864 (abgerufen am 07. Jan 2023). 前文是以:Hilgendorf, JZ 2021, S.444 ff.为基础撰写的。

环境中的自主驾驶、无人驾驶车辆测试,启动其常态化运行。"①

为此,在《道路交通法第八次修正案》中已经在对具有高度自动化、全自动化驾驶功能的机动车的操纵作出的规定的基础上,建构了一个在特定运营区域内使用无人驾驶车辆的法律框架。②"在缺乏国际统一法规的情况下,这样一种影响深远的技术发展需要立法者制定法律,规制对具有自主驾驶功能的机动车的操作,并对相关人员和车辆本身提出要求。"③汽车行业已经在研发相应的车辆了。④

人们已经预测到自动化联网车辆会向着指定运营区间的方向发展。⑤但新法要求的范围和详细程度都令人惊讶,它提出了非常复杂的问题,其中既涉及对新兴信息技术的监管,也涉及人与机器的互动,⑥这些问题远远超出了自主驾驶的范畴,需要在未来几年内得到深入的讨论,其中也特别包括司机及其他相关人员的注意义务问题。

(一)概念和术语

新法的开头部分是对一些概念的定义,其中一部分是基于 2017 年

---

① 参见第 337 页脚注③Draft Law, S.1. 也参见 Dieter Birnbacher, Fahrerlose Fahrzeuge-Wieviel Gleichheit, wieviel Freiheit?, in: Susanne Beck/Carsten Kusche/Brian Valerius (Hrsg.), Digitalisierung, Automatisierung, KI und Recht, p. 17 et seq。

② Eighth Act Amending the Road Traffic Act of June 16, 2017 (BGBl. I S.1648), 该法于 2017 年 6 月 21 日生效。

③ 同上注①Draft Law, S.1。

④ 如:Mobileye, Transdev ATS und Lohr Group entwickeln und stellen gemeinsam selbtfahrende Shuttles bereit-Straßentests beginneb kommendes Jahr, kommerzielle Regelbetrieb ab 2023 erwartet, https://lohr.fr/lohruploads/2021/02/2021-02-23_de_mobileye-transdev-lohr-collaboration_final.pdf。

⑤ 参见第 332 页脚注②Hermann/Brenner, Die autonome Revolution, S.26 ff., S.50 ff. 当下的另一个重要发展成果是出现了所谓的"免持方向盘的 2 级自动驾驶"(level 2-hands free)模式。

⑥ 相关的责任和知识产权问题参见 Renate Schaub, Interaktion von Mensch und Maschine-Haftungs-und immaterialgüterrechtlich Fragen bei eigenständigen Witerentwicklungen autonomer Systeme, JZ 2017, S.342 ff.。

第二十章　德国的自主驾驶和法律

夏天颁布的《道路交通法》①第 1a 条和 1b 条的术语使用。

1. 具有自主驾驶功能的机动车

新法第 1d 条首先在第 1 款中定义了具有自主驾驶功能的机动车的概念:"本法所指的具有自主驾驶功能的机动车是(1)可以在没有驾驶员的情况下独立执行指定运营区域内驾驶任务;且(2)拥有本法第 1e 条第 2 款规定的技术设备的机动车。"*

首先值得注意的是,这里使用的术语是"自主"驾驶功能,而非《道路交通法》第 1a 条和第 1b 条中使用的"高度或完全自动化驾驶功能"。如果一个技术系统能够在出现问题时,在没有人类输入指令的情况下做出适当的反应,那么它就是"自主"的。② 由于在该法所调整的交通状况下,车辆在没有驾驶员的情况下自主行驶,只有在特殊情况下由技术监督员(控制中心)控制,因此对"自主"这一术语的使用似乎是恰当的。

然而,这里所指的机动车仅在限定区域内行驶,即"指定运营区域"(第 1d 条第 2 款),而不能不受限制地参与到道路交通中。因此新法准确地将它们归入常见的 SAE 标准(以及 BASt 的相应分类③)下的第 4 级,而不是第 5 级。④ 为了与不受限制的自主驾驶相区分,可以称这里所指的自主驾驶功能是"受限制的自主驾驶功能"(相应的,系统也是受限

---

① The Eighth Law Amending the Road Traffic Act of June 16, 2017 (BGBl. I, p. 1648) entered into force on June 21, 2017. 更详细的阐述参见 Eric Hilgendorf, Automatisiertes Fahren als Herausforderung für Ethik und Rechtswissenschaft, in: Oliver Bendel (Hrsg.), Handbuch Maschinenethik, 2019, S.355-372 (359 ff.).

＊ 法律条文为自译,并非官方译文。——译者注

② Eric Hilgendorf, Automatisiertes Fahren und das Recht. Goslaer Verkehrsgerichtstage 2015, S.55-72 (56).

③ 概述参见 Selbstfahrende Auto-assistiert, automatisiert oder autonam?, https://www.bast.de/BASt_2017/DE/Presse/Mitteilungen/2021/06-2021.html (abgerufen am 07. Jan 2023). 分级对法律的意义经常被高估,从技术上将车辆划归某一级别并不能得出具有法律约束力的行为标准。更多细节讨论参见第 334 页脚注①: Hilgendorf, Automatisiertes Fahren und das Recht, S.62.

④ 参见第 337 页脚注③Draft Law, S.15。

制的自主驾驶系统）。

值得注意的是，新法一般性地使用了"机动车"的概念。其中可以包括任何类型和重量等级的机动车，从电动踏板车到自动化驾驶的出租车、小巴、卡车到载重货车，都属于机动车的范畴。鉴于机动车在道路交通中造成的危险，最好初步只许可某一重量等级以下的车辆，或者对质量较大、可能速度更高的机动车提出更严格的安全要求。近年来这种风险分级的模式常被用于对人工智能[①]等新兴技术的监管中，与传统的责任观念相比，这种分类方式具有明显的优势。[②]

2. 指定运营区域

新法的第1d条第2款定义了"指定运营区域"，即（受限制的）自主驾驶车辆可以运行的区域："本法所称的指定运营区域是指可供符合本法第1e条规定的具有自主驾驶功能的机动车运行的、在地点和空间上确定的公共道路空间。"

新法的立法理由强调，新法仅对用于道路交通且对公众开放的区域适用。[③] 然而，这并不妨碍该法规同样适用于私人交通路线，例如在某公司的场地。对于为自主机动车规划的行驶区域，立法者并没有进行更详细的设计。如此一来，可以根据需要和当地条件来定义驾驶区域。停车场的自动驾驶（自主代客泊车，AVP）也在新法的规制范畴之内。换言之，停车场或车库中的个人车道也符合"指定运行区域"的条件。

法律规定，应由自主机动车——或者更可能是自主机动车队——的所有人提出"指定运行区域"的申请。此后，法律规定的主管机关审查

[①] 如欧盟"人工智能高级别专家组"（EU HLEG AI）起草的《伦理准则》：https://ec.europa.eu/digital-single-market/en/news/ethics-guidelines-trustworthy-ai, S.17。

[②] 相较于传统上规定的"交通中所必需的谨慎"（care required in traffic）给法律从业者留下了很大的自由空间，根据风险进行分级的模式可以更详细地规定对注意义务的要求。后者的好处，在于关于所需安全水平的决定权被转移给议会，从而使之通过民主程序合法化。同时，法院也减轻了负担。确定新兴技术领域的注意义务水平需要相关技术知识，而法院对这些知识的掌握不太可能达到足够的程度。

[③] 参见第337页脚注③Draft Law, S.23。

并许可车主决定的运行区间。① 这意味着最能判断自主车辆技术性能的车辆所有人可以就行驶路线提出建议,也可以就路线上的特殊安全预防措施、标志灯等提出建议。但决定权仍属于法律规定的(州)主管部门。新法还着重强调,一辆自主机动车可以在多个指定运行区域内行驶。②

3. 技术监督员

无论是从注意义务方面还是从其他角度来看,在新法中最有趣、也最成问题的概念可能是"技术监督员"(《道路交通法》第1d条第3款):"本法所称的具有自主驾驶功能的机动车的技术监督员是指能够依本法第1e条第2款第8项之规定停止车辆运行并依第1e条第2款第4项及第3款之规定启动该车替代机动措施的自然人。"

据此,技术监督员的任务是批准特定的驾驶动作,以及在紧急情况下停用车辆。③ 这些都是传统上被分配给"驾驶中心""交通控制中心"或类似机构的远程信息处理任务。远程信息处理(Telematics)④一直以来都是现代交通运输背景下的重要话题,铁路运输和航空运输即为明证。具体情形中涉及的远程信息处理强度有所不同,从监控、存储数据或将数据传输到中央服务器,到(不同定义下的)特殊情形中进行干预,再到完全的远程控制(例如遥控无人机)。在自主驾驶的语境下,得到最多讨论的是远程引导的卡车车队[所谓的"协同驾驶车队"(platooning)]。⑤

值得注意的是,新法明确将"技术监督"的任务分配给自然人,即人类。对于自动驾驶的场景,在直观想象中人们会看到交通控制中心的任务更多掌握在人工智能系统的手中。它能够同时、无延迟、高效而可靠

---

① 参见第337页脚注③Draft Law, S.23。
② 同上注,S.24。
③ 参见下文"(4)应对必须违反交通规则的复杂情形"一节。
④ 术语"远程信息处理"(telematics)是"电信"(telecommunications)和"信息技术"(information technology)组合而成的复合词。
⑤ 参见第332页脚注②Herrmann/Brenner, Die autonome Revolution, S.82。

地响应大量复杂请求。人类是否有同样的能力和活力似乎值得怀疑,而相较之下,人工智能系统基本上可以每周 7 天、每天 24 小时工作,不会出现疲劳或分心的情况。

将技术监督的任务分配给自然人的理由是,首先必须证明人工智能系统能够在不出错(或至少几乎不出错)的情况下执行前述意义上的技术监督任务。此外,基于侵权责任法方面的考量,更好的做法是让人而不是机器承担这里的责任,因为在德国法的体系下,机器人(至少现在还)不能成为权利和义务的主体。① 另外,在最初阶段大众可能对完全由人工智能系统驱动和控制的车辆没有太高的接受度。虽然机场的一些有轨摆渡车以及一些地铁线路早已开始使用无人驾驶的、纯粹由人工智能操纵的车辆,但即便在这些场景中,通常也有人类员工可以干预、接管车辆,并能够回答来自乘客的问题。

在《道路交通法》第 1f 条第 1 款第 3 项的规定中,"技术监督员"的职能,即中央监控、控制,以及在必要时解决问题,由车辆所有人承担。特别是在没有机动车驾驶员的情况下,这样的做法是合理的。因为根据德国现行《道路交通法》的规定,车辆所有人对车辆安全负责。"技术监督员"的职能在许多方面与空中交通管制员或铁路调度员的职能相似。在相应活动领域中,交通进程也受到远程信息处理的监控和控制。正如空中交通管制员的例子所显示的,空间距离在如今已经不再成为问题,即使对高度复杂和与安全密切相关的监控过程也并不会构成障碍。然而困难的注意义务问题,以及刑事、民事责任问题也相应产生。②

4. 最小风险状态

新法第 1d 条第 4 款定义了"最小风险状态":"本法所称最小风险状态是指具有自主驾驶功能的机动车基于自身决策或来自技术监督员的指令自行进入的、在妥善评估当时交通环境的情况下最大限度地确保其

---

① 关于"电子化人格"的更多讨论参见第 339 页脚注①Eric Hilgendorf, Automatisiertes Fahren als Herausforderung für Ethik und Rechtswissenschaft, S.357.

② 参见下文第四章第二节。

他道路交通参与人和第三人交通安全的状态",如在尽可能安全的地点停车并启动危险警示灯。对"最小风险状态"的定义应当说是非常有用的,尽管它还是一个相对较新的概念。①

(二)自主车辆运行的先决条件

1. 对自主驾驶的许可

《道路交通法》第1e条第1款规定了具有自主驾驶功能的机动车的运行许可条件。该条规定:"在满足下列条件时允许使用自主驾驶功能操纵机动车辆运行:(1)该机动车满足第2款所规定的技术要求;(2)已根据第4款之规定取得运营许可证;(3)该机动车在州法律规定的主管部门所批准的指定运营区域内投入使用;(4)该机动车依本法第1条第1款之规定被许可在公共交通环境中使用。"据此,运行车辆需要满足技术要求(第1项)、取得运行许可证(第2条)、在指定区域内使用(第3条)以及满足车辆许可条件(第4条)。

根据第1e条第4款之规定,如果车辆符合第2款所规定的技术要求且生产商依第1f条第3款第4项之规定作出声明,联邦机动车管理局(Kraftfahrt-Bundesamt)经生产商申请向其颁发型号许可。

2. 具有自主驾驶功能的机动车的技术规格

《道路交通法》第1e条第2款中规定了适用于具有自主驾驶功能的机动车的技术要求。尽管可以认为,汽车生产商实验室中的专家也参与了要求的制定过程,但法律对工程技术上的要求仍是令人生畏的。

(1)独立完成驾驶任务的能力

本款第1项要求,自主驾驶机动车必须能够"在指定运行区域内独立完成驾驶任务"。这意味着"它必须能够在指定运营区域的公共道路交通环境中,应对路段内的一切条件和现象,如天气和运行时间,而不依

---

① "最小风险状态"作为一个法律术语仍不够清晰,参见 Clemens Arzt/Simons Ruth-Schumacher, Überführen hoch - oder vollautomatisierter Fahrzeuge in den risikominimalen Zustand-Anforderungen aus Produkthaftungs-und Zulassungsrecht, RAW 2017, S.89 ff.。

靠技术监督员的外部干预。"①这可以说是对自主驾驶的基本要求。由于在接下来的条款中,对车辆无法完全独立完成具体驾驶任务的情形作出了专门规定,因此应从第1项的条文中读出隐藏的"原则上"一词,即要求车辆"在常规情况下"必须能够在指定运行区域内独立完成驾驶任务,只有在特殊情况下才能依靠外界帮助,特别是来自技术监督员的帮助。众所周知,即使是人类也无法在所有情况下百分之百准确无误地解决所有驾驶活动中面对的问题。

(2)遵守道路交通法规的能力

自主驾驶功能还必须有能力"遵守针对车辆驾驶的道路交通法规(《道路交通法》第1e条第2款第2项)""操纵车辆"是指"控制完成包括横、纵向位移在内的各种驾驶任务所必须的技术部件的整体,也指横向、纵向移动车辆。"立法者强调,这与《道路交通法》第1a条第2款第1句第2项中对操纵高度自动化、全自动化驾驶车辆的规定相一致。②

此项规定存在的问题是,结合《道路交通法》第1a条第2款第2项的规定,应如何理解特定区域内车辆独立遵守针对车辆驾驶的交通法规的能力。如果这一要求指的是车辆必须有能力遵守所有交通法规,那么该要求(目前)不太可能得到满足。因为就目前的情况而言,有些信号无法被机器所感知,如警察指挥交通的手势或警笛声。③"立法理由"对此解释如下:"如果具有自主驾驶功能的机动车在技术上无法满足在某些区域内遵守针对机动车司机的交通规则,特别是由于该区域环境高度复杂,或需要与其他道路交通参与者沟通、互动,抑或该规则通常无法被机器实现,那么这并不排除对自主驾驶功能的使用,只形成对运行区域的限制。这意味着如果具有自主驾驶功能的机动车有能力在指定运行区域内遵守针对司机的法规,那么使用自主驾驶功能……是被允许的;

---

① 参见第337页脚注③Draft Law, S.25。
② 同上注。
③ Eric Hilgendorf, Offene Frgen der neuen Mobilität: Problemfelder im Kontext von automatisiertem Fahren und Recht, RAW 2018, S.86。

如果它们在某些区域内无法做到这点,那么这些区域不得被定义为指定运行区域。"①不被允许的区域例如不设栅栏的铁路交道口、与田间道路或森林道路相邻的区域等,这些区域应被排除成为法律意义上"运行区域"的可能。②

然而,如果车辆在任何场合下都无法感知,因而也无法遵守特定的交通信号,这样的路径似乎就无法起作用了。例如,如果车辆无法感知声音信号,那么这是对于所有潜在运行区域而言的。按照立法理由中阐述的解决方案,这类车可能根本无法登记。

为了能够公正对待诸如车辆无法接收声学信号、因而不能遵守警察发出的此类交通指令的事实,明智的做法似乎是再次从相关规定中解读出"原则上"一词,③并允许具有自主驾驶功能的机动车原则上能够感知并遵守针对它的所有指令即可。此外,立法者可以与生产商合作,创造出自主车辆可以在任意时刻接受警察指令的可能性。例如,警察可以将技术监督(《道路交通法》第1d条第3款)作为信号传输的中介,或者为警方提供独立的接口。

(3)碰撞回避系统和两难困境

根据第2项后半句之规定,机动车应配备交通事故预防系统,该系统"(a)旨在防止和减少损害;(b)当损害的产生不可避免时分析不同法益的重要性,优先保护人类生命,且(c)在对人类生命安全的威胁无法避免时,不将个人特征作为判断权重。"立法者试图在此落实联网和自主驾驶伦理委员会所谓的两难困境提出的要求。④ 这是一项非常艰巨的任

---

① 参见第337页脚注③Draft Law, S.26。
② 同上注。
③ 这意味着承认规则,但允许例外。
④ 委员会的报告参见 https://www.bmvi.de/SharedDocs/DE/Publikationen/DG/bericht-der-ethik-kommission.pdf?__blob=publicationFile (abgerufen am 07. Jan 2023). In the Ethics Commission, a separate working group was established to deal with the dilemma problem, which was chaired by the author of this report. 更多细节上的讨论参见:Eric Hilgendorf, Dilemma-Problem beim automatisierten Fahren – Ein Beitrag zum Problem des Verrechnungsverbots im Zeitalter der Digitalisierung, ZStW 130 (2018), S.674 ff.。

务,可能会将汽车技术推向极限。最终,它所抛出的问题在未来很长一段时间内都无法从法律或道德上解决,当然也无法从技术上解决。

即便对最简单的两难困境案件,在文献中也对其处理方式存在争议。原则上应当适用最小损害原则:如果一辆车或为车辆编写程序的工程师面临着伤害(或者杀害)一个人或损坏一个(其他)物体的选择,人身体的完整性和人的生命总是具有优先地位的。如果身体的完整性与人的生命形成对立,那么人的生命将必须得到优先考虑。判例和文献很早就详细阐述了这种情况,例如在对《刑法典》第 34 条阻却违法性的紧急避险进行教义学解释的时候。①

更成问题的是人的生命与他人的生命相权衡的情形。通说认为,人的生命不可(合法地)与其他生命进行比较②,或者说权衡的结果不得使其中一方占据优势。这同样适用于车载计算机所面临的权衡场景。立法者在立法理由中指出,不应考虑年龄、性别或身体、精神状况等个人特征。③

这种规定是通说的准确体现,后者以德国联邦宪法法院的判决为依据④。然而,很难说技术上是否真正能够满足这些要求。除此之外,更为复杂的权衡问题则悬而未决,特别是当其所涉及的并非是个人特征的问题,而是面临一个人的生命与两个或更多的生命形成对立的场景,或者救援概率分布不均的时候,抑或是所面对的是一个只可能尽量少损害无辜生命的场景的时候,无人驾驶车辆的车载计算机应当做出何种决策。⑤

---

① Jürgen Baumann/Ulrich Weber/Wolfgang Mitsch/Jörg Eisele, Strafrecht Allgemeiner Teil, 12Aufl., 2016, § 15 S.94 ff.; Claus Roxin/Luis Greco, Strafrecht Allgemeiner Teil 1, 5Aufl., 2020, § 16 S.26 ff.

② 然而这种提法并不准确,因为衡量在事实上是可能的,只是不应允许进行衡量。或者说,应该排除某种结果,即其中一方取得优势。

③ 参见第 337 页脚注③Draft Law, S.27.

④ 特别是德国联邦宪法法院 2006 年 2 月 15 日对《航空安全法》的裁决:BVerfGE 115, 118 ff.。

⑤ 参见 Hilgendorf, ZStW 130 (2018), S.674 ff.

（4）应对必须违反交通规则的复杂情形

《道路交通法》第 1e 条第 2 款第 3 项规定，当只有违反道路交通法规才能继续行驶时，车辆的技术设备应能够主动将机动车置于最小风险状态。例如，一辆自主驾驶车遇到了一个由于技术原因一直处于"红灯"状态的交通信号灯，如果是人类驾驶车辆会选择继续前行，①而自主驾驶机动车则不允许这样行驶。机动车应进入最小风险状态，其次必须联系技术主管（第 4 项）。

根据《道路交通法》第 1e 条第 2 款第 4 项的规定，在前述情形中，车辆的技术设备必须自主向技术监督员提供可能采取的机动措施，并提供相应的数据，使技术监督员可以评估车辆所遇到的情况。随后，技术监督员的任务是决定车辆所建议的机动措施是否能够被允许。因此，第 3 项和第 4 项实际规定了，如果出现必须违反道路交通法规的情况，车辆首先要停车，向技术监督员提供备选的驾驶动作作为解决方案，然后等待技术监督员的决定。

然而，根据《道路交通法》第 1e 条第 2 款第 5 项的规定，并非所有技术监督员的决定都必须被执行。立法理由指出："当技术监督员指定的行动可能对道路交通参与人或非参与人造成危害时，技术设备不得简单地执行技术监督员的指令。"②这也是为了符合该法第 1e 条第 2 款第 2 项的要求。③ 如果当时条件符合第 5 项的规定，即预计存在危险，则技术设备不应允许机动车以技术监督员许可的方式继续行驶，而应将其置于最小风险状态，④并通知技术监督员。采取这种阶段式的决策模式的前提是，车辆的技术设备能够相对准确地评估具体的危险情况。

---

① 在类似情形中，人类往往变得非常有攻击性，以至于他们会故意违反规则。这种行为也可能被编写到机器的程序中。
② 参见第 337 页脚注③Draft Law, S.28。
③ 同上注。
④ 根据第 3 项的规定，在涉及违反道路交通法的严重情形中，无论如何都必须将车辆置于最小风险状态。

(5) 技术系统的自我分析

根据《道路交通法》第 1e 条第 2 款第 6 项的规定，技术设备应有能力立即向技术监督员报告其功能受损状况。这种能力是技术监督员得以采取相应对策的先决条件。根据《道路交通法》第 1e 条第 2 款第 7 项的规定，新型机动车必须有能力识别其系统的机能极限，当系统机能到达极限或出现技术故障、使自主驾驶功能受到影响时，应主动进入最小风险状态。

对于"系统极限"，法条中并没有进行更加详细的定义。立法理由中称，此举是"有意识地保持技术上的开放性"，因为可以想象，"将会有能力水平不同的自主驾驶机动车，不可能对系统极限进行统一定义"。① 而系统极限在很大程度上也取决于车辆的指定运行区域。无论在任何情况下，系统极限代表"具有自主驾驶功能的机动车的能力极限，原则上这可能因制造商的不同而有所差异。"②

(6) 可停止性、交互能力和通信频道的安全

根据《道路交通法》第 1e 条第 2 款第 8 项的规定，技术监督员必须能够随时停止具自主驾驶功能的机动车。随后，机动车应主动进入最小风险状态。该规定是为了满足 1968 年 11 月 8 日的《维也纳道路交通公约》的要求。③

《道路交通法》第 1e 条第 2 款第 9 项规定，技术设备必须能够通过光学、声学信号或其他可感知的方式向技术监督员发出需要启动其他机动措施、停止车辆或表明其当时功能状态的信号，并确保技术监督员有足够决策时间，该条略微修改了《道路交通法》第 1a 条第 2 款的表述。发送信号是为了使技术监督员能够履行该法第 1f 条第 2 款所规定的义务。

《道路交通法》第 1e 条第 2 款第 10 项涉及一个对网络安全而言至关重要的问题。该项规定，技术设备必须有足够安全的无线通信连接。

---

① 参见第 336 页脚注③：Draft Law, S.28 ff.。
② 同上注，S.28。
③ 同上注，S.28 ff.。

然而该标准引出了一个在技术安全领域经常出现的问题:如何才算足够安全?立法理由指出,通信功能必须存在冗余连接,如果无线连接出现故障,必须存在另一个连接,"例如与技术监督员之间的连接"。① 如果无线连接完全中断,机动车应主动进入最小风险状态。② 这不免导致以下疑问:这样的规定是否"过犹不及"了?鉴于德国许多地区的无线覆盖仍有不足,5G网络的扩展更是步履蹒跚,可以预见到无线电覆盖缺口的出现。而车辆频繁的停止将严重影响公众对自主驾驶车辆的接受程度。

3. 特殊状况下求助于技术监督员

根据《道路交通法》第1e条第3款的规定,为满足第2款第1—4项的要求,当技术设备无法独立完成驾驶任务时,仍应做到:(1)保证技术监督员仍可以设定其他机动措施;(2)能够独立完成第1项所述机动措施,且(3)能够通过声学、光学或其他可感知的方式要求技术监督员设定应采取的机动措施,并确保其有足够决策时间。③ 根据《道路交通法》第1j条第1款第1项a目之规定,操作上的技术细节被规定在2022年2月颁布的规定中。④

4. 小结

新法对"技术设备"的生产商提出了很高的要求,生产商能否满足这些要求仍有待进一步的观察。值得注意的是,具有自主驾驶功能的机动车生产商应在提交给联邦机动车运输管理局的系统说明和每辆车的操作手册中作出"有法律约束力的声明",表明车辆已满足法律上的要求(《道路交通法》第1f条第3款第4项)。这赋予了制造商明确的义务,如果其违反了相应的义务,则很可能构成过失,甚至是故意故而必须承担相应责任。

---

① 参见第337页脚注③Draft Law, S.29。
② 同上注。
③ 参见第337页脚注③, S.3。
④ Bundeskabinett verabschiedet Verordnung zum Autonomen Fahren, https://bmdv.bund.de/SharedDocs/DE/Pressemitteilungen/2022/008-wissing-verordnung-zum-autonomen-fahren.html (abgerufen am 07. Jan 2023).

四、相关主体的责任

《道路交通法》第 1f 条规定了具有自主驾驶功能的机动车运行过程中相关主体的义务,其中区分了车辆所有人的义务、技术监督员的义务和车辆生产者的义务。

(一)车辆所有权人的义务

《道路交通法》第 1f 条第 1 款对机动车所有人规定如下:"具有自主驾驶功能机动车的车辆所有人有义务维护车辆的道路交通安全性和环保兼容性,并为此采取必要的预防措施。其应特别注意:(1)对自主驾驶功能的必要系统进行常规的安全维护;(2)采取措施确保遵守与车辆驾驶行为有关的交通法规;(3)确保技术监督的职责被履行。"①

首先,必须得到注意的一点是,新规再次从车辆"所有人"的相关规定出发,即对车辆拥有实际支配权并使之为己所用的人。② 这个人可以是(且大多数情况下确实是)车辆的所有权人,但不必然。在自动驾驶的语境下,并不存在传统意义上的驾驶员;相反,法律明确规定,无人驾驶车辆及其运行的责任原则上由所有人承担:所有人必须确保车辆的运行符合《道路交通法》第 1e 条第 1 款的规定,并且确保与车辆驾驶没有直接关联的规定得到遵守,如确保乘客系好安全带的义务。③ 如果车辆所有人未能满足这些要求,其可能会被追究民事或刑事责任。④

当然,根据一般性规定,第三方也可能对损害结果承担责任,如事故是由其他道路交通参与者或无人驾驶车辆的乘客因自身的疏忽乃至故意导致的。

---

① 参见第 337 页脚注③Draft Law, S.8。
② Peter Hentschel/Peter König/Peter Dauer, Straßenverkehrsrecht, 45Aufl., 2019, § 7 StVG S.14 ff.
③ 参见第 337 页脚注③, S.32。
④ 关于责任一般性问题的讨论参见下文第五部分。

(二)技术监督的责任

《道路交通法》第1f条第2款则规定了技术监督员的职责,其中包括出现问题时对"替代机动措施"的评估(第1项)以及停止车辆运行(第2项)。法律规定的"停止运行"不是立即停止,而是指由技术监督员启动并在其控制下进入最小风险状态。因为立即停止不仅会严重危及无人驾驶车辆中的乘客,也会严重危及整个道路交通的安全。

此外,技术监督员必须能够接收来自车辆的信号,对其进行评估,并采取适当的措施以保证交通安全(第3项)。如果车辆进入最小风险状态,技术监督员应立即与车内人员联系(第4项)。后者可能意味着:告知乘客停车原因、说明停车的持续时间、指出其他继续行程的替代方案。除此之外,技术监督员也应随时回答车内乘员进一步的问题。

(三)生产者的责任

《道路交通法》第1f条第3款规定了具有自主驾驶功能的机动车生产者的义务。该条规定,生产者必须首先向联邦机动车运输管理局(Kraftfahrtbundesamt)及其他主管部门证明,"机动车辆的电子电器架构,以及与之相联结的电子电器架构在整个生产和运营期间均受到针对攻击行为的安全防护"。① 这里再次提及了网络安全问题,这是一个对联网驾驶而言至关重要的问题领域。② 如果所生产的车辆会轻易遭受黑客的攻击,不仅会对乘客、其他道路交通参与者和无关人员造成危险,还会为以敲诈勒索为目的的肆意攻击敞开大门。

然而,法律文本中所用的术语"受到安全防护"再次引出了安全防护应当达到的程度的问题。③ 安全技术不可能保证百分之百的安全,可以考虑的方案是援引《刑法典》第202a条的安全要求。④ 然而,该条的

---

① 在第1e条第2款第10项中已经有所规定。
② 参见前文第三章第二节第2部分。
③ 同上注。
④ Urs Kindhäuser/Eric Hilgendorf, Lehr-und Praxiskommentar Strafgesetzbuch (LPK-StGB), 9Aufl., 2021, § 202a Rn. 4.

主要关注点在于保护"自己的"数据,①而在前文的语境下,受到影响的是道路交通和基础设施的安全,这就要求为其设置更高的安全标准。生产者必须用尽一切可能且合理的方式②来保护车辆,使其电子电器架构免受攻击,且必须持续考虑到安全技术的进步。基于此,安全标准可以与"可容许的风险"规则产生联系,后者是一个法律概念,可以作为对所有现代技术进行安全评估的基础。③

《道路交通法》第1f条第3款第2项还要求生产者对机动车进行"风险评估",并向联邦机动车管理局及其他主管部门说明"风险评估是如何进行的,以及机动车的关键部位得到了充分保护,以应对风险评估中确定的风险"。在此,立法者规定了一个在现代汽车行业发展中已经成为标准的程序。④《道路交通法》第1f条第3款第3项还要求生产者证明车辆拥有足以支持自主驾驶功能的安全无线通信能力。在针对该条的解释中立法者指出,这对于"道路安全"而言是必要的。⑤ 鉴于联网车辆受到网络攻击的危险日益增加,这一要求似乎是不言自明的。⑥

五、责任风险

(一)技术监督员和过失

自主驾驶机动车(仅在必要时得到技术监督员的支持)会带来相当

---

① 数据的原始归属仍不清晰,物权法意义上的所有权在此无法适用。在刑法中使用"手稿行为"(scriptural act)的概念来表述数据被初次存储的进程,参见 Bernd Hecker, in: Schönke/Schröder, Strafgesetzbuch, 30Aufl., 2019, § 303a RN. 3。
② 合理性限制了(技术和经济上)可行的范围。如果某种方式会造成与自身利益不相称的巨大损失,那么它就是不合理的。
③ Hilgendorf, ZStW 130 (2018), S.699 ff.
④ 关于风险评估参见 Baruch Fishhoff/John Kadvany, Risk, 2012。
⑤ 参见第337页脚注③Draft Law, S.34。
⑥ 参见前文第三章第三节第四部分。

大的风险,但大概不会高于人类操纵机动车所带来的风险。① 如果汽车产业能够成功执行《道路交通法》(特别是第 1e 条第 2 款)规定的技术规范,那么自主驾驶的风险甚至可能会低于人类驾驶的机动车。

然而,也不能排除各种可能的问题场景,特别是在混合交通的场景下可能存在的问题。② 可以预见会出现针对无人驾驶机动车的破坏行为、车辆运行期间有针对性的破坏行为。③ 黑客通过车辆的通信基础设施进行的攻击也构成了相当大的挑战。④ 一个特别显而易见的致损场景是涉及自主驾驶车辆和人类驾驶车辆的事故。此类事故可能由人类驾驶员的不当行为引起,也可能由车辆本身的缺陷引起,抑或是因为技术监督员的错误。

前述第一类案件(人类驾驶员的过错)可以在侵权责任法(《民法典》第 823 条及以下几条、《道路交通法》第 7 条)的基础上得到妥善解决。对于第二类案件(车辆故障),生产者责任(《产品质量法》、《民法典》第 823 条及以下几条)可能会扮演比过去更为重要的角色。⑤ 此外,车辆所有人的责任(《道路交通法》第 7 条)继续适用于自主驾驶机动车。在《强制保险法》第 1 条中,立法者将其与第三者责任相结合,来确保始终能够快速解决损害赔偿问题,维护受害者的利益。这种模式已经被证明是成功的,而在自动化驾驶及自主驾驶的背景下来看,它似乎

---

① 一般认为,至少 90% 的交通事故是由人为失误所引发的。

② 问题可能来自外部(如有人投掷石块),也可能来自内部(如有人划破座椅)。后者表明,也应有摄像头对内部进行监控。这对于乘客安全而言似乎也是必要的。

③ 众所周知,只要在编程时将人工智能设定为奉公守法,那么人工智能操纵的车辆会是完全守法的,而且会极为细心、反应灵敏。如果有人决定在自主驾驶汽车的车道上野餐,汽车只会转向,甚至可能停下来等待,他/它甚至绝不会有怨言。伸手或类似的行为也可能会达到这样的效果。

④ Jochen Feldle, Zivilrechtliche Haftung im automatisierten Straßenverkehr – Hackerangriffe, Sicherheitserwartungen und erlaubte Nebenbentätigkeiten, in: Digitalisierung, Automatisierung, KI und, S.199 – 213; 更深入的处理参见 Gerald Spindler, Haftung für autonome Systeme–ein Update, ibid, S.255 – 284。

⑤ 更多细节论述参见 Christian Gomille, Herstellerhaftung für automatisierte Fahrzeuge, JZ 2016, S.76 ff.。

也是可行的。举证问题会经常出现,特别是在民事诉讼中。为此,强制自主驾驶车辆安装事故记录设备可能是一种权宜之计。

进行有效的技术监督所需面对的困难以及相关的责任也体现在车辆所有人责任风险中。根据《道路交通法》第 1f 条第 1 款第 3 项之规定,车辆所有人也应承担技术监督的职责。目前,对技术监督员的实际要求并不明确,因为仍缺乏对相应风险场景的实际经验,特别是对技术监督员的注意义务要求尚不清晰,技术监督员任务的复杂性可能只会在实践中才能显现出来。车辆所有人可以通过"其他人"来履行其职责,这一事实更是加剧了问题的困难程度。对此,公开从测试路线①中获得的全部经验将会是有益的做法。

在不久的将来,大多数自动驾驶汽车的车辆所有人可能会是法人实体(例如市政当局或公司),而这些法人实体又会聘任自然人作为技术监督员。民事责任风险在车辆所有人(雇主)与受托担任技术监督的自然人间以合同的形式得到分配。车辆所有人必须确保每辆车都投保了强制性的车辆所有人保险,包括技术监督的保险。保险公司将在风险分析的基础上研究决定,在何种条件下可以提供何种程度的保险。②

问题主要存在于受雇担任技术监督员的人的(故意或过失的)刑事责任风险中。该风险无法通过合同关系转移给雇主,也无法通过保险来提供保障。在此语境下,最具相关性的罪名是《刑法典》第 303 条、第 223 条、第 229 条、第 212 条和第 222 条。换言之,更多是某种结果犯,而非第 315c 条或第 316 条这样的道路交通犯罪,后者要求行为人"驾驶"车辆;反之,技术监督员可能构成《刑法典》第 315b 条所规定的犯罪。

对于杀人罪和伤害类犯罪而言,更可能出现的是过失犯罪的情形。在此,前文中提到的问题再次出现:缺乏相应的注意义务标准。即便是"经验丰富而审慎的技术监督员",这样的标准目前也纯粹处于想象中。

---

① Autoname Shuttle-Bus-Projekte in Deutschland, https://www.vdv.de/liste-autonome-shuttle-bus-projekte.aspx (abgerufen am 07. Jan 2023).

② 各大保险公司从一开始就走在自动化和自主驾驶相关风险分析的最前沿。

为了创造法律的确定性、减轻法院的负担,车辆生产者最好明确规定技术监督的要求,并将要求清单提供给自主驾驶车辆的所有人和运营者。这可以很容易地作为指导和培训的一部分来完成,而车辆生产者无论如何都有提供指导和培训的义务(《道路交通法》第1f条第3款第5项)。然而,目前评估技术监督员的刑事责任风险还很困难,这可能会成为新型交通模式落地应用的阻碍。①

车辆所有人因过失承担刑事责任的风险则主要与对技术监督员的选择或监控不当有关,或者未能妥当地对车辆及其技术设备进行维护。

《道路交通法》规定,技术监督员的工作将由自然人而非机器来执行。② 然而可以认为,如果没有人工智能的大力支持,技术监督员将难以胜任其管理工作。从本质属性上来说,人工智能很适合执行此类监督任务。这就提出了一个问题,即担任技术监督员的人可以在多大程度上依赖人工智能提供的信息和建议。新法显然是假设,相关决定将完全由人类做出。然而在实践中,技术监督员很可能越来越依赖他们的技术系统,并遵循它们的建议,从而使决策权在事实上逐渐转移至计算机系统。③ 这个问题在其他领域中已经被提出,而在自主道路交通的监督工作中,迟早也会出现这样的问题。

(二)容许的风险、信赖原则和刑事过失

1. 容许的风险

对技术故障所承担的责任主要是过失责任。在此语境下必须认识到:没有任何技术可以做到100%安全。因此新技术的制造商和用户都不可能有确保100%安全的义务。但是多安全才算是安全呢?④ 这一问题可以通过可容许的风险这一概念加以解决。可容许的风险在道路交

---

① Hilgendorf, JA 2018, S.804 ff.
② 参见前文第三章第一节第三部分。
③ Eric Hilgendorf, Die Schuld ist immer zweifellos? Offene Fragen bei Tatsachenfeststellung und Beweis mit Hilfe intelligenter Maschinen, in: Thomas Fischer (Hrsg.), 2019, S.229-251 (238 ff.).
④ 参见前文第三章第二节第四部分。

通法,乃至整个技术法领域中已经得到了长久的讨论。① 一般而言,如果损害结果是可以预见的,那么责任主体有义务采取措施避免损害结果的产生。损害结果越严重、损害发生的概率越高,避免损害的要求就越高。风险可以理解为损害程度与损害概率的乘积。例如,当面临极大的人身损害甚至是死亡风险时,对注意义务的要求就非常高。而在小概率和轻微损害的情况下,如微小的财产损失,则只需承担较低的注意义务。②

当生产或使用技术产品所带来的风险预计会非常低,以至于任何由此产生的损害都难以归咎于责任主体时,就会存在容许的风险。容许的风险的边界无法抽象地加以确定,而是取决于社会协商的过程以及传统。值得注意的是,一个社会认为哪些风险属于可允许的风险范畴,在很大程度上取决于既有的经验。③ 在交通领域,车辆的制造和使用在统计上肯定会对公民的身体和生命造成严重的、乃至于极其严重的损害。然而车辆的生产和使用为社会所接受,因为这是实现社会所认可的目的——即现代的交通运输方式——的唯一途径。社会对一项技术所带来的优势的接受程度越高,就越有可能同时接受其缺点。

德国司法首次就自动化运输致损语境下的容许风险进行论证时,讨论背景是所谓的"阿沙芬堡案"(Aschaffenburg case)。④ 案中一辆装配有车道维持辅助系统的机动车驶入位于德国南部的阿沙芬堡市周边的小镇阿尔泽瑙(Alzenau)。司机是一名 60 岁左右的男子,他突然中风、失去了意识,但还能继续抓住方向盘。车辆当时向右急转,在常规情况下,该车会撞入并停在路边的灌木丛中。然而,车道维持系统引导车辆

---

① Eric Hilgendorf, Moderne Technik und erlaubtes Risiko-am Beispiel des automatisierten Fahrens. In: Eric Hilgendorf (Hrsg.), Rechtswidrigkeit in der Diskussion, 2018, S.97 ff.

② 这一原则似乎适用于大多数法律系统。

③ 尽管现代道路交通有诸多好处,但考虑到每年会造成数千人死亡以及更多人受伤,它肯定不会被社会"突然"接受。法律对现代道路交通的认可是基于这样一个事实:它是在过去的 100 多年间被一步步引入的,因此社会有足够多的时间来接受它。

④ Eric Hilgendorf, Automatisiertes Fahren und Strafrecht-der Aschaffenburger Fall, DRiZ 2018, S.66 ff.

回归到行车道中。车辆高速驶入阿尔泽瑙村,造成了一名年轻妇女和一名儿童的死亡。同行的父亲及时跳到路边,拯救了自己的生命,但依然腿部受伤。民事法律方面,本案可以通过车辆所有人的规则(《道路交通法》第7条)解决,并不会导致严重问题。而在刑事责任方面则出现了生产者是否可以被指控存在过失的问题。本案中,检察官正确地否认了过失的成立,因为该公司已经对系统进行了广泛的测试,甚至在对自有系统进行分析过程中还分析了竞争公司的同类产品。因此,该公司已经采取了一切合理措施避免对车辆乘员或第三方造成损害。剩余的风险——如阿沙芬堡案中的两人死亡——则必须被接受。生产商的刑事责任也因此正确地得到排除。

2. 信赖原则

信赖原则是刑法中一个很常见的论证模型,尽管它更多用于对过失的认定。信赖原则指出,在与他人交往的过程中,人们可以一般性地相信他人会按照规则行事。例如在道路交通环境中,人们可以假设在人行道上行走的行人不会突然跳到车行道上,除非有迹象表明这个人不会按照规则行事。[1]

问题在于,如何将这一原则应用于人类驾驶员控制的车辆和自主驾驶车辆共同存在的交通环境中。传统的信赖原则适用于人与人之间的关系。人类司机在多大程度上可以信赖其所面对的自主控制机动车会按照交通法规行驶?鉴于前文中所提到的关于运行许可的详细规定及技术保障措施,[2]有理由认为,除非有明确的相反迹象,人类道路交通参与者可以一般性地信赖机器能够正常运行。这意味着信赖原则可以适用于人与机器之间的关系。

如果将情形反转,则会出现更为严重的问题:自主驾驶机动车需要做好准备,以应对人类的错误吗(换言之,在编程的时候需要将人类的错误行为纳入考量范畴吗)?抑或车载计算机可以信赖人类总会按照规则

---

[1] 参见第351页脚注④Kindhäuser/Hilgendorf,§ 15 S.61 ff.。

[2] 参见前文第三章第二节第一部分。

行事?原则上,应当允许自主系统假设人类行为符合规则,否则根本无法实现道路系统中基于规则的交互。然而考虑到所涉法益的位阶和目前的技术可能性,有可能要求车辆不仅要注意人类道路交通参与者即将实施违规行为的迹象,而且必须考虑到即使没有相应的迹象,但仍然可以预见到的违规行为。例如人类驾驶员在特定情形中"因震惊而不知所措"(second of shock)或者猛打方向盘。为此,需要进行实证研究,以明确哪些违规行为最可能频繁出现。而对于具有微小可能性、但发生概率极低,且在任何情况下都不具有典型性的不当行为,则无须在编程中加以考量。①

应以哪些期望作为构建机器间关系的基础也有待厘清。从根本上说,自主驾驶机动车的技术设备必须符合法律规定的要求。在对自主系统进行编程时,对于参与道路交通的其他自主驾驶车辆,可以做出这种假设。此外,自主驾驶机动车应能考虑到并识别出其他(例如技术过时的)车辆的典型缺陷或可预期的瑕疵反应模式。为此,准备适当的v2v接口进行数据交换可能是有意义的做法,②立法者甚至应当通过立法手段对此加以规定。

(三) 自主驾驶和人机交互

此处所涉及的是一个重要的问题,但在本文中只能一笔带过,即人类驾驶和自主驾驶车辆的混合运行将对人类驾驶员的行为产生何种影响。永远不应孤立地评估技术,应将其置于社会背景下加以考量。迄今为止,只有人类司机才能"制裁"道路交通中的不当行为,例如通过鸣笛或者给予众所周知的"司机的问候"。自主驾驶机动车(尚且?③)无法给出这类的制裁,并通过这种方式影响我们的社会规范。这一现实将如何

---

① 此处涉及的主要是事故研究,在更为宽泛的意义上,是交通心理学。
② "v2v"即"vehicle to vehicle"(车辆—车辆)的缩写,指两辆、或更多机动车间的连接。
③ 这种能力也许是可以被编写进程序的,可以通过光学(例如不同颜色的光带)或声学(如鸣笛)手段发出这种信号。在此背景下还有一个问题,即自主驾驶车辆是否应当记录一些礼貌的举止?

反映到人类驾驶员的行为中仍有待进一步的观察——例如,当人类驾驶员相信自主驾驶车辆永远会及时作出反应并且在任何情况下都不会有怨言的情况下,是否会表现出特别鲁莽的驾驶倾向。①

六、总结和评价

德国的新法律包含有目前世界上最先进的关于自动化驾驶和自主驾驶常态化运行的规定。新法的基本理念是允许自主驾驶机动车在当地主管部门特别划定的路线上行驶。原则上,这些车辆随时与一个中央机构——即"技术监督员"——保持连接,但只有在出现严重问题的情况下,且通常是在自主驾驶车辆的要求下,技术监督员才会干预车辆运行。该法以德国2017年夏天颁布的自动化联网驾驶相关法律规范为基础。车辆所有人责任与强制保险相结合的责任制度在稍加修改后得以保留,这一责任体系被证明是行之有效的。

新法在理论上看来是可行的,也具有实践上的可行性。在进一步的立法活动中,需要澄清和改进的潜在不足之处是最小风险状态的概念,以及最重要的是明确技术监督的注意义务。刑事过失的界限目前也尚不明确。在此,两个视角可能会发挥特殊作用:首先,"容许的风险"这一法律概念可以作为对致损情形进行分析时的核心。其次,需要明确信赖原则可以在多大程度上延伸到人与车、车与车的交互中。

在未来自主驾驶机动车的技术发展进程中,必须进一步明晰对自主学习系统的处理方式。在技术发展的中期,还需要明晰应用人工智能系统完成技术监督工作的可能性,以及使用人工智能系统对人类产生的影响。

---

① Eric Hilgendorf, Vom Werkzeug zum Partner? Zum Einfluss intelligenter Artefakte auf unsere sozialen Normen und die Aufgaben des Rechts, in: Hans Kudlich et al. (Hrsg.), Festschrift für Ulrich Sieber, 2021, S.767 ff.

第五编

刑事程序法

第二十一章
新影像技术下对精神心理的保护
——人性尊严和刑事诉讼法*

一、导 论

"电脑能,读取思想"(Computer können, Gedanken lesen)是2013年9月末德国工程师报纸《VDI新闻》的头版头条。① 据该报报道,荷兰研究人员借助一台高清断层X光摄影装置和一种特殊软件,成功一窥人脑内部,并且识别出"人类意识中发生的事"。《VDI新闻》称,短文和活动的图片都可以以这种方式重建。

这种(技术)突破通常都会引发人们对科技可能被滥用的疑问,而这样的疑问并非没有道理。② 时刻需要保持警惕的是,从对内在精神活动的观察与描述出发,可能很容易就实现对其控制与操纵。因此,值得注意的是,早在六十多年前,法学界就已经对"思想读取"——关键词如"测谎仪""麻醉下精神分析""吐真剂"——进行了热烈讨论。重要的是

---

* 本文原文"Der Schutz der Psyche angesichts neuer bildgebender Technologien. Menschenwürde und Strafprozessrecht"发表于:Ayse Nuhoglu u.a. (Hg.), Festschrift für Feridun Yenisey, Istanbul 2014, S. 913-933。

① 《VDI新闻》2013年9月27日(第39期)第9页。

② 有关技术法的整体介绍,参见Eric Hilgendorf, Abteilung Strafrecht-Die strafrechtliche Regulierung des Internet als Aufgabe eines modernen Technikrechts, JZ 2012, S. 825-832。

由此产生的问题——特别是在刑事诉讼法上,早在那时对"读取思想"的新技术就已经出现了最强烈的反对声音:它侵犯了个人的道德自治(die sittliche Autonomie)与人性尊严(《基本法》第1条)。

如今看来,技术进步似乎在可预见的未来就可以使得对内在精神活动的读取乃至影响常态化。① 2013年9月初的另一篇报道也与前述推论非常吻合:报道称(科学家)成功地用自己的意志借助互联网远程控制了另一人的手。② 在人类精神方面的技术进步显然没有停歇。在研究人脑的同时,以物理、化学、电学方式影响我们精神心理的新方法也在发展着,其中许多都已实现了百年前科幻小说的预言。而这类研究在大众媒体和大众科普杂志上都占据了大半篇幅。

应用伦理学,尤其是医学伦理学都对这一主题进行了讨论,讨论的关键词是"大脑兴奋剂"或者"神经增强"③,而法学对这一发展的研究还远远落后。④ 本文拟从法学的视角提出一些结构性建议,以使迫在眉睫的评价与规制问题能与法学学理保持一致,并在不远的将来能够在更为专业的法律领域中探讨相关问题。本文重点不仅落脚在对内在精神活动的观察,而且还包括了对内精神活动的影响。

二、对是否允许使用测谎仪的讨论

在对新技术发展进行探讨之前,请允许笔者首先回顾一下20世纪

---

① 有关今日法庭上使用"思想读取"的情况,参见 Hans J. Markowitsch, in: Stephan Schleim/ Tade Matthias Spranger/ Henrik Walter (Hrsg). Von der Neuroethik zum Neurorecht?, 2009, S. 132 ff.; vgl. Auch schon Susanne Beck, Unterstützung der Strafermittlung durch die Neurowissenschaften?, JR 2006, S. 146 ff.。

② Frankfurter Allgemeine Zeitung vom 4. September 2013 (Nr. 205), S. N. 1.

③ 在上注①所引的论文集之外,参见 Lieb, Hirndoping, 2010 oder die Beiträge von Schläpfer, Christiane Woopen und Matthis Synofzik in: Jan C. Joerden/ Eric Hilgendorf/Natalia Petrillo/ Felix Thiele (Hrsg.), Menschenwürde in der Medizin: Quo vadis?, 2012。

④ Treffend Susanne Beck, Enhancement – die fehlende rechtliche Debatte einer gesellschaftlichen Entwicklung, MedR 2006, S. 95–102.

50 年代初就是否许可测谎仪与麻醉下精神分析所展开的讨论,讨论发生的范围包括但不限于在德国。之所以先做这样的回顾,是因为这显然是第一次从法律上提出并来探讨,是否允许"通过技术窥探我们的精神活动"。

该讨论起源于 1950 年 9 月新增的《刑事诉讼法》第 136a 条,即规定了禁止使用的讯问方式。根据这一条款,禁止使用虐待、疲劳、侵害身体、药剂注射、折磨、欺骗或者催眠的方式,妨害被告人的意志决定和意志活动自由(《刑事诉讼法》第 136a 条第 1 款第 1 句);禁止的方式还包括"损害被告人记忆力或者认知能力的行为"(《刑事诉讼法》第 136a 条第 2 款)。值得注意的是,即使被告人同意前述被禁止的行为,也不得适用(《刑事诉讼法》第 136a 条第 3 款第 1 句)。无论当时还是现在,①《刑事诉讼法》第 136a 条均被认为是人性尊严条款(《基本法》第 1 条)的延伸。

海因里希·亨克尔(Heinrich Henkel)于 1953 年在其极具影响力的刑事程序法教科书的第一版中如此论证和解释前述规定"被告人的同意……被无视,是因为被告人放弃作为自由的参与者、作为刑事诉讼主体的资格这一行为无效。换言之,其不能处置被赋予的道德人格自主权;另一方面,刑事司法机关也必须在被告人进行陈述时,保护他的意志决定自由"。② 基于这个理由,亨克尔认为,无论当事人是否同意,都应禁止使用"吐真剂"(亨克尔提到了 Eunarkon、Evipan、Pentothal 等药剂)。③ "使

---

① Meyer-Goßner/Schmitt, StPO-Kommentar, 56. Aufl. 2013, § 136a Rn. 1 unter Berufung auf Karl Peters, Strafprozessrecht, 4. Aufl. 1985, S. 337.

② Heinrich Henkel, Strafverfahrensrecht, 1953, S. 228.

③ Ebenso Georg Erbs, Unzulässige Vernehmungsmethoden-Probleme des § 136a StPO, NJW 1951, S. 386 ff. (387); Heinrich Kranz, Die Narkoanalyse als diagnostisches und kriminalistisches Verfahren, Psyche-Zeitschrift für Psychoanalyse 1950. S. 24 ff.; Werner Niese, Narkoanalyse als doppelfunktionelle Prozesshandlung, ZStW Bd. 63 (1951), S. 199 ff.; Karl Peters, Narcoanalyse?, JR 1950, S. 47; Gustav Radbruch, Organisationsverbrechen, Gruppenkriminalität und Kollektivschuld in Theorie und Praxis des 13. Jahrhunderts, FS für Wilhelm Sauer, 1949, S. 121 ff. (123); Eberhard Schmidt/ Kurt Schneider, zur Frage der Eunarkon-versuche in der (转下页)

用麻醉剂……（会导致）精神人格改变，而精神人格会阻碍审问时回答"是否"和"怎样"时的自由意志决定。也就是说，这样会否定能对自己言行负责的个人道德自决，从而使被麻醉者变成被实验者'窃听'的医学实验品。"①

亨克尔还认为，即使被讯问人同意，也是一样的："即使不考虑询问被告人是否同意，会使其陷入一种被强迫的境地（因为被讯问人会担心，自己的拒绝会被视为有罪的情况证据），即使能够设想一个基于真实自由意志的同意，依然不能掩盖这样的事实：陈述时的状态下，陈述者的意志无法起到控制陈述范围的作用，因而其对自己的意识内容不再有自由意志。"②

值得注意的是，一方面，亨克尔认为，这类手段的效用与其法律上的准用性问题严格分离，在他看来，其效用本身就很值得怀疑了。③ 更值得注意的是另一方面，他之所以赞同《刑事诉讼法》第136a条，并不是基于人性尊严的理由。假如被告人同意使用麻醉品，那么这是否涉及人性尊严，亨克尔显然避而不答。④

亨克尔反对使用麻醉下精神分析，基于同样的理由，他也反对使用"测谎仪"。他对"测谎仪"的理解是这样的："它绑在受讯人的手腕、胸口，然后记录下受讯人的呼吸、血压、手掌湿润程度等的曲线图，确定谈话时的感官反应，以此来判断受讯人到底是不是说了真话。"⑤亨克尔认为这种方式的效果同样可疑。

但是，亨克尔反对使用测谎仪的关键理由——也包括仪器的被试人

(接上页)gerichtlichen Praxis, SJZ 1949, S. 449 ff. (454); Schönke, DRiZ 1949, 203 ff. und DRiZ 1950, 145 ff.; aus der Rspr: OLG Hamm, SRZ 1950, 212 ff; a.A. Sauer, JR 1949, 500 ff (501).

① 参见第365页脚注②Heinrich Henkel, S. 229。
② 同上注。
③ 同上注。
④ 同上注, Heinrich Henkel, S. 230. 但以下学者认为这种情况侵犯了人性尊严 Werner Niese, S. 199 ff.; Karl Peters, S. 47 ff. und Schönke, S. 203 ff.。
⑤ 同上注, Heinrich Henkel, S. 230. Er verweist dabei auf Arndt, DRZ 1950, 133 ff.。

同意使用的情况——在于,即使不考虑在多数情况下,同意对自己使用测谎仪"只是害怕拒绝后会对自己产生……程序上的不利后果",即使是"被告人基于自由意志同意使用测谎仪,也意味着他失去作为诉讼主体的道德自主权,因为他只屈从于对感官反应的记录,无法对自己的表现有直观认识,其陈述的内容也不再受他自主决定的支配和控制了。"接着,他又提出了第二个理由:"证据收集机器化"的危险在于,"将机器有限的能力与讯问艺术中所包含的人类认知、生活经验、设身处地设想的能力置于同一高度。"①

在这样的背景下,德国最高法院(BGH)在 1954 年②时反对使用前述技术也就不奇怪了。德国最高法院认为,不允许使用测谎仪和其他所谓能探寻被告人"内心"的技术手段——即使被告人同意使用——因为这有损当事人的人性尊严。

一直到 20 年以后——也就是 70 年代,要求改变判决中所采取的那种严格路线的声音才开始增多起来。也即要求,如果被告人同意,则允许使用测谎仪。③(因为)从一开始就剥夺被告人通过这种方式自证清白的机会,是没有说服力的。可能是受到这种论调的影响,德国最高法院于 1998 年改变了它的判决,并裁定:使用测谎仪并不能深入观察被告人的精神,因此不会侵犯被告人的人性尊严。而仍然不允许使用测谎仪,是因为那是一种《刑事诉讼法》第 244 条第 3 款第 2 句第 4 种类型所

---

① 参见第 365 页脚注 ② Heinrich Henkel, S. 230。反对意见可参见 Thomas Würtenberger, Ist die Anwendung des Lügendetektors im deutschen Strafverfahren zulässig?, JZ 1951, S. 772 ff. (773);相反,认为甚至无须被告人同意就可以采用的,参见第 365 页脚注 ③Erbs, S. 386 ff. (387)。

② BGHSt 5, 332 ff.

③ Horst Petry, Beweisverbote im Strafprozeß, 1971, S. 174 ff.; Jürgen Schwabe, Rechtsprobleme des „Lügendetektors", NJW 1979, S. 576 ff., 从精神角度阐述的参见 Udo Undeutsch, Forensische Psychologie, HdK I 1966, S. 210; 相反意见参见 Peter Bringewat, Die Strafbarkeit der Beteiligung an fremder Selbsttötung als Grenzproblem der Strafrechtsdogmatik, ZStW 87 (1975), 663 ff.; 总结并继续的参见 Holm Putzke/ Jörg Scheinfeld / Gisela Klein / Udo Undeutsch, Polygraphische Untersuchungen im Strafprozess, ZStW Bd. 121 (2009), 607 ff.。

规定的完全不能用的证据手段。①

最高法院试图在判决结果上坚持它采取的严格立场,但改变了说理方式。原来的说理是一种具有基础导向性的规范性论证,它以对人性尊严的特定理解为依据;而现在的说理重点在(手段)可行性和合目的性上,其内核是经验性质的。这种说理方式的改变当然有它的代价:假如随着科技的进步,"读取思想"技术所读取的被讯问人的思想图像不再具有不确定性,而是高度确定和可靠,那么,根据德国最高法院的说理,就不能在刑事诉讼程序中再反对使用这种方式了。就最新的科技发展情况来看,这一天到来的日子不再遥远。

三、刑法对精神心理的保护

影响人体精神心理的许多方式是非常古老的,而且这些方式众人皆知。② 例如,家庭常备的咖啡和酒精就可以让人精神亢奋,而茶则让人精神舒缓。而在医学上,(针对抑郁症)开出抗抑郁药物,也早已是理所当然的事。影响人体精神心理的新型方式,例如用化学、物理或者电学手段刺激神经等多种方式,和古老的方式相比,只有程度高低之分,并没有本质区别。③ 另外有一种查看人类心理的方式很少讨论,但很有可能有重要意义,那就是借助"大数据"分析,即通过无数个体行为的海量数

---

① BGHSt 44, 308 ff. 有关该判决的详细情况及其接受程度,参见 Stefan Seiterle, Hirnbild und "Lügendetektion".: Zur Zulässigkeit der Glaubwürdigkeitsbegutachtung im Strafverfahren mittels hirnbildgebender Verfahren, 2010, S. 38-66。

② Wolfgang Schivelbusch, Das Paradies, der Geschmack und die Vernunft – Eine Geschichte der Genußmittel, 1980.

③ 参见第 364 页脚注③ Schläpfer, Schnittstell Mensch/Maschine: Tiefe Hirnstimulaton, in: Jan C. Joerden/ Eric Hilgendorf/Natalia Petrillo/ Felix Thiele (Hrsg.), S. 313-321; Christiane Woopen, Personale Identität und Neurostimulation, ebenda, S. 323-337。

第二十一章　新影像技术下对精神心理的保护

据可以准确预知某个个体的行为。①

鉴于神经刺激方面的技术进步,为了弄清楚是否应该相应扩张或补充对人体精神心理的保护,似乎应该首先审视保护精神心理活动的现行法规。但这马上会碰到另一个问题,即究竟应该如何理解人类的"精神心理"(Psyche)。

法律人简单定性为"主观"领域的事物,在心理学上被划分为很多个子领域。② 就本文主旨而言,将该领域划分为三个子领域就足够了:处理和存储信息的思维(Intellekt)、主管行为驱动和行为控制的意志(Wille),以及负责我们感觉的情感(Emotionen)。法律对这种精神心理的三元划分模式并不陌生,人们马上会想到有关故意的规定,即实现构成要件的"知与欲"。③

在法学领域中,刑法一般被认为能够为法律体系中处于核心地位的法益提供最强的保护。但只要看一眼就能确定,《刑法典》没有针对"非法侵入精神"的专门规制条款。④

《刑法典》第263条规定的诈骗罪所规制的是欺骗行为,即对人思维的影响,这里的影响指的是当事人陷入错误认识,而错误认识又使其实施特定行为,即处分财产,导致财产损失。这里所保护的主要是财产,但这种保护只能针对一种侵害类型,即通过(欺骗性地)影响行为人的思维,使其产生处分财产的意志,而财产处分是一种特殊的受意志支配行为。

《刑法典》中,直接保护人的意志形成与意志活动的构成要件是第

---

① Viktor Mayer-Schönberger / Kenneth Cukier, Big Data. A Revolution that will transform how we live, work and think, 2013, insbes. S. 171 ff.; siehe auch die Beiträge in: Big Data. Das neue Versprechen der Allwissenheit (ohne Herausgeber), 2013.

② Zu den geisteswissenschaftlichen Bezügen Gerd Jüttemann/ Michael Sonntag/ Christoph Wulf (Hrsg.), Die Seele. Ihre Geschichte im Abendland, 1991.

③ Eric Hilgendorf/ Brian Valerius, Strafrecht Allgemeiner Teil, 2013, § 4 Rn. 27.

④ Dazu jetzt eingehend Florian Knauer, Der Schutz der Psyche im Strafrecht, 2013 但对本文所讨论的难题却略过了。

240条强制罪。但这里的强制手段只能是以可感知的恶害进行的暴力或者胁迫,因此,该构成要件就不适用于本文所探讨的侵入形式。

特殊情况下,对思维、意志或者情感的影响可以构成《刑法典》第223条的故意伤害罪。传统定义中,《刑法典》第223条第1款第1种类型的故意伤害是指任何"对身体健康产生重大影响的有害和不恰当的处置"。① 对思维、意志或者情感上造成的效果,只有达到对身体健康产生明显消极影响的程度时,才能构成故意伤害行为。属于此类行为的可能有(超过孤立恶作剧范畴的)骚扰电话、(主要以老人为目标、旨在通过令人不安的虚假事件进行诈骗的)恐吓电话、施加精神折磨等。② 根据前述司法解释,开出抗抑郁药物和其他可证明对精神产生影响药物的行为,原则上也可归为伤害行为的范畴——即使这种医疗上的常规行为可以通过同意正当化。

值得注意的是,如果受害人与行为人之间有依赖关系时,那么施加精神痛苦的行为还可以由《刑法典》第225条加以规制。德国司法判例所理解的第225条意义上的施加"精神痛苦"指的是长时间持续或者不断施加的精神痛苦,例如,将儿童监禁于黑暗的地下室中或使其产生极大的恐惧。③

还有一种保护精神心理的犯罪类型是保护名誉类犯罪:按照时下的主流学说,一个人的自尊心也是《刑法典》第185条及以下数条的保护范畴。④

总的来说,德国刑法并没有完全覆盖精神影响。⑤ 这也波及刑法针

---

① BGHSt 14, 269 (271); 25, 277 f.; BGH NStZ 2007, 404.

② Ulrich Weber, in: Gunther Arzt / Ulrich Weber / Bernd Heinrich / Eric Hilgendorf (Hrsg.), Strafrecht BT, 2. Aufl.2009, § 6 Rn. 21.

③ BGH MDR 1954, 1942; Lieben, in: Schönke/Schröder Strafgesetzbuch, 28. Aufl., 2013, § 225 Rn. 12.

④ Nachweis bei Eric Hilgendorf, in: Leipziger Kommentar zum Strafgesetzbuch, Bd. 6, 12. Aufl. 2010, Vor § 185, Rn. 6 f.

⑤ 参见第369页脚注④ Ebenso Florian Knauer, S. 287。

对新型(精神心理)影响形式的保护。刑法对精神心理的保护不完备,这一点不难理解:对他人精神的影响就跟吃饭睡觉一样,属于人类天性的一部分。我们所有人的每一天都未加询问就影响了无数他人的精神,这种影响并非一定都是积极的。然而,如果用刑法来(对此)进行全面保护,就明显是错误的做法了。

此外,这种对精神心理上的影响虽然深刻而持续——甚至可能是不可逆的——但它本身经常不仅不是需要忍受的,而且是评价为积极的,例如宗教上的皈依,也包括刑罚执行成功让罪犯实现了再社会化。积极预防的全部领域就可以理解成(或深或浅地)影响他人思想的形式。同样例子还包括广告,影响尤其深远的要数父母对子女的教育。学术领域产生深刻思想影响的例子是,某个学者通过其不可辩驳的论证,成功地让某个同行改变自己原有的学术立场。

总而言之,存在许多影响人类思维、意志和情感的形式,这些形式中有些是我们不希望出现甚至是违法的,但绝大多数是人类共存的核心,因此,它们不仅是需要忍受的,而且还是完全希望出现的。因此,不应该用刑法去全面规制对精神心理的影响,而只有在对他人精神心理的改变被评价为消极时,才动用刑法。

四、对精神心理和人性尊严的影响

根据通说观点,《基本法》第1条所保护的人性尊严是人类的核心领域,该领域绝对不容侵犯。① 因此,任何有损人性尊严的行为都是违法的,没有正当化的可能。② 之所以对人性尊严采取这样极端严格的保护,是因为历史上的"第三帝国"对犹太人和其他少数群体进行了惨无

---

① Horst Dreier, in: ders. (Hrsg.), Grundgesetz-Kommentar, Band 1, 3. Aufl, 2013, Art. 1 I, Rn 42, 45 f.

② 同上注, Rn. 45。

人道的工业化大屠杀。① 人性尊严条款(《基本法》第 1 条)就是针对此类极端屠杀的最后一道防线。

既然对人性尊严的保障如此严格,因此它的保护范围也就必须加以严格限定。对此,存在很多观点,这里无法详细展开,② 例如 Günter Dürigs③ 提出的"客观公式"、与之存在关联的"工具化"(Instrumentalisierung)④,或者尝试将使人受到极端严重贬损认定为侵犯人性尊严。⑤ 但是,前文提及的影响人类精神心理的新形式是否有损人性尊严,对这一问题,前述对人性尊严定义的尝试过于模糊,不足以清楚回答。

本文所主张的观点将"人性尊严"定义为以下权利的集合:⑥

(1)最小生存权;

(2)基本平等权;

(3)最小发展自由权;

(4)免受极端痛苦权;

(5)控制私密信息权;

(6)精神完整权;

(7)免受极端贬损权。

若是人们将以上定义建议作为基础,那么首先得出的结论是,不可

---

① 参见第 371 页脚注①Rn. 41。

② 参见第 371 页脚注① Siehe aber Horst Dreier, Art. 1 I Rn. 53 ff.。

③ Günter Dürig, Der Grundrechtssatz von der Menschenwürde: Entwurf eines praktikablen Wertsystems der Grundrechte aus Art. 1 Abs. I in Verbindung mit Art. 19 Abs. II des Grundgesetzes, AöR 81, 1956, S. 127. 联邦宪法法院多次使用了该公式 vgl. etwa BVerfGE 9, 89 (95); 27, 1 (6); zuletzt 115, 118 (153); 117, 71 (89); 第 371 页脚注①weitere Nachweise bei Horst Dreier. Art 1 I Rn. 55。

④ Kritisch Eric Hilgendorf, Instrumentalisierungsverbot und Ensembletheorie der Menschenwürde, FS Puppe, 2011, S. 1653 ff.

⑤ So etwa Tatjana Hörnle, Menschenwürde als Freiheit von Demütigungen, ZRph 6, 2008, 41 ff.

⑥ Eric Hilgendorf, Die mißbrauchte Menschenwürde, JRE 7, 1999, S. 137 ff.

能所有针对一个人精神心理的技术影响都会损害其作为受保护个体的人性尊严。例如,得到当事人同意的情况下进行的神经调节干预也许不符合某些观察者心中人的形象(Menschenbild)。但是,不符合特定的人的形象,与损害人性尊严相比,绝不具有同等意义。即便人们认为,(1)《基本法》以特定人的形象为基础,且(2)这种人的形象无法直接与现代神经调节技术相契合,也无法由此得出结论,认为《基本法》拒绝人的形象发生这样的改变。① 恰恰相反,《基本法》中的人的形象无论如何都包括了人的自主以及自我规划的自由这样的理念。这意味着,基于人性尊严,个体原则上也拥有决定自身身体和心理的权利。

只是应当顺便提到的是,对精神心理的影响导致特定社会问题或社会危险情况产生,也不会自然而然地使其被评价为侵犯人性尊严。例如,假设未来的中小学和大学里会有越来越多的人进行神经强化,而可能只有富裕家庭的子女能负担得起,这会变成社会政策上一个很大的问题。但这也并不会损害直接或间接参与者的人性尊严。

然而,前文的论述,并不意味着所有对精神心理的影响都自始不会损害人性尊严,特别是对于违背当事人意志施加的影响。这类精神干预可能在许多方面能被认定为损害人性尊严,例如,侵入时造成极大痛苦(第4项权利);侵入目的是"读取思想"(第5项权利);洗脑或者进行类似深度操纵(第6项权利)。如果当事人因此遭到嘲笑,那么还可以考虑第7项权利受损。

五、对(自身)人性尊严受损的同意

比较难以评判的是受害人同意深度精神心理干预的情形。在刑法中,除了对自身杀害的同意属于特殊情况外,被害人的同意阻却行为的

---

① Eric Hilgendorf, in: Jan C. Joerden /Eric Hilgendorf/ Felix Thiele (Hrsg.), Menschenwürde und Medizin, 2013, S. 195 (207 ff.).

违法性。① 这里明确体现出那个古老的法律原则"同意不生违法"(volenti non fit iniuria),该原则在以自由和自我决定为基础的法律系统中拥有特别的意义。② 现在的关键问题在于,当事人的同意是否能正当化对其人性尊严的侵犯行为。本文所讨论的难题涉及以下案例:

(1)A 吸食毒品,毒品虽然能显著提高 A 的生活体验、注意力、性能力,但却能让 A 上瘾,还有显著的副作用。吸食毒品数年后,A 得了重病。

(2)A 患有最为严重的抑郁症,但可以借助深入脑部的探针进行刺激,以消除抑郁。然而,这种刺激导致 A 变得极端外向,它对 A 行为方式的改变过于强烈,以至于 A 周围的人都远离了他。

(3)同案例(1),但毒品却未产生副作用。鉴于 A 的能力提高,A 圈子里的人有一种 A "仿佛变成了另外的一个人"的感觉。在 A 的私人圈子和工作圈子中,有许多人模仿 A 的行为。

(4)A 与女伴 B 一同使用一种会导致剧烈痛苦的药物,但也会给两人带来性刺激。该药物的药效为 1—2 小时。

(5)A 在征得女性性伴侣 B 的同意后,给 B 吃了一种能让人完全失去意识的药物。1—2 小时以后,(药物)效力减退。

(6)同案例(5),但该药物效力是持久的,会给 B 的神智造成不可逆的损伤。具有完全判断能力的 B 清楚这一点,但还是同意(服食该药物),因为她想将自己完全献给 A。

如何处理这类案件? 如果以前文介绍的人性尊严集合模型为基础(进行讨论),③那么,案例(1)就不能认定存在对 A 的人性尊严的侵犯。这种操控可能会损害传统上的人的形象,但这并不重要,因为《基本法》第 1 条规定的人性尊严保障条款所保护的是个体权利,而非特定的"人的形象"。即便 A 的行为导致财务上出现严重困难,甚至导致支付医保

---

① 区别是正当化的同意和排除构成要件的同意,参见 Eric Hilgendorf/ Brian Valerius, § 5 Rn. 112 ff.。

② 参见第 369 页脚注③ Eric Hilgendorf/ Brian Valerius, § 5 Rn. 109。

③ 参见前文第四章。

的社会团体不得不在日后为他买单,①也不能就此认定他的行为构成对(自身)人性尊严的侵犯。

案例(2)的判断要困难些。一个人性格发生改变,使社会环境中的人感到不快而远离他,其中体现出了精神完整性上的改变,因此原则上和人性尊严是相关的。然而,直接当事人却认为这种变化是积极的,他本人可以引起这种变化,也可以全部或者部分消除这种变化,并不存在不可逆的后果。基于前面提到的"同意不生违法"原则,通说认为,这不构成对人性尊严的侵犯。

同样的理由也适用于连副作用都没有出现的案例(3)。A 的行为受人模仿,可能从中长期来看,这会导致令人担忧的社会问题出现,比如为了能够在工作领域、大学里、中小学里与"开了挂"的人竞争,其他人不得不服食提高能力的药物。但这并不涉及 A 的人性尊严问题。

在案例(4)中,由于造成了剧烈痛苦效果,因而涉及 A 与 B 的人性尊严问题。但 A 与 B 两人对此同意,又不涉及第三人。可能许多人会认为这件事在道德上是"不道德"或者"反常"的,但本文认为,这与人性尊严并无关联。

案例(5)和案例(4)的区别主要在于事件的单方面性,其只涉及 B 的人性尊严问题。但该案中,由于存在 B 的同意,必须否认对 B 的人性尊严的侵犯。不过要注意的是,这类案件中可能存在滥用同意的可能,因此认定存在"自由的"同意时,所采用的标准应非常高。

案例(6)的特殊性在于 B 的精神改变是不可逆转的。B 没有受到欺骗或者胁迫,是在清醒并具有判断能力的情况下作出的同意。就此人们似乎也可以认为,这并未侵犯(B 自身)人性尊严。另外,案例(6)中精神自主的丧失是不可逆转的,无法回到能自控的状态。基于此前所述前提,即人性尊严条款的目的是保护人的固有价值——特别是个人自主——免受极端形式的侵害,根据这一立场,在此即使当事人同

---

① 毫无疑问,这会成为法政策上的一个难题。但是,立法者却坚持采用普通法来应对。

意,也不能否认人性尊严受到侵犯。因此,如果人性尊严所保护的自主不仅是暂时的,而是长期消失——也即丧失自主,那么,即便当事人同意,这种形式的攻击也应被认定为侵犯了人性尊严。

这里似乎有必要再作一点方法论上的说明:笔者并不认为,本文所主张的——坚持不可处分的核心领域的观念的——人性尊严概念,是唯一可能的理解。但在我看来,就其前提而言,它是有说服力的:它在极大程度上保护了个体的自主能力,甚至保护个体的自主免受个体自己的自由决断的影响,它在政治和社会层面上所产生的后果也是理性的,是社会可以承受的。

六、疑难案件

前文的论证模式可以总结为:如果存在有效同意,则对精神的干预不构成对人性尊严的侵犯——除非干预会造成自主能力永久丧失。最后我们可以用几个疑难案件对此进行检验:

(1)极端危险的精神病人 A 获得了一种药物,该药物会让 A 的性格大变,让 A 变成一个友好、通情达理、乐于助人的公民。由于干预程度很深,因此这里涉及 A 的人性尊严问题。这里不存在有效同意。但这里只要有推定同意就足够了。① 为了避免侵犯人性尊严,故不允许长时间损害 A 的自主能力。但在我们这个例子中,A 的自主能力甚至重新恢复了。因此,A 的人性尊严未受到侵犯。

(2)儿童 B 的父母一贯根据自己的设想,教育 B 做一个"乖女孩"。B 无法作出有效同意,但父母的教育权(《基本法》第 6 条第 2 款)使家长持续多年的精神心理影响合法化。② 在我看来,本案也取决于是否帮助

---

① 但是,就(当事人的)同意是否损害自身人性尊严这一问题而言,似乎还需要进一步解释自决权思想和这里的单纯"推定"同意概念之间的关系。

② 关于案件中父母教育权的范围,参见 Tatjana Hörnle/ Stefan Huster, Wie weit reicht das Erziehungsrecht der Eltern? Am Beispiel der Beschneidung von Jungen, JZ 2013, 328–339.

了 B 自主能力的形成。最终会造成自主(能力)丧失的教育行为就侵犯了儿童的人性尊严。

(3)在刑罚执行过程中,违背 C 的意志,将原则上拥有同意能力的 C 改造成"另外一个人"。如果这是通过对 C 的人格施加深刻的、不可抗拒的影响而实现的,那么这就侵犯了人性尊严。

(4)间歇性精神病患者 D 在其神志清醒的时刻,坚决拒绝服用开给他的、有治愈可能的药物,因为 D 认为,该药物可能会改变他的性格。这里既不存在同意也不存在推定同意的空间。因此,强制分配药物可能会侵犯 D 的人性尊严,即便把这个精神病人换成极端危险的暴力罪犯,也是一样的道理。

(5)某个宗教团体通过巨大的精神影响让其信徒摧毁其自身的自主能力。根据本文观点,这种做法侵犯了人性尊严。

所有这些案例都存在重大疑难之处,值得好好详细讨论。不同案例所蕴含的问题中有不少是相似的:什么是"自主能力"?什么时候才能认为出现了对人性尊严来说意义重大的"人格改变"?对会造成人格改变的精神影响进行有效同意的前提是什么?人们如何确定,某个精神病患者不再能作出有效的同意?这些问题在我看来,都很有必要进行解释和研究。

七、将来法(lege ferenda)对精神干预的规定

一般而言,基于当事人意志实施的精神干预不构成对当事人的人性尊严的侵犯,但从这一事实并不能得出结论认为,立法者不能通过法律来规制这类干预,并在特定情况下禁止这类干预。立法者原则上只受比例原则的限制:必须通过合适和必要的方式来实现合法目的。例如:

(1)对于给青少年带来风险的新型精神干预技术,规定只允许成年人接触以避免风险;

(2)为避免造成社会的扭曲,可以禁止使用某些能提高能力的

药物;

(3)为避免给社会造成不适当的财政负担,可以适当禁止使用自损药物

(4)对参与成瘾人员自损行为的第三人,可以予以刑事处罚。

很明显,对此类国家手段的许可始终应保持审慎态度,并在个案中审查其是否恰当。和其他领域中一样,国家在此背景下对个体自由的限制,也必须是正当的。特别是在一个自由国家中动用刑事禁令,尤其要设置严格条件。刑法始终是保护法益的最后手段,它只有在其他社会政治或法律手段都不起作用时才能动用。①

对于本文开头所提出的刑事诉讼程序中的"读取思想"问题,又能得出什么结论呢？基于本文所证成的观点,可以得出如下结论:在没有取得当事人同意,或违背当事人意志的情况下对其使用"吐真剂"或者测谎设备的,如果损害了其受到人性尊严所保护的精神完整性,应被视为对人性尊严的侵害。极端情况下,例如可能危及无辜者的生命时,则在允许和绝对不允许之间的界限仍存有进一步的争议；相反,如果当事人同意的话,则使用新技术来"解读"人类心理就不会侵犯人性尊严。② 只要所使用的手段不会长期摧毁被告人的自主能力,那么这种同意就是有效的；反之,即使存在当事人的同意,使用该手段依然是无例外地被禁止的。

八、结论和展望

显然,有待讨论的问题仍有很多。本文只是从刑事诉讼法和人性尊严的角度,针对可以改变精神的新技术,提供了一个理性对待的思路。以下是需要坚持的(要点):

---

① 参见第 369 页脚注③ Eric Hilgendorf/ Brian Valerius, § 1 Rn. 40 f.; eingehend Claus Roxin, Strafrecht Allgemeiner Teil, Bd. 1, 4. Aufl. 2006, § 2 Rn. 97 ff.。

② 这一点无论是对被告还是对证人都一样。

第二十一章　新影像技术下对精神心理的保护

（1）通过新技术干涉人类精神活动所提出的法律问题，并非如（大家）经常认为的那样是一个新问题。早在20世纪50年代初，就是否允许使用测谎仪和麻醉下精神分析，已经作为刑事诉讼法和人权法上最重要的问题得到研究了。当时所发展出来的论据，至今仍可以使用。

（2）强烈干涉某个人的精神心理可能会有损人性尊严。如果当事人同意这种干预，那么，对精神的深度改变就并不有损当事人的人性尊严。[①] 这是法律原则"同意不生违法"的表现，它与宪法倡导的自主原则相契合。

（3）诸如"精神"或者"心理"等概念在使用时并非统一。在心理学中，术语的差异非常大；相反，如果只是为了法律的话，那么一个简单的三元素模型就足够了，它包括了精神的思维、意志和情感这三元素。思维元素吸收、加工和存储信息；意志元素包括人的意志决断和意志实行；情感元素则包含了人类的内心生活。

（4）共同生活的人群之间一定会相互影响彼此的精神。只有例外的情况下才会由法律去调整这种关系，而且这种规则可以从任何部门法中产生。历史上看，由刑法对精神进行的保护是有限的、充满漏洞的，也并不系统。刑法中保护精神的条款包括例如诈骗罪（《刑法典》第263条）、强制罪（《刑法典》第240条）和侮辱类犯罪（《刑法典》185条及以下几条）。

（5）即便得到当事人同意，但如果对精神的干涉行为消除了个体的自主能力，那么也会侵犯人性尊严。这样的措施无一例外是被禁止的。

（6）在设立新的刑事规范以保护对人类精神的新型干涉时，必须注意遵守"最后手段原则"。只有当其他的社会政治和法律手段不起作用时，才允许设立新的刑事规范，以保护对精神的影响。

（7）在引入新的法律规则之前，应当明确存在哪些新型的威胁。目前，还完全不能确定有关干涉人类精神新型技术的态势，因此，还难以建立起有意义的立法基础。

[①] 参见第368页脚注① So im Ergebnis auch Stefan Seiterle, S. 279. Bei Seiferte findet sich auch eine sorgfältige Diskussion der prozessualen Folgefragen. Seiferte 还对程序性的后续问题进行了详细的讨论。

第二十二章
罪责始终无疑？
——人工智能背景下事实认定和证据未决之问题*

一、导论：自动化、人工智能以及法律

欧洲、美国和中国的媒体没有一天不在报道自动化系统、人工智能以及机器学习取得的惊人进步。这些进步全都基于信息数字化的发展，其所带来的新型技术的应用方案几乎囊括我们生活和工作的各个领域。现在，也将扩展到警务和刑事诉讼中。然而，法学理论以及法律对这些技术发展的把握还处在起步阶段。目前，美国和中国对新型技术持开放态度。在欧洲，尤其是德国的主流观点还是对新型技术持保留态度。

但是，欧盟相关机构仍在对这类主题推进研究。欧盟司法效率委员会（European Commission for the Efficiency of Justice，简称 CEPEJ）下辖的一个工作小组目前正在对主题"人工智能与诉讼程序"进行研究，预计会在 2018 年 12 月提交一个工作报告。② 报告指出，借助人工智能应实

---

* 本文原文 „Die Schuld ist immer zweifellos"? Offene Fragen bei Tatsachenfeststellungen und Beweis mit Hilfe „intelligenter" Maschinen 发表于 Thomas Fischer (Hg.), Beweis. Nomos Verlags-gesellschaft, Baden-Baden 2019, S. 229-251 (Baden-Badener Strafrechtsgespräche 4)。

② https://www.coe.int/en/web/human-rights-rule-of-law/-/launch-of-cepej-s-work-on-the-use-of-artificial-intelligence-ai-in-judicial-systems. 访问日期：2022 年 9 月 10 日。

现的目标包括:提高欧盟成员国司法机关效率、减轻法院负担、降低监狱关押率、更好地诉诸司法以及公平和无偏见的诉讼程序。然而,新型科技方案是否符合现行法律的规定仍有待阐明,尤其是否符合《欧洲人权公约》的规定。引起轰动的是,微软首席法务官布拉德·史密斯(Brad Smith)于 2018 年 7 月 13 日向美国政府呼吁,就智能系统自动进行面部识别制定法规,这足以说明法律对以上问题进行澄清的迫切需求。①

下文将系统展现人工智能在警务和刑事诉讼中的应用场景以及出现的一些问题,重点放在事实认定和证据问题。这类问题于解释上就已经被视为犯罪预防和刑事诉讼所面临的重大挑战。②

二、刑事诉讼中的机器

在刑事诉讼中使用机器的想法并不新鲜。弗兰茨·卡夫卡(Franz Kafka)在其 1918 年发表的《在流放地》中描述了一个精确的刑罚机器。该机器以极其冗长的、使被告人身体饱受折磨的程序在他的身体上刻上判决,并最终将其处死。一个军官在向一个游客介绍机器时,强调其无可挑剔的精确性、效率以及绝对公正性。法院定罪的原则是"罪责始终

---

① https://blogs.microsoft.com/on-the-issues/2018/07/13/facial-recognition-technology-the-need-for-public-regulation-and-corporate-responsibility. 访问日期:2022 年 9 月 10 日。

② Cesare Beccaria, Über Verbrechen und Strafen (1764). 1766 年的德语版本参见 Wilhelm Alff, 1988, S. 84 ff.; Jeremy Bentham, Rationale of Judicial Evidence, 5 vols., 1827 (ed. John Stuart Mill); 对此参见 William Twining (ed.), Theories and Evidence: Bentham and Wigmore, 1986; 概况也可参见 Rolf Bender/ Armin Nack/ Wolf-Dieter Treuer, Tatsachenfeststellung vor Gericht, 4. Aufl. 2014, S. 169 ff.; Bertram Schmitt, Die richterliche Beweiswürdigung im Strafprozeß, 1992; Joachim Schulz, Sachverhaltsfeststellung und Beweistheorie, 1992; Frauke Stamp, Die Wahrheit im Strafverfahren, 1998; 综合参见 Ulrich Eisenberg, Beweisrecht der StPO. Spezialkommentar, 10. Aufl. 2017。

无疑"(Die Schuld ist immer zweifellos)。①但是该游客——以及今日的读者——绝对不会同意这种判断,并且会谴责这种冷酷的、无视人文主义以及法治价值的程序。卡夫卡以这种方式标注出了一个步入机器时代的刑法和刑事诉讼。②

然而,在警务、侦查以及刑事诉讼中使用技术辅助手段的历史可以追溯至几百年前。人们在中世纪的刑事诉讼中已经使用了用于测量和放大的简易仪器。进入17世纪后的30年,荷兰科学家安东尼·范·雷文霍克(Antoni van Leeuwenhoek)对显微镜进行了第一次精密性改进。③众所周知的是,近代早期在审讯时已使用制造精密的酷刑刑具,④而当下有经常用于测量血液酒精浓度的酒驾测试仪以及连接数据库搜寻案犯的计算机。实体刑法也长期将机器作为研究主题,例如《刑法典》第268条规定的伪造汽车技术信息记录(technische Aufzeichnung),例如时速表的记录。还有计算机刑法的相关规定,如《刑法典》第263a条、第303a条和第303b条。在20世纪60年代逐渐形成了法律信息学作为与之对应的学科。⑤

当今的刑事侦查技术,从测量道路交通间距的仪器到年龄判断,血迹和DNA分析再到计算机辅助的香烟品牌识别,几乎都会用到仪器。⑥在数

---

① Franz Kafka, In der Strafkolonie. Mit einem Kommentar von Peter Höfle, 2006 (Text und Kommentar), S. 16. 与此处对案件的处理不同,卡夫卡故事中的法院是由一人组成。

② 然而,对卡夫卡文字的解释极具争议,参见上注:Franz Kafka, S. 80 ff. 卡夫卡在构思书中的刑罚机器时可能受到了同时代录音机的启发, a.a.O., S. 92 f.。

③ 这种显微镜首先应用在医学领域,之后才应用在犯罪侦查学领域。

④ 人们也会想到在1768年奥地利颁布的《特蕾西亚刑事法典》中关于刑具和用刑程序臭名昭著的描述。

⑤ Svenja Lena Gräwe, Die Entstehung der Rechtsinformatik. Wissenschaftsgeschichtliche und-theoretische Analyse einer Querschnittsdisziplin, 2011.

⑥ 参见 Ralf Neuhaus/ Heiko Artkämper, Kriminaltechnik und Beweisführung im Strafverfahren, 2014. 也可参见 Guido Limmer, Überführt. Spektakuläre Fälle der Kriminaltechnik, 2017. 刑事侦查学的理论参见 Hans Walder/ Thomas Hansjakob, Kriminalistisches Denken, 10. Aufl. 2016。

字化时代,"打击犯罪的技术"发展迅速,①在侦查以及刑事诉讼中使用机器也就变得自然而然。显然,现代信息技术使法庭的调查和事实认定工作变得更加容易。关键词是计算机数据搜索(用于搜寻案犯)②、数据保留③、在线搜索④以及使用机动车作为证据。⑤使用人工智能进行自动数据库检索的效率更高,目前许多国家倾向采用这种方法并付诸实践。⑥

三、数字化和人工智能

数字化意味着将任意信息描述为 0 和 1 的序列。这就能够以前所未有的速度、数量和精度来收集、处理、存储和传输信息。信息因而获得了新的可塑性:可以毫无问题地处理和传输文本、图像、音频或视频数据。计算机正在承担着越来越多的之前为人类保有的功能,其作为"自动化系统",越来越不需要人类的支持。传感器技术的巨大进步、数据应用的新可能性("大数据分析"⑦)以及"物联网"中通过网络进行的无处

---

① Jann Schaub, Postmoderne Kriminalitätsbekämpfungstechnologien. Informationsverarbeitung, Registrierung und Überwachung als Instrumente des Vorgehens gegen Kriminalität, 2015.

② 同上注,Jann Schaub, S. 34 ff.。

③ Meyer-Goßner-Schmitt, Strafprozessordnung, § 100g Rn. 1 ff. 自 2017 年 7 月 1 日起,数据保留义务应在德国付诸实施。然而为了等待德国联邦最高法院就数据保留允许性的解释,德国联邦网络局在这之前暂停了这项义务的付诸实施。

④ Bernd Heinrich/ Tobias Reinbacher, Examinatorium Strafprozessrecht, 2. Aufl. 2017, Problem 19.

⑤ Patrick Brummer/ Martin Hoch, Das Kraftfahrzeug als Beweismittel: digitale Fahrzeugdaten und ihre polizeilicheRelevanz in der analogen Welt, Kriminalistik 11/2017, S. 643 ff.

⑥ 然而德国的相关活动显得不温不火,参见 Bernhard Schneider/ Diplom-Physiker, Big Data und die vierte technische Revolution, in: Der kriminalist 4/2015, S. 17 ff.。

⑦ "大数据"的概念通常以四个 V 开头的单词为特征:数据的数量(Volume)、种类(Variety)、速度(Velocity)和准确性(Veracity)。

近年来,在此基础上已经出现了新一代的机器:具有人工智能的自主系统。法学刚刚将其造成的法律问题列为研究对象。②术语本身的模糊就需要进行一些概念性的澄清:下文中的"自动化系统"应被理解为能够独立、有目的地(即智能地)处理复杂问题的计算机程序(有时也将其称为人造"主体"或"系统"③)。这类系统的应用范围极为广泛:从航空、铁路、公路运输到工作生活、医疗、护理以及各种形式的政府事务处理(所谓的"电子政务"e-Governance),再到侦查和刑事诉讼。

人工智能使自动化系统能够以其目标为导向行动。④ 可以独立处理复杂任务如算术、象棋或围棋之类的游戏、模式识别或翻译的计算机程序就属于人工智能。其在这些领域有时远胜于人类,即使是世界上最好的国际象棋选手也无法战胜国际象棋如今的计算机程序。就模式识别而言,机器切割也远胜于人工切割,由此可以在放射医学等领域一展所长。⑤ 机器超越人工翻译服务,自动、快速地完成翻译任务也只是时间问题。⑥

需要澄清的第二个发展趋势涉及自动化系统日益增强的学习能力。具有学习能力的机器不但可以执行原有算法的设定,还可以独立地对其进行拓展。系统自身不断学习并不断改进,可以将具有学习能力的系统区分为不同的类型。⑦ 其中最重要的两个类型是受控自主学习系统和非

---

① Manuela Lenzen, Künstliche Intelligenz. Was sie kann und was uns erwartet, 2018, S. 181 ff.

② 大量的相关文献被收录在由笔者和贝克教授主编的丛书《机器人技术和法律》(Robotik und Recht)。

③ Gabriel Hallevy, Liability for Crimes Involving Artificial Intelligence Systems, 2015.

④ 参见上注①Manuela Lenzen; Jerry Kaplan, Künstliche Intelligenz. Eine Einführung, 2017。

⑤ 参见上注①Manuela Lenzen, S. 155; 延伸参见 Thomas Schulz, Zukunftsmedizin, 2018。

⑥ 互联网上已经有很多可以翻译世界常用语言的翻译软件可供人选择。

⑦ 参见上注①Manuela Lenzen, S. 50 ff.。

受控自主学习系统。在受控学习中，输入和学习结果是可控的。这就意味着可以了解机器的学习基础以及它学到了什么样的知识；相反，对于非受控学习而言，输入和学习结果是不可控的。这就会导致不能完全了解系统到底学到了什么样的知识，其行为就会像人类行为一样无法预测。

著名示例是具有学习系统的聊天机器人Tay，其由微软公司在网络上推出，并在2016年初向全球开放。① 它从与用户的对话中学习，从而继续进化。这样一种具有自我学习能力的语言系统可应用于养老院、疗养院或百货公司。但是在推出Tay的24小时之内微软就将其下线。这样的做法是为什么呢？原因是它学到了"错误的信息"。未知的用户向Tay灌输了一些种族主义和仇视妇女的偏激言论，之后它就开始辱骂并侮辱其他用户。这样的"学习成果"是系统生产商没有预见到的，当然，这也是违反其本意的。

这里Tay的示例主要用于说明这种具有自我学习能力的系统是如何运行的。尤其重要的是，系统的性能不仅取决于预设的算法，还取决于输入的数据。与人类一样，学习的影响也会构成系统的特性。这一点会在下文进一步展开。

四、方法论的引介

没有技术革新有人工智能这样深厚的文学基础。"人造实体"服务人类，但是也会危及和摧毁人类的想象，这种情况可以追溯到古希腊、古罗马时期，而这一直是人类文化不可分割的一部分。② 我们在孩童时代都知道艾萨克·阿西莫夫(Isaac Asimov)的机器人故事、超智慧电脑"HAL 9000"以及电影《黑客帝国》中的创造物。这些广为传播的想象表明，人类天生就具有将有生命和无生命的物体"拟人化"的倾向。这种

---

① 参见英语版"维基百科"Tay (bot)中的描述。
② Ulrike Barthelmeß/ Ulrich Furbach, IRobot-uMan. Künstliche Intelligenz und Kultur: Eine jahrtausendealte Beziehungskiste, 2012.

拟人化倾向是合理应对新兴现象"机器智能"最大的困难之一。一方面,它使非理性的担忧和恐惧成为许多人质疑新兴技术的理由。这原本还是可接受的,直至出现以下想象,即正在出现一种新的物种,准备与人类争夺星球。另一方面,它也带来了许多毫无理由的期望,即我们的"新伙伴"要具有与人类相同的行为方式、背景知识以及反应。

导致"数字化转型"和机器智能的兴起成为立法者和司法者特殊挑战的第二个因素,在于仅凭法律专业知识无法把握这种新兴现象。需要跨越学科壁垒,将目光投向工程技术科学、社会学或者伦理学领域。① 此外,我们还需要有勇气以这样一种方式进行理论研究,即从细节问题中抽身出来,看一看"全局"。许多法律专业人士将这种基础观点与概念上的模棱两可、缺乏实用性且混乱的想法联系在一起,有些人甚至期待并假定"真正的"基础性讨论必须是难以理解的。相较之下,本文要强调的是,即使是法学基础研究也不能放弃诸如论证的一致性以及主体间的可验证性这样的科学标准。这里的研究所涉及的不是"可以无限发展的深刻思想",而是以实践为目的,对尽可能透明且可合理检验地澄清基础问题。

与数字化和网络化相关的最新的技术发展通常被称为"数字化革命"(Digitale Revolution)或"数字化转型"(Digitale Transformation)。将新型技术投入到生产中就是人们常说的"第四次工业革命"(Vierte Industrielle Revolution)。② 经过公众和媒体的渲染,必然期望法律应进行相应的革命。然而,情况并非如此。技术对法律的挑战应当通过审慎的法律演进和法律续造加以应对。因此,技术革新与法律的反思性革新相对应。③ 值得注意的是,数字化似乎导致了对法律概念和程序加以阐释的需求,而这种方法不应被理解为"侵犯",而是一种挑战。

---

① 跨学科性的问题,参见 Eric Hilgendorf, Bedingungen gelingender Interdisziplinarität, JZ 2010, S. 913 ff.。

② Klaus Schwab/ Petra Pyka/ Thorsten Schmidt, Die Vierte Industrielle Revolution, 2016.

③ 技术法的任务,参见 Eric Hilgendorf, Abteilung Strafrecht: Die strafrechtliche Regulierung des Internet als Aufgabe eines modernen Technikrechts, JZ 2012, S, 825 ff.。

五、人工智能在警务和刑事诉讼中的应用方案的概览

自主系统和人工智能在警务、侦查以及刑事诉讼中的应用范围非常广泛:首先可以用于事实认定和监视,例如录像、在线搜索以及测量血液酒精含量。特别引人注意且具有法律挑战性的是感知和记录内部心理现象,例如使用测谎仪(测量脉搏、呼吸频率的多重波动测量器)。自动化系统和人工智能更为复杂的应用方式是通过犯罪模式识别来进行所谓的"预测性警务"(predictive policing)。还值得一提的是确定个人潜在危险,例如确定累犯概率,甚至确定当事人是案犯或者成为案犯的概率的新方法。

与此相关的是定罪与否的几率问题:通过分析检察官、警察以及法官的以前的活动,尝试在某些情况下预测定罪几率。人工智能,特别是全新的人工现实技术(虚拟现实)①可以用于还原犯罪过程,以及系统地进行量刑决策并供法官参考,这样就可能消除量刑决策之间的明显差异。如以上示例所示,自动化系统可以以多种方式辅助法庭判决。这就离自主系统独立作出包含定罪在内的法庭判决仅有一步之遥。

应该如何看待这种发展?在警务②、侦查以及刑事诉讼中使用人工智能(例如人脸识别)显然会大大提高工作效率。这一观点特别是在中国得到反复强调③,而在德国也有类似的论点。④ 通过使用这类技术,希

---

① 具有开创性的是位于慕尼黑的巴伐利亚州刑事侦查局,应用领域为法医犯罪现场勘验和 3D 犯罪现场勘验,参见 https://www.fkv.de/de/content/bayerisches-landeskriminalamt-0. (abgerufen am 10. September 2022)。

② EKHK André Schulz, Künstliche Intelligenz: Hilfsmittel oder Konkurrenz für die Polizei?, der Kriminalist 11/2016, S. 4.

③ http://www.bbc.com/news/av/world-asia-china-42248056/in-your-face-china-s-all-seeing-state 以及 http://www.business-punk.com/2017/12/social-credit-system-china-cctv. (abgerufen am 10. September 2022)。后一视频显示了一名英国记者(自行实验)如何在仅潜逃 7 分钟的情况下就被警察通过互联监控摄像头抓获。

④ 强调效率意义参见 Bijan Nowrousian, Das Gebot der effektiven Strafverfolgung-Erinnerung an ein zu Unrecht vernachlässigtes Prinzip des deutschen Strafprozess, Kriminalistik 1/2016, S. 45 ff.。

望可以尽早抓获案犯或阻止其犯罪。而无辜者将不会被送进监狱，监狱的关押率就会下降。总体而言，将人工智能与视频监控①以及大数据分析相结合，明显可以极大地改善社会治安，这在恐怖主义泛滥的时期尤为重要。② 另一方面，绝不能允许这类新型程序破坏甚至消解刑事诉讼的基本价值。对法治国原则下的程序保障适用，也特别适用于这些新型技术。前述包括法律面前人人平等原则、程序公正原则以及控辩双方的平等原则，③绝对不得忽视犯罪嫌疑人和被告人的基本权利。

六、部分问题领域

（一）自主系统和人工智能对控制和测量造成的挑战

首先是在刑事诉讼中越来越多地使用自主技术系统所引发的感知或记录的可靠性问题。尽管机器可以比人类更准确地观测和存储数据，且不会感到疲劳，但是由机器生成的观测数据也并不因此完全准确。若纯技术性地进行感知和记录，应如何识别错误④？法院或检察院由此就很容易对专家产生依赖。也许只有计算机才能检测到其他计算机的

---

① Stephan Humer/ Anna Kederer, Videoüberwachung: Von der konventionellen zur intelligenten Videoüberwachung-Chancen und Risiken für Polizei und Gesellschaft, der kriminalist 10/2016, 36 ff.; 对于视频监控的怀疑参见 Claudia Müller, Videoüberwachung-Mehr Kameras für mehr Sicherheit?, Kriminalistik-Unabhängige Zeitschrift für die kriminalistische Wissenschaft und Praxis, in: Kriminalistik 5/2017, S. 306 ff.。

② 德国的相关讨论主要与数据保留有关，参见 Stephan Humer, Meinungsforum Vorratsdatenspeicherung, der Kriminalist 10/2014, S. 21 ff.。

③ Werner Beulke, Strafprozeßrecht, 13. Auf. 2016, Rn. 28 ff., 148.

④ 法律实践和法学是以归因于真理符合论（Korrespondenztheorie der Wahrheit）的"感知错误"为基础；若感知与现实不符（即与现实相对），其就是错误的。相应地，若对于感知的陈述（即事实陈述）与现实不符，其也是错误的。这种对"感知错误"和"陈述虚假性"的理解深深植于我们的日常用语习惯中，并符合对所使用概念的日常认知。通过审视可以发现，真理符合论以及与之相适应的对感知错误的认知还是很成问题的。然而不具有充分理由使法学证据论偏离其概念认知，原因在于符合论的替代方案更成问题。

错误。这可能会导致在事实上剥夺了法官的权力。例如,如何处理技术系统生成的结果与法官评判结果相矛盾的情况?目前,依据《刑事诉讼法》的相关规定可以回答这个问题:《刑事诉讼法》第261条规定的自由心证原则(freie Beweiswürdigung)赋予了法官最终的裁判权。但是,若没有迹象表明机器是非正常运行,还允许法官认定的事实与机器认定的事实相悖吗?应该将技术上并非完美无瑕的事实认定与"既定的经验法则"以及"思维法则"放在同一层次,并限制法官的自由证据评断吗?① 这些问题亟须解答。

(二)感知内心现象

长期以来,刑事诉讼法一直都在关注是否可以通过技术手段感知内心现象的问题。关于在德国使用测谎仪可行性的讨论可以追溯至20世纪50年代。②当时,在德国使用测谎仪主要受到以下两点质疑:一是认为这类系统完全不可靠,其充其量只能呈表面的确定性;二是认为这类系统将洞察人类内心最深处,将会侵犯人类尊严。无论如何,从发展趋势上看,这两种观点相互矛盾,原因在于,一个完全不可靠的系统很难以令人恐惧的方式侵犯人类尊严。

借助新的人工智能方法似乎可能以一定的精确性洞察尘封至今的内心现象。实际上,"读取思想"似乎正在逐渐成为可能。③问题是,法律如何应对这一技术发展。一方面可以认为,借助新型方法最终可将有罪与无罪、犯罪者和守法者区分开。从这个角度来看,几乎不会有人反对

---

① 计算错误作为逻辑错误的子集参见 Till Mengler, Die lückenhafte Beweiswürdigung im tatgerichtlichen Urteil, 2017, S. 149 f.。

② Eric Hilgendorf, Der Schutz der Psyche angesichts neuer bildgebender Technologien. Menschenwürde undStrafprozessrecht., in: FS Yenisey, Bd. 1, 2014, S. 913 ff.;非机器形式的谎言识别参见 Corinne Koller/ Mirjam Fuhrer, Ws tun, wenn die Pinocchio-Nase nicht existiert?, in: Kriminalistik 11/2016, S. 714 ff.。

③ Frankfurter Allgemeine Quarterly Sommer 2018, Ausgabe 07, S. 77 ff.; Dave van Toor, Will neuroscience revolutionize criminal interrogations?, in: Stephan Barton u.a. (Hrsg.), „Vom hochgemuten, voreiligen Griff nach der Wahrheit". Fehlurteile im Strafprozess, 2018, S. 179 ff.

使用测谎仪,它可以促进刑事程序的公正和效率。另一方面也可以认为,这种对人类内心最深处的洞察使得作为人性主体的人类几乎无所保留了,因此对人类尊严构成了威胁。①采纳以上哪种观点取决于所处的文化背景。

取得相关人的同意后才使用人工智能测谎仪可作为一种折中办法。换言之,如果得到当事人的同意,则允许使用新型技术方法读取其思想,从而证明其清白。而对于反对使用这种技术方法者,也不得对其强迫使用。与此相关的是《刑事诉讼法》第136a条,其中规定了禁止的讯问方法。

(三)刑事诉讼中的预测性警务和对个人犯罪行为的预测

人工智能第三个最有可能的应用领域是"预测性警务",②大致来说,就是对危害社会的行为,特别是犯罪行为进行风险预测。如今,这种一般性预测已经可以得出足够准确的结论。此外,其还被用来识别危险区域或整个市区,以便警方在一开始就可以采取安全和保护措施。德国已开始使用预测性警务,③其也被用于识别和干预自陷风险的受害人行为。

在法律上棘手的是对个人行为的预测。在美国,长期以来一直使用私人公司提供的程序来评估累犯的可能性。④这类程序可以为法官提供参考。一般而言,似乎可以借助人工智能高度准确地预测个人的危险性。这显然就离预测犯罪可能性仅一步之遥,就像美国科幻作家菲利

---

① Eric Hilgendorf, Der Schutz der Psyche angesichts neuer bildgebender Technologien. Menschenwürde undStrafprozessrecht, in: FS Yenisey, Bd. 1, 2014, S. 913, 915 ff.

② Tobias Singelnstein, Predictive Policing: Algorithmenbasierte Straftatprognosen zur vorausschau-enden Kriminalintervention, NStZ 2018, S. 1ff.; "预测分析"的应用现象参见 Stephan Dreyer, in: Hoffmann-Riem (Hrsg.), Big Data-Regulative Herausforderungen, 2018, S. 135 ff.。

③ Dominik Gerstner, Predictive Policing als Instrument zur Prävention von Wohnungseinbruchdiebstahl. Evaluationsergebnisse zum Baden-Württembergischen Pilotprojekt P4, 2017 (forschung aktuell-research in brief/50).

④ https://epic.org/algorithmic-transparency/crim-justice.

普·迪克(Philip Dick)在他的短篇小说《少数派报告》(1956年)中所描绘的那样。

　　这种预测对证明程序的意义仍有待澄清。若一开始就能准确和确定地预测没有犯罪,那么犯罪证明就显得多余了。也就是说,没有犯罪就无须证明。然而定罪或进行其他基本权干预的依据是什么?可以在多大程度上基于人工智能认定的危险性干预相关人的基本权利?显然,预测性警务在面对比例原则时会引发严重问题。刑事程序中对犯罪行为的预测还可能在很多其他方面存在问题,包括但不限于禁止歧视、控辩双方的平等原则、法治国原则以及罪责原则,笔者将通过以下案例作出说明。

　　2016年,美国威斯康辛州的埃里克·卢米斯(Eric Loomis)被判处6年监禁。对其判处的监禁时间至少部分是基于私人公司开发的危险性评分商业软件COMPAS对其作为案犯的风险状况评估。COMPAS全称是Correctional Offender Management Profiling for Alternative Sanctions,即"以替代性制裁为目标的惩教犯管理画像"。卢米斯提出上诉,辩称他在审判期间未能检查该软件,并指出该软件可能存在缺陷。非营利性组织"ProPublica"对此进行了调查并指出,相比白色人种,COMPAS所使用的程序使有色人种更易受到错误的评估。换句话说,该软件具有歧视性。①然而,威斯康星州高等法院在其2017年6月26日的判决中记载,该软件否认侵犯了卢米斯的诉讼权利。② 对软件指控能否成立的讨论仍在进行。无论如何,在刑事诉讼中使用人工智能不仅能提高效率,也可能导致相当大的问题:人工智能被"人工投喂"数据会导致感知扭曲。这与之前提到的聊天机器人"Tay"有明显的相似之处。若"ProPublica"的指控属实,COMPAS的运行就是带有种族主义,就与程序公正

---

　　① https://www.propublica.org/article/how-we-analyzed-the-compas-recidivism-algorithm. (abgerufen am 10. September 2022).

　　② 评注参见 https://harvardlawreview.org/2017/03/state-v-loomis. (abgerufen am 10. September 2022)。

的原则不符。

关于算法可能存在歧视的讨论并不是新鲜事物。二十多年前,弗里德曼(Friedman)和尼森鲍姆(Nissenbaum)对计算机系统的三种歧视方式进行了区分:①一是既存偏见(preexisting bias),这种偏见植根于社会制度、实践和态度,并由此带入计算机程序;二是技术性偏见(technical bias),这种偏见产生于程序的技术设计、实际可行性以及缺陷;三是原发性偏见(emergent bias),这种偏见出现于对具体计算机程序的使用过程中。换言之,使用了特定程序而使个人或群体受到歧视。如果事实如批评者所主张的那样,即用于训练该系统的数据是"片面的",则卢米斯案对应的可能是既存偏见。

然而,"歧视"问题极为复杂,②原因在于,不平等对待本身并不属于歧视,而且,不平等对待是否属于不正当的歧视也常常取决于观察者的个人态度。假设在总人口中,一个具有 E1 至 En 特征的特定群体实际上具有显著提升的犯罪倾向——那么,将一个表现出 E1 至 En 特征的个体视为具有潜在的特别危险性是否构成歧视?又该如何对待个体仅具有 E1 至 En-1 特征的情况?③这再次体现了,法律人在处理对数字化现象时,迫切需要对法律建构进行进一步的澄清。④

卢米斯案凸显的另一问题是控辩双方的平等原则⑤受到了威胁。目前,新型技术方法主要为国家服务,几乎不会将其提供给辩护人。将预测软件公开会危及其使用,因此是不可取的。⑥ 考虑到人工智能的使用成本,只有被告人经济实力相对雄厚,才可能在可预见的将来使用对

---

① ACM Transactions on Information Systems, vol. 14, No. 3, July 1996, S. 330-347.
② Albert Scherr u.a. (Hrsg.), Handbuch Diskriminierung, 2017.
③ 显然,这样可以进一步减少共同特征的数量。预测在什么时候开始"反转"。
④ 几乎可以说极有必要解释数字化对法律概念形成的影响。
⑤ 参见第 384 页脚注② Werner Beulke, Rn. 148.
⑥ 预测个人行为的重要问题之一,在于被预测人可有意识地做出与预测相悖的行为从而使预测失效。由此就可以看出,对个人行为的预测不同于天气预报或其他基于纯自然科学的预测。就像选举预测体现的那样,对人类也可以进行类似于自然科学的预测。这里基本不涉及个人行为,而是涉及较大人群的行为。

应的人工智能的辩护方式。这极有可能加剧司法资源分配不均,这在美国尤其是一个棘手问题。值得注意的是,美国和欧洲关于数据保护的法律状况存在差异。在美国,时常公布并且极易获取案犯的个人数据;而在欧洲,基于2018年5月25日生效的欧盟《数据保护通用条例》,案犯的个人数据是受到严格保护的。因此,数据交易在美国十分常见,而在欧洲绝无可能。欧洲也明显限制针对案犯使用私人公司提供的分析软件。

使用私人开发的风险分析和预测软件所面对的最后一点质疑是,这些软件可能会被获得最多以及最好数据的企业所垄断。显然,数据越好,以此为基础的预测系统就会越可靠。这就指向已经积累了大量数据的企业:美国以脸书和谷歌为代表,中国则是阿里巴巴和腾讯,欧洲目前几乎没有可以与其相提并论的企业。

(四)法官和检察官业务行为的预测

对法官和检察官在法庭上行为可能性的确定和评估似乎也存在问题。可以想象,根据一个特定案件结构,从而分析检察官和法官在先前以及类似案件中的决策行为。这在技术上很容易实现。许多此类的裁判过程都已经公开,因此存在数据上的基础。

从理论的角度来看,很有趣的一点是,前述确定裁判概率的方式与迄今为止对裁判概率的分析有着截然不同的逻辑基础:现如今如果有人想要确定裁判概率,需要分析案情、通过传统的法学方法阐释法律状态,并在此基础上作出预测。因此,这实质上是一个法律程序。基于算法的法官行为分析则完全不同:其只确定特定案件形态与特定裁判之间的相关性,并在此基础上作出预测。其本质是逻辑,而法学思考则被完全忽略了。然而,尽管存在这些问题,还是很难禁止个人使用这类预测软件。因此,今后有必要思考为此类方法建立某种法律框架。

(五)技术还原犯罪过程

在侦查和刑事诉讼中使用虚拟现实程序似乎不存在什么问题。借此可以查明事件经过,例如,通过拟真的再现来重建犯罪现场,①或者为查明犯罪而模拟不同的犯罪形式。但是,也不能排除滥用行为,即通过人为制成以假乱真的体验来影响证人、陪审团成员或法官。似乎无法排除掌握最好或者说最昂贵的虚拟现实软件的一方,在诉讼中占尽上风的可能。

还必须检验技术还原犯罪过程的可靠性。迄今为止,至少原则上,人们可以相信自己的眼睛,尤其是在还有其他人可以确认自己感知的情况下。但是,若眼前呈现的景象是人为制成的,且生成的规则并不明晰,前述原则就不再成立了。在这种情况下,"亲眼所见"还具有哪些证据价值?

(六)通过自动化系统辅助法官、检察官进行决策

前文所阐述的,以虚拟现实提供技术支持的方式只是通过智能自主系统辅助法官和检察官进行决策的众多选项之一。例如,还可以想到通过系统收集、选择和编辑文献以及过往案件材料,或者提供对比案件,以便尽可能地对犯罪行为实施几率作出可靠预测,并说明再犯可能性。

上文已经指出这种预测存在的一些问题。②此外还存在另一个问题:若预测仅基于法适用审(Rechtsanwendungsinstanz)过去的态度,则会导致不假思索地继续适用过去的规则,进而产生僵化的危险。从长远来看,由技术导致的传统主义将严重影响法律体系的生命力。然而,立法者可以通过制定新的规则抑制传统判例法(überkommene Kasuistik)的影响,从而缓解这个问题。

此外,还存在法官和检察官越来越依赖这种软件的风险。最坏的情况是单独让软件作出决策。这可能是出于便利、习惯,甚至是对设备可靠性的过度信任,或者是这三种动机结合的原因。

---

① Arnd Voßenkaul, Virtual Reality (VR)-Polizeiarbeit 2.0 (Teil 2), der Kriminalist 4/2018, S. 9 ff.; 也可参见本文参见第 386 页脚注③。

② 参见第六章第三节和第四节。

第二十二章 罪责始终无疑？

这可能会导致刑事诉讼核心概念和原则意义的改变,例如,"嫌疑"(Verdacht)的概念。[1]依据迄今为止的日常用语习惯,有足够的事实迹象表明罪行的存在,就可确定初始嫌疑(Anfangsverdacht),即"依据犯罪侦查学的经验,犯罪行为的实施似乎是有可能的。"[2]依据《刑事诉讼法》第152条第2款的规定,这样一个犯罪实施的低盖然性就足以启动侦查程序。与此相反,作为提起公诉(《刑事诉讼法》第170条第1款)和开启审判程序(《刑事诉讼法》第203条)的要件,实施行为和定罪的概率要求是"充分犯罪嫌疑"(hinreichender Tatverdacht)。[3]与之相对,"若根据具体事实,被告有很大几率实施犯罪或参与犯罪",就存在重大犯罪嫌疑(dringender Tatverdacht),其可作为待审羁押的前提条件(《刑事诉讼法》第112条及以下数条)。

几乎在所有对初始嫌疑的定义中都会见到"犯罪侦查学的经验"的提法,这就会导致将定义权(Definitionsmacht)转移给作为经验科学(Erfahrungswissenschaft)的犯罪侦查学。这就可以解释为什么迄今为止,教义学或法理学对嫌疑概念的研究几乎没有得出过足够精确且能够达成共识的结论。[4]然而问题在于初始嫌疑原则上作为一个界限一旦越过,就允许对相关人员受基本权保护的法权领域(Rechtssphäre)进行干预。在实践中,何时认定充分"嫌疑"在很大程度上取决于相应决策者的主观推定以及心理状态。

新型智能机器能帮助我们改善这一困境吗? 在犯罪侦查学的文献中,引起嫌疑的原因一般是与常规背离,即"明显不符常规的地方就可能

---

[1] 参见 Franz Salditt, Intelligent Agents-Verdacht unter der Herrschaft computergestützter Technologien, in: Fischer/Hoven (Hrsg.), Verdacht, 2016, S. 199 ff. 以涉税法犯罪为例。

[2] Michael Huber, Der Tatverdacht (Grundwissen), JuS 2008, S. 21。

[3] 同上注:Michael Huber, JuS 2008, S. 21。

[4] "嫌疑概念从各个方面来看都是模棱两可的",参见 Thomas Fischer und Elisa Hoven, Vorwort, in: dies. (Hrsg.), Verdacht. Baden-Badener Strafrechtsgespräche 2, 2016, Stuckenberg, 同一出处, S. 63 ff.。

引起犯罪嫌疑"。①显然,计算机比人更加适合完成(意味着更加可靠以及快速)将给定情形与"常规"匹配的工作。根据"犯罪侦查学周期"的模型,②应当首先进行更全面的数据采集和数据分析工作,以补证初始嫌疑,在此基础上形成对犯罪过程的假设。接下来对需要检验的构成要件要素进行阐释,即解释后续应进行的检验程序。在此基础上可以补正缺失的数据,以便对嫌疑进行修正和准确说明。显然,也可以用计算机对以上步骤进行处理,当然特别是第三个步骤,即形成假设可能会带来一定的麻烦。尽管如此,可以认为,刑事侦查学对于"嫌疑的工作"还是应继续对机器分析持开放态度。

嫌疑程度(Verdachtsgrade)与机器智能相结合,在以下几个方面给传统法学思维带来了挑战:第一个问题是,如前所述,在识别数据模式方面,人工智能远远优于人类。③因此,当存在大量数据可供使用时,机器可以极佳地作出预测。由此就可以呈现再犯概率,这也正是卢米斯案为人诟病之处。④同样也可以借助机器计算出罪行概率和定罪概率。这一类报告对作出决策的检察官和法官的意义何在?他们可以信任报告中的内容吗?他们在不久之后是不是必须使用这样的辅助工具?甚至会不会出现不允许他们背离机器预测结果的情况?

此外还会出现第二个问题:作为概率判断基础的程序,即生成嫌疑程度所依据的逻辑不同于人类认定嫌疑的思维。那么,这对于有重大法律影响的机器建议来说意味着什么?若预测系统事后证明,其呈现的绝大部分预测是准确的,是否就可认定这个系统足以胜任预测工作?或者要求系统的预测方式必须与检察官和法官的思维相同?

与之密切相关的第三个问题更偏向基础理论,而与实践的相关性较

---

① Hans Walder/Thomas Hansjakob, Kriminalistisches Denken, 10. Aufl. 2016, S. 98 f. 值得注意的是,作者自己流露出来了对偏离一个"模型"的确信,出处同上 S. 99 附有 Henriette Haas 的引证。
② 同上注,Hans Walder/Thomas Hansjakob, S. 93。
③ 参见本文第三章。
④ 参见本文第六章第三节。

第二十二章　罪责始终无疑？

小:给出嫌疑程度的确切依据是什么？其背后的逻辑是什么？笔者之前的阐述①其实非常模糊,远未达到现代科学标准所要求的精确程度。如果尝试以机器理解的方式重新对其加以阐述,这种模糊性就会体现得非常明显。这样一种解释需求可能非常有利于促进对嫌疑程度的合理性的讨论。

最后想提及的是新型技术方案对存疑有利于被告人原则的影响。②迄今为止,当法官对被告的罪责存在合理怀疑时,就可适用这一原则。但是,当使用机器以百分比形式呈现罪行几率时,"合理怀疑"又意味着什么？怀疑从多大几率开始会变得不再合理？这些问题必须在研究和实践中加以阐明。

(七)通过自主系统作出法院判决？

未来,人工智能有可能独立在刑事诉讼中进行决策并作出判决。这听起来像是科幻小说的内容,但是,当在脑海中浮现这样一个裁决所具有的要素时,就会意识到它距离我们可能并不遥远。

首先会涉及一个查明案情的问题,即证据评判,其中就包括查明内在事实。上文已经提到,机器比人更能胜任这类工作。③如果将之理解为对人类行为的评价,那么人工智能系统能否确定一个人的罪责会是棘手的问题。至少可以考虑依据类似案件来对罪责进行评估;通常人类也会依照这种模式形成决策。最终,司法裁判还包含确定法律后果。鉴于人工智能的预测能力,完全可以想象,相较于人,机器可以确定"更好的"法律后果。原因在于机器是理性且严格遵循现有知识水平作出决策,特别是对于还在建设基于法治国原则的刑事诉讼程序的国家而言,就像中国,时常会强调通过机器辅助法官可以极大地促进程序公正和平等对待被告人。

这里也存在前文提到的对技术支持下的、缺乏反思的传统主义④的危险。此外存疑的是,当事人是否会认可源自机器的法院判决？刑事诉

---

① 参见本文第六章第六节。
② 参见第 383 页脚注③Meyer-Goßner/Schmitt, § 261 Rn. 26 ff.。
③ 参见本文第六章第一节和第二节。
④ 参见本文第六章第六节。

讼程序是围绕法官设计的,在可预见的将来仍会保持此种模式。显然,至少德国的法院组织法(Gerichtsverfassungsrecht)以及程序法(Verfahrensrecht)暂时都排除了使用行使法官职能的人工智能。①

一个引人注意且已多次指出②的问题在于,在法院判决中使用人工智能是否意味着背离一直以来的法律逻辑。③机器作出决策的依据不同于人类,其确定事实和预测的依据也不同于法官,这不亚于使用另外一种确定真相的方式。因此,使用行使法官职能的人工智能是一种范式的改变,需要对其进行最严格的法律(尤其是合宪性)审查。

七、新的基本权?

最后需要商榷的是,在数字化和智能机器时代我们是否需要新的基本权利,特别是在刑事程序中? 2016 年 12 月初,《德国时代周刊》(Die ZEIT)刊登了由受人尊敬的时事评论员和互联网活动家撰写的数字化时代基本权利目录。法学家、前宪法法院法官沃尔夫冈·霍夫曼-里姆(Wolfgang Hoffmann-Riem)也是作者之一。然而,这个数字化宪章遭到了批评。维克托·迈耶-舍恩伯格④(Viktor Mayer-Schönberger)认为,数字化基本权利宪章无异于(经过时下政治装饰过的)"新瓶装旧酒",而忽略了真正的问题。相反,他呼吁建立一项新的"面对自主性、适应性(即有学习能力的)系统维持存续的集体性基本权"。这项"集体

---

① 还要提及的是欧盟《通用数据保护条例》第 22 条,其排除了完全依靠自动化处理对数据主体做出的具有法律影响的决策。然而由此并未产生一个对算法驱动决策的"解释权",参见 Sandra Wachter/ Brent Mittelstadt/ Luciano Floridi, International Data Privacy Law 2017, vol. 7, S. 76 ff.。

② 参见本文第六章第四节和第六节。

③ 这里将"法律逻辑"理解为法律专业人士在术语、结论以及检验步骤上特有的思维方式。对其的探讨主要是在法学方法论中。这里"法律逻辑"的概念要比克鲁格(Klug)1982 年第 4 版《法律逻辑》中的概念宽泛。

④ Viktor Mayer-Schönberger, Grundrechte 4.0, in: FS Pichler, 2017, S. 335 ff.

性人类存续权"(kollektives menschliches Existenzrecht)应该作为"人与机器共存(Übereinkommen)的核心"。①

对此应如何看待？即使认同迈耶-舍恩伯格对数字化基本权利宪章的批评，但是其呼吁的一项新的"集体性生存权"十分牵强，且理论基础十分脆弱：应该向谁主张这项权利？它隶属于哪个法律体系(Rechtsordnung)？这里更多涉及一个纯粹事实上的预防措施问题(rein faktische Vorkehrungen)，以防止对不受任何法律形式规制的机器的过度依赖，毕竟此处并无法律的接受主体。笔者认为，目前只需要将现有的基本权利适用于新问题，并在必要时对其进行拓展。在此，不应用法律革新(rechtliche Revolution)，而应用法律演进(rechtliche Evolution)来回应技术革新。笔者已试图展示新型技术如何影响基本权，对刑事程序中的基本权进行与技术契合的更新，并加以精细化就能足以应对新的问题。

八、初步结论

在警务和刑事诉讼中使用自主系统和人工智能对传统的警务和刑事程序带来了相当大的挑战。若将使用人工智能等同于会成为富人的特权，则最重要的问题在于保护对控辩双方的平等原则以及法律面前人人平等原则。笔者在上文已经对通过人工智能歧视有色人种或外国人的危险进行了讨论。

一个主要问题，在于机器对案犯的分析以及预测缺乏可解释性，②其构成的威胁不亚于改变法律思维，这就导致法治国程序原则面临了一个全新的问题。此外，在公众的接受度上也存在着很大的问题。相比于机器，公众可能更期望在法官那里感受公平正义。总而言之，在警务以及刑事诉讼中使用先进的人工智能尽管具有无可比拟的优势，但仍然存在诸多有待解决的问题。

---

① 参见第 398 页脚注④Viktor Mayer-Schönberger, S. 340。
② 参见上文第六章第四节和第六节。

第六编
拾 遗

第二十三章
跨学科的成功条件
——以法学为例*

现在日益高涨的"跨学科"呼声几乎遍及各处。本文从系统化的视角分析"跨学科"概念,并阐释跨学科工作的利弊。

一、前　言

多年来,跨学科(Interdisziplinarität)、多学科(Multidisziplinarität)、超学科(Transdisziplinarität)等概念在科学理论的争论中扮演着越来越重要的角色,但更多的是在高校教学法和高校政策的争论中备受关注。这些概念所应表达的准确含义并非总是清晰的。它之所以继受,首先是因为进行跨学科、多学科或者超学科工作的能力或意愿往往不仅决定了项目成功申请的机会,也决定了整个专业在其他大学学科领域中的地位。"跨学

---

* 笔者和扬·约尔登(Jan Joerden)、菲利克斯·蒂勒(Felix Thiele)一起于2009—2010年在比勒费尔德(Bielefeld)跨学科研究中心领导了一个以"人的尊严"为主题的研究小组。2010年1月21日,笔者在埃尔兰根(Erlangen)举办的"弗兰肯学科内部论坛"中作了报告,该报告即本文章的基础。
本文原文 "Bedingungen gelingender Interdisziplinarität – am Beispiel der Rechtswissenschaft"发表于:Juristenzeitung Bd. 65 (2010), S. 913–922. Kurzfassung in: Universitas 65. Jg. (2010), S. 1323–1336。

科"的概念似乎在 20 世纪 60 年代初才出现,①经由社会学家及大学创始人赫尔穆特·舍尔斯基(Helmut Schelsky)②的阐释,这一概念在科学政策中占有一席之地,并在 70 年代和 80 年代几乎应用于全部科学政策问题。③ 目前关于跨学科的过度讨论已经有所减弱,其背后隐藏的(完全重大的)问题却未得到解决。

这场争论自始就具有一些特异之处,毋宁说是悖论。第一个悖论是,对于占据支配地位并可能阻碍知识进步的科学专精化,跨学科一直被视为应对良方,然而,科学专业化的发展却并未受到什么限制。④ 显然,科学创新、跨学科以及专门科学的专业化之间的关系并非如其直观所示的那样一目了然。第二个与其相关的悖论是,虽然庞大的科学组织和其他科学资助机构明确支持跨学科,但是在资助落实方面,除了一些口头承认之外,几乎没有确定具体的转化机制。可能的原因是,这些转

---

① Helmuth Holzhey, Artikel „Interdisziplinarität", in: Joachim Ritter / Karlfried Gründer (Hrsg.) Historisches Wörterbuch der Philosophie, Bd. 4, 1976, S. 476–478 (476) nennt als ersten Beleg Hans P. Bahrdt / Helmut Krauch/ Horst Rittel, Die wissenschaftliche Arbeit in Gruppen, Kölner Zeitschrift für Soziologie und Sozialpsychologie 12, 1960, S. 1–40.

② 参见第五章第二节。

③ 颇具影响力的是由教育研究和创新中心出版的文集 Interdisziplinarity. Problems of Teaching and Research in Universities, 1972; 另参见 Helmut Holzhey (Hrsg.), interdisziplinär, 1974; Jürgen Kocka (Hrsg.), Interdisziplinarität. Praxis, Herausforderung, Ideologie, 1987; Heinrich Parthey/ Klaus Schreiber (Hrsg.), Interdisziplinarität in der Forschung. Analysen und Fallstudien, 1983; Richard Schwarz (Hrsg.), Wissenschaft als interdisziplinäres Problem, Teil 1, 1974, Teil 2, 1975 (Internationales Jahrbuch für interdisziplinäre Forschung, Bd. 1 und 2); 著名的专著参见 Hartmut von Hentig, Magier oder Magister? Über die Einheit der Wissenschaft im Verständigungsprozess, 1972; 总结性内容参见 Ursula Hübenthal, Interdisziplinäres Denken. Versuch einer Bestandsaufnahme und Systematisierung, 1991。探讨具体合作方式的文献参见 Dieter Grimm (Hrsg.), Rechtswissenschaft und Nachbarwissenschaften, 2 Bände, 1973, 2. Aufl. 1976. 新近的资料参见 Peter Weingart/ NicoStehr (Hrsg.), Practising Interdisciplinarity, 2000; Michael Jungert u. a. (Hrsg.), Interdisziplinarität. Theorie, Praxis, Probleme, 2010。

④ Peter Weingart, Interdisziplinarität–Zwischen wissenschaftspolitischer Modefloskel und pragmatischem Förderkonzept, in: VolkswagenStiftung (Hrsg.), Impulse geben – Wissen fördern. 40 Jahre Volkswagen-Stiftung, 2002, S. 159–195 (160 f.).

化机制还未得到充分具体的考量。最后,关于跨学科争论的第三个悖论是,许多科学家,包括那些从事跨学科项目的科学家在内,几乎不愿意或者没有能力改变各自习以为常的专业科学的论证风格。这一现象看起来也没有得到充分解释。

为避免从一开始就引起误解,有必要区分两个层面:一个是科学学科及其研究人员之间的事实关系;另一个是跨学科术语的语言层面,正如科学评论家、科学哲学家和科学政治家所维护的那样。最近出现了"内部学科"(Intradisziplinarität)这一主题,它时而与某种特定的"法学理论"相关联。[1] 事实上,对法学自身规律性(Eigengesetzlichkeiten)——甚至可能是不同的法学分支学科的自身规律性——进行学科内部的反思正是有意义地探讨法律跨学科的重要前提。

二、基 础

(一)术语

以下所称的"跨学科"是指不同学科的研究人员在某一共同项目上的合作。[2] 相反,"多学科"(或者"复数学科")是指不同学科的简单并

---

[1] Matthias Jestaedt, Perspektiven der Rechtswissenschaftstheorie, in: Matthias Jestaedt / Oliver Lepsius (Hrsg.), Rechtswissenschaftstheorie, 2008, S. 185-205; Matthias Jestaedt, Braucht die Wissenschaft vom Öffentlichen Recht eine fachspezifische Wissenschaftstheorie?, in: Andreas Funke / Jörn Lüdemann (Hrsg.), Öffentliches Recht und Wissenschaftstheorie, 2009, S. 17-43. 参见 Matthias Jahn, Pluralität der Rechtsdiskurse - Sektoralisierung der MethodenlehreZum Verhältnis von Rechtswissenschaftstheorieund Rechtstheorie in: Matthias Jestaedt / Oliver Lepsius (Hrsg.), Rechtswissenschaftstheorie, 2008, S. 175-184, 其中同样明确支持部门法综合学科的特殊法学理论。关于特殊的法学理论这一主题,另参见 Christoph Engel / Wolfgang Schön (Hrsg.), Das Proprium der Rechtswissenschaft, 2007。

[2] 对该术语也有不同的建议,参见 Roland Czada, Disziplinäre Identität als Voraussetzung interdisziplinärer Verständigung in: Kilian Bizer/ Martin Führ/ Christoph Hüttig (Hrsg.), Responsive Regulierung: Beiträge zur interdisziplinären Institutionenanalyse und Gesetzesfolgenabschätzung, 2002, S. 23-54 (24 ff.)。

存,在这种互动模式中,各自的学科至多具有"辅助学科"的地位(但常常这种关系也不存在)。这些可能符合日常用语习惯的跨学科和多学科的概念是有意在广义上使用的,以便恰当描述跨学科争论的多样性。不过它们包含的一些概念要素值得进一步考究:

首先是学科概念本身。"学科"这一术语与"学生"(discipulus, Schüler)、"学习"(discere, lernen)紧密相关。因此,"学科"是要求学生具备的特性,这些学生又形成了"学派"。将学科的产生和学派的形成关联起来,从词源学的角度来看绝不是牵强附会。① 但是,科学学科(或者专业)的含义也只是乍看起来清楚罢了。学科的数量、划分和研究方向是历史发展的结果。学科划分并非反应了科学或者客观世界预先存在的秩序,而是基于偶然的发展、决定和偶然事件。② 即使通过在各自科学领域使用的方法,也无法清晰区分学科。有的新学科形成(例如经济信息学或生命科学),有的学科消失(例如控制论),也有的学科只是纸上谈兵(例如"信息法"专业)。德国研究联合会(DFG)给出的专业划分可以恰当说明当今认可的学科的纷繁多样性。已经形成的"学科"经常可以划分成"分支学科",这些分支学科本身也都可以各自视之为(独立的)学科,例如法学分成民法、刑法和公法三大分支学科。总之,因为"学科"概念具有偶然性,"跨学科"的称谓就很有问题。

与跨学科概念近似的"科学的统一"这一术语也是在不同意义上被使用的,它可以指古代哲学中科学的历史根源,也可以指方法论中的共性和目标。例如,20世纪初维也纳(和柏林)学派的代表人物就是在后

---

① 参见第 405 页脚注② Roland Czada, in: Kilian Bizer/ Martin Führ/ Christoph Hüttig (Hrsg.), S. 23 (24)。

② "人们可能将(社会科学的)学科划分视为必要的科学分工的结果,但是学科划分应从历史的视角予以解释,可能更多地来自无关乎知识的实践利益——例如来源于特定行业的培训需求——而不是有助于知识进步。"[Hans Albert, Die Soziologie und das Problem der Einheit der Wissenschaften, Kölner Zeitschrift für Soziologie und Sozialpsychologie 51, 1999, S. 215-231 (217); 参见 Hans Albert, Das Rahmenproblem und die disziplinäre Arbeitsteilung Kölner Zeitschrift für Soziologie und Sozialpsychologie 53, 2001, S. 625-640 (634 ff.)]。

第二十三章 跨学科的成功条件

一种意义上使用该表述。该学派是由不同出身的科学家和哲学家发起的运动,旨在通过严格区分形而上学和特定政治趋势,塑造并传播真正的科学世界观。① 其视野涵盖全部专业,不仅包括自然科学和经验社会科学,还有伦理学、法学和艺术科学。奥托·诺伊拉特(Otto Neurath)是该运动的发起者之一及主要代表人物,他追求的目标是"全部科学的百科全书",其联结点是所有科学工作所依赖的科学世界观。② 目前爱德华·威尔逊(Edward O. Wilson)③和其他研究者——虽然有许多细节差异——遵循了这一传统,他们往往将生物学视为引导学科。

"超学科"概念没有展示新的观念,而是跨学科思想的强化,于尔根·米特斯特拉斯(Jürgen Mittelstraß)使用的"超学科"概念就是如此。米特斯特拉斯对这一概念的阐释如下:

> 正确意义上的跨学科并不是在专业或学科之间来回游走,或者近似于绝对精神那样高于专业和学科,而是破除那些阻碍问题发展和相应研究活动的专业上和学科上的限制,它是事实上的超学科。④

显然,这并不涉及到跨学科的替代形式,米特斯特拉斯使用"超学科"概念应对概念强化意义上的"通常的跨学科术语"⑤。他理解成由于贯穿专业的新问题而变得必要的科学研究和工作形式,这种形式并非取

---

① 参见逻辑经验主义的纲领性文章 Verein Ernst Mach, Wissenschaftliche Weltauffassung-der Wiener Kreis, in: Rainer Hegselman (Hrsg.), Wissenschaftliche Weltauffassung, Sozialismus und Logischer Empirismus, 1979, S. 81-101。该文章是鲁道夫·卡纳普(Rudolf Carnap)、汉斯·哈恩(Hans Hahn)和奥托·诺伊拉特(Otto Neurath)的共同成果。关于维也纳学派的实践哲学和法学理论参见 Eric Hilgendorf (Hrsg.), Wissenschaftlicher Humanismus. Texte zur Moral-und Rechtsphilosophie des frühen logischen Empirismus, 1998。

② 参见(当前几乎被遗忘的) Richard von Mises, Kleines Lehrbuch des Positivismus. Einführung in die empiristische Wissenschaftsauffassung, 1939, Neuauflage hrsg. von Anne J. Kox/ Friedrich Stadler/ Henk L. Mulder/ Rainer Hegselmann 1990。

③ Edward O. Wilson, Die Einheit des Wissens, 1998.

④ Jürgen Mittelstraß, Wissen und Grenzen. Philosophische Studien, 2001, S. 89-107 (92 f.).

⑤ 同上注, S. 89.

消传统的专业界限,但对于特定研究项目而言,它确实做到了这点。① 不断增长的专业化和学科的制度性固化日益成为知识的界限,对此超学科的方法应有助于保障知识进步。正如米特斯特拉斯强调的那样,这是工具性的观念。②

(二)科学的内部分化

以上概述的"跨学科""多学科"和"超学科"概念在当下是教育政策和教育术语的重要内容。科学理论和科学社会学的相应现象尤其要予以科学研究,这两个学科的研究领域从不同的角度相互靠近。科学社会学的贡献尤其值得注意,它由美国社会学家罗伯特·默通(Robert K. Merton)于20世纪40年代创立。默通研究了科学繁荣所必须遵守的行为规则,并且推进了一些规范,这些规范至今仍是科学伦理的核心内容。③ 科学史学家普莱斯(de Solla Price)自20世纪60年代起就试图通过计量方式理解科学发展。④ 他的结论是,现代科学体系自17世纪开端以来,每15年就增加1倍的规模。科学家数量比人口数量增加快得多。19世纪末,世界上共有约50000名科学家;20世纪末,科学家数量已超过300万名。⑤ 由该发展状况可以推测,有史以来的所有科学家中,

---

① 参见第405页脚注②Roland Czada, in: Kilian Bizer/ Martin Führ/ Christoph Hüttig (Hrsg.), S. 23 (26 f.)。

② 参见第407页脚注③ Jürgen Mittelstraß, S. 93. 关于超学科观念的详细内容参见 Frank Brand/ Franz Schaller/ Harald Völker (Hrsg.) Transdisziplinarität. Bestandsaufnahmen und Perspektiven. Beiträge zur Thesis-Arbeitstagung im Oktober 2003 in Göttingen, 2004。

③ Robert K. Merton, A Note on Science and Democracy, Journal of Legal and Political Sociology 1, 1942, S. 115-126, 德文版: Robert K. Merton, Wissenschaft und demokratische Sozialstruktur, in: Peter Weingart (Hrsg.), Wissenschaftssoziologie I: Wissenschaftliche Entwicklung als sozialer Prozess, 1973, S. 45-59. 详细内容参见 Peter Weingart, Wissenschaftssoziologie, 2003, S. 15 ff.。

④ Derek J. De Solla Price, Little Science, Big Science, 1963, dt. Ausgabe (mit demselben Titel) 1971.

⑤ Ulrike Felt / Helga Nowotny/ Klaus Taschwer, Wissenschaftsforschung. Eine Einführung, 1995, S. 44.

80%-90%都生活在当下。①

科学家数量的增加造成出版物的迅猛发展,所有科学领域都出现了"出版浪潮"。科学体系通过两种方式回应这种发展情况:选择性接收和内部分化。② 对科学出版物的(不可避免的)选择性接收导致大部分——而且日益增多的——科学出版物无人问津。③ 对于单个研究者而言,其接收的选择意味着专业化,④这种专业化又在全部科学体系中造成内部分化的趋势。⑤ 因此彼此联系松散的新学科就持续产生了。⑥ 在此背景下,进行跨学科的要求就有点乡愁味道了:渴望恢复有关自身"科学谱系"的已经消失的联系。

(三)法学的特殊境遇

科学的内部分化模式也适用于法学。然而以我们的学科为例,除了

---

① 参见第 408 页脚注③ Peter Weingart, S. 36。
② 同上注, S. 37; 另参见 Peter Weingart, in: Jürgen Kocka (Hrsg.), S. 159-166。
③ 衡量科学出版物的影响(书目计量学或科学计量学)是科学社会学中最有趣的部分,但也是最有争议的部分。
④ 马克斯·韦伯(Max Weber)已经阐释过这种现象,这和洪堡(Humboldt)提出的博学多才的研究者类型明显不同。马克斯·韦伯阐述如下:"只有通过科学的专业化,科学工作者才能真正拥有其毕生中可能仅此一次的完全的自信:我在本领域的成就将为世人所铭记。"(Max Weber, Wissenschaft als Beruf [1919], in: Max Weber, Gesammelte Aufsätze zur Wissenschaftslehre, hrsgg. von Johannes Winckelmann, 7. Aufl. 1988, S. 582-613 [588])康斯坦茨大学的前校长格哈特·冯·格雷韦尼茨(Gerhart von Graevenitz)指出,除了洪堡提出的"博学的科学家"和韦伯提出的"彻底的专业人士"外,现在应当支持第三种科学家类型,也就是"部分的专业人士",其在不同的研究组织中孜孜以求,并且作为专家,一直致力于研究各个"相互分离的子任务"。(Gerhart von Graevenitz, Beruf zur Wissenschaft, Konstanzer Universitätsreden 206, 2000, S. 11)
⑤ 参见 Rudolf Stichweh, Zur Entstehung des modernen Systems wissenschaftlicher Disziplinen. Physik in Deutschland 1740-1890, 1984。
⑥ 为了认定某个新学科(不同于由研究者组成的纯粹的兴趣共同体),必须存在一些标准,然而关于这些标准似乎未达成一致。法学的内部分化也存在这样的问题,例如是否可以将"法信息学"或"信息法"看作独立的学科,参见 Eric Hilgendorf, in: Jürgen Taeger / Irini Vassilaki (Hrsg.), Rechtsinformatik und Informationsrecht im Spannungsfeld von Recht, Informatik und Ökonomie, 2009, S. 1-12。

选择性接收外,还有其他要素对于内部分化有着重要作用:

对法学而言,第一个非常重要的要素可能是法学研究对象,即法律的划分具有可接受性和规范基础。法学家区分民法和公法,公法又区分为刑法和其他形式的公法,例如宪法和行政法。这些部门法具有各自的指导原则和论证标准。例如,刑法中有罪刑法定原则(nullum crimen, nulla poena sine lege)和(由其推导出的)严格的禁止类推,为刑法学熔铸了深刻的烙印,使其成为法学中独特的部门学科。构成部门法的指导原则不仅依赖于"科学群体"的认可,有时甚至预先由法律作出了规定(《刑法典》第1条、《基本法》第103条第2款)。

这些指导原则和论证架构深刻影响了法学的内部划分:在部门学科内部出现了进一步划分(例如经济刑法、环境刑法、计算机和网络刑法、医疗刑法),而不是横跨已经成形的部门学科。所谓的"交叉学科"(在极端情况下)主张集合公法、刑法和民法的要素,这样的交叉学科取得认可的过程十分艰难。例如作为法领域或者部门法学科的信息法,[1]其内容是关于"信息"的法律问题。20年来,将信息法论证成独立法学学科的努力未曾中断——不过至今仍是徒劳。[2]

第二个可能影响法学内部划分机制的要素是现代信息技术的传播,例如法学数据库JURIS和Beck online。人们借助电脑可以在极短时间内对大量的数据进行筛选,并且清晰地搜寻信息模块。因此对于文本导向的学科而言,出现了理解其素材的崭新途径。值得期待的是,数字革命将深刻影响文本导向的学科的发展,然而将由此加速抑或延缓内部划分的进程,在目前并不明朗。

第三个要素是高校之外的法学知识的集中,该要素的影响目前难以

---

[1] 在法学中,没有从术语方面明确区分法学工作的研究对象(法律)及其相关的部门法学科。例如,"刑法"(Strafrecht)这个术语一方面指现行有效的关于刑罚的全部法律规范,另一方面指研究这些法律规范的部门法学科(刑法学),参见第405页脚注①Matthias Jestaedt, in: Christoph Engel / Wolfgang Schön (Hrsg.), S. 241-281 (243)。

[2] 关于将"信息法"作为独立法学学科的问题参见第409页脚注⑥Eric Hilgendorf, in: Jürgen Taeger / Irini Vassilaki (Hrsg.)。

第二十三章 跨学科的成功条件

进行评价。目前法学专业知识大量汇聚于大型国际性律所。许多细节问题不再是由法学院,而是由大型律所的业务团队进行专业化分析和解决的,由教授出具的专家意见数量减少了。可以说,法学专业研究至少部分地从高校转移到了特定的律师群体当中,这种情况也可能影响高校中科学的内部划分。

第四个要素是社会和科学政策对于跨学科工作的明显推动。大部分传媒对跨学科给予积极评价。跨学科的呼声背后往往是科学民主化和普及化的理念。同时值得一提的是可视化的趋势,这在许多学科中有迹可循。① 大众传媒发挥着重要作用,当大众传媒的报道内容涉及科学时,就几乎必然依赖跨学科和普及化的方式来准备素材。对科学而言,目前大众传媒的反应和支持非常重要,尤其是科学项目依靠政治支持或者公共或私人赞助机构的财务支持。② 法学也可能以这种方式产生潮流,以支持更多的跨学科或者为跨学科做准备的更强烈的自我定位。

第五个要素是法律政策和法学面临的超越学科的新任务。例如在环境保护、资本市场规制、医疗卫生和互联网领域制定有意义的规则,即有效率和持续有效果的规则。就这些问题而言,显然有必要——最好是跨学科地③——共同发挥法学、经济学、医学和信息学的作用。

第六个要素是指不断扩张的法律精细化,在一定程度上可以视之为我们社会"法律化"的现象。④ 法律划分伴随着法学划分,在大的法学部门法领域出现了新的专门领域,这些新领域通过文章、专著和评注很快崭露头角。对于德国《民法典》《刑法典》《基本法》《商法典》等"重要的"立法文本,其各自不仅有一种评注,甚至有多种评注,例如从多卷本的"重要评注"到单卷本的"实务评注"。当前,不太重要的法律也广泛

---

① Eric Hilgendorf (Hrsg.), Beiträge zur Rechtsvisualisierung, 2005.
② 参见第 408 页脚注③Peter Weingart, S. 113 ff.。
③ 参见第二章第一节及第 407 页脚注③。
④ Thomas Raiser, Grundlagen der Rechtssoziologie, 4. Aufl., 2007, S. 345-352; Klaus F. Röhl, Rechtssoziologie. Ein Lehrbuch, 1987, S. 550-557.

通过评注彰显自身。相应文章、专著和教科书的数量也日益增加,其中法律方面的出版社发挥了重要作用。因为印刷成本大幅度降低,所以现在出售少量册本就足以让某一部作品获得商业名气,这可能是当前法学的评注文献和培训文献大量涌现的主要原因。不过专业化更多是依靠和法学有关的专著、手册和评注推动的,而不是培训类文献。因为再没有人能了解某个传统部门法学科的全部新文献,更不用说阅读这些文献。因此,必然出现日益专业化的趋势,并且专业杂志的创立增强了这种趋势。新的专业领域逐渐具有了独立性。例如计算机和互联网刑法在20世纪70年代出现时并不被看好,如今已成为刑法中名副其实的部门领域。

第七个特别有趣的要素是塑造部门领域特有的法学理论。这尤其涉及反映各自部门法领域的方法论特性,也涉及是否应将法学视为本身包含多样性的"顶层学科"而不是具有同一性的单一学科。① 值得注意的是,首先在公法领域开始探讨部门法领域所特有的法学理论,可能是因为公法中——就学术角度而言是有问题的——学术的政治化异常诱人。②

综合上述要素可知,前三个要素阻碍法学内部的继续分化或者至少是与之矛盾的;第六个和第七个要素显示出进一步分化和学科的独立性;第四个和第五个要素有利于法学的部门学科之间、法学和其他学科之间更强的跨学科。鉴于这种不大清晰的状况,可能的疑问是,是否还存在上述内部划分的趋势,或者是否不存在重新融合或者至少跨学科的相反趋势。这些问题肯定是针对全部科学体系而提出的,但是设想的转折的理由却仍然不清晰。③

---

① 参见第一章及第405页脚注①。
② 参见第405页脚注①Matthias Jestaedt, in: Christoph Engel / Wolfgang Schön (Hrsg.), S. 241 (243). 国家法理论中的一些趋势难以和传统的法学论证风格相融合,例如大量使用不精确的概念,模糊的"衡量"术语,忽视价值中立的要求(要求区分事实描述和评价)以及与之相关的和政治立场的模糊的界限。关于法学中价值(判断)中立的要求参见 Eric Hilgendorf/Lothar Kuhlen (Hrsg.), Die Wertfreiheit in der Jurisprudenz, 2000。
③ 相关论述参见第407页脚注④Jürgen Mittelstraß, S. 89 (93 ff.)。

第二十三章　跨学科的成功条件

同样的问题是,法学的内部划分和专业化趋势是否受到阻碍——可以确定的是,当今法学的内部划分和专业化程度使其支持者难以和其他学科的人沟通,甚至常常难以和法学的其他部门学科的人进行富有成效的专业沟通。① 由此出现了知识界限和理性漏洞,当相关学者通常没有意识到这个问题时,就更令人担忧。

三、法学和其他学科

法学是很难具有跨学科联系的学科,其原因具有多样性。法学不参与跨学科工作的最重要原因可能是,法学的术语和方法论发展程度已经很高,与其他学科大有不同,超越学科界限的合作将事倍功半。② 这尤其适用于含有极其发达的教义学工具的德国法学。在其他国家,例如美国,由于专业学科的分化较弱,法学与其他学科(例如经济学、文学和其他文化科学)的合作更加容易。③

全部或大部分社会和人文学科都面临着一些相似的问题。例如,区分描述性和规范性表述,解释诸如"价值""评价""事实""事实描述""预测"等概念,"解释"和"理解"等观念,以及理解因果关系。值得注意的(但在笔者看来几乎未被研究过的)是,法学倾向于使用独立的、可以说是特有的术语,几乎不参考其他学科的概念定义和语言习惯。虽然肯定有引入其他学科概念的情况,例如引入哲学概念,但是这种吸收过程

---

① 这种困境体现在很多高校所面临的难题当中,即为跨学院的项目争取法学院的参与人员。不过这种情况好像逐渐得以改善。
② 值得注意的是,传统的部门法领域——民法、刑法、公法——经常作为独立的(部门)学科,以至于人们经常以为,与其他的部门学科的人员合作就满足了跨学科合作的要求(例如在指导教授资格论文的程序中)。
③ 由此可以想象,美国法学对其法律实践的影响同样较小。这是否和缺乏专业的法学理论(德文意义上的"法教义学")相关,在此不做判断。如果不考虑表述术语和控制技巧,那么美国的法律实践并不怎么注重科际整合工作,参见 John O. Sonsteng, A Legal Education Renaissance: A Practical Approach for the Twenty-First Century, 2008。

通常是较晚发生的。

可以说明法学和其他学科分离的实例是刑法中对因果关系的探讨：刑法的核心问题之一是将发生的结果（例如身体伤害或财产损失）和（可能的）行为人的行为联系起来。人们不应当对任意的损害承担责任，而只应当对自己的行为造成的损害承担责任。就此而言，刑法学使用因果关系的范畴——损害必须是由行为人造成的。不过，德国法学对于因果关系概念的理解及检验存在困难。理论界和实务界通常认为，因果关系的存在取决于（行为人的）行为是已发生的损害的必要条件；如果某个行为不存在，结果就不出现，那么该行为就是该结果的原因（条件公式）。① 该公式导致许多问题，例如认定不作为情形中的因果关系或者充分不必要条件时的因果关系。如果溯及到设定必要条件，则将导致无穷尽的追溯——例如杀人犯的父亲也为杀人犯实施的谋杀创设了必要条件。针对多种问题出现了一系列的解决建议，例如从修正的条件公式到新近的客观归责理论构造，但是至今这些解决方式均有争议。

哲学和科学理论中关于因果关系的（非常不同的）探讨几乎未被考虑过。② 法学中对因果关系的主流理解溯及于19世纪中叶对哲学立场的接受，特别是1849年翻译成德文出版的约翰·斯图亚特·穆勒（John Stuart Mill）的著作《逻辑体系》具有重大影响。但是较新的著作，尤其是至今仍具权威性的卡尔·古斯塔夫·亨普尔（Carl Gustav Hempel）关于科学解释结构的研究成果，③被接受的内容并不多。许多人主张利用科学理论中的因果关系概念重构法学中的因果关系问题，并且至少部分地

---

① 在每一部刑法总论教材中都可以找到相关论述，参见 Johannes Wessels/Werner Beulke, Strafrecht Allgemeiner Teil. Die Straftat und ihr Aufbau, 39. Aufl., 2009, § 6; 非常详尽和基础的问题阐释参见 Claus Roxin, Strafrecht Allgemeiner Teil. Bd. 1: Grundlagen. Der Aufbau der Verbrechenslehre, 4. Aufl., 2006, § 11。

② 对（与之有关的）以往讨论状况的概述参见 Wolfgang Stegmüller, Probleme und Resultate der Wissenschaftstheorie und Analytischen Philosophie, Bd. 1, 2. Aufl., 1983。

③ Carl G. Hempel, Aspekte der wissenschaftlichen Erklärung, 1977 (engl. 1963).

第二十三章 跨学科的成功条件

抛弃法学中以往的因果关系学说的模糊地带和逻辑问题。[1] 为什么这一路径未被采纳呢？除了因果关系的话题外，这个问题对于跨学科和全部法律领域的争论都具有重要性。好像法学中适用着一些特定的限制性条件，这些条件自始就限制了法学参与跨学科、与其他学科进行专业交流以及采纳其他学科方法的意愿和能力。

四、法学中限制跨学科的条件

法学中第一个限制跨学科的条件是，新的法教义学概念在实务中的适用受到限制。法学和医学一样，都是明显的应用学科。基于原则性理由，实务界不（能）应用一些法学概念和理论，确切而言是法教义学的概念和理论，因此它们在法学中吸引力较小。如果实务界接受一些教义学概念，这些概念的复杂性和多样性就有了界限。仍然以因果关系为例：条件公式在法律实践中广为接受，对于存在的问题，通过修正条件公式得以解决。因此，实践中不需要其他更新的、更为精细的因果关系概念，即使这种因果关系概念从科学角度而言具有优势，比传统的法学概念模式更具有解释力并且不存在逻辑缺陷。

第二个自始限制法学参与跨学科的因素是，法律体系及其践行者在结构上具有严重的保守性。一个容易掌握的、在无数实践案例中得到运用的、便于教授和学习的因果关系公式，例如条件公式，在法律实践中几乎不会遭受排斥。这种保守性不应全盘予以否定，这属于法律顺从者们对于"他们的"法律的基本期待，即同等情况同等对待。在西方国家（不同于缺乏有效法律体系的国家的法官法或恣意决断），法的安定性是最重要的价值。对于引进其他学科的概念，法学家倾向于持怀疑态度，因为对法律体系理论根基的修正容易影响到实务。不过可以参考其他学

---

[1] 尤其是英格博格·普珀（Ingeborg Puppe）集中探讨过刑法教义学接受哲学中因果关系的探讨情况的问题，（概述内容）参见 Ingeborg Puppe, in: Nomos-Kommentar StGB, Bd. 1, 3. Aufl., 2010, Vor § 13, Rn. 80–151。

科,从而实现法学、法律政策以及法律实践的变革。例如,在 20 世纪 50 年代和 60 年代,目的行为理论在德国刑法学中大放异彩,这主要是因为新定义的行为概念依赖于所谓"本体论的先决条件",但是对这一术语的认知和研究是哲学而非法学的范畴。① 参考其他学科(本例子中指哲学)的效果是可以瓦解本学科特有的传统和论断——这在很多情形中是相当成功的策略。

第三个看似普通的因素是,严格而言法学几乎不给其他学科的工作保留时间。这和我们法律体系的高度分化和快速变更有关,并且和学科的工作紧密相关,正如所有法律实践中的应用问题一样,②出版浪潮显然未能促进参与跨学科工作的意愿。

上述视角——实务需求、结构上的保守性和维持法的安定性,以及掌握传统法律所需的巨大耗费——表明,跨学科工作本身而言不是理所当然的,而是需要专门论证。下文将从更加整体性的视角阐释支持和反对跨学科的理由。

五、整体看待跨学科工作的成果

(一)探寻已经失去的"统一的科学"

实际上跨学科的要求可以追溯到近代科学的开端。在近代社会初期,弗朗西斯·培根(Francis Bacon)就论述了分化科学的主张以及构建和维护统一的科学的要求,他写道,

> 应这样理解并运用对科学的划分:它们标明并区分科学领域,而不是进行拆解和分裂,因为重要的是避免科学中联系的消失。

---

① 参见第 414 页脚注①Claus Roxin, § 8 Rn. 17 ff.。为了改革法学而接受哲学方法的另一个例子是 20 世纪 60 年代末和 70 年代的法理学,参见 Eric Hilgendorf, Die Renaissance der Rechtstheorie 1965-1985, 2005。

② 参见第二章第二节。

第二十三章 跨学科的成功条件

相反的做法则使单个科学变得空洞无物,甚至误入歧途,因为它们再也得不到共同的源泉和薪火的哺育、滋养和净化。①

大约 250 年后,叔本华(Schopenhauer)以其作为哲学家的独特文风明确写道:

> 科学已经拓展到了极为广泛的程度,个人如果想'在其中有所建树',只能选择在某个专门的学科中耕耘劳作,不用考虑其他所有学科。即使以后他在自己学科领域的成就超越众人,他在其他所有学科领域中仍然属于芸芸众生……一位出色的专家就像工厂里的工人那样,穷其一生只为制造出一个特定的螺丝……却在其中获得了超凡技艺。②

古斯塔夫·吕梅林(Gustav Rümelin)在 1877 年就任图宾根大学校长的演讲中,表达了不大露骨但是内容上极为相似的观点:

> 对学者提出的第一个要求是自制和限定一个特定的目标。他不能像蜜蜂或蝴蝶那样在花丛中游荡,而是应像矿工那样,在偏远的黑暗环境中、在昏暗的矿灯下,专注于挖掘特殊的矿石并清除一切绊脚石。③

(二)赫尔穆特·舍尔斯基(Helmut Schelsky)的改革项目

自 20 世纪 60 年代以来,就有人不断提出跨学科原则,以此作为对上述科学"挖矿视角"(Grubenblick)的应对措施。这一想法最具影响力的代表人物之一是社会学家和高校改革家赫尔穆特·舍尔斯基。他创建了比勒费尔德大学"跨学科研究中心",在该研究中心的备忘录中提

---

① 参见第 404 页脚注③ Francis Bacon, De dignitate et augmentis scientiarum, IV, c. 1, zitiert nach Ursula Hübenthal, S. 4。

② Arthur Schopenhauer, Parerga und Paralipomena, § 254, in: Wolfgang Freiherr von Löhneysen (Hrsg.), Sämtliche Werke. Textkritisch bearbeitet, Bd. V, 2. Aufl., 1976, S. 570 f.

③ Gustav Rümelin, Über die Arbeitsteilung in der Wissenschaft (1877), in: ders., Kanzlerreden, 1907, S. 192–213 (198).

到,科学在当下最重要的使命之一是:

> 将分化的科学重新整合,以实现不同学科之间的合作。这一要求所要做的不是通过哲学中的综合法将科学或其成果包罗在一起,而是旨在通过专业学科之间的合作,共同拓展和研究涉及不同学科层面的问题,即推进单独的学科个体在经验对象上的统一。这些研究的基础是各个学科在概念和方法上的相互理解以及创造出全面的理论观念。如果像历史和哲学学科中一样,研究工作较少依赖于'理论'引导,此时重要的就是将分化的学科统一到普遍的研究对象中来,而不考虑团队研究计划的具体内容——必要时这种研究计划应受到更多的限制。因为当前专门性研究的突破也常常存在于传统学科的边缘领域,或者依赖于专业领先人员就具体问题集中掌握的其他学科的知识,所以这种在理论或者方法上的整合成果对于应用型研究也具有重要意义。①

舍尔斯基希望在真正的高校之外,这种"跨学科的基础性研究也在制度层面获得独立性",因为在高校中,受限于教学任务的要求和个人的研究计划,不同学科研究人员的合作是受阻碍或者完全不可能的。"真正富有成效的合作"还应当"求助于各个科学体系的各年龄段的学者以及国外科学人士"。② 因此,舍尔斯基将比勒费尔德大学"跨学科研究中心"的使命描述为:

> 跨学科研究中心的创立宗旨是,为各个年龄段的学者共同提供机会,使其通过紧密的沟通协作,认真思考和研究全部科学领域中广泛的跨学科问题。③

舍尔斯基认为,科学进步产生于学科的边缘地带而非核心所在,④因此

---

① Helmut Schelsky, in: Paul Mikat/ Helmut Schelsky, Grundzüge einer neuen Universität, 1966, S. 71-87 (72 f.).
② 同上注, S. 73。
③ 同上注, S. 75。
④ 同上注, S. 73。

第二十三章　跨学科的成功条件

科学进步大部分和跨学科工作有关。这一观点在关于跨学科的争论中经常被提及。但是这个观点是完全正确的吗？虽然"科学进步"这个概念暗示出某个学科延伸到了某个新领域，但是并不一定包含上述意义上的"跨学科"，如果这样想的话，那么舍尔斯基的论断就没有说服力了。每个人都可以问自己这样一个问题：我在其学科领域取得的所谓"科学进步"的成就，真的是进行跨学科关联所诞生的成果，还是仅仅与跨学科关联或多或少有点关系。① 当然，跨学科可以（共同）引起科学进步，例如，通过和其他学科（例如实践信息学）沟通从而解释某个部门法领域（例如互联网刑法）的新现象并阐释共同的问题。在这类情形中，高度的专业划分似乎促进跨学科的联系。②

但是在很多情形中，科学进步存在于某个既存的学科的核心领域，例如（以自然科学为例）经过无数次实验后，最终成功分离出某种特定物质，或者法学家经过长期思考后，终于想到某个教义学问题的有意义的全新解决方案。这些问题的解决并非跨学科的联系的结果，而是在学科内部对特定问题集中进行研究的成果。

至多可以说，跨学科的联系能够有助于解决科学问题，所以跨学科经常和科学创新相关联。如果科际整合引起科学创新，科学创新又引起新的专业划分，那么由此可知跨学科促进了而非消除了科学的专业划分。因此出于根本性的理由，通过跨学科的方式无法实现新的"科学的统一"。③ 显然，要想回答跨学科工作的成果这个问题，通过惯常的论证方式并不能令人满意。为了更有说服力地阐明跨学科工作的益处，可以将该问题合理地转化为：科际整合如何帮助更好地——更快地、更有效率地、更全面地——实现科学研究工作的目标？

---

① 例外的情况仅限于某些学科，其与其他学科的联系构成本学科研究兴趣的核心，例如科学哲学（Wissenschaftsphilosophie）。

② 参见第 405 页脚注②Roland Czada, in: Kilian Bizer/ Martin Führ/ Christoph Hüttig (Hrsg.), S. 38。

③ 目前，至多通过统一的科学"世界观"可以实现"科学的统一"，参见第二章第一节及第 407 页脚注①。

(三)跨学科工作的优势

科学一方面,指向真理,也就是用真实的原理表述其研究对象,这些原理往往描述着规律性(法则知识);另一方面,科学以实用为导向,具有工具性,通过创设尽可能强大的工具从而实现预设的特定目标。这一使命特征显然符合当今人们对科学的理解,尤其是对经验科学的理解。法学更应该归属于第二类,也就是应用科学。基础型科学和应用型科学不是相互排斥,某项完全无目的的基础研究可能成为技术应用的预备工作,反之技术性研究也可能启发研究基础问题。我们关注的关键问题是:跨学科可以在多大程度上帮助实现这些目标?

可能存在一些任务范畴,完成这些任务自始就需要多个学科——在此意义上是跨学科——的共同合作。例如,对于金融市场、互联网或现代生物工程领域中具有社会危害性或者至少有危险性的行为方式,如果要制定相应的法律规则,则必须通过多个学科协作,才能提出适当的规制建议,即符合目的并且可行的建议。这种规制建议以(实证)分析事实情况及其规律性为前提,概念解释、一致性检验(Konsistenzprüfung)以及最终合适的规范的表述也是如此。

在学科特有的个别问题背后经常隐藏着一些问题,而只有参考其他学科的成果才能有效解决这些问题。再次以法学为例,解释法律规范时可能需要利用不同的解释方法。在决定选择某一种方法时,考量的重要问题是运用哪种解释方法可以尽快实现立法者的规制目的。但是,回答这种问题显然不是法学的工作,而是经验性工作,须由经济学、心理学、社会学等专门学科来解答。

法律有时也涉及法学之外的标准,例如参考"技术标准"。像"公序良俗"这种"价值开放的"或者"需要填充价值的"概念,也需要超越法学专业的界限。可以将这些情形称之为"法律规定的"跨学科。在诉讼程序中——或者宽泛而言在法律适用程序中——运用专家人员也是一种跨学科的联系。不过这种联系的特殊性之一是,对于如何取舍来自其他学科的信息,法律制度享有最终解释权。①

跨学科还可以拓展视野,这将积极影响自身科学领域的思考过程,可以称之为跨学科的启发功能。通过与其他学科的同事的紧密联系,可以启发提出新的问题和解决方案,这种紧密联系可以是激励式的,也可以是挑衅式的,乃至决定暂不采用相邻学科的解决模式。就此而言,跨学科在认知和情感方面都具有效果。它必然使研究人员受益匪浅,并帮助他(再次提及吕梅林②的观点)纠正由学科紧密运作导致的看待科学的"挖矿视角"。

跨学科的另一个好处是其简化了对专门科学研究的描述。没有一定程度的"化繁为简",其他学科的学者大部分情况下就无法理解专门科学的问题和解决方法。科际整合经常促成——完全是期待中的——科学的通俗化,③这一点可以解释为何年轻学者特别支持跨学科。此外,科学研究的可理解性是其发挥社会调控能力的前提。跨学科促使研究人员脱离了象牙塔,其研究工作即使对于非专业的同事而言也可以予以检测。

总之,跨学科对于专业科学的工作和创新发挥着重要作用。另外,跨学科容许了(几乎是来自"外部视角"的)科学批判的新形式,至少部分普及了科学的工作方式和成果。

(四)跨学科工作的缺陷

跨学科工作除了具备上述优势之外,还存在着一些问题,也可以称之为危险。之所以要求多个"学科"共同参与解决科学问题的做法是不清晰的,首先如本文开头部分提出的那样,④是因为"学科"这一概念本

---

① 例如,亚琛州法院(LG Aachen)审理的康特根案(Contergan-Verfahren)广泛运用了科际整合的联系,其中关于分娩前可能出现的危害问题,征求了完全不同学科的专家的意见,参见 Eric Hilgendorf, Strafrechtliche Produzentenhaftung in der Risikogesellschaft, 1993。
② 参见第五章第一节及第 417 页脚注③。
③ 相关文章参见 Carsten Kretschmann (Hrsg.), Wissenspopularisierung. Konzept der Wissensverbreitung im Wandel, 2003。
④ 参见第二章第一节。

身就不清晰。例如,法学究竟是一门学科,还是由多个不同的学科(或分支学科)组合而成? 在论证风格方面,德国刑法学和分析性生物伦理学之间的相似性,可能比刑法学和基本法法教义学或部分国家法理论之间的相似性更高。① 另外的问题是,跨学科本身并不能促进事业进步,甚至可能在个别情形中阻碍职业发展。研究跨学科主题的人员几乎找不到可以发表文章的科学杂志。② 大部分既有的科学杂志具有"单一学科性",并且在很多情形中,这些科学杂志甚至只针对某一特定学科中的个别主题领域。

除了跨学科工作的上述固有问题之外,还存在着威胁跨学科项目的特殊风险。首先是在相互理解方面困难重重,以至于虽然相关研究人员有着良好的初衷,却完全探讨不到正题上。成功的跨学科需要多个前提,至少要求大概了解其他学科对问题的理解、术语以及典型的处理建议。很多跨学科方面的会议之所以收效甚微,是因为参会者未找到共同的语言,或者没有能力或意愿为此付出努力。

为了克服理解方面的问题,参与者常常选择抽象化的解决方法,也就是使用更加具有概括性的表述语句,对详细的陈述进行简化并且避免举例子,取而代之的是呼唤大家的共识。这里潜藏着跨学科工作的第二个特殊风险,毫无约束的空话论调和冗长琐碎的老生常谈实际上可能导致的后果是,法学和其他学科中的跨学科工作会部分地遭受负面影响。

第三个特殊问题是跨学科可能危及本学科的标准。例如,德国刑法学非常注重论证的清晰性和可理解性。尤其值得注意的是,这个传统是从实践的(政治的)目标中发展而来的。启蒙运动时期刑法理论的核心要求之一是,刑法作为最严厉的国家手段,其适用必须满足清晰界定的法定前提条件,并且一直经得起考验,这个目标在当前仍然是重要的。刑事案件的法官应依法作出裁决,禁止其超出刑法的字面规定作出裁

---

① 参见第 412 页脚注②。
② 像"Universitas"这种集中发表科际整合文章的杂志在专门科学中声誉不高。

决,这种要求在当下仍然具有保障自由的重要作用。因此,在跨学科项目中放弃刑法的严格约束是错误的。例如,在为互联网服务商或者特定金融市场参与者起草法律规则时,任务领域中的经济学家和或者是来自其他部分法学科(例如基本法教义学)的研究人员会带着不理解的态度承认刑法的明确性要求。

六、跨学科的成功条件

如何处理这些问题?跨学科研究获得成功的第一个条件可能是认清本学科的基础和特色。因此对于法律的科学理论,具体而言对于公法的新近探索和追求,①应当充分予以肯定。不过在反思法学方法论时不应忽视的是,法学是社会科学的分支。如果法学术语偏离一般的科学理论和社会科学的理论,则法学学科的内部讨论将变得贫乏。所以应当将学科内部的反思和跨学科视角结合起来。

成功的跨学科工作的另一个必要条件是,阐明跨学科合作究竟要解决什么样的问题——它涉及什么现象或者现象领域?合作的目标是什么?是涉及概念性问题、原因阐释、历史渊源阐释,还是涉及提出伦理的或法律的规制建议?相应地,至少应相当清晰地了解合作项目所允许运用的方法。某个问题的解决建议应当满足哪些条件,才能被各自学科视为"科学的"建议?② 这至少要求基本理解其他的项目参与人员的科学标准。

最后,跨学科成功协作的非常重要的条件是,有意愿和能力进行清晰无误的自我表达。"深刻骗局"(Tiefenschwindel)和"深藏真意"(Tief-

---

① 参见第一章。
② 另参见第 405 页脚注②Michael Quante, Interdisziplinarität und Politikberatung. Herausforderungen der Philosophie, in: Kilian Bizer/ Martin Führ/ Christoph Hüttig (Hrsg.), S. 175–193 (180 ff.)。

sinn)——汉斯·阿尔伯特(Hans Albert)创造的这两个恰当的表述*对专业科学的阐释而言是有问题的。在跨学科项目中,它们简直是致命的,因为飘在天上的不可理解性比任何其他科学交流形式都更能造成误解,挑起空谈,并侵蚀自己学科的论证和事实标准。只有当每个参与人员坚定地阐明自己的观点,交流论据而不是立场,以开放的心态接受批判,并且在必要情形下修正自身立场,跨学科项目才能获得成功。

七、结　语

多年以来,对更多跨学科的要求一直是科学政策的标准套路之一。值得注意的是,跨学科并没有阻碍科学的进一步专业化。跨学科促进了科学创新,所以它反而支持了科学的进一步专业化。跨学科可能加深误解,引起毫无约束的空谈趋势并且危及本学科的标准。因此,成功的科际整合至少要求三个前提条件:反思本学科的专业标准、对于真正研究的问题尽早达成共识以及坚持清晰的语言表达。

---

* 作者借此批判"使用令人印象深刻的行话,而并不关心其关联性和意义所在,并让'信徒们'相信可以从中有所领悟"的做法。——译者注

第二十四章
法学教育中的计算机辅助
——德国法学教育中电子化学习的发展状况与展望*

一、引　论

随着现代信息技术的成功,日常生活中数字化的规模的扩大,法学教育中也出现了网络"新媒体"。① 项目试点,即将互联网的新可能与20世纪70年代中期就已产生的计算机辅助教学这一想法结合起来,早在90年代的后半期就已经出现了。② 然而,最终不论是对项目构想,还是

---

* 本文系在演讲稿的基础上补充脚注形成。

① 作者在2003—2005年任巴伐利亚线上大学法学委员会发言人,2005—2010年任巴伐利亚线上大学项目规划委员会成员。

本文原文"Computergestützte Lehre im Recht. Entwicklungsstand und Aussichten des E-Learning in der deutschen Juristenausbildung"发表于:Judith Brockmann, Jan-Hendrik Dietrich und Arne Pilniok (Hg.), Exzellente Lehre im juristischen Studium. Auf dem Weg zu einer rechtswissenschaftlichen Fachdidaktik. Nomos Verlagsgesellschaft, Baden-Baden 2011, S. 171-184 (Schriften zur rechtswissenschaftlichen Didaktik 1)。

"新媒体"的说法存在误导性,因为随着科技的迅速发展总会又有新的媒体出现。当下我们对"新媒体"的理解,基本上是指从互联网到各类网络通信服务,从"World Wide Web"到"Twitter"。媒体在教学中的作用参见Helmut M. Strittmatter/ Peter Niegemann, Lehren und Lernen mit Medien. Eine Einführung, 2000。

② Eric Hilgendorf, Juristenausbildung und neue Medien, JZ 2005, S. 363-373.

其他学科的电子化学习活动①都没有被采纳,甚至都没有对它们进行批评性的反思,这对法学教育而言是极为糟糕的状况。

法学网络课程已经出现约10年,自2004/2005学年起提供线上法学课程的巴伐利亚线上大学(vhb)应是德语区用户数量最多的平台。在2005年,确切地说是5年前,笔者曾试着做过总结,以展示法学教育中计算机辅助的发展状况以及未来机遇。② 在此期间,尽管很多高校都已经开展了雄心勃勃的项目,但就计算机辅助下的法学教育的可能性(当然包括风险)的讨论,迄今为止仍然缺乏讨论。③需要指出的是,计算机辅助教学的可能性在国外也没有得到充分的开发。比如在美国,计算机辅助在法学教育中作用并没有扮演出比起在德国更大的角色,甚至可以说其在美国所扮演的角色也许还不如在德国。④

伴随着日常生活数字化的,是年轻一代观念和行为的改变,这就导

---

① 有关大量相关文献,参见 Etwa Rolf Arnold/ Markus Lermen (Hrsg.), eLearning-Didaktik, 2006; Bernad Batinic, Alfons Koller/ Hermann Sikora (Hrsg.), eLearning in Deutschland, 2006; Burkhard Lehmann/ Egon Bloh (Hrsg.), Online-Paedadogik, 3. Baend, 2002-2005; Kerstin Mayr / Paul Resinger / Michael Schratz, E-learning im Schulalltag, 2009; Dorothee M. Meister (Hrsg.), Online-Lernen und Weiterbildung, 2004; Helmut Meschenmoser, Lernen mit Multimedia und Internet, 2002; Helmut M. Niegemann u.a., Kompendium E-Learning, 2004; Rolf Schulmeister, Lernplattformen für das virtuelle lernen. Evaluation und Didaktik, 2. Aufl., 2005; ders., eLearning: Einsichten und Aussihten, 2006; Norbert M Seel/ Dirk Ifenthaler, Online lehren und lernen, 2009; Christian Swertz, Didaktisches Design, 2004; 对英美法地区的全面讨论,参见 Lawrence Tomei (Hrsg.), Online and Distance Learning: Concepts, Methodologies, Tools and Applications, 6 Baende, 2008。

② 参见第425页脚注②。

③ 参见维尔茨堡大学网络平台"Wuepus"(http://wuecampus.uni-wuerzburg.de)及其所提供的服务。

④ 参见 Sonsteng, A Legal Eduncation Renaissance: Apractical Aproach for the Twenty-First Century, 2008,在他的评述中,网络教学在美国法学教育方式中并不具有什么作用;主张更紧密地结合法学课程和通信技术带来的新可能性的是,Maharg, Transforming Legal Education: Learning and Teaching the Law in the Early Twenty-First Century 2007; vgl. Schliesslich auch Watson, The Shame of Ameirican Legal Education, 2006. 德国的视角,Dedek, Recht an der Universitaet :„ Wissenschaftlichkeit" der Juristenausbuldung in Nordamerika, JZ 2009, 540-550; Wijnen, Medien und Paedagogik international. Positionen, Ansaetze (转下页)

致虽然学生群体对网络学习的新可能基本持开放态度,但绝大多是授课教师对网络教学不了解、觉得不安甚至是拒绝的。① 而法学教育方法上的欠缺又会导致严重后果,特别是在新媒体领域。因为法学教育会遭遇来自外部的威胁,法学出版商、法学软件供应商以及商业辅导会用他们的工作和教学方法冲击传统法学教育,而它们教学方法的意义还从未体现在法学教育中。

二、计算机辅助学习的基础

在塞尔(Seel)和伊芬塔勒(Ifenthaler)看来,当前计算机辅助下的网上学习的状况,具有以下五个方面(不过部分是重合的)特征:②

(1)新的信息系统和交流系统是交互的,也允许教师和学生之间的交流;

(2)是学生,而不是教师决定着学什么和如何学;

(3)计算机可以展示真实的场景和复杂系统,模拟这些行为;

(4)学生的活动可以得到直接响应;

(5)计算机可以执行复杂操作(如模拟危险情境),这些操作对于其他媒体而言是难以展示或操作,甚至根本无法进行的。

总体而言,法学教育方式(如果我们愿意这么称的话)迄今并没有充分利用新媒体所具有的潜能。计算机辅助的法学教学可以粗略地分为以下四个阶段:

第一个阶段大约从 20 世纪 80 年代初期持续到 90 年代中期。这一时期致力于将离线计算机引入法学教育。最具雄心的尝试——最终

(接上页)und zukunftsperspektiven in Europa und den USA,2008,在第 224 页正确地提醒,不能不加批判地就将美国教学法的观点等同于"世界性标准"。

① 甚至存在一些在课堂上拒绝使用 PPT 的老师,而且也拒绝在网上发布可获取的活动内容——只是他们的学生每天花很多时间在网上与全球的同行频繁交流。

② 参见第 426 页脚注① Norbert M Seel/ Dirk Ifenthaler, S. 14。

失败了——就是建立一个法学专家系统,①这一阶段所取得的成果主要是新的法律数据库,它们后来进一步发展成为网上法律数据库,比如Juris。

第二个阶段大致始于90年代中期。经授课教师制作一些个人网页,以方便学生获取信息。这些信息可能是简单的课程大纲,或者是更精心制作的PPT,也有可能是完整的课程讲义。这样的做法今天依然存在,尽管越来越多的学校正朝向提供统一的内容管理系统(Content-Management-Systeme)以存储活动材料这个方向发展。将系列课程完成录像并放在网上传播的做法,也属于早期计算机辅助下的网上教学。

第三个阶段约开始于2002—2003学年,即首个提供教学反映的在线法学课程上线的时候。在此,扮演领军者的是巴伐利亚线上大学所提供的法学内容。这一新兴进路的特点是融合了互联网的新技术可能性与在60年代就已流行的程式化学习理论。② 20世纪70年代出现的很多成功的法学教科书都是在后者的基础上诞生的,如赫尔曼·迪尔歇尔(Hermann Dilcher)的《物权法》③和迪特黑尔姆·金阿普费尔(Diethelm Kienapfel)的《刑法总论》。④ 这种方法向电子化学习的转化在过去和现在都获得了非同寻常的成功。时至今日,巴伐利亚线上大学的多数课程都仍采用这一方法。

巴伐利亚线上大学自2000年夏天起上线课程。第一个冬季学期有46门课程上线,选修人数为1149人。在2009—2010学年的冬季学期就有了199门课程,16406位学生的选修数量为34300人。也就是说,平均

---

① 在20世纪70年代和80年代扮演先驱者角色是图宾根大学法信息学者弗里乔夫·哈夫特(Fritjof Haft)。

② 重要的原始资料汇聚在 Werner Correll (Hrsg.), Zur Theorie und Praxis des programmierten Lernens, 1969; Zur Anwendung auf Maschinen ders. (Hrsg.), Programmiertes Lernen und Lernmashinen. Eine Quellensammlung zur Theorie und Praxns des Programmierten Lernens, 4. Aufl., 1965。

③ Hermann Dilcher, Sachenrecht in programmierter Form,1970, 5. Aufl.,1990.

④ Diethelm Kienapfel, Strafrecht Allgemeiner Teil. Eine Einfuehrung in Programmierter Form, 4. Aufl., 1974.

第二十四章　法学教育中的计算机辅助

每名学生选学课程数量为 2.1 门。到了夏季学期又增加了 10 门课程。① 法学课程自 2003—2004 学年才出现,不过很快就成为用户数量最多的科目。在 2008—2009 年冬季学期,法学课程占据总访问量的 37%,2009 年夏季学期占据 35%。居于第二位的分别是经济学的 14%(2008—2009 年冬季学期)、15%(2009 年夏季学期),以及医学(2008—2009 年冬季学期与 2009 年夏季学期均为 14%)。

然而这些可观的成绩无法掩盖的是,网络与程式化学习的简单结合,既没有达到这个时代对教学法的要求,也没有达到时代对技术的要求。即便人们(像我一样)认为,程式化学习在未来的法学教育仍将占据一席之地,但毋庸置疑的是,基于学习环境的复杂性和交互性,再加上学习模式媒介多元,如今有很多新的可能性②是法学教育至少应当加以尝试的。

在法学中计算机辅助教学的第四个阶段如今正在进行中,其明显特征是学生互动可能性显著增强。以维尔茨堡大学有大量法学家参与的案例训练项目(Case Train-Projekt)③为例,参与者逐步在计算机中解决案例。通过提供案情和不同的解决方案,让研习者从中选择,慢慢地学生自己也能懂得如何解决案件。学生所犯的错误会被标出,并得到评论。就内容方面而言,案例及解答的水准与著名的《测验你的知识》(Pruefe Dein Wissen)系列书籍大致相当。这里的基础方案可以无限拓展,比如针对错误提供相应的法典评注或其他进一步的信息、链接至相似案例、开放网络评论乃至于提供图示④和系列视频。当然,最重要的一点是所提供的这些材料,是在教学脉络上编排好的,而不是非结构化地堆砌在一起。当下的电子化学习中具有重要意义的第二个因素是,学

---

① vhb-Newsletter Ausgabe 1/2010 vom 25. 3. 2010.
② 对此,可参见第 426 页脚注①中所列文献。
③ 参见 http:// casetrain.uni.-wuerzburg.de/index.shtml. 主管是维尔兹堡大学的信息工程师弗兰克·普珀(Frank Puppe)。
④ Dazu Eric Hilgendorf (Hrsg.), Beiträge zur Rechtsvisualisierung, 2005(存在跨学科的联系)。

习过程中"网络社区"的形成,①在"移动互联网"时代这种趋向更为强烈。②

三、网络学习的可能与限制

鉴于有关法学教育方法问题讨论的欠缺,法学中电脑辅助教学的可能至今几乎没有被论及,也就没什么好奇怪的。作为优点被提出的首先是以下因素:学习可以不受时间和空间限制,也即不仅可以在大学、在家里,也可以在旅途中或者去上班地点的路上。在恰当的学习环境中,可以存储比一本书甚至比百科全书,或者在充分的存储空间中比一座图书馆要多得多的知识。在这些学习环境中,能获取的不仅是文本,也可以是图像和其他形式的可视化资料,甚至是音频或影视材料。如果电子化学习与互联网相连,则可以获取现实中存在的所有网络内容,包括法学数据库、网上可取用的判决、来自消费者团体或者其他专门的法律利益团体所提供的资料。

电子化学习环境中也可以嵌入互动性要素——从(附答案的)问题到其他各种形式的简单测验再到伴随有自动化助教功能的复杂的互动可能性。电脑辅助教学的另一个优点就是,学习者原则上可以自行决定学习的强度和节奏,学生可以在特定的学习环节任意复习,无须在时间压力下学习刚性的大学课程。在集体中会使得学习变得更加简单,学生可以如同在社交网络中互动一样一起工作。计算机辅助学习在某种程度上迎合了年轻一代媒体使用习惯。

除上述这些一般性优点外,也有经常被忽视的优点:首先,在基础学科中特别适合引入计算机辅助教学,一方面是因为在这些学科中图像资

---

① Dazu schon Ullrich Dittler/ Michael Kindt/ Christine Schwarz (Hrsg.), Online-Communities als soziale Systeme Wikis, Weblogs und Social Software im E-Learning, 1. Aufl., 2007。

② Walter Hehl, Trends in der Informationstechnologie. Von der Nanotechnologie zu virtuellen Welten, 2008, S.54 ff.

料和音频资料的作用会非常大;另一方面,是因为这些学科不存在快速更新的压力。如果对古代法哲学的课程配以时间轴,在此时间轴上可以看到哲学与政治史和社会史的关联;人们可以配以专业讲授者演讲古代文本摘录的音频资料、图像资料甚至是影视制品,这有助于增强生动性。①

其次,计算机辅助教学特别适合跨越国境,比如可以将德国的法学课程传播到全世界。例如,由大众汽车基金会资助的维尔茨堡大学"阿塞拜疆与德国——跨国法律学习的机遇"项目中即将设置在线法学课程(见 www.uniwikitet.de)。其中,会涉及欧洲的基本法、制度和欧洲经济法。令外国人特别感兴趣的是音频课程,他们从中获取法学知识的同时,也得到了有用的语言知识。但是,这种教育方式目前只是零散地存在。② 通过计算机辅助的法学课程在世界范围内传播德国法律,其潜力巨大,但令人相当遗憾的是,这种潜力至今都没能得到很好的利用。

最后,计算机辅助教学很容易被忽略的优点是,它比其他方式更适合弥补缺陷(包括年龄带来的问题),至少是减少其影响。③ 比如,在存在视力障碍的情形下,可以根据个体需要将字体变大或者改变颜色;新的语音输出方式也使得存在视力障碍者可以阅读更长的文章。计算机不仅可以通过键盘还可以通过语音来进行输入,这样可以减少其他形式的障碍。计算机通过各种不同的表现形式,使得学生随时去复习材料成为可能。能够满足残疾人士个人特殊需求的高效计算机,很快就会不受限制。

对应于优点的是缺点与风险。在诸多情形下,有效且持久的学习是以学生个人和老师个人的接触为前提的,教师不仅能促进学习,在学生懒惰或犯错时进行纠正,而且在传授自身的学识之外,也作为专业和人

---

① 线上百科全书的意义上,这种可能性已经成为现实了,比如微软在此期间推出的"英卡特电子百科"(Encarta),布罗克豪斯(Brockhaus)教授的线上教科书系列。

② Vgl.etwa die Kurse auf www. Uniwikitet.de.

③ Christian Pfeffer‐Hohmann, E‐Learning für Benachteiligte : eine ökonomische und mediendidaktische Analyse, 2007, insbes. S.87 ff., 242 ff.

性方面的榜样发挥作用,这可能才是最为重要的。对学习动力的要求还抛出了另一个问题:对于大学生而言,不定时、不定点的学习不仅意味着可能性,也明显意味着风险,激发自身的学习动力并不容易。在家学习时主要依靠自己,学生必须激励自己开始学习。此外还需要指出的是,尽管一次性建立计算机辅助教学课程的维护成本并不高,但如果希望设立的课程是高水平且与时俱进的,则需要大量的人力、①智识和时间以及经济成本。

若要解决这些问题首先要明确教学目标,并投入实现该目标的各种可能的教学方式,这就涉及法学教育的主要任务。但迄今为止,其尚未得到充分讨论。尽管在法学教育的相关法律规定中写入了诸多根本目标,然而现实中却缺乏将这些目标分解成具体课程的尝试,也没有将具体的课程类型及其教学方法与这些目标联系到一起。除非受到系统性的且专业的指引,否则所有的教学改革和教学法的改革都是不足的。准确评估不同形式计算机辅助下的教学效果,就更不可能了。②

能够通过合理性取得的一个重要收获,在于在法学专业教学中也可以通过各种不同的学习方式获取知识。学习目标——一般而言——可以是身体或思维技能的提高、解决问题的能力、知识的记忆的表达、对特定程序(如检索、引用、撰写/说明,学习)的掌握、将技能运用到其他领域(学习刑法中的归入法,在方法论层面可以在其他法律领域上一个台阶)等能力,也包括建构某种思想价值观、态度,或者获得对法律整体更深层次的兴趣。③

---

① 富有启发性的, Robert Gücker, Wie E-learning entsteht.Untersuchungen zum Wissen und Koennen im Beruf Medienmentor/in, 2007。

② 关于线上教学服务的发展, Dorothee M. Meister/ Sigmar-Olaf Tergan/ Peter Zentel (Hrsg.), Evaluation von E-Learning Zielrichtungen, methodologische Aspekte, Zukunftsperspektiven, 2004; Peter Schenkel u.a. (Hrsg.), Qualitätsbeurteilung multimedialer Lern-und Informationssysteme: Evaluationsmethoden auf dem Prüfstand, 2000; Alexandra Sindler u. a. (Hrsg., Qualitaetssicherung im E-Learning, 2006。

③ 参见第 426 页脚注① Norbert M Seel/ Dirk Ifenthaler,S.23。

四、网络学习的当前状况

如果观察网上教学的现状,就会发现很多80年代和90年代作出的预测在今天都没能实现或者只是部分实现。① 最为引人注目的是,网络教学并非如新技术的支持者10年所预言的那样,迅速且全方位地扩散。当前的法学教育跟5年前甚至10年前相比较,都没有太大差异。尽管应当承认,如今多数学生都希望能够在网上获取教学材料。在法学教育中,在课堂上使用PPT幻灯片、通过电子邮件回答学生的问题或多或少已经是理所当然的事了。然而只有一些特别热心的讲师会走得更远,在他们的课堂引入诸如影视制品、音频等多媒体元素。此外,在教学中进行网上研讨会(Seminar)仍不多见。

现在对网上数据库的使用则是另外一种景象。随时使用Juris和Beck-online等线上数据库不仅对教师,而且对学生来说也是习以为常的事了。大量的期刊仅提供线上版本,在此仅以《国际刑法教义学杂志》(ZIS)与《法律学习杂志》(ZJS)为例。法律博客的传播也愈加广泛,如http://blog.beck.de,以及法社会学者克劳斯·勒尔(Klaus Roehl)的私人博客www.rsozblog.de。

此外,需要注意的是,一些经营法学课外培训和进修培训市场的大企业,也积极致力于推动现代网络的发展。这里的现代网络特指"Web 2.0",这意味着不仅为消费者提供信息,也允许他们在广阔的范围内将自身的数据上传到网络。今天的网络也由此在某种程度上实现了使用者管理、互动性和发展力,这在5年前几乎都还是不可想象的。② 像Fa-

---

① José L. Encarnação/ Wolfgang Leidhold/ Andreas Reuter, Szenario: Die Universitaet im Jahre 2005, in: Bertelsmann Stiftung, Heinz Nixdorf Stiftung (Hrsg.), Studium online. Hochschulentwicklung durch neue Medien, 2. Aufl. (2001), S.17.

② 由此也自然产生了新型犯罪,或至少是具有社会危害性的行为。对此,Eric Hilgendorf, Ehrenkraenkungen(flaming) im Web 2.0. E in Problemaufris de lege und de lege ferenda, http://www.zis-online.com/dat/artikel/2010_3_426.pdf。

cebook 和 StudiVZ 等社交网络都有大量的受众,在德国,应该没有大学生连一个这类社交网络都没注册过。①有越来越多的网络专注于特定主题,这就进一步为法学学生创造了特有的网络环境。C.H.Beck 出版社已经着手建立 Beck 社区,②目前尚在实验阶段。也许用不了多久,出版社和课外学校就会大规模提供各种服务,从而与大学的课后案例课程形成竞争。

五、阻碍线上教学发展的因素

简要地讨论一下迄今为止阻碍新兴计算机辅助教学发展的因素,并非没有意义。首先要提到的是部分教师的保守主义,与之相伴而生的是对新教学方法具有深度怀疑。在大多数学生中也存在相应的结构性保守主义,他们以令人惊讶的淡然忍受着德国教室中法学教学的糟糕状况。另外一个重要因素是,德国法学电子化教学几乎没有得到科学的护航,缺乏相关的研究、会议和教科书。因此,法学所提供的教学项目远远没有达到与科技状况相符的程度,无法企及其他专业③对教学方法的讨论水平就不足为奇了。因此,在法学中计算机辅助学习是欠缺本应遵循的"最佳实践模式"(best practice Modellen)的,视听元素的极度不足尤其令人痛心。上述问题在一定程度上源自这样的事实:很多法律人并没有准备好冒险将脚步踏出本专业的边界。此外,实现高要求的网络学习服务,也始终需要巨大的人力、时间和资金成本。

因此,多媒体教学迄今的发展中,只有很小的一部分能追溯到教师群体的创新精神,反而是 Juris、DATEV 和 Beck 出版社一类的企业把握住了 IT 技术提供的新可能,并将之融入法学工作环境中。就满足学生

---

① Vgl. die Mediendatn 2009 der ARD/ZDF Online-Studie 2009, abgedruckt in Media Perspektiven 2009, S.333.
② http://community.beck.de.
③ 参见第 426 页脚注①die Nachweise oben。

特别需要而言,通过提供数据库和网上期刊为获取信息提供新的可能,居于核心地位。

六、法学中电子化学习的未来

学生方面的多媒体技能随着科技发展和日常生活的数字化不断提高。在年轻一代成长的世界中,使用计算机、利用网络以及在手机①领域的不断开拓已经是自然而然的事情。因此,现在的大学生原则上都能适应电子化学习在技术上的要求,只是他们在很大程度上似乎缺乏推动新项目出现的动机。

政策层面已经认识到计算机辅助教学的好处,几乎所有的州都有出台相应的公报或做出表态,②但这些仍未付诸实施,尤其是有时与支持计算机辅助教学相伴而生的是节约开支和削减人力的可怕幻想。对于教授们投身于网络教学的意愿而言,这是极端不利的想法,更不用说实践中的困难了。因为计算机辅助教学的投入,需要可观的发展成本,至少在初期,其所需的费用是比对等的线下教学更高的。

也不能期待诸如巴伐利亚线上大学这样的机构作为网络教学进一步发展的主要推动力。巴伐利亚线上大学的主要任务不在于革新,而是准备功能性的网络课程,也即充当满足当前标准化要求的教学工具。这种态度有时被批评是"复古风"(Retro-Stil),然而确有充分的理由这样做:为了在已经很艰难的市场中存续,巴伐利亚线上大学不应该冒险成为实验对象。当然,这种并不难以理解的动机也意味着,创新的方式——从使用勉强合乎要求的图像到绑定某个音频数据库再到采用Web 2.0方案——借助巴伐利亚线上大学来实现的机会就很低了。另外

---

① 基于这种工具的功能多样性,(只是强调大小和重量的)手机的叫法要比"智能电话"要有些道理——这种工具可不仅只用来打电话。

② Vgl. etwa http:// www.stmwfk.bayern.de/Hochschule/pdf/innovationsbuendnis_2013.pdf (unter 2)。

一个因素是,巴伐利亚线上大学只是在拜仁州内部免费提供服务,并没有潜在的竞争对手,以至于到今天都没有建立起真正的市场机制。

因此,若要推动包括提供高质量的网络学习内容在内的计算机辅助教学的发展,关键在于大学和高等职业学校(Fachhochschule)的授课教师。必须是来自这些教师的革新性冲动,才能推动网络学习继续发展。他们参与的必要性还在于,如果他们不参与其中,那么该领域未来的发展就全部由学术世界之外的人决定了。那么,为确保高等职业学校和大学有能力自行发展与其存在目的和所设目标相适应的高质量创新的网上服务,应当做哪些事呢?在我看来,特别重要的是以下几个方面:

第一,要有意愿参与到对教学和教学法相关问题的研究中来。这在德国的高校,尤其是法律专业中,绝非理所当然的。在教授的选拔中,教学能力——不论是明面上的还是实质上的——所起的作用都很小。教学效果之于学术声望的取得更是起不到什么作用。众所周知,学术声望主要来源于学术活动。因此,对好老师的奖励和表彰——例如巴伐利亚州教学奖——就显得非常重要,这有助于促进学术界转变观念。

第二,对推动网络教学发展而言非常重要的因素是跨学科的意愿:需要对技术有一定兴趣,以把握技术丰富多彩的各种可能性。此外,需要至少对 Web 2.0 的主要交互模式有初步的了解。还有必要对目的性地建构网络平台有所了解,而最重要的则是学习心理学(Lernpsychologie)。[1]

第三,发展高效、高质量法学网络教育与学习系统的第三个根本因素是,对富有成效的法学教育与学习的先决条件进行教育学上的反思,并将从中获得的知识应用于计算机辅助教学。这涉及综合运用理论技术知识、信息学知识、学习心理学知识,来满足法学教育的特殊需求。

计算机辅助教学的"真理"模式并不存在。重要的是按照教学目标和学生的学习状况制定特定计算机辅助方式。即使是在未来,教师与学生、学生与学生之间的人际交往也是不可或缺的。因此,未来并不会彼

---

[1] Thomas Köhler/ Nina Kahnwald/ Martina Reitmaier, Lehren und Lernen mit Multimedia und Internet, in: Batanic/Appel(Hg.), Medienpsychlogie, 2008, S.477(引用了大量文献)。

此隔离地在电脑前学习,而是会应用"混合学习"模式,即现场教学和计算机辅助教学的融合体。计算机辅助课程的成功模式可能是,学生在这些课程的帮助下可以重复同时进行的现场教学课程,熟悉重要的事实和构造,并通过链接数据库和其他补充内容,以某种寓教于乐的方式积极取得其他信息。在此过程中,与学习小组和大学讲师的联系不应缺失。

七、对未来的展望

最后,请允许我试着展望法学网络教学的未来。未来 5 年或 10 年,计算机辅助下的法学学习环境会是怎样的?

(1)目前巴伐利亚线上大学的课程(主要是民法和刑法)拥有大量用户这点表明,尽管存在某些不足之处,但将来仍会提供依据程式化学习理论设计的课程。课程中会增加互动性的案例分析和适当的测试单元,学生可以集中获取标准化的学习材料。

(2)此外,会出现由大学,也可能是由出版社、商业化的补习班维护管理的学习小组,学生可以从中获取专业相关的信息,也有可能就专业问题与同学交流,一同完成作业。

(3)虚拟学习环境的出现会给电子化学习带来新的变化,学生将可以在虚拟现实中行动和学习。目前在飞行模拟器或类似教学项目中已经架构了此类虚拟学习环境的初始版本,人们可以在这些计算机所生成的环境中训练应对复杂状况的能力。在法律方面,可以提供网上模拟法庭、网上模拟当事人协商,或者对新商业模式的法律评价展开法律战略讨论。

(4)在未来,最为雄心勃勃的电子学习模式将会结合教学和游戏(所谓的寓教于乐)。比如,可以将模拟法庭设计成"替代现实游戏"(ARG)。也就是说,娱乐性元素同时存在于现实世界和虚拟世界中。这类游戏的脚本通常始于某个人被捕,玩家的任务是理清事实,提出适当的辩护策略。要做到这点,玩家需要收集现实世界和虚拟世界的线索，进行法律评估并撰写法律文书，在此过程中，也需要检索法律数据库并高强度地研究法院判决和文献。学生在小组中合作，并有经特殊训练的老师指导。这类游戏不难被正规的辅导机构引入，而将创建这样一个在线模拟法庭作为法学作业也许就已经很有吸引力了。

终端设备方面的迅速完善使网上学习项目可以不仅在台式计算机上进行，而同样可以提供给移动设备，比如以近来出现的为苹果手机所提供的 APP 的形式，其他类似的终端设备还有电子书阅读器（E-book），电子书阅读器中原则上能够储存所有的法律数据库。如此一来，一幅方便、多功能的移动电子学习工具的图景就展现在眼前，它们可能很快就会成为大学不可或缺的工具。

八、总　结

大学课堂上的计算机辅助教学迄今尚未像 10 年前所期待的那样得到广泛落实，尽管法律人已经习惯于使用数据库，而且年轻的法律人与他们的前辈一样积极活跃于新的"共建网络"，即 Web 2.0。这代人愿意并能够比以前更广泛地应用计算机辅助教学内容。为了避免大的出版机构和商业服务机构决定所有的细节，大学讲师不应畏惧去积极推动计算机辅助教学的发展。在我看来，重要的是对现有课程进行严格鉴定，去其糟粕取其精华，明确教学目标并在教育理论的指引下构建学习环境。教学应兼顾学习者的个性化需求。因此，应优先引入的是不是纯粹的计算机辅助教学，而是结合现场教学与网络教学的不同组合，也即"混合学习"模式。

第二十五章
科学的精神与跨学科思考*

本文首先将探讨科学的精神,其中 R.默顿针对 K.波普尔的科学理论提出了普遍主义、共有主义、无私利性与有条理的怀疑主义四项科学规范。如果再补充入科学的价值中立性的话,那么这一模型便也适用于法学这一被认为是实践性社会科学的学科。此外我们还将展示跨学科研究的功能与条件,以及由此可能对科学精神造成的危险。

"过度地相信自己的观点是正确的,这是一种衰败的傲慢。这种年长科学家的傲慢与年轻学者的自负一样令人反感。"①

一、导　论

苏珊娜·贝克(Susanne Beck)邀请笔者在这次有许多青年学者参加的论坛上就跨学科研究作一个简短的报告,笔者欣然应允。这个主题与今

---

* 作者参加了苏珊娜·贝克博士于2012年2月20—25日举办的封闭研讨周"我的身体还属于我吗?",讨论主题是生命科学中限制身体自我处分权的立法理论,并应邀进行关于本文主题的报告。本文在报告文稿基础上增加脚注,并仅做细微修改。

本文原文"Das Ethos der Wissenschaft und der Gedanke der Interdisziplinarität"发表于 Susanne Beck (Hg.), Gehört mein Körper noch mir? Strafgesetzgebung zur Verfügungsbefugnis über den eigenen Körper in den Lebenswissenschaften, Nomos Verlagsgesellschaft, Baden-Baden 2012, S. 13-28.

① Peter Medawar, Ratschläge für einen jungen Wissenschaftler, 1984, S. 102.

天进行的关于生命科学中的立法理论的封闭研讨互相呼应。另一方面不应忽略的是,"跨学科"这个词是个热门话题,它在多种不同的意义上被使用,但却未能形成一个经过反思的概念。① 年轻学者以及其他尚未确定专业领域的人出于下文将要讨论的一些理由而总是倾向于呼吁加强跨学科性。毫不夸张地说,这可以称之为"跨学科的浪漫主义",追求学科间的超越,而与之相对,年长的科学家则常常并不情愿提及他们早年的"跨学科岁月"。②

从长远来看,这种跨学科的浪漫幻想不仅存在脱离本学科边界限制的危险,而且有挣脱适用于本学科的理性方法论束缚的危险。如此一来其研究的结论可能不仅在本学科得不到承认,在其他学科也得不到认可。因此,在一开始笔者坚持认为,不同学科之间合作本身并不是任何的增益。毋宁说始终需要审查的是,通过跨学科的合作是否在事实上促进了科学研究所追求的目标。③ 在笔者看来,如果人们不是毫无准备,而是在方法论上有所反思地进行跨学科的合作时,这是完全可以做到的。一言以蔽之,应当是反思性的、而非天真的跨学科研究。

---

① 参见 nur Matthias Bergmann u.a. (Hrsg.) Methoden transdisziplinärer Forschung, 2010; Frank Brand/ Franz Schaller/ Harald Völker (Hrsg.), Transdisziplinarität. Bestandsaufnahme und Perspektiven, 2004; Robert Frodeman (Hrsg.), The Oxford Handbook of Interdisciplinarity, 2010; Helmut Holzhey (Hrsg.), interdisziplinär, 1974; Michael Jungert u. a. (Hrsg.), Interdisziplinarität. Theorie, Praxis, Probleme, 2010; Julie Thompson Klein, Interdisciplinarity History, Theory and Practice, 1990(S. 231–235.对早期英语区文献进行了全面的汇总) Jürgen Kocka, Interdisziplinarität Praxis, Herausforderung, Ideologie, 1987; Richard Schwarz (Hrsg.), Wissenschaft als interdisziplinäres Problem, Teil 1, 1974, Teil 2, 1975 (Internationales Jahrbuch für interdisziplinäre Forschung, Bd. 1 und 2); Peter Weingart/ NicoStehr (Hrsg.), Practising Interdisciplinarity, 2000。从法学角度的解释尝试(有更多证明),参见 Eric Hilgendorf, Bedingungen gelingender Interdisziplinarität - am Beispiel der Rechtswissenschaft, JZ 2010, S. 913–922。

② 类似的也一般地适用于法学理论,参见 Eric Hilgendorf, Die Renaissance der Rechtstheorie zwischen 1965 und 1985, 2005, S. 20。

③ 这一思考参见上注①Eric Hilgendorf, S.918 ff.。

二、科学的精神

科学是一项社会活动。这意味着人们要互相交流,其中要遵守特定的价值与规则,若无对规则与价值的遵守,则"科学"作为一种结构化的社会实践是完全不可能的。那么这些规则是什么呢?关于这个问题的经典回答来自于70多年前美国社会学家罗伯特·默顿(Robert Merton)在其1942年的经典论文《科学与民主的社会结构》。① 这篇论文奠定了当代科学社会学的基础。默顿将"科学的精神"定义为"带有感情色彩的一套用以约束科学人士的价值和规范的综合",②并且科学家本身也认为自己受到这些价值与规范的约束。根据默顿的观点,科学的精神是以下四项基本规则为导向的。

(一)普遍主义

任何声称是真理的学说,"无论其来源,都服从预先确立的非个人的准则"。接受某项科学论断不受"该学说提出者所具有的个人或社会属性"的制约。"种族、国别、宗教、阶级或者个人特质等都不重要"。对于科学结论的评价只能根据科学的标准进行。"沙文主义者可以把异族科学家的名字从历史教科书中删去,但这些科学家的研究成果对于科学与技术来讲仍是必不可少的"。③

默顿认为,科学的普遍性要求科学之门应向所有有才能之人打开:

---

① Robert K. Merton, The Normative Structure of Science (1942), in: ders., The Sociology of Science. Theoretical and Empirical Investigations,, hrsg. Von Storer, 1873, S. 267–278. 这里引用的是德文译本《科学与民主的社会结构》Peter Weingart (Hrsg.) Wissenschaftssoziologie I. Wissenschaftliche Entwicklung als sozialer Prozess, 1973, S. 45–49.(本文在引用默顿论述时部分参考了中译本[美]罗伯特·K. 默顿:《社会理论和社会结构》,唐少杰、齐心译,译林出版社2015年版,第818—833页。——译者注)

② 同上注,Peter Weingart (Hrsg.), S. 46。

③ 同上注,Peter Weingart (Hrsg.), S. 48。

"基于其他的标准而对科学事业进行限制,将会阻碍知识的进步"。① 不能因为他人属于"错误"的族群、信仰"错误"的宗教就排斥其从事科学研究。在此默顿认为其与民主的精神是类似的,即它只允许非个人化的能力判断标准。因此,民主社会中更容易实现科学的普遍化标准。

(二) 共有主义

作为科学精神的第二项核心要素,对于今天的听众来说有些陌生,即"共有主义"。这里指的是科学研究的所有实质成果对所有研究者开放,而不能局限于少数人的范围内。"科学上那些具有重大意义的发现都是社会合作的产物,并且归全社会所有。它们构成了一种公共遗产,那些曾创造了这份遗产的个人对该遗产的权利要受到严格的限制"。② 因此并不存在对于科学理论的"所有权"。

这对科学精神的解读显然与专利法、著作权法存在一定的紧张关系。默顿认为,科学家的权利要求应仅限于得到科学职业共同体的认可与尊重。重视优先权,将特定的研究成果作为某个特定个人或特定群体的成果而加以接受,在科学领域也发挥着重要的作用。③ 用默顿的话来说:"竞争的产物被公有化了,而作者则获得了尊敬"。④ 由于科学成果是共同财富,这就要求科学职业共同体共享科学成果;若将科学成果全部或部分地予以保留,则违反了科学的精神。

(三) 无私利性

默顿提出的第三项科学精神在于无私利性,即研究者不能仅仅追求个人的利益,而是以科学的目标为导向。当然默顿并不否认,研究者可以出于完全不同的动机与目标而进行研究。但作为科学的精神也要求

---

① 参见第 441 页脚注① Peter Weingart (Hrsg.), S. 49。

② 同上注, Peter Weingart (Hrsg.), S. 51。

③ 同上注, Robert K. Merton, Priorities in Scientific Discovery(1957), in: Robert K. Merton, S.286-324。

④ 同上注, Robert K. Merton, Wissenschaft und demokratische Sozialstruktur, in: Peter Weingart (Hrsg.), S. 51。

遵守特定的程序,并且对这些规则的遵守服从于制度性的监督。① 科学研究应始终受到同行的监督,因此科学必须是公开的且可检验的。应当注意的是,默顿早在 1942 年就注意到了近十年来备受关注的现象——学术造假。他写道:

> 科学的公开性与可检查性构成了无私利要求的坚实基础。可以设想,这一要求有助于科学家的团结。科学领域中存在着竞争,而由于强调作为成就标准的优先权,这种竞争又加剧了。在这种情况下就会出现分裂,并通过不允许的手段来排除对手。但这种动机在科学研究领域中对于推动研究并没有什么用。②

默顿对于科学领域中实现学者之间的互相监督非常乐观。科学领域相比于医学以及实践法学更不容易出现利用轻信、无知和隶属关系的情况。而今除了争夺优先权的竞争之外,科学研究还有第二个强烈的动机:争夺资助。③ 故弄玄虚与学术欺诈之间的界限往往是模糊的。另一方面剽窃与伪造研究数据——这是两种最有名的学术欺诈——不仅威胁着科学的接受度,而且威胁着科学本身最为核心的能力。因此,相比于默顿那个年代,学术欺诈这个问题在今天就更为重要。

(四)有条理的怀疑主义

默顿提出的第四项也是最后一项科学精神便是"有条理的怀疑"。

---

① 目前促进科学研究的重要机构德国联邦科学促进会正在致力于建立一个全面的监督体系机制。参见 auch Helmuth Schulze-Fielitz, Responses of the Legal Order to the Loss of Trust in Science, in: Helga Nowotny u.a. (Hrsg.), The Public Nature of Science under Assault. Politics, Markets, Science and the Law, 2005, S.63-86。

② 参见第 441 页脚注① Robert K. Merton, Wissenschaft und demokratische Sozialstruktur, in: Peter Weingart (Hrsg.), S. 54。

③ 关于(法律)科学研究框架条件变化参见 Eric Hilgendorf, Die Juristischen Fakultäten in Deutschland und die jüngsten Universitätsreformen: Skeptische Anmerkungen zu Bologna, Exzellenzinitiative und der Ökonomisierung der Universitäten, in: Eric Hilgendorf/Frank Eckert (Hrsg.) Subsidiarität, Sicherheit, Solidarität. Festgabe für Franz-Ludwig Knemeyer zum 75. Geburtstag, 2012, S. 559-580。

在科学领域,所有的观点都可以随时被质疑。默顿意识到,有条理的怀疑这一科学的精神将导致与其他社会制度之间的冲突,例如与具有深厚传统的宗教:"研究者并不执着于严格地区分神圣与世俗,也不执着于区分需不加批判地得到尊重的现象与可以被客观分析的现象。"①但是自启蒙时代以来,基督宗教教会的力量已经受到了极大的削弱。乔尔丹诺·布鲁诺曾被虐待并遭受火刑,伽利略也被迫撤回自己的观点——这些在今天是难以想象的。因此,默顿指出,其他的学科与政治团体也可能反对科学的怀疑精神。尤其是在威权国家常常阻碍科学研究,这些国家通过设置禁忌区域或多或少地试图成功地限制科学精神。结合默顿的分析所形成的年代,就可以知道他说的是哪个政权。

(五)评价

默顿关于科学精神的论述可以以不同的方式进行解读:可以将其视为是对特定职业行为准则的经验描述,也可以视为是理想型的阐述或者是某种(尚未实现的、仍须努力追逐的)理念的前提。当然也可以工具性地理解这种科学精神:科学精神是实现特定目标的工具。当人们将其观点核心理解为工具性(或者说,目的论的、目的导向的)时,才真正理解了默顿的阐述:他描述这种科学精神,这种精神在历史上被证明是特别适合于推进科学研究目标的实现,即获得并扩充确定性的知识。在这个意义上,默顿指出:

> 科学的制度性目标在于扩充确定性的知识。技术上用于实现这一目标的方法提供了关于知识的重要定义:经验上得到确证的、逻辑上一贯的预测。这一目标与方法中推导出制度性的制约。技术与伦理规范的整体结构服务于最上位目标的实现。②

---

① 参见第 441 页脚注① Robert K. Merton, Wissenschaft und demokratische Sozialstruktur, in: Peter Weingart (Hrsg.), S. 55。
② 同上注, Robert K. Merton, Wissenschaft und demokratische Sozialstruktur, in: Peter Weingart (Hrsg.), S. 47 f.。

人们也可以将这一观点视为是"功能主义的",其中的"功能"指的是"旨在发生的功效作用"。① 但在默顿看来,科学精神不仅在工具论上得到证立,而且在一定程度上被科学家们所内化并在情感上予以支持,因而应当认为是一种"伦理"规则。在这个意义上,他写道,科学受到的制约有其方法论上的根据,但其之所以具有约束力不仅是因为它有效,而且因为它被认为是正确的,它既是伦理规则也是技术规则。②

与方法论规则之间的明确联系体现了默顿的观点与卡尔·波普尔的科学理论之间存在紧密的关系。波普尔 1935 年出版了《研究的逻辑》,7 年后默顿便发表了开创性的论文。两人所处理的问题是硬币的两面:默顿从社会学的角度探讨"科学"这一现象,波普尔则是从方法论(或者说科学理论)的角度入手的。值得注意的是,两人的工作都是在非理性的随后转变为政治上威权思潮的环境下完成的,特别是波普尔 1945 年出版的专著《开放社会及其敌人》。

与波普尔一样,默顿的观点受到了多方面的批判与进一步发展,③但其观点的基础并未动摇。不言而喻的是,直到现在无论是科学社会学家,还是科学政策的决策者在关于科学准则与其保障问题上的讨论都要参考默顿关于科学精神的论述。

三、科学的精神在法学领域的可适用性

但是有疑问的是,默顿的模型是否可以适用于法学。他的观点在德语圈法学界肯定尚未被接受,在目前关于法哲学、法理学、法社会学的教科书中从来没有提到默顿的研究。法学界对其观点之所以持保留态

---

① 关于功能主义的简要介绍,参见 Lewis A. Coser, Functionalism, in: William Outhwaite (Hrsg.),The Blackwell Dictionary of Modern Social Thought, 2.Aufl. 1996, S. 245-247。
② 参见第 441 页脚注① Robert K. Merton, Wissenschaft und demokratische Sozialstruktur, in: Peter Weingart (Hrsg.), S. 48。
③ 参见上注 Storer und Barnes/Dolby, in: Peter Weingart (Hrsg.)。

度,与其说是有事实根据的,倒不如说是因为在法学基础理论研究与其他学科之间的跨学科交流中存在一定的接纳障碍。

但是让我们看看实际的情况,确实很难将法学融入其他科学的范式中。经验学科特别是自然科学倾向于认为法学并不能被归为通常意义上的科学。在盎格鲁-萨克逊的语言使用即为明证。该语言体系中,"法"(law)——专业显然既不属于"科学"(science)(分为社会科学与自然科学),也不能被归为"人文学科"(humanities)。在大陆法系国家如德国,人们虽然称为"法律科学"(Rechtswissenschaft),但大部分法学家都认为,法学与其他学科存在显著的差异,因此应完全视为一个独立的部门。① 因此,人们似乎可以认为,默顿所提出的规则适用于法学至少是有疑问的。

而另一种观点,我本人也持这种见解则认为,即法学应当被归为应用社会科学,②其意义与医学可以被视为一门应用自然科学非常相似。按照这一观点,法首先是对社会进程进行控制的工具,这不仅包括立法(在立法领域这一观点已经得到了普遍的承认),也包括法院与行政机关的法律适用。这种对法的"目的论的"或者说"社会技术的"理解可以追溯到鲁道夫·冯·耶林(Rudolf von Jhering)的利益法学,在美国是从"法律现实主义"③开始成为主流,在德国法学理论上则很少有人主张,如汉斯·阿尔伯特(Hans Albert)。④ 这种理解认为,法学的研究对象是规范,而规范则是为了实现特定的(政治上得到确定的)社会目标的

---

① Näher Eric Higendorf, Das Problem der Wertfreiheit in der Jurisprudenz, in: Eric Hilgendorf/ Lothar Kuhlen, Die Wertfreiheit in der Jurisprudenz, 2000,S.1-32(24 ff).

② 参见上注,Eric Higendorf, S.26 f.。

③ 代表性学者为 Oliver Wendell Holmes 和 Karl N. Llewellyn, vgl. Brix, legal realism, in: Peter Cane / Joanne Conaghan (Hrsg.), The New Oxford Companion to Law, 2008, S. 720 f. Umfassend Fischer/Horwitz/Reed (Hrsg.), American Legal Realism, 1993。

④ Hans Albert, Rechtswissenschaft als Realwissenschaft. Das Recht als soziale Tatsache und die Aufgaben der Jurisprudenz, 1993 (Würzburger Vorträge zur Rechtsphilosophie, Rechtstheorieund Rechtssoziologie, Heft 15); aus der Rechtswissenschaft z.B. Horst Eidenmüller, Rechtswissenschaft als Realwissenschaft, JZ 1999, S. 53-61. Näher zu Alberts Vorschlägen Eric Hilgendorf, Hans Albert zur Einführung, 1997, S. 108 ff.

工具。因此需要审查这些规范对于目标实现的适格性,这种审查对于大部分经验学科知识来说都是必要的。在这个意义上,法学被认为是应用性社会科学。以这种对科学的理解为基础,那么法学虽然有自己的独特性,但也仍然属于科学的范畴。如果遵循这个建议,默顿的规则也可以适用于法学。①

但是我认为法学还需要额外的规则,这个规则是基础性的,可以成为法律科学精神的组成部分。我指的是将科学论断与个人观点、价值判断明确区分开来的要求,即科学的价值无涉性这一著名的论断。② 法学领域(并非完全但广泛地)与之相应的是传统上关于实定法(de lege lata)与应然法(de lege ferenda)的区分。这一区分之所以重要,是因为若非如此那么公众就容易对所涉及之论断的性质、效力范围以及证成的可能性产生误解。一名学者在讲座中说"堕胎行为根据《刑法典》第218条及以下数条的规定而受到规制"与说"堕胎行为在道德上是恶的/堕胎行为在道德上是没有问题的",存在着明显的差异。前者是一种科学上的事实陈述,而后者则是个人的价值判断。而公众由于缺少语言的敏感性或者没有受到系统的逻辑训练,而常常难以察觉上述两个论断之间的区别,并且通过承认科学的权威而强化性地接受了两者。通过这种方式,讲台就被当作政治工具而滥用,而其听众则完全没有意识到。③

---

① 这背后是维也纳学派所主张的"科学统一"观念,参见 Otto Neurath, Wissenschaftliche Weltauffassung-Der Wiener Kreis, in: ders., Wissenschaftliche Weltauffassung, Sozialismus und Logischer Empirismus, hrsg. von Hegselmann, 1989, S. 81–101(86 f.)。

② 对此参见第 446 页脚注①Eric Hilgendorf.价值无涉观点有两位主要主张者:马克斯·韦伯与汉斯·阿尔伯特。方法论的核心文章汇总在 Hans Albert/ Ernst Topitsch (Hrsg.) Werturteilsstreit, 2. Aufl. 1979 (Wege der Forschung Band CLXXV)。

③ 经典的表述,参见 Max Weber, Wissenschaft als Beruf, in ders., Gesammelte Aufsätze zur Wissenschaftslehre, hrsg. von Winckelmann, 7. Aufl., 1988, S. 582–613 (606 f): 教授感到他有作为年轻人顾问的职责,并享有他们的信任,他可以由此证明自己同年轻人私交不错。如果他感到,他的职责是介入世界观和政治意见的斗争,他大可以到外面去,到生活的市场上去这样做,在报章上,集会上,或无论他喜欢的什么地方。但是,对听众而言可能有不同看法,却被责令保持沉默的地方,让他来炫耀自己信仰的勇气,这未免太容易些了。

在社会科学特别是法学领域，这种滥用的危险比在自然科学中更大。法学的研究对象正是以规制人的行为为目标的规范。相应的，法学也努力地尝试使研究不仅局限于对规范的描述、分析与体系化，而是致力于从事设置规范、改变规范的活动。当然在许多情况下，明确地区分事实认定与价值判断具有操作上的困难。但这种区分在概念上是可能的，而实践中两者之间存在灰色地带并不意味着学者可以在科学外衣的掩盖下向公众灌输自己的个人政治与道德价值观，特别是在向公众隐瞒欺骗了陈述的性质时。

将法学理解为应用性社会科学的同时，不能忘记在这个被称为"法律科学"的领域中存在着完全不同的方法，并且常常是多种方法的混合。在刑法学科中人们可以作如下阐述：

> 在当前大部分的德语区，刑法学者研究的重心是通过明确的、可检验的法律适用规则来限制国家的权力。要实现法治国的这一要求就需要教义学，因为教义学的目标在于为所有的法律适用操作提供清晰、尽可能一以贯之的（因而是可检验的）规则。规范必须进行解释并体系性地掌握。其他法律活动领域都是围绕教义学展开的，特别是法律适用，它将法教义学与事实的认定和价值判断结合起来。① 对新技术的法律评价与对立法和法律适用的批评一样，本质上都具有自我价值判断的特点。立法理由说明（例如在专家听证会上）多半限于对法教义学问题和对法院裁判行为的评价，而实际的法律政策则包含更多的价值判断。法社会学、比较法、法律史学具有强烈的经验实证色彩，而法哲学则不仅需要规范的也需要概念的/描述性的（甚至是历史性的）研究方法。

---

① 参见第446页脚注① Eric Hilgendorf, S.19 f.。

四、何谓"跨学科性"以及它在实践中是如何操作的?

"跨学科"被认为是来自不同学科的研究人员合作完成共同的项目。① 与之相区分的是"超学科",这种合作在一定程度上是"超越于"个别学科之上的。米特尔施特拉斯(Mittelstrass)认为,"正确理解的"跨学科最终会走向超学科:

> 正确理解的跨学科指的并不是在不同专业或学科之间的来回游移,也不是在学科和学科之上徘徊,接近于绝对精神。它消除了阻碍问题发展和相应研究活动的学科之间的限制。事实上这是一种超学科性。②

这种跨学科要求并非新鲜事物,叔本华(Schopenhauer)在1851年便作出了他自己的解读:

> 科学研究已经达到了这样的广度,以至于谁想在其中有所成就,就可能只追求一个非常特殊的专业,而不关心其他一切。然后,他将在他的专业领域中鹤立鸡群,但在所有其他方面,仍属于无名之辈……一般来说,这样的专业学者类似于工厂的工人,他一生只做某一颗螺丝钉……当然,他就在这颗螺丝钉上具备了不可思议的精湛技艺。③

但是专业性要求的历史也非常悠久。1877年法学家吕梅林(Rümelin)指出:

> 成为学者的第一项要求便是自我否定与自我设限,即将研究限

---

① 参见第440页脚注① Eric Hilgendorf, S. 914。

② Jürgen Mittelstraß, Die transdisziplinäre Zukunft der Forschung, in: ders., Wissen und Grenzen. Philosophische Studien, 2001, S.89–107(92 f.).

③ Arthur Schopenhauer, Parerga und Paralipomena, § 254, in: Wolfgang Freiherr von Löhneysen (Hrsg.), Sämtliche Werke. Textkritisch bearbeitet, Bd. V, 2. Aufl., 1976, S. 570 f.

制在一个固定的、有边界的目标上。他不能像蜜蜂或蝴蝶一样,在花丛中飞来飞去。他更像矿工,在遥远的、寂静的、暗淡的矿坑灯光下,只得寻找一种特殊的矿物,而把其他一切阻碍他的东西都放在一边。①

20 世纪 60 年代到处都在要求跨学科研究,以突破个别学科的藩篱。当时最著名的奠基性事件便是比勒菲尔德跨学科研究中心(ZiF),它是由社会学家赫尔穆特·舍尔斯基(Helmut Schelsky)主导推动的。舍尔斯基对于比勒菲尔德跨学科研究中心的任务做了如下阐述:

> 建立跨学科研究中心是为了让老一辈学者和年轻学者有机会在深入交流中共同思考和研究整个科学领域的跨学科综合问题。②

反思性的跨学科研究在法学领域究竟有什么作用?我想再一次③将"功能"理解为"旨在发生的功效"。我们可以将问题表述为:跨学科研究对于法学可以以何种有意义的方式达成旨在发生的效果?在我看来,跨学科至少具有如下五个方面的功能:

(1)通俗化功能。跨学科迫使参与的研究者尽可能以清晰易懂的方式阐述自己的理论、问题以及解决方案,使其他学科的研究者能够理解。由于非本专业学者所知悉的信息与对此感兴趣的公众所获知的信息程度之间不存在明显的差距,因此跨学科便意味着对专业知识领域的平民化与普及化,使大多数人能够听懂。④

(2)动机功能。与关注相似问题的其他专业学者的交流能够给自己的研究带来新的动力。这对于年轻的研究者来说尤其如此。

---

① Gustav Rümelin, Über die Arbeitsteilung in der Wissenschaft (1877), in: ders., Kanzlerreden, 1907, S.192-213(198).

② Das Zentrum für interdisziplinäre Forschung. Eine Denkschrif, in: Paul Mikat/ Helmut Schelsky, Grundzüge einer neuen Universität, 1966, S. 71-87.

③ 参见第 445 页脚注①。

④ 关于科学的平民化的全面论述参见 Carsten Kretschmann (Hrsg.),Wissenspopularisierung. Konzepte der Wissensverbreitung im Wandel, 2003。

(3）启发功能。跨学科研究有助于从全新的视角审视早已出现的问题，从而推动新视角、新方法、新问题和新理论的发现。在我看来，跨学科工作的启发功能是进行跨学科工作最强有力的理由。

（4）跨学科的批判功能也同样具有重要的意义。跨学科的交流通过使用其他的方法与结论研究同一问题，从而认识到自己的观点具有相对性，这有助于批判性地审视本学科的理论与结论。

（5）最后不能忘记跨学科工作还有证立功能。如果不同的学科中对于相似的问题有着相似的答案，这就证明了这个答案的可用性。所有的解决方案都是暂时的，并需要在实践经验中得到持续的检验甚至被推翻，这应当成为所有学科中不言自明的事实。不同的解决方案之间具有可比性，这体现了科学统一的思想。

五、跨学科对于科学精神产生的危险

跨学科研究不仅提供了机遇，也隐藏着危险。[①] 首先，只要认真参与过跨学科研究项目就会发现，在经历了最初的兴奋之后常常会面临沟通交流上的障碍。每个学科的专业术语存在极大的差别，因此细致地交流观点与论证非常困难。语言上的误解很容易就会造成极大的挫败感。

对于这种问题的回应，我们常常会发现"向抽象逃避"的现象，这是第二种危险。项目参与者之间的交流停留在极其抽象的层面上，在这种最为抽象的层面上可以达成共识，甚至产生一种推动问题解决的错觉。在这种抽象的层面上能否实现前面[②]提到的各种功能，是令人怀疑的。语言运用的不清晰，以及过高的抽象程度都会导致观点与论据无法得到细致的检验与审查，而这是违反"有条理的怀疑"原则的。

第三种危险与之密切相关：本学科标准失去意义。每一门学科都是在特定的限定性条件下进行研究的，这些条件是从本专业特性的角度对

---

① 参见第 440 页脚注① Zum nachfolgenden schon Eric Hilgendorf, S. 920 f.。
② Vgl. oben D. a. E.

前述科学精神的补充。在法学领域,这些条件就包括了将伦理与政治价值判断与专业论断相区分,①以及(或多或少密切地)以法条规定为导向。② 如果跨学科交流选择了极其抽象的语言层面,并且也缺少具备专业精神的同行时,放弃本学科的标准代之以其他专业的标准就充满了诱惑力——即便不是放弃所有的标准而将友善的"融洽"置于优先位置的话。

不应忽视,这种"自由的"讨论也有其优点,以及在动机和启发等方面完全可以是有价值的。但是如果要让跨学科的研究成果在本学科中得到认可,那么终归是要考虑专业标准的。若一个人长期游离于本专业的标准之外,那他很快就不再被专业学科共同体所承认了;反过来说,自己的研究成果从来不与同行交流,这也违反了普遍性的科学精神。

当然这种情况可能恰恰是研究者所追求的:跨学科研究是拒绝受到本专业共同体(即同行评价)的学科监督的途径。认可是科学领域激励机制的核心,但研究者所期待的不再是来自同专业者的认可,而是来自于外专业者的认可。如果离开同行群体的监督,个别研究者会面临特殊的危险,即认为自己是群体中唯一的"专业人士",对于特定的问题只有自己有能力回答,因而可以免于受到批判,这既不符合普遍性也不符合有条理怀疑的科学精神。

六、跨学科研究成功的条件

成功地进行跨学科研究的最重要的条件在于能够清晰地、以非专业者能够理解的方式就本专业的问题与解决方案进行沟通与交流,且不会造成重大的信息损耗,这无论在智力上还是语言表达上都是重大的挑战。表达不清楚是思考不清楚的标志,而没有清晰结构的混乱文字——

---

① Vgl. oben S. 20 f.

② Dies gilt insbesondere im Strafrecht, das vom Gesetzlichkeitsprinzip (Art. 103 Abs. 2 GG, § 1 StGB) beherrscht wird.

例如没有沿着问题提出、介绍不同的解决方案并提出自己观点这样的顺序来展开论述——有违科学精神,因为它们回避科学批评、科学精神,即使它们是由成熟的科学家提出来的也是如此。

更令人气愤的是以居高临下的姿态所刻意造成的晦涩难懂,将知识上的不透彻当作"深刻"。汉斯·阿尔伯特将这种虚张声势形象地称为"深刻性骗局"。而在跨学科的语境中,这样做的诱惑是很大的,因为缺少了来自专业同行的监督。

七、结 论

综上,在上文中我尝试展示跨学科研究会以何种方式促进科学研究,其中重要的关键词包括了通俗化功能、动机功能、启发功能、批判功能以及证立功能。但跨学科研究有可能有损科学精神,例如当跨学科项目的参与者试图通过"向抽象逃避"的方法来避免其中存在的沟通障碍,或者为了迎合参与讨论的伙伴而违反或损害本学科的基本标准时。任何时候跨学科研究的成果总是必须与本专业共同体进行交流并接受专业的批评。跨学科研究是一柄双刃剑,只有当反思性地进行跨学科研究,才能避免这些危险并(或许能)促进知识的进步。

第二十六章
刑法上的产品责任[*]

一、引　言

如果产品的流通导致法益受损,便有损害赔偿和刑事处罚的需要。对相应请求权的法律认定和执行,属于民事和刑事的产品责任或生产者责任的范畴。反过来说,生产产品和将其投入流通的人,对避免或者至少最大限度地减少责任风险是有明显兴趣的。这首先需要对责任风险进行澄清。如果人们将"法律合规"理解为和法律的规定相一致,[①]那么尽量排除违法和减少抑或是完全消除责任风险的所有措施,都属于法律合规的措施。

刑法上的产品责任有其特殊之处,这是一个和所有部门法都相关的法律领域,[②]产品责任这一称呼已经说明了这一点。"产品责任"这一术

---

[*] 本文原文"Strafrechtliche Produkthaftung"发表于:Thomas Rotsch (Hg.), Criminal Compliance. Handbuch. Nomos Verlagsgesellschaft, Baden-Baden 2015, S. 310-341。

[①] 关于这一术语的进一步研究,Eric Hilgendorf, in: Thomas Rotsch, Criminal Compliance vor den Aufgaben der Zukunft, S.19 ff.; 关于"刑事合规"的理论和实践的进一步讨论,"Thomas Rotsch, in: Thomas Rotsch, Criminal Compliance vor den Aufgaben der Zukunft, 2013, S. 3 ff.; 也可参见 Lothar Kuhlen, Hans Kudlich 和 Inigo Ortiz de Urbina 2013 年主编的文集"Compliance und Strafrecht"。

[②] Hein Kötz/ Gerhard Wagner, Deliktsrecht, 12. Aufl., 2013, S. 243, Rn. 605.

语把(经济导向的)人类活动的结果之责任置于观察的中心,①而常用的"生产者责任"之表达则更多地关注责任主体。② 后者的语言表达和刑法的个人主义理解更贴近。与此相对,在民法中,"产品责任"的表达更习以为常。③ 两个概念原则上是等价的。如若人们——如同后文那样——强调民法和刑法的并列,统一使用"产品责任"这一术语是比较合适的。④

刑事产品责任的典型情形为,加害人通常参与了经济生产过程,即作为组织的一部分活动。而这通常导致加害人不止一个,而是多人可能被视为加害人,相应的也是潜在的犯罪行为人。与此同时,被害人也不是一个而是多个。这两个事实导致了,在刑事产品责任之中经常会出现因果和归责难题。复杂的不仅是对(一般)因果关系的确定,还有具体案例中因果关系的程序法证明。⑤ 此外,"被容许的风险"——至今在教义学上仍有争议——于此扮演着重要角色。⑥ 与此相关联的是一个法

---

① 概念形塑参见 Lothar Kuhlen, Fragen einer strafrechtlichen Produkthaftung, 1989, S.2 ff.。

② Eric Hilgendorf, Strafrechtliche Produzentenhaftung in der,, Risikogesellschaft", 1993, S.89 ff.; 关于替代性的不同概念, Marc Colussi, Produzentenkriminalität und strafrechtliche Verantwortung, 2003, S.12 ff. 如同 Carsten Momsen/Thomas Grützner (Hrsg), Wirtschaftsstrafrecht, Handbuch für die Unternehmens-und Anwaltspraxis, 2013, S. 1334 Rn. 8 所正确强调的,"产品刑法"并不涉及一个特定的法学范畴。

③ 这一称呼,可参见 Ulrich Foerste/ Friedrich Graf von Westphalen, Produkthaftungshandbuch, 3. Aufl., 2012。

④ 关于"产品"这一概念, Hans-Joachim Gerst, Produktstrafrecht, in: Marcus Böttger (Hrsg.), Wirtschaftsstrafrecht in der Praxis, 2. Aufl., 2015, S. 901 Rn. 2; 关于刑事产品责任法的独立性, Hans-Joachim Gerst, in: Marcus Böttger (Hrsg.), 2. Aufl., 2015, S. 901 Rn. 5; 参见上注②, Carsten Momsen/Thomas Grützner (Hrsg), S. 1334 Rn. 8 ff.。

⑤ 参见上注②, Carsten Momsen/Thomas Grützner (Hrsg), S.1354 Rn. 68 ff.; vgl. auch Eric Hilgendorf, Strafprozessuale Probleme im Licht der modernen Kausallehre am Beispiel der jüngsten Produkthaftungsfälle, FS Lenckner, 1998, S. 699 ff.。

⑥ 参见上注②, BGHSt 37, 106 (118); Eric Hilgendorf, 1993, S. 89 ff.; 94 ff.; Wolfgang Winkelbauer, in: Ulrich Foerste/ Friedrich Graf von Westphalen, § 81 Rn. 42; 在狭义层面使用的、经常和"被容许的风险"等义使用的"社会相当性"概念, Jürgen Baumann / Ulrich Weber / Wolfgang Mitsch, Strafrecht AT, 11. Aufl., 2003, § 16 Rn. 33 ff.。

律上的、但也是法政策上的问题,即一个社会愿意接受何种程度的损害作为经济行为的不可避免的副作用,因而认为这种损害是可以被容许的。从理论的视角来看,刑事产品责任的案件通常存在着令人惊讶的(微小的)行为无价值和(巨大的)结果无价值的分裂。①

刑事产品责任的案件会给调查机关和刑事法庭带来明显的困难,是故程序经常会持续数年之久。这一超长期限在法治国中是有疑虑的。同时,由于产品责任的案件通常有数量庞大的被害人以及严重的损害,经常会引起媒体和公众的巨大兴趣,②而这也会让刑法的处理变得困难。上述特殊的问题,证明了将刑事产品责任作为独立范畴的必要性,虽然在此或许适用的是一般性的刑法和刑事诉讼法规范。

刑法学界有一种声音,从一开始就对将刑法牵扯到产品责任领域抱持怀疑态度。③ 现代的经济活动确实带来了好处,但也给刑法所保护之法益带来了危险,例如消费者的身体完整性,甚至是他们的生命。因此此类案件中从一开始就否定刑法保护的必要,只是因为"传统刑法"(das klassische Strafrecht)对这样的危险状态尚无认识(或者没有注意到),并无说服力。

刑事产品责任或刑事生产者责任,自 1990 年联邦法院的皮革喷雾

---

① 参见第 455 页脚注④ Hans-Joachim Gerst, in: Marcus Böttger (Hrsg.), S. 914 Rn. 37; Jürgen Wessing/Matthias Dann, Compliance, in: Klaus Volk (Hrsg.), Das Münchener Anwaltshandbuch Verteidigung in Wirtschafts-und Steuerstrafsachen, 2. Aufl., 2014, § 4 Rn. 30。

② 相关的德国案例参见 Rn. 18 ff. 国外与此有关的著名案例如中国的奶粉丑闻,印度博帕尔的毒气泄漏灾难(参见第 455 页脚注②Carsten Momsen/Thomas Grützner (Hrsg), S. 1333 Rn. 3),在法国,2000 年 7 月协和式飞机的坠毁(参见第 455 页脚注④ Hans-Joachim Gerst, in: Marcus Böttger (Hrsg.), S. 917 Rn. 40; 参见第 455 页脚注②Carsten Momsen/Thomas Grützner (Hrsg), S. 1334 Rn. 7),此外,意大利的石棉案(参见第 455 页脚注② Carsten Momsen/Thomas Grützner (Hrsg), S. 1333 Rn. 4 ff.)或者关于掺水的橄榄油。关于降低胆固醇的药物"Lipobay"的明显副作用的丑闻都达到了国际层面(参见第 455 页脚注④Hans-Joachim Gerst, in: Marcus Böttger (Hrsg.), S. 918 Rn. 42)。

③ 例如 Winfried Hassemer, Produktverantwortung im modernen Strafrecht, 2. Aufl., 1996; 另可参见 Erich Samson, Probleme strafrechtlicher Produkthaftung, StV 1991, S. 82 ff.。

剂判决,便引起了广泛的兴趣。① 在实践上,刑事产品责任也引发很大关注,因为在许多情况下,它涉及经济实体的刑事责任,他们的活动原则上是被容许的,也是可欲的。就此而言,刑事产品责任也是经济刑法的一部分。与此同时,经济交往中的生产者的刑事责任也带来了不小的刑法教义学难题,其首先与总则的基础问题有关。此外,棘手的刑事程序难题也出现了,②因此,刑事产品责任也具有重大的理论意义。

二、民事产品责任的基本特征

(一)基础

在民法中,因将可能致损的产品投入流通而承担责任,早已被承认,③在司法实践中,民事产品责任扮演着重要的角色。④ 其所涉及的核心问题是,由于产品而导致损害是由受害人自己承担损害,还是由其他人,例如制造者、设计者或者销售者,来承担由此产生的赔偿责任?

---

① BGHSt 37, 106 ff., NJW 1990. 2560. m. Anm. Joachim Schmidt-Salzer, Strafrechtliche Produktverantwortung-Das Lederspray-Urteil des BGH, NJW, 1990, S. 2966 ff.; 关于此 Werner Beulke/ Gregor Bachmann, Die Lederspray-Entscheidung, JuS, 1992, S. 737 ff.; Joerg Brammsen, Kausalitäts-und Täter-schaftsfragen bei Produktfehlern, Jura, 1991, S. 533 ff.; Winfried Hassemer, Rechtsprechungsübersicht-Strafrechtliche Produkthaftung, JuS, 1991, S. 253 ff.; Eric Hilgendorf, Fragen der Kausalität bei Gremienentscheidungen am Beispiel des Lederspray-Urteils, NStZ, 1994, S. 561 ff.; Heribert Hirte, Anmerkung zu BGH, Urteil vom 6.7.1990-2 StR 549/89, JZ, 1992, 257 ff.; Bernd-Dieter Meier, Verbraucherschutz durch Strafrecht? Überlegungen zur strafrechtlichen Produkthaftung nach der "Lederspray"-Entscheidung des BGH, NJW, 1992, S. 3193 ff.; Ingeborg Puppe, Zur Kausalitätsproblematik bei der strafrechtlichen Produkthaftung, JR, 1992, S. 27 ff.。

② 参见第 455 页脚注④ Carsten Momsen/Thomas Grützner (Hrsg), S. 1364 Rn. 92 ff.。

③ 关于产品责任的历史 Gerhard Wagner, The Development of Product Liability in Germany, in: Simon Whittaker (Hrsg.), The Development of Product Liability, 2009, S. 114 ff.。

④ 关于实践相关的全面描述, Gerhard Wagner, in: Münchener Kommentar BGB, Band 5, 6. Aufl., 2013, § 823 Rn. 617-702。

虽然民事产品责任原则上也可以通过合同义务的违反得到证成,①但它主要是一个侵权责任,《民法典》第 823 条第 1 款(除了产品责任法的规定)在其中具有最重要的意义。《民法典》第 823 条第 1 款的请求权基础是,《民法典》第 823 条第 1 款中提到的某项法益受到侵害,法益侵犯由赔偿义务人违法且有责的行为所导致。

几十年来,民事产品责任通过大量的判决而被精确化和具体化。② 首先,制造者的责任是非常严格的,这在法政策上也是可欲的。③ 对于(具有潜在危险性的)产品的制造商,司法判例发展出了一系列广泛的生产者义务④,其中涵盖了对产品的设计和制造、对用户的指导、观察流通中的产品以及特定情况下将其召回的义务。

民事产品责任的严格还体现在受损者的证明义务上。原则上,民事诉讼中的被害人必须证明所有用来支撑他主张的事实。但在民事产品责任领域,判决很大程度上减轻了受损者的证明责任:当损害发生时,受损人只须证明,"权利的损害是由有瑕疵的产品引起的"。⑤ 争议证明可以根据表见证明(Anscheinsbeweis)原则实施。⑥ 当确定损害是由制造者有瑕疵的产品所引起的时,制造者必须证明,他对于这一瑕疵没有过

---

① 参见第 455 页脚注② Hein Kötz/ Gerhard Wagner, S. 244 Rn. 608。

② 参见第 457 页脚注④介绍 Gerhard Wagner, in: Münchener Kommentar BGB, § 223 Rn. 617 ff.。

③ Lothar Kuhlen, in: Hans Achenbach/ Andreas Ransiek/ Thomas Rönnau, Handbuch Wirtschaftsstrafrecht, 4. Aufl., 2015, S. 84 Rn. 2.

④ 同上注③,Lothar Kuhlen, in: Hans Achenbach/ Andreas Ransiek/ Thomas Rönnau, S. 84 Rn. 2; Christian Katzenmeier, Entwicklungen des Produkthaftungsrechts, JuS, 2003, S. 943 (946 f.)。

⑤ 同上注③, Lothar Kuhlen, in: Hans Achenbach/ Andreas Ransiek/ Thomas Rönnau, S. 85 Rn. 3, BGH VersR 1987, 102(103)(镀锡喷剂); BGHZ 99, 167(181)(摩托车挡板); BGH VersR 1989,399(哮喘喷雾); BGH NJW 1991, 1948(1951)(艾滋病感染); BGH NJW 1992, 560, (562)(儿童茶)。

⑥ BGH VersR 2006, 931(体育摩托艇); BGH NJW-RR 2010, 1331(万络止痛药);进一步的阐述,参见第 455 页脚注①Lothar Kuhlen, S. 37 ff.。

错。① 这一举证责任部分倒置的证成理由为,生产者通常要比受损者更好地了解他自己所在的领域,而受害方往往会因为这样的证明义务而负担过重。

自 1990 年 1 月 1 日起,除了过错的侵权责任外,根据《产品责任法》(ProdHaftG)也有了无过错责任。② 对于由其投入流通的有瑕疵产品所引起的损害,生产者是有责任的,不以在产品投入流通的过程中存在过错行为为前提。但存在最高责任额(《产品责任法》第 10 条),没有规定对疼痛和痛苦的赔偿。③ 因此,《民法典》第 823 条第 1 款规定的侵权责任一直以来被视为是民事产品责任的基础。④

在民法中,任何一个人,只要他符合责任前提,原则上都应承担责任。可以是产品的制造者、供应者、设计者或者销售者;责任主体可以是自然人,也可以是法人,例如特定的公司。

(二)和刑法中的产品责任的比较

民事产品责任和刑事产品或者生产者责任的关联非常密切。一方面,基于《民法典》第 823 条第 1 款的侵权责任,在结构上和刑事责任是相一致的,例如基于《刑法典》第 223 条第 1 款的刑事责任。另一方面,在实践中,刑事程序有时会先于民事程序,这也是为了民事程序收集证据材料。在刑事程序中,不是被害人而是由检察机关和公安机关代表国家来收集这些证明材料,它们相较于民事主体,拥有更大的证据提取的权限和可能性。⑤

在刑法中,和过错无关的责任以及举证责任倒置是不存在的。刑事

---

① BGHZ 151, 91(104ff.),鸡瘟。

② Hans Josef Kullmann, in: ders, ProdHaftG, 6. Aufl., 2010, Einl. Rn. 1 und § 1 Rn. 26.

③ 关于侵权法和产品责任法之间的关系的深入讨论,参见第 455 页脚注③Ulrich Foerste, in: Ulrich Foerste/ Friedrich Graf von Westphalen, § 20 Rn. 10 ff.。

④ 参见第 458 页脚注③ Lothar Kuhlen, in: Hans Achenbach/ Andreas Ransiek/ Thomas Rönnau, S. 85 Rn.4。

⑤ 从中会产生刑事追诉机关为了追求纯粹的经济利益而滥用的危险,这一危险在不被允许的文件共享中也是一再出现的。

和民事产品责任的另一个重要区别,还在于在刑法中,法益损害的未遂是被包含在内的,而且未必故意对于相应的行为决意来说便已经足够了。① 刑罚作为符合构成要件、违法、有责行为的法律后果,相较于损害赔偿,会给行为人或者企业带来更大的名誉损失。在刑法上,只有自然人能承担责任,企业不行;在德国引入企业可罚性(Unternehmensstrafbarkeit)的尝试,到目前为止还没有成功。② 总的来说,对于法益损害的肇事者来说,相较于民事的产品责任程序,刑事程序意味着更重的负担。③

三、刑事产品责任概览

刑事产品责任的前提是,一个人将产品投放到市场上,该行为违法且有责地实现了某个刑事构成要件。原则上,通过某一行为引起损害的任何人,都可能要承担责任,可以是产品的制造者或者销售者,也可以是供应者,中间商或者顾问。④ 对于通常非常困难的因果关系证明,"法庭根据庭审程序完全相信了待证事实"便足够了,⑤一个自然科学上精确的证明是不必要的。相关的刑法构成要件首先是过失伤害罪和故意伤害罪(《刑法典》第 229 条、223 条),也有可能是危险的身体和严重的身

---

① Eric Hilgendorf/ Brian Valerius, Strafrecht Allgemeiner Teil, 2. Aufl., 2015, § 10 Rn. 19.

② 参见第 456 页脚注① Guido Britz, Rechtsfolgen gegen das Unternehmen, in: Klaus Volk (Hrsg.), § 5 Rn. 1f.;参见第 455 页脚注②Eric Hilgendorf, S. 69 ff.; Hans Kudlich/ Temmuz Mustafa Oglakcioglu, Wirtschaftsstrafrecht, 2011, S. 29 Rn. 86 ff.; Petra Wittig, Wirtschaftsstrafrecht, 2014, § 8 Rn. 7 ff.; 现在(2014 年 6 月)北威州正在推进引入企业的可罚性(Unternehmensstrafbarkeit)。关于此, Elisa Hoven, Der nordrhein-westfälische Entwurf eines Verbandsstrafgesetzbuchs, ZIS, 2014, S. 19。

③ 关于此,参见第 455 页脚注④Hans-Joachim Gerst, in: Marcus Böttger (Hrsg.), S. 903 Rn. 7 ff.

④ 同上注,S. 938 Rn. 98 ff.。

⑤ LG Aachen JZ 1971, 507(510)(沙利度胺)。关于文献中的批判观点,参见第 455 页脚注②dazu auch Carsten Momsen/Thomas Grützner (Hrsg), S. 1355 Rn. 70 ff.。

体伤害罪(《刑法典》第224条、226条),过失杀人罪(《刑法典》第222条)甚至是故意杀人罪(《刑法典》第212条)也都是可能的。此外,其他和瑕疵产品的流通相关联的犯罪构成要件的实现也不能被排除,如诈骗罪(《刑法典》第263条)①或者纵火类犯罪(《刑法典》第306条及以下几条)。

和民事产品责任不同,在刑事产品责任中,只有自然人才可能被视为行为人,而组织或者(作为组织)企业是不可以的。这意味着生产企业是不用负刑事责任的。只有在《秩序违反法》第30条中,才存在针对企业的准刑事责任。② 企业不可能被追究刑事责任,一般是通过责任原则证成的:因为只有人类才可以有责地行动,法人的责任原则上应当被排除。③

作为刑事判决的法律后果,罚金刑、徒刑或者职业禁止(《刑法典》第70条)都有可能。对于企业工作人员——包括公司管理层——刑事产品责任会给他们带来明显更重的个人风险,并不仅限于民事责任。④ 罚金至少是可以由企业所承担的,⑤这样对于行为人而言不会形成什么负担,至少从经济的角度来看是如此。与此相对,职业禁止不仅会损及职业生涯,甚至可能导致职业生涯毁灭。

---

① 但是,由于诈骗罪的成立以故意为要求,诈骗罪要求一个较高的犯罪能量,其在产品责任的案例中通常是缺乏的。Vgl. aber auch den Gammelfeisch-Fall in Rn. 27.

② 关于此进一步分析参见第460页脚注②Hans Kudlich/ Temmuz Mustafa Oglakcioglu, S. 31Rn. 91 ff.;全面的参见第456页脚注①Guido Britz, Rechtsfolgen gegen das Unternehmen, in: Klaus Volk (Hrsg.), § 5。

③ Günther Jakobs, Strafbarkeit juristischer Personen?, in: FS Lüderssen, 2002, S. 559 (575); Hans-Heinrich Jescheck/ Thomas Weigend, Strafrecht Allgemeiner Teil, 5. Aufl., 1996, S. 227; Kristian Kühl, Strafrecht Allgemeiner Teil, 7. Aufl., 2012, § 10 Rn.6. 没有给出确定的结论。

④ 参见第458页脚注③ Lothar Kuhlen, in: Hans Achenbach/ Andreas Ransiek/ Thomas Rönnau, S.86 Rn.6。

⑤ 参见第456页脚注①Gunther Arzt/ Ulrich Weber/ Bernd Heinrich, Strafrecht Besonderer Teil, 2. Aufl., 2009, § 26 Rn. 12; Jürgen Wessing/Matthias Dann, in: Klaus Volk (Hrsg.), § 4 Rn. 201。

四、关于刑事产品责任的判决

接下来,将列举一些和刑事产品责任有关的判决。在此,列举既不是完全的也不是最终的,这么做的目的主要是澄清这一主题的范围和所包含的不同情形。

(一) 沙利度胺案①

在沙利度胺案中,所讨论的是由于孕妇摄入安眠药物沙利度胺而导致婴儿畸形的刑事责任。导致畸形的原因在于有效成分沙利度胺,它导致全球共5000—10000名新生儿畸形。在德国的法学讨论中,核心的问题在于药物服用和新生儿残疾之间的因果关系的证明,也就是一般因果关系的难题;②被讨论的另一个问题是,药品制造商在收到不良反应报告后,必须何时以及如何采取应对之策的问题。鉴于因果关系证明的困难,亚琛州法院最终裁定责任轻微且进一步刑事追诉于公共利益不利为由终止了程序,但要求企业支付数以百万的赔偿金。③

(二) 蒙扎钢铁案④

一家轮胎生产者,将没有经高速下耐久性进行足够测试的钢带轮胎投入市场。由于轮胎在长时间的高速行驶时接触地面导致剥裂,引发了数起事故,部分案件中出现了受害人重伤及死亡的结果。负责技术的董事会成员和负责轮胎技术的部门领导被指控犯有设计错误,其他被告人

---

① 参见第456页脚注① LG Aachen JZ 1971, 507; vgl. auch Jürgen Wessing/Matthias Dann, in: Klaus Volk (Hrsg.), § 4 Rn. 5 f.。

② 参见第455页脚注② Carsten Momsen/ Thomas Grützner (Hrsg), S. 1354 Rn. 68 ff., 73 ff.。

③ 进一步的论述参见第455页脚注④, Hans‑Joachim Gerst, in: Marcus Böttger (Hrsg.), S. 906 Rn. 17 f.; 第455页脚注②Eric Hilgendorf, S. 115 ff.。

④ LG München II, 21.4.1978‑IV KIS 58 Js 5534/76; Joachim Schmidt‑Salzer, Entscheidungssammlung Produkthaftung, Bd. IV. 28; 参见第456页脚注①Jürgen Wessing/Matthias Dann, in: Klaus Volk (Hrsg.), § 4 Rn. 7。

则被指控产品监督过错和召回的不作为。该轮胎技术开发部负责人因过失杀人罪被慕尼黑州法院判处1年有期徒刑,但以缓刑的方式执行。①

(三)奶油杏仁饼案②

一家大型食品商将变质的奶油杏仁饼提供给医院,给病人造成了严重的健康损害。美因茨州法院判决两名负责人构成故意伤害罪,销售经理和产品经理则被无罪释放,因为他们曾努力减少和消除损害。联邦最高法院遵从了州法院的判决,并没有进一步讨论董事会成员的答责领域之界分和他们的刑事相关性。

(四)皮革喷雾剂案③

皮革喷雾剂案涉及的是使用皮革喷雾对健康的损害。处在判决核心位置的问题是,产品使用和损害发生之间的因果关联之确定、源于先行行为的保证人地位的存在以及企业领导人的责任的证立。企业对于损害发生的认知应被界定为故意还是过失,这在法律上也是至关重要的,虽然法院几乎没有处理这一区别。生产皮革喷雾剂的企业在有迹象表面产品有损害健康的效果后下令展开调查,然而在召开所谓的"危急会议"后责任人并没有召回产品。④ 联邦最高法院认定了因使用喷雾剂而造成的危及身体的责任,法庭不仅肯定了故意的存在,而且首次明确

---

① 1980年相类似的案子,参见第455页脚注④Hans-Joachim Gerst, in: Marcus Böttger (Hrsg.), S. 907 Rn. 20, 以及 Claus Scholl, Strafrechtliche Verantwortlichkeit und zivilrechtliche Haftung eines Reifenhandlers, NJW, 1981, S. 2737 ff.。

② BGH NStE Nr. 5 zu § 223; dazu Dietrich Gorn, Anmerkung zum Urteil des BGH vom 4.5. 1988-2 StR 89/88, ZLR, 1988, S. 512 ff; Jürgen Peters, Zur Strafbarkeit von Mitarbeitern und Geschäftsführern eines Lebensmittelgroßhandels für das Unterlassen von Maßnahmen nach Auslieferung verdorbener Lebensmittel, ZLR, 1988, S. 518.

③ BGH, Urt. V. 6.7. 1990-2 StR 549/89; BGHSt 37, 106=NJW 1990, 2560.

④ 召回的不作为和特定损害结果的出现之间的因果关系是难以被有说服力地证明的,因为召回行动的"成功率"很少有超过50%的。进一步的论述,参见第455页脚注④Hans-Joachim Gerst, in: Marcus Böttger (Hrsg.), S. 928 Rn. 69 ff.; 参见第455页脚注②Carsten Momsen/Thomas Grützner (Hrsg), S. 1357 Rn. 75 ff.。

了在危急情况中企业领导的一般责任。皮革喷雾剂案是生产者刑事责任问题上最为重要的判决。①

(五)木材防腐剂案②

在木材防腐剂案中,在木材防腐剂的使用者出现了中毒症状之后,企业的商业负责人和技术负责人分别因过失和故意身体伤害而被起诉。此外,在一些个案中,木材防腐剂毒性的散发有致人死亡或者身体严重受伤的危险。在这一案件的判决中,联邦最高法院首先致力于解释因果关系问题和与此相关的程序难题。最终,在企业履行了《刑事诉讼法》第153a条第2款规定的高昂的金钱负担(Geldauflage)后,法兰克福州法院终止了程序。③

(六)汞合金案④

德固赛股份有限公司(Degussa AG)因其生产的汞合金补牙材料被怀疑可能会在人体内释放有害物质,特别是重金属,可能构成过失伤害罪而被调查。在该案中,生产者因忽视了相应的损害报告而违反了产品监督义务。法兰克福检察院(StA Frankfurt)在企业履行了总计为150万马克的金钱负担后终止了程序,这笔钱用来研究汞合金牙齿填充物可能的健康损害。⑤

---

① René Bloy, Die strafrechtliche Produkthaftung auf dem Prüfstand der Dogmatik, in: FS Manfred Maiwald, 2010, S. 35; 参见第455页脚注④Hans-Joachim Gerst, in: Marcus Böttger (Hrsg.), S.919 Rn. 46。

② BGHSt 41, 206 ff., Vorinstanz LG Fankfurt, Urt. v. 27. 7. 1990-2/26 KLs 65 Js 8793/84=NStZ 1990, 592.

③ LG Frankfurt NJW 1997, 1994.

④ 参见第455页脚注④ Hans-Joachim Gerst, in: Marcus Böttger (Hrsg.), S. 910 Rn. 27 f.。

⑤ 关于此案的进一步论述,Klaus Tiedemann, Körperverletzung und strafrechtliche Produktverantwortung, FS Hans Joachim Hirsch, 1999, S. 765 ff.; Rainer Hamm, Der strafprozessuale Beweis der Kausalität und seine revisionsrechtliche. Überprüfung, StV, 1997, S. 159 (163 f.)。

第二十六章　刑法上的产品责任

（七）埃舍尔的火车事故案①

1998 年埃舍尔发生的火车事故共造成约 100 人受伤及多人死亡，事故是由第一代高铁列车（ICE-Zug）的一个有缺陷的轮毂外环造成的。法学的讨论聚焦于德国铁路公司和轮毂制造商对列车脱轨的责任问题。吕内堡检察机关对德铁的两名员工和设计轮毂的工程师提起了伤害罪和过失杀人罪的指控，原因是他们的生产错误和维修错误。由于在说明技术关联和过失非难的论证上的难度，最终于 2003 年根据《刑事诉讼法》第 153a 条的规定以履行金钱负担的方式中止了诉讼。

（八）库存血/血浆案②

被污染的库存血液和不洁血浆在哥廷根大学医院被分配给病患，这同样涉及到刑法上的产品责任问题。一名医生没有充分检查样品导致一个用此血液治疗的人感染上了艾滋病且最后死亡。医生被判定构成伤害致死罪。在之前卡塞尔州法院③的另一个案件中，某一企业负责人在另一起相似的事故中因为过失伤害罪而被判刑。④

（九）腐肉案⑤

一家肉商购买了 60 多吨已经超过保质期的火鸡碎肉，并将其卖给了肉制品加工厂，而未说明肉已超出了保质期。埃森州法院 2007 年裁定肉商故意将不合格的食品投入商业流通，构成其他违反食品法的行为（《食品及消费品法》，现《食品和饲料法》第 52 条第 1 款 9 条、10 条、17 项；第 52 条第 1 款第 1 项及第 5 项 b 目），并在部分案件中竞合职业诈骗未遂（《刑法典》第 263 条）。此外，法院还根据《刑法典》第 70 条宣告

---

① 参见第 456 页脚注① LG Lüneburg, Urt. v. 19. 5. 2003 – 17 KLs 15/2001; Jürgen Wessing/Matthias Dann, in: Klaus Volk (Hrsg.), § 4 Rn. 22 f.。
② LG Göttingen, Urt. v. 23. 6. 1997 – 6 Ks 13/95.
③ LG Kassel, Urt. V. 18. 12. 2000 – 800 Js 2098 5/99 5 Kls.
④ 参见第 458 页脚注③ Lothar Kuhlen, in: Hans Achenbach/ Andreas Ransiek/ Thomas Rönnau, S. 88 Rn. 14。
⑤ LG Essen Große Strafkammer, 21 – 56 KLs 7/06.

了职业禁止。

(十)巴特赖兴哈尔滑冰馆案①

2006年1月,因强降雪导致巴特赖兴哈尔市的滑冰馆需要关闭,但在关闭前几分钟滑冰馆的顶棚突然坍塌,事故导致15人死亡,6人重伤。于1971年设计屋顶的工程师,由于屋顶的错误设计,犯过失杀人罪(《刑法典》第222条)被判处1年零6个月有期徒刑,缓期执行。一名负责检查大厅的工程师也被指控犯有15项过失杀人罪,最初在一审中被宣告无罪。该工程师曾建议翻修大厅的个别部分,但不包括屋顶结构。他被指控违反职责,没有"近距离",即尽可能近地检查屋顶建筑。然而州法院无法毫无疑问地确定,这一义务违反和死亡结果之间具有最终的因果关系。州法院指出,不能以接近确定性的概率来认定,如果更近距离地进行检查,会使滑冰馆在雪载荷较大时被关闭。

联邦最高法院对这一论证提出了质疑。② 联邦最高法院认为,州法院设置了过高的"盖然性标准"。无论如何,根据现有证据,不能排除的是,更准确的检查和更紧迫的警告可能让滑冰馆至少部分停止运营。即使是"负面的检查结论"也不"必然"会导致停止运营。这一论证表明,相较于义务违反和死亡之间缺乏因果关系,市政人员更可能构成过失的同时犯。但是负责检验的工程师却被特劳恩施泰因州法院再一次无罪释放。③

在设计者的错误行为和损害发生之间的时间间隔上也会引发严重的困难。屋顶的设计和崩塌以及由此引发的死亡和身体损害有35年的

---

① BGH, Urt. v. 12.1.2010-1 StR 272/09=NJW 2010, 1087.

② 二审判决全文,http://www. ja-aktuell. de/root/img/pool/urteile_im_volltext/7-2010/1_str_272-09.pdf,访问日期:2014年12月3日。m. Anm. Hans Jürgen Kahrs, Nach unrichtigem Gutachten über die Standsicherheit bricht das Dach der städtischen Eissporthalle Bad Reichenhall unter hoher Schneelast zusammen-Vermeidbarkeit und condicio sine qua non-gestaffelte Vermeidepflicht-rechtliche Vermutung-Zugleich eine Besprechung des Urt. des BGH vom 12. 1. 2010-1 StR 272/09 (LG Traunstein), NStZ, 2011, S. 14。

③ LG Traunstein, Urt. v. 27. 10. 2011-6 KLs 200 JS 8 65/06(3).

时间间隔。这样的延迟伤害不仅导致了事实调查上的严重困难,还产生了合理性问题。如在本案中,当一个 68 岁的退休人员因为在他不到 30 岁职业生涯刚刚起步时所犯的设计错误,被判处有期徒刑,①与此相关的追诉时效问题也还没有被最终地解释清楚。②

(十一) 建筑分工中的责任③

在对一所市立学校进行修缮的过程中多人死亡。为了扩建一个音乐室,大概 7 米长、3 米宽的承重墙被移除,而以钢结构加以代替。在这个过程中,一个分包商(S)受主要建筑承包商(H)的委托进行了拆除工作。对建筑物进行支撑是 H 的工作,但其搭建的支撑并不充足。在事故发生的当天,承重墙的最后应被拆除的部分由一名 S 的员工(MS)和一名 H 的员工(MH)进行。在 MS 拆除了大概 30 厘米的承重墙之后,出现了吱吱嘎嘎的声音,紧接着,建筑南翼的整个中间部分就坍塌了。

S 的分公司经理(LS)和 MS 被什未林州法院无罪释放。州法院在调查之后认为,LS 缺乏保证人地位,MS 对于倒塌则缺乏预见可能性。联邦最高法院维持了无罪判决。但联邦最高法院特别指出,H 承担安全保障主义务这一事实原则上并不能免除 LS 和 MS 的监督义务,尤其是 S 负有次要的交互安全义务。然而 LS 和 MS 在具体个案中已经履行了这些义务。

五、注意义务和行为义务

(一) 基础

在绝大多数案件中,瑕疵产品的刑事或民事责任不是基于故意的行

---

① 参见第 455 页脚注①Carsten Momsen/Thomas Grützner (Hrsg), S. 1359 Rn. 79。

② Dazu etwa Sabine Gless, hebt die Zeit sich selber auf" – Strafverfolgung in Spätschadensfällen, in: FS Ingeborg Puppe, 2011, S. 467 ff.; 参见第 455 页脚注①Carsten Momsen/Thomas Grützner (Hrsg), S. 1360 Rn. 81; BayObLG NJW 1959, 900。

③ BGH, Urt. v. 13. 11. 2008-4StR 252/08＝NJW 2009, 240。

为,而仅仅基于过失行为。普通过失的概念在《民法典》第 276 条第 2 款中有所规定。据此,忽视交往中所必须的谨慎的,便是过失。这一责任标准原则上既适用于民事也适用于刑事产品责任。① 民法对产品生产者和其他参与到产品流通中的参与者所提之要求,原则上可从民法转移到刑法之上,因为民法中的要求长久以来已经被深入的讨论。② 但值得注意的是,和民法不同的是,在刑法中,除了违反客观的注意义务之外还有主观的注意义务之违反。③

为了确定过失,客观的、和交往领域有关的标准被使用。也就是说,在确定客观注意义务之违反时,重要的不是个别人的注意能力,而是在交往领域中被要求的能力。主观的免责事由,例如专业知识、培训、经验、理解能力、技巧或者体力的缺乏,在此都不被考虑。④ 但特别的主观优势或者特别的情形认知,是可以提高注意标准的。⑤

这一客观标准必须在每个个案中予以具体化,为交往所必要的谨慎并不是直接摆在那的,这是通过区分特定交往领域(Verkehrskreise)来实现的。⑥ 关键是在特定具体交往领域中,一个符合平均要求的成员被期待做什么。

交往领域可以根据职业的和非职业的活动进行区分,也可以根据年

---

① 参见第 455 页脚注② Eric Hilgendorf, S. 162。

② BGHSt 37, 106 (115); BGHSt 53, 38 (42), dazu Gunnar Duttge, Arbeitsteiliges Zusammenwirken und Fahrlässigkeitsstrafbarkeit. Besprechung von BGH, Urteil v. 13.11.2008-4 StR 252/08 (BGH HRRS 2009 Nr. 91), HRRS, 2009, S. 145 ff.; Erik Kraatz, Zur Strafhaftung der Beteiligten am Bau, JZ, 2009, S. 182 ff. 联邦法院在皮革喷雾剂案中,也指出了"民法中损害赔偿导向的责任原则不能未加考虑地转用到刑事责任的确定之上"。

③ 参见第 460 页脚注① Eric Hilgendorf/ Brian Valerius, § 12 Rn. 38 ff.

④ 这一点必须在罪责阶层层面被考虑,参见第 455 页脚注⑥ Jürgen Baumann / Ulrich Weber / Wolfgang Mitsch, § 22 Rn. 48。

⑤ 参见第 460 页脚注① Eric Hilgendorf/ Brian Valerius, § 12 Rn. 23.

⑥ Johannes Wessels / Werner Beulke, Strafrecht Allgemeiner Teil, 43. Aufl., 2013, S. 264 Rn. 669; Manfred Burgstaller, Das Fahrlässigkeitsdelikt im Strafrecht, 1974, S. 54 ff.; 这一进路的明显问题, Gunnar Duttge, in: Münchener Kommentar zum StGB, Band 1., 2. Aufl., 2011, § 15 Rn. 117。

龄、教育和生活领域进行划分。① 在商业活动中,首先可根据相关职业群体的能力标准和要求标准来确定注意要求。在职业活动内部,例如对董事会成员和负责人的要求要更高,在手工艺业则要根据级别来划分。此外,还存在要适用较低的谨慎标准的群体,例如儿童、青少年、老年人和残疾人。在此,根据通说观点,个体化的谨慎标准并不适用,与其相关的是在群体中被普遍预期的谨慎标准,但有疑问的是,这样一个群体指向的标准可否通过客观可理解的方式被把握。在绝大多数案例中,其实所涉及的是都只是一个法律适用者的论断而已,其在经验和规范上都无法被进一步证明。

(二)注意义务的产生

1. 法律和技术规范

交往中必要的谨慎,可通过规范来确定,若这样的规范存在的话。在此须提醒的是"必要的"、而不是通常的谨慎,陋习、疏忽和组织缺陷都不能排除义务。首先,注意义务可源于强制性的法律,例如新的产品安全法。② 要求还可以从非强制性的法律规定、规范和标准中产生,例如事故预防规定或者德国工业协会标准。在有效的合规构想中,这些规定应当被有条理地整合在一起,并且应当以相关者能够理解的方式关联在一起。在个别情况下,这也可以包括(可能以可视化的方式进行处理)对其进行解释。

技术规范,尤其是德国工业协会标准,可以具体化过失犯的注意义务要求标准。③ 它们提供了司法实践在个案中所关切的必要的安全措施,因此可以用来解释注意义务。因为不涉及到法律规范(技术规范是由私人的规

---

① 警惕过于狭窄的"交往领域"的建构,参见第 455 页脚注⑥Jürgen Baumann / Ulrich Weber / Wolfgang Mitsch, § 22 Rn. 47。

② Sebastian Lach/ Sebastian Polly, Produktsicherheitsgesetz. Leitfaden für Hersteller und Händler, 2012, S. 15.

③ 参见第 468 页脚注⑥ Gunnar Duttge, in: Münchener Kommentar zum StGB, § 15 Rn. 137; 第 468 页脚注②Erik Kraatz, S. 182 (183); 第 455 页脚注②Carsten Momsen/Thomas Grützner (Hrsg), S.1343 Rn. 41。

范化组织制定的),因此它对法庭是没有约束效力的。毋宁说,后者有义务进行自己的审查和判断。对于从事法律风险控制的合规受托人而言,这意味着他不应当满足于技术规范的遵守,而是必须进行全面的风险分析。技术规范的遵守虽然是法律合规必要的条件,但却并非充分的条件。

注意义务的接受者必须审查,相关的规范是否适合于预防实际的危险,规范所规定的预防措施在个案中是否适合预防特别的危险状态、是否反应了技术的现状。因此,必要的谨慎程度能比技术规则的规定来得更加宽泛。另外,技术规范中更新的、更严苛的安全规定也并不意味着有注意义务之人要立即更新设备。因为相关的技术规则是最低的注意要求,故当它们被违反时,通常可以推断出行为人违反了注意义务。但若相较于技术规范,其他方案可以同样保障或者更好地保障安全,义务人便并未违反义务。

前述有关技术规范的结论同样适用于认证的情形:机关批准了某一产品或者未对某一产品提出异议,或者德国技术监督协会(TÜV)及类似的机构通过了技术设备的验收或者生产者进行了审查认证或品质认证。① 在所有例子中,遵守或者违反注意义务的最终判断权在法庭上。

这里摘录一段关于主管机关决定在刑事产品责任中之效果的判决:②

> 有效确保进入市场的危害健康的产品不造成伤害,是那些负责制造和销售这些产品的人义不容辞的任务,不论主管当局是否认为有其必要。

然而,这一判断一再遭到批评。③ 在文献中,有人提出,在遵守了主

---

① 参见第 455 页脚注② Carsten Momsen/Thomas Grützner (Hrsg), S. 1345 Rn. 47 ff.;参见第 456 页脚注①Jürgen Wessing/Matthias Dann, in: Klaus Volk (Hrsg.), § 4 Rn. 123 ff.。

② BGHSt 37, 106 (122).

③ Holger Tobias Weiß, Die rechtliche Gewährleistung der Produktsicherheit, 2008, S. 505;参见第 455 页脚注④Hans-Joachim Gerst, in: Marcus Böttger (Hrsg.), S. 1345 Rn. 89 f., vgl. auch BGHZ 163, 265 (268)。

管当局颁发许可时提出的要求的情况下,至少在具体负责的人不"拥有许可当局(尚不)拥有的特殊知识(Sonderwissen)"时,应否定其注意义务。① 这一见解只有在一额外的前提下才具有说服力,即具体负责人一直有义务,在可能和可期待的范围内识别和防止其产品可能产生的危险。责任人永远不能盲目相信其他机构的先前决定,即使这一机构是国家机关(在分工场合下适用信赖原则)。保证法律合规是相关领域的原始责任,无论是公司还是任何其他组织,都不能委托给外部机构。

注意要求也可以通过合同的方式得以确定。② 注意义务首先是由合同责任框架内确定,但不仅限于此。上述所展示的注意标准可以通过合同的约定得以增加或者减少。但是这一约定相对于第三人是没有效果的。对于合规分析而言,这意味着,虽然一方面始终应考虑个案中的具体情形,但另一方面法律要求的整体性也不能忽视。

2. 无规范性要求时注意义务的确定:法益损害的可识别性和可避免性

如果在某一领域中,既不存在强制的法律规定,也不存在技术规范或其他议定标准,需要追问的是,共同体可以合理地期待怎样的安全水平?要进行的是伤害者的广泛的行为自由之利益和受损者的法益保护之间的利益权衡。

一个行为被界定为过失,那么由此行为所导致的损害必须是可识别的和可避免的(构成要件实现的可识别性和可避免性)。③ 在此重

---

① 第 455 页脚注② Carsten Momsen/Thomas Grützner (Hrsg), S. 1346 Rn. 49, 以及第 464 页脚注⑤Berufung auf Klaus Tiedemann, S. 756 (775 f.); Lothar Kuhlen, Strafrechtliche Produkthaftung, in: Claus Roxin/ Gunter Widmaier (Hrsg.), 50 Jahre Bundesgerichtshof: Festgabe aus der Wissenschaft, 2000, S. 647 (662 f.); Harro Otto, Die strafrechtliche Verantwortung für die Verletzung von Sicherungspflichten in Unternehmen, FS Friedrich-Christian Schroeder, 2006, S. 339 (354 f.); Hans-Joachim Gerst, Dosis sola venenum facit-Aber welche Dosis? —Ein Beitrag zur produktstrafrechtlichen Verantwortlichkeit bei der Verwendung gefährlicher Stoffe am Beispiel von Bisphenol A, NStZ, 2011, S. 136(140).

② Vgl. oben.

③ 参见第 460 页脚注① Eric Hilgendorf/ Brian Valerius, § 12 Rn. 27 f.。

要的是,损害避免依旧可能是最后时刻的认识状态。特别是在技术法中,一个行为在过去被视为是谨慎的,但随着认识或者技术的发展,这一行为可能被认为是(客观上)过失。因此,观察和考虑最新的科学和技术发展也属于法律合规的部分,只要它对于法律判断来说可能是重要的。

过失行为的第一个前提是,在最后行为可能性的时点上,对危险的认识可能性。当交往参与者不用特别的查找努力便可认识危险时,则存在可识别性。他不需要事无巨细地全面了解行为的后果,尤其是不需要预见损害的种类和范围。在所有盖然性之外的因果流程是无认识可能性的。

此外,只有当危险事实上可以被避免,而且在法律上也必须被避免时,有关人员的行为才是过失的。前者纯粹是一个事实问题。如果对一个特定的人来说,不管他的行为如何,危险都会以这样或那样的方式发生,那么危险就是不可避免的。创造或维持一个本身可以避免的危险,是否仍然可以容忍,或者说还不应被评价为不谨慎,则取决于具体个案的情形。并不要求所有危险都被避免,毋宁说,恰当地和危险打交道也是必要的(被容许的风险)。① 如果被容许的风险之程度在相关的规范之中并没有被具体化,那么为了确定注意义务,进行利益衡量是有必要的。

3. 利益权衡

利益衡量的标准首先是损害发生的概率和可能损害的程度,也就是产品的危险性。② 产品的生产者必须进行全面的风险分析。原则上适用的是:损害的程度越大和损害发生的盖然性越高,便会要求强度越大的避免措施。为了规避危险的投入越少,就越有必要采取规避措施,即

---

① 参见第455页脚注② So schon Karl Binding, Die normen und ihre übertretung: Eine untersuchung über die rechtmäßige handlung und die arten des delikts, Bd. 4, 1919, S. 432-448; dazu Eric Hilgendorf, S. 90。

② 产品导致损害的概率和程度通常被称为"风险"。过失行为所制造的风险,并不在"被容许风险"的范围之内。

便是对于遥远的危险而言。在两种可供使用的同样可被期待的避免方式中,应当选择更保险的那一种。为了达到有效的合规保障,必须对这种风险分析进行预测,并且转化为有意义的合规措施,其确保对损害避免的预防措施是符合要求的。

特别是在还缺乏详细规定和无司法实践经验的领域例如新技术领域,存在的难题是,相关人员自己很难进行利益衡量,因此存在很大的行为不确定性。个人的或者企业的注意义务规定完全有可能之后被法官修正,法官一方面会在行动自由和经济自由与必要的风险规避之间进行权衡,另一方面会对风险规避可能性进行与制造商事前(损害发生前)的权衡方式不同的事后(损害发生后)判断。合规分析也无法一定预料到法庭的判断。但通过无偏见的、全面且借助充分的法学专门技能所实施的合规措施,可以大幅度地减少承担责任的风险。

在产品特别危险的情形中,注意义务的要求可以根据技术和科学的最新状况来确定。该情形描述了最新的知识和最新的技术,它们在科学上已得到证明,在技术上也是可行的,但还没有得到实践的考验。

摘录有关利益衡量的判决如下:①

> 为了保障必要的产品安全,生产者在产品的设计和生产规划期间便要采取对于避免危险而言客观上必要的、根据客观标准是可期待的措施……根据产品投放市场时现有的科学和技术的最新状况而言是可能的安全保障措施是必要的……如果权威的科学技术观点认为,与产品使用相关的某些风险无法避免,则必须评估该危险产品是否可以投放市场。此时应考虑风险的性质和程度、其实现的概率以及与产品相关的利益。只有对个案中的所有情状进行全面考量后,才能对安全措施在客观上的可期待作出评判。特别应注意产品所带来的危险程度……此外,安全措施的经济效果对符合可期待性具有决定性意义,在此背景下,特别是消费者的习惯、生产成

---

① BGH NJW 2009, 2952 (Fehlauslösung von Airbags).

本、产品改造后的销售机会以及成本收益关系。

在权衡中，信赖原则(Vertrauensgrundsatz)①扮演着重要角色：在确定自己的谨慎水平时，原则上任何人都可以期待其他人同样会做被他要求做的事，以避免损害。然而，如果在产品责任中，侵权行为人有更为有约的行为控制措施，那么他必须将之投入使用，来避免受害人的可预见的错误行为。产品的生产者必须使他对安全保障措施的投入与潜在产品使用者对此的期待保持一致。在此，他可以不同消费者群体中一般人的行为为导向。

判决中有关信赖原则之范围摘录如下：②

> 机器的生产者……首先要确保机器不会危及任何使用或接触机器的人，只要后者在使用或接触时具有交互过程中常规的谨慎性。生产者必须考虑到面对机器时可能的行为及其根据生活经验可以想到的风险。因此，生产者不能简单地认为，机器只能由知道其危险性及相关操作的专业人士使用，或者它仅供专业工作使用。相反，他必须考虑到根据经验会时常发生的不谨慎。因此，他必须对机器进行相应的设计，必要时为其提供保护装置；若没有提供保护装置，至少也要提供明确的使用说明并给予必要的警示。生产者在此所承担的义务标准，主要取决于机器的使用地点、方式、具体目的和使用者，以及由此产生的危险有多大。

但并不是在所有的劳动分工的情形中，参与者都有权信赖所有其他人将会谨慎地行事，尤其是当明确存在对冗余注意措施存在约定之时。③ 在此，信赖原则只是有限地适用。

---

① 参见第 460 页脚注① BGHSt 7, 118; Eric Hilgendorf/ Brian Valerius, § 12 Rn.24 f.; 第 455 页脚注①eingehend Lothar Kuhlen, S. 128 ff; 第 455 页脚注②Stephan Voigtel, Produkthaftung und Strafrecht – Strafrechtliche Haftung fur Betriebsunfälle und Schäden beim Bau, in: Carsten Momsen/Thomas Grützner (Hrsg), S. 1349 Rn. 57 ff.。

② BGH VersR 1972, 149 (Unfall in Förderanlage).

③ BGHSt 87, 224 ff. (Wuppertaler Schwebebahn).

（三）过失的种类和程度；类型化的注意要求

在民法中，过失基本上被分为两类：有认识的过失，即行为人认识到了危险状态，但没有尽到足够的谨慎，而是相信损害不会发生；另一类则是无认识的过失，即行为人没有预见到结果可能，但若足够谨慎的话是可以做出不一样行为的。过失的程度可以区分为一般过失和严重过失，后者严重违反了必要的谨慎。在刑法中也区分有认识过失和无认识过失。过失的程度从轻度过失到"普通"过失再到轻率（Leichtfertigkeit），其大致和民法中的严重过失相对应。①

在民事产品责任中，关于传统的生产和传播链，判决发展出了一些特定的注意义务类型，其原则上在刑法中也可以被使用。②

首先，和生产者有关的是设计义务（Konstruktionspflichten），生产者要负责的，是由他所设计的、被投入到交易之中的产品要达到相应的安全水平。这一判断的关键时间点是产品投入流通的时间。在供应部分，终端产品的生产者必须确保其产品符合终端产品安全的必要要求，而且在组装之后不会带来危险。

其次，生产者有生产义务（Fabrikationspflichten），其应当避免在生产过程中计划外地偏离了生产者自己所追求的货物预期质量。

指示义务旨在确保产品使用者在产品的预期使用方式上得到指示，警告用户在使用过程中的危险、可预见的错误使用或者用于错误的用途。然而，它的位阶低于设计和制造义务，目的是将剩余风险降到最低。例如，不得通过警示来弥补设计错误和制造错误。

此外，生产者还有产品观察义务。生产者已经将一个危险源投放在市场上，因此，必须不断检查产品的实际操作是否会产生迄今为止未知的危险。这可以从顾客的投诉或者科学技术的专业文献的评价中得出。

关于产品观察义务的判决摘录如下：③

---

① 参见第460页脚注② Eric Hilgendorf/ Brian Valerius, § 12 Rn. 4。
② 参见第455页脚注② Carsten Momsen/Thomas Grützner (Hrsg), S. 1399 ff. Rn. 25-32。
③ OLG Karlsruhe VersR 1978, 550 (Zerplatzen einer gefüllten Flasche).

然而，只有在有合理理由时，才存在侵权法上的产品观察义务。换言之，在不能排除产品存在设计缺陷的时候才有这样的义务。在技术领域可以首先想到全新设计……因此对于新设计，生产者应持续观察其产品的可靠性，具体来说，其必须采取预防措施，以通过其分支机构或授权经销商尽快获知任何可能表明设计缺陷的事故。

如果在产品监测的过程中，相关产品中产生了危险，生产者必须在可能的和可期待范围内采取措施，尽可能不要让使用者受到损害。例如，他可以改变未来的设计、进行警告提示或者召回产品。① 生产者到底要采取何种措施，取决于产品产生的危险。至少在针对身体和生命的危险中，甚至在确定产品会造成这些危害之前，危险避免义务就已经产生了。

(四)刑法中的特殊之处

过失在刑法中并没有实定法的定义。《刑法典》第 15 条仅仅规定了，只有故意的行为是可罚的，过失行为无明确规定不受刑罚处罚。在刑法中，根据通说观点，过失包含客观的过失和主观的过失要素，主观的过失要素在罪责的框架之中审查。②

1. 客观的注意义务违反

首先必要的是客观的注意义务违反和(和注意义务违反紧密相连的)法益损害的客观可预见性。行为人客观上可能违反的注意义务，主要有三个不同的来源：它们可以来源于法律、特定交往领域的标准和习惯以及普通公民的一般标准。③

判决中关于客观过失要素的摘录如下：④

---

① Glasl/Klindt; 特别讨论了刑法上的召回义务，参见第 455 页脚注 ③ Wolfgang Winkelbauer, in: Ulrich Foerste/ Friedrich Graf von Westphalen, § 81 Rn. 20 ff.。

② 参见第 460 页脚注① Eric Hilgendorf/ Brian Valerius, § 12 Rn. 6 ff.。

③ 参见第 460 页脚注① Eric Hilgendorf/ Brian Valerius, § 12 Rn. 17 ff.。

④ OLG Karlsruhe NStZ – RR 2000, 141 (fahrlässige Tötung durch Überrollen mit Bergepanzer).

无视对其适用的事故预防规定者,除因果流程异常之外……通常不能以违反规定所引起的事故对他而言不可预见为由进行抗辩。对于这样的法律或者机关的规定之违反,是对于结果有预见可能性的证据。

对于普通公民的一般标准而言,关键是一个谨慎的、小心的一般人在行为人所处的具体情形中将会如何行为。因此,必须首先客观地确定要遵守的注意义务,但可以考虑对行为人不利的特殊知识和能力。

客观的过失要素基本上要根据民法中提到的注意标准来确定,无论如何民法上的谨慎要求应当被视为刑法中的最高标准。当一个行为在民法上都是合乎谨慎的,那么根据"法律体系内部一致性"原则,就更不存在刑法上的注意义务违反性。①

关于刑法上的过失和民法上的过失之关系的判决摘录如下:②

"事实上,有很多证据表明,对于民事产品责任而言关键的义务,同样也是刑事责任的基础……另一方面,损害赔偿导向的民事责任原则不能不加考虑地被用来确定刑事责任。"

构成要件实现对于行为人而言也必须得是客观上可预见的。当所发生的符合构成要件的结果根据一般的生活经验并不会被认为是特定行为的不同寻常之结果,该结果就是可以预见的。理论上可能出现的发展方向对于认定普遍的预见可能性来说是不够的,必须在考虑到行为的义务违反以及自然科学知识的现状的情况下,对可能性进行具体的评估。

2. 主观的注意义务违反

在罪责构成要件中要求存在一个主观的、个别的注意义务违反。这意味,行为人根据他的个人能力、力量、经验和知识在当时的环境中原本

---

① 参见第 455 页脚注① Lothar Kuhlen, S. 151;以及第 455 页脚注②auch Eric Hilgendorf, S. 161。

② BGH NJW 1990, 2560 (Gesundheitsbeeinträchtigung durch Lederspray)。

可以避免不谨慎的行为和结果。此外,个人的可预见性必须存在行为人有能力预见他行为的实际风险或者行为被禁止出现的结果。身体缺陷、理解错误、认知和经验不足、有缺陷的智力状况和年龄在此有排除罪责的效果。①

六、刑事产品责任的其他核心问题

(一)作为或者不作为?

刑事产品责任的普遍难题在于,法益损害是通过作为还是通过不作为引起的。这一问题在实践中非常重要,因为不作为犯的成立相较于"普通"的积极作为而言,通常要符合更多的条件,尤其必须存在保证人地位,即《刑法典》第13条规定的不作为者必须在法律上有义务实施某一作为。② 如果不存在这样的保证人地位,不作为的可罚性将被排除。只有在例外的情况下,特定的不作为会被独立的犯罪构成要件所涵盖,例如《刑法典》第323c条(见危不救罪)或者《刑法典》第138条(对犯罪计划知情不举罪)。这些"真正"的不作为犯在生产者刑事责任的领域很少发挥作用。

作为和不作为的界分在司法实践中绝大多数时候根据所谓"非难的重点"(Schwerpunkt der Vorwerfbarkeit)来判定。③ 据此,在一个同时具有积极要素和消极要素(即不作为)的情形中,关键要看责任的日常理解。在司法实践中,这一标准并没有遭遇困难,④即便其在刑法教义学

---

① 参见第460页脚注① Eric Hilgendorf/ Brian Valerius, § 12 Rn. 39 f.。
② 同上注,§ 11 Rn. 4, 33 ff.。
③ 同上注,§ 11 Rn. 11 f.。
④ 参见第458页脚注③ Lothar Kuhlen, in: Hans Achenbach/ Andreas Ransiek/ Thomas Rönnau ,S. 92 Rn. 22。

上并没有什么说服力。①

刑事产品责任不仅包含仅仅一个(个人)生产者通过他的作为或者不作为引起了针对他人法益损害的情形。更常见的情况是,个人在一个组织内,例如在一个公司内实施某个行为或未实施某项必要的行动,进而导致了损害。判决和通说观点在这样的情形中指向一个两阶层的解决进路:②首先看的是自然人行为(作为或不作为)的性质。但是最终的关键不是作为企业部分的个体是积极的作为还是不作为,而是"要对生产企业自身的行为进行定性。"③

这一区分在联邦最高法院的皮革喷雾剂案判决中表现得尤为明显:④董事会的紧急会议之前,已收到了关于产品的警示但仍出售,法庭认为在此存在的是不作为。与此不同,在紧急会议之后,提供喷雾剂的行为,则被视为积极作为。换言之,企业被视为一个整体,个别董事会成员在紧急会议之前、之中或者之后如何行为,并不会扮演关键的角色。毋宁说,整个企业如同一个自然人一样行动,在这方面,可以称为一种拟制的解决进路。

但是值得思考的是,在皮革喷雾剂案中,由于决策是在公司框架内集体作出的,因此对董事的个人行为的考虑无论如何都会面临特别的困难,因此,在这里几乎不用去考虑个体的解决进路。

(二)一般的因果关系

为了确定特定物品的制造、销售或者使用和损害产生之间是否有因果关系,法律人会使用条件公式(conditio-sine-qua-non-Formel):人们会问,如果产品没有被生产(或其他行为),是否损害就不会发生了。如

---

① 塑造出可引导法律裁判进而可使裁判可控(也可预测)的标准,是刑法教义学的任务。而所谓"非难的重点"只是诉诸法感情来判断成立的是作为还是不作为,而没有展开具体的理由。

② 参见第 458 页脚注③ Lothar kuhlen, in: Hans Achen bach/Andreas Ransiek/Thomas Rönnau, S. 92 Rn. 23。

③ 同上注,S. 93 Rn. 26。

④ BGHSt 37, 106; vgl. auch oben § 10 Rn. 22.

果答案是肯定的,那么产品生产(或其他行为)便是损害的原因。然而仅当产品一般来说会引起特定的损害时,这一"排除法"才能发挥作用。在沙利度胺案件中,沙利度胺是否会引起身体损害或者这一损害是否通过其他原因导致——例如电视设备的新类型辐射,是有争议的。在这类案件中,条件公式无法提供帮助。

所谓的一般因果关系难题①清楚地表明,条件公式并没有定义因果关系,而只是一个法律工具,用以建立根据其他规则定义的因果关系。如果在 A 的发生和 B 的发生之间存在着经验法则上的关联性,那么因素 A(如服用某种药物)对于事件 B(如某种副作用的发生)来说就是原因。规律性的关联可以决定性或非决定性(统计)的形式出现。如果这个规律性可以准确地表述为"如果 A,那么 B",则它是一个决定性的规律;而如果规律性被表述为"如果 A,那么 B 的出现存在一定概率",则所涉及的是非决定论的关联,出现可能性可以从近乎百分之百(确定)到近乎零。一个非决定性规律的例子是"药物 A 在所有使用案例中,有 30% 出现了皮疹"。②

确定普遍的(决定论的或者非决定论的)因果法则不是法学的任务,而是经验的问题,其由相应的经验科学——医学、药理学、毒物学等——来解决。③ 如果产品的使用和特定损害的出现之间的普遍因果关系是不清楚的,那么必须邀请有关的鉴定人。在司法实践中,判决经常借助这一说法,即其他原因可以更确定地被排除。④ 在合规的观点视

---

① Burkhard Jähnke, Strafrechtliche Produkthaftung, Jura, 2010, S. 582 (585 ff.);参见第 460 页脚注①Hans Kudlich/ Temmuz Mustafa Oglakcioglu, S. 48 Rn. 129 ff.; aus einer grundsätzlicheren Perspektive Ingeborg Puppe, in: Urs Kindhäuser/ Ulfrid Neumann/ Hans-Ullrich Paeffgen, Strafgesetzbuch, Band. 1, 4. Aufl., 2013, Vor § § 13 ff. Rn. 83 ff.。

② Näher zum Vorstehenden Eric Hilgendorf, Der gesetzmäßige Zusammenhang im Sinne der modernen Kausallehre, Jura, 1995, S. 514 ff.

③ 参见第 455 页脚注⑤ Eric Hilgendorf, S. 699 ff.。

④ 参见第 455 页脚注② BGHSt 37, 106 (112); zustimmend Eric Hilgendorf, S. 124;参见第 456 页脚注③Lothar Kuhlen, in: Hans Achenbach/ Andreas Ransiek/ Thomas Rönnau, S. 105 Rn. 51。

角来看,企业必须在新产品的研发过程中研究可能的损害,并且仔细地记录结果,以便在紧急情况中有所准备。

(三)机构因果关系

另一个和条件公式密切关联的问题是所谓的"机构因果关系"(Gremienkausalität)或者"集体决定"(Kollegialentscheidung)①。假设某一由 A、B、C 组成的委员会不是简单多数决定(这本身就足够了),而是完全一致同意将某个瑕疵的产品投入到市场之中,在审查 A 的投票行为的因果关系时,他可以主张他的投票对该决定没有因果关系,因为如果他弃权或投"反对票",该决定仍然会被做出,B 和 C 也能以同样的方式加以抗辩。这会导致古怪的结果,即 A、B 和 C 似乎都没有通过他们各自的投票行为(一致通过的!)而导致决定产生。

有数种方法来避免这一不太令人满意的结果。第一种方法是,根据所谓替代的因果关系(alternative Kausalität)规则来处理这一情形。这会得出一个具有说服力的结果,但是在理论上并不显得令人满意,因为为替代因果关系所推荐的方案,即让所有参与者对结果负责,②在论证上还有缺陷。此外,还可以想到的是,不要将"决定"解释为结果的原因,而是更精确地描述投票结果,例如"3:0 决定"。在这一论证视角之下,A 的投票行为对于"3:0 决定"来说是原因,因为如果他反对投入流通,那么"3:0 的决定"便不会产生,而只会产生"2:1 决定"。通过对"完整具体形态的结果"③进行观察,机构因果关系的难题被解决了。但是,这一方案会导致的后果是,在

---

① 参见第 457 页脚注① Joerg Brammsen, S. 533 (536 ff.); Eric Hilgendorf, 561 ff.; Lothar Kuhlen, Strafhaftung bei unterlassenem Rückruf gesundheitsgefährdender Produkte, NStZ, 1990, S. 566 (569) f.; Ingeborg Puppe, S. 30 (32 ff.);第 455 页脚注②Carsten Momsen/Thomas Grützner (Hrsg), S. 1351 Rn. 61 ff;第 460 页脚注②Hans Kudlich/ Temmuz Mustafa Oglakcioglu, S.51 Rn. 136 ff.;第 456 页脚注①Jürgen Wessing/ Matthias Dann, in:Klaus Volk (Hrsg.), § 4 Rn. 98 ff.; monographisch Christoph Knauer, Die Kollegialentscheidung im Strafrecht, 2001.

② 参见第 460 页脚注① Vgl. nur Eric Hilgendorf/ Brian Valerius, § 4 Rn. 40。

③ BGHSt 10, 369; zu Problemen dieser Figur Eric Hilgendorf, Zur Lehre vom„Erfolg in seiner konkreten Gestalt", GA, 1995, S. 515 ff.

"2:1决定"中,投反对票的人也具有因果关系。只有在故意审查的阶层才能证成投反对票者对所发生的法益损害不承担责任。

德国联邦最高法院在皮革喷雾剂案中采取了第2条更简单的进路,其将同意喷雾剂继续销售的董事视作《刑法典》第25条第2款所规定的共同正犯。① 通过有意识的、刻意的合作,他们制造了有疑问的决定。根据这一观点,他们各自投票的单个因果关系并不重要。根据德国联邦法院的观点,任何一个单独的董事都有义务,"完全发挥他的参与权来做对他而言可能的和可期待的事",以达成"让企业决定并执行召回的决议"。② 单纯的弃权是不够的,③即便某人无法参加一个有存在疑问的表决,在刑法上他也有事后反对这一决定的义务。④

(四)保证人地位

根据《刑法典》第13条的规定,通常情况下,不作为人只在有法律上的义务确保构成要件结果不出现时,才承担刑事责任,人们称为"保证人地位"(Garantenstellung)。法律上并没有规定其前提。作为保证人地位的生成理由,判决中提到了法律、合同、危险前行为和紧密的生活共同体几种类型。在文献中则通常区分为保护型保证人地位和监督型保证人地位;相较于对保证人地位的生成前提的描述,在此更多涉及到的是类型化的尝试。⑤

在刑事产品责任方面,因危险的先行行为形成保证人的地位,尤其具有争议性。⑥ 在许多案件中,制造商在将产品投放市场之前的行为已经违反了义务(例如在生产过程中没有遵守注意义务),在此可以参看上述

---

① BGHSt 37, 106, 129 ff.
② BGHSt 37, 106, 126.
③ 参见第456页脚注③ Lothar Kuhlen, in: Hans Achenbach/ Andreas Ransiek/ Thomas Rönnau, S. 102 Rn. 46。
④ 参见第474页脚注① Stephan Voigtel, S. 1352 Rn. 63。
⑤ 参见第460页脚注① Näher zum Vorstehenden Eric Hilgendorf/ Brian Valerius, § 11 Rn. 60 ff.。
⑥ 参见第461页脚注③ Kristian Kühl, § 18 Rn.91 ff.。

埃舍尔火车事故案及库存血/血浆案。此类情形中,避免进一步损害的保证人地位是相对没什么问题的。① 但是有疑问的是,保证人地位是否可以源自符合义务的先行行为。在皮革喷雾剂案中,德国联邦最高法院给出了肯定判决,②但在文献中遭到了批判。③ 正确的是,前行为在客观上不被允许,便已足够了;一个(主观上可非难的)义务违反是不必要的。④

(五)使用者的自己责任(Eigene Verantwortung des Verbrauchers)

一个特别的问题在于自我危害的行为(selbstgefährdende),终端消费者或者使用者对于产品的有意识的错误使用,在多大的范围内可以消除生产者或者销售者的责任。⑤ 著名的教科书案例如,微波炉中烘干一只贵宾犬,或者将硬奶酪作为致死性的捅刺工具。联邦最高法院指出,在产品的完全不当使用情形中——在具体案例中所涉及的是作为麻醉药剂使用的溶剂——排除制造者的民事责任,⑥这同样也适用于刑事责任。在其他国家,例如美国,判决为生产者设定了明显更为严格的标准,导致了(刑事以及民事)产品责任可疑的拓宽。⑦

---

① 参见第 455 页脚注③ Wolfgang Winkelbauer, in: Ulrich Foerste/ Friedrich Graf von Westphalen, §81 Rn. 9;第 460 页脚注②Petra Wittig, §6 Rn. 6。

② BGHSt 36, 107 (114 ff.).

③ 参见第 456 页脚注③Z.B. Erich Samson, S. 182 (184);参见第 457 页脚注①Ingeborg Puppe, S. 27 (30); Bernd-Dieter Meier, S. 3193 (3196);源于先行行为的保证人地位的证立,参见第 461 页脚注③Kristian Kühl, §18 Rn. 103; Claus Roxin, AT II, 2003, Rn. 195 ff.,二者都有更详细的论证。

④ 参见第 455 页脚注③Wolfgang Winkelbauer, in: Ulrich Foerste/ Friedrich Graf von Westphalen, §81 Rn. 15 f.;第 455 页脚注②Eric Hilgendorf, S. 138 f.; so wohl auch der BGH in der Lederspray-Entscheidung, vgl. BGHSt 37, 106 (116 f.);另一个有说服力的解决方案(基于交往安全义务的监督型保证人地位),参见第 460 页脚注②Hans Kudlich/ Temmuz Mustafa Oglakcioglu, S. 53 Rn. 144。

⑤ 参见第 456 页脚注① Jürgen Wessing/Matthias Dann, in: Klaus Volk (Hrsg.), §4 Rn. 135 ff.。

⑥ BGH NJW 1981, 2514 f.

⑦ Harald Eichinger, Die strafrechtliche Produkthaftung im deutschen im Vergleich zum anglo-amerikanischen Recht, 1997, S. 103, 355 ff.。

判决中有关自我答责的自我危殆的摘录如下:①

> 当明知自我危害行为所伴随的风险被实现时,自我答责地追求和实现的自我危害并不符合伤害罪和杀人罪的构成要件。仅仅促进、支持这一自我危殆的人,不会因为伤害罪或杀人罪而可罚。

但是,如何在刑法教义学上处理这类案件是存在争议的。一个可能的着手点是(但是被判例拒绝)所谓"客观归责"。该观点认为,自我答责的自我危殆不能在客观上归属生产者。但是,这一公式更多的是描述了这一刑事政策上可欲的结果,而未给出可归责性的清晰标准。另一个着手点是,在自我答责的自我危殆案例中认为存在(至少是默示的)被损害用户的同意。这一路径在许多案例中是行得通的,但是当产品故意不当地用于损害第三人时(如此前提到的"奶酪行刺案"),此路径就失效了。

最富有说服力的解决路径,在于从生产者或者销售者的注意义务着手。也就是说,考虑具有危害性的使用者行为的可预见性和可避免性。将产品投入流通的人,原则上不仅对产品合规定使用情形中出现的损害负责,还需要为可预见的错误使用所导致的损害负责(参考《产品安全法》第 2 条第 28 项,第 3 条第 1、2 款)。生产者或者销售者有义务对客户进行适当的指导以及可能的警告,指示的种类和详细程度必须考虑到潜在顾客的理解可能性。② 制造者或销售者不必预料到无法"理性地"预期可能出现的使用形式。此外,对于众所周知的风险(例如过度消费酒精、③烟草④或者糖)不必提出警告。在制定合规保障的有效措施

---

① BGHSt 32, 262.
② BGH NJW 1981, 2514.
③ OLG Hamm NJW 2001, 1654.
④ LG Essen NJW 2005, 2713; OLG Köln NJW 2005, 3292 ff.; etwas anders BGHZ 116, 60 (Kindertee). 参见第 458 页脚注③Aus der Literatur Lothar Kuhlen, in: Hans Achenbach/ Andreas Ransiek/ Thomas Rönnau, S. 94; ausführlich Carsten, Zigaretten-ein fehlerhaftes Produkt. Zivilrechtliche und strafrechtliche Verantwortung der Zigarettenindustrie, VersR 2005, S. 465 ff.。

时,这些原则必须被考虑到。应当注意,过多的保障措施虽然原则上是无害的,但随着交互过程中"常规标准"的提升,规范上的注意义务标准也会相应提高。

七、特定领域,特别是食品和药品刑法

关于瑕疵产品的责任之规则不仅在核心刑法(Kernstrafrecht)中存在,在附属刑法,例如化学制剂法、基因技术法、机动车安全法和医疗产品法之中也存在。两个最为重要的附属刑法领域是食品刑法和药品刑法。通过2011年《产品安全法》中的新规,一般产品安全法领域建构了某种形式的兜底规定。

(一)食品刑法①

《食品和饲料法》(LFGB)②的目的在于保护食品、饲料、化妆品和接触品的使用者免遭健康的风险(《食品及饲料法》第1条第1款第1项)。此外,它的目的还包括保护消费者免受食品、饲料、化妆品和接触品营销中的欺骗(《食品及饲料法》第1条第1款第2项)。为了达到这一目的,对食品、饲料的流通作出了非常详细的规定。《食品及饲料法》第58条、59条包含了刑事责任条款。其规定,违反《食品及饲料法》的某些规定将被判处3年以下的自由刑或者罚金刑(《食品及饲料法》第58条),或根据《食品及饲料法》第59条之规定处以最高1年有期徒刑或罚金刑。第60条规定了相对轻微的对秩序法的违反,对此类行为可判处100000欧元以下的罚款。然而,不仅是行政违法,其中的刑事责任条款也通过使用无数的空白构成要件做了混乱的规定,以至于这些条款与刑法的确定性原则是否兼容也受到了质疑。③ 其中具体的法律义务,对于

---

① Überblick bei Klaus Tiedemann, Wirtschaftsstrafrecht BT, 3. Aufl., 2011, § 11 II.
② In der Fassung der Bekanntmachung vom 3.6.2013 (BGBl.I, S. 1426).
③ 参见第455页脚注② Dazu grds. Thomas Rotsch, Grundstrukturen strafrechtlicher Haftung im Wirtschaftsverkehr, Carsten Momsen/Thomas Grützner (Hrsg), S. 22 Rn. 14 ff.。

法律专业人来说都是不甚清楚的,尤其是动态地指向欧洲相关条例的规定,应当被判定为违宪。①

(二)药品刑法②

在药品法领域中③,《药品法》第 95 条和第 96 条包含了刑事责任条款,其涉及多种违反药品法的行为。基础的是《药品法》第 95 条第 1 款第 1 项,该项规定,违反《药品法》第 5 条第 1 款之规定,将"有危险的"药品投入流通,或者将之使用到其他人身上,将被处以 3 年以下的有期徒刑或者罚金。根据《药品法》第 5 条第 2 款中的法律定义,"有危险的"是指"根据自然科学的现状,有充分理由怀疑药品在合乎规定的使用过程中,有害影响会超出医学科学结论的合理范围"。显然,"有危险的"这一规定从许多方面来看,都需要精确化,以便符合刑法上的明确性原则。④ 然而,值得注意的是,这里的立法方式,即直接基于在市场上投放某种产品的危险性,而非等待具体的损害结果出现。在这方面,《药品法》已经成为一般刑事产品责任法的改革建议的榜样。

(三)通用产品安全法

《产品安全法》的目标⑤除了保护消费者免受不安全产品之危害以外,还包括保护商品的自由流通和劳动者保护。根据《产品安全法》第 1 条第 4 款之规定,在没有特别法时,适用该法规定。根据《产品安全法》第 1

---

① 参见第 486 页脚注① Eric Hilgendorf, Die Verantwortung für Innovationen: Lebensmittelrechtliche Compliance, Haftung und strafrechtliche Konsequenzen, ZLR, 2011, 303 ff. Differenzierend Thomas Rotsch, S. 23 Rn. 16。

② 参见第 485 页脚注③ Überblick bei Klaus Tiedemann, § 11 IV.; ferner Sarah Antonia Putz, Strafrechtliche Produktverantwortlichkeit, insbesondere bei Arzneimitteln, 2004。

③ Arzneimittelgesetz in der Fassung der Bekanntmachung vom 12.12.2005 (BGBl.1, S. 3394).

④ Georg Pelchen/ Dieter Anders, in: Erbs/Kohlhaas (Hrsg.), Strafrechtliche Nebengesetze, 176. Aufl., 2009, A 188, 中有简短的论述,但难以满足要求。

⑤ 2011 年 11 月 8 日,关于将供应产品到市场的法律(产品安全法), BGBl.I, S. 2179. 它是对 2004 年 5 月 1 日的设备和产品安全法的修正。

条第1款、第3款之规定,产品只有在"合乎规定的或者可预见的使用中不会危害到人的安全和健康"的情况下,才能被投入到市场之中。对于危险情况的评估,《产品安全法》第3条第2款第2句提到了产品的属性、它与其他产品的相互作用、与产品有关的信息以及用户的个人。《产品安全法》第39条包含有关罚款的规定,规定在故意或过失违反某些义务的情况下,处以10000欧元以下的罚款,而在特定情况下罚款金额甚至有可能高达100000欧元。《产品安全法》第40条规定了犯罪构成要件,即在故意、持续重复实施以及故意造成对生命、健康或对第三方有重大价值财产的具体危险的情况下,有可能被判处最高1年的有期徒刑或罚金刑。这一犯罪行为的典型例子是,故意和持续地违反可被执行的召回义务,或者违反召回义务会导致具体危险,或者以前述方式擅自使用安全认证标志(GS)。

八、改革建议

刑事产品责任的诸多难题,例如引发许多教义学上未被解决的争议问题以及不当的立法技术,促使我们思考对刑事产品责任进行改革。特别值得注意的是这一建议,即模仿药品刑法设立一个对产品责任作出一般性刑法规定的危险罪,其将处罚一个将危险产品投入使用的行为。[1] 鉴于工业生产和全球货品交易的复杂化,以及与之相伴随的产品危险性的增加,这一建议原则上是具有说服力的。[2] 但是还需要进一步研究的是,前文中提到的问题能够在多大程度上被克服,特别是冗长的

---

[1] Georg Freund, Der Entwurf eines 6. Gesetzes zur Reform des Strafrechts, ZStW 109, 1997, S. 455 (478 ff.); Georg Freund, in: Münchener Kommentar zum StGB, Band 5, 2. Aufl, 2014, AMG, Vor § § 95 ff. Rn. 80 ff.; Katharina Reus, Das Recht in der Risikogesellschaft: Der Beitrag des Strafrechts Zum Schutz Vor Modernen Produktgefahren, 2010, S. 179, Eric Hilgendorf, Der Beitrag des Strafrechts zum Schutz vor modernen Produktgefahren, JZ, 2011, S. 456 f. 中有对判例的说明; 批判的观点, 参见 455 页脚注②Carsten Momsen/Thomas Grützner (Hrsg), S. 1336 Rn. 13。

[2] 参见第486页脚注② Eric Hilgendorf, S. 303 (308).

诉讼程序和附属刑法中发展出的、存在违宪疑虑的规定。此外,在刑法中设立一个将国际货品流通涵盖在内的国际规则,也是可欲的。① 如果刑事产品责任的法律规定更明晰,并且在全球范围相关规定可以实现更大程度的统一,将能够使得法律合规的难度得到极大的降低。

2013年2月,欧盟委员会出台了新的欧洲"产品安全和市场监管一揽子计划"②,它对于德国和欧洲的产品刑法会有何种影响,到现在为止还无法预料。可以预计的是技术和记录相关的义务范围将会被大幅拓宽,这和所有消费产品的可追溯性密切相关。由此所提高的在产品制造和传播过程中的透明度,可能会相应提高刑法中注意要求。对于企业而言,注意跟进相应的变化并制定预防措施,无论如何是值得推荐的。

---

① Hedda von Schaumann-Werder, Strafrechtliche Produkthaftung im Europäischen Binnenmarkt, 2008, insb. S. 210 ff.

② KOM (2013) 74 endg. vom 13.2.2013, dazu näher Sebastian Polly, Vorschlag der Europäischen Kommission für ein„Produktsicherheits-und Marktüberwachungspaket, BB 2013, S. 1164.

第二十七章
从工具到伙伴？人工智能对社会规范和法之任务的影响
——一个跨学科研究项目概述*

一、导　论

我们几乎每天都能从大众媒体上获得关于人工智能令人惊叹的发展的讯息。这些技术发展能以迄今为止无法想象的方式满足人们的需求。人工智能的应用场景几乎是无限的——从工业生产到交易、休闲、人员流动到医疗服务与护理。①

显然，如此强有力的技术也会带来问题。相关的关键词包括：由技

---

* 本文原文"VomWerkzeug zum Partner? Zum Einfluss intelligenter Artefakte auf unsere sozialen Normen und die Aufgaben des Rechts. Skizze eines interdisziplinären Forschungsprojekts"发表于：Hans Kudlich (Hg.), Festschrift für Ulrich Sieber zum siebzigsten Geburtstag, 2020。

① 现在有许多很好的关于人工智能及其应用的介绍，这一仅作简单列举：Ulrich Eberl, Smarte Maschinen. Wie Künstliche Intelligenz unser Leben verändert, 2016; Martin Ford/ Matthias Schulz, Aufstieg der Roboter, 2016 (engl. 2015); Jerry Kaplan, Künstliche Intelligenz. Eine Einführung, 2017 (engl. 2016); Manuela Lenzen, Künstliche Intelligenz. Was sie kann & Was uns erwartet, 3. Aufl., 2019; Katharina Zweig, Ein Algorithmus hat kein Taktgefühl, 2019；深入的可参见：Wolfgang Ertel, Grundkurs Künstliche Intelligenz. Eine praxisorientierte Einführung, 4. Aufl., 2016; Stuart J. Russell / Peter Norvig, Artificial Intelligence. A Modern Approach, 3. Aufl., 2016. 对于伦理的全面分析参见 Oliver Bendel (Hrsg.), Handbuch Maschinenethik, 2019。法学视角的分析：Karsten Gaede, Künstliche Intelligenz-Rechte und Strafen für Roboter? Plädoyer für eine Regulierung künstlicher Intelligenz jenseits ihrer reinen Anwendung, 2019。

术支撑的全民监控、在机器造成损害时可能存在的责任漏洞、形成垄断、过度依赖不再受控的巨型企业,以及人们由于日渐倚重机器而逐渐丧失自身的能力。为解决诸如此类的问题,学界提出了各种方案来规制人工智能的发展、试验以及使用。①

很少被讨论的是,作为规制领域,人工智能不同于医疗产品、道路交通以及网络空间中之处,在于随着人工智能的发展,可能会出现一种可以取得真正意义上的行动主体地位(Akteursstatus)②,或者至少被人们认为是行动主体的产品,这与此前的技术进步是完全不同的。这将导致机器会以全新的方式影响人类社会规范的形成与演变,其远非使用危险工具的一般规则所能涵盖。

我们习惯于仅仅基于技术现实来评价一项技术的好坏。比如一辆汽车之所以比另一辆车更好,是因为它开得更快,不太需要修理保养或者更安全。一台机器人之所以比另一台"更有能力",是因为它在其应用领域中能够更快、更全面、更有效地满足人的需求。但是技术的发展并不仅着眼于人类的目标设定,它同时也是被人所使用的:人类常常与其所制造的工具密切互动,而技术将反作用于人。③

正确的是,技术也会要求人具备相应的能力。"技术服务于人类"这句标语只是现实的一个侧面。格伦瓦尔德(Grunwald)正确指出了

---

① 特别是参加欧盟高水平专家团对人工智能提出的建议,网址:https://ec.europa.eu/digital-single-market/en/high-level-expert-group-artificial-intelligence.访问日期:2019年12月13日,该团队于2019年夏天提交了名为《人工智能伦理指南》的手册,其焦点是"值得信赖的人工智能"。

② 机器是否具有这种行动主体地位极具争议,参见 etwa Janina Loh, Roboterethik. Eine Einführung, 2019, S. 48 ff. 察法莉(Zafari)和柯泽吉(Koeszegi)提出了另一种"机器主体"的类型,参见她们的文章:Setareh Zafari/ Sabine T. Koeszegi, Machine Agency in socio-technical systems:Atypology of autonomous artificial agents, in: 2018 IEEE Workshop on Advances Robotics and its Social Impacts (ARSO), im Internet unter https://ieeexplore.ieee.org/document/8625765,访问日期:2019年12月13日。

③ 这是技术社会学领域的经典问题,参见 Roger Häußling, Techniksoziologie, 2. Aufl. 2019, S. 60 ff. (技术作为开拓世界的文化模式), S. 66 ff. (技术是人类的人造器官), S. 114 ff. (技术人工制品的社会学)。

"技术悖论"①。在评价技术时,必须将其使用者考虑在内。此外还出现了各种"基于技术的"行为变化:人是如何使用工具的?这给工具的使用者带来何种后果?对于第三人又有何种后果?与造物的互动是如何影响参与者的认识与规范的?

对技术后果的评估②,在一定程度上可以分为三个维度:首先是(期待产生的)积极后果,即使用技术所带来的收益——节约时间并获得舒适度,从而能够更加充分地利用闲暇时间,新的社会可能性以及经济上的利益;其次是可能存在的消极后果,即使用技术所可能带来的风险:给身体、生命造成损害的危险、财产损害的危险以及其他损害人之利益的危险。最后是常常被忽略的,技术的存在或使用是如何影响人类行动者,无论是技术产品的使用者还是第三人的行为?如果人们追问的是在社会语境中使用人形的机器会产生何种影响,问题就会变得更复杂。海因里希·波皮兹(Heinrich Popitz)说,"没有解构'交互'的程序,就没有互动"。③ 而人是如何与那些能够和人一样行动的机器,甚至是看起来像人的机器互动的呢?

我们在面对人形机器时的行为是矛盾的。一方面,人们表现出明显的人格化倾向,他们倾向于将自己所面对的造物人格化。即使它们长得几乎不像人,我们也认为它们具有目的与感觉。当机器被"虐待"时,我们会同情。④ 但是另一方面,人类这一物种显然具有强烈的需求以证明自己是特殊的,这既有生物学上的根基,并且在文化上得以强化。⑤ 这种独特性需求从我们对待动物的方式上就有所体现,而在当今关于人工

---

① Armin Grunwald, Der unterlegene Mensch. Die Zukunft der Menschheit im Angesicht von Algorithmen, künstlicher Intelligenz und Robotern, 2019, S. 149.

② Armin Grunwald, Technikfolgenabschätzung. Eine Einführung, 2. Aufl., 2010.

③ Heinrich Popitz, in: Friedrich Pohlmann / Wolfgang Eßbach (Hrsg.), Soziale Normen, 2006, S. 74.

④ 人们可以用视频网站 Youtube 上的视频 „Every time Boston Dynamics has abused a robot" (2015) 来进行自我测试。

⑤ 基督教正是如此,其基本教义认为,只有人类才拥有不灭的灵魂,而动物则否。其他宗教例如印度教和佛教则不认为人类具有这种特殊地位。

智能的讨论特别是它们是否具有行动主体地位的问题就更加突出了。

  这两种倾向之间的对立或许影响了"恐怖谷"①这种心理现象的形成。如果一台机器人有大大的脑袋、圆圆的眼睛符合婴儿图式（Kindchenschema）时，人们会觉得它"可爱"，但是一旦与人类极其相似时，人们就立刻会感到不适与恐惧，而当机器与人类完全一样时，这种感觉又会消失。

  显然，非人形的"会说话的机器"比如 Alexa② 相比于一般的扩音器能够对人有另外的影响。那么人形的机器又能对人类的规范形成过程产生何种影响呢？如果是能够自主学习的机器，它的行为甚至已经无法完全预测。这样的机器以及人类工程师已经无法完全控制的决定过程会如何反作用于人类以及人类的社会秩序呢？

  显然也可以从相反的方向来考虑影响与学习效率。人们可以这样来设计机器，让机器学习人类的行为，特别是从人们对机器行为的反应中来学习。这种反馈回路现在是可以实现的，例如聊天机器人 Tay 能够从对话者的反应中进行推论并作出相应的调整③（Tay 从中学到了错误的东西，便必须迅速地从网络中删除，④这是不重要的。）

  尤其令人感兴趣的是，人类与人工智能在虚拟空间的交流。⑤ 在由

---

  ① 参见第 490 页脚注① Ulrich Eberl, S. 322 ff. 这一现象会以强度不同的形式出现。一些人工智能研究者称他们目前还没有见过。

  ② 阿列克萨（Alexa）是美国企业亚马逊开发的以人工智能和云技术为基础的语音软件，参见 https://developer.amazon.com/de-DE/alexa，访问日期：2019 年 12 月 13 日。

  ③ 参见维基百科英文词条"Tay"。

  ④ Eric Hilgendorf, Autonome Systeme, künstliche Intelligenz und Roboter, in: Stephan Barton u. a. (Hrsg.), FS Thomas Fischer, 2018, S. 99 (109 ff.).

  ⑤ 关于"虚拟现实"这一领域参见 Dieter W. Fellner, Virtuelle Realität in Medien und Technik, in: Reimund Neugebauer (Hrsg.), Digitalisierung. Schlüsseltechnologien für Wirtschaft und Gesellschaft, 2018, S. 19 ff.。对主题"虚拟化"的全面讨论，参见 Dawid Kasprowicz/ Stefan Rieger (Hrsg.), Handbuch Virtualität, 2020。人们发现，"数字化"和"虚拟化"并非一回事。虚拟呈现需要使用数字化技术，即以数字化的形式来展现或者说模拟某一现象。更多关于此的内容：Eric Hilgendorf, Digitalisierung, Virtualisierung und das Recht, in: Dawid Kasprowicz/ Stefan Rieger (Hrsg.), Handbuch Virtualität, S. 405 ff. (406).

第二十七章　从工具到伙伴？人工智能对社会规范和法之任务的影响

计算机所制造的人造现实中,双方会以与人类的自然现实几乎没有区别的方式进行互动。① 在这种环境下,真实世界中的人机交互所伴随着的陌生化效应会消失,这样就可以形成无干扰的人机交互环境。当然,在可预见的将来,这个场景可能还是停留在科幻小说阶段。

(人工智能)会产生这种作用,且这种作用有别于"一般的"工具,这看起来是毫无疑问的。将它与动物进行类比会更明显:在法学上,动物和人工智能都是物,②但它们与非生命体所能产生的心理影响是完全不同的:动物是人类的伙伴、朋友,能够给予人类慰藉,是被喜爱的对象。与非生命体不同,③这种对动物的情感羁绊在社会上并不被认为是不自然和不正常的。④ 恰恰相反,哲学上会认为,对动物富有同情心是道德良善的表现。⑤ 而在心理学与精神病学中,以及有时在照顾老年人时,都会用动物来治疗病人。⑥

我们可能很快就会有能够像人一样和人交流的智能机器。机器不再是工具,或者至少在感觉上不再仅仅被当作工具,而在一定程度上成为我们的新伙伴。因此有必要尽早地确定,这种伙伴关系符合我们的条件。人工智能,即使能够毫无危险地被使用,也不产生任何伦理和法律上的疑问,也会对人的行为产生影响,从而制造间接的风险,尽管这些风险乍看之下是不显著的。因为此前的机器并不具备同样的交互能力,因此这是一种更需要关注的全新现象。

---

① 电影《黑客帝国》三部曲中便采用了这一理念。

② BayObLG NJW 1993, 2760 (2761); Urs Kindhäuser / Eric Hilgendorf, Lehr-und Praxiskommentar Strafrecht, 8.Aufl. 2020, § 242 Rn. 5.

③ 关于"恋物癖"参见第 490 页脚注③Janina Loh, Roboterethik, S. 82 f.。

④ 与动物的性关系则有所不同,德国在 1969 年以前还在《刑法典》第 175b 条对此类行为进行处罚,现在则受到《动物保护法》第 17 条的规制。

⑤ Arthur Schopenhauer, Preisschrift über die Grundlage der Moral, in: ders., Sämtliche Werke. Textkritischbearbeitet und herausgegeben von Frhr. von Löhneysen, Band III, 1980, S. 770 ff.

⑥ 所谓的动物疗法、动物干预。越来越多长得像动物的机器人被投入使用,例如著名的机器海豹帕罗。

下文中首先将列举那些人工智能会对人类的社会规范产生影响的领域(第一部分);随后将通过几个例子讨论这一发展会对法律提出哪些挑战(第二部分);第三部分则将讨论国家和社会可以通过哪些方式作出反应;第四部则是本文的简单结论。

二、技术性造物对社会规范的影响

人类生活在充满规范的世界中。这指的并不是行为在事实上的整齐划一,而是引导人们行为的规范。① 法学致力于区分法、道德与伦理。其中道德伦理的界限始终是不清晰的,这方面也包括由刑法学者卡尔·宾丁所创立的行为规范理论。②

现代社会科学中,人们如果想要讨论非法律性质的规范,则会使用"社会规范"这个表述。③ 社会规范和法规范显然具有密切的联系,它们相互影响、相互转化。④ 在讨论人形机器如何影响社会规范形成和演变时,尤其令人感兴趣的问题是,社会规范是如何形成和演变的。⑤

从整体上看,非人但又类人的行动者很可能对人类的社会规范的形成、演变和传播产生巨大的影响。但这是一个实证问题,它属于(技术)社会学与心理学范畴,并非是具有教义学性质的法学学科所能回答的。⑥ 但其中也已经出现了一些法学家所感兴趣的问题:

---

① 关于"规范"这一词的多义性,参见 Eric Hilgendorf, in: ders./ Hans Kudlich / Brian Valerius (Hrsg.), Handbuch des Strafrechts Bd. 2, 2010, § 27 Rn. 83 ff.。
② Karl Binding, Die Normen und ihre Übertretung, Bd. 1, 4. Aufl., 1922, S. 45.
③ 代表性的:Michael Hechter / Karl-Dieter Opp (Hrsg.), Social Norms, 2001。
④ 概览参见 Eric Hilgendorf, in: ders./ Hans Kudlich / Brian Valerius (Hrsg.), Handbuch des Strafrechts Bd. 1, 2019, §1 Rn. 5 ff.。
⑤ 社会学方面的文献,参见上注①Christine Horne, Sociological Perspectives on the Emergence of Norms, in: Michael Hechter / Karl-Dieter Opp, S. 3 ff.。
⑥ 参见第 491 页脚注① Roger Häußling。这也不是法社会学的研究领域。这里所描述的问题到目前为止尚未得到研究。

一个古早的例子是拓麻歌子,①在20世纪90年代后半段风靡全球的电子宠物,它以虚拟小鸡的形象出现,使用者要照顾它的饮食和情感需求。如果没有做好,小鸡就会"死亡"。尽管这不是真的小鸡,但仍有数百万的人在充满热情地悉心照料这个虚拟存在,一旦因为不注意导致小鸡死亡,还会非常难过。

而改变人类行为方式的最新例子则是智能手机。② 尽管早在20年前就已经发明了智能手机,但到如今,对于许多人尤其是年轻人来说,它成了不可替代的伴侣,他们总是随身携带。这一技术产品与人类的关系密切到一旦没有随身携带,人们就会感觉自己"在裸奔"。有时甚至让人在心理上感觉手机已经成为了人们身体的一部分。③ 这时不仅需要讨论对私人领域的保护,而且显然还有切实存在的上瘾危险。④

拓麻歌子和初代的智能手机还不是人工智能,但相比于"通常的"工具来说,已经能够更大地影响其使用者的行为了。从这个角度来看,部分人机合作的形式看起来也并非完全无害。

年轻人是通过与其他少年儿童的交往来习得社会行为的。⑤ 很快"自主"机器人就会成为未成年人的玩具。与机器的交流会如何影响儿童的行为发展以及儿童的社会规范呢?当"人类间"行为在与机器的互动中被习得时,它又会如何影响人与人之间的互动呢?是否可以考虑,通过设计相应的机器程序来训练人的社会行为?如果可以,那么是只有机器的生产者在事实上能够决定在他们所制造的产品中"添加的"社会控制性因素,还是有必要(在法律上)予以规制?

---

① 拓麻歌子(Tamagotchi)一词来自于日文 tamago(鸡蛋)与 wotchi(即英语中的手表)。

② 对此还有:Thomas R. Köhler, Der programmierte Mensch. Wie uns Internet und Smartphone manipulieren, 2012, S. 83 ff. und passim。

③ 因此也不能排除终有一天微观设备被植入人体内的可能性。

④ Manfred Spitze, Die Smartphone-Epidemie. Gefahren für Gesundheit, Bildung und Gesellschaft, 2018.

⑤ Joachim Bauer, Wie wir werden, wer wir sind. Die Entstehung des menschlichen Selbst durch Resonanz, 2. Aufl., 2019, S. 50 f. 关于"自我"如何形成,参见 Markus Denzler/ Jennifer Mayer/ Lioba Werth, Sozialpsychologie. Das Individuum im sozialen Kontext, 2. Aufl., 2020, S. 187 ff.。

成年人也会越来越多地与人形机器打交道——作为"工作同事",在学习时,在运动时,以及其他休闲时间中,工业机器人正在取代人类劳动者。机器"同事"的行为会对人类劳动者的社会行为产生何种影响,比如在体谅与礼貌对待人类同事方面?机器人越像人,人和机器的差异越小,这些问题就会越突出。比如可以想见出现对同事的错误期待,例如在出现无法预期的意外事件时,他会理所当然地期望同事提供帮助,而机器在设计时却没有将提供帮助编入程序中。

今后也可能会出现性爱机器人被用于从事卖淫活动。这对性行为以及两性关系间适用的行为标准会产生何种影响?① 人们会不会因为机器能够更好地满足自己的欲望,于是便认为另一个性别是多余的或者至少是次要的?② 人会爱上机器吗?这些场景在科幻小说中已经出现,③现在看起来现实还没有如此。但俗话说,有的男人爱车甚于爱自己的妻子。"爱情机器人"应该被设计成随时可以被识别为机器的样子吗?

在道路交通领域,人们也通过与其他人类——即其他的交通参与者——的行为习得社会行为。任何鲁莽驾驶的人以及抢夺他人的先行权、在车流拥挤时加塞等行为,都能预见到其他交通参与者必然会出现的反应,这些反应可能包括皱眉或责骂、闪灯和鸣笛,以及刑事指控(或自行执法!)。通过这些反应,司机可以习得行为并让自己的行为符合社会标准。

如果车辆是被计算机控制的,计算机不仅能在几分之一秒内识别

---

① 参见第 495 页脚注②Thomas R. Köhler, S. 84 ff., Manfred Spitze, S. 267 f.(广告目的的操纵)。

② 参见第 490 页脚注① Oliver Bendel, Sexroboter aus Sicht der Maschinenethik, in: ders. (Hrsg.), S. 335 ff.; auch schon Eric Hilgendorf, in: Malte-Christian Gruber/ Jochen Bung/ Sascha Ziemann (Hrsg.), Autonome Automaten. Künstliche Körper und artifizielle Agenten in der technisierten Gesellschaft, 2014, S. 221 ff.。

③ 这个光谱包括了从 E.T.A. Hoffmanns 的小说《沙人》(1816 年)到丹尼尔·W. 威尔森于 2011 年创作的小说《机器人启示录》中的日本工程师野村先生和他的机器人女友 Mikiko。

其他驾驶者的不当行为,而且能以迅雷不及掩耳之势对新的情况作出反应,而不必给行为不符合社会标准的司机任何反馈,情况又会如何呢?① 前述人类司机的学习过程便不复存在了。我们是否正在走向一个道路上只有路霸和绝对守法的机器司机的时代?与自动驾驶先驱者的设想不同,这有可能会给交通安全带来危害,特别是考虑到人类驾驶者无法分辨另一台汽车究竟是由人还是机器在操控。

不难设想人工智能应用的其他场景:护理机器人将取代人类护工②——这将如何影响那些需要护理的老年人的行为?这又会如何反作用于人类护工的行为,以及护理机构的工作条件?当前机器人已经在事实上被用于战争③——这会影响参与战争的人类行动者吗?发动战争的狂热是否会激增?人形战争机器人的使用会如何影响士兵所遵循的社会规范?法律是否能够且应当考虑到这些发展吗?

人们还有可能将强大的、保护人类、哺育人类的机器当作神明来崇拜,这种想法大约会被归为幻想。但相关的文学作品也能令人相信,不能简单地将这种想法视为荒诞不经而一笑置之,④其实福音派教会早在几年前就开始使用"祝祷"机器人了。⑤

三、法与社会应如何回应?

显然,上文所描述的一些情况并非毫无问题,因而可能要求立法者

---

① 这些问题笔者要感谢同事 Sabine Köszegi, TU Wien。
② 参见第 490 页脚注① Oliver Bendel, Pflegeroboter aus Sicht der Maschinenethik, in: Oliver Bendel (Hrsg.), S. 301 ff.; Florian Münch, Autonome Systeme im Krankenhaus. Datenschutzrechtlicher Rahmen und strafrechtliche Grenzen, 2017。
③ 参见第 490 页脚注① Catrin Misselhorn, Autonome Waffensysteme/Kriegsroboter, in: Oliver Bendel (Hrsg.), S. 319 ff.; Severin Löffler, Militärische und zivile Flugroboter. Ausgewählte Problemfelder beim Einsatz von Kampf-und Überwachungsdrohnen, 2018。
④ 参见 E. M. 福斯特 1928 年的小说《大机器停止》。
⑤ 这台设备得名„BlessU-2", https://gott-neu-entdecken.ekhn.de/veranstaltungen-projekte/projekte-der-ekhn/segensroboter-blessu-2.html,访问日期:2019 年 12 月 13 日。

采取行动或者至少在法律适用上采取应对措施,例如助长儿童的不良社会行为方式或者驾驶者的鲁莽行为。而且可能的行为方式转变应如何评价则可能会有争议,例如对机器产生了真实的爱情。

人类因与人工智能的交互而发生行为的变化通常不能被视为损害赔偿意义上的损害。① 但是议会的立法者或者行政法规的制定者可以设置针对生产者的规定,违反这些规定将受到制裁。例如可以设想,通过特定的灯带来标识自动化达到一定程度的机动车,从而让其他驾驶者能够识别这辆车是处于高度自动化还是完全自动化的模式下行驶;可以要求生产者确保性爱机器人可以被识别为机器。② 这些适用于生产者的规则可以通过资格与准入规则来保障。

如果因为"基于机器的"行为变化而发生损害,则有可能产生生产者责任,但是其中的归责关联以及义务违反的可谴责性是存疑的。比如在发生意外时,工人 A 没有立刻为同事 B 提供帮助,因为他以为边上的机器人会立即作出反应(而事实上该机器人在编程时就没有编入相应内容)。对于 B 所造成的损害,不能由机器生产商 H 来承担责任,除非生产商在生产该特定类型的机器人时违反了相关的规范。根据《产品责任法》第 1 条第 1 款的规定,只有当系统存在缺陷时,才会产生产品责任法意义上的责任。③ 当然可以进一步考虑是否存在危险责任(严格责任),后者的责任是以将存在危险的人工智能带入流通为基础的。④

刑事责任领域也面临类似的问题。因为生产商通常不具有故意或

---

① 关于损害概念,参见 Erwin Deutsch, Unerlaubte Handlungen, Schadensersatz und Schmerzensgeld, 3. Aufl., 1995, Rn 423。所谓损害是指,所有法益上发生的消极变化。

② 参见第 496 页脚注③。

③ Dazu § 3 ProdHaftG,如果产品无法保证满足合理期待的安全性,则该产品是有缺陷的。

④ 关于机器人的产品危险责任问题,参见第 490 页脚注①Eric Hilgendorf, Zivil-und strafrechtliche Haftung für von Maschinen verursachte Schäden, in: Oliver Bendel (Hrsg.), S. 437 (444 ff.);参见第 498 页脚注③allgemein Erwin Deutsch, Rn. 22-27。

过失,因此前文所描述的基础案例应否定伤害罪的可罚性。如果存在对注意义务的违反,则可以考虑构成过失犯。在实定法上,可以考虑设立新的危险犯构成要件,如果损害发生,则可以将危险人工智能带入流通行为置于刑罚威吓之下。① 但需要注意的是,在我们的案例中,损害首先是因为人类行为方式的改变,即本案中工人 A"忘记了"提供帮助,才产生的。这种类型的损害很难被归咎于生产商。而对于这一问题也尚未展开法政策层面的讨论。

更具有实际意义的问题则是,自动技术系统的生产商在多大范围内应当考虑人类的过错行为。信赖原则主张,机动车的驾驶者原则上可以信赖其他道路交通参与者也会遵守交通规则。② 而如果存在明显的征兆表明他人没有遵守交通规则时,该原则才会失效,例如当孩子在路边玩耍或者醉酒者在路上摇摇晃晃。

而在自动驾驶的时代,则似乎应当考虑对信赖原则作如下拓展③:

(1)在处理与自动驾驶汽车的关系时,人类驾驶者原则上也可以认为,"对方"的驾驶系统运转正常,因而该机动车的行驶也合乎交通规则。只有存在明确的相反表征时,才能打断信赖原则,要求驾驶者尽到更高的注意。

(2)反过来自主驾驶系统又应当预见到哪些人类驾驶者的行为方式呢?④ 自动驾驶系统也可以认为,人类驾驶者会遵守交通规则吗?还是它们应当考虑到可能发生的错误行为? 如果是后者,是仅限于不可避免的人类错误行为(比如著名的"头脑一片空白")还是也可以包括可避免的错误行为,比如在面对自主驾驶系统时的鲁莽倾向?自主驾驶系统的生产者在进行系统编程时是否必须考虑到,会有人为了测试车辆的刹

---

① 这里损害的出现是客观处罚条件,参见第 492 页脚注④Eric Hilgendorf, in: FS Thomas Fischer, S. 99 (111)。

② 参见第 493 页脚注⑤ Urs Kindhäuser / Eric Hilgendorf, § 15 Rn. 61。

③ 参见第 490 页脚注① Zum Folgenden schon Eric Hilgendorf, Automatisiertes Fahren als Herausforderung für Ethik und Rechtswissenschaft, in: Oliver Bendel (Hrsg.), S. 355 (365 f.)。

④ 这里涉及的不是系统本身的义务,而是生产者的义务。

车灵敏度而闯入车道？稍微胆小一点的人则可能把购物车推到车道上去？这些在编程时是应当预见并考虑的吗？而人类在因自主驾驶系统而发生的行为方式变化，是否也应当被考虑进去？

（3）同样令人感兴趣的是，在人工智能之间能否适用信赖原则。A的自主驾驶系统是否可以认为，B安装有同样的自主驾驶系统会无故障地运行？① 应当要求设定何种运行标准，例如在新款和旧款自主驾驶系统之间？针对旧款没有安装自主驾驶系统的车辆应当适用什么标准？

对于我们今天讨论的问题，第二组案例尤其值得注意。和其他案例一样，这一组案例表明，我们需要更多的实证证据来进行有解释力的法学评价，从而形成法政策建议。人们总是可以坚持，国家有义务既让人工智能这样的技术发展促进社会福利同时又关注潜在的危险，在发生具体危险时及时介入，从而尽早地发现和避免可能发生的错误发展，避免对人的利益特别是生命和健康造成损害。

可以期待，今后会出现越来越多的、跨国的甚至是全球性的规则体系来治理人工智能，其中不仅限于国际条约，也可能出现其他的跨境治理形式。与法律不同，技术自始就是超国界的，因此可以推断，技术的全球化将为法律与治理的比较提供全新的动力。

四、结　论

要充分实现人工智能的积极潜能，就不能只是简单地将人工智能纳入现有的社会与法律规范中。伦理与法律上的"合规"是不够的。必要的是，明确基于人工智能的各种技术产品的应用场景，要求人工智能在与其人类伙伴的互动过程中不会产生副作用。

这也同样适用于尚不明确的对人类行动者的影响，这需要结合不同

---

① 更准确地说，汽车可以在编程时预设其他车辆的系统都是正常运转的吗？

第二十七章　从工具到伙伴？人工智能对社会规范和法之任务的影响

的语境来考察。要理解人工智能对人的社会影响,不仅需要技术层面也需要社会科学层面的能力。我们需要更多的实证知识,来更好地理解人工智能的社会效应,惟其如此才能有针对性地设置法律规则。①

---

① 在稿件提交后人们才知道,前文所介绍的项目自 2020 年 3 月起获得了大众汽车的资助,参见 Contextualizing Robot Behavior: Should Robots Become Human Again? unter http://www.robotrecht.de,访问日期:2020 年 2 月 28 日。